KB235273

글월

屈原全傳

吳高飛 著
Copyright ⓒ 1996 by Xinhua Publishing House
Korean Translation Copyright @ 2008 by Eclio Publishing Co.,Ltd.

이 책의 한국어판 저작권은 漢聲文化研究所를 통해 중국 新華出版社와
독점 계약한 (주)이끌리오에 있습니다.
저작권법에 의해 한국 내에서 보호를 받는 저작물이므로 무단 전재와 복제를 금합니다.

중취독성의 시인

굴원

우가오페이 지음 | 김연수 · 김은희 옮김

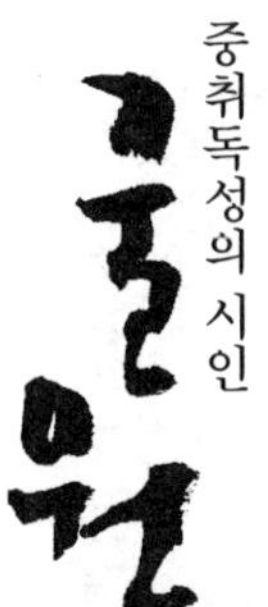

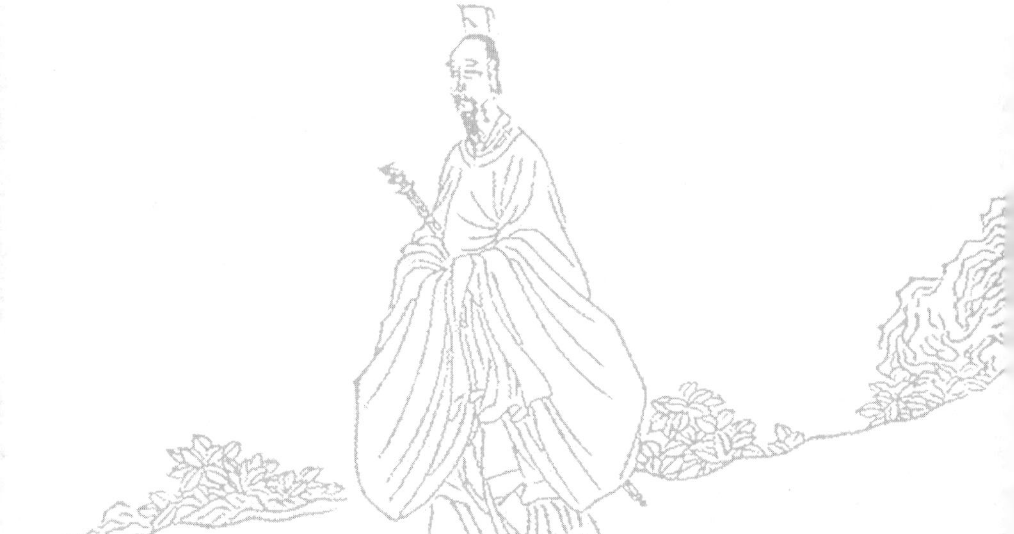

이끌리오
www.book21.com

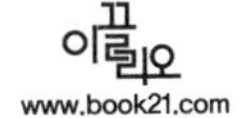

중국 호북성 자귀현秭歸縣 굴원진屈原鎮 굴원향屈原鄉, 바로 굴원의 탄생지라고 알려진 곳이다. 싼샤三峽댐이 건설되기 이전인 1995년 9월 초에 나는 처음으로 무한武漢을 거쳐 굴원향에 갔다. 당시 자귀현에는 '굴원고리屈原故里'라고 적힌 팻말이 있었고, 굴원기념관이 장강을 굽어보고 있었다. 그곳에서 소형버스를 타고 가다가 다리를 건너 두 시간 정도 걸어 굴원향 낙평리樂平里에 닿았다. 굴원이 태어났다는 집 앞에는 옥미전玉米田이란 표지석이 있었고, 그 옆 산모퉁이에는 향로평香爐坪이란 표지석이 서 있었다. 그 아래에는 굴원이 어린 시절 공부했다는 독서동讀書洞, 식수로 사용했다는 조면정照面井, 굴원의 누이로 알려진 여수女嬃의 여수동女嬃洞, 향고암響鼓巖, 그리고 굴원을 기리는 사당인 굴원묘屈原廟와 낙평리라 쓰인 패방牌坊 등이 있었다.

굴원향을 다시 찾은 것은 2008년 1월이었다. 싼샤댐의 영향으로 수위가 백삼십육 미터까지 높아져 주변의 많은 유적들은 물속에 잠기거나 다른 곳으로 이전된 상태였다. 굴원묘는 마을 입구에서 잘 보이는 강종산降鐘山 기슭에 위치해 있었으며, 그 앞에는 돌사자 한 쌍이 손님들을 반기고 있었다. 사당 안에는 굴원의 조각상과 부서진 비석들이 전시되어 있었다. 이곳 사람들은 귤나무 재배와 농사를 주로 하는데, 순박하기 그지없다. 마을 주위는 온통 높은 산들로 에워싸여 풍광이 비할 데 없이 아름답다. 또한 산과 들에는 화석들이 산재해 있었고, 동굴 또한 많았다. 굴원이 작품에서 보여준 풍부한 상상력은 바로 이러한 자연환경에서 얻어진 것이리라.

사실 굴원과 관련된 사료는 그다지 많지 않다. 기껏해야 한나라 사마천이 지은 『사기史記』의 「굴원가생열전屈原賈生列傳」과 「초세가楚世家」, 그리고 유향劉向이 지은 『신서新序』의 「절사편節士篇」 정도를 들 수 있을 뿐이다. 더구나 요계평廖季平이나 호적胡適과 같은 학자들은 굴원의 존재 자체를 아예 부정하기도 하였다. 그러나 굴원이 생존했던 시대에서 사마천의 시대까지는 이백 년이 채 되지 않으며, 굴원에 관한 시가들이 지속적으로 창작된 점으로 미루어, 그의 실재를 부정하는 것은 아무래도 심하지 않는가라는 생각이 든다.

이들 사료에 따르면, 굴원은 초楚나라 왕족 출신이며, 이름은 평平, 자는 원原이다. 그는 「이소離騷」에서 자신의 이름을 정칙正則, 자를 영균靈均이라 했는데, 이는 아마도 이름과 자의 글자의 의미를 취한 것으로 보인다. 또한 「이소」 첫 구절에서 밝힌 대로, 그의 선조는 전욱顓頊 고양高陽이고, 아버지는 백용伯庸임을 알 수 있으며, 그를 몹시 아꼈던 누님이 있었다고 한다. 굴원의 생년월일에 대해서는 「이소」에서 "호랑이 해의 정월 경인庚寅 날에 태어났다"고 밝히고 있으나, 여전히 의론이 분분하다.

굴원은 스물여섯의 나이에 승상격인 영윤令尹에 버금가는 좌도左徒에 올라 회왕懷王의 두터운 신임을 받았다. 그는 안으로는 임금과 국사를 의논하고, 밖으로는 각국의 제후들을 응대하였다. 그의 뛰어난 재능으로 인해, 주변 사람들은 늘 그를 시기하고 모함하였다. 한번은 회왕이 그에게 헌령憲令을 작성하도록 하였는데, 초고가 채 작성되기도 전에 상관대부가 빼앗으려 하자 굴원은 거절하고 주지 않았다. 이로 인해 참소를 받은 그는 끝내 회왕의 노여움을 사 관직에서 밀려나게 되었다.

당시는 진秦나라와 제齊나라, 초楚나라가 팽팽하게 맞서 있는 시기였으며, 굴원은 제나라와 연합하여 진나라에 맞서자고 주장하였다. 굴원이 쫓겨난 틈을 타서 진나라는 장의張儀를 초나라에 파견하여 회왕을 꾀어 제나라와 국교를 단절하게 하였다. 나중에야 장의에게 속았다는 사실을 알게 된 회왕은 군대를 일으켜 진나라를 공격하였으나 참패를 당하였고, 그제야 지난 일을 후회하며 다시 굴원을 등용하고 제나라에 사신으로 파견, 화친을 맺게 하였다.

이듬해에 진나라는 한중漢中 땅을 돌려주겠다고 약속하며 초나라와의 강화를 꾀했다. 회왕은 강화의 전제조건으로 자신을 속였던 장의의 목숨을 원하였지만, 초나라에 온 장의는 회왕의 총비인 정수鄭袖를 꾀어 다시 진나라로 되돌아갔다. 이때 제나라에서 돌아온 굴원은 장의를 죽일 것을 간언하였지만, 장의는 이미 진나라로 달아난 뒤였다. 그 후 진나라 소왕昭王은 무관武關에서 강화회담을 열자며 회왕을 초청하였다. 이에 굴원은 가지 말라고 극구 간언하였지만 정수鄭袖, 자란子蘭, 상관대부 근상靳尙 등 친진파親秦派들의 참언으로 또다시 쫓겨났다. 회왕은 결국 진나라에 억류당한 채 끝내 돌아오지 못하였다. 그의 뒤를 이어 큰아들이 경양왕頃襄王으로 즉위하고, 그 아우 자란은 영윤이 되었다. 세력을 얻은 친진파들은 굴원을 강남으로 내쫓았고, 나라의 부흥을 진심으로 걱정하였던 굴원은 조국이 망해가는 비분을 가슴에 품은 채, 마침내 멱라강에 몸을 던졌다.

이러한 조국을 향한 안타까움은 그의 작품 「어부사漁父辭」에도 잘 드러난다. 자신의 상황을 중취독성(衆醉獨醒, 모두 취하여 있는데 홀로 깨어 있다)이라 말하며 시대의 어리석음을 한탄했던 것이다. 이후, '중취독성'은 혼탁한 세상에 물들지 않고 자신을 지키고자 하는 결연한 의지를 표현하는 대명사가 되었다.

굴원의 육신은 죽었지만, 그의 우국충정 정신은 중국뿐 아니라 외국에서도 끊임없이 되살아났다. 중국인들은 음력 5월 5일 단옷날을 굴원이 세상을 떠난 날이라 여기고 찹쌀에 대추, 돼지고기 등을 함께 넣어 찐 다음 댓잎이나 갈댓잎으로 싸서 만든 쫑즈粽子를 먹는다. 당시 사람들이 쫑즈를 물고기밥으로 강에 던져 위대한 애국지사인 굴원의 시신을 물고기들이 뜯어먹지 않도록 했다는 데에서 유래한 것이다. 또한 여러 지방에서 용선龍船 시합을 벌이는데, 이 역시 당시에 배를 타고서 빨리 굴원의 시신을 찾으려 한 데에서 유래했다고 한다. 현재 멱라강 근처에는 굴원기념관을 비롯하여, 굴원의 시신을 거두었다는 곳과 열한 곳의 큰 무덤이 산재해 있는데, 이 무덤들은 그의 누이가 도굴을 염려하여 만들었다고 전해진다. 중국에서뿐만 아니라, 대만에서도 단옷날을 시인절詩人節로 정하여 갖가지 문학행사를 하고 있다. 여러 문헌을 살펴볼 때, 우리나라에서도 아마 삼국시대부터 고려, 조선에 이르기까지 수많은 문인들이 굴원의 애국충절 정신을 흠모해온 것으로 보인다.

이 책은 우가오페이吳高飛가 지은 『굴원전전屈原全傳』을 저본으로 하였다. 전기체 형식의 이 소설은 일반 독자들이 이해하기 어려운 초사의 내용을 가능한 한 배제하고, 전국시대 당시의 역사적 상황과 그러한 상황 속에서의 굴원의 정치 행적과 됨됨이를 쉽게 이해하도록 하는 데에 중점을 두었다. 이 책을 번역하는 과정에서 중복되거나 불필요하다고 여겨지는 부분은 일부 삭제하였다. 그동안 굴원에 관한 소설은 중국에서도 여러 권 출간되었으며, 우리나라에서도 출간된 적이 있다. 이 책이 정치가이자 문학가로서의 굴원을 좀 더 깊이 있게 이해하는 데에 조금이라도 보탬이 되기를 바란다.

중국문학을 공부하고 굴원에 관심을 가지면서 몇 년간 초사를 읽어왔지만, 초사는 여전히 어렵다. 아마 나의 무지와 게으름의 탓이리라. 다만 굴원과 초사의 전공자로서 오랫동안 굴원에 관한 대중적인 소설을 소개하고 싶었다. 다행히 이번 기회에 이 책을 번역하게 되어, 굴원에 대한 마음의 빚을 한 자락이나마 덜 수 있게 되었다. 이 책을 함께 번역하면서 이모저모 고생을 하신 전북대학교 김은희 교수님, 중국문학 연구의 첫걸음마를 떼게 해주신 은무일 은사님께 지면을 빌려 감사의 인사를 드린다. 아울러 난삽한 원고를 꼼꼼히 수정하여 책 모양을 갖추어주신 편집부 여러분께도 감사를 전한다. 여러분의 도움과 노고에도 불구하고, 역자의 한계로 말미암아 부족한 부분이 적지 않으리라 생각한다. 독자 여러분의 아낌없는 질정을 바란다.

2009년 2월
김연수

　굴원은 중국의 가장 위대한 애국 시인이자 걸출한 정치가이며, 사상가, 개혁가로서 백성들의 마음속에 지워지지 않는 '신'이다. 빛나는 가문의 귀족 출신이자 황실의 인척이었던 굴원은 가장 진보적인 사대부 지식인이었다. 그는 조국을 뜨겁게 사랑했고, 백성에게 관심을 기울였다. 또한 희생적인 정신과 변함없는 정치적 주장으로 악의 세력과 꿋꿋이 맞서 싸웠지만 악의 세력에 밀려 멱라강에 몸을 던져 순국했다. 전해지는 이야기에 따르면, 강물에 몸을 던진 날이 5월 5일이라고 한다. 수많은 사람들이 갖가지 형식으로 이날을 기념했다. 용선龍船 대회를 열고, 단옷날 음식인 쫑즈粽子를 먹으며, 찬 음식을 먹는 일은 가장 널리 행해진 기념행사로 오늘날까지 전해지고 있다.

　이는 수많은 사람이 이 위대한 애국 시인을 얼마나 사모하는지를 잘 보여준다. 이처럼 백성의 사랑을 받았던 이는 중국 역사상 보기 드물 뿐만 아니라 세계적으로도 흔치 않을 것이다. 1953년 세계평화이사회에서 세계 4대 문화명인의 한 사람으로 추대되면서 그는 조국을 빛내고 민족정기를 한층 더 드높였다. 이 얼마나 자랑스러운 일인가! 우리는 이 빛나는 영예를 귀하게 여김과 동시에 그를 본받아야 할 것이다.

　굴원이 수많은 사람의 경모와 사랑을 받는 이유는 무엇일까? 무엇보다도 조국에 대한 그의 한없는 사랑과 백성에 대한 뜨거운 관심을 들어야 할 것이다. 다음으로 조국의 문화에 대한 공헌과 민간문예에 대한 열정, 그리고 백성의 권익을 쟁취하기 위해 개인의 이익, 심지어 자신의 목숨조차 버렸다는 점을 들 수 있다. 그의 애국애민의 주장은 수많은 백성의 바람과 이상을 대변했던 것이다.

어느 철학가는 이렇게 말했다. "예술이란 백성들의 것이며, 그것의 근원은 마땅히 일하는 사람들의 밑바탕에서 비롯된다. 그것은 응당 그들의 감정과 사상, 의지를 결합시키고 삶의 질을 높이기도 하며, 그들 가운데의 예술가들을 일깨우거나 발전시킨다." 굴원의 문예작품이 이처럼 영원성을 지니는 까닭은 바로 그가 백성들 속에 뿌리내리고 있기 때문이며, 동시에 그가 민간문예를 사랑하고 그 정수를 잘 흡수하며 민간문예를 문학의 최고 지위로 끌어올렸기 때문이다. 그는 백성의 사상과 의지를 노래하는 데 뛰어났을 뿐만 아니라, 이것을 가공하여 드높은 예술경지에 도달하게 함으로써 선전과 교육 분야에 뛰어난 결과를 이루었다.

나는 『공자전』과 『소동파전』을 출판한 후, 여러 벗들에게 굴원에 대해 써보라는 권유를 받았다. 그들의 권유에 나는 망설이지 않을 수 없었다. 나의 마음속에 굴원은 너무나 위대했기 때문이다. 그는 인간의 신이었다. 도저히 오를 수 없는, 가만히 바라보고만 있어도 절로 경외심이 우러나오는 존재였다. 더구나 그의 사적은 알려져 있는 것이 많지 않은 터라, 나같이 학식이 보잘것없는 사람이 행여 제대로 써내지 못한다면 위인의 빛나는 형상에 누를 끼칠거라 염려했던 것이다.

모두들 알고 있다시피 대중들에게 끼친 굴원의 영향은 대단히 커서 모르는 이가 없을 정도이며 백성의 가슴속에 살아 있는 '신'이라 할 수 있다. 그렇지만 이처럼 대단한 인물임에도 남아 있는 역사적 기록은 너무나 미미하기 짝이 없으니, 몇 편의 작품 외에는 거의 없다고 해도 지나친 말이 아니다. 이리하여 백성의 사랑과 옹호를 받는 인물조차도 어용문인의 붓을 거치면 왜곡되거나 참모습을 잃어버리기 십상이며, 심지어 정교금程咬金[1]처럼 난도질을 당하기도 한다. 하지만 역사는 언제나 공정한 것. 백성들은 언제나 자신의 수호신을 열렬히 애모하는 법이다. 아무리 미친 듯이 깎아내리고 왜곡하더라도 희미한 자국이나마 찾아낼 수 있으니, 정사正史에는 나타나지 않더라도 야사野史에 보이는 경우가 있다. 굴원에 관한 이야기도 민간에 널리 퍼져 있었다. 마치 금맥을 찾아나서듯 나는 굴원에 관한 이야기를 쓰기 전에 그의 고향을 두 번 찾아갔는데, 수확이 결코 적지 않았다. 이 우연찮은 수확이 굴원의 전기를 쓰는 데 실마리와 확신을 안겨주었다.

내가 온 힘을 다해 굴원의 전기를 쓴 이유는 세 가지가 있다. 첫째, 그가 역사상 대단히 중요한 지위를 차지하고 있으며, 그의 인격과 불후의 저작이 세상 사람들에게 숭상받고 있기 때문이었다. 둘째, 세계의 대중들이 그를 자유와 정의를 위해 투쟁한 인물로 기념하고 있으며, 이는 그가 여전히 세계 대중들의 마음속에 살아 있음을 증명해줄 수 있기 때문이었다. 지금처럼 결코 평온하지 않은 세상에서 그의 사상을 전하고 그의 정신을 떠받드는 것은 세계평화를 지키려는 행위이다. 셋째, 역사에 그가 끼친 영향이 너무나 크고, 그의 비극은 곧 역사의 비극이기 때문이었다. 그리하여 나는 침식을 잊은 채, 마치 글을 쓰지 않으면 목에 가시가 걸린 것처럼 영 개운하지 않아서 갖가지 생각과 염려는 모두 접어두고 오직 한 가지 생각에만 사로잡혔다. 써보자! 세 번이나 원고를 고치고 또 고쳐서 마침내 쓰기를 마쳤다.

---

1) 정교금程咬金 : 당나라의 대장군으로 노국공盧國公에 봉해졌으며, 능연각凌烟閣에 모신 개국공신 스물네 명 가운데 한 사람이다. 강직하면서도 시원시원한 성품에 혁혁한 무공을 세운 그의 업적에도 불구하고, 소설 속에서 그의 형상은 무예가 보잘것없으나 운이 좋아 공훈을 세우는 비겁한 장수로 희화화되어 있다.

이 책은 장편 전기소설이다. 글을 쓰는 과정에서 새로운 돌파를 보여주고 싶어서 사료를 존중하면서도 속박에 얽매이지 않으려 애썼다. 전체적으로는 위대한 애국시인이자 걸출한 정치가, 사상가, 개혁가로서의 형상이 두드러지도록 힘썼다. 이 책이 재현하고자 한 역사는 춘추전국시대의 제후들이 할거하던 난세이다. 시대의 격변, 계급 모순의 심화, 통치집단 내부의 모순된 투쟁의 첨예화, 그 속에서의 간신과 충신, 사악함과 선량함, 낙후와 진보, 비속과 숭고, 야심과 양심, 정복과 반항 등은 이 책 속에 한데 어우러져 많은 이야기를 하고 있다. 작가의 주관적 바람이지만 나는 이러한 내용들을 통해 찬양과 폭로, 무엇을 추구하고 무엇을 버릴 것인가를 그려보고 싶었다. 아울러 작품을 통해 인류의 이상과 사회 진보의 적극적인 요소를 보여주고자 했다.

이밖에 송옥宋玉이라는 인물은 이 책에서 다른 서적의 형상과는 다르게 그려져 있기에 특별히 한두 마디 덧붙이고자 한다. 그는 운명이 순탄치 않은 인물로, 일찍이 곽말약郭沫若 선생의 역사극 『굴원』에서 그리 좋지 않은 배역을 맡았다. 이 책에서는 줄거리상 특별하게 배치하여 약간 비중 있는 인물로 이상화했다. 나는 굴원의 수제자로서 『초사』의 뛰어난 계승자였던 그가 역사발전의 중임을 떠맡아야 한다고 여겼기에, 그를 주요 인물로 형상화했다. 물론 독자에 따라 다른 견해를 가질 수도 있을 것이다.

이 책을 저술하는 과정에서 저명한 초사 전문가인 황서운黃瑞雲 교수와 여러 대가 및 학자, 동료들의 격려와 지지, 도움을 받았다. 이들의 애정 어린 관심 덕분에 저술 과정에서의 수많은 어려움을 극복할 수 있었다. 이 자리를 빌려 충심으로 감사드린다.

우가오페이吳高飛

차례

명문가에서 태어나다

유구한 중국의 역사는 찬란하면서도 비장하다.

반고[2]가 하나의 원을 둘로 나누어 위로 떠오른 것은 하늘이 되고 아래로 가라앉은 것은 땅이 된 이래, 나누어지고 합쳐지고 합쳐졌다가 다시 나누어지는 역사가 이루어졌다.

제후에게 의로운 전쟁이란 없다. 전국시대 말엽에는 칠웅七雄이 패권을 서로 다투다가 진시황에 이르러 천하가 통일되었는데, 그가 승리를 거두게 된 이유는 바로 '계략'이다. 영토로 말하자면 초楚나라가 진秦나라보다 크고 훨씬 부유했는데, 어찌하여 진나라에 멸망당하게 되었는가? 그 이유는 역시 '부패'했기 때문이다. 부패는 천하의 대란을 초래하기 마련이며, 난세에는 간웅뿐만 아니라 성현도 나오기 마련이다. 굴원屈原은 시대적인 추세에 순응하여 초나라에서 태어났으니, 이것은 하늘이 그에게 큰 임무를 맡기려 한 것이리라.

이천여 년 전에 살았던 사람을 이해한다는 것은 물론 쉬우면서도 어

---

2) 반고盤古 : 중국 신화에서 천지개벽의 시조로 전해지는 인물.

려운 일이다. 역사는 기나긴 강과 같은 것이다. 거슬러 오르는 것은 어려운 일이나 그 속에도 쉬운 일이 있을 수 있으며, 물길을 쫓아 순조롭게 내려가는 것은 쉬운 일이나 그 속에도 어려움이 있을 수 있다. 역사의 기나긴 흐름 속에서 물결 하나하나는 모두 역사의 증거이다. 따라서 역사의 진실을 어렵지 않게 통찰하고 이해할 수 있다.

굴원을 이해하기 위해서는 먼저 그의 가세와 출신에 대해 알아봐야 한다.

"전욱제 고양의 후예, 내 아버지의 자는 백용. 帝高陽之苗裔兮, 朕皇考曰伯庸."

위의 구절은 굴원의 걸작인 「이소離騷」의 첫 구절이다.

이에 따르면 그의 선조는 고양高陽이다. 그러면 고양은 어떤 사람이었을까?

『사기史記』에 따르면 고양은 황제黃帝의 손자로 창의昌意의 아들이다. 또 「가생열전賈生列傳」에는 "굴원은 이름이 평平이고, 초나라와 같은 성씨이다."라고 기록되어 있다.

초나라와 같은 성씨라는 것은 초나라 임금과도 같은 성씨라는 것이다. 주지하다시피 초나라의 초대왕은 웅역熊繹이며, 그는 제일 먼저 주나라 성왕成王으로부터 봉지를 하사받은 제후이다. 초대왕인 웅역은 성이 웅씨인가? 아니다. 굴원의 성은 굴屈인가? 역시 아니다. 『사기』에는 초대왕 웅역의 성이 '미芈'라고 기록되어 있다. 굴원 역시 성이 '미'인 것이다. 이러므로 굴원과 초나라 왕은 같은 핏줄이라고 말할 수 있다.

굴원의 부친은 백용伯庸이다. 그는 대유학자로서 천문에 조예가 깊은 저명한 천문학자였다. 그는 일찍이 조정의 요직을 맡아 중요한 역할을 했으며, 위엄과 덕망이 매우 높은 사람이었다. 그러나 그는 공로가 있어도 거만하지 않았고, 조정에서는 바른 기품으로 관직을 맡았으며, 재야에서는 청렴결백한 생활을 했다. 그는 일생 동안 강직하고 아부하지 않았으며 공명정대했다. 또한 윗사람에게 아양 떨고 아랫사람을 속이는 행위를 하지 않은, 조정에서 가장 훌륭한 군자요, 유학자였다.

조정의 문무대신들 중에서도 탁월했던 그는 세상 정세에 밝았고, 다른 사람과의 인간관계도 매우 좋았다. 이렇듯 그는 모든 면에서 성공하고 만사가 자신의 뜻대로 이루어진 것처럼 보였지만 사실은 그렇지 않았다. 항상 마음이 편안하지 못했고 자주 탄식을 했는데, 부인이 오랫동안 아이를 갖지 못했기 때문이다.

그는 유명한 의사를 불러 온갖 처방을 써보기도 했으나 끝내 효험이 없었다. 불혹의 나이에 학문이 상당한 경지에 이르고 마음먹은 일들도 이루어져 명성과 인망이 정점에 이르렀음에도, 그에게 유독 작위를 계승할 아들이 없다는 것이 흠이었다.

"이 일을 어찌할꼬? 하지만 '재복財福도 무가치한 것인데, 자식이라고 별 것 있겠나? 결국 죽어 저 세상으로 가버릴 텐데, 무슨 일로 조바심을 내는가? 모든 것이 더 이상 존재하지 않을 터이니, 어찌 이러쿵저러쿵 시비할 가치가 있을까!' 라고 말하는 사람도 있지 않은가?" 백용은 이와 같이 스스로를 위안했다. 지혜로운 사람은 스스로 자멸하지 않는 법이다.

어느 날 새벽, 눈부신 아침노을이 동쪽 하늘가에 펼쳐져 있더니, 이 모양 저 모양으로 변하다가 더욱 퍼져나갔다. 수도에 위치한 굴원의 집은 눈부시게 빛나는 아침노을 아래 더욱 휘황하게 모습을 드러냈다.

바로 이때, 아름답고 기품 있는 부인이 곁채에서 돌아 나와 예의 바르게 남편에게 말했다.

"우리가 애타게 십여 년을 기다렸는데도 여전히 후세를 볼 수 없으니, 이를 어찌하면 좋아요?"

백용은 느긋하게 말했다.

"사람에게는 정해진 운명이 있는 것이거늘, 억지로 원한다고 이루어지겠소?"

백용은 느긋하게 말했다.

부인은 남편의 낙천적인 태도를 보고서, 천천히 남편 곁으로 걸어가 사뿐히 앉으며 말했다. "참, 당신은 태평도 하시네요."

그녀는 남편이 반응이 없는 것을 곁눈질로 보고는 또 중얼거리듯 말했다.

"당신 말씀은 자식이라는 것은 운명으로 정해져 있다는 말씀이지요? 그렇다면 변경할 수 없는 것도 아니네요. 일찍이 성현께서 '하늘의 도는 무상하다'고 하셨잖아요? 제가 이해한 바로는 바로 하늘의 도 또한 고정불변이 아니며, 운명은 인력으로 극복할 수 있다는 거예요. 그렇잖아요?"

백용은 머리를 끄덕이면서 말했다.

"부인의 생각은 나보다 세속에 얽매어 있지 않고 초연하구려. 일의 성공 여부가 사람의 노력에 달려 있다고 강조하니 아녀자의 생각치고는 정말 대단한 고견이오!"

부인은 남편의 칭찬을 듣자 더욱 신이 나서 백용의 안색을 가만히 살피면서 떠보았다.

"참, 어째서 여수신께 조상의 제사를 이을 사내아이를 달라고 구하지 않으세요? 사람들의 이야기를 듣자니 여수신은 고난에서 사람들을 구해주는 좋은 신이며 기도를 하면 반드시 응답해주신다는데, 당신 생각은 어때요?"

백용은 묵묵히 듣고만 있을 뿐 아무 대답이 없었다. 그는 천문과 역법을 담당했던 관원이라 신께 구하는 일에 대해서는 그다지 흥미를 느끼지 않았다. 부인은 그가 무덤덤한 태도를 보이자 빙그레 미소를 지으며 말했다.

"속담에 '병이 위급하면 아무 의사에게나 막 보인다' 고 했는데, 한 번 해봐도 괜찮겠지요. 설사 이루어지지 않는다고 해도 정도에서 크게 벗어나는 것은 아니잖아요. 아들을 구하는 풍속이 민간에서는 성행이에요. 게다가 춘삼월이라 날씨도 따뜻하고 땅도 녹아 사방에는 꽃들이 만발했어요. 교외로 나가 산보하면서 기분전환을 하는 것도 좀처럼 얻기 힘든 즐거움이잖아요. 저는 오랫동안 따분하게 집에만 있었어요. 저를 데리고 한번 놀러가 주세요."

백용은 아들을 원하는 부인의 간절한 마음을 보고서 흥을 깨지 않으려고 말했다.

"그럽시다. 가고 싶다면 가야지. 언제가 좋겠소?"

"날짜를 살펴봐야 하는데, 어느 날이 길일인지 당신이 좀 살펴봐주세요."

백용은 잠시 있다가 말했다.

"내일이 바로 길일이군. 밖에 나가 대를 이을 자식을 위해 기도하기에도, 놀기에도 좋은 날이니 모두 순조롭게 될 것이오."

"그것 참 잘되었네요. 내일 바로 나가서 신령님께 기도드릴 수 있다니, 벌써 날개를 단 기분이에요."

백용은 서재로 돌아와 죽간을 들고서 머리를 흔들며 책을 읽었다. 이 책은 그가 가장 애독하여 손에서 거의 놓아본 적이 없는 『춘추春秋』인데, 감동적인 내용을 읽을 때에는 만면에 기쁜 빛을 띠었다.

기분이 좋아진 부인은 창밖의 아름다운 봄 경치를 얼이 빠진 듯 바라보고 있었다.

이때, 눈치가 빠른 하녀인 춘화가 병풍 뒤쪽에서 조심스럽게 걸어 나왔다. 그녀는 영리하고 귀엽게 생긴 계집종으로 부인의 총애를 받고 있었다. 그녀의 계란같이 둥글고 작은 하얀 얼굴, 사람을 바라볼 때 쉼 없이 굴리는 촉촉하고 맑은 검고도 큰 눈동자, 귀엽고도 수려한 용모, 온순한 성격, 가볍고 민첩한 몸가짐 등은 사람들에게 특별한 호감을 갖게 했다. 그녀는 부인이 아들을 내려달라고 신령께 기도하러 간다는 소식에 속으로 은근히 기뻐했다. 그녀는 천천히 걸어와 부인의 등을 가볍게 두드렸다.

돌연, 차가운 바람이 창문으로 불어와 한기가 들었다. 그녀는 급히 녹색 솜털 외투를 가져와 먼지를 털고는 부인의 몸을 덮었다. 그런 다음 다탁 곁에 가서 세심하게 진한 차 한 잔을 찻잔에 따라 부인에게 주고 빙그레 웃으며 말했다.

"마님께서 내일 여수 신령께 기도드리러 가실 때 저도 데리고 가실 수 있는지요?"

부인은 바로 대답하지 않았다. 그녀는 춘화를 아랑곳하지 않은 채 무언가를 골똘히 생각하고 있었다. 그녀는 차 뚜껑을 열고서 찻잔 속에 떠 있는 찻잎을 걷어내며 가느다란 목소리로 말했다.

"대감마님께서는 또 시를 지었느냐?"

"예, 또 시를 지으셨어요. 방금 시동侍童이 보내왔는데요, 마님께서 주무시고 계셔서 책상 위에 놓아두었어요. 보고 싶으시면 제가 가져올게요."

"그럴 필요 없다. 조금 있다가 내가 가서 보마."

부인은 말을 마치고 찻잔에 코를 대어 차 냄새를 맡더니, 한 모금 마시고서 맛을 음미하고는 또 한 모금 마셨다. 그러고는 춘화에게 찻잔을 건네주었다.

춘화는 찻잔을 받아들고 부인을 바라봤다. 그녀는 아름답고 청순하며 점잖았다. 나이는 서른여섯을 넘었지만 서른도 안 되어 보였다. 희고 고운 피부와 초승달 같은 눈썹 아래 반짝이는 맑은 두 눈, 달콤하게 웃는 얼굴, 날씬한 몸매, 둥근 아래턱, 붉고 작은 입, 고르고 하얀 이……. 그녀는 선천적으로 아름다운 바탕에다 몸치장하기를 좋아하여 옷차림새에 신경을 많이 썼다. 특히 고상한 것을 좋아하여 화려한 듯이 보여도 호사스럽지는 않았다. 옷 빛깔과 격식이 어울려 더욱 멋지고 맵시가 있어 눈부셨다. 작년에 가벼운 병을 앓은 후 거동은 연약한 모습을 보였다. 그러나 인품은 한층 더 고아하고, 성격은 더욱 온화하며, 외모는 화사하고 고귀한지라 천상의 선녀와 견줄 수 있을 정도였다.

부인은 차를 다 마시고 일어나 천천히 걸음을 옮겨 탁자 앞으로 가 남편이 새로 지은 시를 감상했다. 신께 기도하는 시였다. 이 시는 어젯밤 남편이 즉흥적으로 지은 시였다.

세상 사람들 신을 찾지 않는다 해도,
신령께서는 사람들 마음 가운데 계신다네.
착한 마음으로 세상일을 하다보면,
선과 악은 자연히 나누어지나니.
世人兮莫求神, 神靈兮心中存.
善心兮待世事, 良惡兮自然分.

부인은 '착한 마음으로 세상일을 하다보면'이라는 구절에서 오래도록 생각에 잠겼다. '평소에 양심을 따르지 않고 제멋대로 나쁜 짓을 일삼다가 일이 터지자 신께 보호해달라고 기도한다면, 신께서도 받아주시지 않을 것이다. 평소에 마음속에 신이 계시듯 신을 향한 마음으로 세상일을 하다보면, 자신의 이익만을 위해 남에게 해를 끼치는 행동을 하지 않게 되어 죄악의 씨를 심지 않게 되니, 이는 바로 신께 기도하지 않아도 신께서 자연히 마음 가운데에 있는 것과 같아서 신께 기도하는 효과를 불러일으키리라.'

부인은 남편의 시가 감정 절제가 잘된, 깊이 있는 시로 읽혀졌다.

춘화는 부인의 심사를 알아차리고는 어리광하듯 여쭈었다.

"마님, 지금 신께 기도하러 가실 건가요?"

"물론 가야지! 대감마님께서 지으신 시는, 사람으로서 응당 경건한 마음으로 신령과 사람을 대해야 하고, 마음에 신령께서 자리 잡고 있으면 하는 일마다 규범에 지나치지 않게 됨을 강조하고 있지 않느냐! 오늘 천지신명을 뵈러 가서 내 속마음을 아뢰면 더욱 좋지 않겠느냐? 그렇지 않느냐?"

"예, 지당하신 말씀입니다. 역시 마님의 식견은 넓으세요. 제가 만약 마님께 만 분의 일이라도 배웠다면 저에게는 큰 행운이지요. 마님의 몸종이 된 것이 헛되지 않을 테니까요."

춘화는 말을 마치고 개구쟁이처럼 부인을 슬쩍 바라보더니, 참을 수 없다는 듯이 몰래 낄낄거렸다.

방금 한 말은 비꼬는 말투였는데, 어찌 그녀를 속일 수 있겠는가? 그러나 그녀는 춘화를 매우 예뻐했다. 춘화는 그녀가 시집올 때 데려온 계집종으로, 십여 년 동안 자기 곁을 떠난 적이 없으며, 지금까지 줄곧 여동생처럼 대해왔다. 비록 주인과 하녀라는 신분상의 차이가 있다고는 하지만 네 것 내 것을 가리지 않았다. 그래서 그녀는 농담조로 말했다.

"언제부터 사람 약 올리는 것을 배웠느냐? 빨리 결혼해서 아들이나 낳거라."

춘화는 부인의 꾸지람을 듣는 순간, 얼굴을 붉히면서 입을 삐죽거렸다.

"저는 평생 시집가지 않고 마님 시중들 거예요. 저 쫓아내지 마세요.

하루도 마님을 뵙지 못하면 마음이 놓이지 않으니까요."

춘화는 그렇게 말하면서 흘끗 부인을 바라보았다. 자기 말에 그녀가 별 관심을 보이지 않자 춘화는 한마디 덧붙였다.

"차라리 평생 마님의 시중을 들지언정 시집은 안 갈 거예요."

"흥, 겉 다르고 속 다르다더니 듣기 좋은 소리만 하는구나. 사실, 네가 남자를 생각하고 있다 해도 지나친 것은 아니지. 남자는 나이 들면 장가를 가야 하고 여자도 때가 되면 시집을 가야 하는 법, 사람은 다 똑같은 사람이지!"

이튿날 새벽, 부인은 평소처럼 푹신한 베개에 머리를 묻고서, 일어날 듯 말듯 눈을 감은 채 누워 있었다. 잠시 있다가 그녀는 백옥 같은 팔을 뻗치며 기운이 없는 듯 연이어 몇 차례 하품을 했다. 그러고 나서 몸을 쭉 펴면서 잠자리에서 일어나려 했다.

곁에서 시중드는 춘화가 부인이 일어나려는 것을 보고는 급히 침대로 다가가 가볍게 그녀를 부축했다. 부인은 춘화의 어깨를 붙잡고 다다미를 밟고서 느릿느릿 바닥에 발을 내딛었다.

춘화는 부인에게 아침 밥상을 올린 후 조용히 밖으로 나왔다.

말을 관리하는 남자 하인은 일찍부터 두 필의 큰 말을 끌어다가 정원 입구에 세워놓고 세심하게 말갈기를 빗어주고 있었다. 머리를 높이 치켜든 말의 갈기는 반들반들 빛났다. 용의 머리, 토끼 같은 귀, 호랑이의 등, 사자의 배, 사슴의 다리에 은화 모양의 발굽을 하고 있는, 잡티 하나 섞이지 않은, 그야말로 온몸이 새하얀 백토마였다. 사람들은 흰색의 쌍둥이 명마는 좀처럼 얻기 어려운 것이라고 칭찬이 자자했다. 명마는 주인을 보자, 꼬리를 치켜들고 히힝 울면서 주인에게 얼굴을 비볐다.

백용은 희색이 만면하여 싱글벙글 말 등에 올랐다. 부인을 가냘프고 여린 여자로만 보아서는 안 된다. 말을 끌고 온 그녀는 날렵하게 몸을 날려 말에 올라탔다. 그들은 봄의 경치가 완연한 큰길을 유유히 걸어갔다.

늦봄이라 산천과 벌판, 논밭에는 형형색색 물들지 않은 곳이 없었다. 마음껏 멀리까지 바라보자, 두 사람은 갑자기 가슴이 툭 트이는 느낌이 들었다. 뿌듯한 흥취가 가슴 가득 밀려왔다.

경치를 감상하면서 걸음을 옮기던 그들은 어느덧 삼거리에 이르렀다. 그곳에는 빨랫돌들이 있었다. 백용은 말에서 내려와 잠시 쉬면서 그 아름다운 돌을 신기한 듯 바라보았다. 부인은 바위에 앉아 가만히 쳐다보더니 놀란 듯 입을 열었다.

"여보, 경치 좀 보세요. 정말 아름다운 봄이네요. 온 대지에 비단 자수를 놓은 듯 너무 훌륭해요!"

"봄이 인간세계에 와 있으니 이번 여행은 헛되지 않구려!"

백용은 옷과 혁대를 풀고 호피 외투를 걷어 올렸다. 마치 봄기운을 한껏 받아들이려는 듯했다.

"초나라는 정말 아름다워요! 저는 오늘에야 왜 나라 이름이 초楚인지를 알겠어요."

"부인, 눈앞의 경치에 푹 빠졌나보오. 초라는 글자에는 고통의 의미도 있다는 걸 잊어서는 안 되오."

"아름다움 속의 고통? 옥에도 티가 있다는 거네요. 이 세상에 어찌 완전한 선과 완벽한 아름다움이 있겠어요! 아름다움과 추악함, 좋고 나쁨은 항상 함께 어우러져 있는 것이 아니겠어요? 그렇지요?"

백용은 미소를 띤 채 고개를 끄덕이면서 말했다.

"초나라의 아름다움이 뛰어난 조건에서 비롯된 것이라면, 나라의 고통은 사람들이 초래한 것이오. 바로 아름다움으로 인해 심각한 재난과 고통이 야기된 거요……."

"그건 사람의 잘못인가요? 아니면 아름다움 자체의 잘못인가요?"

부인의 말에는 분명 원망이 묻어 있었다.

"……."

유람객들은 난초꽃을 허리에 차고 삼삼오오 끊임없이 오고 갔다. 그들의 마음속엔 오로지 공통된 바람이 있었다. 해마다 좋은 날씨를 주시고, 메뚜기떼가 오지 않도록 하며, 모든 사람을 해치는 벌레들이 없어지기를, 인간을 도와 태평성대를 이룰 수 있기를 신명께 기도하는 것이었다. 많은 사람들은 마치 앞쪽에 이상의 왕국이라도 있는 듯 바쁘게 앞으로 나아갔다. 어느덧 여수당이 눈앞에 들어왔다.

짙푸른 산에 에워싸인 이곳은 구름이 모였다가 흩어지고 안개가 자욱하다가 사라지는, 상서로운 기운으로 가득 찬 곳이다. 사방엔 나무들과 대나무가 섞여 자라고 기이한 화초가 무리지어 피어 있어, 정말로 뛰어난 인재가 나올 법한 명당이었다.

"산이 높지 않아도 신선이 살면 이름이 난다"라고 한 옛사람들의 말씀이 옳다. 이곳의 산은 높지 않지만 빼어나며, 물은 깊지 않지만 졸졸 흐르고, 골짜기는 거침없이 종횡으로 내달으며, 새소리와 풀벌레 소리…….

제후국 가운데 초나라는 무속이 가장 성행한 나라이다.

민간에서는 항상 무속 활동이 거행되었다. 예를 들면, 친족들이 모여 조상께 제사를 지낸다거나, 원주민들이 비를 내려달라고 기도한다거나, 남녀가 자식을 구하는 등의 행사이다. 물론 어느 활동이든 남자 박수나 여자 무당이 행사에 꼭 참여했다. 무巫는 신의 화신이다. 그들의 언행은 신의 뜻을 대신했다.

백용과 부인은 여수당에 들어가 목욕하고 참배한 뒤, 여수 신상 앞에 무릎을 꿇었다. 박수와 무당이 그들에게 법사를 행하고 입으로는 법문을 읽어주었다. 또 두 사람에게 난초꽃과 향초를 몸에 매달아주고, 신

수神水로 목욕재계시켜 소망이 이루어지도록 기도했다.

이번 나들이에 정성을 다해 경배를 드려서인지 부인은 뜻밖에 아이를 갖게 되었다.

세월은 덧없이 흘러 순식간에 이듬해 삼월이 되었다.

초나라 남쪽 변경 지역은 이제껏 눈이 한 번도 내리지 않았는데, 올해는 생각지도 않게 전대미문의 폭설이 쏟아졌다. 사흘 밤낮으로 내린 눈은 한 자 남짓 소복이 쌓였다. 세상은 온통 하얗게 뒤덮였다. 북쪽 나라보다도 더한 듯했다. 특히 기이하게도 눈이 내린 이후, 하늘에 오랫동안 보지 못했던 커다란 무지개가 걸려 있었다. 끝없이 이어진 무지개는 눈부시게 아름다웠고 오래도록 사라지지 않았다. 이 기이한 현상은 온 나라 사람들에게 알려졌다. 나머지 여섯 나라들 또한 그 소문을 듣고 모두 놀라워했다.

북풍은 살을 에는 듯 차갑게 불어왔고, 모든 물은 꽁꽁 얼었다. 산의 나무들은 은백색의 옷을 두르고 땅 위의 화초들은 반짝이는 진주를 가득 매단 듯했다. 티끌 하나 없이 새하얗게 뒤덮인 초나라의 대지는 너무나 매혹적이었다. 마치 옥처럼 깨끗해서 새하얀 세상이 새로 나타난 듯했다.

비정상적인 날씨로 인해 부인은 문밖출입을 할 수 없었다. 부인은 종일토록 화롯불을 끼고 앉아 있으려니 답답하여 참을 수가 없었다.

오늘은 마침 눈이 멎고 하늘은 가없이 맑은데다, 선홍빛의 태양이 온 누리를 비추어 장관을 이루었다. 이처럼 아름다운 경치를 보자, 부인은 기쁨을 억누를 수가 없었다. 부인은 교외로 나가 기분전환을 하고 싶은 마음이 간절했다.

춘화는 부인과 함께 발길 닿는 대로 한가롭게 거닐었다. 두 사람은 새장을 나온 새가 끝없이 넓은 창공을 날갯짓하며 푸른 하늘을 마음껏 즐기듯이 집으로 돌아갈 생각이 없었다. 그녀들은 자신들도 모르게 성곽을 지나고 해자를 건너 산언덕을 넘고 작은 시냇물을 건넜다.

여기저기 둘러보며 한가로이 걷다보니 어느새 여수전이 멀지 않았다. 부인은 여수전을 저만큼 바라보다가 무슨 생각이 들었는지 성큼성큼 앞으로 나아갔다.

잠시 후 높은 언덕을 내려오는데 뱃속의 아이가 갑자기 꿈틀거리는 것을 느꼈다. 뜻밖의 사태에 그녀는 깜짝 놀랐다. 그녀는 몹시 불안하여 잠시 앉아 쉬었지만 뱃속 아이의 태동은 갈수록 빨라졌다. 부인은 춘화의 부축을 받아 일어나 한 발 한 발 천천히 걸음을 옮겼다.

아이가 금방이라도 나올 것 같았지만, 부인은 그래도 여수전까지는 걸어갈 수 있으리라 여겼다. 다행히 여수전은 백 보도 채 안 되는 거리에 있었다. 그녀는 이를 악물고 양미간을 찌푸렸다. 출산 전의 진통으로 숨이 가빠진 그녀는 몸을 구부린 채 힘들게 발걸음을 옮겼다. 다행히 밖에서 향불을 살피던 무당이 부인의 모습을 보고서 달려와 빈방으로 안내했다. 부인이 방 안으로 들어가자, 여수전에서 일하는 무녀들이 앞을 다투어 너 나 할 것 없이 침대보를 깔고 준비할 물건들을 가져오는 등 눈코 뜰 새 없이 바쁘게 움직였다.

춘화는 부인을 부축하여 침대에 눕혔다. 나이 든 무녀가 산파를 보겠다며 나섰다. 그녀는 부인에게 출산할 때 어떻게 힘을 주어야 하는지를 설명했다. 금세 양수가 터졌고 아이의 머리가 점점 밖으로 나오고 있었다. 초산인데다 나이가 든 편이었지만 출산은 순조롭게 진행되었다. 순간 "응아!" 하는 울음소리와 함께 희고도 통통한 갓난아기가 세상에 나왔다.

아이가 태어난 때는 썩 좋지 않았다. 천지에 눈보라가 휘날리고 한기가 몸을 파고드는지라, 아이는 얼어 죽을 것만 같은지 "앙앙!" 하며 계속 울기만 했다. 아이의 울음소리는 장단에 운율이 있고 경중에 운이 있어, 마치 장편의 시와도 같았다. 아이가 태어나자마자 울분을 터뜨리고 있다고 말하는 이도 있었다.

아이의 울음소리는 적막에 잠겨 있던 산장을 깨어나게 했다. 소식을 듣고 깜짝 놀라 달려온 박수는 아이를 보면서 웃음을 감추지 못했다. 호기심에 가득 찬 무녀들은 수줍은 미소를 띤 채 바쁘게 움직였다.

처음으로 어머니가 된 부인은 몹시 기뻤다. 산후의 피로는 말끔히 사라지고 얼굴에는 행복한 웃음이 흘렀다. 몇 방울 뜨거운 눈물이 창백해진 볼을 타고 흘러내리자, 그녀는 더욱 어여쁘게 보였다.

소원을 이룬 부인은 마치 무거운 짐을 벗어버린 듯 홀가분한 기분이 들었다. 그녀는 천지신명께 아이의 평안무사와 만수무강을 빌었다. 그녀가 기도하고 있을 때 갑자기 남편 목소리가 들려왔다.

"부인! 괜찮소?" 백용은 헐레벌떡 달려오느라 얼굴에는 온통 땀투성이었다.

백용은 부인과 아이가 침대에 편안하게 누워 있는 것을 보고서야 불안한 마음이 가셨다. 그는 손을 내밀어 부인의 초췌한 얼굴을 어루만지며 다정하게 물었다.

"부인, 무슨 일이 생기지는 않았소?"

부인은 미소를 띤 채 고개를 끄덕였다.

"저는 아무 일 없어요. 오히려 당신을 애태웠군요. 빼어난 경치에 그만 정신을 빼앗겨 ……다행히 무녀들께서 정성껏 도와주시어 별 어려움은 없었어요."

"그렇소? 무녀들께 감사를 드려야겠구려."

백용은 다시 부인에게 물었다.

"아들이오, 딸이오?"

"알아맞혀보세요!"

"아들을 낳았소?"

부인이 웃기만 할 뿐 대답해주지 않자, 그는 이불 끝자락을 살며시 들어올렸다. 방 안이 어두운지라 자세히 보이지 않아 손을 뻗어 만져보려는데 갑자기 그의 얼굴에 오줌이 솟아올라 눈썹과 수염을 흠뻑 적셨다.

"퉤퉤!"

그는 짜고도 떨떠름한 오줌을 뱉었다. 부인은 웃음을 깨물었다.

백용은 손수건을 꺼내 얼굴을 닦으면서 큰 소리로 웃음을 터뜨렸다.

"부인, 우리가 드디어 꿈을 이룬 것 같소. 하늘의 은총과 신령님의 보우하심의 덕분이니, 여수전을 다시 보수하도록 도웁시다. 사람과 신이 합일하고, 천지가 도를 함께할 수 있도록 미력이나마 보태도록 합시다. 부인, 어떻소?"

부인은 흔쾌히 머리를 끄덕여 동의했다.

신전의 책임자는 어느 귀부인이 이곳에서 출산하려 한다는 것과 조정의 대신도 이곳에 와 있다는 소식을 듣고 급하게 달려왔다. 그는 백용을 보자마자 허둥거리며 축하인사를 했다.

"대인, 축하드립니다. 이 아이는 보통 아이와 다르니, 장차 큰 행운이 따를 것입니다."

"어르신의 귀하신 말씀에 감사드립니다."

백용의 마음은 기쁨이 넘쳐흘렀다. 가만히 생각해보니 신전 책임자의 치켜세우는 말이 결코 의례적인 인사치레가 아니라는 생각이 들었다. 백 년 만에 처음 맞는 폭설과 보기 드문 커다란 무지개에 근거한 예언이리라. 이러한 현상이 자연적인 것이기는 하지만 평상시와 다른 기이한 현상이 나타나면 사람들은 상상력을 발휘하게 되고, 특히 전혀 알 수 없는 현상일수록 더욱 기묘한 상상을 하게 된다.

백용은 천문 연구의 전문가이다. 물론 그의 기쁨은 이러한 자연현상

을 근거로 한 것이 아니었다. 아이의 출생시간을 헤아려보니, 바로 인
년寅年, 인월寅月, 인일寅日, 인시寅時에 해당했던 것이다. '십이지十二
支로 따지면, 인은 호랑이에 속한다. 바꾸어 말하면 호랑이 해, 호랑이
달, 호랑이 일, 호랑이 시로 네 호랑이가 나란히 이어져 있는 출생이다.
이는 아주 얻기 어려운 일이니 귀한 것이라 말하지 않을 수 없다. 그래
서 아이의 몸은 백배의 값어치를 지니게 된다.' 백용은 남몰래 기쁨을
감출 수가 없었다.

부인도 기쁨을 참지 못하고 남편에게 빙그레 미소를 지으며 말했다.

"여보, 아이 이름을 빨리 지어주셔야지요!"

굴원은 잠깐 생각에 잠기더니 말했다.

"아이가 천지의 영기를 가득 안고 성스러운 곳에서 태어났으니 굴평
屈平이라 이름을 짓고, 자는 원原이라 합시다."

그는 부인이 선뜻 이해하지 못할까봐 설명을 덧붙였다.

"평은 공평하고 곧음의 의미로 곧 하늘을 상징하고, 원은 드넓음의
의미로 땅을 상징한다오."

부인은 아들의 이름이 천지의 의미를 포함하고 있다는 것을 듣고는,
흡족한 듯 연신 고개를 끄덕였다.

백용은 손을 내밀어 아이를 안고서 다정하게 입맞춤을 했다.

"오! 나의 귀염둥이! 이 아비가 너의 이름을 지어주었으니, 얼마나 의
미있는 일이냐! 네가 자라면 반드시 기뻐하리라……."

그들이 기쁨에 겨워할 때 하인이 꽃가마를 끌고서 당도했다.

부인은 춘화의 부축을 받아 꽃가마에 올랐고 백용은 큰 말에 올랐다.
일행은 기쁨에 잠겨 집으로 향했다.

건장하고 재기 넘치는 젊은 시절

굴원이 세상에 태어난 무렵은 중국 역사에서 전국 말기로, 일곱 나라가 자웅을 다투는 시기였다. 사람들은 이 시대의 특징을 가락에 붙여 다음과 같이 노래했다.

봉화는 끊이지 않고, 전쟁은 빈번하네.
시커먼 연기와 전염병 속에, 사람과 요괴 구분하지 못하겠네.
호랑이와 이리 같은 자들은 흉포하고, 개돼지 같은 자들은 거드럭거리네.
혼돈에 빠진 세상, 간사한 자와 어진 자 구분하지 못하겠네.
烽火連綿, 戰事頻仍.
烏煙瘴氣, 人妖不分.
虎狼逞凶, 猪狗逞能.
混沌世界, 不分佞賢.

굴원은 바로 이러한 특수한 환경에서 태어나고 성장했다.
소년 시절 굴원의 생활은 행복했다. 그는 대대로 조정에서 벼슬을 지낸 귀족 집안 출신이었고, 집안의 복락과 영화를 오래도록 누릴 수 있었다.

굴원은 일곱 살에 학당에 들어가 공부를 했는데, 가르치는 스승은 늘 깜짝 놀라 말하곤 했다.

"이 아이는 기억력이 뛰어난 천재이다."

이 학당은 오로지 왕족 자제들을 위해 개설한 곳이었다. 이곳의 아이들은 학당에 들어가기 전에 집안에서 교육을 받았기 때문에 모두들 총명하고 말솜씨도 좋았다. 굴원은 특히 뛰어나 용 중의 용이요, 왕 중의 왕이었다. 두뇌가 신기할 정도로 총명하여 '신동'이라 불렸다. 배우기를 천부적으로 좋아하다 보니, 학당에 들어간 지 얼마 되지 않아 많은 아이들을 뛰어넘어 단번에 최고의 자리에 오르게 되었다. 친구들은 항상 엄지손가락을 치켜들고 그를 칭찬했다.

공부는 타고난 자질도 중요하지만 나태에 빠지지 않고 노력하는 것이 더 중요하다. 그래서 옛 사람은 시를 지어 다음과 같이 읊은 것이리라.

등불 심지 돋우고 창가의 불빛 의지하여 공부하는 고통이라면,
신동으로 태어나지 않았어도 신동이 되나니…….
更加燈火臨窓苦, 不是神童亦神童…….

어린 시절부터 굴원은 열심히 배우는 것만이 지식의 넓은 바다를 건널 수 있는 귀중한 길이며, 그렇게 해야만 최고의 자리에 설 수 있다는 것을 깨달았다. 그는 승부근성이 매우 강해서 배움에서는 남에게 지지 않으려 했고, 성공에 이르는 어떠한 지름길도 추구하지 않았다. 배움에 있어서는 지름길이란 없으니 오직 책에서 손을 놓지 않고 열심히 정진하는 사람만이 영광스런 정점에 도달할 수 있으리라 생각했다.

집안에는 죽간 수만 권이 있었는데, 장서가 많기로는 백용이 으뜸이 었다. 그의 아버지는 고금의 학문을 꿰뚫고, 나라 안팎의 사정에 박식했으며, 경륜도 풍부한 대학자였다. 그의 어머니도 좋은 교육을 받았으며, 특히 학식과 교양이 있고 예절에 밝았다. 이와 같은 좋은 환경은 굴원을 지식의 바다에서 마음껏 노닐게 했다. 그는 책을 읽되 의문을 가지고 배움에 임했으며, 끝까지 근원을 밝히고 의심스러운 것을 탐색하고 연구했는데, 이것은 그의 취미이기도 했다. 당시에 박학한 대유학자로 일컬어졌던 백용은 굴원의 물음에 놀람을 금치 못할 때가 많았다.

기원전 323년, 굴원의 나이 어느 덧 열여섯 살이 되었다. 건장하고 넘치는 재기를 갖춘 굴원은 밤낮으로 죽간을 읽었다. 그는 배움의 임무가 막중함을 깊이 깨닫고 있었다. 유구한 중국 문화에서 영양분을 얻으려면 자기에게 충실해야 하고, 또한 자신을 유용한 인재가 될 것이라 여기면서 끝까지 근면해야 함을 잘 알고 있었다. 그는 나태와 교만을 멀리하고 학문에 열중했다. 대부분의 귀족 자제들은 도저히 그를 따라잡을 수 없게 되었다.

백용은 아들이 학문에 선천적인 재능이 있다는 것을 알고 있었다. 또한 배움을 좋아하는 아들의 모습은 그에게 기쁨과 위안을 주었다. 그러나 그의 기쁨과 위안에는 약간의 걱정도 섞여 있었다. 어느 날 그는 아들을 불러 말했다.

"평아! 배움은 끝이 없고 정력은 유한하니 심신의 건강에 유의해야 한다."

"아버님, 걱정하지 마세요. 저는 일할 때와 쉴 때를 알고 있으니, 심신이 상하는 일은 없을 것입니다."

굴원은 한겨울 엄동설한에도 콩기름 등불 아래에서 죽간 읽기를 멈추지 않았다. 『춘추』를 배우고 『상서尚書』를 연구하며, 『논어論語』를 읽고 『시경詩經』을 읊었다. 고단하면 기지개를 펴고, 나른하면 하품을 하고, 피곤하면 눈을 감고 긴장을 풀어주었다. 그러고는 다시 공부에 매달렸다.

삼월의 따뜻한 봄날, 꽃들이 활짝 피어 사람들은 집 밖으로 나가 기분 전환을 하는데도 그는 서재에서 계속 책과 씨름하고 있었다.

삼복의 무더위, 태양은 지글지글 작열하고 땀은 줄줄 흐르는데도, 그는 손에서 책을 놓지 않고 한 편 또 한 편, 한 권 또 한 권, 한 글자 또 한 글자를 마음속 깊이 새겨 넣었다.

가을비가 소슬하게 내리고 처량한 바람이 스산하게 불어올 때, 그는 한수漢水 강가에서 정신을 집중하여 검법을 연마했다.

억수같이 쏟아지는 빗줄기 속 질퍽거리고 미끈거리는 길에서 굴원은 나는 듯이 말을 내달리며 승마술을 열심히 연습했다.

굴원은 이처럼 부지런히 배우고 꾸준히 자신을 연마하여, 마침내 탄탄한 실력을 갖추게 되었다.

부모로서 이렇게 노력하는 아들을 만난다는 것은 실로 천행이리라. 백용과 부인은 항상 웃음이 떠나지 않았다.

어느 날 백용은 기쁜 얼굴로 부인에게 말했다.

"평이가 부賦 짓는 법을 배워 한 수 지었는데 아주 훌륭하오."

그는 부를 부인에게 건네주었다.

"보구려! 녀석이 당신의 문장 풍격을 모방하고 있소. 당신같이 재능 있는 여인을 스승으로 삼고 있으니 아이에게는 큰 행운이오."

"아이, 제가 한 일이 뭐가 있다고 그러세요. 부를 잘 짓는 것은 평이의 선천적인 재능인걸요. 지금까지 그 아이에게 부를 온전하게 가르친 적은 없고, 다만 부를 짓는 방법을 약간 가르쳐주었을 뿐이에요."

가만히 부인을 바라보던 백용이 뭐라고 말하려는 순간, 부인이 먼저 말을 이었다.

"펑이의 시는 부보다 훨씬 나아요. 여보, 보세요. 이게 어디 열여섯 살 먹은 아이가 지었다고 할 수 있나요? 제가 그 애를 지나치게 띄우는 게 아니에요. 당신처럼 학문이 깊은 사람일지라도 펑이만큼 잘 짓지는 못할걸요. 이 「귤송橘頌」은 정말이지 후세에 전해질 걸작이라 할 만해요. 당신이 한번 보세요!"

백용은 흐뭇한 표정을 지으며 부인 곁으로 발걸음을 옮겨 부인이 건네주는 시를 받아들었다. 그는 근시가 심한 눈을 가늘게 뜨고서 아들의 시를 차근차근 읽었다. 몇 번 되풀이해서 읽더니 깨달아지는 바가 있는지 수염을 쓰다듬으며 말했다.

"좋은 시로다! 좋은 시야! 어린 나이에 이처럼 수준 높은 시를 지어낼 수 있다니, 정말 대단한 일이야!"

"그것이 바로 타고난 재능이지요. 타고난 자질이 있어야 능력도 드러낼 수가 있지요. 뜻만 있다면 나이가 무슨 상관이 있겠어요?"

그녀는 아들에 대한 자긍심이 대단했다. 자신의 아들이 힘차게 솟아오르는 태양처럼 지평선에서 떠올라 대지 위에 빛을 두루 비쳐줄 것만 같았다.

"오오! 부인 말에 일리가 있소. 나도 동감하오. 펑이가 어려서부터 좋고 싫은 게 분명한 성격인데, 이는 좋은 일이오. 하지만 ……이런 성격이 좋기는 하지만, 장래 이 세상에서 입신하기가 어렵고, 심지어 화를 초래할 염려가 있어서……."

"그 성격은 당신을 닮았네요." 부인은 남편의 말을 끊고 말했다.

"우리 자식이 쉬이 얻을 수 없는 바르고도 어진 군자인데, 당신은 어찌 근심스런 표정을 지으시나요? 아이가 당신을 닮아 군자 같은 학자가 되는 게 싫으신가요?”

“이야기가 그렇다는 거지, 좋지 않을 게 뭐 있겠소? 다만 내가 우려하는 데에는 나름의 이유가 있소. 평의 나이가 아직 너무 어린데다가 알고 있는 일들이 현실과는 매우 동떨어지니 그게 안타깝다는 거요.”

남편의 이야기에 부인은 자기도 모르게 두려움을 느꼈지만 곧바로 웃음을 머금었다. 그 웃음은 분명히 남편의 늘 애수에 잠긴 감상적인 성격을 책망하고, 떨어지는 낙엽에도 머리를 다칠까 두려워하는 남편의 소심한 성격을 비웃는 것이었다. 지나칠 정도로 신중한 남편의 태도는 앞으로 나아가지 못한다는 느낌을 주었으며, 사람들에게 어쩔 수 없이 겁쟁이의 모습으로 비추어졌다.

부인은 마음속으로 남편의 성격이 아들에게 유전되지 않았음을 다행스럽게 여겼다. 부인은 아들이 두려움 없이 과감히 행동하는 사내대장부가 되기를 바랐다. 이렇게 생각한 후, 부인은 자신의 요구가 남편에게 모질다고 생각했다. 사람의 성격이란 천차만별인데, 어찌 똑같기를 억지로 요구할 수 있겠는가? 그녀는 평상시 남편을 매우 공경했고, 특히 그의 사람됨에 있어서는 대단히 감복하고 있었다. 그러나 오늘은 왠지 아들이 남편을 따르지 말고 영웅의 이미지로 세상 사람들 앞에 나타나면 좋겠다고 생각했다.

백용은 부인이 왜 웃는지 정확히 알 수는 없었지만, 그녀의 표정은 백용의 예리한 눈빛을 벗어날 수 없었다. 그는 부인의 웃음이 자신의 쓸데없는 걱정에 대한 비웃음이라는 걸 어렵지 않게 짐작했다.

백용의 표정은 저도 모르게 변했다. 한 줄기 부끄러운 기색이 그의 불그스레하고 약간은 위엄을 띠고 있는 얼굴에 나타났다. 그는 수염을 약간 치켜 올린 채 애써 미소를 지으려 했는데, 하필 그때 부인은 몸을 돌려 곁채로 가버렸다.

굴원은 어릴 때부터 나라의 큰일에 관심이 많았다. 손님이 집으로 찾아와 천하대사를 언급할 때면, 그는 죽간을 손에서 내려놓고 손님과 아버지의 대화를 몰래 엿듣곤 했다. 특히 일곱 나라가 벌이는 전쟁과 외교에 관한 이야기에는 더욱 심취했다.

어느 날 백용이 여러 손님들을 초청하여 집에서 모임을 가졌는데, 모두가 조정의 동료이거나 우정이 두터운 벗들이었다. 그 가운데에는 외교에 종사하는 관리도 있었고, 전쟁터에서 오랫동안 싸웠던 장군도 있었다. 몇 사람은 유명한 학자들이었다. 그야말로 유명한 인물들이 함께 모여 잔을 들고 천하를 논하는 풍류의 자리였다. 굴원은 이 사실을 알고 속으로 매우 기뻐했다. 부인도 손님들이 온다는 소식을 듣고서 급히 하인 두 명에게 접대할 것들을 준비시키고, 응접실 안의 물건들을 일일이 닦은 후 가지런히 정돈했다.

부인은 특히 고풍스럽고 우아한 원형 탁자를 세심하게 닦고, 다탁 위에 놓인 다기도 반질반질 윤기나게 닦아놓았다. 부인은 일을 마치고 난 뒤에야 무거운 짐을 벗어버린 듯 한숨을 후욱 내쉬었다. 대청을 둘러보며 그녀는 흡족한 표정을 지었다. 잠시 후 손님들이 하나둘 들어오자, 그녀는 예의 바르게 인사를 하며 영접했다.

백용은 먼저 온 손님과 한담을 나누었다. 손님들이 모두 모이자, 모두들 인사를 나누었다. 서로 간에 잘 알고 있는 터라 연회 전의 번거로운 예절의식은 생략했다. 다만 연세가 많고 덕망이 높은 장군 한 분만은 윗자리에 모시고 나머지 사람들은 마음대로 자리에 앉도록 했다. 굴원도 아버지의 오른쪽 자리에 앉았다.

손님들은 즐거워하며 마음 편하게 음식을 들고 술을 마셨다. 술이 서너 순배 돌자 말들이 점점 많아졌다. 윗자리에 앉은 경험 많고 노련한 장군은 호쾌하고 시원시원하여 술잔을 들었다 하면 단숨에 잔을 비웠다. 그는 말도 장황하고 득의만만했는데, 그의 우렁찬 목소리는 대청을 쩌렁쩌렁 울리도록 크고 낭랑했다. 삽시간에 연회 분위기는 뜨거워졌다. 모두들 끊임없이 술을 권하고 술잔을 비웠다. 한 사람이 그에게 현재의 정세에 대해 한마디 해주기를 부탁하자, 그는 조금도 사양하지 않고 흥미진진하게 이야기를 했다. 그는 희끗희끗한 수염을 자주 쓰다듬으면서 술을 마셨는데, 말솜씨가 대단했다. 한참 동안 이야기를 하던 그는 술로 목을 축이고서 말을 이었다.

"대감들도 알고 계시겠지만 오늘날 천하의 정세는 일곱 나라가 패권을 다투고 있지요. 초나라와 진나라는 일곱 나라 중 우두머리라 할 수 있습니다. 이밖에도 무시할 수 없는 나라가 있는데, 바로 제齊나라이지요. 나라가 강성하여 아주 위협적인 나라입니다. 살진 말과 강한 군대, 용맹스런 장수들과 군졸들도 많지요. 제나라 왕 또한 재능을 드러내지 않고 겉으로는 자웅을 다투려는 기미를 보이지 않는데, 이는 바로 활을 숨긴 채 쏘지 않는 것이라 말할 수 있지요. 그가 다른 사람을 속일 수는 있어도 이 늙은이를 속일 수는 없지요."

그는 다시 술을 한 모금 마시고는 정신을 가다듬어 말했다.

"물론 가장 실력이 있는 나라는 역시 진나라입니다. 상앙商鞅의 변법을 시행한 이후로 나날이 국운이 번창하고 사직 또한 안정되고 있습니다. 방어한다면 꿈쩍도 하지 않는 튼튼한 기둥이 될 수 있고, 공격한다면 바다 속에서 나온 교룡蛟龍처럼 영웅이 때를 만난 격이 될 것입니다. 이러한 나라가 중원의 우두머리라 할 수 있겠고, 나아가 중원을 통일하는 것 또한 불가능하지는 않겠지요. 그러니 진나라가 우리나라의 가장 큰 걱정거리이지요!"

그는 말을 잠시 쉬었다가 사람들이 자신의 말을 주의 있게 듣고 있는 걸 보고서는 다시 말을 이어갔다.

"우리 초나라로 말하자면 한마디 말로 다 설명할 수는 없고, 말하기가 정말 어렵습니다! 겉으로는 인구도 많고 국토도 넓고 물산도 풍부해서 강한 듯하지만, 사실 국력은 더 이상 비울 것이 없을 정도로 텅 비어 있는 상태이지요. 군사들은 많지만 나태하고 흐트러져 있으며, 장수는 많지만 용맹스럽지 못하고, 군대의 기강은 느슨하며, 무기들은 낡아빠진지라, 만약 전쟁이라도 일어나면 허점이 수없이 나올 것입니다……. 이 늙은이는 항상 잠을 편히 이루지 못한답니다."

굴원은 처음으로 나라에 대한 이야기에 귀를 기울이고 있었다. 무언가 새로운 느낌과 함께 근심과 우려가 엄습했다. 나이 든 장군의 말은 그의 마음을 뒤흔들었다. 그는 술잔을 들고서 입을 열었다.

"나라를 걱정하는 장군님을 저는 참으로 존경합니다. 저희 집안이 엄격해서 평소 술을 입에 대지 못했는데, 제가 아버지를 대신해서 장군님께 술 한 잔 올리겠습니다!"

장군은 잔을 들어 다 마시고 난 후 미소를 지으며 칭찬했다.

"백용 아드님이 정말로 늠름하구나! 기풍이 좋은 걸 보니 장래에 필히 나라의 기둥 같은 인재가 되겠소. 힘을 다해 초나라를 떨쳐 일으키기를 바라네!"

그는 양고기를 먹으며 계속 천하의 형국에 대해 이야기했다.

"진, 초, 제 삼국은 제 나름의 생각들을 하고 있지요. 겉으로는 친한 것 같으나 제각각 음모를 품고 있지요. 최근 몇 달 동안에도 이름만 동맹국이지 대립 상태에 처해 있지 않습니까? 겉으로는 악수하며 사이좋게 지내자고 하지만, 속으로는 발로 차버리는 게 지금 삼국의 외교 현실 아닙니까?"

장군은 정곡을 찌르듯 천하의 시비를 논했는데, 사람됨이 엄숙한데다가 강렬한 기질과 정열적인 언사가 듣는 사람으로 하여금 추호도 의심할 여지가 없게 했다.

백용은 주의 깊게 공손히 듣고 있었지만 마치 자기와는 상관없다는 듯이 그의 이야기에 편승하지는 않았다. 백용의 관심은 하늘에나 있지 땅에서 일어나는 일과는 관련이 없었기에 이러쿵저러쿵 시비하거나 동조하지 않았다. 다만 친절하게 술이나 음식을 권할 뿐이었다.

이때 윗자리에 앉은 한 사람이 격분한 어조로 말했다.

"나라가 위험에 처해 있는 판에 조정의 간신들은 오히려 어부지리를 꾀하고 어수선한 틈을 타서 사리사욕만을 챙기니, 국운이 어찌 기울어지지 않겠습니까?"

이 말이 떨어지자마자 다른 사람이 말을 받았다.

"'연횡連橫을 하면 진나라가 지배하게 될 것이고, 합종合縱을 하면 초나라가 왕이 될 것이다'는 말은 세상 사람들이 천하의 정세를 똑똑히 보고서 하는 말입니다. 이 말의 뜻은 너무 분명하지요. 연횡이 성공하면 진나라가 제왕이 될 수 있고, 합종이 성공하면 초나라가 천하의 왕이 될 수 있다는 뜻입니다. 이를 감안해서 이제 초나라는 합종국들의 우두머리 역할을 제대로 해야 하고, 이 무거운 짐을 잘 짊어져야 합니다. 그렇게 하지 않으면 틀림없이 진나라에 패배하여 끝내 멸망하고 말 것입니다."

이 핵심을 찌르는 따끔한 말을 한 사람은 외교 사절처럼 보이는 우아하면서도 질박한 모습의 중년 남자였다. 굴원은 그의 말을 헤아려봤지만 어떤 논리와 관점에 대해서는 알듯 모를 듯해서 가르침을 청하려고 했는데, 입을 열기도 전에 또 다른 사람이 먼저 말을 던졌다.

"말씀하시는 바가 참으로 옳습니다. 따끔하고 주옥같은 말씀에 탄복하지 않을 수가 없습니다."

그는 말을 마치고 일어나 그 남자에게 술을 한 잔 권했다. 그런 다음 말을 이었다.

"진나라와 초나라는 인접 국가로 예로부터 잦은 전쟁을 일으켜 깊은 원한을 쌓아왔지요. 일찍부터 진나라는 초나라를 삼키려는 야심이 있었으나 지금까지 이루지 못했습니다. 그 이유는 여러 가지가 있겠지만 가장 중요한 이유는 합종 때문입니다. 그래서 저 개인적인 생각으로는, 성심성의로 제나라에 의지하여 합종을 견고하게 만들어 연횡의 음모를 깨뜨리는 동시에 국토 형편에 따라 변법을 시행하여 부국강병의 길로 나아가 하루빨리 국위를 떨쳐야 합니다. 그래야 공격하면 적을 섬멸하게 되고 방어하면 나라를 보호할 수 있는 것이지요. 어서 빨리 진나라를 따라잡고 앞서 가야만 우리 초나라가 확고부동한 지위를 갖게 되고 세계의 강국이 될 수 있습니다."

"여러분 모두 애국심의 발로로 말씀하시니, 저에게는 많은 가르침이 됩니다. 진심으로 경의를 표합니다! 다만 우리 세대는 마음만 있고 힘이 없어 말만 앞세울 따름입니다. 탁상공론이 무슨 소용이 있겠습니까? 불평불만이 지나치게 심하면 몸만 상할 뿐입니다. 자, 술이나 마십시다! 말을 적게 하시는 게 좋아요. 비방했다는 죄명을 면하기 위해서라도."

굴원은 많은 사람들의 말에 귀를 기울였는데, 방금 말한 사람의 견해에 대해서는 답답함을 금치 못했다. 그러한 소극적인 처세는 재능을 발휘할 기회를 만나지 못한 데서 비롯된 것인지, 아니면 무관심해서 그러한 것인지 굴원은 궁금했다. '나랏일은 얘기해서는 안 되는 것이 결코 아니다. 혹독한 비방이 아닌 선의의 비평은 거리낌 없이 말할 수 있어야 한다.' 이렇게 생각하다 보니 그 소극적인 사람이 조정의 신하로 여겨지지 않았다. 마음속으로 참 이상하다는 생각이 들었다.

기원전 320년, 열아홉 살의 굴원은 아직 배우자를 정하지 못했다. '남

자는 장성하면 장가를 들고, 여자는 장성하면 시집가는 것이 마땅하다'
는 속담이 있듯, 결혼은 조상의 가법이고 윤리에 맞는 일이다. 열아홉
살 굴원도 장가를 들어야 할 나이였다. 그의 결혼에 관해서는 감동적인
이야기가 전해지고 있다.

연燕나라가 세 나라와 연합하여 제나라를 공격해 무방비 상태의 제나
라가 멸망의 위기로 내몰렸을 때 풍전등화의 위태로운 상황에서 초나
라는 군대를 보내 제나라를 도와 삼국의 연합군을 물리쳤다. 그 후 초
나라의 지원에 대한 감사의 보답으로 제나라 왕은 초발貂勃을 사신으로
파견하여 감사의 뜻을 전했다.

초나라 왕은 아주 반갑게 초발을 접견하고, 며칠간 머물다 가라고 했
다. 초발은 초나라 왕의 환대 속에 유쾌하게 며칠을 머물렀다.

초나라의 오랜 친구인 초발은 초나라에 여러 차례 사신으로 왔던 터
라 각계 인사들과도 교유가 많았다. 백용과도 친분이 두터워 두 사람은
마치 친형제처럼 서로 간에 가릴 것이 없었고, 초나라에 올 때마다 백
용 집에 들르는 것을 잊지 않았다.

당연히 이번에도 예외가 아니었다. 초발은 영준하고 기개를 갖춘 굴
원을 보고 놀람과 기쁨을 감추지 못했다. 당장 중매를 서야겠다는 생각
이 든 그는 이쪽의 생각을 넌지시 떠보았다.

마침 백용도 아들의 혼인을 고민하고 있던 터라, 초발의 뜻을 알아차
린 후 매우 기뻐했다. 솥을 수선해야 할 사람이 땜장이를 찾은 것처럼
두 사람의 생각은 일치했다. 초발은 크게 기뻐하며 백용에게 말했다.

"제나라와 초나라는 옛날부터 혼인을 맺는 관례가 있지요. 제가 중매
를 서려는데 어르신 생각은 어떻습니까?"

"어르신의 호의에 감사드립니다. 어느 댁 따님인지는 알 수 없지
만……" 백용은 기쁜 표정으로 말했다.

"이 사람은 제가 자세히 말씀드리지 않아도 어르신께서는 일찍부터 아시는 분입니다. 바로 제나라의 명장 전단田單이지요. 지금은 제나라의 영윤令尹입니다. 제가 말하는 처녀는 바로 전단의 장녀 양옥良玉인데, 인품이 훌륭하고 나이는 열여섯 살입니다. 비록 귀족 가문의 아가씨이지만 사내와 다름이 없어서 말타기와 활쏘기에 능하고, 창과 곤봉을 잘 다루며, 십팔반무예에도 뛰어나다고 합니다. 게다가 학식과 교양이 넘쳐 거문고, 바둑, 시, 그림 등에 능하지 않은 것이 없답니다."

초발은 잠시 말을 멈추었다가 백용이 관심 있게 듣고 있는 것을 보고 시원스럽게 양옥의 장점을 전부 말해주었다.

"양옥은 나이는 어리지만 사람을 놀라게 한 때가 많았지요. 삼국이 제나라를 공격했을 때 여러 차례 아버지를 따라 삼국 연합군을 무찌르며 혁혁한 공을 세웠답니다. 그래서 제나라 왕은 제나라를 다시 회복시킨 전단을 영윤으로 봉했지요. 아버지의 승진에 양옥 아가씨의 공로가 커서 총애를 많이 받고 애지중지하는 딸이 되었지요. 어르신, 이런 아가씨가 아드님과 어울리지 않나 싶네요."

"어찌 어울릴 뿐이겠습니까! 너무 완벽해서 감히 하자고 나설 수 없지 않을까 생각되는군요. 어르신께서 이 일을 성사시키신다면 너무나 좋은 일이지요. 저야 물론 감사하고 거듭 고마울 따름입니다."

초발은 귀국한 후 이 일을 제나라 왕에게 보고했다. 제나라 왕은 매우 기뻐했고, 속히 이 일을 성사시키도록 초발에게 명을 내렸다.

어느 날 초발은 전단을 찾아가 방문 이유를 설명했다. 전단은 초발이 중매를 서고 또한 임금께서 윤허하셨다는 말을 듣고는, 백용의 아들 굴원에게 자기 딸을 시집보내기로 기꺼이 승낙했다.

그리하여 초발이 다시 초나라에 건너와 전단의 뜻을 전했고, 백용은 아들의 혼례식을 위해 바쁘게 움직였다.

굴원은 신부를 맞이하러 제나라로 갔다. 그는 머리에 구름 모양의 모자를 쓰고, 가슴에는 붉고 큰 꽃을 달았으며, 금으로 수놓은 옷을 입고, 허리에는 오색 비단 혁대를 차고, 발에는 긴 장화를 신었는데, 광채가 눈부시고 풍채가 일품이었다. 그는 눈꽃 무늬 말을 탔으며, 아름다운 음악은 소리높이 연주되고, 오색찬란한 깃발은 바람에 펄럭였다. 신부를 맞이하는 행렬이 길게 이어졌고, 제나라 수도의 큰 거리는 울긋불긋 오색찬란한 복장을 한 사람들이 지나가자 무척이나 시끌벅적했다.

수도 안의 모든 골목이 텅 비어 버릴 정도로 사람들은 앞을 다투어 굴원의 대열을 보러 나왔다. 삽시간에 사람들로 몹시 떠들썩해진 거리에는 수레와 말들이 꼬리를 물고 지나갔고, 새카맣게 모인 사람들은 모두 신랑의 풍채를 보고 싶어했다. 떠들썩한 거리 곳곳에서 소녀들은 얼굴 가득 홍조를 띤 채 수줍은 표정을 지으며 신랑을 남몰래 엿보았다. 흥분한 소년들은 야단법석을 떨며 떠들고 다녔다. 선남선녀들은 주위를 돌아보며 서로 흠모의 눈길을 주고받았다. 음악을 연주하는 남자들은 때를 놓치지 않고 온 힘을 다해 악기를 다뤘다. 피리 부는 자는 천지가 진동할 만큼 크게 불고 북을 치는 사람, 징을 치는 사람, 나팔을 부는 사람 등도 각기 재주를 다해 눈길을 끌었다. 심금을 울리는 연주에 관중들의 흥분은 더욱 고조되었다. 사람들은 물밀듯이 전단의 집으로 몰려갔다.

사람들의 행렬 가운데에서 민요 한 곡조가 불려졌다.

귀족 딸 시집가니 상서로운 구름 하늘에 가득 떠 있고,
서민 딸 시집가니 쓸쓸한 눈물 비처럼 떨어지네.
上流嫁千金, 紫雲滿天紛,
下流嫁兒女, 冷落淚如雨.

이 노래는 동서남북 구석구석까지 전해졌다.

신부를 맞이하는 긴 행렬은 초나라 수도인 영郢의 거리로 돌아오자, 떠들썩한 구경꾼들에게 둘러싸여 백용의 집으로 들어갔다.

백용의 집도 전단의 집 못지않게 시끌벅적했다.

한편, 신부는 전쟁터에서는 영웅이었지만 오늘 가마에서 내리는 모습은 가녀리면서도 정말 아름다웠다. 온몸은 휘황찬란한 빛으로 넘쳐났고, 몸에 단 장신구들은 찰랑찰랑 소리를 냈으며, 진한 향기는 사방에 넘쳐흘렀다. 신부는 뭇사람들이 주시하는 가운데 사뿐사뿐 쟁쟁하게 울리는 나팔소리를 따라 둘러싸인 구경꾼들에게 밀리면서 대청으로 걸어 들어갔다.

대청에는 붉은 촛불이 환하게 밝혀 있었고, 부모님들은 옷깃을 바로하고 단정하게 앉아 있었다. 신랑 신부는 예의 바르게 무릎을 꿇고 절을 올렸다. 초례가 끝나자 친척 친구들이 신혼 방에 들어가 신혼부부를 놀리기 시작했다. 신혼 방은 사흘 동안 나이를 가리지 않고 예의를 차리지 않아도 된다고 하여 마음대로 장난치고 놀 수 있었다. 밤이 깊어도 흩어지지 않자, 신랑 신부의 들러리가 신랑 신부의 마음을 헤아려 여러 번 그만둘 것을 재촉하고서야 사람들은 어쩔 수 없이 아쉬운 듯 그 자리를 떠났다.

신혼 방이 일순간 조용해지자 신혼부부는 갑자기 서먹한 분위기에 놓이게 되었다. 무슨 말을 해야 할지 입을 열기도 쑥스럽고, 묵묵히 그냥 앉아 있자니 그것도 어색했다.

굴원은 평상시 책 읽는 데 몰두했을 뿐 여자와는 사귄 적이 없었기에 결혼을 하게 된 낯선 여인에게 어찌해야 할 줄을 몰랐다. 신부도 서먹한 분위기에 둘러싸여 고개를 숙인 채 가만히 앉아 있었다. 고요하고 적막한 밤이어서 숨소리와 심장이 두근거리는 소리까지도 들을 수 있었다. 굴원은 몰래 신부를 살짝 바라보았는데, 가슴이 두근거리는 것을 어찌할 수 없었다. 신부의 아름다운 모습에 용기를 얻은 굴원은 뜨거운 감정이 저절로 솟구쳐 올라왔다. 그는 신부를 꽉 껴안으면서 달콤한 첫날밤을 보냈다.

결혼 후 굴원 부부는 금실이 좋았고 서로 존중하며 지냈다. 남편이 서재에서 책을 읽고 시를 지을 때면, 아내는 그 곁에서 자리를 함께했다. 때로는 바둑 상대가 되기도 했고 때로는 검술을 함께 연마했다. 두 사람의 삶은 갈수록 충실해졌다. 굴원은 뚜렷한 인생목표와 탁월한 정치적 포부를 가지고 있었으며, 서재에서 초나라를 위한 청사진을 만들었다. 그는 청사진을 이루기 위해서는 우선 자신의 날개가 비바람을 견딜 수 있는 튼튼한 깃털이 되어야 한다고 생각했다. 그래야 푸른 하늘로 솟아올라 만 리 길을 날 수 있으리라고 생각했다.

기원전 319년, 재기가 넘치고 재능이 탁월한 스무 살의 굴원은 학식이 풍부한 학자의 반열에 오르게 되었다. 나라와 백성을 구하려는 소원은 더욱 간절해졌고, 정치에 뛰어들고 싶은 마음도 날로 커져만 갔다.

용맹한 매라면 푸른 하늘을 날지 않을 수 없고, 좋은 말이라면 전쟁터로 나가지 않을 수 없는 법.

어느 날 굴원은 서재에서 나와 한가로이 거닐다가 아버지가 정원에서 꽃을 감상하는 것을 보게 되었다. 다가가 보니 아버지는 제비새끼를 돌보고 있었다. 어젯밤의 비바람에 날려 꽃밭에 떨어진 제비새끼였다. 털이 아직 다 자라지 않은데다가, 미처 단단해지지 못한 깃털이 비바람을 견디지 못한 것이었다.

숨을 할딱거리는 제비새끼 한 마리를 본 굴원은 불쌍한 생각이 들어 제비새끼를 둥지 안으로 다시 보내려고 했다.

그때 아들의 모습을 지켜보던 아버지가 입을 열었다.

"이 어린 제비는 강해지려는 마음이 너무 커서 어미가 주는 먹이를 기다리지 않고 용감하게 날아서 둥지 밖으로 나온 것 같구나. 그러나 밖으로 나오기는 했지만 다시 돌아갈 힘이 없어진 거란다. 참, 불쌍하기도 하지. 매를 만나지 않은 것만도 다행이구나. 네가 구해주려고 하니 참 좋다."

굴원은 아버지의 말을 듣고 갑자기 묘한 생각이 들었다.

"이 제비는 조급한 나머지 죽을 처지에 놓였지만, 후회하거나 부끄러워할 필요는 없다고 봅니다. 이는 모든 어린 제비가 날갯짓을 배우기 전에 반드시 거쳐야 할 실패의 단계이니까요. 아기가 걸음을 배울 때 넘어지는 것이나 어린 새가 날갯짓을 배울 때 떨어지는 것이나 다 마찬가지입니다. 어린 제비가 푸른 하늘로 날아가 넓은 세상에서 날갯짓하기 위해서는 반드시 거쳐야 할 과정입니다."

굴원은 그렇게 말하고 나서 조심스레 제비를 둥지 속으로 돌려보냈다. 굴원은 다시 정중하게 말했다.

"제비의 행동이 어찌 이처럼 사람과 닮았는지요. 전 부모님께서 길러주신 은혜를 절대 잊지 않겠습니다."

아들을 바라보는 백용의 마음은 기쁨이 가득했다. '이 아이가 확실히 컸구나. 키는 나보다 머리 하나 정도 더 크고, 입가에는 성긴 수염이 벌써 나오고 있구나. 바깥세상을 그렇게 동경하더니, 뜻이 있으면 나이야 상관없지. 이상이나 목표를 위해 자기 재능을 발휘하고픈 젊은 사람들의 마음을 이해할 수 있지.' 이런 생각을 하면서 기뻤던 그의 마음은 다시 우려로 바뀌었다. 아들의 성격이 너무 솔직하고, 특히 자부심과 공명심이 컸기 때문이다. 백용은 기쁨 반 걱정 반으로 아들을 격려해주었다.

"평아! 네가 나라에 이바지하려는 뜻을 지니고 있으니, 이 아비는 당연히 기쁘구나! 다만 조정에 네가 있을 자리가 마땅치 않구나. 그러니 이렇게 하자. 이 아비가 폐하께 청을 드려볼 테니 그때 다시 의논하는 게 어떻겠느냐?"

"소자를 위해 신경써주셔서 정말 감사합니다. 아버님 말씀을 따르겠습니다."

굴원은 말을 마치고 서재로 돌아갔다.

"천리마를 어찌 우리 안에서만 키울 수 있겠는가!"

백용은 키가 훌쩍 자란 아들의 모습을 보면서 감격하듯 말했다.

초나라는 국토가 넓으며 오래된 문명을 가지고 있고 비교적 진취적인 기상이 넘치는 나라였다. 한창 강성했던 시기에는 강대국의 이미지로 세상에 군림하기도 했지만, 도왕悼王이 집정하면서 국운이 기울고 쇠락의 길을 걷게 되었다. 그리하여 오기吳起를 등용해 변법을 시도했다. 그러나 변법을 시행하고자 하는 사람이 큰 뜻이 있어도 실권자가 결단을 내리지 못하고, 귀족들의 이익에 저촉될까봐 모질게 시행을 못해 오기의 변법은 실패로 돌아가고 말았다.

오기는 벼슬길의 정점에서 물러나 심연으로 빠져들었고 변법을 지지하던 도왕이 있을 때부터 오기를 죽이려고 했던 귀족들은 도왕이 세상을 뜨자마자 그를 살해했다. 그리하여 그가 제정한 신법이 폐기됨에 따라 변법의 성과는 흔적도 없이 사라져버렸다.

변법이 실패한 후 귀족들은 조정을 좌지우지했고, 사사건건 조정을 농단하는 바람에 국력도 나날이 쇠약해졌다.

회왕이 즉위하자 초나라는 겉으로 보기엔 건장한 사내의 모습인 듯했지만, 속은 병이 들어 중태에 빠져 완치될 가망이 없는 졸장부나 다름없었다. 회왕은 우둔한 왕이면서도 가끔 정신을 차릴 때가 있어 나라가 쇠미해진 것을 보고 슬프게 탄식했다.

"과인이 생각하기에 초나라가 진나라와 맞서서는 이길 가망이 없다. 흉금을 털어놓고 함께 의논할 수 있는 대신들이 없구나. 누워도 편하지 않고 먹어도 맛을 모르니, 마음은 마치 바람에 흔들리는 깃발처럼 어수선하구나."

회왕은 야심은 있으나 지략이 없는 왕이었다. 그의 지능은 결코 낮은 편이 아니었지만, 애석하게도 그는 신하의 의견을 무시한 채 스스로 옳다고 여겨 법령을 자주 바꿨다. 이 때문에 복잡한 상황을 제어하지 못했고, 특히 열세에 처하게 되었을 때에는 망연자실 아무 조치도 취하지 못했다.

가령 진나라와 비교해보면, 패권을 잡으려는 진나라는 야심이 날로 커지면서 적대국을 멸망시키려는 기세도 등등해졌지만 대국으로서의 초나라는 연약하고 무능한 모습만 보이면서 더욱더 위험한 국면으로 접어들었다. 기원전 334년, 제나라와 초나라 등 여섯 나라들이 잇달아 낙양의 모사 소진蘇秦의 주장, 즉 연합해서 진나라에 대항한다는 의견을 받아들이고 회왕을 여섯 나라의 우두머리로 추대하고 나서야 남으로부터 북에 이르기까지 진나라에 대한 저항 전선을 형성하게 되었는데, 이것이 바로 '합종合縱'이다. 이때에 와서 초나라의 위기 국면은 조금 완화되었다.

진나라는 소진의 합종에 대응하기 위해, 기원전 328년에 위衛나라 사람인 장의張儀를 재상으로 기용했다. 장의는 분열과 와해, 원교근공遠交近功의 방법으로 '합종'한 나라들을 위협했는데, 이 전략이 바로 '연횡' 連橫이다. 이때부터 '연횡'과 '합종'의 싸움이 진나라와 여섯 나라의 운명을 결정했다.

굴원은 이처럼 복잡한 환경 속에서 청년기를 지냈다.

나라가 위급한 상황에 처해 있는데, 뜻있는 청년이 어찌 모른 체할 수 있겠는가? 당연히 그럴 수는 없는 것이다. 염제炎帝와 황제黃帝의 자손이라면 본래부터 하나의 공통점이 있는데, 그것은 바로 국가의 흥망에 대해서는 평범한 사람에게도 책임이 있다는 것이다.

더구나 굴원처럼 큰 뜻을 품고 있는 청년이라면 더욱더 헌신적으로 분투해야 하리라. 그러나 당장은 나라를 위해 이바지할 수 있는 기회가 없는지라 그저 서재에서 스스로를 연마하며 열심히 배울 따름이었다. 그는 국내외의 정치와 외교 정책을 꾸준히 연구하면서 기회가 오기만을 기다렸다.

그의 작품 「굴송」을 보면 그가 자신에게 얼마나 엄격했는가를 들여다볼 수 있다.

천지간에 좋은 나무 굴나무가 자라네.

다른 데로 옮겨가지 않고 남국에서 자라네.

뿌리 깊어 옮기기 어려움은 일편단심 굳은 마음.

푸른 잎 하얀 꽃 듬뿍 기쁨이 이네.

后皇嘉樹 橘徠服兮.

受命不遷 生南國兮.

深固難徙 更一志兮.

綠葉素榮 紛其可喜兮.

굴원은 남국에서만 생장할 뿐 북쪽으로 옮길 수 없는 굴나무의 속성을 빌려 자신의 조국에 대한 무한한 그리움을 표현했다.

이 글을 쓴 의도는 당시 사회의 병폐를 지적함으로써 시정을 요구하기 위함이었다. 높은 벼슬과 후한 봉록을 얻기 위해 인격까지 버리고 온갖 비열한 수단과 방법을 가리지 않는, 즉 아침에는 진나라의 귀빈이 되었다가 저녁에는 초나라의 손님이 되는 사람들에게 던지는 신랄한 풍자와 가차 없는 비난이었던 것이다.

훗날 굴원은 정치적으로 여러 차례 박해와 유배, 추방을 당했지만 나라를 사랑하는 마음은 흔들리지 않았다. 그는 '뿌리 깊어 옮기기 어려움은 일편단심 굳은 마음'이라는 「귤송」의 맹세를 실천했던 것이다.

그는 또한 귤나무의 과일 색깔과 맛깔스러운 과일 속을 빌려 숭고하고 고결한 미덕을 찬양했다. 더 나아가 추악한 세력과 야합하지 않겠다는 굳은 결심을 다음과 같이 표현했다.

고운 빛깔 하얀 속 정도를 따르는 듯.
향기롭고 고운 자태 아름답고 추하지 않네.
뿌리 깊어 옮기기 어려움은 허심탄회한 마음.
홀로 깨어 세속에 흐르지 않네.
精色內白 類任道兮.
紛縕宜修 姱而不醜兮.
深固難徙 廓其無求兮.
蘇世獨立 橫而不流兮.

굴원은 이처럼 흔들리지 않는 뜻을 세워 세상에 나가서도 행위의 준칙으로 삼았다. 그는 열정적으로 참되고 선하고 아름다운 것만을 추구하며 환관 무리들과는 어떠한 경우에도 함께하지 않았다.

원대한 뜻, 초시를 치르다

눈부신 햇살이 서재에 쏟아져 들어와 무더기로 쌓인 죽간을 비추었다.

굴원은 이른 새벽부터 밤늦도록 온 힘을 다해 경전을 공부했다. 그는 세상에 나아가 성현들을 본받아 뛰어난 재능과 원대한 책략을 펼침으로써, 초나라를 잘 다스려 부강한 나라를 만들고 싶었다.

그는 서재에서 하나의 청사진을 만들어냈다. 청사진의 모형은 법령 제정, 혁신, 부국강병, 인정仁政의 시행, 악과 부패의 제거, 백성들의 평안한 삶과 즐거운 일터, 풍족함, 그리고 한 걸음 더 나아가 상인들의 준법과 관리의 청렴, 백성들의 지식과 예절, 근면과 애국, 거국적으로 힘을 합하고 마음을 함께하여 모두가 요순堯舜시대의 태평성세를 건설하는 것이었다.

당시 조정은 극단적으로 부패하고, 귀족들은 관리들과 결탁하여 제멋대로 날뛰었다. 그들은 주저 없이 자기들 마음대로 하여 나라꼴이 절망적인 지경에 이르렀다.

상관대부上官大夫 근상靳尙은 귀족의 우두머리였다. 그는 사람됨이 음험하고 악랄하며, 간계가 많고 수단과 방법을 가리지 않고 나쁜 일들을 일삼았다. 회왕의 총애를 받고 있던 그는 국가대사를 좌지우지했으며, 회왕은 스스로 꼭두각시가 되길 원했다. 꼭두각시는 꼭두각시로서의 장점이 있으니, 일은 거의 하지 않아도 복은 마음껏 누릴 수 있다는 점이다. 주색에 빠진 회왕은 스스로 헤어나오지 못했고, 마음도 조정이나 정사에 있지 않았다.

아첨 잘하는 신하들이 정권을 잡자, 현명하고 능력 있는 선비들은 소리 없이 종적을 감추었다. 조정의 대권을 장악한 근상을 중심으로, 권력은 간신배와 아첨꾼들에게 넘어갔다. 군대의 대권은 소저昭雎가, 재정과 세금은 경리景鯉가 쥐락펴락했다. 이리하여 귀족출신인 근靳·소昭·경景씨 세 집안이 삼각편대를 형성하여 서로 결탁하거나 투쟁했다. 세 집안, 아니 온 조정이 겉으로는 화합한 것처럼 보였으나 속으로는 다투고, 혹 겉으로는 다투는 것처럼 보였으나 속으로는 결탁했다. 어제의 벗이 오늘의 적이 되는 일이 비일비재했다.

이러한 상황을 지켜보는 굴원은 두렵고 불안했으며, 나라와 백성을 걱정하는 마음이 자연스레 생겨났다. 그는 정치적 열정으로 충만했지만, 냉정한 정치적 두뇌를 지니고 있었다. 위대한 업적을 이루기 위해서는 격정에 따라 일처리를 해서는 안 되며, 매사에 차근차근 나아가야 한다는 것을 잘 알고 있었다. 그는 오락이나 향락에는 별 관심이 없는 대신 헐벗고 굶주린 백성, 핍박받는 백성에게 더 많은 관심을 기울였다.

어느 날, 사교 모임의 요청에 응하여 길을 가는 도중에 비틀거리며 걸어오는 한 노파를 만나게 되었다. 그런데 갑자기 몇몇 젊은이들이 부주의한 바람에 노파가 땅바닥에 넘어지고 말았다.

굴원은 얼른 할머니께 다가가 부축해 일으켜드린 다음 댁까지 모셔다드렸다. 노파는 크게 감동하여 차를 한 잔 대접하겠다고 잡아끌었다.

그는 차를 마시지 않는 대신 노인에게 약간의 돈을 드렸다. 노파가 과부로 홀로 남아 매우 힘들게 사는 것을 보고, 굴원은 자기도 모르게 측은한 마음이 일었다. 그는 좁은 골목길을 돌아 나오다가 거지 아이를 만났다. 아이는 누더기 옷차림에 머리는 흐트러져 있었고 얼굴에는 때가 덕지덕지 끼어 있었다. 그는 측은한 마음이 들어 호주머니에 손을 넣었으나 한 푼도 만져지지 않았다. 그는 겸연쩍은 얼굴로 몇 걸음 걸어가다가 몸을 돌렸다. 그러고는 자신이 차고 있던 옥으로 만든 목걸이를 벗어 아이에게 주고서야 마음이 놓이는 듯 자리를 떠났다.

이 외에도 굴원의 의로움에 대한 일화가 있다. 청년시절의 어느 날, 집으로 돌아가는 길에 그는 불량배 두 명이 한 소녀를 희롱하는 것을 보았다. 소녀는 갈기갈기 찢긴 옷차림에 온통 눈물범벅인 얼굴로 무릎을 꿇은 채 그러지 말라고 애원하고 있었다. 젊은 불량배들은 흉악한 몰골로 이를 드러내 웃으며 소녀를 강간하려 했다. 굴원은 그 광경을 보자마자 분노가 치밀어 고함을 질렀다.

"이 무례한 놈들!"

청천벽력 같은 소리에 불량배들은 깜짝 놀라 눈을 동그랗게 떴다. 그는 그들을 타일러 말했다.

"벌건 대낮에 수많은 눈들이 보고 있는데, 감히 못된 짓을 하다니! 너희들은 누이도 없느냐? 응! 어린 나이에 공부는 열심히 하지 않고 어른을 속이고 나쁜 짓을 하다니, 하늘의 도리로 용납할 수 없다!"

불량배들은 기가 죽기는커녕 오히려 눈을 부릅뜨고 소매를 걷어붙이더니 주먹을 휘두르며 다가왔다. 그는 먼저 주먹으로 허공을 가르고서는 담 밑까지 물러나 가만히 서 있었다. 그가 키도 크고 싸움도 잘하리라 내심 조마조마했던 불량배들은 굴원의 주먹솜씨가 별 볼일 없자, 비웃음을 가득 띠면서 이죽거렸다.

"알고 보니 형편없는 겁쟁이로구만! 하하하!"

불량배들은 웃음을 거두더니 굴원을 향해 한꺼번에 달려들었다. 눈 깜짝할 사이에 굴원은 잽싸게 몸을 피하더니, 한 명은 손으로 쓰러뜨리고 한 명은 발로 넘어뜨렸다. 불량배들은 땅바닥에 쓰러져 고통스러운 비명을 질렀다. 소녀를 괴롭히던 불량배들이 혼이 나자 둘러서 있던 구경꾼들이 박수갈채를 보냈다. 엄지손가락을 세워 굴원을 장하다고 칭찬하는 이도 있었다.

굴원의 의로운 용기에 소녀는 탄복을 금치 못했다. 게다가 젊은이의 얼굴은 잘생기기까지 했다. 소녀는 가슴이 울렁거리는 걸 어찌할 길이 없었다. 굴원 역시 소녀의 아름다운 용모를 보고서 그녀의 불행에 안타까운 마음이 들었다.

소녀는 가만히 생각했다.

'저 청년은 의를 중히 여기고 약한 자를 도우며 폭력에 맞서면서도 두려워하지 않으니, 사내대장부라 하기에 손색이 없다. 내 목숨을 구한 은인이니, 어떻게 감사해야 좋을까? 가진 돈도 없고, 그냥 가버린다면 무정하고 의리 없다 할 것이니, 차라리 그와 정혼이라도 하여 한평생 그를 모시면서 목숨을 구한 은혜를 갚아야 하지 않을까? 하지만 그에게 아내가 있는지 없는지도 모르는 처지에, 이런 생각을 해봐야 무슨 소용이람.'

소녀는 재치 있게 말을 돌려 물었다.

"공자께서는 혼자서 집을 나서시면서, 어찌하여 부인과 함께 나오지 아니하셨는지요?"

"부인이라뇨? 아직 없습니다." 굴원은 옷에 묻은 먼지를 털며 아무렇지도 않은 듯 대답했다.

소녀는 마음속으로 매우 기뻐하며 말했다. "공자님, 저는 너무 두려워요. 길에서 또다시 나쁜 사람을 만날까 정말로 무서우니, 어찌해야 좋을지요?"

굴원은 마음속으로 '요즘 같은 세상에 어찌 나쁜 사람이 없을 수 있겠는가?' 했다. 그리하여 그는 두말도 하지 않고 그녀를 집까지 바래다주겠다고 대답했다.

그녀는 기쁜 표정과 가벼운 걸음걸이로 성큼성큼 앞서 나아갔다. 굴원은 멀지도 가깝지도 않은 거리를 두고 그녀의 뒤를 따라갔다. 소녀의 집은 교외에 있었는데, 집까지는 꽤 먼 거리였다. 또한 개활지를 지나야만 했는데, 그곳은 수목이 무성했다. 소녀는 숲 언저리에 이르자 걸음을 늦추면서 앞뒤를 살펴보았다. 행인이 없는 것을 본 뒤 소녀는 깜빡 실수를 한 것처럼 "아야!" 하는 소리와 함께 굴원에게 넘어졌다. 그녀는 신음소리를 내면서 말했다.

"제가 조심하지 않아 발을 좀 삐었나봐요. 도저히 걸을 수 없을 것 같은데, 너무 아파요. 아야……."

굴원은 그녀를 부축하여 천천히 걸음을 옮기는 수밖에 없었다. 이렇게 길을 가다가 소녀가 말했다.

"저 소변 좀 보고 올게요."

굴원은 아무렇지도 않은 듯 우두커니 서서 그녀가 오기를 기다렸다가 다시 그녀를 부축하여 걸었다. 길 가는 동안 서로 아무 말이 없었다.

굴원이 보여준 군자의 태도에 소녀는 마음속으로 더욱더 그를 경모했다. 집에 돌아온 후 일의 자초지종을 알게 된 소녀의 부모는 몹시 감격하여 간곡하게 머물러줄 것을 요청했다. 그러나 굴원이 어찌 그렇게 하려 하겠는가? 그는 소녀의 부모에게 말했다.

"저는 노상에서 억울함을 당하는 사람을 보고, 이것저것 따질 겨를도 없이 그저 소녀를 구한 것일 뿐입니다. 이것은 제가 응당 해야 할 의무이며, 또한 이 땅의 젊은이라면 마땅히 해야 할 일이지요. 모든 젊은이들이 불의에 맞서 싸운다면 우리 사회의 좋지 않은 풍토는 뿌리 뽑을 수 있을 겁니다."

굴원이 행했던, 칭찬받아 마땅한 몇 가지 일들은 비록 사소한 일이기는 하지만, 그렇다고 누구나 쉽게 할 수 있는 일은 아니었다. 진보적인 생각을 갖지 않은 청년이라면 결코 해낼 수 없는 일이었다.

종종 이처럼 사소하고 자질구레한 일들이 사회를 불안하게 만드는데, 사람의 마음을 불안하게 만들고 두렵게 만드는 일이 어찌 사소하고 자질구레한 일이라 할 수 있겠는가? 사소한 일이 차츰 쌓여 수많은 사람에게 영향을 미치게 되면 바로 큰일이 되는 것이다. 그런데도 조정은 일상생활과 밀접히 관련된 이런 일에 전혀 관심을 기울이지 않았다. 굴원은 도무지 이러한 상황을 이해할 수가 없었다.

그러나 한편으로 그에게는 오히려 적이 위안이 되었다. 사소한 일이니 신경쓰지 않아도 된다는 얄팍한 생각을 이제 떨쳐버렸던 것이다.

'조정이 하지 않으면 뜻있는 청년이 해야지. 이게 더 범상치 않은 일이며 숭고하고 위대한 일이 아닐까!' 이런 생각이 들자, 굴원은 가슴속이 확 트이는 것만 같았다. 문을 잠그고 서재에서 죽은 공부를 하는 것은 바깥세상과 접촉하는 것만 못하며, 배움에 쓰임이 미치지 못하면 또한 무슨 유익함이 있겠는가! 앞으로는 사회적 실천을 중시하고, 하층민과도 많이 교류하면서, 다른 사람의 장점을 받아들여야겠다고 결심했다.

어느 날, 굴원은 기분을 전환할 겸 서재를 나와 교외로 나갔다. 그는 큰길을 따라 해자의 둑으로 천천히 걸어갔다. 둑길을 따라 한가롭게 거닐다가 세 갈래 길에 이르러 발길을 멈추고 멀리 남쪽을 바라보았다.

남쪽 하늘은 짙은 쪽빛을 띠고 몇 점 흰 구름만이 둥실 떠다니고 있었다. 흰 구름 아래 광활한 터가 보였는데, 주변을 소나무와 잣나무가 둘러싸고 있었고, 구불구불 그윽한 길은 조용하여 떠들썩한 거리와는 확연히 달랐다. 마치 신선세계인 듯했다.

굴원은 이제껏 여기까지 온 적이 없었다. 아름다운 경치에 넋을 빼앗기다가 찬찬히 살펴보니, 회왕이 못된 장난을 저지른 곳이란 것을 알게 되었다. 회왕은 터무니없게도 천하의 패권을 차지하고 싶어했으나 아무 재능도 계책도 없었다. 헛된 꿈만으로는 현실화하기 어려운 법이건만, 그는 신하들에게 수만 톤의 붉은 구리를 모으도록 명령하는 한편, 전국의 대장장이들에게 각 제후들의 형상을 빚도록 명령했다. 그는 자신의 동상을 가장 크게 만들게 해서 우두머리의 위치에 놓게 했다. 주周, 소召, 필畢, 진陳, 등滕, 설薛, 위衛, 중산中山 등의 나라 군왕들은 마치 시중드는 사람들처럼 그의 뒤쪽에 배치하게 했다. 뿐만 아니라 그는 마차 한 대를 주조하여 양梁나라 군왕이 그를 위해 말을 몰고, 송宋나라 군왕은 네 필의 끄는 말 중 바깥쪽 두 필의 말에 올라탄 형상으로 만들게 했다.

이러한 동상이 준공된 후, 회왕은 거의 매일 그곳에 가서 감상하면서 껄껄 큰 소리로 웃곤 했다. 이러한 소문이 각 제후들에게 전해지자, 각국의 군왕들을 매우 분개했다. 굴원 또한 일찍이 소문을 들었지만, 오늘 그 현장을 목도하고 나자 가슴속에 갑자기 응어리가 생겨났다. 한 나라의 당당한 군왕이 이처럼 설익은 정치를 하다니, 상식을 지닌 사람이라면 도무지 이해할 수 없는 일이었다. 이러한 황당한 일은 천하의 웃음거리가 될 뿐 아니라, 외교적으로도 어두운 그림자를 드리울 뿐이었다. 다른 나라 군왕들이 회왕의 속셈을 꿰뚫어보고 있는데, 어찌 이처럼 철없는 짓을 한단 말인가? 천하의 패권을 잡고자 하는 흉포한 야심이 확연히 드러나버렸기 때문이다. 굴원은 몹시 불안함을 느꼈다. 그리하여 속으로 결심을 했다. '언젠가는 조정의 정치에 참여하여 이러한 동상들을 없애버려야 한다고 회왕께 간언해야겠다!' 그는 볼수록 눈에 거슬리고 생각할수록 마음에 들지 않아, 천하의 웃음거리가 된 이곳에서 서둘러 발걸음을 옮겼다.

그는 개운하지 않은 마음으로 집으로 돌아가는 중에 아무리 생각해봐도 그 해답을 얻을 수 없었다. 그는 죽간에 몰입하여 옛 성현들에게 가르침을 구하고자 했다. 그는 공맹孔孟의 도를 배웠을 뿐만 아니라 노장老莊의 학술과 불가의 도를 배웠으며 시詩, 사詞, 가歌, 부賦 또한 섭렵하지 않은 것이 없었다. 또한 일찍이 고금에 명성을 날리는 대학자가 되지 않으면 절대로 포기하지 않겠다는 큰 포부를 지니고 있었다.

굴원이 소녀를 구해준 일은 뜻하지 않게 비방을 몰고 왔다. 명예를 탐내서 한 것이라는 둥, 또 소녀의 덕을 볼 생각으로 했다는 둥, 인심을 사기 위해 했다는 둥 갖가지 비방이 이어졌다. 그것은 수도首都를 떠들썩하게 했고 의론 또한 한바탕 분분했다.

어느 날 굴원은 몇몇 친한 벗들과 함께 검술을 연마하고 있었다. 그중 한 명이 굴원의 귀에 대고 소곤거렸다.

"굴원, 어떤 사람이 까닭 없이 자네를 비난하는 걸 들었다네."

"뭐라고 비난하던가?"

"자네 정말 모르고 있었나?"

"몰랐네!"

"알고 싶은가?"

"물론이지."

"그렇다면 내가 말해주겠네. 그런데 한 가지 조건이 있네."

“어떤 조건인가?”

“절대로 화내지는 말게나.”

그러고서 친구는 은밀하게 말했다.

“일단 다른 곳으로 가세.”

굴원은 친구를 따라 사람이 없는 곳으로 갔다. 그는 차근차근 이야기를 들려주었다.

굴원은 자기를 비방하는 소문을 태연하게 듣고서는 아무렇지도 않게 말했다.

“너무나도 나를 이해하지 못하는군. 내 행동에는 사심도 없고 어떠한 목적도 없네. 만약 그렇게 생각한다면 달리 설명할 길이 없고, 그저 소인의 마음으로 군자의 마음을 헤아리려는 경우라고 설명할 수밖에.”

굴원은 잠시 입을 다물었다가 격정적으로 말했다.

“요즘 사직이 평안치 않아, 어른 아이 할 것 없이 모두 상처를 받았지. 어른을 보고도 공경하지 않고, 나약한 자를 보고도 도와주지 않으며, 어린아이를 사랑하지 않고, 곤경에 처한 사람을 보고도 돕지 않으니, 이는 군자의 덕행이라 할 수 없네! 이에 대해 이의를 제기한다면, 난 그런 사람과는 말하기도 싫네!”

한쪽에서 검술 연마를 하던 청년들은 굴원이 격정적으로 하는 말을 듣고는 모두들 달려와서 동감하는 마음으로 그를 둘러쌌다. 그들은 뭔가를 묻는 눈빛으로 굴원을 응시했다. 자신을 비판했던 자들도 이 가운데 있을 거라고 생각한 굴원은 아예 이 기회를 빌려 입장을 밝히고 사실을 해명해야겠다고 마음먹었다. 굴원은 “흠, 흠.” 하며 목을 가다듬고 말을 꺼냈다.

“방금 여러분들은 제 말을 들었을 것입니다. 아마도 제 분수도 모르고 군자라 자처한다고 비웃을지도 모르겠습니다. 맞습니다. 저는 결코 군자가 아닙니다. 다만 군자는 수양함으로써 이루어지는 것이라 믿습니다. 저는 단지 제 자신의 깨달음이 너무 늦고, 이제 막 사회에 발을 내딛은지라 하는 일들이 시원하지 않음이 안타까울 따름입니다. 앞으로 사회에 유익한 일을 많이 할 수 있도록 제 자신을 엄히 다스리고 선현들을 본받도록 노력하겠습니다. 혼란한 세상을 바로잡는 데 우리가 앞장서지 않으면 누가 하겠습니까?"

잠시 있다가 굴원은 다시 격양된 목소리로 말했다.

"세상의 좋고 나쁨은 사람들이 만드는 것입니다. 좋은 것을 배우게 되면 좋아지고, 나쁜 것을 배우게 되면 나빠집니다. 또한 나빠지기는 쉬우나 좋아지기는 어렵습니다. 나쁜 근성과 화근을 뿌리 뽑는 것은 바로 우리가 해야 할 일입니다. 오늘날 젊은이들은 사회의 든든한 기둥이며, 우리의 생각과 행동의 옳고 그름은 우리 사회에 막대한 영향을 미칩니다."

젊은이들은 굴원의 강개한 언사에 설득되었다. 그들은 굴원의 말에 일리가 있으며, 젊은이들의 선구자로서 손색이 없다고 여겼다. 그들은 모두 고개를 끄덕이면서 동감의 뜻을 나타냈다. 굴원의 의견에 동의하지 못한 이들은 전체 분위기에 눌려서 머쓱한 표정을 지은 채 가만히 물러나 있을 수밖에 없었다. 사람들이 점점 더 모여들어 귀를 기울이자, 굴원은 더욱 힘이 나서 목소리를 높여 말했다.

"저는 사람이라면 올바르고 떳떳하게 살아야지 망나니처럼 함부로 살지는 않겠다고 생각한 적이 있습니다. 또 한 가지, 지리멸렬 무너져가는 사직을 바로 세우고 부패한 사회가 정화되도록 헌신하겠다고 맹세했습니다. 이를 위해 저의 뜻과 애증을 모두 「귤송」에 적어놓았습니다. 소란을 피워 죄송합니다. 용서해주시길 바랍니다!"

"아주 훌륭한 말입니다. 아주 훌륭해요! 계속 말씀하세요. 듣고 싶어요. 그대에게 들은 말이 십년공부보다 낫소!"

한 젊은이가 기쁜 표정으로 말했다.

"자, 여러분께서 저의 졸작 「귤송」을 보신 적이 있는지요? 보지 않으셨다 해도 괜찮습니다. 여기 있어요. 보기를 원하시는 분은 가져다 보시고 많이 질책해주세요. 오늘 여러분들께서 뜻을 세우는 문제에 관해 얘기해주시고, 깊이 이야기를 나누면 더욱 좋겠어요."

굴원은 한참 동안 조용히 기다렸지만 끝내 발언자가 나오지 않았다. 사람들은 그의 「귤송」을 감상하면서 혀를 내두르며 칭찬할 뿐이었다. 물론 입을 삐죽이며 경멸하는 자, 고개를 절래절래 가로젓는 자, 흐흥하고 비웃는 자도 있었다.

"어떤 사람들은 뜻을 세움을 글장난쯤으로 여기는데, 그렇게 해서 무슨 쓸모가 있겠습니까? 기껏해야 자화자찬이거나 자기포장일 따름이지요. 이래서는 아무 의미도 없지요. 그건 삶에 대해 진지하지 못한, 정치 모리배의 작태이자 무지한 자의 행동이라서 영웅적인 기개를 지닌 젊은이라면 결코 행하려 하지 않지요."

굴원의 말은 자못 설득력이 있어서 구구절절 사람들의 심령을 뒤흔들었다. 이후로 굴원은 젊은이들과 더욱 가까워졌다. 한때 굴원을 비난했던 이들도 굴원을 새삼 다시 보게 되었다.

굴원의 명망은 날로 더해갔다. 그를 따르는 젊은이들이 무리지어 찾아왔다. 그들은 서로 배우면서 좋은 기풍이 널리 퍼지도록 했다. 속담에 '좋은 일은 집 밖으로 나가지 않아도, 나쁜 일은 천리나 퍼져나간다'고 했는데, 이 말은 지나치게 편파적이다. 좋은 일 역시 천리나 멀리 전해진다고 할 수 있으니, 굴원의 명성과 함께 그의 「귤송」 역시 입에서 입으로 전해져 도성 곳곳에서 읊어졌다. 한 사람의 입에서 열 사람에게 전해지고, 열 사람의 입에서 백 사람에게 전해지더니 결국 왕궁에까지 전해지게 되었다.

어느 날 아침 조회에서 회왕은 근상과 굴개屈匃, 백용 등의 중신들에게 물었다.

"과인이 듣자 하니 백용의 아들이 명성이 자자하고, 민간에서 유익한 일을 많이 했다고 하오. 숭고한 이상과 깊은 학문을 지닌데다 나이는 어려도 경륜도 제법 갖춘, 비상한 재주를 지닌 아이라고 하던데 그 말이 사실이오?"

근상은 평생 자기보다 현명하고 능력 있는 사람을 못마땅하게 여겨온지라, 회왕이 굴원을 칭찬하자 문득 질투를 느끼면서 홀로 생각했다. '아직 젖비린내도 가시지 않은 녀석에게 어찌 그러한 능력이 있겠어? 반드시 꿍꿍이속이 있거나 혹 출세하려고 미리 길을 닦는 것이겠지. 백용이 아주 용을 쓰는구먼, 흥!' 이렇게 생각하면서 근상은 불편한 마음을 감춘 채 묵묵히 상황을 관망하고 있었다.

굴개는 억지로 진정하고 있는 근상의 모습을 보면서 속으로 생각했다. '예전에는 항상 앞다투어 말을 하더니, 오늘은 평소와 아주 딴판이로구먼. 무슨 꿍꿍이속인지 알 수가 있어야지, 원!' 굴개는 다시 생각에 잠겼다. '초나라가 이처럼 훌륭한 젊은이를 갖게 된 것은 사직과 민족에게 큰 행운이야. 굴원의 큰아버지뻘인 내가 먼저 입을 열기도 민망스러우니 친아버지인 백용이 어찌 자기 아이를 칭찬할 수 있겠는가? 그는 일생 동안 인품이 겸손하고 예의 바른 사람이라 더욱 대답하기가 불편할 테지.' 아무도 입을 여는 이가 없자, 분위기는 순간 어색해졌다.

회왕은 성미가 급한 사람이라, 말을 꺼냈는데도 아무도 반응하는 사람이 없자 답답한 마음에 세 사람의 얼굴을 번갈아 쳐다보았다. 그러자 명망 높은 노장 굴개가 어색한 분위기를 깨면서 입을 열었다.

"바깥에서 평이에 관한 소문은 소장 또한 들은 적이 있사옵니다. 그는 비록 저의 조카이나 만난 적은 거의 없어 잘 알지 못하옵니다. 속담에 '아들을 아는 데에는 그 아비만 한 사람이 없다'고 했으니 백용에게 아들 애기를 들어봄이 좋을 듯싶습니다."

사람됨이 음험하고 교활한 근상은 굴개의 말을 듣더니, 황망히 말꼬리를 가로채 말했다.

"속담에 '듣는 것은 보는 것만 못하고, 보는 것은 만져보는 것만 못하다'고 했사옵니다. 평이를 왕궁으로 오라고 해서, 한두 가지 작은 문제를 내어 시험해보시면 금방 알 수 있으리라 사료되옵니다."

백용이 말했다.

"대왕께 삼가 아뢰옵니다. 평이는 소문처럼 그렇게 뛰어나지 않습니다. 저는 상관대부께서 말씀하신 바에 동의하오니, 그 애를 왕궁으로 불러와 시험을 치러도 괜찮고 전례를 깨도 무방하다고 사료됩니다."

그 당시는 시험을 치른 선례가 없었으며, 다만 부모의 공훈에 따라 관리가 되던 때였다. 백용이 '전례를 깨도'라고 말한 것은 그러한 의미였다.

회왕은 그의 말을 듣고서 깜짝 놀란 후 웃으면서 말했다.

"세 분 경들의 말에 일리가 있으니 여러분의 뜻에 따라 보겠소!"

굴원은 집에서 사부詞賦를 공부하며, 특히 초사楚辭의 창작에 힘을 쏟았다. 그의 수준이 아직은 최고봉에 오른 것은 아니었다. 그는 부賦를 한 편 짓고 있었는데, 주제가 이미 정해져 마음에 구상이 이루어지자, 샘물이 솟아나듯 영감이 떠올라 비바람이 몰아치듯 붓을 내둘러 일필휘지로 거침없이 써내려갔다. 그런 다음 그는 반복해서 퇴고하여 손을 보았다. 그는 논리는 산과 같이 우뚝 솟아야 하고 또한 밀어도 넘어지지 않는 확고부동한 것이어야만 한다고 여겼다.

한창 퇴고하여 수정을 거듭하고 있을 때, 돌연 문을 두드리는 소리가 났다. 그가 머리를 들어 바라보니 하인이 와서는 아뢰었다.

"조정에서 온 신하가 응접실에서 기다리고 계십니다. 손에 폐하께서 내린 성지를 받들고 있는데, 도련님께서 얼른 가셔서 폐하의 분부를 삼가 받드세요."

굴원은 듣자마자 기쁨과 걱정이 교차했다. '무슨 일이 있어 조정에서 사람을 보내왔단 말인가?' 안절부절못하다가 황급히 어머니께 이 일을 알려드렸다. 생각이 깊은 그의 어머니는 아들의 말을 차분히 듣더니 사태의 의미를 알아차렸다. '아들의 명성이 이미 온 성도를 놀라게 했으니 왕궁까지 소문이 전해졌을 것이고, 최근 조정에서 사람을 선발하려는 터인데다 아이 또한 사직에 헌신하기를 갈망하고 있으니, 아마도 이 일로 인해 조정에서 대신을 파견하여 그를 불러들이려는 것이리라.' 굴원의 어머니는 이렇게 추측한 다음 태연자약하게 아들에게 말했다.

"평아! 어미의 직감에 의하면 이번에 가는 것은 반드시 좋은 일일 터, 아마 폐하께서 너에게 큰 직분을 맡기실 것 같구나. 그렇더라도 너는 어미가 평소 네게 해주었던 훈계를 잊지 말고 이전에 배웠던 것들 또한 잊지 말아야 한다. 널 칭찬하는 건 아니지만, 넌 배움에 상당한 성취를 거두었으니 놀라거나 당황하지 말고 모든 일에 냉정하고 침착하게 대처해야 한다."

"어머님의 말씀을 명심하겠습니다."

"빨리 가서 의관을 갖추도록 해라. 조정에서 온 신하가 너를 기다리고 있잖니? 어미는 집에서 네가 좋은 소식 가져오기만을 기다리겠다."

궁궐은 높이 솟은 산처럼 크고 장엄했다. 들쑥날쑥 독특함을 지닌 웅대한 건축물들이 푸른 하늘 흰 구름 아래 더욱 웅대한 기세를 드러내고 있었다. 예전에 굴원은 다만 궁궐 담장 밖에서 고개를 쳐들고 바라보았을 뿐이었는데, 이제 직접 그곳에 들어가 보니 눈앞의 왕궁은 더욱 높고 빼어났다. 그는 조심스럽게 신하의 뒤를 따라갔다. 비록 자신이 미천한 출신이 아니라 왕가의 후예라는 것을 알고 있기는 했지만 마음은 안절부절 불안했다. 그는 두렵고 불안한 마음으로 회왕을 알현했다. 회왕은 엄숙하고 단정한 태도로 휘황찬란한 용상에 앉아 늠름하게 앞을 바라보고 있었다. 회왕을 알현하고 나자 굴원은 오히려 긴장감이 풀어지고 마음은 오히려 안정되었다. 굴원은 공손하게 회왕께 예를 갖추어 인사를 올렸다. 회왕은 만면에 웃음을 띠고 굴원을 살펴보며 어진 모습으로 말했다.

"네가 바로 수도 도성에서 유명한 굴원이냐?"

"예, 제가 바로 굴원이옵니다."

"과인이 너를 궁궐로 들어오게 함이 무엇 때문인지 아느냐?"

"알지 못하옵니다."

"네가 경륜이 풍부하고 학식이 박학하며, 또 사직을 구할 뛰어난 재능과 원대한 지략을 지니고 있다 하니, 과인이 너에게 시국을 다스릴 한두 가지 고견을 듣고자 함이니라. 편하게 예절에 구속됨 없이 마음놓고 내가 묻는 말에 대답해주기 바란다."

"황공하옵니다! 과찬의 말씀이십니다. 저는 재주와 학문이 천박하며, 아는 것도 없습니다. 다만 헛된 이름만 가지고 있을 뿐이어서 폐하께 큰 실망을 끼쳐드릴까 두렵사옵니다."

회왕은 굴원의 대답을 듣고 속으로 기뻤다. 예의를 잘 알아 갖추는 태도가 마음에 들었다. 그는 팔걸이에 놓인 두 손으로 의자를 가볍게 두드리면서 매우 흐뭇해했다. 그는 또 오른손을 들어 희끗희끗 늘어진 수염을 쓰다듬으면서 빙그레 웃음을 지으며 굴원에게 말했다.

"과인이 듣기로, 너는 역사에 정통하고 옛 성현의 도리를 잘 안다고 하니 과인이 너에게 배우고자 한다. 역사상 군왕의 도를 행한 자는 많지만 후세 사람들에게 칭찬을 받고 우러름을 받는 자는 매우 드물다……." 회왕은 감개무량한 듯 말했다.

굴원은 고개를 끄덕여 동의한다는 뜻을 나타냈다.

"너는 역사상 어느 군왕이 후세 사람들의 칭송과 우러름을 받고 있다고 생각하느냐?" 회왕의 물음은 곧바로 이어졌다.

"역사적으로 이름을 남긴 사람은 요堯, 순舜, 탕湯, 우禹……. 그분들의 공적은 세상을 덮을 만큼 높고, 명성은 사해에 드날리며, 세인들의 높은 추앙을 받고 있사옵니다." 굴원은 즉시 대답했다.

"좋다! 과인이 다시 묻겠다. 어떤 사람이 왕을 보좌하여 칭찬을 받았느냐?"

"여지如摯, 구요咎繇, 부열傅說, 여망呂望, 관중管仲, 안영晏嬰 등입니다." 굴원은 생각나는 인물을 미처 다 말하지 못했다는 듯, 서둘러 보충했다.

"또한 제환공齊桓公, 영척寧戚 역시 '모든 제후들을 하나로 통합하여 천하를 바로잡고자' 했던 패업의 완성자이면서 보좌자들입니다. 이상의 군신들의 명성은 역사에 남아 천고에 빛날 것이며, 그들의 업적은 영원히 사라지지 않을 것입니다."

회왕은 기쁨에 겨워 웃음을 터뜨리면서 좌우의 대신들을 둘러본 다음 다시 물었다.

"현재 일곱 나라의 형세를 살펴본다면, 진나라가 우리나라보다 약간 우세하다. 이것은 변론할 여지가 없는 사실이다. 바로 이로 인하여 과인은 우리 초나라가 단기간에 진나라를 따라잡고, 또한 진나라를 뛰어넘으려고 하는데, 어떤 방법을 사용해야 가장 효과가 있겠는가?"

굴원은 잠시 생각한 후 말했다.

"먼저 진나라가 강성한 원인을 찾아본 다음 사정에 따라 문제를 처리해야 합니다. 진나라의 역사를 되돌아보면 농업, 공업, 상업, 군사 및 경제 등의 모든 면이 우리나라에 비해 뒤처져 있었습니다. 그러나 뛰어난 재능과 원대한 책략을 지닌 효공孝公이 정사를 돌본 이후, 형세가 급변하여 우리나라를 따라잡더니 금방 뛰어넘었습니다. 그가 사용한 방법은 바로 인치人治와 법치法治의 상호결합을 중시했다는 점입니다. 또 위나라 사람 상앙을 등용하여 변법을 실행했는데, 이것이 바로 역사상 전해지고 있는 '상앙의 변법'입니다. 이를 통해 겨우 이십 년 만에 경제가 완전히 회복되었고 농업과 공업, 상업, 무역이 장족의 발전을 이루어 국운이 번창하게 되었습니다. 거기에 따라 군사력도 증강되어 세상에서 최강이 되었습니다. 간단하게 말해서 강성의 원인은 부국강병의 길에서 찾을 수 있습니다."

굴원은 잠시 말을 멈추었다가 다시 말을 이었다.

"우리 초나라 역시 변법을 실행한 적이 있습니다. 바로 도왕悼王께서 오기의 변법을 사용하신 것인데, 유감스럽게도 느슨한 태도를 취한 결과 참담한 실패를 맛보고 말았습니다. 실패의 원인은 개혁 자체에 잘못이 있는 게 아니었습니다. 장애가 너무 컸고, 시대에 뒤떨어진 의식과 낙후된 관념이 지나치게 완고했으며, 특히 귀족인 수구세력들의 뿌리가 깊어 제거할 수 없었기 때문입니다. 게다가 우리의 변법을 시기한 진나라는 첩자를 요처에 몰래 잠입시켜 파괴함으로써 변법이 잘못되도록 했습니다. 도왕께서 돌아가시고 난 후 얼마 되지 않아 귀족들은 오기의 사지를 찢어 죽였습니다. 그리고 위왕威王께서 왕위를 이어받아 정사를 돌보실 때 여전히 틀에 박힌 일들만 행했습니다. 변법을 시행할 생각은 갖고 있었지만 아무런 조치를 취하지 않았으며, 저지를 당하면 곧바로 손을 놓아버린 채 이전의 전철을 밟고 말았습니다. 이로 인하여 형세에 뒤처진 변법은 초나라 경제의 발전을 가로막아 정체시켰으며, 심지어 격차를 너무 키워 다시 만회할 수 있는 기회조차 날려버린 채, 이전에 뒤처졌던 자들이 우리를 앞질러 저 멀리 달아나도록 만들고 말 았습니다. 이 얼마나 가혹한 교훈입니까!"

굴원은 잠시 숨을 골랐다가 다시 말을 이었다.

"제가 거리낌 없이 직언함을 용서해주시옵소서. 이전의 실패는 오늘의 경계로 삼을 수 있다고 봅니다. 만약 폐하께서 선조들의 부족했던 점을 교훈으로 받아들여서 굳건히 변법을 실행하시고, 묵은 것을 버리고 새것을 창조하는 혁신과 부국강병의 길로 나아가는 것을 첫 번째로 삼으시고, 힘써 선조들의 폐단을 바로잡고, 여러 가지 장점을 널리 받아들이며, 어진 정치를 베푸시고, 백성들의 어려움을 돌아보신다면, 바야흐로 위업을 도모하여 천하의 영웅으로 일컬어질 수 있을 것입니다."

귀를 기울여 듣던 회왕은 슬쩍 눈을 들어 바라보다가, 한 손으로 멋지게 자란 수염을 쓰다듬었다. 회왕은 때로는 반짝이고 때로는 침울한 굴원의 눈빛에서 그가 내심 새로운 계획을 모색하고 있음을 추측할 수 있었다.

잠시 후, 마침 생각난 듯 회왕이 입을 열었다.

"참으로 훌륭한 젊은이로구나! 과연 헛된 이름이 아니야! 정말 뛰어난 인재로다! 네가 조정을 위해 온 힘을 다하고 과인을 위해 헌령憲令을 제정하여 변법을 실행함으로써 우리 초나라를 강성하게 만들 수 있겠느냐?"

"폐하의 지나친 은혜를 입으니 부끄럽고 부끄럽사옵니다! 다만 제 학식의 부족이 한스러울 따름입니다. 또한 재주도 덕도 없어, 이처럼 큰 임무를 맡기는 어렵습니다. 헌령을 만들어 변법을 실행함은 바로 우리 젊은이들의 책임입니다. 견마지로의 노력을 다하여 폐하의 명령을 받들고 함부로 행하지 않을 것이옵니다!"

"나라를 다스리는 데 가장 중요한 것은 무엇이냐?"

회왕은 굴원의 확신에 찬, 식견이 넓은 말솜씨에 감동했다. 특히 국내외의 중대한 문제를 깊고 세세하게 논증해내는 그의 실력에 매우 흥미를 느꼈다. 흥겨운 나머지 회왕은 한 번 더 질문을 해서 굴원의 실력을 가늠해보고 싶었다. 굴원은 조금도 주저하지 않고 즉시 대답했다.

"하늘의 도는 관대함에 있고, 땅의 도는 용납함에 있습니다. 하늘과 땅의 관용의 도에 의해 백성들은 생존할 수 있는 것입니다!"

회왕은 듣고서 기뻐하며 말했다.

"그래! 맡은 바 책임은 중하고, 가야 할 길은 멀어도, 네가 꼭 해야 하는 일이다!"

근상은 질투심이 불처럼 일어나 자기도 모르게 심장이 뛰고 손발이 바르르 떨렸다. 갑자기 자리에서 일어나 고양이처럼 몸을 구부리고 머리를 약간 수그린 채 실눈을 뜨고서 말했다.

"그렇다면 폐하의 뜻은……." 좌우 대신들이 마치 대단한 보배를 얻은 양 즐거워하는 모양을 보고서 근상은 뒷말을 삼켰다.

회왕은 근상이 못된 생각을 하고 있음을 알고 있기에 손을 치켜들었다. 긴소매는 화락 하는 소리를 내면서 하마터면 근상의 얼굴을 때릴 뻔했다. 회왕의 몸짓은 그에게 흥을 깨지 말라는 의미였다.

상황을 지켜보던 백용은 속으로 몹시 기뻐했다. 분위기가 무르익자 급히 굴원에게 말했다.

"평아! 폐하께 큰 은덕을 입었는데, 어서 폐하께 예를 올리거라!"

굴원은 가볍게 일어나 큰 걸음으로 나아가 예의 바르게 무릎을 꿇고 외쳤다.

"대왕폐하 만세! 만만세!"

그런 다음 두 손을 모아 공손히 말했다.

"저는 재주가 없고, 식견이 얕으며, 수박 겉핥기식으로 배워서 감히 감당하지 못하옵니다. 또한 나이도 어리고 자부심만 강해서 주제넘게 높은 데만 바라보고, 나라 일을 도모할 크나큰 재주는 조금도 없사오니 폐하와 여러 중신들께서 많이 가르쳐주시기를 바랄 뿐이옵니다."

합종을 내세운 굴원의 변법

　전국시대는 군웅이 할거하고 전쟁이 빈번했으며, 중원을 다투어 천하가 누구의 손에 들어갈지 알 수 없었던 시기였다.

　전쟁을 알리는 봉화가 끊이지 않았던 세월은 백성들을 도탄에 빠지게 했고, 사람들을 조숙하게 만들었다. 굴원은 갓 스무 살의 꽃다운 나이로 붉은 해가 중천에 높이 떠 있듯이 전도양양한 시기를 살고 있었다. 그는 가슴에 큰 뜻을 품고 때가 오기만을 기다리고 있었다. 고대하던 그날은 끝내 오고야 말았다. 그는 가슴 가득 정치적 열정과 숭고한 치국의 이상을 가슴에 품은 채 의기양양하게 관직생활을 시작했다. 그의 인생에서 이보다 더 자신의 뜻이 이루어졌던 적은 없었다.

　굴원이 서재에서 부賦를 짓느라 온 힘을 쏟고 있을 때 갑자기 하인이 와서 조정에서 신하가 폐하의 명을 가져왔노라고 전했다. 그가 공부를 멈추고 급히 서재를 뛰쳐나가 보니, 조정에서 온 신하가 손에 금색 비단을 들고 서 있었다. 그는 공손하게 무릎을 꿇고 두 손으로 성지聖旨를 받아들고서 "대왕 만세!"를 외쳤다. 황공스러운 마음으로 비단을 펼쳐 보니 거기에는 깔끔한 큰 글자가 한 줄 씌어 있었다.

굴원을 좌도左徒 직에 임명하노라.

굴원은 기쁨을 감출 수 없었다. 너무나 기뻐서 미간을 활짝 펼친 채, 이것이 마치 꿈인지 생시인지 믿을 수 없다는 듯 두 손으로 성지를 받들고 오래도록 응시했다.

백용도 빙그레 미소를 띠고 신하가 가져온 비단을 오래도록 바라보았다. 그러고 나서 의미심장하게 무거운 짐을 벗어버린 듯 말했다.

"굴씨 집안의 직분 세습이 끊기지 않게 되었구나! 구천에 계신 선조들께서도 이 소식을 고해드려야겠다!"

말을 마친 그는 몸을 돌려 종묘로 가서 선조들에게 경건히 향을 피워 올렸다. 경건하게 정성을 다하는 모습이었다. 공경의 예를 다하여 붉은 양초에 불을 붙여 세 개의 초와 종이 백 장을 태우며, 제물 세 가지를 올려놓고 꼬박 사흘 동안 조상에게 제사를 올렸다.

굴원이 관직에 나아간 것도 나아간 것이지만, 벼락출세라고 할 만큼 높은 지위에 올라서 백용은 너무나도 기뻤다. 하지만 그러한 기쁨 뒤로 불안감 또한 떨쳐버릴 수가 없었다. 아들의 나이가 아직 너무 어린지라 맡은 직무가 염려되었기 때문이다. 즉 좌도는 국사에 참여하여 의론을 이끌고 법령을 반포해야 하며, 나와서는 빈객들을 접대해야 하는 매우 높은 직책이었다. 자칫하면 뭇사람들의 두터운 신망을 받기는커녕 오히려 비난을 초래할 수 있는 자리였다.

굴원은 아버지가 기뻐하는 한편으로 우려를 하고 있다는 것을 잘 알고 있었다. 그는 솔직하게 말했다.

"사내대장부가 빨리 출세하려는 것은 나라와 백성을 위하고 정의를 위해 주저 없이 앞으로 나아가고자 하기 때문입니다. 이를 위해 저는 인생에서 만나기 어려운 이 좋은 기회를 소중하게 여길 것입니다. 어려서 뜻을 세울 때 일찍이 백이伯夷를 모범으로 삼기로 마음먹었습니다. 충정으로 폐하를 섬기고 청렴으로 정사에 종사하며, 조정에서는 국사를 중시하고 백성들에게 행복을 만들어주며, 저 한 사람만의 이익을 도모하지 않고 천하를 맡은 듯이 일하며, 폐하께서 천하를 통일하시는 일에 전력을 다하고 요순께서 다스리셨던 그러한 날을 만들도록 노력할 것입니다! 이러할진대, 아버님께서는 무슨 걱정을 하시는지요?"

아들이 자신의 포부를 말하는 것을 듣고는 급히 곁채에서 나온 어머니는 남편과 아들을 흐뭇한 눈길로 바라보다가 말했다.

"내 아들의 말이 지극히 옳구나. 어미가 생각하는 바와 꼭 맞다. 나도 전해줄 말이 있단다. 네가 이왕 조정에 몸을 두기로 뜻을 세웠으니, 응당 원대한 포부를 가져야 한다. 백성을 위하려면 공정하고 청렴해야 하며, 정정당당하고 사리사욕을 도모하지 말아야 한다. 한번 사심이 있게 되면 얼굴도 뻔뻔해지고 마음도 어두워지며, 탐관오리로 부패하고 타락하여 백성들을 마음대로 짓밟고 사람들에게 욕을 얻어먹게 되는 것이다. 그렇게 되면 결국 언젠가는 이 사회에서 도태되고 말 것이다. 내 아들아! 잘 기억하거라! 관리가 되어서는 평판이 중요하므로, 간신의 행동을 절대 배우면 안 된다. 천추만대에 공훈이 찬란히 빛나는 어진 선비를 본받도록 하거라! 굴씨 집안은 대대로 관직을 지내면서 모두 충신으로서 단 한 명의 간신도 없었으니, 이는 바로 굴씨 집안의 영광이며 자랑이다. 어미를 위해 이와 같이 생각하여준다면 영광이겠구나! 내 아들이 반드시 굴씨 가문의 명성을 이어주길 바라고, 선조들의 공덕을 훨씬 뛰어넘을 수 있기를 이 어미는 기원한다!"

"어머님 말씀이 지극히 옳으십니다. 소자 어머니의 가르침을 마음속 깊이 새겨 평생 잊지 않도록 하겠습니다. 감히 어머님께 맹세하겠습니다. 오늘 이후로 관직에 있으면서 어진 성현들을 본받고, 중도에 그만

두지 않고 끝까지 임무를 완수할 것이며, 부지런히 노력하여 부모님의 간절하신 기대에 어긋나지 않도록 하겠습니다!"

조정의 문무관리들 중에 굴원은 나이가 가장 어렸으며, 전국에서 그의 재주가 가장 출중했다. 굴원은 사람들을 대하고 사물들을 접하는 데에 범상치 않아 사람들의 우러름을 받게 되었으며, 특히 회왕의 총애를 받게 되었다. 회왕은 굴원의 활약상을 보며 마음속으로 형언할 수 없는 기쁨과 위안을 얻었다.

'이렇게 좋은 말을 전쟁터에 내보내 달리게 하지 않게 하고, 무얼 하겠다고 마구간에 썩혀두었단 말인가?' 회왕은 진정 이렇게 생각했다.

정사를 처리함에 있어서 굴원이 갖고 있는 가장 큰 장점은 청렴과 자율이었다. 그는 품행이 엄격하고 신속했으며 나라를 위해 온 힘을 다 쏟아 부었다.

세월은 쏜살같이 흘러 어느 새 또 일 년이 지나갔다.

회왕은 굴원이 출중한 청년임을 확신하게 되었고, 따라서 그가 하는 대로 맡겨두었다. 그는 정말로 재능을 발휘하여 조정에 들어가서는 회왕과 국사를 논하고 법령을 반포했으며, 조정을 나와서는 빈객을 접대하고 제후들을 응대했다. 회왕을 보필하는 신하로서 회왕의 든든한 어깨가 되었던 것이다.

회왕이 이처럼 굴원을 신임하게 된 데에는 그럴 만한 까닭이 있었다. 당시 초나라는 외환과 내란에 직면해 있었다. 불안한 나날을 보내던 회왕은 중대한 문제를 가지고 있으면서도 결단을 내릴 수 없었는데, 굴원이 묘책을 만들어 그의 근심을 덜어주었다. 정치적 포부를 지니고 있는 데다 재능 또한 뛰어난 굴원은 시대의 요구에 의해 나타난 사람이었던 것이다. 좌도라는 직책은 그에게 너무나 잘 맞았다. 정치적 열정을 가득 품고 일찍이 구국구민의 이상을 품고 있었던 굴원은, 마치 전쟁터에서 마음껏 내달리는 한 필의 천리마와 같았다.

조정은 순조롭게 안정되기 시작했고, 사회의 혼란한 국면 역시 호전되었으며, 이리저리 떠돌아다니던 백성들도 점점 자리를 잡기 시작했다. 사직의 면모도 몰라보게 달라졌다. 마치 대지에 봄이 온 듯이 하루하루가 다르게 변했다. 그러나 이것은 단지 서막일 뿐, 굴원이 가슴속에 품고 있는 치국의 청사진에는 훨씬 미치지 못하는 것이었다.

회왕은 모처럼 어질고 능력 있는 신하를 가까이 두게 되자, 천하의 패권을 쥐고 싶은 생각이 간절해졌다. 그는 선왕인 도왕悼王을 본받아 '변법'을 실행하기로 결심했다. 변법을 도모하여 진나라를 따라잡고 뛰어넘어, 끝내는 온 천하를 하나로 통일하고 싶었다.

회왕의 이러한 이상은 바로 굴원의 정치 포부와 합치되는 것이었다. 두 사람의 정치적 이상은 서로 딱 들어맞았다.

회왕은 굴원과 마음을 터놓고 이야기를 나누고 싶어했다. 한 걸음 더 나아가 굴원이 과연 이러한 임무를 감당할 수 있는지 알아보고 싶어했다. 변법의 시행은 어린애들의 장난이 아니라 국가의 흥망 및 백성의 생존과 관계되는 것이어서 소홀히 할 수 없는 일이었다. 더욱이 요행으로 성공을 바라는 마음가짐으로는 천지가 뒤집힐 정도의 대변혁을 기대할 수 없었다.

회왕은 이미 마음속으로는 결정을 내리고 있었지만 선뜻 공표하지는 못했다. 좀 더 심사숙고하여 자신 있게 시행하기 위해서였다. 삼 년 동안 일을 시켜보고 지켜본 결과, 회왕은 굴원이 훌륭한 관원으로서 중직을 맡을 수 있다고 보았다. 헌령의 초안을 작성하고 변법을 시행하는 일은 그가 아니면 할 수 없으리라고 판단했다. 조정의 늙은 신하들은 생각이 보수적이고 근시안적이며, 일은 대충 처리하면서도 공만 누리려고 했고 자신의 부귀영화만을 도모했다. 국가의 흥망과 백성들의 생존에 대해서는 그다지 관심을 갖지 않았다. 이런 흐리멍덩한 관원들로 이루어진 관료기구가 과연 변법을 시행할 수 있겠는가? 할 수 없다! 절대 할 수 없다! 이것이 바로 회왕이 시간을 끌면서 선뜻 움직이지 않았던 이유였다.

회왕은 더 나아가 생각했다. '변법은 시행이 어려워도 꼭 해야만 하는 일이다. 굴원이 비록 나이는 어리나 열정과 열의를 가지고 있다. 그의 정치사상, 일에 대한 태도, 도덕 능력은 모두 비범하다. 조정의 모든 관원과는 현저히 다르다. 그는 사심과 잡념이 없고 사리사욕이 없는 대신 왕성한 정력과 끝없는 열정을 지니고 있다. 그러니 변법의 중대한 임무를 그를 버리고 누구에게 맡길 수 있겠는가? 뿐만 아니라 그는 세인의 두터운 신임을 받고 있는 탁월한 정치가요, 그야말로 종횡무진하는 천리마와 같은, 확실히 빼어난 인재가 아닌가?'

회왕은 생각할수록 가슴이 두근거렸다. 그는 바로 굴원을 불러 변법과 관련된 문제를 밀담하기로 했다.

그는 왕궁 안에서 대화하는 것을 원하지 않았다.

비록 궁궐이 신성하고 경비가 삼엄한 구역이긴 했지만 이목이 많은 데다, 아무리 비밀을 강조해도 중대한 많은 문제들이 소리 소문도 없이 퍼지는 곳이었다. 더욱이 그동안 궁정에서 누설되는 일들이 여러 차례 발생했기 때문에 이러한 교훈을 명심하지 않을 수 없었다. 회왕은 신중을 기하기 위해 왕궁 밖으로 놀러 나간다는 이유를 대고 그와 밀담하기로 결정했다.

아침 조회가 끝나자, 회왕은 조용히 굴원에게 말했다.

"오늘은 아주 화창한 봄날이오. 이러한 좋은 날씨에 과인이 야외에 나가 산책을 하려 하는데 경도 함께 가는 것이 어떻겠소?”

“폐하께서 이처럼 고아한 흥취를 가지고 계시니 미천한 신하, 기쁨으로 어가를 호위하겠습니다.”

굴원은 얼굴 가득 기쁨이 넘친 회왕을 보고 기분이 매우 좋았다. 그는 속으로 회왕이 내어놓으려고 하는 새로운 계책에 대해 곰곰이 생각해 보았다.

굴원은 회왕과 함께 궁궐 밖 교외로 나갔다. 그는 천지가 정말 넓다는 것을 새삼 느꼈다. 파란 하늘에는 흰 구름이 떠가고, 대지에는 여러 가지 아름다운 꽃들이 피어나고 있었다. 고개를 들어 서쪽을 바라보니, 산들이 끝없이 이어져 있어 마치 청룡이 날아오르는 것 같았다. 고개를 돌려 북쪽을 바라보니, 만리 장강 위로 자욱한 안개가 마치 포효하며 내달리는 듯 끝없이 피어오르고 있었다. 다시 창공을 바라보니 몇 마리 참매들이 쪽빛 하늘에서 선회하고 있었다.

이러한 아주 평범한 경치도 궁궐 안에만 틀어박혀 있는 회왕에게는 아주 보기 드문 아름다운 풍광이었다. 그는 감상에 빠져 되돌아가는 것도 잊고서 연신 감개무량해서 말했다.

“정말 아름답도다! 아름다워!”

굴원은 회왕을 바짝 따르며, 그가 걸으면 같이 걷고 멈추면 따라서 걸음을 멈췄다. 그들은 한가롭게 유유자적했다.

그때 한 마리 참매가 하늘을 선회하다가 갑자기 급강하하더니 힘도 들이지 않고 잿빛 들토끼 한 마리를 낚아챘다. 굴원은 급히 소리쳐 회왕이 그 상황을 보도록 했다. 회왕은 굴원이 손으로 가리키는 방향을 바라보고는 놀라워했다. 토끼는 매 발톱 아래에서 있는 힘을 다해 발버둥치고 있었다. 그러나 참매는 토끼를 꽉 움켜쥐고서 힘차게 날아올라 숲으로 가버렸다.

그 모습을 바라보던 회왕은 크게 감개하며 입을 열었다.

"참으로 큰 들토끼로구나! 체중이 적어도 참매의 두 배는 되어 보이는데 어찌하여 참매의 발톱 아래에서 꼼짝도 못하는 것이냐?"

회왕의 물음에 굴원이 즉시 대답했다.

"참매가 토끼를 움켜쥘 수 있는 힘은 담력과 지혜에서 나온 것이며, 이러한 힘은 하나로 열을 상대할 수 있는 역량입니다. 반면 토끼의 역량은 토끼의 식욕에서 비롯된 체중일 뿐입니다. 게다가 토끼는 그저 먹고 놀면서 살만 피둥피둥 찌우기만 할 뿐 공격의 능력은 연마하지 않습니다. 그래서 공격에 능한 참매를 당해낼 수 없는 것입니다."

참매와 토끼가 벌인 상황은 군왕과 신하를 깊은 생각에 젖게 했다. 그들은 무거운 마음이 되어 좀 더 걸었다. 그들이 밭두렁이 종횡으로 나 있는 물가 마을에 이르자, 그곳에는 물고기 왕국같이 각종 물고기들이 한데 모여 있었다.

겉보기에는 평온한 것 같았지만, 실은 그렇지 않은 수역水域이었다. 갑자기 한 마리 잉어가 수면 위로 뛰어 올랐다. 회왕은 걸음을 멈추고 지켜보았다. 또 다른 곳에서 '팟팟' 하는 소리가 났다. 소리 나는 곳을 바라보니 한 마리 물고기가 수면 위로 두 자쯤 뛰어 올랐다. 회왕은 무슨 일인지 모르겠다는 듯이 말했다. "물고기는 물을 떠날 수 없는 법이거늘, 어찌하여 물 밖으로 뛰어오르려 한단 말인가?"

"그것은 큰 물고기가 작은 물고기를 잡아먹으려고 쫓기 때문입니다. 작은 물고기는 큰 물고기가 쫓아오는 것을 보고 긴급한 상황에 이르러 숨을 곳이 없게 되면, 수면 밖으로 도망쳐 큰 물고기의 날카로운 이빨을 피하는 수밖에 없지요. 허공에 떠봐야 아주 짧은 순간에 다시 물속으로 떨어진다는 것을 물고기도 알고 있지만 달리 방도가 없습니다. 그런데 작은 물고기의 그러한 방어를 큰 물고기가 어찌 모르겠습니까? 큰 물고기는 일찌감치 입을 쩍 벌리고 작은 물고기가 수면에 떨어지는 순간을 기다렸다가 기회를 잃지 않고 뱃속으로 삼켜버리는 것입니다." 굴원이 생생하게 설명을 했다.

회왕은 껄껄 웃더니 말했다.

"큰 물고기가 작은 물고기를 잡아먹으려 하지만, 작은 물고기 역시 순순히 잡아먹히려 하지 않겠지! 그래서 방금 같은 장면이 펼쳐진 것이로구나!"

굴원은 회왕과 꽃밭을 배회하다가 잔디밭을 거닐기도 하고 적막한 숲속에서 발걸음을 멈추기도 했다. 사거리에 이르러서는 이리 갈까 저리 갈까 방황하기도 했다. 그들은 아름다운 자연을 차마 떠나고 싶지 않았다. "참으로 아름다운 산하로구나!" 회왕은 마음속에서 우러나오는 찬탄을 금치 못했다. 눈앞에 펼쳐진 경치에 도취된 듯 보였다. 그는 여기저기를 손으로 가리키면서 중얼거렸다.

"이토록 아름다운 강산이 무수한 영웅들을 서로 싸우게 하여 승자와 패자로 갈라놓았구나! 이것이 바로 역사야! 역사는 왕조의 흥망성쇠를 기록하고 있지. 간단히 말해서 울고 웃는 역사라고 할 수 있도다."

"옳습니다. 폐하의 말씀이 지극히 옳습니다! 몇천 년의 역사를 폐하께서 '울고 웃는' 두 글자로 표현하셨는데, 어찌 그렇지 않겠습니까?"

굴원의 생각 역시 자신과 똑같다고 생각하자, 회황은 더욱 열을 띠면서 말을 했다.

"진나라가 우리의 산하를 삼키려고 그동안 국경지대에서 도발을 쉬지 않았는데 이를 어찌하면 좋겠소? 국난에 직면하여 과인과 근심 걱정을 함께 나눌 수 있겠소?" 회왕이 근심 어린 얼굴로 말했다.

"폐하께서 미천한 신하를 믿어주시기만을 바랄 뿐이옵니다." 굴원은 단호한 어투로 말을 이었다.

"칼산을 오르고 불바다에 뛰어든다고 해도 물불을 가리지 않고 두려워하지 않을 것입니다!"

회왕은 천천히 고개를 돌려 매같이 날카로운 눈으로 굴원을 응시하면서 마음속으로 생각했다. '과인은 너의 그러한 결심과 죽음을 아끼지 않는 정신을 바라고 있었다.' 굴원의 대답에 고무된 회왕은 긴 속눈썹을 몇 번 깜박거리고는 매 같은 파란 눈망울을 굴렸다.

"과인은 이전부터 조정을 개혁하려는 욕망이 있었으나 어디서부터 시작해야 할지 몰라 이러고 있었소. 지금부터 변법에 대해서만 이야기를 해봅시다."

굴원은 회왕이 변법에 대해 먼저 말을 꺼내자, 자기도 모르게 기쁨이 일었다. '조정을 개혁하려 함은 내 뜻과 맞는 것이며, 현재 조정은 지극히 부패하여 개혁하지 않으면 안 되는 지경에 이르렀다.' 이 말을 비록 입 밖에 내지는 않았지만 그는 마음속으로 오래도록 생각해왔다. 그는 매우 진지하게 말했다.

"폐하께서 조정을 개혁하시려는 마음을 갖고 계시니, 이는 초나라의 크나큰 기쁨입니다. 저는 굳게 옹호하오며, 또한 적극 참여하고……."

"오! 그것 참 잘되었소! 그대의 생각을 자세히 이야기해보시오. 주저하지 말고 생각나는 대로 남김없이 모두 말해보시오!"

굴원은 회왕의 격려를 듣고서 기운이 솟았다.

"진나라가 우리나라보다 앞서게 된 것은 변법이라는 보배 덕분입니다. 우리나라는 최근 외환과 내란이라는 두 가지 중요한 문제에 직면해 있습니다. 이 두 가지 사안은 반드시 처리해야만 합니다! 이 두 가지 개혁만 성공한다면 나라에 대해 무슨 걱정을 하겠습니까?"

"우리나라의 지리적 위치는 진나라보다 우월합니다. 인구도 많고, 땅도 넓으며, 자원도 풍부하고, 기후도 좋아 농업, 임업, 목축업, 수산업의 발달에 이로운데, 어찌하여 진나라에 비해 몇 년이나 낙후되었을까요? 소신이 보기로는, 우리가 현재 시행하고 있는 정책이 우리나라 국정에 부합하지 않음이 분명합니다. 따라서 먼저 이 문제 해결에 힘써야 합니다. 정책이 잘 들어맞으면 그에 대한 조치가 힘을 얻고 인심도 자연히 돌아오게 될 것입니다. 사람들의 마음이 모아지면 태산도 움직일 수 있는 것이니 어떤 일을 처리하더라도 걱정할 필요가 없을 것입니다. 이와 같이 행하신다면 오래지 않아 초나라의 강산은 강력하게 변모할 것입니다. 견고한 난공불락의 산하를 가지고 있고, 또 선린우호 정책을 펼쳐 합종으로써 일치단결하여 진나라의 침략에 대항한다면 천하는 반드시 다스려지고 태평성대로 나아가게 될 것입니다. 합종의 외교노선을 잘 유지해야 일곱 나라의 역량이 균형을 이루어 한쪽으로 기울어지지 않게 될 것입니다. 형세가 변하지 않아야 우리나라에 유리하며, 그래야 나라 안의 일들을 정돈하고 발전시키는 데 온 힘을 다 쏟을 수 있는 것입니다. 그러므로 우리나라는 더욱 여섯 나라와 합종하는 일에 힘써야 하며, 마음과 뜻을 다하여 제나라와 함께 합종의 성과를 강화하고 공고히 해야 하는 것입니다……."

굴원이 말을 마치기도 전에 회왕은 '제나라와 함께 합종의 성과'라는 대목에서 자기도 모르게 "풋." 하는 웃음소리를 냈다. 이 웃음소리가 굴원의 견해가 옳다는 의미인지 그렇지 않다는 것인지는 알 길이 없었다.

"무엇 때문이오?" 회왕은 깊은 뜻이 담긴 눈빛으로 굴원의 얼굴을 응시하다가, 한참 뒤에 말을 이었다. "간결하게 이야기해볼 수 없소?"

굴원은 변함없는 표정으로 입을 잠시 다물었다가 가벼운 미소를 짓고서 말을 이었다. "제나라는 동방의 대국이며 부국인지라, 진나라의 위협을 가장 심하게 받았고, 여러 차례의 출병으로 심대한 손해와 파괴를 당해 결국 진나라와는 화해할 수 없는 원수지간이 되었습니다. 바로 우리나라가 진나라와 원수를 맺은 것처럼 그 골이 깊어 도저히 풀 수 없습니다. 이제 진나라는 초나라와 제나라의 공동의 적으로, 서로 사느냐 죽느냐의 관계를 맺고 있습니다. 우리나라는 비록 크긴 하지만 국력은 약합니다. 우리나라 힘만으로는 진나라와 맞설 수 없습니다. 그러므로 제나라와 연합하여 진나라를 대항하는 것이 상책이며, 그것이 유일하게 실행 가능한 책략인 것입니다.”

“진나라는 변법을 시행한 이후 국력이 날로 강성해지고 패권을 도모하는 야심 역시 갈수록 커지고 있습니다. 이로 비추어볼 때, 제나라와 초나라는 반드시 결맹을 공고히 해야 합니다. 최근 진나라의 국력으로는 합종의 힘을 막아내기 어려우며, 따라서 패권을 차지하려는 기세가 자연 수그러들 것입니다. 외부로부터의 방해가 없다면 우리는 변법에 힘써 부국강병의 길로 나아갈 수 있을 것입니다.”

회왕은 굴원의 주장에 자주 머리를 끄덕여 동의하고 있음을 표시했다. 굴원은 더욱 흥이 났다. 그는 흥이 난 나머지 모든 것을 잊어버렸다. 그는 변법은 역대로 통치자들이 곤경을 벗어나기 위해 취하는 일종의 방법이었다고 거침없이 말했고, 회왕에게 구변이 좋다는 인상을 남겨주었다. 굴원은 역대의 변법과 현재의 변법을 비교하면서 자신만만하게 자신의 생각을 전부 내보였다. 그는 이렇게 말하는 것이 어떤 결과를 초래할지 전혀 고려하지 않았으며, 자신의 관점을 적나라하게 밝히면 어떤 영향을 받게 될지도 고려하지 않았다. 그는 다만 이 문제가 대단히 중요하며, 회왕이 허락만 하면 충분히 시행할 수 있으리라 판단하고 있었다. 그래서 그는 조금도 망설임 없이 자신의 속마음을 거침없이 드러내보였다. 굴원은 회왕에게 변법을 분명하게 인식시키고 싶었다. 그렇게 해야 개혁이 성과를 거두고 목적을 달성할 수 있다고 생각했기 때문이다.

그러나 회왕은 변법 시행에 대한 생각은 갖고 있었지만 마음의 준비는 전혀 되어 있지 않았다.

"그대의 이야기는 너무 허황하고 막연하다는 생각이 드니 좀 더 구체적으로 이야기해보시오. 물론 오늘 우리의 만남이 우연이어서 마음의 준비가 없었겠지만, 그대의 이야기는 피상적이고 비현실적으로 보이오. 더 자유롭게 하고 싶은 이야기를 해보시오. 그 말이 틀린 것이라 하여도 과인은 추궁하지 않겠소."

사리에 맞는 회왕의 말에 굴원은 깊은 감동을 받았다. 혈기왕성한 그는 하룻강아지 범 무서운 줄 모르듯 또다시 청산유수처럼 말을 이었다.

"변법은 반드시 확고부동한 수단을 지니고 있어야 하며, 파죽지세의 기세로 모든 그물들을 뚫어야만 합니다. 변법은 수단일 뿐 목적이 아닙니다. 변법을 통해서만 개혁과 부국강병을 실현하여 초나라를 중흥케 할 수 있습니다. 이 목표를 실현하기 위해서는 우선 귀족들의 특권을 제한하고 노예들을 해방시켜야 합니다. 노예는 물자를 생산하는 주인입니다. 진나라는 그들에 의지하여 거대한 부를 얻을 수 있었습니다. 오늘날 우리가 시행하려는 변법은 창조적인 것이 아니라, 그들의 경험을 빌리려는 것입니다. 우리나라에서는 실패한 적이 있었지요. 바로 도왕께서 오기의 변법을 받아들이셨다가 당한 참극이 그것입니다. 오기의 주검은 토막토막 잘려지고, 변법의 성과는 모두 사라지고 말았습니다. 초나라의 귀족들은 변법의 최대 장애물입니다. 먼저 길을 가로막는 장애물을 제거하지 않는 한, 변법은 성공할 수 없습니다. 이 점에 대해 폐하께서는 충분히 대비하셔야 합니다. 그렇지 않으면 다시 한 번 오기의 비극이 재현될 것입니다."

"옳은 말이오! 아주 훌륭한 견해이오! 그럼 그대는 먼저 헌령憲令의 초안을 만들도록 하시오. 이 일은 비밀로 해야 하며 절대로 대신들이나 귀족과 결탁한 다른 사람들이 알게 해서는 안 되오. 한 달 안에 헌령의 초고를 만들어낼 수 있겠소?" 회왕은 변법에 대한 희망을 굴원에게 걸었다.

굴원은 회왕의 신임과 총애를 황공스러워했다. "미천한 신하, 열심히 해보겠사옵니다. 전심전력을 다해 폐하의 기대에 어긋나지 않도록 하겠습니다!" 사실 굴원의 마음속에는 이미 전반적인 틀이 짜여져 있었다.

"그럼 좋소. 문제는 그렇게 해결하도록 합시다. 그대는 잠시 조정에 나오지 않아도 되니, 헌령의 기안에 온 힘을 다하도록 하시오!"

"삼가 명령을 받들겠사옵니다!"

이로부터 굴원은 헌령 제정의 대업을 받들어 새벽부터 밤늦도록 일에 몰두했다. 다음과 같은 시는 당시의 상황을 잘 보여주고 있다.

헌령 만드는 일을 받들어 굴원은 크게 힘을 쓰고,

불철주야로 문장을 만들도다.

생각하고 생각하여 헌령의 요강을 만드는데,

마음에 좋은 방책 이미 세워 놀라지도 당황하지도 않네.

영명한 과단성은 조정에서 제일이라,

특권을 제한하니 조정 신하들 원망이 생겨나네.

두루 부유하고자 하나 왕족들은 싫어하고,

노예 해방하고자 하나 귀족들 원치 않네.

합종을 공고히 하고자 하나 간신배들 혼란을 일으키는데,

부패를 징치함은 흥망성쇠와 연관되어 있다네.

혼란을 다스림을 분명히 하고 조정의 강령을 정돈하며,

변법을 도모하고자 굴원이 등장했네.

奉命制憲, 屈原大干.

宵衣旰食, 撰寫文字.

四維活躍, 憲有眉目.

腹有良方, 不驚不慌.

英明果斷, 朝中無雙.

限制特權, 朝臣生怨.

平均富貴, 王族不干.

解放奴隷, 貴族不願.

鞏固合縱, 奸佞作亂.

懲治腐敗, 攸關興衰.

明于治亂, 整頓朝綱.

變法圖強, 屈原登場.

헌령의 기본 내용은 대략 위와 같았다. 변법에 대한 나라의 방침은 이미 확립되었기 때문에 굴원은 회왕의 어람을 거쳐 헌령이 천하에 반포되고 시행되기만을 기다렸다.

근상의 위세, 굴원을 무너뜨리다

세월은 무심히 흘러 상전벽해桑田碧海가 되었다. 초나라는 한바탕 큰 변혁에 직면해 있었다. 굴원의 정치 주장은 헌령 안에 담겨 있었고, 초나라의 생사존망을 결정할 변법은 세인들의 주목을 불러 일으켰다.

오늘 굴원은 정신이 유난히 맑았다. 그는 마치 무거운 짐을 벗어버린 듯 숨을 크게 내쉬고는 기분이 좋은 듯 노랫가락을 계속 흥얼거렸다. 서재에서 응접실로, 다시 응접실에서 화단으로 옮겨 다니면서 그는 헌령을 찬찬히 살펴보고 퇴고했다.

부인은 오늘처럼 기뻐하는 남편의 모습을 오랫동안 본 적이 없었기에 급히 침실에서 나와 활짝 미소를 지으며 말했다.

"여보, 뭐가 그리 바쁘세요? 기분이 좋으신 걸 보니, 헌령이 다 작성된 모양이지요?"

"그렇소!"

"축하드려요!"

"도와주어서 고맙소!"

"제가 무얼 도와드렸다고요?"

"많이 도와주었소! 당신의 세심한 배려가 있었기에 가능했지. 그렇지 않았다면 어찌 이렇게 빨리 끝마칠 수 있었겠소?"

"그만한 일이야 마땅히 할 일이지요."

"부인, 오늘은 조회에 다녀와야겠소."

"뭐라도 좀 드시고 가시지요?"

"늦었소. 길 가다가 간단히 사먹으면 되오."

"그래도……."

"괜찮소."

굴원은 아내와 이야기를 나누며 물건들을 정리했다. 그는 헌령을 옆구리에 끼고서 총총히 집을 나섰다.

대신들은 굴원이 조회에 참석하러 오는 것을 보고 쑥덕거렸다. 그가 한 달이나 조회에 오지 않은 것은 몸이 아파 집에서 병치레를 했기 때문이라는 이도 있었고, 다른 나라에 사신으로 갔기 때문이라는 이도 있었다. 또 그가 집에서 어떤 중대한 일을 하고 있기 때문이라고 의심을 품는 이도 있었다. 대신들은 나이는 젊지만 능력 있는 굴원을 깔보지 못했다. 굴원에게 큰 희망을 걸고 있는 대신들도 있었고 굴원을 질투하는 대신들도 있었다.

경리는 조정의 총아로, 사람됨이 기민하고 원만했다. 그는 굴원을 보자마자 매우 열정적으로 맞이하면서 미소를 가득 띤 채 허물없이 물었다.

"굴좌도를 오래도록 만나뵐 수 없었는데, 그동안 별고 없으셨는지요?"

"경대부의 관심에 감사드립니다. 저는 건강합니다. 대부께서는 요즘 잘 지내시는지요?"

"우연히 사소한 병에 걸렸습니다만, 약을 두어 첩 지어먹고 지금은 다 나았습니다. 걱정해주셔서 감사합니다."

“…….”

굴원이 경대부와 서로 인사말을 나누고 있을 때, 마침 근상이 어깨를 으쓱거리면서 걸어왔다. 그러고는 건성건성 말했다.

“굴대부는 한 달 남짓 보이지 않던데, 무슨 용무라도 있었습니까?”

그는 일찍부터 굴원을 못마땅하게 생각하고 있었으며, 특히 굴원이 근래에 회왕과 매우 긴밀한 관계를 맺고 있는 것에 대해 불만을 품고 있었다. 그는 조정에서 제멋대로 횡포하게 날뛰면서, 오만방자하고 무례하게 굴었다. 굴원은 일찍부터 그에게 경계심을 품고 있었으나, 예의 바르게 인사를 갖추었다.

“별일 없이 한가하게 지냈습니다. 일이 있다고 한들 자질구레한 일뿐, 공무가 있었던 것은 아닙니다. 그러니 상관대부께서는 염려하지 마십시오.”

근상은 본래 교활하고 의심이 많은 사람인지라, 굴원이 조정에 나오지 않은 것에 대해 일찍부터 의심을 품고 있었다. 오늘 굴원이 이처럼 말하는 것을 듣자, 더욱 의심이 들었다. 그는 갑자기 머리를 치켜들어 하늘을 바라보면서 교만하게 고개를 외로 틀면서 말했다. “알고 보니 그랬었군요!” 그는 말을 마치고서 일부러 “하하하!” 헛웃음을 짓고는 성큼성큼 가버렸다.

조회를 알리는 종소리가 청아하게 세 번 울렸다. 문무대신들이 연이어서 왕궁으로 들어갔다. 일반적인 조회는 “대왕 폐하 만세! 만만세!”로 시작하여, “대왕께선 성명하십니다!”로 끝나며, 그러고 나서 문무백관들이 분분히 왕궁을 나간다.

오늘 조회는 아침 안개가 자욱할 때 시작되었다.

회왕은 용상에 단정히 앉아 온화한 모습으로 대신들을 바라보았다.

여러 신하들 가운데 군계일학이라 할 만한 대신이 있었다. 그는 바로 회왕이 늘 마음속으로 생각하고 있는 굴원이었다. 그는 속으로 매우 기뻤다. '헌령이 다 만들어졌단 말인가?' 관심이 굴원에게로만 미치자 다른 대신이 무엇을 주청하는지 거의 듣지 못했다. 단지 헌령만을 생각하며 굴원에게서 눈을 떼지 못했다. 조회가 끝나기까지 기다리는 것이 쉽지 않았다. 조회가 끝나자 그는 만면에 웃음을 띠고서 계단을 내려왔다.

굴원은 회왕이 자기를 향해 오는 것을 보고서 급히 무릎을 꿇은 채 "대왕 폐하, 만세! 만만세!"를 외쳤다.

"일어나시오!"

"황공하옵니다!"

"앉아서 얘기해봅시다!" 회왕은 먼저 자리에 앉으며 말했다. 굴원은 공손히 그의 아랫자리에 앉아 회왕의 말을 기다렸다.

"경이 조정에 나온 건 헌령이 다 만들어졌다는 뜻이오?"

"미천한 신하가 폐하 덕분에 순조롭게 헌령을 만들게 되었고, 어젯밤에 최종 마무리를 했습니다. 그러나 아직 완전하지 못하여 수정하고 있습니다. 내일 폐하께서 살펴보시도록 올려드릴 예정입니다."

"좋소! 지금 그대가 구상중인 내용을 대략 과인에게 말해보시오." 회왕은 성질이 급한 사람이라 헌령이 만들어졌다는 소식을 듣자마자, 그 내용이 무엇인지 알고 싶어 굴원을 재촉했다.

"헌령에서 가장 두드러진 내용은 귀족의 특권을 제한하는 것입니다. 다른 한 가지는 중앙집권체제를 강화하는 것이고, 또 한 가지는 부패와 타락을 방지하는 것입니다. 그리고 외교와 경제, 군사, 농업, 공업, 상업, 무역……."

"좋소!" 회왕은 굴원의 말을 끊었다.

"왜 귀족의 특권을 제한해야 하는지 말해보시오."

"귀족의 특권을 제한해야 하는 이유는 그동안 존재해온 역사적인 병폐가 귀족들의 특권에서 비롯되었기 때문입니다. 저는 나라가 빈곤해진 주요 원인을 귀족들이 대량으로 토지와 재부財富를 독점한 데서 찾고 있습니다. 이로 인해 빈부의 격차가 점점 심해지는데도 조정은 그들이 재부를 독점적으로 축적하도록 방치했습니다. 이렇게 하여 국고는 재원을 잃게 되었으니 국고가 어찌 텅 비지 않을 수 있겠습니까?"

굴원은 말을 잠시 멈추었다가 다시 말을 이었다.

"귀족은 조정의 권위를 생각지 않고 법령이 있어도 따르지 않습니다. 이것은 그들이 쥐고 있는 특권이 과도하기 때문입니다. 이러한 현실을 바로잡지 않는다면 중앙집권체제를 이룩할 방법이 없고……."

회왕은 굴원이 만든 현령을 이해할 수 있을 것 같았다. 정치와 백성들을 위한 굴원의 생각은 신뢰할 만한 것이었다. 회왕은 굴원과 함께 좋은 청사진을 계획해야겠다고 결심했다. 그는 가볍게 머리를 끄덕이면서 기쁜 표정으로 수염을 쓰다듬었다.

"경은 탁월한 식견을 갖춘 개혁가로 손색이 없구려. 이와 같이 개혁한다면, 초나라가 중흥할 날도 머지않았소. 오늘 그대와 이야기를 나누고서 너무나 큰 감동을 받았소. 경은 초나라의 걸출한 인재가 분명하오!"

젊은 개혁가 굴원은 회왕의 총애와 찬사를 받자 희색이 만면하여 자신있게 말했다.

"그들의 특권을 제한하는 것은 그들의 전횡을 제한하는 것입니다. 그들의 행위를 규범화하면 국고에 재부가 모일 것입니다. 동시에 사회 생산성이 제고될 것이며, 나아가 국가와 백성들이 모두 부유해질 것입니다. 그리하여 부국강병의 길로 나아가 나라의 발전을 이룩하고, 마침내는 천하를 통일하는 위업을 달성할 수 있게 될 것입니다!"

회왕은 천하 통일의 위업을 달성할 수 있다는 말을 듣자 더욱 생기가 넘쳐났다. 회왕은 참매 같은 두 눈을 동그랗게 뜨고 함박웃음을 띤 얼굴로 말했다.

"그렇게 해봅시다! 그렇게 해봐요! 내 뜻한 바와 너무나 잘 맞소!"

굴원과 회왕은 헌령을 통해 개혁을 시행하기로 합의했다. 이 개혁 노선은 당시 초나라의 국정과 백성의 바람에 부합했다. 굴원에 의지하여 단호하게 변법을 추진한다면 초나라의 부강은 반드시 실현할 수 있으리라.

회왕과 대화를 나눈 후, 굴원은 다시 보완하여 시대적 의의를 지닌 헌령을 마침내 완성했다. 이제 회왕이 검토하고 서명한 후 천하에 반포하기만 하면 되었다. 헌령의 운명은 장차 어찌될 것인가?

굴원이 헌령을 작성했다는 소식은 순식간에 퍼졌다. 붉은 담장으로 둘러싸인 궁궐 밖에도, 고관대작의 대저택에까지 소문은 삽시간에 퍼져나갔다.

소식을 접한 귀족들은 모든 수단을 다하여 반격을 가하고자 했다. 파리떼가 모이고 천둥이 치듯 그들의 기세는 위협적이었다. 도성 내의 모든 귀족들은 이를 바득바득 갈면서, 굴원을 오기처럼 갈기갈기 찢어 죽이겠다고 큰소리쳤다.

"시체를 토막 내어 군중에게 보이고 능지처참해야 된다!"

"나라가 불행해지니 이러한 나쁜 놈이 생겨나는 것이다. 그 아비인 백용은 어찌 아들의 방종을 모른 체한단 말인가? 우리, 백용을 찾아갑시다! 그가 내버려둔다면 우리가 본때를 보여주어야지요!"

모두들 한바탕 왁자지껄하게 떠들어댔다.

근상은 예로부터 귀족의 대변인이었다. 이번에도 당연히 변법 반대파의 우두머리가 되었다.

변법을 반대하는 폭풍우가 닥쳐오고 있었다.

굴원을 몰아내려는 음모가 궁궐 내에서 치밀하게 계획되고 있었다. 반대파들의 목표는 매우 분명했다. 결단코 굴원의 변법이 성공을 거두지 못하도록 하는 것이었다. 차라리 목이 베일지언정 귀족의 토대가 무너지는 것은 볼 수 없는 그들이었다.

그들은 모든 수단과 역량을 동원하여 아예 처음부터 변법의 싹을 잘라 버리기로 결정했다. 승리하지 않으면 결단코 물러서지 않을 태세였다.

오늘 도성의 하늘은 어둡고 잔뜩 흐렸다. 대낮인데도 컴컴하여 세 걸음 밖의 사람조차 알아볼 수가 없었다. 사람들은 비바람을 피하기 위해 일찌감치 집에 들어가 문과 창문을 잠갔다.

급한 볼일이 있거나 집에 돌아갈 수 없는 사람들만이 삿갓을 쓰고 도롱이를 걸친 채 조마조마한 마음으로 큰 길을 걷고 있었다. 길을 걸으면서 굴원은 음모의 구름이 몰려오는 듯한 느낌을 지울 수가 없었다. 그러나 그는 결코 놀라워하거나 두려워하지 않았다. 그저 성큼성큼 앞을 향해 걸음을 재촉할 뿐이었다.

길을 가던 굴원이 우연히 고개를 들어 앞을 바라보니, 상관대부가 빠른 걸음으로 그에게 다가오고 있었다. 근상의 사나운 눈빛은 굴원의 모습을 주시하고 있었다. 그는 굴원이 가슴에 품고 있는 것을 의심스러운 눈초리로 바라보았다. 가까이 다가가 보니 바로 한 무더기의 죽간이었다. 근상은 한 가지 생각이 번뜩 떠올랐다. '저것이 바로 헌령이로구나!' 근상은 순간 그것을 빼앗아야겠다는 생각이 들었다. 그는 진심인 양 굴원에게 말했다.

"굴좌도가 품에 안고 있는 물건이 너무 많아 들기가 쉽지 않을 것 같은데 내가 좀 도와드리겠소."

굴원은 무서운 기세로 다가오는 근상을 보고 속으로 깜짝 놀랐지만, 곧바로 마음을 진정하고 말했다.

"괜찮습니다! 들기에 편합니다! 아주 좋아요!"

근상은 굴원이 완곡히 거절하자 마음이 불쾌해졌다. 그가 손을 쑥 뻗어 빼앗으려 하자, 굴원이 더욱 세게 껴안고 말했다.

"상관대부님! 이게 무슨 경우입니까? 이래서는 안 됩니다! 안 되고 말고요!"

"무엇이 안 된다는 것이오?"

근상은 두 눈을 부릅뜬 채 물러나려 하지 않았다.

"군왕께서 누구에게도 보여주어서는 안 된다는 분부를 내리셨습니다!"

굴원은 어찌할 도리가 없었다. 그는 정직한 사람이라서 거짓말을 할 줄 몰랐다. 그래서 군왕이란 말을 들어 상관대부를 막으려 했는데, 도리어 진실을 발설한 셈이 되어버렸다. 후회막급이었지만 이미 엎지른 물이었다.

근상은 몰염치하게 달라붙어 놓으려 하지 않았다.

"이번 한 번만 봐주오. 다음엔 이런 일이 없을 게요!"

"봐드릴 수가 없습니다!"

"정말인가?"

"정말입니다!"

"좋은 말로 하니 안 되겠구만!"

"내 목을 자른다 해도 보여줄 수 없습니다!"

두 사람은 한 치도 양보도 없이 맞섰다.

슬쩍 떠보았던 근상은 굴원이 품속에 안고 있는 것이 바로 헌령이라고 굳게 믿었다. 그러자 그의 마음속에는 이런저런 생각들이 들기 시작했다. 동시에 회왕에 대한 원망이 일어났다. '회왕, 당신이 끝내 나를 제삼자로 취급하는군. 이같이 중대한 조정의 큰일을 나 근상이 모르도록 하다니. 이게 무슨 대접이란 말인가?' 그는 속으로 잔뜩 불평을 늘어놓았다. 생각하면 생각할수록 분했다.

'회왕! 당신이 무슨 대단한 자라고! 단지 먹고 놀면서 조정의 크고 작은 일들은 모두 나에게 맡겨놓고 종일토록 아무 일도 하지 않은 채, 사치하고 안일하게 지내 몸만 불어나 돼지와 다를 게 없는 자! 조정에서 나 상관대부가 떠받치지 않았다면 이 빌어먹을 작자는 진즉 무너져버렸을 텐데. 당신이 정말로 이 지경으로 어리석은 사람이었나? 종일 방탕하게 지내기만 하면서 조정의 어려운 일이나 국가대사, 외교의 귀찮은 일들은 몽땅 나에게 맡겨 나를 당신 집 마부쯤으로 만들어버렸지. 그런데 이제 굴원 때문에 나 상관대부를 팽개쳐? 대체 얼마나 중요한 것이길래 내가 보면 안 된다는 거지? 뭔가 꿍꿍이속이 있는 거야! 그러니 꼭 봐야겠어!' 뱃속에 불만이 가득한 근상은 의혹이 더욱 심해졌다. 그는 화가 치밀어 말했다.

"굴좌도, 분명히 말하는데, 조정의 중대한 일은 나 근상도 알아야 하오! 어떤 문서, 칙령, 조칙이라도 나 상관대부는 다 볼 수 있소! 조정에서 일한 지 삼 년이나 되는데 설마 아직도 조정의 상황을 모를 리 없겠지. 조정의 모든 크고 작은 일들은 내 동의 없이 감히 처리할 수가 없소. 누가 감히 집행해? 굴좌도, 어디 한번 말해보시지!"

분노에 떠는 근상의 입에서 침이 마치 보슬비처럼 굴원의 얼굴에 떨어졌다. 굴원은 몇 차례 피하려고 했지만 어찌할 수가 없었다. 얼굴을 이쪽으로 돌리면 근상도 그쪽으로 돌리고, 저쪽으로 돌리면 근상 또한 저쪽으로 따라왔다.

성질을 꾹 참고 근상의 허튼소리를 다 듣고 있던 굴원은 노여움을 참을 길이 없었다. 그는 성난 표정으로 거리낌 없이 말했다.

“상관대부님, 말씀이 심하십니다. 자고로 군신유의라 했거늘, 어찌 신하가 군왕을 내리누르고 기망할 수 있단 말입니까! 상관대부께서 권력을 장악하여 다른 신하들을 좌지우지하며 국가의 중요한 일을 처리할 수 있는 것은 군왕이 상관대부님을 신임하고 총애하기 때문입니다. 그런데 이와 같은 은혜를 등에 업고 교만하게 군다면 이게 바로 은혜를 원수로 갚는 것이 아니고 무어란 말입니까?” 잠시 말을 끊었다가 화가 치민 그는 다시 눈을 부라린 채 근상을 노려보았다.

“헌령을 보려고 군왕조차도 우습게 여기고 방자한 말을 함부로 하시니 이 무슨 체통입니까? 하극상의 난을 일으키려는 게 아닌가요? 상관대부께서는 용서받을 수 없는 대역죄를 지은 것입니다. 믿는 구석이 있다고 두려움을 모르고 수중의 권력에 의지하여 저에게 으름장을 놓아 굴복시키려 하면서 하는 말마다 듣기 거북한 말을 하시니, 이게 신하로서 온당한 행위입니까? 상관대부께서는 대담하게도 눈앞에 군왕이 없는 듯이 행동하지만, 저 굴원은 조금도 군왕의 뜻을 거역할 수가 없습니다. 더욱이 군왕의 분부를 어기는 일은 절대로 할 수 없습니다. 헌령은 군왕께서 저에게 제정하라고 명령하셨으며, 이것은 국가의 중요 기밀이라고 폐하께서 누누이 신신당부하셨습니다. 군왕의 윤허 없이 그 누구도 감히 함부로 보아서는 안 되는 것입니다. 저 굴원이 작성한 모든 것은 군왕의 명을 받들어 행한 것이며, 제가 세상물정을 몰라서도 아니고 더욱 상관대부님의 인격을 존중하지 않아서도 아닙니다. 청컨대 우리는 신하된 자로서 군왕의 수족과 눈, 귀가 되어야 하며 본말을 전도해서는 안 된다는 것을 잊지 말아야 합니다. 그렇다면 응당 군왕의 뜻을 받들고, 국가의 일을 첫째가는 큰 일로 삼아야 마땅한 터에, 개인적인 일을 어찌 사직과 민생의 중대한 일과 함께 논할 수 있다는 말씀입니까?” 굴원은 잠시 숨을 고르고 계속 말했다.

"오늘 상관대부께서는 분명히 이성을 잃으셨습니다. 말씀이 편파적이고 군왕이 정한 법을 위반했을 뿐만 아니라, 심지어 구족을 연좌할 수 있는 죄를 짓게 된 것입니다. 상관대부께서는 동의하시겠지요? 물론 상관대부께서는 이걸 염두에 두지 않겠지요. 지위가 높고 권력이 막강한데다 귀족들의 지지를 받고 있으니, 감히 조정을 무시하고 군왕을 무시하며 나 같은 보잘것없는 좌도를 무시하는 것이겠지요. 좋습니다. 하찮은 좌도야 별것 아니지만, 그러나 제가 받들어 시행하는 것은 군왕의 뜻인데, 상관대부께서 어찌 저를 함부로 대하시는지요?"

근상은 굴원의 비분강개하고도 날카로운 질책에 호되게 야단을 맞은 꼴이 되어 자신도 모르게 화가 나기도 하고 부끄럽기도 하여 얼굴이 새빨개졌다. 그는 수세국면을 만회하기 위해 노발대발하며 말했다.

"너는 군왕의 힘만 믿고 사람을 속이려 하지 말라. 입을 열기만 하면 군왕을 들먹이고, 툭하면 사직이 어떻네 민생이 어떻네 하면서 까불고 있는데, 그런 것은 다른 사람한테는 약발이 먹힐지 몰라도 나한테는 무용지물이야. 나 상관대부는 무슨 일을 하고자 하면 꼭 해내고야 마는 사람이야. 아직 젖비린내도 가시지 않은 녀석이 사람을 위협하려고 하다니! 나 근상은 세상사에 환하여 하늘이 무너져도 빠져나갈 구멍이 있는 사람이니, 네가 뭐라 한들 눈 하나 깜짝할 줄 아느냐?"

근상은 소리쳐 말하면서 슬쩍 굴원의 표정을 살폈다. 그는 굴원의 표정이 조금 누그러지는 것을 보고 부드러운 말로 달랬다.

"여기에는 아무도 없소. 우리 둘과 하늘과 땅만 알고 있을 뿐, 아는 사람은 아무도 없소. 나는 결코 식언하거나 배신하지 않는 사람이오." 그는 애써 웃음을 지으면서, 굴원을 힐끗 바라봤다.

"내 말을 아직도 잘 이해하지 못하는 모양인데, 나만 보고 절대로 다른 사람한테 말하지 않을 것이오. 만약 믿지 못하겠다면 하늘에 맹세라도 하겠소."

"상관대부께서는 꿈도 꾸지 마시오." 굴원은 근상의 말을 잘라버리고 엄숙하게 말을 이었다.

"이것은 조정의 대사입니다. 결코 농담이 아닙니다. 사사로운 개인감정으로 해결할 수 있는 일이 아닙니다. 상관대부께서 하늘에 맹세한다 해도 절대로 보여드릴 수 없습니다. 왜 자꾸 억지를 부리십니까? 헌령은 하루만 지나면 폐하께서 보여줄 것이며, 아마도 상관대부님의 의견도 구할 것입니다. 좀 참고 기다려보시지요."

"이 사람이! 좋은 말로 하니까 말을 듣지 않는구먼. 내 말을 듣지 않는다면 나도 좋게 대해줄 수만은 없지!"

근상은 말을 마치고 흉악한 속내를 드러내며 손을 뻗어 굴원이 갖고 있는 헌령을 강탈하려 했다.

힘으로 치자면 근상은 굴원의 적수가 되지 못했다. 굴원의 강건한 체력과 기백은 조정에서 둘째라면 서러워할 만했다. 근상은 체격이 약하여 아무리 발버둥을 쳐도 굴원이 갖고 있는 헌령을 손에 넣을 수가 없었다. 스스로 힘을 헤아리지 못한 주제넘은 행동으로 그는 체면이 영 말이 아니었다. 무안해진 그는 얼굴이 온통 붉어져서 쥐구멍에라도 들어가고 싶어하는 표정이었다. 그는 가쁘게 숨을 몰아쉬며 성난 호랑이 눈을 하고서 흉악하게 쏘아보았다. 그러나 굴원은 하룻강아지 범 무서운 줄 모르는 양 조금도 두려워하는 기색도 없이 우뚝 서서 태산처럼 태연하게 응대했다.

근상은 몇 번이나 달려들어 강제로 빼앗으려 했지만 끝내 뜻을 이루지 못했다. 근상은 굴원을 남겨둔 채 잔뜩 화가 나서 씩씩거리며 조정으로 가버렸다. 그는 길을 걸으면서도 내내 분이 풀리지 않았다.

'스스로 고명하다고 여겨 늙은 신하를 존중하지도 않으며, 천시하고 모욕하고 신랄한 악담으로 나를 중상하다니, 이건 대역무도한 짓이야. 이걸 참아야 한단 말인가! 더욱 기가 막힌 건 어린놈의 태도다. 내가 여러 해 관직에 있는 동안 조정에서 나에게 말대꾸하는 자가 없었는데, 세상물정도 모르는 어린놈이 나를 업신여기다니. 두고 보렴, 인정사정없이 공격해서 사람들 앞에서 개망신을 줄 터이니. 나 상관대부가 어떤 사람인지 똑똑히 가르쳐주마!'

근상은 원한을 가득 품고서 회왕을 만나 굴원을 탄핵하는 상주서를 올릴 준비를 했다.

회왕은 용상에 비스듬히 앉아 시선을 고정한 채, 기쁜 마음으로 가무를 감상하고 있었다. 요염하도록 아름다운 한 무리의 가녀들은 달콤하고도 음탕한 음악이 은은히 흐르는 가운데 기묘한 차림으로 엉덩이를 흔들어 춤을 추면서 노래를 부르고 있었다.

근상은 궁문 밖에 서서 이 모습을 엿보면서 기쁨을 감추지 못했다. 회왕이 나이가 많은데도 여색에 빠져 있었기 때문이다. 그것은 확실히 그에게는 좋은 일이었다. 회왕이 주색에 빠져 있을수록 조정은 더욱 뒤죽박죽이 될 것이고, 그렇게 되면 자신이 권력을 더 마음대로 휘두를 수 있기 때문이었다.

근상은 문 앞에서 시중드는 자를 재촉하여, 상관대부가 일이 있어 알현해야 함을 알리도록 했다. 근상이 애태우는 모습에 급한 일이 있나보다고 여긴 그는 몇 차례 재촉을 받고 어쩔 수 없이 회왕에게 나아가 아뢰었다. 마침 한창 흥이 나 있던 회왕은 귀찮은 듯 대꾸했다.

"그가 보고할 게 있다고? 그러면 오후 세 시에 양심전養心殿에서 기다리라고 하여라!"

회왕은 말을 마치고서 계속해서 유쾌하게 가무를 즐겼다. 근상은 잔뜩 화가 나 있던 터인데다 굴원을 탄핵하려는 마음이 다급한지라, 그만 경솔하게도 제멋대로 들어가 아뢰었다.

"미천한 신하가 일이 있어 대왕을 알현하오니 통촉해주시옵소서!"

근상은 매우 공손한 태도로 회왕의 면전에 섰다.

회왕은 불허했는데도 근상이 들어온 것을 보고는 마음이 불쾌했다. 하지만 그의 다급한 모습을 보고서 정말로 급한 일이 있어 반드시 보고할 일이 있는 모양이라고 생각하고는, 손을 내저어 무녀들을 물러가게 했다. 무녀들은 마치 바람에 구름이 흩어지듯 사라졌다.

그제야 회왕은 미소를 띠고 상관대부를 앉도록 한 다음 입을 열었다.

"경께서 이렇게 급한 모양을 보니, 과인에게 보고할 급한 일이라도 있나봅니다."

"폐하께 여쭈옵기 황송하오나 말씀을 드려야 할지 어떨지 모르겠습니다."

"할 말이 있으면 당연히 해야지요."

회왕은 근상의 안색을 살폈다. 그가 약간은 뭔가 정상적이지 않다고 느꼈지만 왜 그런지 몰라 물었다.

"무슨 일이 있습니까? 예전과는 전혀 다른 모습입니다. 지금까지 과인과 이렇게 이야기를 나눈 적이 없었는데, 의견이 맞지 않는다고 누구랑 다투었습니까? 억울한 일이 있다면 말해보세요. 과인이 경을 위해 올바르게 처리하고 다툰 자를 용서하지 않을 것이오!"

근상은 회왕이 총애하는 신하로서 둘째라면 서러워할 사람이었다. 근상은 어떤 상황에서도 총애를 빼앗기지 않을 인물이었다. 오늘처럼 허락을 받지 않고 마음대로 들어와도 책망을 받지 않는 것을 봐도 그것을 알 수 있다.

그래서 근상은 더욱 자신감을 가졌다. 그의 말투에는 힘이 실리고,

기색 또한 변했다. 그는 번뜩이는 눈빛으로 의기양양하게 말했다.

"실은 제 자신의 문제가 아니라……."

그는 말을 멈추고서 회왕을 힐끗 바라보고는 특별한 것이 있다는 듯 말을 잇지 않았다.

"말해보시오, 그대 문제가 아니라면 그럼 무슨 일이오?" 회왕이 궁금하다는 듯 말을 재촉했다.

"더듬거리지 말고 솔직히 말해보시오! 솔직하게!"

"폐하께서 일의 자초지종을 알고 싶어하시니 부득불 솔직히 말씀드리겠습니다. 신이 폐하께 말씀드리려는 것은 폐하와 관계가 있는 일입니다."

"허, 빨리 말해보시오. 도대체 무슨 일이오?"

"진실로 말씀드리기 송구하옵니다. 말씀드려도 폐하께서 믿어주지 않으실까 저어되옵니다."

근상은 다른 사람이 부추기면 이겨내지를 못하는 회왕의 성격을 잘 알고 있었다. 단지 남의 의견을 듣지 않는 고집불통의 성격을 건드리기만 하면 자신이 이루고자 하는 목적을 쉽게 달성할 있음을 잘 알고 있던 것이다. 과연 틀림이 없었다. 회왕은 근상이 애를 태우자, 갑자기 크게 노해서 사나운 목소리로 말했다.

"도대체 무슨 일이오? 말하기 곤란한 문제라도 있소? 그대와는 그동안 하지 못할 말이 없었고, 과인은 줄곧 그대 말을 믿고서 잡념들을 떨쳐버리곤 했었소."

"알겠사옵니다! 폐하께서 이처럼 영명하시니, 저 또한 무슨 일인들 아뢰지 못하겠습니까?" 근상은 조심조심 말을 이어나갔다.

"그 사람과 그의 일에 대해 말씀드리겠습니다. 폐하께서 크게 놀라시겠지만, 그 사람은 바로 폐하께서 가장 총애하시는 굴원입니다."

"굴원이 어찌했다는 게요?" 회왕은 놀란 표정으로 물었다.

"굴원이 악독하게 폐하를 비방했음을 오늘 신이 직접 들었사옵니다. 만약 조금이라도 사실이 아니라면 신에게 죄를 물으시고, 또한 구족을 멸하신다 해도 원망하지 않을 것입니다."

"굴원이 도대체 나에게 뭐라고 말했단 말이오?"

"조정의 중대한 일은 자기가 아니면 할 수 없다고 했습니다. 또한 매번 명령이 내려지면 굴원이 아니면 할 수 없는 것이며, 폐하는 허수아비에 불과하다고 말했습니다!"

근상은 입맛을 다시면서 말을 이었다.

"굴원은 건방지게 뽐내며 방약무인하게 군신의 구별도 없이 저 자신이 천하에 제일이라고 했습니다. 이렇게 방자하고 오만한 자를 어찌 조정에 편안히 세울 수가 있겠으며, 또 중요한 자리에 임용할 수 있겠습니까? 저는 그 말을 듣고서 피를 토할 것같이 화가 났으며, 참으려고 해도 참을 수 없어 그에게 몇 마디 책망을 했지만, 도리어 그에게 신랄하고 호된 비난만 받았습니다. 제 스스로 모욕을 입는 것은 사소한 일이라서 언급할 만한 일도 못되지만, 폐하께서는 만세의 천하에 존귀하신 몸이신데 어찌 모욕을 받을 수 있겠습니까? 정말로 대역무도한 인간입니다. 이 일을 어찌 참을 수 있겠습니까?"

흥분한 근상의 입에서 나온 침이 사방으로 튀었다.

날조하는 술수는 근상의 주특기였다. 많은 음모들이 그의 이러한 수완에 의해 이루어졌다. 암암리에 이루어지는 기만은 다른 사람들이 도저히 따라올 수 없을 만큼 식은 죽 먹듯 해치웠다. 그가 이렇게 백전백승하는 까닭은 회왕의 고집불통인 성격을 잘 파악하고 있었기 때문이다. 회왕의 성격은 사람들에게 쉽게 이용당하기 좋아서 그가 제 성질을 이기지 못하고서 두 눈을 한 번 부라리고 눈썹과 수염을 한 번 치켜 올리기만 하면 어떤 일이든 물거품이 되어버린다는 것을 근상은 잘 알고 있었다. 감히 헌령을 빼앗으려 굴원과 한바탕 큰 싸움을 했던 것도 다 이처럼 믿는 구석이 있었기 때문이다. 오늘의 승리를 그는 예견하고 있었다. 과연 그가 생각나는 대로 이것저것 엮어내자, 회왕은 성난 호랑이처럼 펄쩍 뛰며 노발대발했다.

근상은 회왕이 광분하는 것을 보고는 속으로 몰래 기뻐했다. 바로 이렇게 시끄러운 풍파가 한바탕 일어나게 되면, 결국 역사적 사명을 띤 헌령은 휴지조각이 되어버리고, 변법은 요람에서 나오지 못하고 죽음을 맞아 사라질 것이기 때문이었다.

근상은 자신의 음모가 뜻대로 되어가는 것을 보고 기쁨을 감출 수가 없었으나 지극히 근심스러운 표정으로 다시 말을 이었다.

"현명하신 폐하! 굴원은 매우 위험한 인물로 보입니다. 이 기회에 확실히 면직시키고 등용하지 않는 것이 현명한 판단으로 여겨지옵니다. 우리 조정이 하루아침에 훼손되지 않음은 하늘이 우리 조정을 보우하는 덕분입니다. 이왕 굴원이 자신의 정체를 스스로 폭로했음은 나이가 어려서 무지하고 조정을 이해하지 못했기 때문이며, 스스로 옳은 것이라 여기지만 실제와는 천리나 차이가 나기 때문입니다. 나이 어린 사람은 아무래도 비현실적인 이상만을 추구하며 눈앞의 성공과 이익에만 급급하고, 자기 주장을 내세우기를 좋아하기 십상입니다. 또 자기를 드러내는 데 급급해서 나라가 직면한 곤란함을 돌볼 줄 모르지요. 저는 오랫동안 이 사람을 보아왔는데, 겉만 화려하지 실속이 없고 호언장담만 일삼는지라 정치를 하기에는 변변찮은 사람입니다."

그는 잠시 쉬었다가 계속 말했다.

"공자께서 '교언영색을 하는 자 중에 어진 자가 적으니라'라고 말씀하셨습니다. 굴원은 바로 이런 유형의 전형적인 정객입니다. 그는 겉으로는 기쁜 얼굴로 사람들을 대하지만, 실제로는 그 이면에 날카로운 비수를 숨기고 있습니다. 그는 천하를 어지럽힐 악마로, 그 거짓된 술수를 논하자면 마땅히 참수해야 하는 죄에 해당합니다. 다만 그가 죄를 처음 범하였고 선조의 조정에 대한 공로가 있으며, 그 아버지 백용의 체면을 봐서 관대하게 용서해주어 살길을 마련해주고 직위를 낮추어 이후의 태도를 관찰하는 것이 좋으리라 생각하옵니다. 이렇게 하는 것이 폐하의 넓은 아량과 높은 은덕을 구현하는 것이라 사료되옵니다.”

이러한 기만은 근상이 권력을 마구 휘두를 때 사용하는 수법이었다. 그는 어떻게든 군왕의 입을 빌려 자신의 욕망을 드러냈다. 이렇게 한 다음에 군왕의 명의로 천하를 호령하고 사람들을 정죄하며, 중대한 국사를 처리했던 것이다.

회왕은 어리석었다. 어리석으면 꼭두각시가 되는 법이다. 꼭두각시 노릇을 했으니 근상의 의견이 항상 군왕의 의견으로 탈바꿈하는 건 당연했다.

나이 어린 개혁가 굴원은 이로 인해 불우한 길을 걷게 되었다. 하늘로부터 천길만길 깊은 골짜기 밑으로 떨어진 것이다.

고집불통의 성격은 회왕에게 치명적이었다. 코뚜레에 끌려다니는 소처럼 그는 근상의 손아귀에서 좌지우지되었다. 그러나 그는 사람들에게 모욕당하고 우롱당해 죽음에 이를 때까지도 그것을 깨닫지 못했다.

대권을 독차지한 근상의 수법은 갈수록 다양해지고 잔혹해졌다. 그의 특기는 바로 회왕의 고집불통인 성격을 부추기는 것이었는데, 회왕이 그의 말에 한번 자극을 받았다 하면 바로 효험을 보았다. 굴원의 일은 그의 특기가 성공할 확률이 지극히 높다는 것을 여실히 증명해주었다. 그야말로 백발백중이었다.

이번의 비극은 근상조차도 이처럼 금방 성공을 거둘 줄은 꿈에도 생각지 못했다.

이번의 변법 반대에서 근상의 임무는 회왕과 굴원의 관계를 이간질하고, 회왕이 굴원을 멀리 하도록 하는 것이었다. 굴원이 회왕과 가까이 할 일이 없어지면 변법 역시 이끄는 자가 없어져 흐지부지될 것이다.

근상의 계책은 굴원을 정치적으로 철저히 파산시켰다. 귀족들은 미친 듯이 환호했고, 자신의 일인 양 서로들 축하했으며, 얼굴에는 웃음꽃이 활짝 피었다. 그들은 근상을 재능 있는 사람이라고 치켜세우고 쓰러져가는 정세를 만회할 수 있는 능력을 지닌 사람이라고 입을 모아 칭송했다.

굴원은 결국 개혁의 풍운아에서 몹쓸 죄인으로 전락하고 말았다. 간사한 무리들은 요사스런 소문을 퍼트려 군중을 미혹하고 벌떼처럼 일어나 그를 공격했다. 굴원은 고군분투하면서 힘겹게 맞서 싸웠으나, 그의 저항은 아무 쓸모가 없었다. 굴원을 바라보는 회왕의 태도도 돌변했다. 그는 굴원을 더 이상 신임하지 않았으며 굴원의 이름만 들어도 파리를 삼킨 듯 구역질을 냈다

안타깝게도 굴원은 새장 안에 갇힌 새와 같았고 도마 위에 놓인 고기가 되어 귀족들의 무차별적인 칼질을 받는 신세가 되었다. 회왕은 귀족들의 세력을 몹시 두려워했다. 그는 굴원을 희생양으로 삼음으로써, 귀족들을 위무하고 그들의 지지를 얻고자 했다. 그리하여 변법의 시행도 좌절되고 말았다.

사신 장의의 뇌물과 유세

천하가 크게 어지럽고 위급한 형세를 맞이하여, 제후국들은 각자 정세를 잘 살펴 다른 나라보다 앞서 도약하고자 했다.

진나라는 칠웅七雄 가운데의 강국으로, 패권을 잡고자 하는 야심이 매우 크고 기세가 등등했다. 다만 유일하게 까다로운 나라는 '남만南蠻'이라 불리는 초나라였다. 초나라의 강토는 크고 넓으며, 기후도 온난한지라 패업을 이루기에 이상적인 대국이었다. 칠웅 가운데 초나라는 특히 중원 패권을 이룰 역량을 갖추고 있는 나라였다.

따라서 일곱 나라 가운데에서 초나라의 일거수일투족은 다른 나라에 중대한 영향을 주었다. 초나라의 행동 하나하나, 말 한마디 한마디는 각국의 최대 관심사가 되었다. 특히 진나라는 초나라를 제일의 적국으로 여기면서 사사건건 초나라와 첨예하게 대립했고, 조금도 양보하지 않으려 했다.

예를 들어, 초나라는 합종을, 진나라는 연횡을 추진하려 한 것과 같은 경우이다. 각각 남에게 말 못할 생각들을 품고서 각자 맹주의 지위를 향하여 전력을 기울였다.

두 나라를 비교해보면, 진나라는 초나라보다 강했다. 진나라는 위나라 사람 상앙의 변법을 성공적으로 채택한 덕분에 짧은 기간에 신속히 강성해졌다. 초나라도 이를 본받아 굴원이 제정한 헌령을 이용해 변법을 시행함으로써 부국강병의 길로 내달려 진나라를 뛰어넘으려 했다.

진나라가 가장 두려워하는 것은 초나라가 강성해질 수 있는 책략이기에 수단과 방법을 가리지 않고 방해하고 파괴하고자 했다. 진나라 왕은 초나라의 새로운 역량을 억누르고 약화시키기 위해서 전심전력 심혈을 기울였지만, 마땅한 기회가 없어 늘 안타까워했다.

'하늘은 스스로 돕는 자를 돕는다' 라는 속담이 있듯이, 일이란 참 묘하게 돌아가기 마련이다.

어느 날, 진나라 왕은 궁궐에서 편안히 쉬고 있었다. 쾌청한 하늘에서 남풍이 불어오더니, 바람결에 초나라 내부의 분쟁 소식이 전해져왔다. 왕은 기쁨을 이기지 못했다.

그 소식이란 바로 초나라 귀족들이 변법의 총책임자인 굴원을 '죽였다'는 것이며, 또한 그의 살을 먹고 피를 마시며 그의 살가죽으로 베개를 삼았다는 것이었다. '삶는' 냄새는 피어올라 진나라까지 풍겼으며, 왕궁으로 들어가 진나라 왕의 코에 닿았다. 그 괴이한 냄새를 깊이 음미하던 왕은 말할 수 없는 기쁨에 몸을 떨었다.

진나라 왕은 즉시 장의에게 초나라에 사신으로 가서 유세할 것을 명하고, 뇌물을 써서 초나라 신하들을 매수하도록 하는 한편, 초나라 변법을 철저히 방해하도록 했다.

기원전 313년, 장의가 명을 받아 길을 떠난 그 해, 굴원의 나이는 스물여섯 살이었다.

장의는 위나라 사람이며, 이때 그의 나이는 서른다섯 살로 널리 알려진 세객說客이었다. 그는 일생 동안 제후들에게 유세하면서 살았는데, 살아 있을 때에는 기세가 드높아 관직이 승상에까지 이르렀으나 죽을 무렵에는 적막하고 처량했다. 장의는 출신이 낮고 미약했다. 일찍이 초 나라에 유세했으나 회왕은 그를 중용하지 않았다. 그는 시운을 타지 못 해 무일푼이 되었고 그를 따르던 사람들도 믿음을 갖지 못한 채 하나둘 그를 떠나버렸다.

장의는 구변이 좋아 세 치 혀를 잘 놀렸으며, 머리 회전이 빨라 계책 을 끊임없이 짜냈다. 그는 눈을 한 번 깜박일 때마다 계략을 만들어냈 다. 그는 자신을 떠나려는 사람들에게 말했다.

"그대들은 나의 곤궁함이 싫어서 떠나려 하는 거겠지만 너무 성급한 판단이오. 좋은 일은 곧 올 것이며, 나는 반드시 큰 재물을 얻게 될 것이 오. 그때가 되면 그대들은 후회막급하게 될 것이오."

다음날, 멋진 새 옷을 갈아입은 장의의 얼굴에는 생기가 흘러 넘쳤 다. 호방하고 준수한 그의 맵시는 영락없는 사신의 풍모였다. 무슨 일 인가 사람들이 묻자, 초 회왕을 알현하러 간다고 대답했다.

그가 예전에 회왕을 알현했을 때, 회왕은 매우 냉담하게 대했다. 장 의는 몹시 난처하여 말없이 그냥 자리를 일어서는 것이 상책이라 여겼 다. 그러나 문득 생각해보니 이렇게 그냥 떠나는 게 자존심이 상했다. 그는 곧 회왕에게 피해를 줄 만한 계책 한 가지를 생각해냈다. 그는 예 절 바르고 점잖게 아뢰었다.

"폐하께서 저를 탐탁지 않게 생각이시니, 그렇다면 저는 위魏, 조趙, 진秦 등의 나라로 가는 길밖에 없겠습니다."

"마음대로 하시오."

회왕은 머리조차 들지 않은 채 대구했다.

"폐하께서는 필요하신 게 더 없으십니까?"

"무엇이 필요하다는 것이오?" 회왕은 거만하게 말했다.

"금은보화, 코뿔소, 상아, 마노, 비취 등이 모두 우리 초나라에서 생산되는데, 내가 무엇이 부족하단 말인가?"

장의는 회왕이 물질적으로 풍족해 오만한 태도를 취하고 있음을 알고, 물자나 금전으로는 그의 마음을 움직일 수 없음을 깨달았다. 그는 즉각 기지를 발휘하여 말했다.

"설마 미녀에 대한 생각도 없으신 건 아니겠죠? 정鄭, 위衛, 조趙, 진秦 등의 나라 여자들은 하나같이 매우 아름답지요. 폐하 주변에도 미녀가 대단히 많다는 것은 알고 있지만, 그 정도 미모들은 모두 곁가지에 지나지 않지요. 다른 나라의 미녀들도 맛을 보셔야 하지 않겠습니까? 제가 듣기로, 남녀의 연애가 다르고 여인들의 맛도 다르다고 합니다."

회왕은 장의의 유혹을 받자 정신이 번쩍 들었다. 그는 황급히 고개를 쳐들고 장의를 바라보면서 기쁜 얼굴로 말했다.

"다른 나라의 미녀를 보고 싶을 뿐이겠는가? 그대가 진정 그들 나라의 미녀들을 나에게 바칠 수 있겠느냐? 내 그러면 너에게 후한 상을 내리리라."

"당연히 할 수 있습니다."

"군자는 말을 함부로 하지 않는 법이다."

"물론입니다. 당연하신 말씀이십니다."

그들은 바로 신사협정을 맺었다. 장의는 몸을 일으켜 떠나고자 했다. 회왕은 그에게 손짓으로 인사를 했다.

자신이 묵고 있는 거처로 돌아온 장의가 왕과의 약속을 대신들에게 말하자, 그들은 다시 왕후인 정수鄭袖에게 살그머니 이 사실을 귀띔해 주었다. 정수는 모란같이 아름다운 미녀로 회왕의 총애를 받는 여인이었다. 그녀는 장의가 회왕에게 다른 나라의 미녀를 헌상할 것이라는 얘기를 듣고 매우 불안해했다. 그녀는 지체 없이 사람을 보내 장의를 만나게 했다.

"왕후께서는 선생이 정鄭, 위衛 등의 나라에 가신다는 말을 듣고 특별히 저를 보내 황금 천 냥을 드리라고 하셨습니다. 기꺼이 받아주셨으면 합니다."

정수의 속셈을 장의는 잘 알고 있었다.

다음날, 회왕은 장의를 위해 송별 잔치를 벌였다. 술이 거나해졌을 때, 장의는 갑자기 회왕에게 아뢰었다.

"여기에 다른 사람들이 없으니, 폐하께서 가장 마음에 드는 미녀를 골라 저에게 보여주시길 청합니다. 이번에 가면 제가 틀림없이 폐하를 위해 절색의 미녀를 골라오겠습니다."

회왕은 즉시 승락했다.

잠시 있다가 선녀같이 아름다운 정수가 바람처럼 들어왔다. 장의는 그녀를 보자마자 손으로 술잔을 들고 급히 일어나 자세히 보더니, 깜짝 놀란 양 회왕의 면전에 술을 엎지르며 말했다.

"저 장의가 죄를 지었습니다."

"그대가 무슨 죄를 지었다고 그러느냐?" 회왕은 장의의 돌연한 행동이 의아스러웠다.

"군왕을 속인 죄를 범했사옵니다."

"그게 무슨 말인가?"

"소인은 여러 나라를 다니면서 많은 미녀를 만났습니다만, 일찍이 경국지색의 미녀를 본 적이 없습니다. 제가 폐하께 미녀를 헌상한다고 말씀을 올렸습니다만, 다른 나라의 미녀들 가운데 이 미녀와 견줄 이는 없습니다. 그렇기에 제가 폐하를 속였다고 하는 것입니다."

이렇게 장의는 비범했고 곤경에서 벗어나는 지략을 갖춘 세객이었다. 초나라가 망하게 된 것도 이러한 그의 지략 때문이라고 할 수 있는 것이다.

마침내 장의는 진나라에 갔고 진나라 왕에게 중용되었다. 진나라 왕은 인물을 알아볼 혜안이 있는지라, 그를 영윤의 자리에 임명했다. 장의는 진나라 왕이 자기를 알아준 은혜에 보답하기 위해, 또 초나라 왕이 자기를 버린 것에 보답하기 위해, 온 힘을 다해 진나라 왕을 보필하고 초나라를 궤멸시키려 했다. 특히 결정적인 순간에 그는 항상 앞장을 섰다.

장의가 초나라에 사신으로 가기 전에 진나라 왕은 그를 불렀다.

진나라 왕은 어진 이를 예의와 겸손으로 대하는 사람이었다. 그는 가득 미소를 띠고서 장의에게 말했다.

"과인이 경을 모셔오라 한 것은 가르침을 받고자 함이오. 경은 초나라에 대해 박식하고 또한 회왕의 사람됨에 대해서는 손바닥 보듯 훤하신 줄 압니다. 일전에 초나라에서는 기괴한 현상들이 나타났다는데, 그것이 우리에게 이로운 현상인지 알아본 다음 이에 대한 대책을 세워야겠습니다. 경의 뜻은 어떠한지요?"

"성은이 망극하옵니다." 장의가 아뢰었다.

"당연히 그렇게 하는 것이 가장 좋습니다. 초나라가 약해지면 우리는 반드시 강해지고 승리하게 될 것입니다. 일곱 나라가 패권을 다투고 있는데, 사실 그 본질은 생사존망을 내건 대격투이옵니다. 그러므로 초나라가 변법으로 강대해지려는 것을 대수롭지 않게 여겨서는 안 됩니다. 만약 조금이라도 신중을 잃는다면 우리나라는 바로 몰락하게 되고 망국의 위험에까지 이르게 될 것입니다. 근본적인 문제인지라 소신은 어떠한 요행도 바라고 있지 않습니다. 이를 위해 일찍이 몇 차례 사람을 몰래 보내어 초나라를 살피게 했는데, 초나라의 사직은 매우 혼란스럽고 경제 또한 위축되어 있으며, 상업과 무역도 부진했습니다. 특히 변법 시행은 혼란 속에 놓여 있습니다. 조정 내부의 투쟁은 매우 격렬한 상황입니다. 귀족들이 단호하게 변법을 반대하고 있습니다만, 적지 않은 대신들이 굴원의 변법을 지지하고 있습니다. 최근에 굴원이 군왕에게 버림받았는데, 그를 동정하는 대신들이 그를 위해 통사정을 하고 있답니다. 이러한 상황에서 누가 이기고 누가 패배할지는 알 수가 없다고 하옵니다."

진나라 왕은 초나라의 당면한 형세에 대한 장의의 분석을 듣고는 탄복했다. 그는 만면에 미소를 띠고 칭찬을 아끼지 않았다.

"경의 말이 지극히 옳소. 아주 핵심을 찌르고 있습니다. 경이 걱정하는 바가 바로 내가 걱정하는 것이지요. 정말로 영웅들의 견해는 대체로 일치하는구려. 현재 가장 효과적인 방법은 초나라의 변법을 억누르는 것이오. 영원히 그 희망이 이루어질 수 없도록 해야 하오. 이 점을 확실하게 하기 위해서는 잘 살펴보고서 실행 가능한 방법을 짜내야 할 것이오."

장의는 진나라 왕이 제기한 문제에 합당한 해결책을 궁리하면서, 현재의 형세에 대해 말을 덧붙였다.

"부단히 변화하고 있는 현 조정과 사회 국면을 감안하여 다시 말씀드리겠습니다. 초나라는 산봉우리가 즐비한 것처럼 파벌이 많고 제각각 정당을 만들었기에 혼란합니다. 특히 귀족 출신의 관료들이 하나같이 결탁하여 전횡을 일삼으면서 마구 날뛰고 있습니다. 조정에는 온통 간신들뿐, 충신은 매우 적습니다. 초나라 정국이 이처럼 비정상적인 까닭은 결코 우연이 아닙니다. 축하할 만한 점으로, 우리 첩자들의 공로도 적지 않습니다. 우리 첩자들의 일이란 물을 휘저어 고기를 정신없게 만든 다음 쉽게 잡는 것과 같은 일입니다. 초나라라는 큰 물고기를 잡으려면, 먼저 굴원이란 한 마리 '용과 같은 물고기'를 잡아야 합니다. 이 '용과 같은 물고기'는 반드시 제거해야 합니다. 만약 초나라가 하루아침에 형세를 역전시킨다면, 즉 굴원의 치국정책을 방관할 경우, 초나라는 길면 십 년, 짧으면 팔 년 안에 우리나라를 따라잡고 여섯 나라의 우두머리가 될 것이며, 초나라가 맹주가 되면 가능하지 않을 일이 없을 것입니다." 그는 잠시 쉬었다가 다시 말을 이었다.

"우리 눈앞에 놓인 시급한 임무는 그 새로운 역량을 소멸시키는 것입니다. 먼저 굴원부터 제거해야 합니다. 굴원이 있는 한 결국 우리나라에 큰 위협이 될 것입니다. 비록 초나라에 많은 인재들이 있으나 모두 두려워할 정도는 아닙니다. 하지만 유독 굴원만은 다루기가 쉽지 않습니다. 그 사람은 어떤 수단과 방법도 통하지 않고, 냉정하고 식견이 원대한데다 정치적으로 대단히 예민하여 어느 누구도 당할 자가 없습니다."

진나라 왕은 장의의 말을 주의 깊게 들으면서 자주 고개를 끄덕여 동의한다는 표시를 했다. 그는 문제를 분석하는 장의의 철저함과 치밀함에 감탄하면서 속으로 혼자 중얼거렸다.

'장의처럼 열정적인 사람을 회왕이 내치고 중용하지 않은 것이 천만다행이다. 장의는 특출한 인재가 분명하다. 천하의 기재가 우리 진나라에 와주었으니 참으로 다행이로다!' 이렇게 생각한 후 그는 기쁜 표정으로 말했다.

"현재의 문제는 기회를 어떻게 포착하느냐에 달려 있소. 과인의 견해로는 속전속결하는 것이 마땅하다고 보는데, 초나라 왕이 눈치 채기 전에 완전하고 철저하게 초나라의 변법을 타파해야 하오. 그렇게 하기 위해서는 어려움이 있겠지만 반드시 해낼 수 있을 거요. 먼저 초나라의 귀족들과 내통해서 안팎으로 힘을 합친다면, 굴원이 아무리 대단한 능력을 지녔다고 해도 손써볼 틈 없이 끝장나고 말겠지요.”

“폐하께서는 영명하셔서 말씀하시는 바가 대단히 정확하십니다. 신은 분부를 받들겠습니다.” 장의는 군왕에게 경의를 나타냈다.

그의 말을 듣고서 진나라 왕은 기쁘기 그지없었다. 승리의 모습이 눈앞에 떠올라 일각도 지체할 수 없었다.

“경은 언제 떠날 생각이오?”

“내일 새벽 일찍 출발하겠습니다.”

다음날 장의 일행은 함양咸陽을 출발하여 먼지바람을 일으키며 산을 넘고 물을 건넜다. 들판을 가로지르고 언덕을 넘었으며, 아침이 되면 길을 재촉하고 저녁이 되면 쉬었다. 고생을 거듭하면서 초나라 수도를 향한 발걸음은 쉬지 않고 계속되었다.

이렇게 며칠을 가다 초나라 수도인 영으로부터 그리 멀지 않은 곳에 다다르게 되었는데, 세 갈래 길에 이르러 그만 길을 헤매게 되었다. 그들이 주춤거리며 어찌할 바 몰라하며 길을 찾고 있을 때 다행히 한 나이든 사람을 만나게 되었다. 장의는 예의를 갖추어 물었다.

“어르신, 초나라 수도 영으로 가려면 어느 길로 가야 하는지요?”

“세 길로 모두 갈 수 있습니다. 빨리 가려면 왼쪽으로, 천천히 가도 되면 오른쪽 길로, 적당히 가려면 가운뎃길로 가면 됩니다.” 노인이 손으로 가리키면서 대답했다.

장의는 ‘욕속부달(欲速不達, 빨리 하고자 하면 도리어 일을 이루지 못한다)’이라는 말을 생각하고는 가운뎃길을 선택했다.

가운뎃길은 울퉁불퉁하고 구불구불했지만 장의는 종횡무진 내달렸다. 한참을 달려 머리를 들고 멀리 바라보니 망망한 가운데 어슴푸레하게 들쭉날쭉한 누대들이 시야에 들어왔다.

그는 머리를 돌려 동행하는 자들에게 말했다.

"수도가 바로 눈앞에 있다. 초나라에는 세 가지 좋은 것이 있는데 좋은 술과 좋은 음식, 그리고 어여쁜 미인이 그것이다. 너희들은 하고 싶은 대로 마음껏 누리기 바란다."

장의의 유혹하는 말에 모두들 귀가 솔깃해져서 새삼 정신이 들었고, 멀고 먼 길을 걸어왔던 피로가 싹 가신 듯했다. 잠시 뒤, 성 아래에 이르자 해자의 잔잔한 물결이 보였다. 해자 양쪽의 언덕에는 늘어진 버드나무 가지가 바람에 흔들리고 있었고 물속의 고기들은 이리저리 헤엄치고 있었다. 이 얼마나 아름다운 풍경인가! 유서 깊은 문명을 이룬 나라의 풍경으로 손색이 없지 않은가!

장의 일행이 성곽에 도착할 즈음 한 무리의 사람들이 그곳에서 기다리고 있었는데, 우두머리 격인 사람은 나이가 중년쯤 되어 보였다. 그는 행동거지가 기품이 있고 선한 얼굴을 지니고 있었지만, 그 선량함 속에는 교활함이 감추어져 있었다. 그는 장의의 행렬을 보고 예의를 갖추어 물었다.

"송구스럽지만, 영윤令尹 장의이신가요?"

"맞습니다. 어르신은 뉘신데 제 이름을 아시는지요?" 장의도 예의를 갖춰서 물었다.

"저는 초나라 상관대부 근상이라 하옵니다. 어르신께서 오늘 초나라에 오신다고 하여 일찍부터 성곽으로 마중 나와 있었습니다."

"저는 일찍부터 상관대부님의 존함을 들었지만, 부끄럽게도 한 번도 뵙지 못했습니다. 오늘 뵙고 나니 과연 걸출하신 분이심을 알겠습니다!"

장의는 한편으로 비위를 맞추면서 한편으로는 근상을 가만히 뜯어보았다. 얼핏 살펴보니 흡사 두꺼비처럼 생겼는데, 본래 작은 머리의 중앙 부분만 불쑥 솟아 우스꽝스럽게 보였고 배는 불룩하게 부풀었고 발은 작달막하고 머리는 뾰족하여 기형처럼 보였다. 그러나 매우 총명하게 생겼고 기개가 비범해 보였다. 대략 서른 살이 넘어 보이는 나이에 희고 고운 피부와 방정한 용모, 드문드문 자란 수염에 길고 곧은 콧대, 둥글고 커다란 눈을 지니고 있었다. 기민함과 침착함을 지니고 있는 한편, 다소 익살스런 모습 또한 지니고 있었다.

장의는 근상의 모습에 웃음을 참을 수 없었지만 한편으로는 안도했다.

'이 사람이 바로 변법 시행을 방해한 자로군. 역시 간신배의 모습을 하고 있군. 어쨌거나 앞으로 이 사람과 힘을 합친다면 하지 못할 일이 없겠는걸!'

그는 이렇게 생각하고 나서 시원스럽게 웃으면서 뜨겁게 두 손을 맞잡았다. 두 사람은 만나자마자 오래 사귄 벗처럼 친해졌다.

장의가 근상을 치켜세우며 말했다.

"상관대부님, 명불허전이라더니 과연 맞는 말이로군요, 정말 최고의 재목이십니다. 세상에서 비견될 사람이 없다고 하여 오랫동안 우러러 왔습니다."

"과찬의 말씀이십니다. 부끄럽습니다!"

근상은 만면에 웃음을 가득 지었다.

쌍방이 예의를 다하고 손님을 맞이하는 의식을 끝마친 뒤 근상이 앞장서서 행렬을 이끌고, 장의 일행은 바짝 뒤따라서 나아갔다.

화려한 마차 행렬이 줄을 지어 서서히 앞으로 나아가자, 그 위용이 볼 만했다. 그러나 삼삼오오 짝을 지은 구경꾼들은 얼굴이 비쩍 말랐고, 거리는 뒤죽박죽 질퍽질퍽했다. 시가지는 쓸쓸했고, 보이는 곳마다 가난하고 누추한 집들이었으며, 큰 재난을 겪은 뒤의 활기 없는 모습을 띠고 있었다.

행인들을 다시 보니 더욱 실망스러웠다. 남녀노소가 얼굴은 누렇게 떴으며, 옷은 남루하고 불결했다. 장의는 그들을 보면서 이 나라의 경제가 이미 위험한 지경에 이르렀음을 확신할 수 있었다. 도성이 이처럼 엉망이라면 다른 곳은 미루어 짐작할 수 있었다. 장의는 흡족한 마음이 들었다.

'하늘이 우리 진나라를 돕는군. 초나라도 이제 멀지 않았구나!'

장의는 노련한 정객답게 정세에 민감했을 뿐 아니라 세상사 또한 꿰뚫고 있었다. 그는 상대국에게 존중을 표시하기 위해 내심의 희열을 꾹 억눌렀다. 그는 단정하고 엄숙한 태도로 앞만 바라보며 행인들을 쳐다보지 않았다. 거리 한 구역을 지나 다른 거리로 들어서자, 전혀 다른 모습이 나타났다. 집들은 가지런했고 거리는 넓었으며, 붉은색과 녹색으로 칠해진 새로 지은 집들의 휘황찬란한 대들보와 날 듯한 높은 처마는 광채가 넘치고 아담했다. 그는 속으로 생각했다. '여기가 어디지? 왕궁은 아닌 것 같은데, 왕궁보다도 훨씬 낫잖아. 도대체 어디란 말인가?' 그는 발걸음을 옮기면서 곰곰이 생각에 잠겼다. 그때 갑자기 수레가 멈추더니 근상의 집에 도착했음을 알렸다. 알고 보니 이 번화한 거리는 모두 대귀족이자 대관료인 근상 일가의 소유였던 것이다.

사정을 알게 된 장의는 근상이 수단과 방법을 가리지 않고 굴원의 변법을 저지하고 방해할 수밖에 없는 이유를 알 것 같았다. 그가 굴원을 모함하고 해치려 하는 까닭은 결코 개인 간의 원한관계 때문이 아니라 바로 여기에 있음을 알아차렸다.

'초나라의 귀족세력은 특권계층으로서 기득권을 결코 포기하려 들지 않겠지. 이들이 부유해지면 부유해질수록 백성들은 더욱 가난으로 내몰리겠지. 초나라가 오랫동안 악순환에서 벗어나지 못한 건 바로 이들 때문이군.'

장의는 대정치가로 손색이 없는 사람인지라, 표면적인 상황만 보고도 문제의 원인을 알아차렸다. 이번 초나라 방문으로 그는 초나라와 싸워 이길 수 있다는 확신이 한층 강해졌다.

근상은 장의 일행을 자신의 화려한 집에 머물도록 일을 꾸몄다. 근상은 활짝 웃으며 장의의 손을 잡고 대문을 들어섰다. 그는 장의 일행과 일일이 인사를 나눈 다음 좌석에 앉도록 했다. 장의 일행은 근상의 집 안팎의 아름다운 모습에 찬탄을 금치 못했다.

근상의 저택은 왕궁보다도 장엄하고 화려했다. 저택 앞쪽에는 사슴이 뛰노는 동산이 있었고, 뒤에는 매화나무 동산이 자리하고 있었다. 온갖 진기한 동물들과 기이한 꽃들도 빠짐없이 갖추어져 있었다. 장의 일행은 빼어난 경관에 도취되어 시간 가는 줄 몰랐다.

각지에서 초대를 받아 올라온 명망 있는 인사들이 줄지어 응접실로 들어와 지위에 따라 좌석에 앉았다. 과일, 과자, 귀한 차들이 탁자에 가득 놓이고, 손님들은 마음대로 골라 먹고 마셨다. 근상은 장의와 함께 다과를 들면서 이야기를 주고받았다. 비록 처음 만났지만 오래 사귄 친구보다도 허물없이 이야기를 나누었다. 근상은 마음속으로 되뇌었다.

'인상이 참 좋은 사람이다. 앞으로 힘을 합쳐 일해야겠군.'

다과를 즐긴 후, 근상은 장의 일행을 위한 연회를 베풀도록 분부했다.

미소를 띠고서 자리에서 일어난 근상은 온화한 표정으로 주위를 돌아보면서 조정의 대신이자 저택의 주인으로서 치사를 했다.

"존귀하신 장의 영윤께서 귀국의 두터운 우의를 가득 안고서 천리만리 수고로움을 마다하지 않으시고 누추한 곳에 왕림하시어, 비천한 이곳을 영광되게 하시고 미천한 신하를 빛나게 해주셨습니다. 또한 여러 좋은 벗들께서 왕림하시어 이 자리를 더욱 빛내주셨습니다. 여러분들의 고마우신 마음에 보답하는 뜻으로 변변치 않은 술자리를 마련했습니다. 진나라의 우호적인 사신들을 위해, 존경하는 분들을 위해, 자리하신 여러 귀빈들을 위해 함께 술잔을 들 것을 제의합니다!"

장의는 얼굴 가득 기쁜 표정을 띠고서 답사를 했다.

"귀국 상관대부의 특별한 보살핌을 입어 귀하신 분의 댁에 머무르게 되었습니다. 열렬하신 환대에 몸 둘 바를 모르겠습니다. 마치 봄바람을 쐰 듯, 먼 여정을 마치고 고향집에 돌아온 듯 아주 편한 느낌입니다. 삼가 감사의 마음을 표합니다. 다만 저희는 예의를 몰라 많은 폐를 끼쳐 드리고 있으니, 혹 실례되는 일이 있더라도 바다와 같은 넓은 아량으로 용서해주시기 바랍니다. 동시에 이곳 주인의 친절하신 우의와 자리하신 여러분과의 좋은 만남을 위해 건배를 제의합니다. 건배!"

진귀한 음식들이 대접에 가득했고, 좋은 술들이 잔에 가득했다. 연회 분위기는 매우 유쾌했다. 술이 세 순배 돌자 연회는 차츰 열기를 띠기 시작했다. 근상은 술과 음식을 권하면서 입을 열었다.

"귀국에서는 진즉부터 이 미천한 사람을 귀히 여겨주시는 은혜가 산과 같이 두텁건만, 지금껏 한 번도 보답하지 못했습니다. 오늘 또한 영윤께서 과분한 사랑으로 이처럼 두터운 예로써 대해주시니, 저 근상에게 무슨 덕과 능력이 있어서이겠습니까? 참으로 송구하고 부끄럽습니다." 그는 잠시 멈추었다가 상냥하게 사신들을 향해 말을 이었다.

"장의 영윤께서 저의 재주 없음을 싫어하지 않으시니, 이는 저의 크나큰 복입니다. 앞으로 저의 능력이 쓸모 있을 때가 오면, 목숨을 걸고서라도 도와드리겠습니다. 앞으로의 영원한 우의를 위해 장의 대인께 잔을 들어 건배를 청하옵니다!"

"좋습니다!" 장의가 말했다.

"상관대부님께서는 참으로 시원시원하시고 신의와 우정을 중히 여기시며, 담대하시고 식견이 있는 분이십니다. 이와 같은 군자와 사귀는 것은 마치 맛좋은 술을 마시는 것과 같습니다. 앞으로 우리들의 우의가 영원하기를 바라면서 여러분들께 건배를 청하여 한마음의 상징으로 삼고 싶습니다!"

말이 끝나자 쨍쨍 술잔 부딪치는 소리가 사람들의 마음을 흔들어놓았다. 호화로운 응접실에 요란한 소리가 연이어 울려 퍼졌다.

주량에 따라 모두들 권커니 잣거니 술잔을 비웠다. 이때 장의가 빙그레 웃으면서 대부 경리에게 말을 건넸다.

"경대부께서는 처음부터 지금까지 한 잔도 들지 않으셨는데, 벌주를 원하시는 것은 아니시겠지요?"

소휴昭睢는 아랫자리에 앉아서 상황을 보고 거드는 말투로 말했다.

"경대부께서는 본래 술을 들지 않으시니 대인께서는 벌을 면해주셨으면 합니다. 다만 이 술잔은 평소와는 다르니 꼭 비우셔야만 합니다."

경리는 소휴가 그를 위해 변명하는 것을 보자, 마시는 흉내라도 내지 않을 수 없었다. 그러나 술잔을 받고 보니, 술잔이 너무나 커서 은근히 겁이 났다. 그렇지만 마시지 않으면 체면이 서지 않을 것 같아 모질게 마음을 먹고 눈을 딱 감고서 한 방울도 남김없이 입 안에 털어 넣었다. 그러자 잠깐 사이에 정신이 아찔하고 머리가 빙빙 돌기 시작하더니, 견디지 못하고 탁자 아래로 굴러 떨어졌다. 사람들은 배를 움켜잡고 웃음을 터뜨렸다.

연회는 점입가경이었다. 사람들은 또다시 술잔을 돌리기 시작했다. 장의는 근상을 겨누어 술을 권했다.

"상관대부께서는 평소 진나라와 우의를 두터이 쌓으셨으니, 이러한 우의가 영원하기를 기원합니다. 이를 위해 남의 것으로 인심 쓰는 셈이지만, 상관대부께 술 한 잔 올리겠습니다."

근상은 매우 많이 마셨다. 원래 대식가인 그는 평소 음주에 익숙한 터라, 여러 사람들이 권하는 술을 주는 대로 다 받아 마셔도 조금도 취한 기색이 없었다. 술을 마실수록 그의 얼굴은 하얘져 마치 술을 한 방울도 마시지 않은 듯했다. 마치 "지기를 만나니 천 잔의 술도 부족하구나"라는 시구를 생각나게 했다.

연회는 휘황찬란한 가운데 끝을 맺었다. 근상은 이미 하인들에게 성심성의껏 손님들을 모시도록 분부를 내려놓았으며, 가장 쾌적하고 우아한 방에서 손님들이 머무르도록 했다. 방들은 새로이 단장된 것이었다. 장의 일행은 대접의 극진함을 피부로 느낄 수 있었다. 특히 장의는 방금 근상의 저택으로 불려온 수많은 미녀에게 둘러싸여 있었다. 욕심많은 이리라 하여도 역시 배부를 때가 있는 법. 아무리 미인들에게 둘러싸여 있을지라도, 그는 여전히 주인인 진나라 왕에게 충성을 다할 것을 잊지 않았다. 그는 초나라에 사신으로 온 임무에 오점을 남기려 하지 않았고 가지고 온 뇌물들을 초나라 대신들에게 아낌없이 나누어주었다.

돈이란 언제든 문을 두드릴 수 있게 하는 편리한 도구이다. 조정의 중신들은 장의의 후한 예물을 받자, 곧바로 근상 저택의 단골손님이 되었다. 그들은 베틀북처럼 빈번히 왕래하며 밀실에서 일을 도모하고, 조정 안팎을 뻔질나게 드나들면서 한 가지 목표를 완성하기 위해 일을 꾸몄다. 그 목표란 물론 굴원을 사지에 몰아넣는 일이었다.

근상은 일의 경과와 목적, 경위, 이해득실을 두루두루 자세히 설명했다. 그러나 소휴는 도리어 이맛살을 찌푸리며 한마디도 대꾸하지 않았다. 그의 시큰둥한 태도에 근상은 더 이상 참지 못하고 재촉했다.

"장군, 이 일을 어떻게 처리해야 하겠습니까? 종묘사직에 관련된 큰일은 여러분들께서 반드시 한마음으로 힘을 합쳐야 하고, 동시에 신속하게 정수께 보고하여 그분의 은밀한 도움을 얻어야만 됩니다."

“옳습니다!” 경리 역시 곁에서 말을 거들었다.

“위정爲政의 도라는 것은 학문에 비할 바가 아니지요. 학문을 한다는 것은 필묵의 도를 가지고 장단을 논하는 것이니, 이는 단지 우열만을 물으면 될 뿐 다른 것은 신경쓸 필요가 없습니다. 그러나 정치를 한다는 것은 여전히 권력과 세력의 싸움이며, 옳고 그름 외에도 이로움과 해로움을 고려하지 않으면 안 됩니다. 그렇게 하지 않으면 일을 성사시킬 수 없을 뿐만 아니라 자신의 몸조차도 보전할 수 없을 것입니다. 설사 세상을 구제할 위대한 재주가 있고 나라를 바로잡을 위대한 책략이 있다 한들 탁상공론에 불과할 따름이지요.”

“잘 말씀하셨습니다.” 근상이 이어 말했다.

“헌령을 둘러싸고 조정의 여러 대신들은 대체로 굴원을 방임했습니다. 저 역시 실책이었다고 생각하고 있습니다. 오늘 일은 결국 귀국의 영윤 장의 대인의 전폭적인 지지를 얻게 되었습니다. 현재 굴원은 시비를 회피하거나 공론에 맞서기가 어려우며 중과부적임을 스스로 잘 알고 있으니, 그만둘 수밖에 없는 형편입니다. 이 일이 현재 쉽게 결단나지 못한 것은 폐하께서는 용단을 못 내리고 계시기 때문입니다. 최후에 누가 이기고 누가 지게 될지는 알 수 없는 노릇입니다.”

경리도 눈빛을 번뜩이더니 알았다는 듯이 말했다.

“지극히 옳으신 말씀입니다! 오늘 굴원은 형세에 내몰려 숨이 금방이라도 끊어질 처지에 놓여 있습니다. 만약 시간이 흐르고 상황이 변하면 그는 다시 재기할 것이고, 그때가 되면 우리들은 반드시 독 안에 갇힌 생쥐처럼 비참한 꼴을 당하게 될 것입니다.”

의기투합한 두 사람은 말투까지 비슷해졌다. 그러나 소휴는 감정을 억누르며 조금도 반응을 보이지 않았다. 그의 두 눈은 마치 이 일에는 관심도 없는 양 창문 밖을 주시하고 있었다. 맑고 아름다운 햇빛이 밝게 내리비치는 가운데, 백옥란 한 그루가 처마 곁에 우뚝 서 있었다. 백옥란의 푸른 잎새들은 어지러이 퍼져 있었고, 꽃봉오리들은 매혹적인 빛깔을 마음껏 뽐내고 있었다.

근상은 은근히 조급해지기 시작했다. 고집으로 말하자면, 굴개가 소휴보다 훨씬 설득하기 어려운 사람이었다. 소휴와는 견해가 맞지 않다는 것 외에는 이해의 충돌이나 다른 오해는 없었다. 평소의 우정으로 본다면, 굴개에 비해 소휴와 훨씬 친밀한 편이었다. 그래서 근상은 어느 정도 정성을 들이면 소휴와 뜻을 합칠 수 있으리라 생각했다. 그런데 뜻밖에도 한나절이나 설득했는데도 그는 한마디 대꾸도 하지 않았다. 근상이 조급해하는 것은 당연한 일이었다. 그러나 근상은 여전히 성질을 참으면서 다시 한 번 재촉하듯 물었다.

"장군, 그대의 의견을……."

"상관대부께서는 보지 못했소?" 소휴는 돌연 손으로 창문 밖을 가리키며 동문서답하듯이 말했다.

"무얼 말씀이십니까?" 근상은 재빨리 눈치를 채고는 머리를 돌려 밖을 바라보았다. "아! 저 백옥란을 말씀하시는 건가요?"

"그렇소. 푸른 잎사귀 사이로 자라나 있는……."

"푸른 잎사귀 사이로 자라 올라와 있는 것이라면 ……장군께서 말씀하시는 것이 저 꽃봉오리들인가요?"

"맞습니다. 며칠 지나서 상관대부께서는 다시 보시지요. 나무 위에 달라진 게 뭐가 있는지."

"달라진 것이라고요?"

"음, 푸른 잎은 나뭇가지에서 자라고, 하얀 꽃은 시들어 땅에 떨어져 진흙이 되지요. 모두 다 사물의 성질에 따라 다름이 있기에 그 자태도 각각 다른 것이지요."

근상은 처음에는 무슨 뜻인지 몰라 소휴를 빤히 바라보다가 이내 비유를 알아차리고선 사나운 눈빛으로 소휴를 노려보았다.

"장군!" 그는 눈살을 찌푸리며 소휴를 불렀다. 목소리도 사나워져 있었다. "장군, 그리고 굴개 등의 사람들이 나에 대해 의심을 품고 있는 거 다 압니다. 그렇지요? 그래도 상관없습니다! 하지만 굴원의 변법 시행은 사직의 존망은 물론 우리 귀족의 흥망과도 관계된 일이라서 예삿일이 아닙니다! 절대로 제멋대로 행동해서는 안 됩니다! 냉소적인 태도는 큰일을 하는데 나쁜 영향만 미치게 될 것입니다. 아시겠습니까?"

소휴는 창밖의 경치를 줄곧 물끄러미 바라보면서 그들의 의제에 대해서는 관심이 없다는 표정으로 앉아 있었다. 근상이 말을 하는 동안 그는 천천히 눈길을 돌려 무슨 말을 할 듯했지만, 끝내 경멸하듯 냉소를 한 번 짓고는 다시 고개를 돌려버렸다.

그러자 곁에 앉아 있던 경리는 참을 수 없는지 화가 난 표정으로 벌떡 일어나 눈을 부라리면서 큰 소리로 말했다.

"소휴 장군, 제가 한 말씀 드리겠습니다. 만약 상관대부의 부탁과 장의님의 우리에 대한 지지와 관심이 없었다면, 오늘 우리들이 와서 장군을 귀찮게 하지는 않았을 것입니다. 지금 상관대부께서는 장군께 변법 반대를 위해 힘써달라고 부탁하는 것에 지나지 않습니다. 장군께서 하기 싫으면 그만이지, 어찌 남들을 난감하고 거북하게 만드십니까? 장군만 고명해서 다른 사람들을 모두 허수아비로 생각하시는 겁니까? 말씀해보시지요. 요 며칠 동안 변법과 굴원에 반대하는 데 도움되는 일을 얼마나 하셨는지요? 오히려 냉소적으로 바라보고 있지는 않으셨는지요? 장군께서는 알고 계십니까? 며칠 동안 상관대부께서 사직의 안위를 위해 얼마나 심혈을 기울이고 우리의 이익을 위해 얼마나 힘을 썼는지 말입니다. 이것은 모두 국가를 위한 일입니다. 개인만을 위해 하는 일이 아닙니다. 변법 시행을 막기 위해 굴원과 다투고, 굴원 때문에 골머리를 앓았습니다. 굴원은 악담으로 상관대부님을 중상하고 폐하를 들먹이면서 상관대부님을 굴복시키려 했습니다. 장군 같은 노신하께서는 상관대부님을 도와주시지는 못할망정 불신을 하시다니요. 정말로 천하가 걱정되지 않으신 겁니까? 설마……."

그는 계속 따지려 했으나 근상이 손짓으로 그의 말을 끊었다.

근상은 냉정을 되찾았다. 변법을 둘러싼 충돌로 말미암아 거의 한 달간 근상의 마음은 편치 않았다. 방금 경리가 소휴에게 한 말은 그의 가슴속 울분을 대신해주고 있었다. 하지만 근상은 걱정이 되었다. 경리와 소휴 두 사람이 소원한데다 경리의 말투가 너무나 신랄했기 때문이다. 만약 소휴의 분노를 불러일으킨다면, 그 후의 결과는 상상을 넘어서리라는 것을 잘 알고 있었다. 소휴는 공훈이 혁혁한 장군이며, 조정의 공신이었다. 달리 말할 것도 없이 그의 몸에 남은 수십 군데의 상처가 그의 공훈을 말해주고 있었다. 여기까지 생각이 미치자, 근상은 마음이 편치 않았다. 그는 소휴의 얼굴을 똑바로 바라보며 간절하게 물었다.

"장군, 장군과 제가 서로 알고 지낸 지가 하루아침이 아닙니다. 또한 조정에서 함께 일한 지도 벌써 이십 년이나 되었습니다. 이전에 장군께서는 이렇지 않으셨는데, 어찌하여 저에 대한 편견이 갈수록 깊어진단 말입니까? 장군께서 정말로 그렇게 생각하신다면, 저 근상은 신의를 저버린 소인배들과 다름없지 않겠습니까? 장군의 심중에 제가 정말로 간신배이며, 권세에 비굴하게 아첨하는 못난이란 말입니까? 정말로 줏대 없이 이쪽저쪽에 빌붙는 사람으로, 신뢰할 수 없는 간사한 무리라고 생각하시는 겁니까? 정 그렇게 여기신다면 장군께서 속 시원히 말씀해주셔도 좋습니다. 마음을 비우고 가르침을 받겠습니다. 과오와 예의에 벗어난 바가 확실하다면 마땅히 고쳐야지요. 오해하고 계시는 것이 있다면 이번 기회를 통해 분명히 말씀해주십시오. 장군의 생각은 어떠십니까?"

이렇게 말하고 나서 근상은 소휴의 찡그린 미간과 굳게 다문 입술, 까무잡잡하고도 빛이 드는 얼굴이 갈수록 굳어지는 것을 보았다. 심중에 모종의 격렬한 변화가 일어나 무언가 어려운 선택을 하고 있는 듯했다. 근상은 다정한 눈빛과 친절한 말투로 말을 이었다.

"장군께 무슨 고충이 있는 건 아니시지요? 장군이나 저나 같은 입장인데 설마 믿지 못하시는 건 아니겠지요?"

"아니오. 나도 믿은 적이 있었지요!" 소휴는 별안간 고개를 쳐들고서 입을 열었다.

"나도 믿은 적이 있었습니다! 오기를 믿었고 상앙을 믿었으며 당신을 믿었던 적이 있었지요. 그러나 결과는 어떠했습니까? 오기는 말할 필요도 없고, 상앙은 성공하여 진나라를 일으켰습니다. 그러나 초나라는 오히려 이십 년이나 뒤처져버렸습니다. 상관대부께서 나라를 다스리는 방식을 나 역시 믿고 옹호했습니다만, 오늘날 호전되는 기세는 조금도 보이지 않고 조정은 여전히 어지럽습니다. 굴원을 말하자면, 변법의 본의는 옳습니다. 다만 귀족의 특권을 지나치게 제한하고 있는데, 이 점에 대해서는 좀 더 고려해봐야 한다고 생각합니다. 하지만 헌령은 고칠 수 없는 것이 아니지 않습니까? 저는 믿습니다. 이렇게 많은 귀족 출신의 대신들이 변법을 냉소적으로 바라보고, 나라가 변법을 시행하지 않는다면, 이 나라는 낙후되어 결국 망하고 말 것입니다. 그때에는 비빌 언덕이 없어질 터이니, 무슨 일을 할 수 있겠습니까? 귀족들이 홀로 존재할 수 있겠습니까? 이런 이치야 말할 필요조차도 없겠지요!" 그는 잠시 말을 멈추었다가 다시 말을 이었다.

"정국이 중차대한데도 천하가 바라는 바는 생각지도 않고 끊임없이 변법 반대만을 선동하고 간사한 자들의 손아귀에 좌지우지 우롱당하면서, 입으로는 마음을 합쳐 서로 협력하여 곤란을 극복하자고 말하지만, 일단 권력을 쥐게 되면 전횡을 일삼으면서 다른 사람들을 인정하지 않지요!"

감정이 복받쳐 오른 소휴는 대담하게 질책했다. 그의 두 눈에서는 불꽃이 이글이글 타올랐다.

"또 있지요." 소휴는 이어 말했다.

"당신들은 말끝마다 위정의 도리를 들먹이는데, 권모술수만을 중시하여 이익을 좇고 해로움은 회피한 채, 옳고 그름은 오히려 그 뒷전이지요. 이익이 있으면 아무리 간사하고 악하더라도 괜찮고, 손해가 되면 아무리 어질고 덕스러워도 버려야 한다고 여기고 있지요. 모두가 이렇다면 충성됨과 간사함, 사악함과 정의로움의 구별이 어디에 있으며, 군자와 소인배의 구분이 어디에 있겠습니까? 악행에 의기투합하고 세속에 야합하면서도 이치로 볼 때 필연적이라느니, 중흥할 날이 머지않았느니, 요순의 태평성세가 멀지 않았다느니 떠들어대고 있으니 이 얼마나 황당무계한 말입니까? 모든 사람들을 속이겠다구요? 조정의 중신으로서 끝까지 이처럼 사악한 말을 공공연히 떠들고 다닌다면 그게 어찌 군자의 기풍이라 할 수 있겠습니까?"

근상은 반박하려다가 멈칫 멈추었다. 경리가 먼저 반박하고 나섰기 때문이다.

"말씀이 너무 지나치십니다. 위정의 도리는 단지 이해득실만을 따지고 옳고 그름을 묻지 않는다고, 누가 그런 소리를 한 적이 있습니까? 오히려 우리가 그걸 반대하는 것이지요. 오늘날 가장 중요한 것은 인심을 안정시키고 마음을 합하여 곤란을 극복하는 데 있고, 여타의 일은 그 다음이지요. 굴원의 변법은 절대로 시행해서는 안 됩니다. 사직의 질서

를 혼란시킬 뿐만 아니라 국가를 해하고 백성들에게 재앙을 끼치게 될
터이니, 어찌 하찮은 시빗거리로 여겨 뻔히 닥쳐올 우환을 보고만 있겠
습니까?"

근상은 한쪽에서 꾹 참으며 이들의 얘기를 귀 기울여 듣고 있었다. 소
휴의 견해는 타당성을 잃었으며, 중요한 점들을 놓치고 있다고 그는 생
각했다. '아무래도 일개 무관인지라 정치를 몰라. 이런 사람과 이치를
따져봐야 입만 아프고 화만 받지.' 이렇게 생각하는 순간 경리가 냉소
를 흘리며 말했다.

"장군께서는 진심으로 변법에 반대하는 겁니까, 거짓으로 반대하는
척하는 겁니까? 한마디로 말씀해주시지요!"

말을 마치자 경리는 근상 쪽으로 몸을 돌렸다. 근상은 미처 예상하지
못한 이 불쾌한 모임을 끝내버릴 생각이었다. 바로 그때 밖에서 사람들
의 그림자가 어른거리더니 장의 일행이 뒤쪽의 화원에서 들어왔다.

자리에서 급히 일어난 근상은 장의 일행을 보고서 소휴에게 아무 말
도 하지 말라고 손짓했다. 잠시 후 그가 입을 열었다.

"오늘 모임은 이쯤해서 마치기로 하겠습니다."

장의의 계책에 속아 넘어간 회왕

풍운은 떠돌다가 하늘 끝에서 서로 합쳐지고 흰 달은 구름과 안개를 따라 뒤엉켰다. 망망한 야경에 처량한 밤바람이 휘감아 더욱 싸늘한 느낌이 들었다.

모임은 이미 끝나 각자 자기의 갈 길로 돌아갔다. 오직 소휴만이 돌아가기를 잊은 채 배회하고 있는데 하인이 마차를 몰고 달려왔다. 소휴는 돌아가는 마차 위에서 몸을 흔들거리고 있었지만 정신은 맑게 깨어나는 느낌이 들었다. '근상과 정면으로 맞부딪히지 말아야 했는데……. 그와의 우정은 이제 끝나버렸는가? 입신출세하기 위해서는 이해득실을 가벼이 여겨서는 안 되는구나.'

돌아가는 길에 소휴는 묵묵히 생각에 잠겼다. '합류하자니 한통속이 될 터이고, 고고하게 지내자니 외로워질 것이고……. 근상과 얼굴을 붉혔으니 앞으로 사이가 껄끄러워지겠지. 언젠가 기회를 엿보아 그와 다시 한 번 얘기해봐야지.' 이런저런 생각을 하다보니 어느새 집에 도착했다.

장의는 근상의 저택에서 귀족과 고위 관료들을 쉴 새 없이 접대하고 있었다. 그들은 굴원을 곤경에 빠뜨리고 회왕과 만날 기회를 봉쇄할 계책을 일러주었다. 이야말로 변법과 합종을 깨뜨리기에 가장 좋은, 그리고 유일한 방법이었다. 심지어 굴원을 제거하여 후환을 없애버리자고 하는 이도 있었다. 근상과 장의는 잠시 눈길을 주고받더니 그들의 계책에 고마움을 표시했다.

일이란 항상 양면적인 것이라서 계책을 올려 굴원을 해치려는 자들도 있었지만, 굴원의 안위에 동정적인 이들도 있었다. 이 무렵 이름이 꽤 알려진 진진陳軫이란 이가 있었다. 그는 굴원의 처지를 매우 동정하여 남몰래 사람을 보내 굴원의 신변을 관찰하도록 했다.

진진의 예상대로 자객이 굴원의 거처를 정탐하고 있었다. 자객은 굴원의 하인에 의해 발각되었다. 진진의 마음은 자못 긴장되고 당황스러웠다.

"굴좌도님, 방금 어떤 자가 바깥에서 정탐을 하고 있었습니다. 이 일을 어찌하면 좋겠습니까?"

"글쎄, 어떻게 하면 좋겠소?"

"제 생각엔 좌도께서 속히 거처를 옮기셨으면 좋겠습니다. 아울러 집안 장정들로 하여금 엄중히 방비하도록 하고 조정에 사람을 보내 이 일을 알렸으면 합니다. 이번처럼 만약 자객이 범행하려 한다면, 제가 죽음을 무릅쓰고서라도 막아내겠습니다!"

'안 되지.' 굴원은 마음속으로 생각했다. '어디로 가야 할까? 어디로 가든지 마찬가지겠지! 그래도 집에 있어야 사람들의 보호를 받을 수 있을 거야.'

그러나 굴원도 알고 있었다. '폐하는 변법 시행에 대해 주저하면서 여전히 결정을 내리지 못하고 있잖은가. 폐하께서는 근상을 비롯한 귀족들의 끈질긴 요구와 반대를 막아내지 못하고 변법 시행을 방치하고 있다. 조정의 정세가 이 지경인데 좋은 결과가 나올 수 없지.'

굴원은 조야의 여론을 형성한 뒤 근상 무리의 행동을 견제하는 게 나을 것이라고 생각했다. 그래서 그는 관직을 그만두고 한거해야겠다고 결정함과 동시에, 근상이 빼앗아간 헌령의 상주서를 만들어 회왕에게 어람토록 한 다음 회왕의 반응을 살펴 다시 대책을 결정하려 했다. 그런데 지금 만약 자객을 피해 총망히 집을 떠날 경우 오히려 정반대의 결과가 나오지 않을까 염려스러웠다.

'정말로 근상이 보낸 자객일까?' 굴원은 천천히 몇 걸음 걷다가 고개를 돌려 창밖을 바라보며 속으로 중얼거렸다. '틀림없이 근상 수하의, 용맹을 다투기 좋아하고 출세하여 권세를 얻으려는 소인배일 것이다. 내가 거처를 바꾼다면 그들이 찾아내지 못할까? 내 주변의 호위병 가운데 몇 명이나 그들을 상대할 수 있을까?'

굴원은 가슴속에 바위덩어리가 놓인 듯 답답했다.

"이건 ……이건 하늘에 맡기는 수밖에 없소. 막을 수 없는 일이라면 아예 막지 맙시다!"

"막지 않으신다면?" 진진은 놀라서 물었다.

"정말 그렇다면, 그러면……."

굴원은 조급해하지 말라고 손짓하고는 의자에 다시 앉아 평온하게 말했다.

"가령 내가 자객에게 목숨을 잃는다면, 설사 조정에서 방치하고 그 일을 묻지 않는다 해도 천하의 사람들이 반드시 떠들썩하게 일어날 것이고, 그때에는 대중이 분노하고 정의를 지지하는 선비들이 더욱 많아질 것이오. 이렇게 된다면 나 한 사람을 제거해서 그들은 오히려 수천만 명의 적을 만드는 셈이고, 나 한 사람이 희생해서 천하의 마음을 얻게 되는 것이니 이 어찌 크게 좋은 일이 아니겠소!"

한편, 반대파들은 변법의 갖가지 결함을 마구 떠들어대고, 변법을 시행하려는 굴원을 법의 이름으로 뿌리 뽑아 후환을 없애고자 했다.

회왕이 아무리 어리석은 군왕이라지만, 근상 패거리의 야심을 모르지는 않았다. 그래서 그들이 무슨 말을 해도 허락하지 않았고, 그들은 위세가 꺾여 궁궐 밖으로 나가버렸다.

회왕은 귀족의 압력을 감안하여 굴원의 직급을 삼려대부三閭大夫로 낮추고, 이것으로써 좌절된 변법에 관한 모든 일을 종결하려 했다.

삼려대부는 한직으로 주요한 업무는 경景씨, 굴屈씨, 소昭씨의 자제들을 관리하고 가르치는 일이었다. 다시 말해서 삼려대부인 굴원은 단지 사부에 불과하며, 이 직무는 당시 제후국 가운데 유일무이한 것이었다.

삼려대부는 과거 좌도 직분과는 함께 논할 수 없는, 손안에 아무런 힘도 없어 사직의 국정방침에 대해서 물어볼 권한조차도 없었다.

굴원은 초나라의 유일한 왕족 고등교육 기관에 들어가 선생으로 생활하게 되었다.

회왕이 불현듯 굴원을 보고 싶어 부르지 않는 이상, 굴원은 궁궐에 들어갈 수 없었다. 일반적인 상황에서는 궁궐에 들어와 임금과 대면할 수 없었다.

이러함에도 불구하고 조정의 간당들은 여전히 굴원과 회왕이 함께하는 것을 두려워했다. 설령 우연한 순간에 만날지라도 혼비백산한 그들은 불안하여 밥맛을 잃을 지경이었다.

심대한 타격을 받았음에도 굴원은 예전처럼 꿋꿋하게 지냈다. 그렇지만 나라의 앞날을 생각하면 밥을 먹어도 맛을 느끼지 못했고, 잠자리에 들어도 제대로 잠을 잘 수 없었다. 온종일 우울하고 즐겁지가 않았으며, 몸은 말린 국화꽃보다 더 비쩍 말랐다. 그는 이제 갓 스물다섯 번째 생일을 지났건만 얼굴엔 수염이 까칠하게 나 있었고, 광대뼈는 높은 산과 같이 튀어나왔으며, 야위어 뼈가 앙상하게 드러나 있었다. 다만 두 눈만은 반짝거리면서 여전히 총명함을 드러내고 있었다.

근상과 경리가 한통속이 되어 장의와 함께 음모를 획책하여 나라를 팔아 이익을 챙기는 행실을 그가 어찌 모르겠는가? 그러나 또한 안다고 한들 어찌하겠으며 누구에게 말할 수 있겠는가? 다시는 회왕을 볼 수 없는 것을. 그가 두 눈을 멀쩡하게 뜨고 간당들을 바라만 보는 사이에 초나라는 하루하루 심연으로 빠져들고 있었다. 당시의 상황을 누군가 시를 지어 이렇게 노래했다.

영웅은 뜻을 세워 천하를 도모하는데, 간신은 출세하려 입만 놀리누나.
현명한 자 거리낌이 없지만, 교활한 자 음모가 악랄하구나.
英雄立志圖天下, 奸佞出仕圖嘴巴.
賢明者坦坦蕩蕩, 狡獪者陰險毒辣.

회왕은 굴원을 만나주려 하지 않았다. 굴원은 하늘을 우러러 한탄했다. "군왕을 뵙고 싶어도 뵐 기회가 없으니 애달프도다!" 그는 눈물을 삼키며 떠나야만 했다.

변법을 파괴하려는 간당들의 첫 번째 단계는 순조롭게 실현되었다.

그들은 이제는 두 번째 단계를 실행에 옮기고 있었다. 그것은 첫 단계에서 한 걸음 더 나아가 굴원을 모함하여 치명적 타격을 가하는 것이었다. 두 번째 단계는 화려하게 막을 올렸다.

무대는 여전히 근상의 화려한 저택이었다. 배우들은 첫 단계와 변함 없이 장의가 감독을 맡고 주연은 근상과 경리, 그리고 소휴 등 유명 배우들이 계속 등장했다.

장의는 분장을 하고 무대에 등장했다. 근상은 변장을 하고 그 뒤를 바짝 따르고, 정수는 거위털 부채를 한 걸음마다 세 번씩 흔든다. 보기만 해도 눈이 즐겁다. 회왕만은 의기소침하게 무대 뒤에 앉은 채, 잠시 출현하지 않는다.

굴원은 오랏줄에 꽁꽁 묶여 무대 위로 호송된다. 머리를 들고 하늘을 우러러 원망해보지만, 무대 아래의 관중들은 목을 빼고 멍청하게 극만 보고 있을 뿐이다.

처음 무대에 올라 공연하는 유명한 배우는 근상이다. 그는 우아하게 무대 앞으로 걸어와 예의 바르면서도 익살스럽게 관중들에게 말한다.

"이 자리에 계신 여러분! 제 얘기를 들어보세요. 저 미련하도록 충성스런 삼려대부 굴원은 부귀영화의 복을 누릴 수 있을 텐데도, 배가 잔뜩 불렀는지 변법인가 뭔가에 정신이 팔려 있다가 인심과는 너무나 맞지 않아 저절로 무너지고 말았습니다. 제 일은 하지 못한 채 보잘것없는 선생 노릇을 하고 있는데, 하루 종일 넋 나간 듯 때로는 하늘에 호소하고, 때로는 땅을 욕하며, 귀신에게 주문을 외우고, 점을 치곤 합니다. 의혹이 있어도 풀지 못하더니, 세 성씨 자녀들을 망치고 임금을 속이는 죄를 범했습니다."

근상은 자신의 대사에 만족한 듯 희색이 만면하여 무대 아래를 바라봤다. 몇몇 관중만이 박수를 칠 뿐 대다수 관중들은 노한 눈초리로 그의 익살에 웃지도 울지도 못하는 냉랭한 표정을 짓고 있었다. 관중들의 갈채를 얻기 위해 그는 익살스런 표정으로 더 뻔뻔스럽게 떠들어댔다.

"굴원은 한결같이 스스로 옳다고 여기고, 동료들을 깔보며, 군왕을 멸시합니다. '내가 아니면 그 누가 할 수 있겠는가!'라고 말합니다. 국정방침을 정할 때 나 굴원이 없다면 결정할 수 없다고 말합니다. 이처럼 오만방자하고 안하무인이니, 어찌 외롭지 않을 수 있겠습니까? 또한 쓸데없이 공론을 펴고 허풍을 떨며 '모든 사람들이 다 취해 있어도 나 홀로 깨어 있도다' 라고 함부로 지껄이니, 이 어찌 사람들을 웃기는 일이 아니란 말입니까?"

"특히 용납할 수 없는 일은 귀족 출신의 중신들이 나라를 팔아 영달을 꾀한다고 모함하는 것입니다. 게다가 감히 진나라 사신인 영윤 장의를 스파이라고 모함하고 있습니다. 친구를 적으로 대하면서 우리들이 그와 우호적으로 지내는 것을 결탁하여 나쁜 일을 꾸민다고 욕하고 있습니다. 또한 사실을 무시하고 입에서 나오는 대로 함부로 지껄여, 진나라를 호랑이나 승냥이 같은 나라라고 말하고 있습니다. 이는 두 나라의 우호관계를 심각하게 파괴하는 것입니다. 참으로 그가 저지른 죄과는 필설로는 다 표현할 수 없을 정도입니다."

"회왕은 이전의 잘못을 따지지 않은 채 그를 구하려 하는데, 그가 더 많이 반성하도록 하고, 두문불출 잘못을 뉘우치며 근신하도록 해야 합니다. 그는 우리들이 회왕을 교사하여 그를 가두어두려 한다고 말하고 있습니다. 웃기는 일 아닙니까? 여러분도 모두 알다시피, 귀족 출신인 우리들이 뭐가 아쉬워 그를 구금한단 말입니까?"

"그는 꿈속에서라도 회왕을 만나고 싶다고 합니다. 진심일 수도 있지만, 확실히 말하면 역시 미친 소리이지요. 그는 우뚝 솟아 있는 회왕의 궁궐을 신경질적으로 바라보면서 크게 울부짖거나 통곡하고 시를 쓰거나 부를 짓는데, 그의 광적인 힘은 사람들을 화나게도 하고 웃기기도 하지요. 세상 사람들이 모두 그를 미치광이라고 하는데, 자신은 미치지 않았다고 합니다. 미치지 않고서야 자기를 해치는데도 헌령을 만들어 변법을 시행하려 한단 말입니까? 정말 웃기는 일이지요!"

"그의 생각은 현실과 매우 동떨어져 있습니다! 그는 기어코 자신의 일이 옳다고 여기고 영원불멸의 장한 일이라고 여기고 있지요. 스스로 훌륭하다고 여기며, 자신을 온 세상 사람들이 떠받드는 영웅이라고 우쭐거리는데 결과는 어떻습니까? 스스로 돌아볼 줄 모르니, 정말 가소롭기 짝이 없습니다!”

경리는 무대 위를 주시하고 있다가, 근상의 중상하는 말들이 다 끝난 것을 보고는 급히 무대로 올라가 말을 이어갔다.

“굴원은 스스로 사서 고생하는 바보입니다. 만호후萬戶侯의 봉록과 부귀영화를 팽개쳐버린 채, 무슨 부귀를 개똥처럼 하찮은 것으로 여기며, 또한 ‘다른 사람들이 다 취해 있어도 나 홀로 깨어 있도다’라고 말하고 있습니다. 이번에 정말 그를 정신이 확 들도록 해줍시다. 정말이지 다른 사람들은 취하지 않았고, 다른 사람들은 모두 오사모烏紗帽를 쓰고 있으며, 바로 그 자신이 대머리라는 것을 알게 해줍시다. 대머리가 누굽니까? 여러분 생각해보세요. 하찮은 대머리가 어찌 마음대로 폐하를 알현하겠단 말인가요? 당연히 일장춘몽일 따름이지요!”

“제가 솔직히 여러분들에게 말씀드리겠습니다. 현재 폐하께서는 누구라도 굴원을 들먹이기만 하면 얼굴을 찡그리시는데, 폐하께서 굴원을 만나기를 원하신다고 할 수 있겠습니까? 폐하께서는 그를 만나고 싶어하지 않을 뿐만 아니라, 일반 대신들이 그를 만나는 것조차도 마치 파리를 집어삼킨 듯 혐오하십니다.”

경리는 스스로 언변이 좋고 유머가 있으며 대배우로서의 위엄을 지니고 있는지라, 이렇게 무대 위에서 이야기를 하면 무대 아래에서 우레와 같은 갈채가 터져 나오리라고 생각했다. 그러나 오늘은 그가 재치 있는 이야기를 몇 번이나 했는데도, 관중들의 박수소리는 물론 갈채도 없었다. 도리어 무대 아래에서 수근거리는 소리만이 들려와 흥이 싹 가시는지라, 그냥 머쓱하게 무대 아래로 내려와버렸다.

소휴는 이 기회를 틈타 무대 위로 올라가 멋지게 한 차례 연기를 해보고 싶었으나 장의가 눈짓으로 제지했다. 장의는 무엇 때문에 소휴를 무대에 올라가지 못하게 했을까? 이유는 두 가지이다. 하나는 그가 무얼 연기하려는 건지, 그게 자신에게 이로울지 해로울지 알지 못했기 때문이다. 다른 하나는 강연이 이미 최고조에 이르러 해야 할 말은 이미 다 했는데, 만약 쓸데없는 말이라면 그 결과는 바라는 바와 정반대가 될 수 있기 때문이다. 그는 무대 아래의 관중들을 힐끗 바라보았다. 분위기는 이미 푹 가라앉아 있었다. 걸출한 정치가인 장의가 어찌 선전선동의 효과를 모르겠는가? 특히 결정적인 순간의 그 오묘함을.

이에 장의는 기회가 무르익었다고 여겼다. 그는 자못 기쁘고 마음이 놓였다. 그래서 그는 근상에게 회왕을 뵙게 해달라고 요구했다. 근상은 회왕께 보고한 뒤에 다시 이야기하자고 했다.

이튿날, 근상은 신이 나서 장의에게 달려가 회왕 역시 장의를 만나고 싶어한다고 전했다. 장의는 그 말을 듣고 기쁨을 감출 수가 없었다. 그는 서둘러 왕궁으로 들어갔다. 그는 의관을 바로한 채 팔자걸음으로 회왕을 배알했다. 회왕은 만면에 웃음을 띠고 말했다.

"경은 예의에 얽매이지 말고 앉으세요."

"황송하옵니다. 폐하!"

장의는 천천히 걸어가 회왕의 아랫자리에 앉아 아뢰었다.

"대왕께서는 오늘날 가장 현명하신 군주이십니다. 진나라 왕이 가장 탄복하시는 분이 바로 폐하이십니다. 저 역시 폐하의 신하가 되기를 간절히 원하고 있습니다. 진나라 왕께서는 영원히 우호적인 이웃으로서 서로가 침범하지 않기를 원한다고 말씀했습니다."

"과찬의 말씀이오." 회왕이 말했다.

"과인이 무슨 덕과 능력이 있기에, 그대의 대왕께서 탄복하시겠소? 영원히 우호관계를 맺고 서로 침범하지 않기로 한 것은 과인이 한결같이 주장한 것이오. 대왕의 호의에 감사를 드리오. 앞으로 우리들은 지난날과 다름이 없을 것이오."

"천하 사람들이 가장 사랑하는 사람은 바로 현명하신 군주입니다." 장의가 말했다.

"우리 대왕이 가장 싫어하는 사람은 어리석은 군주입니다. 오늘날 천하에 몇 명의 현명한 군주가 있겠습니까? 우리 대왕께서 가장 흠모하는 분이 바로 폐하이시고, 가장 싫어하는 사람은 제나라 왕입니다. 그러므로 진나라 왕께서는 제나라를 치고자 하십니다. 다만 폐하께서 제나라 왕과 긴밀한 관계를 맺고 있음을 염려하고 있습니다. 그래서 진나라 왕께서는 특별히 저를 보내어 폐하께 아뢰도록 했습니다. 만약 폐하께서 제나라와 단교하신다면 진나라 왕께서는 상어商於 땅 육백여 리의 토지를 귀국과 친교를 맺는 성의로 주시겠다고 하셨습니다. 폐하께서는 생각해보십시오. 진나라가 제나라를 공격하면, 제나라는 폐하께서 출병하여 도와주기를 바랄 것이고, 이렇게 한다면 진나라와는 적이 되지 않겠습니까? 폐하께서 제나라와 단교한다면, 우리나라가 출병한다 해도 폐하께 구원을 요청하지 않을 것입니다. 이런 까닭에 진나라 왕께서 저를 보내셨고, 폐하께서 대의를 깊이 생각하시리라 믿습니다. 진나라가 폐하의 지지를 얻는다면 감사하기 그지없을 것입니다. 그래서 먼저 순순히 육백여 리의 땅을 드리겠다는 것이며, 이는 정말로 일거다득의 좋은 일이 아니겠습니까!"

회왕은 환한 웃음을 지으면서 말했다.

"그대의 말이 진정이오?"

"물론입니다. 진정입니다!"

"그렇다면 그렇게 하기로 합시다."

"현명하신 판단이십니다." 장의가 말했다.

"폐하께서는 저를 딸려 사람을 보내시어 육백여 리의 땅을 받으시지요."

회왕은 싱글벙글 몹시 좋아했다. 회왕은 장의의 청산유수 같은 말솜씨에 속아 넘어가 제나라와 국교를 단절하는 조건에 동의하고 말았다.

회왕은 조회에 문무백관들이 모두 모인 기회를 이용하여 만면에 희색을 띤 채 흰 수염을 어루만지며 즐겁게 말했다.

"과인이 어젯밤에 꿈을 꾸었는데, 천상에서 황금비가 후드득 내렸소. 사람을 보내 하나하나 세어보니, 많지도 적지도 않은 딱 육백만 냥이었소. 오늘 순순히 진나라 땅 육백 리를 얻게 되었으니, 이것이 과인이 어젯밤 꾼 꿈의 효과가 나타난 것이 아니겠소? 정말 묘한 일이로다!"

중신들은 어리둥절하여 서로의 얼굴만 쳐다볼 뿐이었다. 대체 회왕의 말이 무슨 뜻인지 알지 못했기 때문이다. 한 대신이 입을 열었다.

"폐하의 말씀을 들어보니 매우 기쁘긴 하지만, 폐하께서 말씀하신 육백 리 땅이 어찌 된 건지 모르겠습니다. 황송하오나 가르쳐주시옵소서."

그리하여 회왕은 장의의 변설을 다시 한 번 되풀이했다. 군신들은 모두들 수군거렸다. 대다수의 신하들은 반대했지만, 유독 근상의 패거리들만은 찬성했다. 제삼자의 입장에 서 있는 자들은 숨을 죽인 채 사태의 추이만 지켜보았다.

세 가지 입장 가운데 찬성하는 파가 우세를 차지했다.

이 상황을 알게 된 진진은 심히 불안한지라 회왕에게 글을 올렸다.

"진나라가 폐하를 중하게 대하는 것은 폐하께 제나라가 있기 때문입니다. 오늘 땅도 아직 얻지 않은 채 제나라와 먼저 절교한다면, 우리나라는 고립되고 말 것입니다. 진나라 또한 고립된 나라를 어찌 중하게 대하겠습니까? 반드시 우리나라를 경시할 것입니다. 또한 먼저 땅을 받은 다음에 제나라와 절교하겠다고 한다면, 진나라는 하지 않을 것입니다. 먼저 절교한 다음에 땅을 준다는 것은 틀림없이 장의의 사기일 것입니다. 장의에게 사기를 당하면, 폐하께서는 틀림없이 그를 원망할 것이며, 원망하게 되면 서쪽으로는 진나라의 우환거리가 되고, 북쪽으로 제나라와 절교하게 되니, 양국 군대의 침략을 받게 될 것입니다. 신은 이렇게 될까봐 근심하나이다."

회왕은 진진의 간언을 듣지 않고 자기 고집대로 제나라와 국교를 단절하기로 결정하고, 경리를 제나라에 파견하여 그의 결정대로 시행하도록 했다.

사리사욕을 꾀하는 경리는 합종을 깨뜨려 제나라와 단교하는 일을 추진했다. 그는 장의에게서 거액의 뇌물을 받았는지라, 전력을 다해 장의를 위한 일에 힘썼다. 그는 일을 길게 끌면 문제가 생길까봐 그날 밤으로 제나라로 떠났다.

제나라 왕은 초나라가 단교하려 한다는 것을 알고서 지체 없이 초나라의 과오를 지적했다.

"초나라가 우리나라와 절교하면 틀림없이 진나라에게 제압되고 결국 진나라에게 망하게 될 것이오. 초나라가 우리나라와 국교를 단절하게 되면 합종은 깨지게 되며, 대세가 기울면 다시는 만회할 수 없을 것이오!"

"폐하의 말씀은 맞지 않습니다. 강대한 우리나라가 어찌 오랫동안 소국에 의지하여 생존할 수 있겠습니까? 망하는 나라는 오히려 남의 위세를 믿고 까부는 나라이겠지요. 이 점을 폐하께서는 모르지 않으실 텐데요?" 경리는 금붕어눈을 깜박거리면서 대꾸했다.

"그렇게 말씀해서는 안 되지요. 누가 누구의 위세를 믿고 까분단 말이오? 연맹 그 자체는 서로 의지하고 도와주면서 이익을 주고받는 것인데, 그렇지 않다면 연맹할 필요가 있겠소? 그대의 말은 틀린 것이오!"
제나라 왕은 조리 있게 반격했다.

경리는 자신의 말에 타당성이 부족함을 느꼈다. 제나라 왕의 논박을
당하자 화가 나서 몹시 허둥거리며 말했다.

"우리나라가 제나라와 단교하는 것은 진나라에게 신임을 얻기 위해
서입니다. 진나라와 국교를 맺게 되면 육백 리의 땅을 얻게 되는데, 우
리나라가 어찌 그걸 포기하겠습니까?"

그의 말을 듣자 제나라 왕은 큰 소리로 웃었다. 손으로 수염을 쓰다듬
으며 경리를 얕보듯 고개를 가로저으며 말했다.

"장의란 사람이 말만 번지르르하게 잘하는 유세객임을 모르는 이가
누가 있소? 그의 말이 몇 마디나 진실하던가요? 일찍이 일어났던 일을
기억하시오? 그가 몇 년 전에 초나라에서 유세한 적이 있었지요. 회왕
이 그를 등용하지 않자, 계책을 꾸며 회왕에게 다른 나라의 미녀들을
헌상한다고 했지요. 결국 미녀를 헌상하기는커녕 황금 천 냥만 받아 달
아났지요. 설마 이 일을 회왕께서 잊어버린 건 아니겠지요? 경대부, 당
신도 이 일을 잘 알고 있을 텐데요? 만약 모른다면 정수가 가장 잘 알고
있으니, 괜찮다면 돌아가서 물어보시오."

제나라 왕은 잠시 말을 멈추었다가 다시 말을 이었다.

"장의는 작년에 우리나라에도 유세하러 왔는데, 그 속셈은 나와 초나
라와의 관계를 이간질시키려는 것이었지요. 먼저 나에게 크게 허풍을
떤 후, 그대의 대왕을 한 푼의 가치도 없는 사람이라고 헐뜯었습니다.
나는 그를 못된 자로 여겨 쫓아버렸소. 계략을 이루지 못하자 장의는
또 꾀를 내서 이번엔 초나라에 유세하러 가서는 두 나라의 우호관계를
이간질하는 그 낡은 수법을 또다시 사용했구려. 그의 목적은 각 나라를
분열시킨 다음에 하나씩 하나씩 집어삼키고, 끝내는 천하를 통일하는

것입니다. 그래서 그대 대왕에게 장의 같은 소인배의 거짓말을 가볍게 믿지 말라고 충고하지 않을 수 없는 것이오.”

제나라 왕의 논박에도 불구하고 경리는 금붕어눈을 깜박거리며 전혀 아랑곳하지 않았다. 제나라 왕이 말을 마치자, 그는 얕보듯이 건성건성 말을 꺼냈다.

“폐하께서는 염려하실 필요가 없습니다. 무슨 염려를 그렇게 하십니까? 초나라 일은 초나라 왕이 스스로 결단하실 것입니다. 장의가 어떤 사람인가는 우리도 잘 알고 있으니, 폐하께서 가르치지 않으셔도 됩니다.”

제나라 왕은 기개와 도량이 비범하고 큰 사람이었다. 그는 다시 핵심을 찔러 말했다.

“그대는 결코 과인의 뜻을 오해하지 마시오. 나는 결코 다른 나라 조정을 간섭하지 않으며, 또한 그대를 감히 가르치려는 게 아니오. 과인은 흉금을 털어놓고 조금도 숨김없이 이해득실을 알려주는 것뿐이오. 우리 두 나라의 연맹에 도움이 되고, 합종한 여러 나라에 이익이 되도록 할 따름이오. 내가 걱정하는 것은 제나라 한 나라의 안위가 아니라, 합종이 무너지기 때문이지요. 당신의 대왕께서 순망치한의 교훈을 잊지 말기를 바라오.”

도량이 좁고 오만한 경리는 막무가내로 자신의 주장만 내세웠다. 그는 마치 싸움을 걸듯이 대꾸했다.

“폐하께서 감히 우리 대왕을 가르치려 하다니요! 우리 대왕을 바보로 여기는 겁니까? 감히 단언하건대, 우리 대왕께서 결정하신 책략은 정확하니 논의할 필요조차 없습니다. 우리 대왕을 질투하지 마십시오. 진나라 왕조차도 우리 대왕을 ‘성인과 같이 현명한 군주’라고 탄복했고, 장의 역시 대단히 숭배하고 있습니다. 믿든 믿지 않든 그건 폐하께 달려 있습니다.”

그는 잠시 말을 끊었다가 다시 말을 이었다.

“우리는 제나라와 국교를 단절한 후 진나라와 연맹하려 합니다. 두 나라는 서로 손을 잡고 나아갈 것이니, 어느 누가 감히 침범할 수 있겠습니까? 만약 망한다면 우리 초나라가 아니라, 의지할 곳을 잃어버린 작은 나라들이겠지요.” 경리는 방자하게 껄껄 웃었다.

경리가 이처럼 추태를 부렸지만, 제나라 왕은 전혀 개의치 않았다. 그는 미소를 띤 채 침착하고 부드럽게 말했다.

“맞는 말이오. 진나라는 강대한 나라이지만, 그러나 야심도 매우 크지요. 이것은 세상 사람 모두가 아는 사실입니다. 진나라는 천하를 제패하여 통일하려는 야심을 품은 지 하루 이틀이 아닙니다. 단언하건대, 진나라는 그 야심을 절대 버리지 않을 것입니다. 설마 당신의 대왕께서 고통스러웠던 지난 옛일을 잊으신 것은 아니겠지요?”

제나라 왕은 찻잔을 받쳐 들어 차를 한 잔 머금더니 입을 헹군 다음 타구에 뱉었다. 그러고 나서 의미심장하게 말했다.

“진나라 왕, 그 사람을 과인은 잘 알고 있소. 그는 흑심을 감추는 데 능한 사람이니 그의 허상에 미혹당하지 말아야 하오. 단언하건대, 그는 잘못을 고친다고 해서 바로 그 성격이 바뀌는 사람이 아니지요. 장의가 준다는 육백 리 땅은 분명 속임수일 것이오.”

제나라 왕은 또다시 차로 입을 헹군 다음 말을 이었다.

“진나라 왕은 믿음이 없고, 장의는 간사한 사람이오. 그들의 말이 어찌 진정일 수 있겠소? 절대로 진실하지 않소. 설마 당신의 대왕께서 피맺힌 교훈을 잊으신 것은 아니겠지요? 멀리 말하지 않더라도, 당신의 대왕에게서 일어난 일만 해도 경각심을 불러일으키기에 충분합니다. 진나라가 초나라를 얼마나 자주 침략했소? 죽거나 상처 입은 장수와 병사들은 얼마요? 나는 아직도 기억이 생생한데, 적어도 삼십 차례 이상이며 사망한 자가 수십만입니다. 이 역시 세상 사람 모두가 다 아는 사실인데, 설마 당신의 대왕께서 잊지는 않으셨겠지요? 심사숙고해야 할 일이오!" 제나라 왕은 잠시 숨을 고른 뒤 다시 말을 이었다.

"경솔함은 망국의 화근이요, 탐닉은 스스로를 죽이는 비수입니다. 꼭 기억해야 할 것이오!"

"지금 폐하께서 우리 대왕을 능멸하시는 겁니까? 초나라 사람들은 무능하다는 겁니까?" 경리의 눈이 파르르 떨렸다.

"폐하께 말하건대, 우리 대왕은 성인과 같이 현명한 군주로, 폐하의 비난을 두려워하지 않습니다. 폐하께서 거리낌 없이 우리 대왕을 비난하는데, 이는 스스로를 드높이기 위함이니 자랑한들 무슨 소용이 있겠습니까?" 경리의 얼굴은 벌겋게 달아올라 있었다.

제나라 왕은 경리의 저속하고도 상스러운 말들을 듣기조차 민망스러워 그를 초나라로 쫓아 보냈다.

초나라와 제나라는 이렇게 절교하고 말았다.

초나라는 제나라와 절교한 후 근상을 진나라에 사신으로 파견하여 국교를 회복하고 육백 리의 땅을 받으려고 했다.

근상은 희미한 새벽빛을 밟고서 화창한 서풍을 맞으며, 흑마를 타고 서쪽으로 날듯이 달렸다. 눈앞의 이익에 급급한 근상은 어서 빨리 진나라 수도 함양에 이르고 싶었다. 그는 말에 힘차게 채찍질을 가했다. 근상은 오랜 친구 같은 장의를 보고 싶은 마음에 쉬지 않고 밤낮으로 말을 달렸다. 꼬박 이틀을 달려 드디어 번화한 진나라의 수도를 눈앞에 두게 되었다.

이날 진나라 신하들은 타국 멀리에서 온 근상을 위해 주연을 베풀면서 매우 유감스러운 말을 전했다. 장의 승상께서 귀국 모으로부터 돌아오던 중 불행하게도 말발굽에 채였으며, 상처가 심하여 치료하는 중이라 마중하지 못해 매우 죄송하니, 상관대부께서 바다와 같은 넓으신 아량으로 용서해주시기를 바란다는 것이었다.

이것은 장의가 병을 가장하여 일부러 만나지 않으려는 술책을 부린 것이었다. 근상은 줄곧 석 달을 기다렸으나 장의는커녕 그의 그림자조차 볼 수 없었다. 석 달 동안 근상의 몸은 더욱 뚱뚱해졌다. 살찌지 않을 수 있겠는가? 온종일 하는 일은 없고, 먹고 마시고 노는 일로 지냈기 때문이다. 진나라의 명산대천과 명승고적들을 주유하고, 일류 기생집은 다니지 않은 곳이 없었으며, 진수성찬을 맛보지 않은 것이 없었고, 아름다운 가무를 감상하지 않은 날이 없었으니……. 이 기간에 근상이 바라는 이것저것을 진나라는 만족시켜주기만 하면 되었다.

진나라의 친절과 호의, 시중드는 자들의 극진한 정성에 근상은 감격했다. 이것은 장의가 꾸민 음모로서 최상의 방법임과 동시에 그에 대한 일종의 보답이었다. 장의가 근상의 저택에 머무를 때에도 이러한 대접을 받았기 때문이다. 이것이 바로 예는 예로써 보답한다는 것이리라. 그러나 장의가 사용한 융화 수단으로서의 예와 근상이 사용한 예는 성격이 확연히 달랐다. 전자는 나라를 빼앗아 영광을 구하려 한 것이었다면, 후자는 나라를 팔아 부귀를 꾀하고자 함이었기 때문이다.

장의는 오로지 근상이 놀고 즐기도록 성의를 다했다. 또한 달콤한 말로 미혹시켜 자신에게 끌려가도록 했다. 이렇게 되자 근상은 장의에게 육백 리의 땅에 관한 일을 물을 수가 없었다. 그는 차마 겉으로 묻지 못한 채, 속으로만 의아하게 생각하고 있었다. '장의가 꾸물거리면서 육백 리의 땅을 건네주지 않는 건 초나라가 제나라와 단교를 철저히 하지 않아서일까?'

그리하여 근상은 초나라에 돌아가 회왕에게 자신이 생각한 대로 상황을 보고했다. 회왕은 근상의 말이 그럴듯하다고 여겼다. 근상은 회왕에게 제나라를 모욕할 신하를 제나라에 파견하자고 건의했다. 천하의 제후들로 하여금 초나라가 진심으로 제나라와 절교했을 뿐만 아니라, 그것도 아주 철저히 절교했음을 더 이상 의심할 여지가 없도록 만들기 위함이었다.

누구를 파견할 것인가? 누가 이 일을 능히 담당할 수 있을까?

근상은 잠시 생각했다. '무관을 파견해야지 문관은 안 되겠어. 지난번에 보니 경리는 너무 유약한 면이 있었다. 응당 해야 될 말을 감정이 상할까봐 꺼내지도 못하고, 응당 해야 될 일을 인정에 이끌려 차마 하지 못했다. 혹 하더라도 철저하지 못해 진나라의 환심을 사지도 못했고. 그러니 이번에는 용감하면서도 해야 할 말을 잘할 수 있는 사람을 사신으로 보내야겠다. 외면하려면 철저하게 외면하고, 절교하려면 시원하게 절교해버려야지. 그래야만 진나라는 초나라가 제나라와 정말로 절교했음을 알게 될 것이고, 철저하게 관계를 끊었다고 느끼겠지.' 이렇게 생각한 근상은 나이 어린 용사 송유宋遺를 파견하기로 결정했다.

송유는 귀족 출신으로 줄곧 근상을 숭배하고 따르는 사람이었다. 그는 굴원의 변법과 합종에 대해 본래부터 반감을 가지고 있었다. 그는 무예에 뛰어날 뿐만 아니라, 말솜씨가 유창하여 거리에서 욕설도 잘하는 사람이었다.

송유에게 이 일은 때맞추어 운수가 트인 일이었다. 그는 벼슬길에 들어선 지 석 달도 채 되지 않아 아직 직무에 적응하지도 못한 상태인지라, 특사가 되리라고는 생각지도 못했다. 이번 파견은 그에게 내려진 특별한 영광임과 동시에 중임인지라, 그는 기쁨을 감추지 못했다. 그가 어찌 기뻐하지 않을 수 있겠는가? 이 일을 계기로 높은 나무에 오를 수 있을 터인데. 속담에 '큰 나무 아래에서는 그늘을 찾기가 쉽다'는 말이 있다. 근상에게 의지한 후로 입신출세할 수 있었고, 장차 나이 어린 고급 장교가 될 수 있을 터이니.

송유는 당당하게 제나라를 대표하는 특사로 임명되자, 곧바로 제나라로 달려가 제나라 왕에게 통쾌하게 욕설을 퍼부었다. 정말로 손쉽게 성공을 거두었다. 돌아가면 임무를 뛰어나게 완수한 공로로, 근상의 눈에 크게 들 것이었다.

한편, 근상은 육백 리의 토지를 받아내고자 다시 진나라에 갔다. 그가 지금까지 해왔던 행위는 장의에게 크나큰 호감을 불러일으켰다. 일이 성공적으로 이루어져 득의양양했던 장의는 이제 더욱 기고만장해져 있었다. 스스로 냉정하고 침착하고 생각이 깊어 뜻밖의 크나큰 성공을 얻은 게 참으로 천행이라고 느끼고 있던 터였다. 모략에 뛰어난 장의는 임기응변으로 세상을 깜짝 놀라게 할 만한 일을 해치우거나, 금방 효과를 낼 수 있는 일들을 쉽게 해치우기를 좋아했다.

근상이 토지를 넘겨달라고 재촉하자, 장의는 매우 냉정하고도 태연했다. 근상 또한 쉽사리 먼저 입을 여는 사람은 아니었으나, 이제는 분명하게 말을 하지 않으면 안 될 처지였다. '옛 친구에게는 응당 성의를 가지고 대해주어야 옳은 일.' 장의는 이렇게 생각한 후 정중하게 땅을 분봉해주는 의식을 거행했다.

의식은 성대하고도 열렬한 가운데 진행되었다.

장의는 술잔을 든 채 조심스러운 걸음걸이로 근상 앞에 서서, 멋쩍은 표정으로 입을 떼었다.

"상관대부께서는 진나라가 가장 존경하는 분으로 현명하시고 능력 있으신 분이십니다. 저 장의와는 비교도 되지 않으니, 참으로 부끄러울 따름입니다!"

근상 또한 다정하게 장의에게 말했다.

"승상께서는 과분한 말씀을 하십니다. 제가 어찌 당대의 명상이신 분과 비교될 수가 있겠습니까? 과찬이십니다!" 근상은 잠시 눈을 몇 차례 깜빡이더니 겸연쩍은 듯이 말했다.

"승상께서 오늘 좀 이상하십니다. 서먹서먹해하시고 빙 둘러서 말씀하시는 듯하니, 말씀하시기 어려운 점이라도 있으십니까? 만약 그러하시다면 직접 말씀하셔도 괜찮습니다. 직접 말씀하세요!"

장의는 근상의 말을 듣자 속으로 몹시 기뻐했다. 그는 근상이 활달하고 아량을 갖춘 선비임에 매우 탄복했다. 그러나 겉으로는 울상을 지은 채 떠듬떠듬 말했다.

"제가 대왕을 속인 죄를 저질렀습니다."

"승상께서 지금 무슨 말씀을 하시는 건지요?"

"아아, 말씀드리자니 송구스럽습니다!" 장의는 고개를 가로 저었다.

"알고 보니 진나라 왕께서 제게 말씀하신 것은 육 리의 땅을 초나라에게 준다는 것이었습니다. 제가 잘못 알아듣고 초나라에 육백 리의 땅을 준다고 회왕께 큰소리를 쳤으니, 이것이 임금을 속인 죄가 아니고 무엇이란 말입니까?"

말을 마치고, 그는 손수건을 꺼내어 눈가를 닦고는 다시 침통하게 말했다.

"이 죄는 저 장의 한 사람이 책임을 지겠습니다. 원컨대 회왕의 징벌을 받겠습니다."

근상이 비록 간사하고 교활한 사람이라 할지라도, 장의의 말을 듣고는 깜짝 놀라 한참 동안 어안이 벙벙했다. 그러나 그는 얼른 미소를 지으면서 아무 일도 아니라는 듯 말했다.

"승상의 어려움은 바로 저의 어려움입니다. 우리 둘은 군왕을 모시는 신하로서 많은 공통점을 가지고 있지요. 충분히 이해할 수 있으니, 승상께서는 이 일로 크게 상심하지 마십시오."

근상이 이렇게 그를 위로하자, 장의는 기쁜 표정을 지으면서 말했다.

"상관대부님의 마음속에서 우러나오는 참된 말씀을 들으니, 제가 무슨 걱정을 하겠습니까? 걱정하지 않겠습니다! 상관대부께서 귀국하셔서 잘 말씀드려주십시오. 어리석은 동생은 어진 형께서 어려운 상황을 반전시킬 수 있는 힘을 가지고 계시리라 믿겠습니다. 이번의 어려운 상황을 잘 마무리한 후에 반드시 은혜를 갚도록 하겠습니다."

"전심전력하여 승상의 바라시는 바를 실망시키지 않겠습니다."

근상은 걱정 말라는 듯이 뽐내며 대꾸했다. 그는 흑준마를 타고 귀국길에 올랐다.

장의는 헤어지는 것이 섭섭하여 십 리 밖까지 나와 전송하며 말했다.

"후일을 기약합시다!"

초와 진의 거듭된 전쟁

여러 제후국들은 장의에게 속아 넘어간 초나라 회왕을 조롱했다. 특히 제나라는 초나라가 당한 재앙을 더욱 고소하게 생각했다. 이렇게 되자 회왕의 자존심은 크게 손상을 입게 되었다. 자존심이 매우 강한 그는 누군가 중간에서 일을 훼방놓은 것에 대해 도저히 참을 수가 없었다. 외고집인 못된 습성 때문에 일을 냉정하게 처리하지 못할 뿐만 아니라, 충언이나 간언에 귀 기울이지 않아 잘못을 알아도 고치지 않고 자기 고집대로만 일을 처리했다. 더구나 그의 주변에는 간신들이 많은데다 공연히 말썽을 피우는 자들까지 많았으니, 일이 어찌 되겠는가?

이로 인해 조정은 혼란에 빠지고 회왕 자신도 체면을 잃게 되자, 삼십만 대군을 일으켜 진나라의 땅을 빼앗지 않으면 결코 돌아오지 않겠다고 큰소리쳤다. 그러나 제후들은 이 전쟁을 결코 낙관적으로 보지 않았다.

기원전 312년, 초나라는 대군을 동원하여 단양丹陽에서 크게 전투를 벌였다. 단양은 진나라의 군사 요충지였다.

초나라는 굴개를 사령관으로, 봉후축逢侯丑을 대장으로 삼아 대군을 통솔하도록 했고, 밤낮을 쉬지 않고 길을 재촉하여 단양을 향해 위풍당당하게 돌진했다. 대군은 질풍노도처럼 경계선까지 밀어닥쳤으며, 군대의 깃발은 하늘을 뒤덮었다.

단양을 방어하던 진나라 군사들은 초나라 군대가 밀물처럼 밀려오는 것을 보고, 감히 나가서 싸우지를 못하고 성문을 굳게 닫고 방어만 했다. 그들은 그저 견고한 성곽에 의지하여 성곽 꼭대기에서 활을 쏘거나 큰 통나무나 바위들을 성 아래로 굴려 떨어뜨리면서 완강하게 저항했다.

위급함을 알리는 편지가 수도인 함양으로 내달렸다. 진나라 왕은 전선의 상황이 화급하다는 소식을 듣고 깜짝 놀랐다. 즉시 장의를 불러 초나라에 대한 대책을 논의했다. 초나라에서는 명장 굴개가 총사령관이 되어 삼십만 명의 용맹한 대군을 진두지휘하고 있는데다, 이미 진나라 기세를 크게 꺾었으니 얕보아서는 안 되겠다고 장의는 생각했다. 장의는 비록 문약한 서생일 뿐으로 군대의 일에 대해서는 잘 알지 못했지만, 침착하게 이미 마음속에 계산을 다 해놓았다는 듯이 진나라 왕에게 의견을 내놓았다.

"적에 대항하기 위해서는 속히 노장 백기白起를 파견해야만 합니다. 그는 공수에 능하며 수없이 많은 전쟁을 겪었으며 그동안 세운 공로도 탁월합니다. 게다가 그의 소문을 듣기만 해도 세상 사람들은 간담이 서늘할 정도라고 합니다. 그가 총사령관이 되면 우리가 반드시 승리할 것입니다. 폐하께서는 심려치 마십시오."

"그 사람이 함양에 없는 것이 애석하구나! 과인이 그를 변방으로 보내버렸으니 어찌하면 좋단 말인가?"

"서쪽 변방입니까, 북쪽 변방입니까?"

"서쪽 변방이오."

장의가 헤아려보니, 아무리 빨리 온다고 해도 열흘은 걸려야 수도에 도착할 것 같았다.

"폐하께 아룁니다. 열흘이면 큰 지장이 없습니다. 단양성은 견고하여 보름 정도는 너끈히 버틸 수 있을 것입니다." 장의는 침착하게 말을 이었다. "굴개가 비록 용맹하다고 하나 나이가 이미 환갑에 이르렀고 영웅적인 기개도 거의 다했습니다. 게다가 수하에 뛰어난 장수가 없으니, 두려워할 것이 없습니다!"

열흘 후, 백기 장군은 삼십만 정예 군대를 이끌고 적을 무찌르고자 기세 좋게 단양으로 달려갔다.

초나라 진영에서는 진나라의 원군이 이미 성 외곽에 도착했다는 소식을 듣고 군대를 둘로 나누었다. 한쪽은 계속 성을 포위해 공격하고, 다른 한쪽은 창끝을 돌려 백기의 원군을 막으려 했다. 이렇게 되니 초나라 군대의 진형은 큰 변화를 나타내게 되었다.

진나라 군대의 부장인 임격任格은 한 무리의 인마를 이끌고 황급히 주둔지를 떠나 최전방 진지로 접근했다. 초나라 진영을 보니 진용이 대단히 엄정했다. 깃발들은 펄럭거리고, 병기들은 반짝반짝 섬뜩한 빛을 발하고 있어 눈이 어질어질했다. 병사들의 사기도 드높고, 눈초리가 흉측스런 귀신처럼 사나웠다.

진용을 벌려 두 군대는 대치했고, 힘껏 당겨진 활시위 위의 화살처럼 일촉즉발의 형세를 이루었다.

쌍방의 장수들은 장막 안에서 전략과 전술을 세우고 있었다. 모두들 상대방이 생각지 못한 계책으로 승리할 기회를 엿보았다.

초나라 총사령관 굴개는 여기저기 뛰어다니면서 전투를 독려했다. 왼쪽에는 봉후축을 선봉으로 삼고, 오른쪽에는 뇌어雷魚를 선봉으로 삼았는데, 두 장수는 마치 교룡蛟龍이 물속에서 튀어나온 듯한 모습이었다.

굴개가 크게 소리쳤다.

"우리 대왕을 속인 장의 놈은 속히 나와 목숨을 내놓아라. 그렇지 않으면 우리 대군이 진나라 온 땅을 짓밟아버릴 것이다!"

"너는 어찌하여 우리 재상을 욕하느냐?" 백기가 대노하며 맞받았다. "초나라 왕은 세 살배기 어린애도 아닌데, 어찌하여 장의에게 속임을 당했단 말이냐? 스스로 조그만 이익을 탐한 것은 책망하지 않고, 다른 사람이 속인 것을 나무라느냐? 참으로 웃기는 일이 아니냐!"

"이 방자한 놈!" 굴개가 소리쳤다. "흰 털 늙은이가 감히 우리 폐하를 욕하다니! 노부께서 여기 있으니 헛된 생각일랑 꿈에도 하지 말아라!"

"풰! 비렁뱅이 놈이 잘난 체하기는! 노부께서 전장에 나왔으니 거드럭거리는 짓은 그만두어라!" 백기는 말을 마치고 부장인 임격을 출전시켰다. 임격은 용맹하기 그지없고, '하늘을 떠받치는 기둥'이라는 별명을 갖고 있었다. 키는 한 길 두 자 남짓이나 되었고, 두 어깨는 쩍 벌어졌으며 검은 용모에 붉은 눈자위, 그리고 누런 털이 거꾸로 솟은 듯이 온몸을 뒤덮고 있었다. 사람들은 임격의 겉모습만 보아도 깜짝 놀랐고, 그가 회오리바람처럼 뛰쳐나와 방천화극을 휘두르면 그 기세를 당해낼 수가 없었다.

초나라 진영에서는 뇌어를 출전시켜 싸우게 했다. 별명이 '천둥소리가 귀를 뚫는 자'인 것처럼 그는 목소리가 우렁차고 몰골 또한 흉악한, 전쟁터의 빼어난 장수였다. 뇌어는 정말로 천둥처럼 번쩍하는가 싶더니 임격 면전에 도달했다. 두 사람은 서로 만나자마자 두 마리 수탉처럼 성명조차도 서로 교환하지 않은 채 칠팔십 회를 겨루었지만, 승부가 나지 않았다. 임격이 거짓 속임수로 패한 체 말머리를 돌려 달아나자, 뇌어가 바짝 뒤쫓아갔다. 뇌어가 임격을 거의 따라잡았을 때, 임격이 갑자기 표창을 등 뒤로 날렸다. 뇌어는 그가 속임수를 쓰리라고는 전혀 예상하지 못했기에 순식간에 표창을 맞고 말에서 굴러 떨어졌다.

초나라 군대의 부장인 봉후축은 진나라 장수의 행태에 노여움을 참지 못하고 말을 치달려 칼을 휘두르며 곧장 임격을 사로잡고자 했다.

그는 크게 소리쳐 욕했다. "네가 사내대장부라고 할 수 있겠는가? 속임수로 우리 대장군을 해치다니 아주 치사한 놈이로구나! 속히 나와 내 칼을 받아라!" 말을 마치고 봉후축은 큰 칼을 휘두르기 시작했다.

임격 역시 큰 칼을 사용했다. 두 개의 큰 칼은 위에서 베면 아래에서 자르고, 바람이 불듯 좌에서 베면 우에서 찌르고, 위에서 푹 찌르면 밑에서 쿡 찌르는 것처럼 보였다. 땅바닥에서는 먼지가 일고 불꽃은 사방으로 튀었는데, 백여 회를 겨루어도 승부가 나지 않았다.

백기가 감탄하며 말했다. "정말로 용과 호랑이가 싸우는 듯하구나!" 그는 금방 승부가 나기는 어렵겠다고 생각했다. 그래서 은밀히 장수를 한 명 보내 싸움을 돕도록 했다. 그러자 두 장수가 한 명의 적을 상대하는 격이 되었고, 봉후축은 기세가 불리해짐을 느꼈다. 그가 앞뒤로 공격을 받아 매우 위태롭다는 느끼는 순간, 미처 손쓸 사이도 없이 그의 목은 진나라 두 장수에게 베어져 말 아래로 굴러 떨어졌다.

초나라 군대는 두 장수가 연이어 죽음을 당하자 깜짝 놀라 일시에 병마가 혼란에 빠졌다. 초나라 군대는 제대로 싸워보지도 못한 채 무기를 버리는 자가 무수했다. 백기는 승리한 기세를 몰아 초나라 군대를 뒤쫓았다. 초나라 군사는 말발굽에 밟혀 죽는 자가 부지기수였고, 잇달아 투항했다. 진나라 군대는 대승을 거두고 돌아갔다.

그날 저녁, 백기는 전군의 장군들과 병사들을 위로하고 포상했다. 군영에서는 한바탕 기쁨의 웃음소리가 터져 나왔고, 반격전에 승리한 것을 경축했다.

그는 경축회장에서 군왕의 뜻을 전했다. "장교로서 공을 세운 자는 황금 백 냥으로 표창하며, 사병으로서 공을 세운 자는 토지 백 마지기로 포상한다."

군왕의 성지가 공표되자 전군의 장수들과 병사들은 너무나 기뻤다. 각자가 할 수 있는 바를 다해 큰 전투에서 침범한 적을 철저히 소멸한 것을 서로 격려했다.

이튿날, 초나라 장군 굴개가 싸움을 걸어왔다. 진나라 군에서는 백기가 출전했다. 두 사람은 백전노장으로 나이가 이미 쉰을 넘었고, 무공은 세상에서 으뜸을 다투었으며, 일편단심 충성심으로 자신의 주인을 보좌해왔다. 곧이어 경천동지할 전투가 벌어져 피가 강을 이루는 참담한 광경이 그들 두 사람에 의해 전개될 터였다.

삼십만 대 삼십오만의 난투가 단양성 아래에서 벌어지고 있었다.

진나라 군대는 세력이 큰데다 기후와 지리, 군사들의 사기가 우세한 덕분에 기세가 더욱 등등했다. 장졸들의 맹세하는 소리는 몹시도 떠들썩하여 해일소리보다도 더 컸다.

전쟁의 성패는 장졸들의 사기가 매우 중요하다. 장수들이 용맹하고 솔선수범하면 병졸들은 죽음도 불사하는 법이다.

진나라 장졸들은 함성을 지르며 마치 조수가 밀려오듯이 적진으로 돌진하니, 그 세찬 기세를 그 누가 막으랴!

반면 초나라 군대는 명백히 사기가 떨어져 있었다. 두 장군과 병사들을 잃었으니, 자신도 모르게 두려움이 생기고 혼란스러워 전투를 하고 싶은 마음이 없었다. 대군이 경계선까지 밀어닥치고 그들의 맹렬한 살기를 보자마자, 분분히 투구와 갑옷을 벗어 내던지고는 도망했다.

진나라 군대는 대승을 거둔 기세를 몰아 더욱 용감무쌍하게 적들을 쳐죽였다. 초나라 군대는 대패하여 삼십 리 밖으로 물러나 진지를 구축했다.

굴개는 전군의 장수와 병사들의 사기가 저하되어 더 이상 적과 싸울 수 없게 되었음을 깨달았다. 그는 급히 한 통의 편지를 써서 수도인 영으로 보내 구원병을 파견해달라고 요청했다. 그리고 기회를 보아 다시 싸우고자 했다.

한편, 회왕은 전선이 급박한 상태에 처해 있음을 듣고 노장 경결景缺을 군사 이십만 명과 함께 단양으로 속히 보냈다.

어둠이 차츰 걷히고 여명이 서서히 밝아오기 시작했다.

경결은 말머리를 잡아당겨 말을 멈추게 하고는 깊이 숨을 들이마신 다음 고개를 들어 멀리 바라보았다. 전방은 여전히 아득했다.

군대를 지휘함에 있어서는 신속함이 첫째다.

경결은 각 길로 군사들을 재촉하여 신속히 나아가게 했다. 병사들을 구원한다는 것은 불을 진압하는 것처럼 신속해야 하기에 잠시도 늦출 수 없었다.

어느새 날이 밝았고, 날이 밝으니 길을 가기가 수월했다.

설사 길이 울퉁불퉁하고 멀다 하더라도 목표가 명확하기만 하면, 잘못하여 옆길로 빠질 염려는 하지 않아도 될 일이었다. 그들은 온 힘을 다해 길을 재촉했다. 함성을 지르면서 급히 행군하자, 어느덧 단양이 시야에 들어왔다.

주둔지에 도착한 경결은 장막 안으로 들어가 총대장 굴개를 만나 말했다.

"수고 많으십니다. 소장이 늦었습니다. 용서해주십시오!"

"경장군께서 주야로 행군을 하시느라 수고하셨습니다." 굴개는 경결의 사람됨과 군사적인 재능을 높이 사고 있었다.

"경장군이 도와주시니 실로 큰 행운입니다! 장군과 내가 연합한다면 필연코 대단한 위력을 발휘할 수 있을 것이며, 반드시 적들을 물리치고 승리할 수 있을 것입니다."

　많은 장수들은 경결 장군이 온 것에 대해 모두 기뻐했고 안심했다. 서로가 인사말을 주고받으며 예를 마치고는 다시 자리에 앉아 굴개의 작전 계획을 들었다. 굴개가 입을 열었다.

　"쌍방이 싸우는 실력으로 보자면 진나라 군이 약간 우세합니다. 시기와 지리, 군사들의 사기에서 우세를 보일 뿐만 아니라, 군사 원조 또한 충분하기 때문입니다. 군사의 숫자로만 보아도 저들은 우리보다 오만이나 더 많은지라, 진나라 군사의 사기는 높고, 우리 군의 사기는 저하되어 있습니다. 이제 경장군께서 제때에 증파되었으니, 이는 호랑이에게 날개가 달린 격입니다. 우리들은 전쟁의 유리한 시기를 틈타 불리함을 유리하게 변화시켜 적을 무찔러야 합니다. 이번 전쟁은 국위를 선양하고 국치를 설욕하는 싸움이니만큼, 모든 장졸들은 용감하게 나아가야 합니다. 명령에 따르지 않는 자는 목을 벨 것이오!"

　굴개는 각각의 장수들에게 눈길을 주었다. 그 눈길은 기대이자 회피해서는 안 된다는 말없는 명령이었다. 그는 여러 장수들이 숙연한 것을 보고 속으로 기쁨이 일었다. 그러나 기쁨과 분노를 함부로 드러내서는 안 되는 법이다. 이 중요한 시기에 침착하고 중후한 모습을 유지할 수 있어야 했다. 그는 명령을 내렸다.

　"군대를 두 길로 나눈다. 한 길은 단양 동쪽 끝에서 공격하고, 한 길은 단양 서쪽 끝에서 몰래 습격한다."

　굴개의 의도는 매우 분명한 것이었다. 적군의 정예부대를 분산시켜 백기의 진두지휘에서 벗어나게 만들고자 함이었다. 만약 지휘가 잘못된다면 온 군대는 패전의 나락으로 떨어지게 될 것이었다.

　이제 굴개와 백기의 두 군대의 우세는 어떻게 지혜와 용맹을 겨루는 가에 달려 있었다.

지략이 뛰어난 경결은 본대를 거느리고 단양 동쪽으로 급히 달려가 진나라 군대의 보급로를 차단하고자 했다. 그곳은 적군의 군수품 공급 지이니, 단양에 공급이 이루어지지 않도록 반드시 쳐부수어야 할 곳이 었다.

다른 한 길로는 용맹한 경승景升이 대군을 거느리고 밤을 새워 강릉군江陵郡으로 달려갔다. 이곳은 험준한 산과 높은 고개가 많아 우회 작전에 용이한지라 적의 주력군을 분산시킬 수 있었다.

또 다른 한 길로는 기선을 제압하기로 유명한 굴개가 인솔하되 후방의 지원군으로서 잠시 출병하지 않고 있다가, 전황을 보아 긴박한 쪽을 지원하고자 했다.

대체적인 작전은 이미 정해져 있었다.

진나라 군에서는 초나라의 작전 의도를 손바닥 보듯 알고 있어서 거기에 상응하는 대책을 취했다. 진나라 군은 이곳 지형을 잘 알고 있는지라, 기병을 지름길로 보내 매복시켰다. 초나라 군대는 진나라가 취하고 있는 대처상황을 전혀 알아차리지 못했다. 주력부대가 요충지에 도달했을 때에는 사면팔방이 온통 적들로 가득했다. 진나라 군사의 사나움에 놀라, 초나라 군사들은 진나라 군사가 나타났다는 말만 들어도 뿔뿔이 흩어졌다. 할 수 없이 경승은 잔여 부대를 거느리고 동쪽으로 우회하여 경결과 합류하고자 했다.

한편, 경결의 부대는 격렬한 전투를 치르고 있었다. 진나라 군대는 미리 방비를 철저히 했으며, 몸소 정예부대를 거느린 백기가 요충지를 지키면서 경결 부대와 맞서고 있었다. 진나라 군사는 숫자도 많은데다 용맹하게 경결의 이십만 군대와 곳곳에서 피투성이로 싸웠다. 경결을 도우러 가던 초나라의 지원군은 도중에 진나라 군대의 저지를 당해 큰 타격을 입었다.

반면 진나라의 지원군은 끊임없이 이어지는데다, 모두가 목숨을 내던져 싸우는 함성이 천지를 진동했다. 초나라 군은 세력이 미약하여 패전의 대세를 만회할 힘도 없이 점차 무너져 갔다.

순식간에 산이 무너지듯 초나라 대군의 전선은 무너지고 말았다. 경결은 포로로 붙잡혔으며, 총사령관 굴개 또한 포로의 몸이 되었다. 이번 전쟁에서 포로가 된 초나라 군의 장수는 칠십여 명이나 되었고, 죽은 병사는 팔만을 헤아렸다. 진나라 군은 승리의 기운을 틈타 계속 공격을 가하여 한중漢中까지 이르렀고, 육백 리를 내주기커녕 도리어 육백 리 땅을 얻어 한중군漢中郡을 설치했다.

제후국들은 초나라가 출병하여 전황이 불리해졌다는 것을 알고서 초나라 회왕을 비웃었다.

남의 의견을 들으려 하지 않는 고집불통 회왕이 어찌 이러한 업신여김을 참을 수 있겠는가? 화가 머리끝까지 치민 그는 허둥지둥 다급하게 오십만 대군을 소집하여 진나라를 다시 공격했다.

이번 출정은 소휴가 총사령관이 되었다. 송유는 제나라를 욕한 공이 있기에 파격으로 발탁되어 교위에서 대장으로 승진했다. 전군이 위풍당당하게 일제히 출발하여 수십 리를 늘어섰고, 소昭라 쓰인 큰 깃발은 곧바로 남전藍田을 가리키고 있었다.

진나라는 초나라 군의 총사령관 소휴가 오십만 명의 군대를 통솔해 출정했다는 소식을 듣고 역시 오십만 명의 군사를 남전으로 파견했다.

두 군대는 이레간 격전을 벌였다. 정말로 천지가 뒤집힐 듯, 해와 달이 빛을 잃은 듯, 산과 땅이 요동을 치는 듯, 강이 거꾸로 흐르는 듯한 격전이었다. 군영은 천 리나 길게 이어졌고, 깃발들은 해를 가렸으며, 징과 북소리는 수 리 밖에서도 들렸다. 말들의 소리와 사람들의 함성소리가 뒤섞였고 바람은 휘휘 불고, 먼지와 시커먼 연기가 하늘을 가렸다.

3월 초순에는 초나라 군대의 선두인 기병부대가 남전에 도달했다. 남전의 수비대장 이원덕李元德은 초나라 군대의 밀려오는 기세를 보고는 예기를 피하여 성문을 굳게 닫고 싸움에 응하지 않았다. 그는 즉시 한 통의 편지를 함양으로 보냈다. 진나라 왕은 칙령을 내려 백기에게 지휘를 맡겨 남전으로 보냈다.

그런데 도중에 홍수가 나서 길과 도랑이 끊기고 수레와 말들은 질퍽거리는 길을 걷기 힘들어했다. 이로 인해 행군의 속도가 떨어져 싸움의 기회를 잃고 말았다.

한편, 초나라 군대는 많은 병사와 장수를 보유하고 있었다. 이는 물론 유리한 조건이기는 했지만, 교만하거나 자만하여 적을 경시할 경우에는 패전의 빌미가 될 수도 있었다. 지난번의 단양 전투가 그랬다.

초나라 군은 남전을 겹겹이 포위한 채, 여러 차례 공격했지만 함락시키지 못했다.

소휴는 거만하고 횡포하여 좌우 장군들의 조언을 듣지 않았다. 노장 경익景益이 소휴에게 진언했다.

"남전은 비록 작지만 견고하여 깨부술 수 없습니다. 이 성은 진나라의 군사 요충지로서, 수도 함양으로 들어가는 관문 역할을 하고 있는데, 방어하기는 쉽고 공격하기는 어려운 곳입니다. 우리 오십만 대군이 남전을 포위 공격하여도 함락시키지 못함은 이제 천하 제후들의 비웃음거리가 되었습니다. 군대를 둘로 나누어, 한 부대는 남아서 계속 성을 공격하고, 한 부대는 직접 단양을 공격하는 것이 낫습니다. 단양은 지난번 전쟁에서 함락시키지는 못했지만 많은 곳이 우리 군에 의해 파괴되어 아직 복구하지 못하고 병졸들 또한 지쳐 있으니, 비록 당시에는 이겼다고 하나 역시 호된 공격으로 인해 곤경에 빠져 있습니다. 또한 진나라 도성으로부터 멀리 떨어져 있어 구원을 요청한다 해도, 급한 상황을 해결하기가 쉽지 않을 것입니다. 우리 군이 맹공을 퍼붓는다면 틀림없이 대승을 거둘 것입니다. 단양을 무너뜨리면 우리 군에게 발붙일 곳이 생기게 됩니다. 그렇게 되면 진나라 군은 앞뒤를 돌보지 못하게 될 것이며, 남전 함락 또한 근심하지 않아도 될 것입니다."

그러나 소휴는 경익의 말을 귀담아듣지 않았다. 곧바로 그는 오만하게 말했다.

"내가 총사령관으로서 응당 결정하는 것인데, 무슨 말들이 그리 많은가!" 말을 마치고 그는 또다시 성을 공격하라고 명령을 내렸다. 초나라 군은 긴 사다리를 하나 둘 연결하여 그것을 타고 성에 들어가려 했다.

그러나 진나라 군은 성벽 위에서 활을 쏘고, 통나무를 굴리거나 기름을 쏟으며, 초나라 군의 맹렬한 공격을 하나하나 격퇴시켰다. 초나라 군도 쉬지 않고 수백 명의 장사들이 성문을 향해 수레를 밀어 타격을 가했다. 계속되는 성문 공격에 성문 주위의 바위와 진흙은 모두 부서져 떨어져 나갔으며, 성문을 수비하는 병사들은 놀라지 않을 수 없었다.

성문이 오랜 시간 닫혀 있자, 백성들의 일상생활이 곤란해지면서 투항을 생각하는 이들이 늘어갔다.

남전의 수비대장 이원덕은 주야로 싸움을 독려하면서 성을 더 이상 보호하기가 어렵다고 판단했다. 일단 초나라 군대에 의해 성문이 부서지면 모든 것이 파괴되고, 모두에게 재앙이 미칠 것이었다. 이에 불안해진 이원덕은 한 통의 항복편지를 화살에 매달아 성 아래로 날렸다. 초나라 병사가 그것을 주워 소휴에게 보냈다. 소휴는 눈앞에 커다란 공훈이 다가오고 있다고 여겼다. 그는 피로써 온 성을 씻어내고 통쾌하게 다 죽여서, 이전의 원한을 풀어 천하 제후들의 주목을 받고 싶었다. 그래서 그는 항복편지를 내팽개쳐버린 채, 전 장병에게 온갖 병기들을 사용하여 성을 쳐부수고 함락시키라고 명령했다.

남전의 진나라 군은 항복이 받아들여지지 않자, 모두들 합심하여 배수진을 치고 원군을 기다리며 반격했다. 남전의 군사들과 백성들은 더욱더 힘과 마음을 합쳐 수단과 방법을 가리지 않고 성을 사수했다.

남전성 아래에는 시체들이 즐비했다.

하늘은 어두컴컴했고 땅은 처참한 신음 속에 파묻혔다. 시체들은 쌓여갔고 피는 들판을 적시고 있었다. 그런데도 남전성은 여전히 우뚝 솟아 있었다. 고립된 성 하나를 함락시키기가 이렇게 어렵단 말인가?

병법가들은 일찍이 이렇게 말했다. "군대를 사용하는 도리를 말하면 마음을 공격하는 것이 상책이고, 성을 공격하는 것은 하책이며, 마음으로 싸우는 것이 상책이고, 군대로 싸우는 것은 하책이다."

그러나 총사령관인 소휴는 군사적 책략도 없는 일개 시골뜨기에 지나지 않았다. 이제는 소휴와 송유 두 장군의 쥐꼬리만 한 재주마저 바닥나 속수무책이 되었다.

어찌할 수 없는 처지에 남전성 안의 백성들도 양식과 땔나무가 다 떨어지고 원군 또한 감감무소식인지라, 민심은 더욱 어지러워졌다. 남전성의 수비대장 이원덕은 백성을 불쌍히 여기는 의로운 사람이라, 더 이상 이 상황을 두고 볼 수가 없었다. 그는 항복함으로써 이 곤궁한 상황을 해결하려 했다.

그래서 이원덕은 성루에 뛰어 올라 큰 소리로 외쳤다.

"초나라 장수는 들으시오. 우리 백성과 군사들을 더 이상 죽이지 않고 학대하지 않는다면 우리는 순순히 성문을 열고 항복할 것이오."

누군가 그 소리를 듣고는 소휴에게로 뛰어가 말을 전했다. 소휴는 적의 항복을 믿지 못하고 시간을 늦추려는 적의 계략이라 생각하고는 거들떠보지도 않았다. 후에 장수들이 충고하고서야 그는 마음을 바꾸어 말을 몰아 성루에 있는 이원덕과 이야기를 나누었다.

"성의 백성들이 도탄에 빠지지 않도록 보호하고, 항복한 군사들은 한 사람도 죽이지 않을 것이며, 항복한 장수들은 내가 쓸 것이다."

"장군이 약속하신 말씀을 책임질 수 있겠습니까?" 이원덕이 소리쳤다.

"남아일언중천금이라 했는데, 어찌 언약한 대로 실행하지 않겠는가? 장군께서는 성문을 열고 항복하기 바라오!"

소휴는 이원덕이 신뢰할 수 있도록 맹세했다.

이원덕은 백성들의 요청에 따라 살신성인의 마음으로 몸소 성문을 열고 초나라 군의 입성을 맞이했다.

그러나 황하 봇물이 터지듯 성 안으로 쏟아져 들어온 초나라 군은 약속과 달리 비무장의 군사들과 백성들을 죽이고, 노략질하고, 방화하고, 강간하는 등 온갖 악행을 저질렀다. 잠시 뒤, 피가 강을 이루고 시체들이 여기저기 뒹굴었으며, 눈뜨고는 차마 볼 수 없는 처참한 광경이 벌어졌다.

남전은 온통 불바다가 되어 백 리 밖에서도 피비린내를 맡을 수 있었다. 군사들을 인솔하여 가던 백기는 멀리서 그 처참한 광경을 보고는 말에서 떨어졌다. 그는 말머리를 잡고 눈물을 뚝뚝 흘리면서 침통하게 말했다.

"내가 전군의 총사령관이 되어 봉록이 천만 호가 되었는데, 한 곳도 보호하지 못하고 억울한 죽음을 당한 군사의 혼들은 망령이 되어 하늘을 떠다니고 있으니, 나 백기는 만 번 죽어도 죄를 씻을 수가 없게 되었구나!"

그는 말을 마치고는 눈물을 비 오듯 쏟아내며 전군에게 신속히 진군할 것을 명령했다. 전 장병들은 말을 쉬지 않고 몰아 위수渭水를 건너고 언덕을 내달리며 평원을 가로질렀다. 기세등등하게 서로 앞을 다투다

보니 어느덧 남전에서 십 리 떨어진 지점에 도착했다. 진나라 군은 이곳에서 숙영하면서 날이 밝기를 기다려 원수를 갚고자 했다.

황야는 망망하고 처량했고 하늘에는 뭇별들만이 빛나고 있었다. 그때 별안간 한 개의 유성이 창공을 가르며 남전 상공으로 떨어졌다. 진나라 군에서는 대경실색, 한바탕 떠들썩했다.

다음날 아침, 안개가 자욱하여 가까이에 있는 사람만을 서로 알아볼 수 있을 정도였다. 두 군대가 대치하고 있었지만 그 누구도 먼저 공격할 수 없었다. 대략 한 시간 정도가 지나자, 안개가 걷히고 날이 밝았다. 쌍방은 서로 약속이나 한 듯이 맹렬하게 북을 울렸고, 정예부대들은 말을 내몰며 기세를 떨쳤다.

초나라 군에서 첫 번째로 말을 내몰아 출전한 사람은 봉천주逢天柱였다. 그는 전쟁터에서 많은 공훈을 세웠던 봉후축의 아들이었다. 부친의 죽음으로 인한 원한 때문에 그의 기세는 산을 무너뜨릴 듯했다. 그는 창을 꼿꼿하게 세우고 말을 내몰아 나는 듯이 적진에 도착해 큰 소리로 소리쳤다.

"임격이란 놈이 누구냐? 부끄럽게도 속임수로 내 아버지를 살해하다니! 용기가 있으면 얼른 나와 나의 창 맛을 보거라!"

임격은 말을 내몰아 뛰쳐나오면서 눈을 부릅뜬 채 맞받았다.

"어느 풋내기 놈이냐? 빨리 이름을 밝히거라! 나의 칼은 무명 졸개들은 베지 않느니라!"

"나는 봉천주다. 설마 네가 그 더러운 놈 임격은 아니겠지?"

"아하! 내 칼 아래 머리 없는 귀신이 되어버린 봉후축의 아들이었구나. 젖비린내 나는 어린애까지 출전한 것을 보면, 초나라에 사람들이 다 죽어버린 모양이로구나. 내 칼 아래 또 한 명의 악귀가 늘겠구나!"

"헛소리! 죽음이 가까워져도 허튼소리를 하는구나! 내 창을 받아라!"

봉천주는 말을 이리저리 몰며 창을 휘둘렀다. 임격도 칼을 휘두르며 대응했다. 두 마리 말이 나란히 달리며, 두 장수가 수십 합을 겨루었지만 쉽사리 승부가 나지 않았다. 사람들은 넋을 잃고 두 사람이 싸우는 것을 바라보았다.

> 적을 죽이고자 호탕한 기개는 투우같이 한결같고,
> 숙적을 죽여서 부친의 원수를 갚고자 하네.
> 갓 태어난 어린 송아지 성난 호랑이 두려운 줄 모르다가,
> 무림계의 별 하나 황천에 떨어지는구나.
> 殺敵豪氣貫斗牛,
> 屠戮宿敵報父仇.
> 牛犢不畏暴天虎,
> 武星隕落墮地府.

임격은 봉천주가 창을 능숙하게 사용하며 싸움을 잘하는 것을 보고, 승부가 금방 나지는 않으리라고 생각했다. 그는 거짓으로 패한 체하고 도망하여 깊숙이 유인한 다음, 기회를 엿보아 그의 목을 베고자 했다.

과연 봉천주는 그를 바짝 뒤쫓아 왔다. 원수를 바라보는 눈이 벌게졌는데 패퇴하는 원수를 놓아주려고 하겠는가?

임격은 전쟁터에서 뼈가 굵은 맹장인지라 무공도 뛰어날 뿐만 아니라 지략도 빼어난 장수였다. 그는 정상적인 길을 달리지 않고, 길을 에돌아 험한 비탈길을 가로질러 갔다.

봉천주는 첫 출정에서 아버지를 죽인 원수를 마주하자, 끓어오르는 분노와 호랑이 같은 담력으로 쫓아가 죽이려고 했다. 그는 임격의 뒤를

쫓아가며 크게 소리쳤다.

"달아나는 놈은 사내대장부가 아니다!"

임격은 속으로 생각했다. '저 녀석이 죽으려고 환장하는군. 너도 이번 운명을 피하긴 어려울 게다. 조금만 더 뛰어라. 네 기운이 다하면 너를 사로잡을 테다.'

봉천주는 쫓을수록 더욱 용맹해져서 조금도 피곤한 기색을 보이지 않았다. 오히려 힘이 빠지는 사람은 임격이었고 말을 달리는 속도도 눈에 띄게 줄어들었다. 봉천주가 점점 가까이 다가오자, 임격은 말머리를 돌려 창을 사용하려 했으나, 봉천주가 일찌감치 방비하고 있는지라 그렇게 할 수도 없었다. 이제 싸움은 피하려야 피할 수 없는 상황이 되었다. 앞쪽엔 이미 갈 길이 막혀 있었던 것이다. 그래서 임격은 갑자기 말머리를 돌려 공격을 가했다. 다시 용과 호랑이가 싸우는 격이 되었다. 수십 합을 겨루었으나 승부가 나지 않았다. 임격은 온 힘을 다하여 큰 칼을 들어 봉천주의 정면을 내리쳤다. 봉천주는 머리를 기울여 슬쩍 피했으나 어깨를 베이고 말았다. 다행히 갑옷이 견고하여 치명적인 상처를 입지는 않았다. 몹시 화가 난 봉천주도 창을 꼬나들고 혼신의 힘을 다해 임격의 가슴을 겨누어 찔렀다. 임격은 날쌔게 피했지만, 오른쪽 겨드랑이 아래를 찔리고 말았다. 그 역시 다행히 몸을 크게 다치지는 않았다. 이 기회를 틈타 창을 잡고 두 사람은 일진일퇴를 거듭하며 엎치락뒤치락 싸웠다. 봉천주는 나이가 어리고 기세가 왕성한데다 용맹함 또한 출중한지라, 그가 힘껏 임격을 밀치자 임격은 뒤로 밀리고 말았다. 그가 밀리자 말 또한 사람 키 높이로 뛰어오르는 바람에, 임격은 자기도 모르게 말에서 떨어지고 말았다. 뛰어오른 말이 땅에 발을 딛는 순간, 임격은 말발굽에 채여 부상을 입었다. 그 순간 봉천주가 창으로 그를 찌르니, 그 창이 배를 뚫어버렸다. 봉천주가 창을 잡아 빼자, 임격의 창자가 쏟아져 나왔다. 임격은 땅에 거꾸러져 죽고 말았다. 장수가 죽음을 당하자, 진나라 군은 사기가 크게 떨어져 징을 울려 철수했다.

다음날, 소휴는 의기양양하게 전쟁터로 대군을 출병시켰으며, 초나라 군의 사기는 드높았다. 전투는 치열하게 벌어졌으며, 쌍방은 조금도 물러서지 않았다. 진나라 군은 장수와 성을 잃은 원수를 갚기 위해 정예부대와 맹장들이 모두 출전했다. 노장 백기는 몸소 전장에 나아가 청룡언월도를 치켜들고 눈꽃 같은 백마를 타고서 용감하게 싸웠으며, 화살같이 적진으로 내달려 소리 높여 외쳤다.

"돌격하라! 죽여라!"

함성소리가 마치 둑이 무너지는 소리처럼 요란했다. 모든 장졸들은 총사령관을 따라 함께 적진 깊숙이 들어가 용감하게 싸웠다. 백기는 좌우를 베고 위아래를 찌르며 돌진했는데, 그의 번뜩이는 칼 아래 죽는 자들이 부지기수였다.

진나라 군의 각 부대 장교들과 사병들은 사령관이 병사들보다도 앞서 죽기를 각오하고 싸우는 것에 감동을 받아 역시 목숨을 내던지고 용감하게 싸웠다. 초나라 군은 적군의 맹렬한 공세에 놀라 말머리를 돌려 사방으로 황망히 달아났다.

전세가 불리해지자, 총사령관 소휴는 즉각 후퇴 명령을 내렸다. 초나라 군은 징을 울려 군대를 철수시킨 후, 다음날 다시 싸우기로 했다.

이튿날, 진나라 군의 함성이 천지를 진동했다. 소휴가 성 꼭대기에서 바라보니, 진나라 군대는 겨우 오천 명에 지나지 않았다. 그는 속으로 기뻐했다. 그는 진나라 군의 예기銳氣를 꺾고 자기 부대의 사기를 높이고자 적군의 두 배 병력을 파병하기로 결정했다. 소휴는 싸움터에서의 공명에 마음이 조급하여 진나라의 병법은 전혀 고려하지 않은 채 의기양양했다.

백기는 병법을 잘 알고 있을 뿐만 아니라 병법을 집행함에 매우 엄했고 상벌도 분명했다. 장병들은 적을 죽여 공을 세우기를 갈망하고 있는지라 전투력이 대단히 강했다. 오천 명의 병졸들은 먼저 적을 공격한 다음 퇴각하는 전술을 펼쳤는데, 겉으로 보기에는 조금도 의심할 만한 여지를 남기지 않은 채 전술에 따라 움직였다. 그러나 초나라 군은 진나라 군을 중과부적이라 여겨 업신여기고서 기세를 틈타 추격했다. 진나라 군은 초나라 군에게 쫓겨 뿔뿔이 흩어졌으며 깃발과 병기, 투구와 갑옷, 전차와 말들을 무수히 남겨두고 도망했다. 승리를 거둔 초나라 군은 기세등등하게 돌아갔다.

계획대로 일이 착착 이루어지는 것을 보고, 백기는 자신만만하게 모든 장수들에게 말했다.

"승리를 거둔 초나라 군은 승리에 대한 기대가 더욱 부풀어 있을 것이다. 소휴는 사리사욕에 눈이 어두운 사람이라 반드시 더욱 큰 내기를 걸어 우리 군대를 치려 할 것이다. 우리들에게 승산이 있으니 전승이 임박했다!"

반면 소휴는 자신의 무운이 형통하다고 여겨 의기양양했다. 그는 전군을 위로하고 포상하면서 백기와의 승부에 자신 있다고 큰소리를 쳤다. 심지어 백기는 그의 적수가 되지 못하며, 더욱 뛰어난 전술로 빛나는 전과를 얻겠노라고 장담했다.

백기는 공명심에 눈이 먼 소휴의 조급한 심리를 이용하여 매복진을 전개했다. 매복진은 혼을 뺀다는 의미에서 미혼진迷魂陣이라 일컬어지기도 했다. 이 진법은 마치 호리병 모양으로 위는 작고 밑은 크며, 중간은 매우 길다. 진법에 따라 진나라 군은 정예 주력부대를 호리병 입구 양측에 배치하고, 중간에는 이만 명의 병사를 배치하여 적을 깊숙이 유인하도록 했다.

치열한 전쟁이 벌어지기 직전, 광야는 태풍의 눈처럼 평온했다.

두 군대의 진세는 날카롭게 대치하고 있었다. 초나라 군은 파죽지세로 용감하게 앞으로 전진했다. 진나라 군의 유인하는 병사들은 막아내지 못한 채 주춤주춤 뒤로 물러섰다. 초나라 군은 더욱 사납게 점점 바짝 뒤쫓아 왔다. 너무나 손쉬운 승리가 거듭되자, 몇몇 장수들이 적들의 계략이 있을 것이라는 의심이 들어 소휴에게 진세를 안정시켜야 한다고 권했다. 그러나 소휴는 손을 내저으며 말했다.

"쓸데없는 소리! 우리 군대는 기세가 넘치고 병사가 용맹스러우니 적군이 어찌 막아낼 수 있단 말인가? 그들의 패함은 불을 보듯 뻔하다!"

그는 말을 마치고 전군을 지휘하여 앞으로 나아갔다. 초나라 군은 밀물같이 진나라 군의 부대 자루 안으로 들어갔다. 그때 갑자기 양쪽에서 화살이 빗발처럼 초나라 군에게 쏟아졌다. 초나라 군은 화살에 맞아 쓰러지면서 전군이 큰 혼란에 빠졌다. 양쪽에 매복해 있던 진나라 군은 마치 하늘에서 쏟아져 내려오는 듯했고 큰 깃발이 바람에 펄럭이고 있었는데, 깃발에는 크고 뚜렷하게 '백白'자가 새겨져 있었다.

그제야 소휴는 마치 꿈을 꾸다 깨어난 것처럼 매복에 걸렸음을 알고서 퇴각하려 했으나 이미 때는 늦었다. 진나라 군은 사면팔방에서 벌떼처럼 몰려와 초나라 군을 겹겹이 포위했다. 지략이 부족한 소휴는 당장 취해야 할 조치가 생각나지 않았다. 어찌할 수 없이 장병들을 거느리고 방향을 바꾸어 이리저리 마구 부딪치면서 포위망을 뚫으려 했다. 그러나 매복 전투에 능한 백기는 매복진의 입구를 꽉 조여 초나라 군의 퇴로를 끊고 곳곳에 우세한 병력을 집중시켜 공격을 가했다.

초나라 군은 신새벽에 출정하여 해질녘까지 한시도 쉬지 못한 채 전투를 치르는 동안 물 한 모금, 밥 한 톨을 입에 대지 못한지라 사람과 말들이 모두 기진맥진해 있었다. 포위망이 뚫릴 희망도 보이지 않았고 굶주려도 먹을거리가 없는지라 사기는 땅에 떨어졌다. 날이 어둑어둑해지자 초나라 군 병사들은 하는 수 없이 막사를 치고 주둔했다.

밤의 장막이 남전의 싸움터를 뒤덮은 가운데, 싸늘하고 희미한 달빛이 맥없이 군영과 보루를 비치고 있었다. 초나라 진영의 병사들은 피로가 극에 달하고 배가 고파 창자에서 꼬르륵 소리를 내고 있었다. 광야에서는 배고픈 이리들이 무리지어 다녔고, 굶주린 호랑이들도 두세 마리씩 출몰했다. 처량한 달빛은 공포감을 더해주었다.

엎친 데 덮친 격으로 초나라 군은 사방에서 공격을 받았다. 홀연 전방이 온통 불바다가 되더니, 진나라의 기병들이 종횡무진 휘젓고 다녔다. 말발굽에 채여 곳곳에서 간이 터지고 폐가 찢어지는 듯한 울부짖음이 들려왔다. 초나라 군은 황망히 북을 울려 응전했으나 진나라 기병의 예봉을 막아낼 수 없었다. 기병들의 칼과 창에 초나라 군사는 참혹하게 쓰러져갔다. 기아와 갈증, 기병의 야습으로 인해 군의 사기는 물론 인심 또한 뿔뿔이 흩어졌다. 초나라 군은 처음에 과일과 야채로 굶주림을 때웠으나 얼마 지나지 않아 그나마도 바닥이 났다.

얼마 후에는 쌓여 있는 시체에 파리떼와 모기떼들이 모여들기 시작했고 시체 썩는 냄새가 코를 찔렀다. 소휴는 하늘을 바라보며 길게 탄식했다.

"하늘은 무심하게도 어찌 우리 초나라를 멸하려 하십니까? 오호라! 이 몸도 이제 끝이로구나!"

서리가 내리고 가을바람이 낙엽을 휩쓸고 지나갔다. 진나라 군이 공격을 퍼부을 때마다, 초나라 군은 속수무책 뿔뿔이 흩어지고 쓰러져갔다. 소휴는 절망 속에서도 하늘이 무너져도 솟아날 길이 있으리라 생각하고서 장병들을 독려하여 겹겹의 포위망을 향해 돌격했지만 비 오듯 쏟아지는 화살에 막혀 번번이 물러서고 말았다. 초나라 군은 산이 무너지듯 패하고 말았다. 수십만의 대군 가운데 죽거나 항복한 자들 외에 살아남은 이는 얼마 되지 않았다. 이들은 뿔뿔이 흩어진 채 완전히 전투력을 잃고 말았다. 소휴는 혼란을 틈타 간신히 일부 친위병만을 거느리고 호랑이 굴에서 탈출했다.

해질 무렵, 피비린내를 풍기는 바람이 불어오니 마음은 더욱 참담해졌다. 소휴는 머리를 숙인 채 크게 상심했다. 병사들을 하나하나 점검해보니, 생존자는 겨우 오분의 일에 불과했다. 이제 싸울 수도, 그만둘 수도 없는 궁지에 내몰리고 말았다.

군대를 귀환시키라는 회왕의 명령이 날아들었다. 위나라가 초나라 후방의 빈틈을 타서 군대를 일으켜 열여덟 곳의 성을 빼앗았으니, 위나라 군을 내쫓기 위해 남전의 군대를 돌려 급히 수도로 돌아오라는 명령이었다.

소휴는 밤을 새워 진지를 철수했다. 부상당한 병사들이 많아서 행진은 굼뜬데다, 설상가상 군사기밀이 새어나가 진군의 추격에 쫓겨야만 했다. 초나라 군은 마치 화살에 놀란 새처럼 구사일생으로 살아남기만을 바랄 뿐, 싸울 기력이나 마음이 전혀 없었다.

일이 이렇게 되고서야 초나라 회왕은 자신이 두 가지 잘못을 저질렀다는 것을 알았다. 하나는 장의의 거짓말을 믿고 제나라와 절교한 일이며, 다른 하나는 진나라의 단양을 공격하기 위해 무리하게 군대를 출병시킨 일이었다. 이러한 실책으로 인해 계속된 실패를 불러일으켰던 것이다.

초나라 회왕은 참혹한 실패를 맛보고서야 반성하고 후회했다. 그리하여 그는 제나라와 다시 연맹관계를 회복해보려고 굴원을 제나라에 사신으로 보냈다.

굴원의 활약으로 다시 제나라와 손잡다

몇 차례 전쟁에서 패한 초나라 회왕은, 군대에는 용맹한 장수가 없고 조정에는 뛰어난 인재가 없음을 심히 걱정했다. 그는 어쩔 수 없이 다시 인재를 등용하는 문제를 숙고하지 않을 수 없었다.

최근 조정 안팎의 현상은 그야말로 엉망진창이었고, 그렇게 된 까닭은 인재의 등용과 직접적인 관련이 있었다.

"나라가 어려움에 처했으니 모름지기 충성되고 어진 자를 등용해야만 한다. 하지만 악한 자와 선한 자가 섞여 있으니, 그 진위를 판별하기가 어렵구나!"

회왕은 비록 어리석었지만 패전의 고통을 맛보면서 정신을 차렸다. 그는 굴원을 다시 등용하여 제나라에 사신으로 보내, 다시 양국 간의 선린우호관계를 회복해야겠다고 마음먹었다.

굴원은 회왕의 명령을 받자 뜨거운 눈물이 두 눈에 가득했고 가슴은 물결처럼 일렁거렸다. 그는 나라의 어려움을 고려해서 지난날의 감정들은 잊어버리고 갑옷을 걸치고 말에 올라 내달렸다. 그는 그동안의 고통을 조금도 원망하지 않았다. 말을 내달렸더니 며칠 만에 태산 산기슭에 도달했다.

오악五嶽 가운데서도 가장 존귀한 태산은 하늘을 떠받치고서 우뚝 솟아 있었다. 굴원은 참담한 심정으로 태산에 참배했다. 마음은 매우 어지러웠고 만감이 교차했다. 그는 고개를 들어 '만고의 영웅의 기품을 띠고서 바람과 구름을 마음대로 다루는' 태산의 기세를 바라보면서 마음이 격동되었다.

'오늘 마주하는 태산은 단정하고도 수려한 모습 그대로인데, 내 눈에는 지난날의 태산이 아닌 듯하구나.'

태산의 모습이 새로워 보임은 어찌 된 까닭일까? 아마도 마음이 평안치 않아 헤아릴 수 없이 많은 사념들이 그의 머릿속을 가득 채우고 있기 때문이리라.

하지만 세상사는 날마다 변해도 태산은 전과 다름없었다.

굴원은 남쪽 고갯길을 따라 산에 올랐다. 시간이 촉박한지라 지름길로 산에 올라 명승지를 유람하기 위해서였다.

길을 따라 높이 올라가자, 가슴이 확 트였다. 앞과 뒤를 돌아보니 경치가 한눈에 들어왔다. 먼 곳의 아름다운 풍경을 바라보니 앞쪽으로 나아가면 반드시 명승지에 이를 것이었다. 가파른 산길은 갈수록 험준했다. 그러나 굴원은 빼어난 경치는 험준한 곳에 있는 법이라 생각하고 앞으로 계속 나아갔다.

봉우리가 높으면 길은 반드시 험하고, 경치가 빼어나면 길은 반드시 울퉁불퉁했다. 명승을 찾으려면 험한 길을 꺼리지 말고 걷는 속도를 늦추자고 굴원은 생각했다. 점심때까지 계속 올라간지라 말도 지치고 허기가 밀려와 굴원은 쉬면서 요기할 곳을 찾았다. 그러나 행인의 그림자도 찾아볼 수 없는 곳에서 쉴 만한 곳이 쉽게 찾아질 리 없었다. 그저 주린 배를 움켜쥔 채 앞으로 나아가는 수밖에 없었다. 얼마 가지 않아 삼거리에 이르렀다. 어느 길로 가야 좋을지 망설이는 참에, 홀연 무성한 대숲 속에서 밥 짓는 연기가 모락모락 피어오르는 것이 보였다. 그는 내심 기뻐서 기운을 내어 말고삐를 잡은 손에 힘을 주고 서둘러 그곳으로 갔다. 오른쪽으로 크게 돌아 다시 왼쪽으로 꺾어드니 숲에 둘러싸인 곳에 한 인가가 자리하고 있었다. 기쁨을 참지 못한 그는 말에서 뛰어내려 주인에게 인사를 건넸다.

노인은 수염을 쓰다듬으면서 미소를 띤 채 말했다.

"손님께서 누추한 집에 어인 일로 오셨습니까?"

"배가 고파 요기를 하면서 쉬려고 합니다."

"손님께서 누추함을 꺼려하지 않으신다면야!"

굴원은 크게 기뻐하며 노인을 따라 집으로 들어갔다. 굴원은 배가 고픈 처지에 찬밥 더운밥 가릴 형편이 되지 못했다. 그는 노인이 차려준 밥을 허겁지겁 먹어치웠다. 노인은 굴원이 가는 길을 전송하면서 중천문中天門과 천주봉天柱峰으로 가는 지름길을 알려주었다.

지름길로 가는 길은 행인들이 드물었지만, 구불구불한 길은 아름답기 그지없었다. 고요한 곳에 오가는 사람도 없어서 오직 굴원만이 아름다운 풍광을 감상했다. 우뚝 솟은 험준한 봉우리들과 이전에 본적이 없는 기이한 화초들, 진귀한 나무들……. 숲은 해를 가리고 나뭇가지들이 바람결에 흔들리는 모습이 단아하고도 아름다웠다. 굴원은 이렇게 청량한 세계를 이제껏 걸어본 적이 없었다. 온 산에는 수많은 꽃들이 비단에 수를 놓은 듯 피어 있었고 푸른 풀들이 마치 요처럼 깔려 있는지라, 신선이 사는 세계를 걷는 기분이었다.

"아아! 정말 선경이로다!" 굴원의 입에서 찬탄이 끊이지 않고 흘러나왔다.

굴원은 구름 물결 사이에서 태산의 풍광을 마주 대하며 탄성을 금치 못했다. 산을 넘는 그의 몸은 땀에 흠뻑 젖었지만 그는 개의치 않은 채 옷소매를 걷어붙이고서 흔쾌하게 명승지를 찾아 나섰다. 발밑은 온통 구불구불한 길이었지만 두려움이 없었다.

길이 막히면 다른 길로 돌아가면 되었다. 굴원은 그윽하고 고요한 이곳에서 기이하고 환상적인 아름다움에 빠져들었다. 눈은 가야 할 길을 바라보고 있었지만 마음은 자꾸 아름다운 경관에 끌렸다. 아름다운 경관에 도취된 채 무성하고 그윽한 회랑 같은 숲길을 걷다보니, 청량한 기운에 여름 무더위도 사라졌다. 몸은 가벼워졌고 정신도 상쾌해졌다.

눈을 들어 남쪽을 바라보니, 한눈에 담을 수 없을 정도로 경치는 창망하고 광활했다. 고개를 숙여 굽어보니, 눈에 들어오는 대지는 장관 중의 장관이었다. 동쪽으로 눈을 돌리니, 흐릿한 안개 속에 산하가 구불구불 멀리 이어져 있었다. 뒤돌아 중원을 바라보니 온화한 풍광 속에 풍운이 가득했다. 시선을 멀리 서쪽 변경으로 두니 산하가 마치 그림 같았다. 고개를 들어 서쪽 하늘을 바라보니 천리 멀리 드넓은 사막이 있었고, 요처럼 깔린 초원 위에는 살진 양들과 건장한 말들이 한가로이 풀을 뜯고 있었다.

'천시天時와 지리地利, 인화人和를 얻는 자가 천하를 얻으리라. 현재 일곱 나라가 자웅을 겨루고 있는데 초나라는 정말 역량을 상실하고 말았단 말인가?'

이러한 생각이 들자 굴원은 만감이 교차했다. 그는 불현듯 머리를 돌려 뒤도 돌아보지도 않고 산을 내려갔다. 국가가 어려움에 처해 있는 지금, 무슨 한가함이 있어 경치를 감상하고 있단 말인가!

말에 올라탄 그는 채찍을 가하여 나는 듯이 달렸다. 바람처럼 달리다보니 해가 저물 즈음에 멀리 임치臨淄가 보였다. 임치는 옛 성으로서 높고 견고한 성곽이 끝없이 이어진 채 웅장함을 뽐내고 있었다. 이 성은 방어하기에 쉽고 공격하기에 어려운 성이었다. 이 성 덕분에 제나라는 유구한 역사를 지닐 수 있었고 문화가 발달했으며, 번창하고 부유한 동방의 대국이 되었다.

과거를 돌이켜보면, 원래 제나라는 빈궁하고 낙후된 나라여서 자주 침략을 당하고 강국들에게 업신여김을 당하던 나라였다. 제후국 가운데에서도 지위가 낮아 고개를 들지도 못했었다.

훗날 제나라 환공桓公은 사직을 진흥시키고자 몸소 관중管仲을 등용했다. 관중은 한때 환공을 암살하려 했던 원수였다. 그러나 환공은 과거사를 묻지 않고 관중을 등용했다. 환공의 활달한 도량에 감동받은 관중은 그 은혜에 보답하고자 죽을 때까지 강대국 건설에 심혈을 기울였고, 마침내 이십여 년 사이에 제나라를 동방의 부국으로 우뚝 서게 했다. 쇠약한 한 나라를 일약 강성한 동방제국으로 성장케 함으로써, 제후국들로 하여금 괄목상대하게 한 것이다. 관중이 죽자 안자晏子가 재상의 자리를 이어받았다. 그는 성실하고 엄격하게 나라를 이끌어, 제나라는 거의 백 년 동안 강력한 나라로 성장했다. 생각에 잠겨 있는 사이, 굴원은 어느덧 성 앞에 이르러 있었다.

성 앞에서는 어떤 사람이 그를 기다리고 있었다. 그는 말쑥한 옷차림의 중년 남자로서, 행동거지가 고상하고 점잖았다. 그는 우아하게 허리를 굽혀 인사를 건넸다.

"감히 묻자온대, 초나라의 사신 굴대부님이신지요?"

"네, 그렇습니다." 굴원은 말에서 내리면서 대답했다.

"선생께서는 누구이신지요?"

"저는 제나라 재상이신 후승后勝의 부탁을 받아 굴대부님을 마중나온 신하로 이곳에서 여러 시간 동안 기다리고 있었습니다."

인사를 마치고 두 사람은 말고삐를 잡고 길을 걸었다.

재상 후승은 문 앞에 서서 굴원을 공손하게 맞이했다. 그는 평소에도 겸손한 사람으로 뭇사람들의 존경을 받고 있었다. 굴원은 그를 만나자마자 그가 중후한 인물임을 알아보았다.

후승은 풍채가 당당하고 의연한 굴원의 모습을 보고 속으로 탄복했다. 그러나 겉으로는 아무 표정도 드러내지 않은 채 얼른 앞으로 걸어가 정중하게 인사를 건넸다.

"굴대부께서 누추한 곳을 찾아주심을 환영하는 바입니다."

"오랫동안 만나뵙고 싶었습니다!" 굴원도 정중히 답례했다.

"참으로 진정한 인걸을 뵙습니다." 후승은 굴원의 손을 잡고 응접실로 안내했다. 두 사람은 곧바로 국사에 대해 이야기하기 시작했다.

굴원은 흉금을 터놓고 말했다.

"두 나라는 오랜 친구이자 이웃으로서 유구한 우호관계를 맺어왔습니다. 몇 세대에 걸쳐 화목하게 지낸 아름다운 전통을 우리들은 더욱 확대하고 발전시켜야 하며, 우리 세대에 중단시켜서는 안 될 것입니다. 우리들은 절대로 친한 자에게 고통을 주거나 원수에게 기쁨을 주는 일을 해서는 안 됩니다. 이를 위해 저는 능지처참을 당할 위험을 꺼리지 않고, 같은 실패를 되풀이한 것에 용서를 구하면서, 다시 우호의 울타리를 세우기를 청하러 왔습니다."

굴원은 잠시 멈추었다가 다시 말을 이었다.

"간절히 청하건대, 귀국이 지난날의 감정은 떨쳐버리고 과거의 잘못은 따지지 말고, 합종의 진용을 재정비했으면 합니다. 우리 두 대국은 오랫동안 시련을 함께 겪은 전우로서 적국의 이간질에 넘어가서는 안 될 것입니다."

재상 후승이 말했다.

"굴대부님의 말씀은 제 생각과 같습니다. 옛 친구도 어쨌든 친구이지요. 어제의 친구는 오늘의 친구이며, 내일도 역시 친구입니다. 가까운 이웃 나라로서 그동안 돈독한 정을 쌓아왔는데, 어찌 과실로 인하여 불구대천의 원수가 될 수 있겠습니까? 그래서는 안 되지요! 그렇고 말고요!" 후승은 잠깐 말을 멈추었다가 다시 말을 이었다.

"굴대부님께서 우리나라에 사신으로 오실 때 우리나라 백성들이 굴대부님을 열렬히 환영하는 것만 보아도 우리가 아직도 초나라에 우호적임을 알 수 있습니다. 인심의 향배는 강물이 바다로 흘러가듯이 그 누구도 막을 수 없지요. 듣자하니 굴대부님께서 다수의 의견을 물리치시고 우리나라와 우호관계를 맺어야 한다고 주장하셨다는데, 참으로 탁월한 식견이십니다. 귀하의 주장이 성공을 거두기를 빕니다!"

굴원이 말했다.

"재상의 말씀은 구구절절 제 마음속에 새겨 넣겠습니다. 옛 친구였던 우리가 비록 도중에 우여곡절을 겪게 되었으나, 비 온 뒤에 땅이 굳는다고 하지 않습니까? 더욱 우호적인 관계가 될 것입니다. 우리가 이익과 우환을 함께하면 우리들은 연리수連理樹가 되리라 확신합니다. 이 나무가 자랄수록 더욱 무성하고 영원무궁하기를 원합니다!"

굴원은 제나라에 여러 차례 왔었지만 재상과 만나는 건 이번이 처음이었다. 그러나 오래 사귄 벗처럼 의기투합하여 밤 늦도록 이런저런 이야기를 끝없이 나누었다.

굴원은 고금에 널리 통달하고 역사에 대해서도 조예가 깊었으며, 언사가 재미있는데다가 일의 분석 또한 핵심을 찔렀다. 재상은 그와 대화를 나눌수록 흥겨웠으며, 더욱 굴원을 인재라고 생각했다. 그는 굴원이 제나라에 머물러 제나라 왕을 보좌하여 함께 위업을 이루었으면 하는 마음이 생겼다. 그리하여 그는 단도직입적으로 말을 꺼냈다.

"초나라 회왕은 현재 가장 어리석은 임금으로, 현인과 간신을 가리지 못하고 선과 악을 구분하지 못하며, 방탕한 생활을 하면서 조정을 돌보지 않는 바람에 간신들이 권력을 장악했고 충성스럽고 어진 신하들은 고통을 받고 있지요. 초나라의 장래는 절망적입니다. 조정의 정권을 장악한 간신 근상은 교만방자하고 안하무인한 인간이지요. 또 조정에는 파벌들이 서로 암투를 벌이거나 결탁하여 악행을 일삼고 있지요. 모두가 서로 속고 속이며 전횡을 일삼는 자들입니다. 그런 자들은 천하가 안정되는 것을 두려워하는데, 혼란한 상황에서는 한몫 잡기가 쉽기 때문입니다. 그래서 국난을 크게 일으켜 재물을 쌓으려 하는데, 이렇게 되면 조정과 재야, 위와 아래가 모두 뒤죽박죽 엉망진창이 되고 맙니다. 사귄지 얼마 되지도 않았는데 어리석게도 함부로 충고했습니다. 언짢으시더라도 바다와 같은 넓으신 아량으로 양해해주시기 바랍니다."

"재상의 말씀이 너무나 정확하여 깜짝 놀랐습니다. 과연 대정치가로서 손색이 없으십니다. 우리나라 근황을 손바닥 보시듯 모두 알고 계시니 참으로 대단하십니다!"

"굴대부님께서는 비록 도량이 크시고 지혜가 뛰어나신 분이지만 방비를 하지 않으면 안 됩니다. 혼란한 상황에서는 좋지 않은 일들이 계속 일어나고, 뛰어난 재능과 원대한 지략으로 세상을 바로잡고 백성을 구제할 수 있는 어진 이들이 곳곳에서 압제와 공격을 받기 때문입니다. 이것이 바로 현재 초나라가 처해 있는 정치적 상황 아닙니까? 따라서 굴대부님께서 위업을 성취하기 위해서는 보다 좋은 정치적 환경에 몸을 담는 것도 중요하다고 생각됩니다." 그는 잠시 말을 멈추었다가 빙긋 웃으면서 다시 말을 이었다.

"제가 함부로 말씀드리는 걸 용서해주십시오. 굴대부님께서 정치적 포부를 실현하고자 한다면 제나라가 아니면 하실 수가 없을 것입니다. 잘 생각해보시길 바랍니다. 만약 그렇게 해주신다면, 우리 제나라의 큰 행운이지요. 우리 대왕께서는 어진 자를 애타게 구하고 계십니다. 내일 제가 바로 조정에 천거해드리겠습니다.”

재상의 호언장담에 굴원은 아무런 표정도 짓지 않은 채 완곡하게 거절하며 말했다.

“속담에 ‘개는 주인집이 가난하다고 싫어하지 않는다’고 했고, ‘귤나무는 남쪽에서 자라며, 북쪽으로 옮겨 살 수 없다’고 했습니다.”

진정 굴원을 위해 이야기를 꺼냈던 재상은 속담을 빌려 완곡하게 거절하는 굴원의 태도에 마음이 편치 않았지만, 그렇다고 그를 원망할 수도 없었다. ‘사람마다 자기의 뜻이 있는데, 어찌 무리하게 요구할 수 있겠는가!’라고 생각하자 마음이 편안해졌다. 그는 굴원의 솔직한 심정을 듣고 싶었다.

“재상께서 과분한 말씀을 해주시니 참으로 고맙습니다.” 굴원은 정중하지만 과단성 있게 말했다.

“현재 초나라 국정은 재상께서 말씀하신 바와 같습니다. 임금은 무능하고, 관리들은 타락하여 뇌물을 받아먹고 법을 어기고 있지요. 그러나 초나라의 백성들은 선량하고 근면하며 나라에 충성을 다하면서 요순시대와 같은 태평성세의 나라가 되기를 갈구하고 있습니다. 초나라에 이렇게 좋은 백성들이 있는 이상, 그들의 바람은 반드시 이루어지리라 믿습니다! 굳건한 기초를 다졌기에, 초나라는 반드시 국난을 극복하여 태평성세를 이룰 것입니다!” 그는 잠시 말을 멈추었다가 다시 입을 열었다.

“그러나 당면하고 있는 난관은, 제나라가 다시 우방국으로서 동맹관계를 수립하여 합종을 공고히 하여야 한다는 것입니다. 이렇게 한다면 진나라의 야심은 헛수고가 될 것이며, 우리나라도 재기할 여유를 얻을 수 있습니다.”

재상은 굴원의 굳센 기개와 정연한 논리에 탄복했다. 그는 굴원이 확실히 충성스러운 애국지사요, 천하에 얻기 어려운 걸출한 정치가임에 손색이 없다고 느꼈다. 그는 자신의 능력을 다해 굴원을 도와 제나라와 초나라의 우호관계를 회복해야겠다고 결심했다. 재상 후승의 미덕에 감격한 굴원은 오래도록 그를 바라볼 뿐, 아무 말도 할 수 없었다.

밤이 매우 깊어 시각을 알리는 북소리가 세 번 울렸다. 두 사람은 모두 피곤함을 느끼고 방으로 돌아가 취침했다.

이튿날, 굴원은 후승을 따라 궁궐로 들어가 제나라 왕을 알현했다.

굴원은 왕궁을 꼼꼼히 살펴보았다. 남쪽을 향해 자리잡은 전당은 우뚝 솟아 웅장함을 자랑하고 있었으며, 남다른 풍격을 갖춘 채 강국의 뛰어난 풍모를 드러내고 있었다. 제나라는 동방의 강국으로서 유구한 역사와 찬란한 문화를 지니고 있었고, 국운이 욱일승천 번창하고 있는 나라임을 보여주고 있었다. 그는 여기저기 살펴보면서 재상의 뒤를 쫓아서 왕궁으로 들어갔다.

용상에 앉아 있는 제나라 왕은 위엄과 함께 온화함을 갖추고 있었다. 굴원은 제나라 왕을 보자마자 올바르고 현명한 군왕임을 알 수 있었다.

굴원이 정중하게 예의를 갖추어 인사를 올리자, 제나라 왕은 어진 이를 대하듯 그와 인사말을 나누었다. 굴원은 긴장했던 마음이 순식간에 사라짐과 동시에, 이번 유세가 성공을 거두리라는 느낌이 들었다.

이때 제나라 왕은 의미심장한 한마디를 던졌다.

"굴대부께서는 어떻게 지내고 계십니까? 이렇게 수척하신 것을 보니 병이라도 나신 것인지요?"

"폐하께서 관심을 가져주시니 황송하옵니다. 감기에 걸려 약을 복용하고서 나았으며, 최근에는 정신도 맑아졌습니다. 그렇지 않았다면 어찌 이곳에 와서 폐하를 알현할 수 있겠습니까?" 물론 굴원은 제나라 왕이 말한 의도를 눈치챘기에 그 또한 에둘러 대답했다.

"그렇다면 잘 되었습니다. 과인은 그대에게 특별한 관심을 갖고 있습니다. 그대는 젊고 유망하며 충심으로 군왕을 보필하고 나라에 이바지하고 있지요. 그대는 여러 번 우리나라에 사신으로 온 적이 있는데, 그때 나는 황태자였지요. 그러나 나는 일찍이 그대의 사람됨이 비범함을 깨달았으며, 특히 합종에 심혈을 쏟아 부은 것은 선견지명이라 여기고 있습니다. 그러나 그대는 그로 인해 억울한 일을 당했고, 과인은 도와주려고 해도 도와줄 수가 없는지라 많이 안타까웠습니다. 오늘 그대가 또다시 우리나라의 우호사신으로 오시게 되어 나는 진심으로 기쁩니다. 이번 행차에 원만한 성공을 이루기를 바라는 바입니다."

"성은이 망극하옵니다! 제가 오늘 귀국에 온 것은 우호관계를 수립하기 위함입니다. 저희 대왕의 분부를 헤아려 귀국과 다시 수교를 맺고자 하는 것입니다. 이전의 잘못은 문제 삼지 마시고, 서로 협력해 합종의 청사진을 만들고 양국의 영원한 행복을 위해 공동으로 노력하시기를 간청드리는 바입니다."

"초나라 왕께서 합종의 중요성을 인식하여 진심으로 선린우호관계를 맺고 우리를 속이지 않는다면, 제나라도 초나라와 우호관계를 맺어 서로 보호해주는 울타리가 되기를 원합니다. 과인은 본디 두 나라의 우호관계를 중시했었답니다. 귀국의 그 영예로운 용사가 이곳에 와서는 뭐라고 했는지 아시지요? 과인은 그 사람을 무식한 소인배라 여깁니다만, 이미 지나간 일이니 과거의 잘못은 따지지 않겠습니다!"

"폐하께서 넓으신 아량을 베풀어주시니 정말로 감격하지 않을 수 없습니다. 저 굴원은 송유를 대신하여 폐하께 사죄합니다!" 말을 마친 굴원은 제나라 왕에게 나아가 무릎을 꿇고 절을 올리며 외쳤다. "현명하신 대왕 폐하! 만세! 만만세!"

"경께서 어찌 이러십니까! 어서 일어나세요!"

제나라 왕은 계단을 내려와 굴원을 붙잡아 일으켰다. 굴원은 일어나 원래의 자리로 돌아가 앉은 다음 차분하게 말했다.

"제나라와 초나라는 예로부터 형제의 우의로써 서로 의지하고 돕는 우호적인 나라였습니다. 요즘처럼 제후들이 할거하며 호시탐탐 중원을 노리고 있는 변화무상한 시기에, 두 나라가 다시 옛날의 관계를 회복하여 서로 도와 어려움을 함께 이겨내는 일은 대단히 중요하다고 생각합니다."

"역사를 돌이켜 보면서 우리는 교훈을 잊지 말아야 합니다. 미래를 내다보면서 현재에 관심을 쏟고, 복잡하게 급변하는 정세를 파악하는 것이 매우 중요합니다. 제나라와 초나라의 연맹은 합종에 필수적이며, 두 나라의 생사존망이 걸린 중차대한 일입니다. 오늘 이후로 초나라는 제나라와의 관계를 더욱 강화할 것이며, 우의와 상호 이해를 더욱 심화할 것입니다."

"제가 며칠 동안 여러분들과 대화를 나누면서 제 뜻과 고심을 밝혔는데, 마침내 이처럼 폐하의 지지를 얻게 되었으니 비로소 저의 숙원과 포부가 이루어졌다고 할 수 있겠습니다. 이제 저 굴원은 죽어도 눈을 감을 수 있게 되었습니다."

제나라 왕은 줄곧 굴원의 말을 경청했다. 그는 굴원의 외교적인 지혜와 응대하는 태도, 그리고 그의 풍격에 놀라지 않을 수 없었다.

"과인은 그대의 말을 듣고 매우 감동을 받았습니다. 또한 그대의 비범한 외교력에 놀랐습니다. 그러나 이지적이기보다는 괴팍하고 현실적이기보다는 낭만적인 회왕이 정말로 잘못을 뉘우치고 새롭게 출발하려는 마음이 있는 것인지, 정말로 장의의 기만과 유혹의 술책을 물리칠 수 있는지, 또 악당 같은 나라와 단교할 수 있는지 확신이 서지 않습니다. 과인의 좁은 소견이 실례라면 용서하시오!

굴원은 제나라 왕의 거리낌 없는 솔직함을 충분히 이해할 수 있었다. 그는 좋은 기회를 놓치지 않기 위해서 입을 열었다.

"제가 보기에 저희 대왕께서는 폐하께서 제시한 세 가지 큰 문제들을 능히 해낼 수 있을 뿐만 아니라, 진나라에 대항하기 위해서는 제나라와 함께하지 않으면 안 된다는 것을 심각하게 인식하고 있습니다! 또한 오직 제나라만이 진나라에 대항할 수 있으리라고 판단하고 있습니다. 믿으셔도 좋습니다. 저희 대왕께서 뉘우치고 마음을 돌리시어 제나라와 동맹하려는 뜻을 갖고 있다고 확신했기에, 저는 제나라 사신의 임무를 맡게 되었던 것입니다. 귀국에 와서 폐하의 힘을 얻어 이 일을 훌륭히 성사시켰으니 실로 천행입니다!"

비록 굴원은 이렇게 말했지만 속으로는 자신이 없었다. 회왕의 사람 됨과 정치적인 태도 및 고집불통에다 변덕이 심한 성격 등을 잘 알고 있었기 때문이다. 바로 그러한 결함 때문에 조정에 간신배들이 생겨난 것이 아닌가! 간사한 무리들은 귀족의 특권으로 악행을 일삼으며 사람으로서 못할 짓을 계속 저질러왔다. 더욱 괘씸한 것은 교활한 근상이 겉으로만 복종하는 체하면서 권세를 배경으로 기만적인 수단을 쓰고 안하무인 전횡을 일삼는 것이다. 굴원의 눈에 회왕은 그저 어리석은 군왕에 불과할 따름이었다. 그러나 이런 말을 솔직히 내뱉을 수는 없는 일 아닌가?

그가 어찌 모르겠는가! 회왕은 시국에 쫓기자 부득이 자기를 제나라에 사신으로 보내 유세를 하도록 한 것임을! 굴원은 이번에 자신이 제나라에 사신으로 온 것은 어찌할 수 없는 일이라는 것을 명백히 알고 있었다. 가지 않는다면 회왕의 명령에 항명하는 것이 되고, 간다면 마음에 없는 소리를 해야 하니 그야말로 진퇴양난에 처한 것이다. 하지만 굴원은 국사가 더 중요했기 때문에 자신이 희생을 하더라도 많은 사람들의 이익을 위한 것이라면 마땅히 응해야 한다고 생각했다.

이튿날, 굴원은 제나라의 국자대부國子大夫와 외교문서를 상호 교환했다. 국자대부 역시 이전에 교제가 있었던 인물로서, 굴원과는 나이 차이가 제법 나는데도 친교를 맺어온 사람이었다. 굴원은 평소 국자대부의 사람됨을 앙모했다. 그는 오십 년 동안 정치를 해오면서 작은 일을 결코 소홀히 대하지 않았다. 또한 청렴결백하고 위엄과 명망이 있어 백성들의 추앙을 받았다. 세 명의 군왕을 보좌하는, 권위가 높은 자리에 있었음에도 사익을 도모하지 않았고, 신중하고 조심스럽게 맡은 일을 성실히 처리했으며, 사람들을 대함에 실수하지 않을까 늘 조심했다.

이 사람은 명성이 천하에 널리 알려졌고 공훈도 탁월했지만, 아쉽게도 고령의 나이로 말미암아 관직에서 물러나 고향으로 돌아가 은거하고자 했다. 올해 재상 자리에서 물러나긴 했지만, 후임자를 일정 기간 이끌어주어야 했기에 중대한 국사에는 아직 관여하고 있었다.

이번에 제나라와 초나라가 외교관계를 회복함에 따라 수반되는 수많은 규정과 조항들은 모두 그의 도움으로 이루어졌다. 덕을 중시하고 명리에 담박한 그는 이번에 굴원과 손을 마주 잡고 두 나라의 외교관계를 이전의 상태로 회복시켰다. 그는 굴원의 인품과 재능, 학식과 지략을 높이 평가했다. 그가 굴원을 자기 집으로 초대하자, 굴원은 흔쾌히 수락했다.

이튿날, 국자대부는 굴원의 숙소로 수레를 보냈다. 굴원은 본래 불면증이 있던 터에, 어젯밤에는 더욱 흥분했던지라 밤새 잠을 이루지 못하다가 새벽녘에야 겨우 잠이 들어 단잠에 빠져들어 있었다. 숙소의 하인이 깨우는 바람에 단잠에서 깨어난 굴원은 부랴부랴 얼굴을 씻고서 출발했다.

마차는 나는 듯이 달리다가 좌측으로 돌아 우측으로 꺾어지며 큰 골목에서 작은 골목에 이르렀다. 골목이 좁아서 마차는 속도를 줄여 달렸다. 대략 차 한 잔 마실 시간이 지나자, 마부는 말머리를 잡아당겨 자그마한 집 앞에 멈추었다.

집 안에 있던 사람들이 바깥의 기척을 듣고서 급히 국자대부에게 알리자, 국자대부가 몸소 문밖으로 나와 굴원을 반갑게 맞이했다.

굴원은 자신의 눈을 믿을 수가 없었다. 당당한 한 나라의 재상의 거처가 이렇게 왜소하고 누추하다니! 눈을 의심하고 있는 사이에 국자대부가 그를 향해 걸어왔다. 간소하고 거친 두루마기 차림의 그는 얼핏 보기에 마치 늙은 농부 같았다.

그러나 그의 위풍당당한 풍모는 사람들로 하여금 경외와 신뢰를 갖도록 했다. 그가 혹독한 시련을 이겨낸 탁월한 정치가임을 굴원은 일순간 느낄 수 있었다. 눈앞의 국자대부는 더욱 친근하고 다정했다. 굴원은 감격하여 그의 두 손을 힘껏 쥐고서 응접실에 이르러서야 잡은 손을 놓았다.

응접실을 둘러본 굴원은 더욱 숙연해지고 말았다. 말이 응접실이지 그 안에는 골동품이나 기이한 물건들은 하나도 보이지 않았다. 다만 두 폭의 대련만이 벽에 걸려 있었다. 두 폭의 대련은 제나라 환공이 직접 쓴 것이었는데, 그 내용은 다음과 같았다.

빼어난 군자란은 한 사발 메마른 흙이면 족하고,
꼿꼿한 수선화는 몇 방울 맑은 샘물이면 된다네.
佼佼君子蘭竟嗜一鉢瘦土,
亭亭水仙花乃吸幾滴清泉.

이 대련은 이름난 화초를 빌려 담백하고 사심 없음을 칭찬하고 있었
는데, 언어는 통속적이지 않고 의미심장했으며, 잘 짜인 대구에 독특한
풍격을 지니고 있었다.

다른 한 폭의 내용은 다음과 같았다.

형체도 없는 물은 호호 탕탕 바다로 흘러가고,
봉우리 있는 산은 우뚝 솟아 우주를 향하누나!
水無形向上浩浩瀛海,
岳有峰朝上嵬嵬宇宙!

이 대련은 통속적인 언어를 사용하면서도 심오한 이치를 설명하고
있었다. 첫째 연은 사람됨에 있어서는 응당 물을 모범으로 삼아야 함을
가리키고 있었다. 물은 형태가 없지만 뜻이 있어 아래도 흐르는데 땅을
가리지 않고 흐르며 대지를 윤택하게 하며 생명력을 주고, 모든 만물에
게 은혜를 베풀며 보답을 바라지 않는다. 무한한 포용력을 갖고 있는
물은 높은 곳에서 가장 낮은 곳으로 흐른다. 그러나 동해로 모여드는
것을 잊지 않아 넓고도 큰 바다를 형성하는 것이다. 둘째 연은 사람됨
은 응당 산과 같이 천지에 우뚝 서서 풍우의 시련을 이겨내야 하는 것임
을 나타내고 있었다. 말은 간결하나 뜻은 완벽했고, 자못 철학적인 의
미가 풍겨나왔으며 깊은 성찰을 하거나 수신 양성에 모두 유익한 내용
이었다. 두 대련은 주인의 인품과 덕행, 지향과 정취에 적합한 걸작임
에 손색이 없었다.

두 폭의 대련으로부터 알 수 있는 것은 주인은 가난하여 가진 것이 없
지만, 그의 정조는 비할 바 없이 고상하다는 것이었다. 굴원은 두 폭의
대련을 보면서 주인에 대한 아주 좋은 인상을 받았다. 주인도 굴원의

눈 속에서 그의 생각을 읽을 수 있었다.

두 사람은 무릎을 맞대고 흉금을 털어놓았다. 의기투합한 두 사람은 마음속에 쌓인 답답함을 풀어냈다. 그들의 화제는 역시 세상 돌아가는 형편과 관련된 것이었다. 흥미진진한 대화가 오고가는 사이에 어느덧 정오가 되었다.

밥과 요리 냄새, 술 향기가 코끝에 풍겨오자 침이 고였다. 이때 소박한 옷차림의 빼어나게 아름다운 부인이 민첩한 동작으로 술잔과 수저, 쟁반, 접시, 젓가락 등을 팔선탁八仙桌에 놓았다. 부인은 기쁜 미소를 띠면서 굴원에게 인사를 건넸다.

잠깐 담소하는 사이에 한 상 가득 풍성하고 맛있는 음식이 차려졌다. 좌석의 유일한 손님은 굴원 한 사람뿐이었다. 따뜻한 분위기 속에 고량주가 오고갔다. 술자리는 요란스럽지 않았으나 음식은 입맛에 잘 맞았다. 가만히 음미해보니 음식 솜씨가 보통이 아니었고, 부엌칼을 다루는 기술 또한 대단해 부엌에서 일하는 자의 자질이 뛰어나다는 것을 알 수 있었다. 흥미가 동한 굴원은 이 솜씨의 주인이 누구인지 물었다. 국자대부는 웃으면서 말했다.

"제 처입니다."

당당한 조정 관료의 집인데도 하인이 없다니 참으로 놀라울 따름이었다! 국자대부가 일상생활을 그리 살고 있으니 그의 아내는 말할 나위도 없었던 것이다. 한 집안에 남녀노소 삼대 여덟 명이 사는데, 모두가 스스로의 힘으로 살아가고 있었다.

국자대부의 가족들은 굴원을 극진히 대접했다. 자꾸 권하는 바람에 굴원은 술을 꽤 마셨지만 기분이 좋았다. 식사를 마친 후, 국자대부는 굴원과 잠시 한담을 나누고는 마부에게 굴원이 편안히 쉴 수 있도록 숙소까지 모셔다 드리라고 분부했다.

다음날 아침, 굴원은 가슴 가득 정을 품은 채 제나라 왕과 친구들에게 이별을 고했다. 제나라 왕은 진심으로 며칠 더 머무를 것을 권했다. 친구들과 모여서 이야기하며 여러 곳을 함께 다니고 좀 더 서로를 이해했으면 좋을 터였다.

그러나 굴원은 어서 업무를 봐야 한다는 생각에 잠시도 귀국을 늦출 수가 없었다. 그는 날개를 달고서라도 어서 빨리 조국으로 돌아가고 싶었다. 이 기쁜 소식을 초나라 왕과 백성들에게 알려주고 싶었던 것이다.

재상 후승은 굴원을 도저히 붙잡을 수 없음을 알았다. 못내 아쉬워하던 그는 남문까지 배웅하여 떠나는 그를 향해 끊임없이 손을 흔들었다.

장의의 뇌물과 정수의 질투

굴원이 제나라와 초나라의 연맹관계를 회복했다는 소식은 놀랄 만큼 빨리 퍼져 진나라에까지 알려졌다. 이해타산에 밝은 진나라 혜왕은 그 소식을 듣자마자 졸도하고 말았다. 깜짝 놀란 대신들은 어쩔 줄 몰라했다. 그들은 치료할 방법을 찾지 못하고 혜왕이 깨어나기만을 눈이 빠지게 기다렸다.

얼마 후 눈을 뜬 혜왕은 울분에 찬 긴 한숨을 내쉬었다. 관료들은 안도의 한숨을 내쉬었지만, 혜왕을 혼절케 한 마음의 병을 치료할 수 있는 사람은 아무도 없었다. 아무런 대책도 없이 망연한 중에, 수염이 허연 늙은 신하가 비틀거리며 혜왕 앞으로 걸어가더니 아뢰었다.

"미천한 신하는 지난 팔십 년 동안을 헛되이 살면서 국가의 녹을 먹었음에도, 사직에 유익한 일을 하나도 하지 못하고 폐하의 근심을 덜어드리지도 못해 양심의 가책을 심히 느끼옵니다. 오늘 듣건대, 제나라와 초나라가 외교관계를 회복했다 하니, 이는 참으로 우리 진나라에 불리한 일입니다. 미천한 신 생각하기에, 지금 즉시 초나라에 사신을 보내 두 나라가 전쟁하여 빼앗은 한중 땅 절반을 초나라에 되돌려주고 양국의 긴장관계를 완화하겠다는 뜻을 전하는 것이 좋을 듯하옵니다.”

그의 말이 끝나자 혜왕은 얼굴에 생기를 띠며 말했다.

“경의 말에 일리가 있으니 속히 사람을 초나라에 파견하여 유세토록 하시오!”

회왕은 진나라 사신에게 말했다.

“그 어떤 땅도 원하지 않는다. 다만 우리를 속인 장의가 죗값을 치르도록 그를 보내주기를 원할 따름이다.”

한편, 진나라 혜왕은 초나라 회왕이 빼앗긴 땅을 원하지 않고, 장의의 죄를 다스리기만을 원한다는 것을 알고는 기쁘기도 하고 한편으로는 걱정이 되었다. 재주 있는 사람을 자기 목숨처럼 아끼는 혜왕인지라, 장의의 목숨을 내놓으라는 요구에 걱정이 되지 않을 수 있겠는가?

‘잃어버린 땅은 다시 빼앗을 수가 있지만, 재주 있는 자는 한 번 잃으면 다시는 얻을 수 없다. 하물며 장의 같은 출중한 인재는 더욱 그렇다!’ 그의 걱정은 더욱 깊어졌다.

혜왕은 장의가 초나라로 가서 죗값을 받는 걸 원하지 않았다. 그렇다고 회왕의 뜻을 거스를 수도 없었다. 하지만 혜왕은 문무의 지략을 갖춘 군주였다. 모든 국면을 고려해볼 때, 진나라가 초나라를 완전히 제압할 수 없다면 계략으로 승리를 취하는 것이 상책이라고 보았다.

심사숙고한 끝에 회왕의 뜻을 거스르지 않기로 결정한 혜왕은 장의를 초나라에 보내 죗값을 받도록 했다. 이런 위험을 감수하는 까닭은 회왕과 그 신하들의 성향을 손바닥 보듯 잘 알고 있었기 때문이다.

어느 날, 혜왕은 장의를 불러 말했다.

“초나라 회왕이 그대의 죄를 묻겠다고 하는데, 경의 생각은 어떻소?”

그러자 장의가 대답했다.

"회왕은 사실보다 과장해서 말을 하는 사람입니다. 그의 말은 심사숙
고하여 나오는 말이 아닙니다. 말을 하고 난 후에는 바로 잊어버리지요.
가령 그는 자신을 속인 저를 증오하고 있다지만 결국에는 저의 죄를 다
스릴 수 없을 것이니 폐하께서는 그 점을 너무 걱정하지 마십시오."

"경은 지금의 상황을 벗어날 묘책을 갖고 있소?"

"때가 되면 벗어날 수 있습니다."

장의는 혜왕의 귀에 대고 비밀스럽게 몇 마디 소곤거렸다. 혜왕은 즉
시 장의를 초나라에 보내 죗값을 받도록 명령했다.

장의가 아무리 열혈남아라지만 마음이 놓이지 않는 것은 사실이었
다. 죄를 따진다는데 어찌 두려움이 없을 수 있겠는가? 그러나 장의는
회왕의 사람됨을 잘 알고 있었고, 또한 초나라 조정의 상황과 인사관계
를 손바닥 보듯 잘 알고 있었다. 그와 깊이 교제하고 있는 대신들도 결
코 적지 않았다. 그 가운데 회왕의 총신인 근상은 국가의 실권을 쥐고
있는 인물이었다. 그는 비록 책사는 아니었지만 뱃속에 모략이 가득 차
있어서 사람을 속이는 농간쯤이야 쉽게 부릴 수 있는 사람이었다. 게다
가 이 사람은 이전부터 진나라와 내통해왔으며 장의와는 남다른 우정
을 간직해왔다.

이밖에 군대의 대권을 장악하고 있는 소휴가 있었다. 이 사람 또한 풍
운아로서 진나라와 우의가 매우 깊었으며, 장의와도 절친한 관계인지
라 만약 장의에게 어려움이 있다면 결코 앉아서 방관하지 않을 사람이
었다.

또한 재정과 인사, 기밀을 장악하고 있는 자로 경리가 있었다. 그는
이리저리 뛰어다니며 궤변을 늘어놓고 수완을 부리는 데 능하여 연합
과 분열, 이간과 포섭을 식은 죽 먹기로 하는 사람이었다. 비록 재주가
완벽하다고는 할 수 없지만 조정과 재야, 수도와 지방 등 모르는 것이

없었고 장의와는 허물없는 사이인지라, 이 사람과 함께 일을 도모한다면 일을 이루지 못할까 걱정할 필요가 없었다. 이밖에도 많이 있지만 이 정도면 충분했다. 이 한 무리의 사람들이 힘을 합치고 마음을 함께한다면 변덕이 죽 끓듯하고 고집불통에 외톨박이인 초나라 회왕도 두렵지 않았다.

이처럼 든든한 인간관계가 있음에도, 진나라 혜왕은 장의에게 초나라 대신들에게 나누어줄 거대한 자금을 주었다. 혜왕과 장의는 모략을 앞세우고 돈으로 길을 뚫은 다음에 무력으로 후원해왔는데, 이것은 진나라가 초나라에 번번이 사용해온 책략이었다. 이렇게 하면 흡사 독안에 든 쥐를 잡듯이 초나라 회왕을 쉽사리 농락할 수 있으며, 만에 하나라도 실수하는 일이 없었다. 치밀하게 계획을 짜고 나자, 장의의 마음은 홀가분해졌다. 그는 자신만만하게 중얼거렸다.

"나 장의가 초나라 회왕을 두려워한다면, 세상 사람들이 나를 모사謀士라고 부르겠는가?"

물론 이 말은 장의가 회왕을 업신여기고 한 말이었다. 그러나 그는 담대하면서도 세심한 사람으로, 일을 처리할 때 신중하기로 이름이 난 사람이었다. 설령 든든한 배경이 있더라도 신중하고 완벽한 계획을 세웠다. 길을 떠날 때 장의는 옷차림새에 신경을 많이 썼다. 특출한 모사의 풍채를 갖추고서 혜왕을 찾아갔다. 작별인사도 하고 혜왕의 염려를 씻어주고자 함이었다. 혜왕은 그를 보자마자 기쁨이 일었고, 근심도 어느 정도 사라졌다. 그러나 그는 간곡하게 말했다.

"경이 이번에 초나라에 가는 것은 예사로이 가는 것이 아니오. 막중한 책임이 있음을 명심하오. 성공과 실패는 터럭 한 올만큼의 차이도 나지 않는 것이니 기회를 엿보아 행동하고 몸조심을 해야 하오."

장의가 아뢰었다. "폐하께서 관심을 가져주시니 황공하옵니다. 마음에 새겨 행동하겠습니다. 속담에 '충신은 나라를 사랑하고 모사는 주인을 섬긴다'고 했습니다. 미천한 신은 일편단심으로 폐하께 충성할 뿐입니다. 자고로 죽지 않는 이가 누가 있겠습니까? 폐하를 위해 죽을 곳을 알기만 하면, 저 장의는 결코 사양치 않을 것입니다!"

그는 말을 마치고 혜왕에게 큰 절을 올렸다. 그러고는 몸을 돌려 말에 올라 채찍을 휘둘러 바람같이 내달렸다.

장의는 어느 사이 남국의 세계를 달리고 있었다. 온화하고 아름다운 자연풍광은 장의의 마음을 탁 트이게 했다. 기분이 상쾌해진 그는 말을 달리면서 지난날을 떠올렸다. 진나라에 가서 재상이 된 이래로, 그는 늘 진나라를 위해 천하를 도모했고, 진나라의 패업을 위해 초나라를 제거하고자 했다. 또한 늘 진나라의 발전과 번영을 위해 심혈을 기울였고, 많은 제후국에 가서 유세를 했으며, 구름같이 많은 고수들을 만났다.

그러나 유일하게 상대하기 어려운 사람은 오직 굴원 한 사람뿐이었다. 굴원이 있는 상황에서는 천하의 장의도 아무런 대책을 세울 수 없었다. 그래서 장의가 가장 싫어하는 사람은 바로 사나운 눈초리로 자기를 냉대하는 굴원이었다. 굴원이 그의 적수인지 아니면 그가 굴원의 적수인지는 알 수 없었지만, 그들 두 사람은 물과 불처럼 서로 용납될 수 없는 사이였다.

장의가 이번에 초나라에 가는 것은 죗값을 받기 위한 것인지라, 당연히 지난번처럼 열렬한 환영을 받을 수는 없었다. 그는 소리 소문 없이 근상의 저택에 머물렀다.

근상은 장의의 이번 행차가 평소와는 다르다는 것을 잘 알고 있었다. 그는 회왕이 어떻게 그에게 죗값을 물을지 몰라 근심했다. 그는 급히 소휴와 경리, 송유 등 진나라와 친한 중신들에게 연락하여 대책을 논의하고자 했다.

얼마 지나지 않아 연락을 받은 사람들이 모두 근상의 저택에 도착했다. 장의는 그들을 보자 희색이 만면했다. 이들은 이미 안면이 있어 허물이 없는지라 분위기는 매우 화기애애했다. 장의는 그들이 자신을 구해낼 대책을 마련하리라 확신했다. 그는 우선 중신들에게 뇌물부터 건네주기로 했다.

그는 점잖고 예의 바르게 일어서서 좌중의 벗들에게 크게 허리를 굽혀 절을 했다. 그러고는 얼굴 가득 웃음을 머금은 채 입을 열었다.

"여러분들께서 왕림해주시니 제 가슴속에 얹혀 있던 얼음덩어리가 녹아 사라지는 듯합니다. 여러분의 협조에 감사를 드립니다. 소관은 진나라 왕의 중대한 부탁을 받고 여러분들에게 드릴 예물들을 근상 댁에 옮겨놓았습니다. 변변치 못한 선물이오나 천리 먼 곳에서 보내온 정을 생각해주셨으면 합니다. 여기에 목록이 있사오니 대인들께서는 목록상의 품목과 수량에 따라 받아주시면 감사하겠습니다."

'변변치 못한 선물'이란 말은 예의상 한 말이었다. 뇌물의 재화는 태산에 비교할 수 없을 만큼 많았다. 그 목록은 다음과 같다.

상관대부 근상 대인 : 황금 만 냥, 은 천 정錠, 주단 오백 필, 진귀한 주옥 이백 개, 다리가 긴 금구金甌 한 쌍(진나라 왕 삼대에 걸쳐 전해지고 있는 진귀한 보물).

소휴 원수 : 황금 만 냥, 은 천 정, 능라 오백 필, 진귀한 주옥 이백 개, 진나라 왕이 차고 다니던 보검 한 자루.

경리 대부 : 황금 오천 냥, 은 오백 정, 비단 오백 필, 골동품 한 수레(값을 따질 수 없는 보물들).

송유 대장 : 황금 오천 냥, 은 오백 정, 비단 오백 필, 청동 보검 한 자루(값을 매길 수 없을 정도의 보검).

진나라 왕이 초나라 중신들에게 아낌없이 뇌물을 주는 까닭은 무엇일까? 크게 세 가지로 살펴볼 수 있다. 첫째는 모사 장의의 머리가 회왕의 칼날 아래 떨어져 죽은 귀신이 되지 않도록 확실하게 보호하기 위해서이다. 둘째는 초나라 중신들을 농락하여, 눈앞의 작은 이익보다는 앞으로의 큰 이익을 염두에 두고 장래에 초나라의 국토를 약탈하려는 것이다. 셋째는 이 특이한 예물들은 모두 초나라에서 약탈해간 물건들이니, 원래의 주인에게 돌려주면서 생색을 내는 셈이다. 이는 바로 이해득실을 따지는 데 능한 진나라 왕의 영악함을 잘 보여주고 있다. 굴원이 이미 간파했듯이, 진나라는 결코 손해볼 일은 하지 않는 것이다.

음모를 계획하고 실시하는 데에는 재물이 기본이다. 재물은 울퉁불퉁한 앞길을 평평하게 만들어 막힘없이 달리게 하는 구실을 한다. 아래의 시는 당시의 상황을 해학적으로 묘사하고 있다.

장의 향한 감옥 대문 활짝 열리고,
번뜩이는 예리한 칼날 차가운 빛을 발하지만,
죄악을 심판할 방법이 없구나.
음모는 근상 관저에서 기획되는데,
요행 몇몇 대신들이 협력하는구나.
심혈을 기울이던 사람들은
끝내 방법을 생각해냈구나.
회왕에게 뇌물을 바칠 수가 있을까?
단연 안 되지!

근상은 회왕의 말투를 흉내낸다.

囚牢的大門向張儀敞開着,

鋥亮的利刃閃着寒光, 而無法對準罪惡.

陰謀在靳尙的官邸籌劃, 多虧了幾位大臣的合作.

嘔心瀝血的人, 竟想到了這麽一着.

能向懷王行賄嗎? 斷然不可!

靳尙套過懷王的口氣.

나팔을 불어도 가락이 울리지 않으니,

회왕의 총비를 찾아가는구나.

정수와 근상은 예로부터 단짝.

마음이 서로 맞아, 이익을 함께 나누는구나.

멋진 극 한 막, 징과 북 울리는구나.

喇叭不響調頭吹, 去找懷王寵妃.

鄭袖與靳尙, 歷來是搭檔.

志同道合, 利益分享.

一臺好戲, 鑼鼓敲響.

이제 장의를 둘러싼 문제의 해결 여부는 근상의 유세에 달려 있었다. 결단을 내리자, 근상은 즉시 후궁으로 발걸음을 재촉했다. 정수를 만나 장의와 관련된 사정을 이야기할 작정이었다. 정수는 몇 명의 궁녀들과 함께 어화원에서 놀고 있었다. 멀리서 근상이 바삐 오는 것을 본 그녀는 그가 찾아오는 까닭을 이미 짐작하고 있었다. 그녀는 손을 내저어 궁녀들을 물러가도록 한 다음 거침없이 입을 열었다.

"상관대부께서 오신 뜻이야 말씀하시지 않아도 저는 이미 잘 알고 있지요!”

정수는 얼굴 가득 웃음을 띠면서 애교스러운 눈빛으로 근상을 바라보았다.

그녀의 말을 듣는 순간 근상은 가슴속 응어리가 순식간에 풀어졌다. 오늘 그녀의 기분이 아주 좋았으므로 문제는 이제 반 이상 해결된 셈이었다. 그는 정수와 스스럼없이 이야기를 나눌 수 있는 오랜 단짝으로, 두 사람의 우정 역시 보통 이상이었다. 그녀는 근상을 떠날 수 없었고, 근상 역시 그녀를 떠날 수 없었는데, 하나같이 회왕을 등에 업으려 했기 때문이다.

“미천한 신하가 항상 왕후마마 배려로 홍복을 누리고 있지만, 왕후께서 ‘알고 계시는’ 일이 무슨 일인지 모르겠습니다. 자세히 듣기를 원하옵니다.”

“시치미 떼지 마세요. 그 누가 장의가 그대의 가까운 벗이라는 사실을 모르겠어요? 십중팔구 그를 위해 유세하러 온 거겠지요. 나를 통해 폐하께 권하여 장의의 죄를 묻지 않게 하려는 생각 아닙니까? 안 그래요? 상관대부님?”

근상은 듣고서 대단히 놀랐다.

“이왕 왕후마마께서 제가 온 뜻을 알고 계시니 사실대로 말씀드리겠습니다. 폐하께서 장의를 죽이려고 하는데, 이 일은 중대한 일과 관계되어 있으니 절대로 이 사람을 죽여서는 안 됩니다. 진나라와 초나라의 관계를 위해서 왕후마마께 장의의 목숨을 부탁드립니다. 일이 성사된 후에는 반드시 크게 보상해드리겠습니다. 왕후마마께서 원하시는 것이 무엇이든, 미천한 신하는 반드시 해드릴 것입니다. 반드시!”

“그대는 이미 폐하를 찾아가 장의를 위해 말씀드리지 않았는가요? 그대도 폐하가 어떤 사람인지 잘 알고 있잖아요? 폐하는 화가 나면 누구의 말도 듣지 않습니다. 말을 꺼내지 않는 것이 차라리 낫지, 말을 잘못 꺼냈다간 오히려 더 악화될 뿐입니다."

정수의 이 말은 사실이며, 일단 발을 빼겠다는 의미이기도 했다.

근상은 정수가 도와주는 걸 내켜하지 않는다는 것을 알고서 즉시 한 가지 계책을 떠올렸다.

"만일 폐하께서 장의를 석방하지 않는다면, 진나라 왕은 곧바로 상용(上庸, 지금의 호북성 죽산현 동남쪽 일대)의 여섯 고을과 몇백 명의 가무에 뛰어난 미녀들을 폐하께 보내어 장의를 되찾으려 할 것입니다. 이 미녀들이 폐하 곁으로 오게 되면 왕후마마와 총애를 다투게 될 터이니, 그때가 되면 왕후께서는 아주 불리해질 것입니다. 왕후께서는 깊이 생각해주십시오."

근상의 계책은 확실히 효과가 있었다. 그것은 마치 예리한 화살이 정수의 정곡을 찌르는 것과 같았다.

"장의를 살리려면 어떻게 해야 하지요?" 정수의 말투가 한결 은근해졌다.

"초나라와 진나라가 우호하면 전쟁은 그치고 나라는 태평해지며, 장차 왕후마마의 왕자아기씨는 순조롭게 초나라의 태자가 되어 왕위를 계승하게 됩니다. 장의는 왕후마마를 목숨을 구해준 은인이라 여기고 많은 예물을 바치게 될 터이니, 이것이 바로 일거양득이라는 것인데, 왕후께서는 어찌 기꺼이 행하려 하지 않으시려는 겁니까?"

"결코 장의를 위한 부탁을 거절하려는 것이 아닙니다. 단지 폐하의 성격이 괴팍하다는 점을 알려주려고 했을 따름이에요. 그대가 그렇게 안달하시니, 좋습니다! 승낙하겠어요! 제가 폐하께 가서 장의를 풀어달라고 권하겠습니다. 그렇게 하면 되는 거지요? 상관대부님?"

"왕후마마의 은덕에 감사드립니다. 일이 이루어지면 필히 보답하겠습니다." 근상은 눈썹이 펴지고 웃음이 넘쳐흐르는 표정으로 연신 감사하다고 말했다.

정수는 근상의 올가미에 걸려들었다. 그녀는 부득불 일을 시행할 수밖에 없다면 철저하게 해야겠다고 생각했다. 그러나 막상 회왕을 찾아가 사정을 하려고 하니, 너무나 어려운 일이라서 망설여졌다. 지금까지의 경험으로 볼 때, 총애하는 신하인 상관대부도 처리하지 못한 일이라면, 그녀에게도 어려운 일임에 틀림없기 때문이었다.

'설령 그렇더라도 노력은 해봐야지. 찾아보면 해결할 방법이 있을 거야.'

그녀는 회왕을 구슬러 장의를 구출해내기 위해 이리저리 머리를 짜냈다.

그날 밤, 정수는 회왕을 만나러 가기로 마음먹었다. 사람을 구하는 것은 불을 끄는 것과 같아서 기회를 놓치거나 질질 끌어서는 안 되는 법이었다. 그녀는 말을 어떻게 꺼낼 것인지 곰곰이 생각했다. 우선 회왕의 호감을 얻으려면 함부로 그를 찾아가서는 안 된다.

정수는 눈치가 빠른지라 회왕의 비위를 맞추는 방법을 잘 알고 있었다. 예를 들어, 어느 때 그를 찾아가야 하는지, 언제 찾아가면 안 되는지, 언제 어떤 일을 처리해야 하는지, 어느 상황에서는 어떤 말을 해야 하는지, 심지어 어느 때 울고 웃어야 하는지조차도 모두 계산에 넣고 있었다. 지금까지 그녀가 회왕에게 총애를 받고 있는 것은 아리따운 자색과 애교 때문이기도 하지만 이러한 영리함에도 있었다.

그녀는 자신의 모든 장점과 특기를 발휘하여 회왕이라는 견고한 요새를 점령해야겠다고 다짐했다. 그럼에도 불구하고 자신감이 떨어지는 것은 어쩔 도리가 없었다. 나이를 먹어가면서 아무래도 미모가 예전 같지 않았던 것이다.

그녀는 커다란 청동거울 앞에 앉아 자신의 모습을 찬찬히 살펴보았다. 자신감이 있다 해도 불안한 것은 어쩔 수 없었다. 그녀는 탄식했다.

"어느새 내 나이가 이렇게 되었구나. 세월은 참 빠르기도 하지."

그녀는 올해 막 서른 살이 넘었다. 사실 서른의 나이는 여인의 성숙기라고 할 수 있다. 성숙한 여체에서 흘러넘치는 아름다움과 매력은 남자들을 미혹시키는 묘약이다. 게다가 정수는 그녀만의 매력을 갖추고 있었다. 같은 나이 또래의 여자들에 비해 더욱 예쁜데다 치장할 줄 아는지라 유혹의 힘은 더욱 강했다. 그녀의 날씬하고도 균형 잡힌 몸매는 사람들의 감탄을 자아낼 만했다.

그녀는 자신의 육체가 얼마나 중요한지를 똑똑히 알고 있었다. 오늘 밤에 회왕을 보러 가야겠다고 마음먹은 그녀는 자신의 옥체를 깨끗하게 씻기로 했다. '회왕의 욕망을 불타오르게 해야 한다. 그래야 회왕이 다른 비빈들보다도 나를 더욱 총애하리라.'

그녀는 느릿느릿 걸어가 시녀를 불러 목욕 준비를 하라고 분부했다.

얼마 지나지 않아 목욕탕은 열기가 무럭무럭 오르고 수증기가 가득 피어올라 마치 선경과 같은 분위기였다. 그녀는 두 시녀의 부축을 받으며 천천히 욕탕 안으로 들어갔다. 두 시녀는 조심스럽게 그녀의 부드러운 살갗을 문질렀다. 그녀의 옥 같은 육체는 더욱 희고 부드러우며 매끄러워졌다.

그녀는 자신의 아름다움에 만족하면서도 조금은 조심스럽고 불안했다. 옛날에 비할 바는 아니지만, 회왕 슬하에 나이 어린 미녀들이 셀 수 없이 많은데다가 하나하나 나름의 매력을 지니고 있었기 때문이다. 나이 어린 미녀들은 젊음이라는 무기로 그녀와 맞서고 있었다. '오늘 밤 회왕을 유혹하는 데 성공할 수 있을까?' 그녀는 그다지 자신이 없었다.

그녀는 회왕의 침궁으로 가는 복도에 발을 내딛는 순간, 기쁨과 걱정이 교차했다. 혹 회왕이 그녀와 동침하지 않을까봐 걱정이 되었기 때문이다. 그저 화장으로 회왕을 유혹하기엔 아무래도 자신이 없었던 것이다.

복도는 길지 않았지만 너무나도 멀게만 느껴졌다. 그녀는 가뿐한 걸음걸이로 힘껏 균형을 유지하면서 걸어갔다. 그녀는 조마조마한 마음으로 회왕의 침궁에 들어섰다.

그녀는 아름다운 모습으로 회왕에게 다정히 기댔다. 그녀는 그의 심장이 맹렬하게 뛰는 소리를 어렴풋이 들을 수 있었다. 회왕은 너무나 기뻐서 그녀의 아름다운 뺨과 선홍색의 앵두 같은 입술에 뜨겁게 입맞춤을 했다. 회왕의 총애에 도취한 정수는 회왕의 손길에 몸을 내맡겼다. 회왕은 그녀의 몸을 마음껏 탐닉했다. 회왕은 몽롱한 가운데에서 정수가 무언가를 조르고 있음을 어렴풋이 들었다. 장의의 죄를 묻지 말고 속히 석방시켜 돌려보내달라는 얘기 같았다. 그래서 그는 몇 번 응응 대답을 하고는 깊은 잠에 빠져들었다.

다음날 아침 조회에 회왕은 풀이 죽어 있는 근상을 바라보았다. 어찌 모르겠는가? 십중팔구 장의의 일로 잠을 이루지 못했으리라. 그래서 그는 근상에게 말했다.

"상관대부는 들으시오!"

"신 대령했사옵니다!"

"장의를 죽이지 않아도 되오."

"분부 받들겠습니다!"

"그러나 앞으로 두문불출하고 잘못을 뉘우치게 하시오. 다시는 과인을 농락하지 말라고 그에게 알리시오."

"신, 분부 받들겠습니다!"

근상은 나는 듯이 달려가 장의에게 이 소식을 전했다.

장의는 예상하고 있었지만, 오래 머무를 수는 없었다. 만약 제나라에 사신으로 갔던 굴원이 돌아오면 틀림없이 상황이 바뀔 것이었다. 장의는 즉시 결단을 내렸다. 그는 근상의 간곡한 만류에도 불구하고, 그날 밤 즉시 진나라로 돌아가기로 했다.

한편 굴원은 제나라를 떠나 잠시도 쉬지 않고 주야로 말을 달렸다. 말도 사람도 허기지고 지쳤지만 그는 잠시도 쉴 수 없었다. 피로가 극에 달한 채 굴원은 제나라 백성들의 우정을 가득 싣고서 수도 영으로 돌아왔다.

굴원은 집에 가서 가족들을 볼 여유도 없이 곧바로 궁궐로 들어가 회왕을 알현했다. 굴원은 제나라와 초나라의 외교 회복 문서를 회왕에게 바쳤다. 그런 다음 간단명료하게 양국의 교류에 대한 제나라 왕의 견해와 건의를 아뢰었다.

회왕은 굴원의 보고를 듣고 나서 그의 천재적인 외교력에 매우 만족해했다. 굴원의 노고를 치하한 다음, 회왕은 장의를 석방한 일에 대해 그에게 말했다. 회왕의 이야기를 듣자, 굴원은 미간을 찌푸린 채 한참 동안 입을 열지 못했다.

안타까워하는 굴원의 모습에 회왕은 몇 마디 덧붙였다.

"근상 등 원로 신하들이 힘써 간하는 바람에 과인이 일시 마음이 약해진데다, 인정을 따르다보니 그렇게 되었소."

굴원이 아뢰었다.

"폐하! 폐하를 속인 자를 어찌하여 살려 보내셨습니까? 그 사람은 대죄인이며, 그 죄는 필설로 다 표현할 수 없을 정도입니다. 우리나라의 철천지원수인 그를 살려 보낸 것은 호랑이를 다시 산으로 돌려보낸 것과 같은 것이옵니다. 그자는 인정이라고는 조금도 없으며, 은혜에 감사할 줄도 몰라서 훗날 초나라에 더 큰 해악을 끼칠 것입니다. 그를 살려 두는 것은 우리 초나라의 화근이 될 터이니, 그를 죽이지 않고서는 먼저 간 장령들의 영혼을 위로할 수 없습니다!”

회왕은 굴원의 말을 듣자 후회막급이었다. 그는 장의를 뒤쫓으라 명령했다. 하루를 뒤쫓았지만 장의의 그림자조차 볼 수가 없었다. 영악하고 교활한 장의는 굴원이 돌아오게 되면 반드시 자기를 죽이리라는 것을 잘 알고 있었기에, 칙령을 듣자마자 새장 속을 나온 새가 하늘 높이 날아오르듯이 달아났던 것이다.

여색에 눈이 먼 근상

겨울이 오는가 했더니 어느새 한겨울이 되었다.

굴원은 궁궐 밖 교외를 한가로이 거닐며 파란 하늘을 올려다 보았다. 그는 굶주림과 추위에 시달려 이리저리 날아다니는 새들을 응시하면서 쓸쓸함을 이기지 못했다. 곳곳이 눈에 쌓여 얼어 있었고 강과 산들도 추위 속에 꽁꽁 갇혀 있는 듯했다. 낟알 한 톨 보이지 않는 곳에서 새들은 허기진 배를 채워줄 먹이를 찾아 분주히 날아다녔다. 하루 또 하루 굶주림과 추위에 모두들 위협받고 있었다.

굴원은 먹이를 찾아 날아다니는 새들을 보다가 자신도 모르게 긴 탄식을 했다.

"가련한 새들아, 너희들은 언제쯤 이 배고픔과 추위에서 벗어날 수 있을까?"

이즈음 근상은 조정의 권력을 마음대로 휘두르고 있었다.

그의 호화스런 응접실은 휘황한 등불로 환했다. 귀족 및 나이 든 신하들이 자연스럽게 오고가는 그곳은 또 다른 조정이었다.

근상은 조정을 좌지우지하는 제2의 권력자였다. 그는 나라의 큰일은 먼저 이곳에서 계획하여 초안을 세운 뒤에 회왕에게 보고하도록 했다. 심지어 어떤 중대한 일은 아예 회왕에게 전하지 않는 경우도 있었다.

'모르면 모르는 대로 그 나름의 이점이 있지. 어여쁜 후궁들을 데리고 즐겁게 놀기에도 바쁜데, 골치 아픈 일이 많아서야 좋을 게 없지.'

회왕은 이렇게 생각한 후에 아예 보고도 못 본 척, 들어도 못들은 척 내버려두었다. 아침 조회는 형식적이어서 국사를 물어보는 사람도 없고 각자가 꿍꿍이 속셈으로 자기의 이익들만 도모할 뿐이었다.

예를 들면, 권력욕에 사로잡힌 근상은 전심으로 권력을 도모했고, 색욕에 빠진 회왕은 오로지 여인만 밝혔다. 회왕을 꼭두각시라고 말하는 이도 있었다.

'꼭두각시 군왕 노릇을 한대도 나쁠 건 없지. 유유자적 복을 누릴 수 있으니.'

물론 입으로 이렇게 말하지는 않았지만, 회왕은 속으로 이렇게 생각하고 있었다.

'아름다운 후궁들이 삼천 명이나 되는데, 바삐 살아 무엇 하겠는가? 게다가 아직도 부족한 듯한데……'

사흘이나 닷새에 한 번씩 유곽에 나가 여색을 즐기는 것은 회왕의 취미였다. 여색을 향한 탐욕은 그를 신바람 나게 했다. 이처럼 유유자적 여복을 누리고 있으니, 어찌 국가대사에 간여할 여력이 있겠는가?

이로 인해 초나라의 정권은 완전히 근상과 귀족의 손안에 들어가 그들에 의해 좌지우지되었다. 그들은 알게 모르게 서로 협력하다가도 서로 옥신각신 싸우기도 했다. 튼실했던 사직은 마침내 일부 극소수의 정치모리배에 의해 엉망이 되고 말았다. 사회 질서는 극히 혼란해졌고, 민심은 뿔뿔이 흩어지고 이반되었다.

경제는 쇠락했고 물품이 모자라니 값은 뛰어올라 절망적인 상황에 빠지게 되었다. 외교에 있어서도 근본적인 좋은 방책이 없이, 진나라와 관계를 맺어 제나라와 대항했다가 진나라에 대항하여 제나라와 관계를 맺기도 했다. 변덕스러워 갈피를 잡을 수 없는 상황이 계속되었다. 이로 인해 국가대사는 날로 엉망진창이 되고, 백성은 안심하고 살 수가 없게 되어, 거리와 골목 여기저기서 원성이 하늘을 찌를 듯했다.

이러한 때 굴원만은 충성에서 우러나온 걱정으로 밤잠을 이루지 못했다. 눈으로 보고 귀로 들으며 상심하던 굴원은 자신의 생명을 돌보지 않고 앞으로 나아가 간언했다.

"폐하, 현명하고 능력 있는 선비들을 가까이 하시고 간신들을 멀리 하십시오. 국사를 중히 여기시고 지난날의 잘못을 깊이 뉘우쳐 고치십시오. 솔선수범하시어 진흥책을 세우시면, 나라는 반드시 융성할 것입니다!"

그러나 굴원의 간언은 간사한 무리들의 공격을 받았다. 그들은 굴원이 회왕을 공격한다고 중상모략했다. 그들은 오로지 권력 장악에 혈안이 되어 있었다. 그들의 말만 믿은 회왕은 굴원을 반골 기질이 있는 지극히 위험한 인물로 보았고 숙청해야 할 대상이라고 여겼다. 굴원은 또 다시 고립되고 말았다.

군왕이 어리석고 신하가 간사하면 아무리 옳은 일이라도 그릇된 일로 변하는 것은 흔히 있는 일이다. 굴원이 또 한 차례 숙청을 당하게 된 것은 필연적인 결과였다. 굴원에게는 두문불출하고 잘못을 뉘우치라는 칙령이 떨어졌다. 온종일 할 일이 없는 굴원은 자주 교외로 나가 새들을 보면서 가슴속에 쌓인 원망을 털어버렸다. 그는 새들이 누리는 자유가 부럽기도 했지만 새들의 참담한 하루하루에는 가련한 생각이 들기도 했다.

귀족들이 수월하게 굴원의 무리를 제거하자 근상은 모든 일을 자기 마음대로 결정했다.

회왕은 오랫동안 후궁들과 어울리느라 원기가 극도로 쇠퇴하여 집무를 볼 수가 없었다. 드디어 간신들이 권력을 장악하여 치부를 일삼을 수 있는 좋은 기회가 온 것이다. 간신들이 권력을 장악하자, 시국은 갈수록 나빠졌다. 일찍이 일곱 나라의 우두머리로서 천하의 패권을 차지하려던 꿈은 산산조각 나버린 채, 멸망의 위기에서 헤어나올 수 없게 되어버렸다.

일곱 나라의 각축전은 매우 심각했다.

진나라와 초나라는 국경을 맞대고 있는지라 서로에 대한 적대심이 대단했다. 당시 사람들은 다음과 같이 말했다.

"초나라가 강하면 진나라가 약해지고, 진나라가 강해지면 초나라는 쇠약하게 된다."

조화의 여지가 없는 한 진나라와 초나라는 '너 죽고 나 살자'식의 적대적인 관계에서 빠져나올 수 없었다. 이러한 상황으로 봤을 때 초나라 회왕은 현실에 대한 명확한 인식을 하고 하루빨리 부국강병을 도모해야 마땅했다. 그러나 회왕은 정반대의 길로 나아갈 뿐이었다. 그는 자신의 행태를 수치스럽게 여기기는커녕 점점 더 빠져나올 수 없는 나락으로 미끄러지고 있었다.

진나라는 항상 초나라를 없애려는 생각을 품고 있었는데, 이러한 형세를 초나라의 식견 있는 선비들이 어찌 모를 리 있겠는가? 그러나 쫓겨난 신세의 굴원은 힘을 쓰고자 하여도 쓸 수가 없었다. 그는 어찌할 수 없는 마음에 혼자 외쳤다.

"사람들이 모두 취해 있어도 나 홀로 깨어 있네!"

굴원을 둘러싸고 초나라의 통치집단 내부는 또 한 차례 사분오열되는 국면을 맞이했다. 파벌들이 우후죽순처럼 생겨났던 것이다. 이들은 저마다의 속셈들을 가지고 다투었으며, 이로 인해 초나라는 더욱 쇠약해졌다.

이에 비해 진나라는 때맞추어 초나라에 대한 대책을 강구하여 교란과 파괴 공작을 진행했다.

어느 날, 진나라 왕은 문무대신들에게 말했다.

"과인은 근래에 초나라에 내분이 일어나 군신 간에 화합하지 않을 뿐만 아니라, 파벌들이 많아 혼란이 극에 달했다고 알고 있소. 특히 마음을 기쁘게 하는 것은 귀족과 일부 대신들이 연합하여 굴원의 변법을 반대하고 회왕과 굴원의 관계를 이간질하고 있다는 사실이오. 들려오는 이야기에 따르면, 굴원은 재차 귀양을 가고 그의 변법은 완전히 실패했다고 하오. 현재 초나라의 형세는 어진 재상이 없고 군에는 훌륭한 장수가 없는 꼴이오. 이는 하늘이 내려준 천재일우의 기회이니, 우리나라가 초나라를 어떻게 대응해야 할지 경들께서는 서슴지 말고 견해를 말씀해보시오!"

대신들은 서로 얼굴만 쳐다볼 뿐 한참 동안 계책을 내놓는 자가 없었다. 잠시 후, 한 장수가 군대를 일으켜 초나라를 쳐부술 것을 건의했지만 그의 견해를 두둔하는 사람은 없었다. 이때 장의가 앞으로 나아가 간했다.

"폐하께 아뢰옵니다. 미천한 신의 견해로는 현재 출병하는 것은 시기상조라고 봅니다. 초나라는 국토가 넓습니다. 속담에 '부잣집은 망해도 삼 년이 간다'고 했습니다. 최근 초나라의 조정이 비록 혼란하다고 하지만 아직도 강력한 군대가 있고, 국고는 부족하다고 하나 아직도 일정한 양이 남아 있습니다. 따라서 무력으로 강공책을 펴는 것은 마땅치 않으며, 먼저 교묘한 계책으로 조정을 어지럽히고 나라살림을 피폐케 하며,

군사 역량을 소진시킨 후에, 마지막으로 출병하는 것이 옳다고 봅니다. 이렇게 하면 적은 노력으로 커다란 효과를 거둘 수 있고 국토와 재산을 빼앗을 수 있으며, 초나라를 멸망시켜 천하를 통일하는 토대를 마련할 수 있을 것입니다.”

진나라 왕은 장의의 심오하고 날카로운 주장에 동의하며 말했다.

“경의 말이 지극히 옳으오. 그런데 어떤 묘책으로 초나라에 승리할 수 있겠소?”

“미인계는 비록 진부한 술수이기는 합니다만, 적중률이 높은 묘약이니 다시 한 번 사용하여도 괜찮을 것입니다. 회왕은 호색에 절제가 없는 사람입니다. 초나라에 아름다운 후궁들이 삼천 명이나 있다고 하지만, 이젠 퇴물들에 지나지 않습니다. 회왕은 이국의 미녀들을 좋아하는 취미가 있는데, 제가 일찍이 그를 위해 그러한 선물을 해준 적이 있기에 잘 알고 있습니다. 회왕에게 한 무리의 미녀들을 보내어 그의 비위를 맞추고 밤낮으로 환락만을 찾게 한다면, 그는 반드시 폐하의 코뚜레에 코를 내맡기는 꼴이 될 것입니다.”

“이렇게 한다면 두 나라의 관계는 공고해지고, 우리의 목적 또한 달성될 것입니다. 회왕은 미녀를 보는 순간 감정을 억제하지 못하고 조정의 일에 등한한 채, 근상에게 권력을 남용하도록 내버려둘 것입니다. 근상이 초나라의 정권을 장악하면 초나라가 혼란에 빠지는 거야 불 보듯 뻔합니다. 그의 권세가 크면 클수록 우리나라에는 유리합니다. 그 사람을 제가 잘 알고 있는데, 그는 이익을 보면 의리를 생각하지 않는 인물입니다. 그는 뇌물만 받으면 자신의 양심까지도 우리에게 헌납할 것입니다. 그러하오니 무엇을 이루지 못할까 걱정할 필요가 없사옵니다!”

“문관으로는 근상이 있고, 무관으로는 소휴가 있는데, 이 두 사람과 비밀리에 계약을 맺으면 일은 더욱 쉽게 처리할 수 있을 것입니다. 가령 굴원이 우리들의 계획을 간파해서 반대한다 해도, 그때는 이미 엎질러진 물이라서 어찌할 도리가 없을 것입니다. 초나라의 대세는 이미 기울고 우리들의 묘책은 성공할 것이기 때문입니다. 때가 되면 막대한 이익을 챙길 수 있을 것입니다!"

진나라 왕은 수염을 쓰다듬으면서 흠모의 눈으로 장의를 바라보았다. '정말 이자의 모략은 출중하구나. 참으로 쉽게 얻을 수 없는 모사꾼이야.' 이렇게 생각한 후에 자기도 모르게 흥분하여 입을 열었다.

"여색으로 나라를 망하게 하는 묘약이야 옛날에도 이미 있었소. 주왕紂王은 달기妲己를 총애하다가 망했고, 오왕吳王은 서시西施를 탐하다가 멸망했는데, 그 뒤를 초나라 왕이 잇겠다니, 하하하……."

"과찬의 말씀이십니다!" 장의는 황송한 표정으로 말했다.

"제가 죽으면 저에 대한 평가는 크게 엇갈릴 것입니다. 틀림없이 비난이 많고 칭찬은 적을 것입니다. 진정으로 영원한 명성을 날리실 분은 폐하이십니다. 영명하시고 과단성이 있으시며, 어진 이를 받드는 위인의 풍모를 지니셨으니, 틀림없이 청사에 길이 남을 것이옵니다."

"경의 말은 옳지 않소. 그대는 나의 책사로서 나를 도와 천하를 얻게 했으니, 어찌 사서에 이름을 남기지 못할 리가 있겠소? 관중이 제나라 환공을 보좌하여 세상에 널리 이름을 알리는 위대한 영예를 얻었는데, 그것이 좋은 예지요? 과인의 말이 틀렸소?"

장의는 그러한 욕망은 감히 바라지 않는다는 듯 그저 웃고 있을 따름이었다. 그는 진나라 왕에게 버림받지 않고 천수를 다한 후 재상의 예로 장례를 치를 수만 있다면 그것으로 족하다고 생각했다. 죽은 후의 이름을 무엇 때문에 도모한단 말인가? 그는 다시 입을 열었다.

"미천한 신이 어찌 감히 명재상인 관중과 비길 수 있겠습니까? 소인은 아무것도 원치 않으며, 오직 폐하께서 믿어주시기만을 바라올 따름입니다. 저를 믿어주신다면 진나라의 패업을 위해 죽을 때까지 온 힘을 다 바치는 것으로 족하옵니다!"

"과인은 평소 경을 나의 수족처럼 여겼는데, 오늘 어찌 그런 말을 하시오? 과인이 다른 마음을 품을까봐 의심하는 것이오?"

장의는 자리에서 일어나 왕에게 걸어가 무릎을 꿇고서 침통하게 말했다.

"폐하께서는 제 뜻을 오해하셨습니다! 미천한 신은 만 번 죽어도 폐하의 등용의 은혜에 보답할 수 없음을 다만 한스러워할 따름입니다. 그러므로 일은 반드시 몸소 처리하여 한 치도 소홀함이 없도록 해야, 효율적으로 일을 잘 처리한다는 찬사를 들을 수 있습니다. 사실 저 장의는 많은 재주를 지니고 있지 않습니다. 다만 게으름을 피우지 않고 일을 몸소 처리할 따름입니다. 재주가 있다면 바로 이것뿐이옵니다."

"하하하……." 진나라 왕은 얼굴에 기쁜 빛을 띠고 말했다.

"과인은 그대의 솔직담백함을 좋아하오. 그대와 나는 허물없는 사이이니 말하지 않으면 그만이지만, 말을 한다면 못할 말이 없어야지요. 방금 한 말은 순전히 농담이니 그대는 개의치 마시오! 이제 그대가 계책을 잘 세워 하루속히 성공을 거두었으면 하오. 과인이 후한 상을 내릴 것이오!"

매일 온갖 정사를 처리하느라 바쁜 재상이 뜻밖에도 몸소 미녀 선발을 주관했다. 이는 이 계책이 얼마나 중요한지를 말해주고 있었다. 그는 미녀 선발에 있어서 조금도 소홀하지 않았다. 키가 커도 안 되고 작아도 안 되었으며, 피부가 너무 하얘도 안 되고 검어도 안 되었다. 피부와 몸매, 키와 탄력 등 일체의 모든 것이 적당한 미녀만 선발하고자 했다.

그리하여 전국 방방곡곡에서 선발된 이백 명의 미녀 중에서, 장의의 심사에 의해 최종적으로 스무 명이 선발됐다. 이것이 바로 이른바 '쌍십雙十 미인계'였다.

스무 명의 미녀들은 궁궐로 들어온 이후 예의와 가무를 배우고 절묘한 기술을 전수받았다. 심혈을 기울여 길러낸 스무 명의 미녀들은 한 명 한 명이 모두 아름다웠다. 그녀들을 바라보면서 장의 역시 욕심이 생겼지만 계책이 물거품이 될까봐 자신의 욕망을 억눌렀다.

얼마간 시일이 흐른 후, 장의는 그녀들의 연기를 테스트했다. 그녀들의 연기를 감상한 후, 그는 탄복하면서 말했다.

"아아! 아름답구나, 아름다워! 이 미인부대는 비록 스무 명이지만, 정규군 병력을 전장에 투입하는 효과에 결코 뒤지지 않겠구나. 게다가 이 미녀들은 어디에 써먹어도 훌륭히 임무를 수행하겠는걸!"

장의는 진심으로 이 미인부대를 좋아했으며, 그의 찬사는 결코 과장이 아니었다.

장의는 자신의 묘책을 실행할 시기가 다가오자, 진심으로 기쁘고 위안이 되었다. 그는 한 걸음 더 나아가 생각했다. '다시 회왕에게 한 무더기 골동품과 노리개를 보내 그를 유혹해야겠어. 그가 여색에 빠져 있을 때 몰래 군신 간에 이간질을 시키고 갈등을 일으켜 각자 다른 꿍꿍이를 품도록 해야겠어.'

어느 날 장의는 자신의 생각을 진나라 왕에게 아뢰었다. 진나라 왕은 실수를 할까 두려워 장의에게 말했다.

"경이 말한 바는 내 뜻과 일치하지만 구체적인 부분까지 완벽해야 하오. 훔치려던 닭은 훔치지도 못하고, 공연히 쌀만 한 줌 손해를 본다면 얼마나 안타까운 일이겠소!"

"영명하신 말씀이옵니다! 말씀대로 분부를 받들겠습니다. 각 부분을 엄밀히 점검하여 만에 하나라도 실수가 없도록 하겠사옵니다. 그렇지만 회왕은 제가 잘 알고 있습니다.”

진나라 왕이 여전히 미심쩍은 표정을 짓고 있자, 그는 몇 마디 덧붙였다.

“이 계책이 성공하지 못한다면 저를 문책해주십시오! 어떠한 벌이라도 달게 받겠습니다!”

“그럼 좋소. 과인은 이전부터 그대의 지혜와 책략이 비범함을 믿어 왔고, 그대 또한 중대한 국사 처리에 착오를 저지른 적이 없었소. 이 때문에 과인은 자만한 군대는 반드시 패하고 만다는 사실을 유념하도록 경에게 경각심을 주고자 한 것뿐이오. 이미 빈틈이 없이 준비되었으니 계획에 따라 실행하시오!”

“폐하께서 믿어주시니 황송하옵니다. 신, 폐하의 뜻을 시행하도록 하겠사옵니다!”

때는 봄이 대지에 훈김을 불어넣는 시기였다. 새들은 지저귀었고, 복숭아꽃은 연분홍으로, 배꽃은 하얗게 만발하여 봄기운이 가득했다. 진나라 사신은 천사같이 아름다운 스무 명의 미녀와 다섯 수레의 골동품, 그리고 노리개를 싣고서 초나라의 도성에 도착했다.

상관대부 근상은 몸소 성 밖까지 나와 영접했다.

진나라 사신은 초나라 영빈의장대가 멀리 교외까지 나와 엄숙하게 기다리는 것을 보고 기쁨을 감추지 못했다. 먼 길에서의 피로가 갑자기 사라져버리고 발걸음도 가벼워졌다. 그는 근상의 면전에 이르러 두 손으로 선물 품목이 적힌 종이를 높이 들고 말했다.

“진나라 왕께서는 두 나라의 영원한 우의와 앞으로의 발전을 위해 특별히 미천한 신하를 귀국에 파견하여 미녀 스무 명과 희귀한 보물 다섯 수레를 삼가 바치도록 했으니 기꺼이 받아주시기를 바라는 바입니다!”

근상은 앞으로 한 걸음 크게 나아가 두 손으로 그 종이를 받아들고 손을 맞잡고 말했다.

"사신께서 천리가 멀다 하지 않고 오셨으니, 열렬히 환영하는 바입니다!"

"백문이 불여일견이라 했습니다. 사람들이 귀국은 손님을 잘 대접한다고 칭찬이 자자하던데 과연 헛된 말이 아니군요!" 진나라 사신은 감개무량한 듯 말을 이었다.

"저는 일개 말단 관리에 불과한데, 어찌 감히 상관대부께서 수고롭게 친히 성 밖까지 마중을 나오셨습니까? 참으로 영광스러우면서도 송구하기 짝이 없습니다!"

그들은 서로 의례적인 말을 주고받으며 정중하게 예를 갖추었다. 진나라 사신이 미처 소개하기도 전에 근상은 미녀들을 보았다. 그는 마치 고양이가 물고기를 탐내듯이 끓어오르는 욕정을 참을 수가 없어서 의장단의 우두머리라는 신분도 잊은 채 미녀들과 선물들에게서 눈을 떼지 못했다. 그는 흥분을 감추지 못하며 손님들을 숙소로 직접 안내하여 쉬도록 했다.

근상이 선물 품목이 적힌 종이를 펼치자, 맨 위에 적혀 있는 그의 이름 옆에 후한 예물 목록이 적혀 있었다. 그는 미칠 듯이 기뻐하면서 말했다.

"귀빈 여러분! 오늘밤은 여기에서 편히 쉬시도록 하십시오. 저녁에 귀빈들을 위한 환영만찬이 예정되어 있습니다. 그리고 내일 궁궐로 들어가 폐하를 뵈올 것입니다. 이처럼 안배했는데, 여러분들의 생각은 어떠신지요?"

진나라 사신이 말했다. "아주 좋습니다. 그 뜻을 따르겠습니다. 다만 한 가지 작은 청이 있는데, 대부께서 도와주실 수 있으신지요?"

"말씀하시지요. 제가 최선을 다해 도와드리겠습니다."

"두 나라가 비록 지척에 있는 이웃이라고 하지만, 인정세태와 풍속습

관이 모두 다 같을 수는 없지요. 스무 명의 미녀들은 아름답긴 하지만, 모두 민간 출신들인지라 지식과 예절이 매우 미약하여 왕을 즐겁게 해 드리지 못할까 두렵습니다. 그래서 외람된 말씀이오나……."

진나라 사신은 하고 싶은 말을 꾹 참으면서 눈썹을 찌푸리더니 근상을 한참 동안 응시하다가 말을 이었다.

"대인께서 미녀들을 댁에서 며칠 동안 훈련을 시키고 난 후, 궁궐로 들여보내는 것이 어떻겠는지요! 그런 다음에 폐하께 보내드려도 늦지는 않겠지요."

진나라 사신은 무언가 암시하는 듯한 은근한 눈빛으로 근상의 표정을 살폈다. 그의 뜻을 알아차린 근상은 기분이 고조되어 하하 웃더니, 머리를 끄덕여 허락을 표시했다. 진나라 사신은 근상이 올가미에 걸려드는 것을 보고는 임무의 반은 이미 성공을 거두었다고 판단했다.

근상은 흐리멍텅하면서도 똑똑한 사람이다. 그는 큰일에는 흐리멍텅하지만, 사소한 일에는 똑똑했다. 다른 사람들과는 정반대인 이런 점이 장의의 마음에 쏙 들었다. 근상은 진나라 사신의 말에 은근한 암시가 감추어져 있음을 알고서 기쁨에 겨워 실눈을 뜬 채 경국지색의 미녀들을 바라보았다. 심장이 두근두근거렸다. 사람이 이 지경에 이르게 되면 군신 간의 예는 깨끗이 잊어버리게 된다.

'색욕의 대담함은 하늘만큼이나 크다'고 하더니, 군왕이건 아니건 돌아볼 겨를이 있겠는가! 근상은 곰곰이 생각했다. '이는 회왕에게는 공개적으로 선물하고 나에게는 은밀히 선물을 주는 것이니, 장의가 내 마음을 잘 알고 있다는 것이며, 그가 나를 회왕보다 더욱 중시하는 것이다. 내 이름 아래에 적혀 있는 후한 선물 목록이 바로 그 증거이리라. 미녀들에 관해 기록하는 건 당연히 모양새가 좋지 않았겠지. 그는 오로지 내용을 따질 뿐 형식은 신경쓰지 않는 유실무명有實無名의 나의 개성을 잘 알고 있는 거야. 진나라 사신의 말은 결코 농담이 아닐 터인데, 이는 아마도 장의의 지시를 받은 것이리라. 내가 먼저 재미를 본 다음에, 그 늙은 호색한에게 보내주어야겠다. 내가 보건대 장의도 그걸 원했을 것이다.'

장의가 지지해주고 있으니 근상의 담력은 더욱 커졌다. '입 속에 살코기가 놓여 있는데 먹지 않을 이유가 없지 않은가!' 그는 이처럼 나름의 논리를 내세우고 나자, 미인들과 즐기고 싶은 마음에 한시도 지체할 수가 없었다. 그날 저녁 진나라의 사신은 미녀들을 전부 근상의 저택으로 보내주었다.

근상은 아침에 조정에 나가는 일을 깡그리 잊어버렸다. 그러고는 온종일 색욕을 마음껏 즐겼다. 기분이 좋으면 시간은 대단히 빨리 흘러간다. 사흘이 하루같이 느껴질 정도였다.

한편 회왕은 근상이 웬일로 사흘이나 조정에 나오지 않는지 몰라 매우 염려되었다. 그는 내시를 보내 살펴오라고 했다.

명을 받고서 근상의 집에 간 내시는 그가 아주 떠들썩하게 놀고 있는 것을 보게 되었다. 또한 주위 사람에게 물어서 진나라에서 미녀들을 보낸 사실도 알게 되었다.

다행히도 이 내시는 근상이 회왕 곁에 심어놓은 심복이었다. 만약 다른 사람이었다면 아마도 문제가 복잡해졌을 것이다. 내시는 문지기에게 안으로 들어가 상관대부를 만나야겠다고 말했다.

문지기는 회왕의 내시라는 말을 듣고 찍소리 하지 못한 채 급히 안으로 들어가 보고했다. 근상은 회왕이 사람을 보냈다는 소식을 듣고 깜짝 놀라 비로소 며칠 동안 조정에 나가지 않았음을 생각하고는 허둥지둥 자리에서 일어났다. 집안 하인은 그의 단정하지 못한 의관을 보고 웃을 수도 울 수도 없어 급히 가로막고 말했다.

“나리께서 이와 같은 모양으로 손님을 맞이하시면 실례가 되오니, 옷을 갖춰 입으신 다음에 나가시는 것이 좋으리라 여겨집니다.”

하인이 지적해주자 근상은 비로소 꿈속에서 깨어난 듯이 자기의 모습을 바라보고는 웃음을 지었다. 의관을 정제하지 않았음은 차치하더라도, 과도한 방사와 수면 부족으로 얼굴은 핼쑥한데다 연신 하품만 해대고 있었다. 빗지 않은 머리와 눈곱 낀 얼굴은 영락없이 기생집에서 풍류를 즐기는 오입쟁이 같아 보였다. 스스로 생각해보아도 온당치가 않았다. 만약 회왕의 내시가 보게 되면 체면을 잃게 될 뿐만 아니라 말썽이 날 수도 있기 때문이었다. 여기에 생각이 미치자, 근상은 문지기에게 분부를 내렸다.

“내시에게 내가 감기에 걸려 병상에서 일어날 수 없는지라 손님을 접대할 수 없다고 알리거라. 병이 다 나으면 즉시 조정에 나갈 것이니, 폐하께서 너그러이 용서해주시기만을 바란다고 하거라.”

“예!” 하인이 대답했다.

내시는 조정으로 돌아가 복명했고, 문지기가 말한 바대로 회왕에게 보고했다. 회왕은 반신반의했다. 그의 귀에 들려온 소문이 있었기 때문이다. 다만 근상의 위세가 너무 높아 그의 죄를 묻기가 어려워, 회왕은 마음이 답답하고 울적했다.

아무리 권세가 막강한 사람일지라도 그에 대한 밀고가 있기 마련이다. 근상이 군왕을 속이고 법을 어긴 채, 사사로이 진나라에서 대왕에게 헌납한 미녀와 재물을 숨겨두고 군왕을 속인 죄를 범했으니, 구족을 멸하지 않으면 백성들의 분노를 가라앉힐 수 없을 것이라는 내용이었다.

그제야 근상은 깨닫기 시작했다. 종이로는 결국 불을 감쌀 수 없다는 것을! 많은 사람들의 입을 막기란 어려운 것이며, 회왕이 알고 있다면 죄를 다스린다고 하지는 않겠지만 체면은 꼴사납게 된 것이다. 그래서 근상은 적당한 정도에서 그쳐야겠다고 마음먹었다. 자기의 것이 아닌 물건은 억지로 탐내서는 안 될 일! 좋은 물건일수록 재앙 역시 큰 법이다.

다행히도 근상은 적당한 선에서 만족할 줄 아는 자였다. 나흘째 되는 날 아침에 그는 진나라 사신을 데리고 회왕을 알현했다. 아울러 스무 명의 미녀와 다섯 수레의 재물을 회왕에게 보내 처리하도록 했다.

회왕은 시큰둥하게 그들을 접견하면서, 어찌하여 오래도록 불러도 오지 않았는지를 물었다. 근상은 만면에 웃음을 띤 채 말했다.

"미천한 신하가 우연히 질병을 얻어 집에서 몸조리를 하다가 조금 호전되어 조정에 나가려던 참에, 진나라 사신을 만나게 되었습니다. 진나라에서 약간의 진귀한 보물들을 보내왔는데, 여기 목록이 있으니 폐하께서 어람하시기를 청하옵니다."

근상은 선물 목록을 회왕에게 주고는, 귓속말을 하듯 소곤소곤 말을 이었다.

"폐하께서 현명하셔서 국사가 날로 융성해지니, 진나라 왕께서 폐하와 우호관계를 맺으려고 사신을 파견했는데 경국지색의 미녀 스무 명을 선물로 보내왔습니다. 여기에는 물론 장의가 벗으로서 커다란 역할을 했사옵니다. 이 아름다운 마음을 폐하께서는 거절하시면 아니 되옵고, 진나라와 영원한 우방으로서의 관계를 돈독히 하는 계기로 삼아야 하옵니다."

목록에 실린 귀중한 예물들을 본 회왕은 스무 명의 미녀를 보내왔다는 근상의 말을 듣자, 마음속에 일어나던 알 수 없는 불길이 절반으로 수그러들었다. 그래서 그는 일부러 화가 난 듯이 말했다.

"과인이 장의란 사람을 충분히 겪어보았는데, 그 사람은 매우 교활한 자이오. 이번에 그가 또 과인을 희롱하려고……."

"폐하, 그렇지 않사옵니다." 근상이 회왕의 말을 끊으면서 나섰다.

"그때와 지금은 사정이 다릅니다. 장의는 지난번에 자신을 죽이지 않은 은혜에 감사하여, 이번에 미녀와 후한 예물을 드려 사죄하고자 다시 왔사옵니다. 이는 우호적인 행동이라 여겨집니다. 만약 폐하께서 받지 않으신다면, 진나라 왕과 장의 재상의 호의를 묵살하는 것이 되옵니다. 이렇게 되면 우리나라에 도움이 되지 않으니, 폐하께서는 심사숙고하신 후에 행하시기를 청하옵니다!"

"경의 말에도 이치가 있소. 두 나라가 겨우 우호적인 연맹관계를 수립했는데, 마땅히 신중하게 고려해야겠지요. 이러한 외교적인 큰일은 여러 대신들의 의견을 들어본 다음에 가부를 결정해도 늦지 않으리라 생각하는데 어떻소? 오랫동안 굴원을 보지 못했는데, 그가 무얼 하고 있는지 모르겠소. 외교 업무 처리에 그는 상당한 재간을 갖고 있지 않소? 과인은 그에게 견해를 물어봐야겠소."

'이런 제길, 야단났군!' 근상은 아무것도 두려워하지 않았으나 유독 이 한 수만은 두려워했다. 굴원이라는 수는 그에게 치명적이었다. 그래서 그는 재빨리 입을 열었다.

"진나라는 우호관계를 위해 미녀와 재물을 우리나라에 보냈습니다. 이것은 구하려 해도 얻기 어려운 좋은 일인데, 폐하께서는 도리어 의심을 하고 계시니 이것이 어찌 된 일입니까? 이런 사소한 일을 폐하의 생각대로 처리하시지 않는다면, 어찌 신하들에게 권위를 세우실 수 있겠습니까? 만약 이 같은 소식이 밖으로 전해진다면, 제후들의 비웃음거리가 되지 않겠습니까?"

근상이 반박하자, 회왕은 또 마음이 동요되었다. 그는 얼버무리며 말했다. "경의 의견이 정 그렇다면 ……그대로 처리하시오!"

근상은 매우 기뻐서 급히 이어 말했다.

"신이 즉시 가서 진나라 사신에게 폐하를 알현하도록 하고, 스무 명의 미녀들도 함께 데리고 오겠습니다. 폐하께서 먼저 살펴보시고 마음에 드신다면 받으시고, 그렇지 않으면 완곡하게 거절하여도 늦지 않을 것입니다."

회왕은 묵묵부답 말이 없었다.

근상은 회왕의 성격과 취미를 잘 알고 있었다. 그는 성욕이 자기보다 훨씬 강할 뿐만 아니라, 색욕도 더욱 탐했다. 만약 경국지색의 미녀들을 본다면 마음속으로 틀림없이 기뻐할 것이고, 그에 따라 음욕이 일어나면 절대로 거절할 이유가 없을 것이다. 그는 자신감을 갖고서 미녀들이 궁궐에 들어와 왕과 귀족들을 즐겁게 해주기를 기다렸다.

잠시 후, 진나라 사신이 스무 명의 미녀들을 거느리고서 왕궁에 들어왔다. 그녀들은 마치 선녀같이 표연히 회왕 앞에 나타났다. 회왕은 미녀들을 보자마자, 눈을 동그랗게 뜨고 입을 쩍 벌렸다. 얼이 빠진 그의 모습은 마치 바보처럼 보였다. 근상은 자신의 예상이 들어맞자 속으로 몹시 기뻐했다. 마치 마음 한 켠을 짓누르고 있던 얼음덩어리가 녹아 없어진 듯했다. 그가 기쁨을 만끽하고 있을 때, 탄복하는 소리가 들려왔다. "인간세상에 이 같은 미녀들이 있다니!" 회왕이 미녀들을 보고 찬탄하는 소리였다. 그는 기뻐서 어쩔 줄 몰라했다. 스무 명의 미녀들은 총애를 다투듯 춤추는 자태가 나긋나긋했고, 눈으로 던지는 추파는 너무나도 사랑스러웠다. 노랫소리는 구성졌고 음악은 경쾌했으며 음탕한 내용은 사람들의 기분을 유쾌하게 했다. 회왕은 좌불안석이었다. 그는 몸을 앞으로 기울인 채 미녀들의 거동을 하나하나 응시하고 있었다. 비록 눈동자는 반짝이고 있었지만, 그의 마음은 이미 동요되어 제정신이 아니었다. 한 곡이 끝나고 또다시 한 곡이 시작되었다. 춤추는 여인들의 연기는 도저히 감정을 주체할 수 없게 했다. 그 노랫소리는 이러했다.

오늘밤은 좋은 날,

달빛 아래 꽃나무 앞에 미인이 몸을 숨기고 있네.

화려한 궁궐에는

상서로운 기운이 듬뿍 피어나네.

今宵是良辰, 花前月下藏美人.

瓊樓玉宇, 紫煙紛呈.

얌전하고 고운 자태 나긋나긋하며,

사모하는 마음으로 낭군을 그리워하네.

치맛자락 나풀거리며,

함께하고파 그리워하네.

窈窕輕盈兮, 嬋娟盼君.

裙裾翩翩兮, 思枕懷春.

아리따운 미녀들,

노랫소리 맑고 아름답네.

거문고, 비파소리 끊이지 않고,

사모하는 정 역시 끊이지 않네.

曼媛婆娑兮, 歌喉清麗.

琴瑟流水兮, 情意綿綿.

함께하고픈 그리움에, 빠르게 춤을 추네.

나라가 융성하니, 가무도 태평하네.

思枕懷春兮, 舞蹈翩躚.

國情隆昌兮, 歌舞升平

어깨와 등을 매끄럽게 흘러내리고 아름다운 모습으로 춤을 추는 미녀들의 모습은 회왕의 정신을 걷잡을 수 없게 만들어버렸다.

진나라 사신과 근상은 상황을 지켜보면서 자주 서로 웃음을 건넸다. 근상은 회왕에게 방해가 될까봐 진나라 사신에게 작별인사를 하라고 눈짓을 했다. 그러나 그들이 입을 열기도 전에 회왕이 손을 흔들어 그들에게 자리를 떠나라고 할 줄이야! 근상과 진나라 사신은 도망치듯 슬그머니 그곳을 빠져나왔다.

이때 회왕은 무대로 걸어가 가슴과 등을 드러내고 춤추는 무녀를 끌어안고서 한 곡 또 한 곡 춤을 추었다. 회왕은 나이가 이미 들어 체력이 부족했다. 잠시 춤을 추었는데도 숨이 가빠서 식식거리고 땀을 비 오듯 흘렸다. 그는 금방 기진맥진했다. 그러나 그는 여전히 마음 내키는 대로 미녀들을 껴안고서 희롱했다.

회왕은 스무 명의 미녀들을 떠나지 못하고 종일 환락을 즐겼다. 마음은 이미 조정의 정무를 떠났다. 조정의 업무는 완전히 근상에게 내맡겼으며, 나중에는 보고조차 받지도 않았다. 근상은 명분은 조정의 신하였으나 실제로는 군왕과도 같은 권세를 누렸다.

한 사람은 미녀를 탐하고, 한 사람은 권세를 탐했다. 그러고는 제각기 탐욕을 즐기면서 스스로 헤어나오지 못했다.

하루는 상관대부가 불현듯 생각이 나서 회왕을 알현했다. 그는 상대방의 의향을 탐색하듯이 물었다.

"진나라의 미녀들을 폐하께서는 어떻게 생각하시는지요?"

"아름답기는 아름다운데, 진짜가 아니로구먼!" 회왕은 입맛을 쩍쩍 다시면서 무언가 아쉽다는 듯이 대꾸했다.

근상은 잘 알고 있으면서 일부러 물어보았던 것이다. '이야말로 수박은 자신이 먹고 껍질만 내던져준 격이라고 할 수 있다. 회왕께서 설마 내막을 전혀 모르고 있단 말인가? 꼭 그렇지는 않을 거야! 여색에 빠져서 대신들을 만나지 않았기 때문일 거야.' 누군가 다음과 같은 노래를 지어 불렀다.

> 장의는 계책을 꾸미고, 근상은 이익을 챙기는구나.
> 후한 예물을 얻고, 미녀들은 첩이 되는구나.
> 회왕은 어리석어 헌 물건 쓰는구나.
> 욕망은 채울 길 없어, 품안으로 자꾸 끌어당기누나.
> 스스로 의기양양하여 밤낮으로 버리지 못하는구나.
> 국사를 묻지 않으니 근상은 만족하지만,
> 권력을 휘둘러 나라가 그릇되니 굴원은 화가 치미네.
> 삼려대부는 조정에 관여하지도 못하니, 화를 낸들 무엇하랴!
> 장의는 계책을 꾸미고, 근상은 힘을 쓰니,
> 안팎에서 호응하는 꼴이라 매우 위급하구나.
> 張儀使計, 靳尙受益. 一份厚利, 美女成親.
> 懷王昏庸, 二貨受用. 欲壑難塡, 摟在懷中.
> 自以得意, 日夜不棄.
> 國事不問, 靳尙滿意. 擅權誤國, 屈原生氣.
> 三閭大夫, 不管朝政, 生什麽氣!
> 張儀使計, 靳尙使力, 裏應外合, 危在旦夕.

장의의 계책은 초나라의 정권을 거의 전복시켰다. 사직은 어려움에 놓이고 경제는 날로 곤궁해지니, 백성들은 도저히 살 수 없다고 아우성이었다. 한때 강력했던 대국은 해골만 남아 있게 되었다. 생기 없이 의지할 곳을 잃고 떠돌아다니던 난민들은 들판에서 굶어죽었다.

　이러한 상황을 보고 있는 굴원의 마음은 아팠다. 그러나 마음에서 우러나오는 진심은 끝내 세상에 받아들여지지 않고, 온 힘을 다해 무언가 해보려 해도 아무것도 할 수가 없으니 어찌하랴! 그는 고독하고 우울했다. 화가 치민 그는 두 눈을 부릅뜬 채, 장의의 계략에 의해 욱일승천하던 나라가 한순간에 만 길 깊은 나락으로 떨어져 내리는 것을 그저 바라만 보고 있을 따름이었다.

인질이 된 태자의 도망

장의는 힘들이지 않고 미인계의 꿈을 이루었다. 이제 모든 것은 그가 계획한 대로 착착 실행되고 있었으며, 그가 바라던 이상의 돛대가 서서히 지평선 위로 솟아오르고 있었다.

진나라 왕이 꿈에도 바라던 이상은 장의의 도움으로 한 걸음 성큼 내딛게 되었다. 비록 아직은 웅대한 이상과 포부가 실현되지 않았지만, 장의처럼 유능한 모사꾼이 그를 위해 심혈을 다 쏟고 있으니, 어찌 근심하겠는가? 진나라 왕은 매우 흡족하게 미래를 전망했다.

어느 날, 그는 장의를 불러 초나라에 대한 정책을 논의했다. 초나라에서 숨 돌릴 틈을 주지 않고 승리를 거머쥘 수 있는 방책을 마련하기 위함이었다. 그리하면 초나라는 숨이 곧 끊어질 듯 위태로워질 것이며, 이 틈을 놓치지 않고 진나라 왕은 목을 조르기만 하면 될 것이다.

"경은 우리나라가 초나라에게 어떤 행동을 취해야 한다고 생각하시오? 이번에는 초나라가 손을 쓸 수 없도록 사납고 모진 수를 써야 할 텐데, 그대의 생각은 어떻소?"

장의는 잠깐 생각에 잠기더니 곧 입을 열었다. "폐하께 아뢰옵니다.

미천한 신의 견해로는 모략으로 승리를 얻는 방침에는 변함이 없습니다. 최근에 초나라 조정은 우리에게 교란되어 굴원을 비롯한 새로운 역량은 모두 도태되고 숙청되었으며, 이들이 주장한 변법 역시 철저히 파탄나버렸습니다. 대신 근상을 우두머리로 하여 일당 독재가 이루어져 형세가 매우 좋아졌는데, 이것은 우리나라에 매우 유리하며, 우리의 다음 단계의 기초가 되는 것이니, 폐하께서 말씀하신 '사납고 모진 수'는 매우 적절하고 정확하게 보신 것입니다!"

"오! 그렇소?"

진나라 왕은 만면에 기쁨이 넘치는 모습으로 수염을 쓰다듬으면서 가볍게 머리를 끄덕이더니, 아직도 기억에 생생한 듯 말했다.

"한 가지 일이 있는데, 경은 생각해본 적이 있는지요? 진나라와 초나라는 여러 차례 맹약을 맺었지만, 모두 오래지 않아 흐지부지되고 말았는데, 이건 어찌 된 까닭이오?"

"어리석은 저의 견해로는 초나라가 이랬다저랬다 했기 때문이라 보여집니다."

"그럼 어떻게 대처하면 좋겠소?"

"다스릴 방법이 있습니다. 맹약의 견실을 명목으로 삼아 조건을 내걸면 됩니다. 그 조건은 바로 태자를 우리나라에 인질로 보내도록 하는 것입니다. 만약 우리의 요구에 따르지 않으면, 초나라가 진심으로 결맹하지 않는 것이라 여겨 죄를 물으면 됩니다. 초나라는 최근 내우외환으로 제 몸도 보전하기 어려운 형편이니, 감히 우리나라와 무리하게 맞서지는 못할 것이옵니다. 태자를 평화와 바꾸는 일이니 해보아도 괜찮으리라 생각하옵니다."

"그 계책이 좋긴 한데, 아무래도 혈육의 정을 떼어놓는다는 것이 쉬운 일이 아니라서……." 진나라 왕은 머뭇거리며 주저했다.

진나라 왕이 선뜻 결정을 내리지 못하자, 장의는 덧붙여 설명했다.

"일반적인 상황에서야 그렇겠습니다만, 특수한 상황에서는 따질 필요가 없사옵니다. 신이 아는 바로, 회왕은 미녀들의 포로가 되어 자제할 능력이 없어졌으며, 국사는 모두 근상이 장악하고 있습니다. 이 계책은 이러한 상황을 감안하여 조정해야 하니, 일이 이루어지지 않을까 걱정하실 필요가 없습니다."

"이왕 그렇다면 일은 늦추지 말아야 할 텐데, 누구를 보내면 좋겠소?"

"백기 장군이 가장 적합할 것입니다. 충성심은 물론 지혜와 모략에 뛰어나고 무공이 빼어난 인물이니, 그가 초나라에 사신으로 간다면 손쉽게 성공할 것입니다."

진나라 왕은 머리를 끄덕이면서 말했다.

"백기는 방문단을 인솔하고 초나라에 사신으로 가도록 하고, 경은 그에게 적절한 대책을 직접 일러주시오. 이 일은 꼭 성공해야 하오. 실패해서는 안 되오!"

기원전 304년, 진나라는 백기를 초나라에 파견하여 인질을 보내도록 강요했다.

거만하고 강경한 진나라의 주장에 초나라 왕은 굴복하지 않을 수 없었다. 그는 태자인 횡橫을 진나라에 인질로 보내기로 승낙하고 말았다.

초나라 태자 횡은 결국 진나라로 갔다. 그는 신분이 태자이지만 태자가 아니기도 했다. 초나라에서 볼 때에는 태자의 신분이지만, 진나라에서 보기에는 태자가 아니었기 때문이다. 그는 진나라의 명실상부한 인질이었다. 자유롭지도 못했으며, 사람들에게 백안시당한 채 조롱과 감시를 받는 생활을 하게 되었다. 태자는 마치 하늘에서 땅으로 떨어진 듯 낙담했다.

'내우외환은 전부 근상 한 사람에게서 비롯되었어. 그로 인해 나라는 갑자기 기울어지고 나도 이렇게 굴욕적인 처지에 놓이게 된 거야. 어쩔 수 없는 일이겠지.'

초나라 태자는 이처럼 나라와 자신의 운명의 박복함을 탓하면서, 온종일 한탄하기만 했다. 그러나 그의 마음속 깊은 곳에서는 반항하는 마음이 싹트기 시작했다. 태자의 태도 변화에 주목한 진나라는 맹장을 보내 태자를 수행하도록 했다. 명목상으로는 태자의 안전을 보호하기 위함이라고 했으나, 사실은 몰래 태자의 활동을 감시하기 위함이었다. 태자는 어쩌다 규칙을 어기거나 분수 넘치는 일을 조금이라도 하면, 비난을 받거나 심지어 엄한 징벌을 받아야만 했다.

평소 하고 싶은 대로 해왔던 태자의 신분에서 졸지에 인질로 변해버렸으니, 그 차이는 그야말로 천양지차였다. 겉보기에는 그를 감시하는 사람이 없는 것 같았지만 은밀하게 뒤를 밟는 사람이 있었던 것이다.

태자의 불행을 그 누가 동정하겠는가? 그에게는 의지할 만한 이도, 동정하는 이도 없었다. 외롭고 쓸쓸한 태자는 어찌할 수 없이 불만을 가득 품은 채 하루를 일 년처럼 지내야만 했다. 자신의 모진 운명을 원망하면서 참고 견딜 수밖에 없었지만, 언제 인질생활이 끝을 맺게 될지 아무도 알 수 없는 노릇이었다.

진나라와 초나라의 인질 문제에 관한 문서에는 다음과 같은 내용이 규정되어 있었다.

"초나라 태자가 진나라에 들어와 인질이 됨은 상호 간에 침범하지 않음을 원칙으로 한다. 만약 초나라가 진나라를 침범할 경우, 태자는 칼로 베어질 것이며……."

그러나 진나라가 성실하게 맹약을 이행한 적이 있었던가? 초나라 태자가 진나라에 들어간 지 일 년이 되었을 무렵, 진나라가 초나라 국경선을 누차 침범하는 일이 발생했던 것이다. 이렇다면 상호 간에 침범하지 않는다는 규정이 무슨 소용이 있겠는가? 진나라는 초나라를 침범할 수 있지만, 초나라는 진나라를 침범해서는 안 된다는 의미일 뿐이었다. 그렇지 않으면 진나라는 태자를 칼로 베려 할 것이다. 이건 관리들이 불을 지르는 건 괜찮고, 백성들은 등불도 켜서는 건 안 된다는, 강도와 같은 논리일 뿐이었다.

진나라의 계책은 세상의 인심을 얻지 못했다. 마침내 제후국들이 공분하여 진나라를 이리나 호랑이와 같은 무지막지한 나라라고 꾸짖기에 이르렀다. 초나라 태자는 비록 나이는 어렸지만, 진나라의 허울 좋은 '평화'가 얼마나 허위적인지 깨닫게 되었다. 그는 자신을 감시하는 칼날의 차가운 빛이 너무나 무서웠다.

'굴원은 일찍이 진나라를 이리나 호랑이 같은 나라라고 말한 적이 있었지. 지금 보니 이 말이 얼마나 정확한가!' 굴원의 올곧은 모습이 태자의 눈앞에 떠오르면서, 부왕이 원망스러웠다. '어찌하여 굴원을 중용하지 않고 간신인 근상을 써서, 스스로 모진 고통을 당하고 또한 국가와 백성에게 해를 끼치게 되었는가? 근상의 죄과는 참으로 필설로 다 드러낼 수 없구나. 죄로 보아 죽여 마땅한 자로다!' 불만스러움으로 인해 태자의 감정은 더욱 격해졌다.

'이러한 인질생활이 계속된다면, 내 어찌 스스로 죽지 않겠는가? 인질생활을 계속 할 순 없어! 절대로! 천년 사직을 위해, 백성들이 망국의 노예가 되지 않도록 차라리 내 한 몸 희생하는 게 나아!'

'사나이라면 눈물을 흘려서는 안 되지.' 그는 손으로 눈물을 닦고서 길게 한숨을 내쉬었다.

'만약 굴원이 변법을 실행하자고 한 주장을 따랐더라면, 초나라의 중흥이 실현될 날이 머지않았을 터인데. 만약 굴원이 합종을 강화하자고 한 주장을 따라 제나라와 연합하여 진나라에 맞섰더라면, 내가 인질로 붙잡힐 일도 없었을 것이고 나라도 진나라의 억압을 받지 않았을 터인데. 아! 지금은 후회막급이로다. 모든 게 끝장이 났어! 부왕이시어! 당신은 망령이 들었어요!'

초나라 태자는 지난날을 떠올리며, 더욱 스스로를 억제하지 못한 채 반항의 심리가 더욱 심해졌다. 그는 어서 빨리 고국으로 돌아가 부왕에게 다시 굴원을 중용할 것을 힘써 간해야겠다고 다짐했다. '나라가 흥성하려면 반드시 변법을 강력하게 시행하여 부국강병의 길로 나아가야 해. 그 길 외에는 다른 길이 없어. 이 비통한 교훈을 절대로 잊지 말아야지!'

귀국하고픈 마음이야 굴뚝같았지만, 그것은 생각처럼 쉬운 일이 아니었다. 진나라 대부가 마치 진드기처럼 그에게 달라붙어 지내는지라 틈을 엿보기가 어려웠다.

사람이 나약하면 다른 사람들에게 속임을 당하고, 말은 길들여지면 사람들을 태우게 된다는 사실을 태자는 잘 알고 있었다. 그는 진대부의 귀찮을 정도의 치근거림에서 빠져나오려고 했으나, 귓가에 또한 다음과 같은 소리가 들려왔다.

"어차피 인질이 된 몸, 범사에 인내하고 양보하면서 큰일을 위해 치욕을 참고 목숨을 보전하거라. 마음속에 이를 항상 명심하고 절대로 성질대로 행동해서는 안 된다." 모후께서 그를 전송하면서 격려해주던 말씀이었다. 이 말이 그의 귓가에 얼마나 많이 맴돌았는지 모른다. 참기 어려운 일을 만날 때마다 모후의 자상한 얼굴이 그의 눈앞에 떠올랐고, 은근히 일러주시던 말씀이 귓전에 메아리쳤던 것이다.

두말할 나위 없이 모후의 당부는 그의 인내에 커다란 도움을 주었다. 그러나 참고 견디는 데에도 한도가 있는 법. 태자는 최근 정서가 매우 불안했다. 이로 인해 진대부는 태자의 행동에 더욱 주의를 기울였다.

어느 날, 아침 식사를 대충 마친 태자는 기분이 좋지 않아 기분전환을 위해 산책을 하러 나갔다. 그는 당시 유행하던 복장을 하고 있었다.

때는 바로 양춘 삼월이라 화초가 한창이었다. 놀러 나온 이들은 끊이지 않고 이어졌다. 쌍쌍의 연인들과 짝지은 부부들이 삼삼오오 혹은 일고여덟 명씩 다정하게 이야기를 나누면서 무리지어 걷고 있었다. 이러한 민간의 정경과 습속은 태자의 시야를 넓혀주었으며, 동경을 불러일으켰다. 그것은 왕궁 안에서는 볼 수도, 누릴 수도 없는 즐거움이었다.

그는 홀로 쓸쓸하게 거닐었다. 그는 단정한 행동거지로 대국의 태자로서의 풍모를 잃지 않았다. 그리하여 행락객들이 흘끗 눈길을 주거나 몇 마디 비아냥거리는 말을 건네도 전혀 개의치 않았다. 그는 걸으면서 봄이 주는 은택을 마음껏 들이마셨다. 그러나 귓가에 느닷없이 들려오는 소리가 있었다. "저 사람은 초나라의 태자인데, 우리나라에 인질로 잡혀와 있대. 홀로 외롭고 한마디 말도 나눌 사람이 없으니, 얼마나 적적하고 쓸쓸하겠어. 참 딱하기도 하지……."

그는 바람결에 들려오는 소리를 못들은 체하고서 그저 길만 재촉했다. 사거리에 이르자, 진대부가 그곳에서 기다리고 있었다. 이곳은 반드시 지나게 되는 길목인지라, 진대부는 일찌감치 그가 이곳으로 오리라 예상하고서 기다리고 있었던 것이다.

그를 보자마자 태자는 마음이 불쾌해졌다. 갑자기 혐오감이 엄습하여 왔으나, 체면치레로 억지로라도 웃음을 지어 보였다. 진대부는 거짓 웃음을 흘리면서 태자에게 인사를 건넸다.

"소신은 태자께서 교외로 나가 산보하신다는 것을 알고, 전하의 안전을 위해 불청객이 되고자 하온데, 괜찮으시겠습니까? 만약 편치 않으시다면……."

"천만의 말씀입니다. 그럴 리가요. 진대부와 함께 놀러가는 것도 흔한 일이 아닌데, 편치 않을 일이 뭐가 있겠습니까?"

태자는 앞서서 걷고 진대부는 뒤를 따랐다. '참으로 밉살스러운 놈이야!' 진대부는 마치 주인을 뒤따르는 발바리 같았다. 태자는 속으로 욕설을 퍼부었다. 때마침 정말로 발바리 한 마리가 태자 앞으로 걸어와서는 컹컹 짖어댔다. 짜증이 난 태자가 발길질을 했다. "이 밉살스러운 개가 뭐라고 짖어대는 거야? 빨리 꺼지지 못해!" 그의 발길질에 발바리는 깽 하면서 땅에 거꾸러져 몇 바퀴를 구른 다음에 다리를 절뚝거리며 달아났다. 태자는 웃음을 참지 못하고 큰 소리로 하하 웃었다.

바보가 아닌 이상 태자가 자신을 빈정거리고 있음을 모를 리 없건만, 진대부는 그저 영문을 모르겠다는 듯 말했다.

"태자님은 발 힘이 아주 좋으십니다. 남권북각南拳北脚이라고 해도 손색이 없겠습니다. 그 무공은 제나라에서 배우신 것이지요? 탄복할 따름입니다!"

오늘은 진드기처럼 달라붙는 진대부가 있는지라, 태자의 봄나들이는 흥이 없었다. 곳곳에서 꽃잎이 바람에 휘날려도 도무지 신이 나지 않았다. 그는 화가 난 표정으로 건성건성 경치를 감상할 뿐이었다. 정오가 되어 숙소로 돌아가는 길에 그는 훗날 기회를 보아 다시 놀러 나오기로 했다.

수개월이 지났다.

어느 날, 초나라와 친근하게 지내온 진진은 태자가 사람들에게 수모를 겪는 것을 보고는 안타까운 마음이 절로 들었다. 태자의 우울한 마음을 풀어주기 위해 그는 특별히 변변치 않은 음식들을 장만하여 태자를 그의 집으로 초대했다. 그는 옛일을 이야기하며 지난날의 우의를 다시 되살리고자 했다.

초대에 응한 태자는 기분 좋게 진진의 집으로 향했다. 길을 가는 도중에 그 밉살스런 진드기가 또 그를 쫓아왔다. 대부는 씨익 웃으면서 입을 열었다.

"태자께서 혼자 가시니 제 마음이 놓이질 않습니다. 제가 모시고 가는 게 어떻겠습니까?"

진대부의 말은 정중하고 관심 어린 어투였으나 거절하지 못하게 하는 강경한 분위기를 풍기고 있었다.

태자는 당연히 이자의 저의를 아는지라 차마 거절하지 못하고 머리를 끄덕였다. 두 사람은 진진의 집으로 발걸음을 재촉했다.

진진은 예전의 풍채가 아니었다. 머리카락이 허연 늙은이가 되어 있었다. 태자는 초나라에 있을 적에 그를 알게 되어 자주 내왕하곤 했다. 당시 그는 매우 소탈했다. 그런데 오늘 보니 전혀 딴사람 같았다. 그러나 그의 눈빛은 여전히 자상하면서도 날카로웠으며, 통찰력도 그 당시와 비교해서 손색이 없었다.

문밖까지 영접을 나온 진진은 오래도록 손을 맞잡은 채 입을 열었다.

"이 늙은이, 태자 전하를 알현하옵니다. 살아생전에 다시 태자님의 얼굴을 뵈오니 참으로 크나큰 행운입니다!"

태자도 얼른 답례했다. "어르신은 초나라의 가장 친한 벗으로서, 오늘날까지도 우의를 유지하고 있으니, 참으로 탄복하지 않을 수 없습니다."

"전하께서 누추한 집에 왕림하시니 참으로 영광입니다."

두 사람은 예를 마치고서 무릎을 맞대고 이야기를 나누었다. 태자는 제 집에 돌아온 듯 마음이 편했다.

주인은 손님 접대하기를 좋아하는지라, 경양景陽대부를 불러 태자와 함께 자리하도록 했다. 경양대부 역시 초나라의 벗으로서, 일찍이 여러 차례 초나라에 사신으로 가서 두 나라의 선린 우호에 크게 이바지했는 지라 초나라 백성들의 존경을 받고 있었다.

태자를 만난 경양대부는 매우 기뻐했다. 태자는 만면에 웃음을 띠고서 이야기꽃을 피웠다. 그러나 곁에 앉은 진대부에게는 아무도 눈길을 주지 않으니, 진대부는 민망하고 곤혹스러웠다.

술자리에 장의의 첩자인 대부가 앉아 있으니, 손님과 주인은 아무래도 머쓱하지 않을 수 없었다. 특히 경양대부는 대부의 사람됨에 대하여 줄곧 호감을 갖고 있지 않았던지라, 보자마자 결국 그를 비웃어주었다. 원수는 외나무다리에서 만난다더니, 오늘 두 사람이 함께 만나게 된 것이다. 경양대부는 평소와는 전혀 달리 상냥하고 부드럽게 그를 대했다. 아마 태자의 체면을 고려한 때문이리라. 그런데 진대부는 천성이 아주 술을 좋아하고 잘 취하지도 않는 사람이었다. 경양대부가 은근히 많은 술을 권하여도, 술고래인 그는 권하는 족족 한 방울도 남기지 않고 술잔을 비웠다. 그는 술을 마실수록 주흥이 도도해졌다. 얼마 지나지 않아 그는 술잔이 너무 작다며 사발로 바꾸어 마셨다. 말술이 들어가자, 그는 유쾌하기 그지없었다.

술자리에서 영웅노릇하기란 결코 쉽지 않다. 본래 무인이어서인지 대부는 경솔한 면이 있었다. 그는 얼마 후 사발을 내던져버리고 아예 술단지를 안고서 꿀꺽꿀꺽 마셔댔다. 이처럼 난폭하게 술을 마셔대니, 어찌 곤드레만드레 취하지 않을 수 있겠는가? 그는 심하게 취해서 의자에서 탁자 밑으로 미끄러지더니 곯아떨어졌다.

진진은 정말로 의로운 사람이라 이 기회를 빌려 태자에게 말했다.

"태자께서는 국가의 중임을 짊어지고 계시니, 절대로 경솔하게 행동하시면 안 됩니다. 어디에서든지 이런 사람을 조심하셔야 합니다. 이

자는 장의의 첩자로 절대 깊이 사귀어서는 안 됩니다.”

진대부는 본시 먹고 마시는 것 외에는 아무 재주도 없는 사람이라, 이렇게 말술을 마셨는데도 오히려 취하기는커녕 술기운을 빌려 미친 체했다. 그는 진진의 이야기를 듣더니, 마치 아무것도 모르는 양 별안간 일어나 마음에도 없는 말을 했다.

“모두들 안심하세요! 태자님의 안전은 제가, 제가 당연히…….”

진대부는 정신은 말짱한 것 같은데도 말은 어눌했고 똑바로 서 있지 못했다. 그는 몸을 가누지 못해 비틀거리다가 갑자기 곤두박질했는데, 다행히 경양대부가 재빨리 그를 잡아 끌어당겼다. 그리고 그를 붙들어 의자 위에 앉힌 다음, 그를 놀려주려고 입을 열었다.

“진대부의 주량은 나에게 미치지 못하군요. 나에게 아직 잔도 권하지 않았으니 어서 정신을 차리시오.”

“당신, 당신 뭐라고 말했소? 내가, 내 주량이 당신보다 못하다고? 좋습니다! 우리 다시 마셔봅시다! 사흘 밤낮을 마셔봅시다. 당신, 당신이 감히 그렇게 할 수 있을까?”

경양대부는 그가 큰소리를 치자 다시 그에게 몇 사발을 따라주었다. 권하는 대로 술을 퍼마신 그는 더 이상 견디지 못한 채 고주망태가 되어 땅에 머리를 처박은 채 쓰러져버렸다.

오늘은 본래 초나라 태자가 상객이지만, 진진과 경양대부가 마음먹고 진대부에게 술을 먹이는 바람에 소홀히 대하고 말았다. 태자는 채 다섯 잔의 술도 마시지 않았다. 그 역시 약간의 주량이 있는 편이었지만, 오늘은 술이 썩 받지 않는 모양이었다.

진진은 태자에게 술을 천천히 따라주면서 이런저런 이야기를 나누었다. 잇달아 몇 잔을 마시자, 태자는 머리가 어질어질해지기 시작했다.

경양대부는 술기운이 가득한 채 끊임없이 딸꾹질을 했다. 또한 눈은 온통 빨개지고 핏발이 가득 섰으며, 혀가 꼬부라져 말을 제대로 하지 못했다.

진진은 일생 동안 침착하고 온건하기로 이름이 나 있었는데, 오늘 귀한 손님들이 모두 취해버린지라 심히 불안했다. 불길한 예감에 그는 술 마신 후에 일어날 일을 염려했다. 진대부는 술주정이 심한 사람이라, 일단 광분하기 시작하면 그 누구도 말리지 못했다. 들리는 소문에 의하면 예전에 태자 측 사람들과 뜻이 맞지 않자, 술기운을 빌려 사사로운 원한을 갚으려고 했다는데 어찌하면 좋단 말인가?

때마침 진대부가 술에서 깨어나더니 갑자기 보검을 뽑아들었다. 번뜩이는 칼날이 사방에 차가운 빛을 내뿜었다. 그가 가슴과 팔을 드러내자 가슴의 검은 털들과 선홍빛의 둥글고 커다란 눈이 흉악한 모습으로 두려움을 안겨주었다. 또한 그의 장대한 기골은 온 천하를 뒤흔들 만한 위협적인 힘을 지닌 듯했다. 그가 술에 취해 휘청거리며 검을 휘두르자, 모두들 두려워 몸을 떨었다.

진대부는 검무를 추면서 거만하게 뽐내며 기세등등했다. 그는 갑자기 큰 소리로 말했다.

"초나라 태자께서는 어찌 저와 검무를 하지 않으시는지요?"

초나라 태자는 손으로 허리에 차고 있던 보검을 붙잡은 채, 한쪽 곁에 서서 눈을 부라리며 그를 바라보고 있었다. 그때 진대부가 또다시 초나라 태자에게 무술을 겨루어보자고 채근했다. 뜻밖의 상황에 진진은 깜짝 놀라 눈을 동그랗게 뜨고 두 다리를 떨면서 어찌할 바를 몰라했다. 경양대부는 술에 취한 척 탁자 아래에 몸을 숨기고 감히 나오려 하지 않았다. 혈기왕성한 태자는 나이가 젊고 성질이 급하며 무예도 출중한데다가, 평소 진대부에게 수모를 받아온 터라 술기운에 분노를 자제하기 어려워 함께 검무를 하고자 했는데, 진진이 눈짓을 주어 제지시켰다. 그러나 진대부는 태자가 머뭇거리며 나오지 않자, 다시 조롱하듯 말했다.

"당신이 초나라의 태자요? 혹시 초나라의 겁쟁이는 아니오? 초나라의 태자라면 검을 뽑아 저와 우열을 가려봅시다. 안 그러면 당신은 겁쟁이오!"

초나라 태자는 참고 또 참았다. 하지만 희롱하는 것이 지나치면 그 누구도 참을 수 없는 법이다! 그는 별안간 검을 뽑아들고서 춤을 추기 시작했다. 검무를 출수록 더욱 용맹했고 용맹할수록 기예가 무궁했다. 보검을 신들린 듯 휘두르자, 응접실은 순식간에 음산한 살기가 넘쳐흐르고, 흰 칼날만이 차가운 빛을 사방으로 흩뿌리고 있었다. 한 마리 맹호가 산을 내려온 듯이, 한 마리 교룡이 물에서 뛰쳐나온 듯이 뒤집고, 뛰어오르고, 도약하고, 날쌔게 피하고, 비키고, 부딪치고, 베고, 돌진하고, 찔렀다. 때로는 위를 찌르다가 아래를 쑤시고, 때로는 왼쪽을 내리쳤다가 오른쪽을 베어내리기도 했다. 한 명은 기예가 능숙하고, 한 명은 무공이 세상을 덮을 만했다. 백여 합을 겨루었지만, 승부가 나지 않았다. 정말로 두 사람 모두 무림에서 우러러볼 만한 고수들이었다.

평상시 굴욕을 많이 받았던 태자는 오늘 격앙되기도 하여 무술을 겨루게 되었으니, 승리의 욕구가 얼마나 간절했겠는가! 그의 몸놀림은 용감하고 침착하게, 강하고 때로 부드럽게 움직였다. 진대부는 처음에는 비등하게 맞섰지만, 나중에는 점점 막아내기만 할 뿐 공격의 기세가 약해졌다. 그의 검법은 차츰 혼란스러워지고, 체력 또한 바닥이 나기 시작했다. 태자가 그 틈을 타서 검으로 내리치자, 진대부는 미처 피하지 못한 채 눈꽃처럼 빛나는 칼날에 아랫배를 찔리고 말았다. 숨을 거둔 진대부의 몸에서 흘러나온 선홍색의 피는 응접실을 가득 적셨다.

상황이 이렇게 되자, 진진은 발을 동동 구르고 가슴을 치면서 큰 소리로 끊임없이 울었다.

“아아, 이를 어찌하면 좋을꼬? 어찌하면 좋단 말인가? 나 진진이 크나큰 화를 만나게 되었구나. 하늘이 우리 가족을 망하게 하는구나…….” 진진은 눈물을 흘리면서 애처롭게 말했다.

초나라 태자 또한 깜짝 놀라 술기운에서 깨어났다. 그제야 정신을 차린 사람들은 큰일이 벌어졌음을 알게 되었다. 태자는 마음을 진정하고 주인을 위로했다.

“이 일은 그대와 조금도 상관이 없으니, 지나치게 상심할 필요가 없습니다. 일이 이와 같이 되었으니, 제가 저지른 일은 제가 마땅히 처리할 것입니다. 절대로 누를 끼쳐드리지 않겠습니다.” 말을 마치고 그는 자수하러 가려고 했다.

“안 됩니다! 절대로 안 됩니다!”

진진과 경대부가 길을 막고 제지했다. 아울러 그가 빨리 이 현장을 떠나 목숨을 보전하는 것이 중요하다고 강권했다. 태자는 머뭇거리면서 결정을 내리지 못했다. 진진이 또다시 진언했다.

“그대는 초나라의 태자로 일반 사람과는 다릅니다. 나는 이미 늙었으니, 죽는다고 해도 아쉬울 것이 없습니다.”

말을 마치고서 세 사람은 함께 부둥켜안고서 통곡했다.

때는 오후 다섯 시 무렵. 어둠의 장막이 드리워지고 땅거미가 내리는지라, 달아나 숨기에 안성맞춤이었다. 초나라 태자는 진진의 말을 듣고 떠나가기 전 무릎을 꿇고 큰절을 올렸다. 세 사람은 서로 마주 울면서 눈물바람으로 이별했다. 태자는 몇 걸음 걸어간 후에 갑자기 뒤돌아서서 두 손을 맞잡은 채 말했다.

“몸조심하십시오. 훗날 다시 만나기를 기약합니다!”

태자는 말을 다하고 마치 우리를 나온 호랑이처럼 눈 깜짝할 사이에 망망한 어둠 속으로 사라졌다.

진진은 눈물을 흘리면서 쉬지 않고 중얼중얼 기도했다.

"하늘이시어! 초나라 태자가 평안히 초나라에 돌아갈 수 있도록 보우해주소서! 액운은 제가 짊어지겠사오니, 제 기도를 저버리지 마소서!"

태자는 진진의 집을 빠져나온 후, 멀리 등롱 불빛이 뱀처럼 구불구불 쫓아오는 것을 보았다. 함성소리와 기세등등한 불빛, 흉흉한 살기는 그의 간담을 서늘하게 했다. 태자는 그저 한 발이라도 멀리 도망치는 수밖에 없었다. 그러나 자신의 손바닥도 보이지 않을 정도로 어두워서 도망가기가 매우 어려웠다. 뒤에서는 무장한 군사들이 쫓아와 곧 따라붙을 것 같아 조마조마했다. 그때 앞쪽에 어두컴컴한 장애물이 나타났다. 가까이 가서 보니 뜻밖에도 거대한 숲이었다. 태자는 다행이다 싶어 얼른 수풀 속으로 뛰어들었다. 숲에서 그를 찾는다는 것은 모래밭에서 바늘을 찾기보다 어려웠다.

이곳은 진나라 남서쪽에 병풍처럼 우뚝 솟아 있는 산으로, 초나라와 천 리나 인접한 채 끊임없이 뻗어 있었다. 숲속으로 도망친 태자를 수많은 사람들이 뒤쫓았으나 도무지 그를 따라잡을 수 없었다.

산속에 은신한 태자는 조금씩 안정을 되찾았다. 살아서 돌아가겠다는 믿음이 더욱 강해졌다. 그는 자신의 비범한 무예에 자긍심을 지니고 있었다. 뛰어난 기예를 익혔을 뿐만 아니라, 특히 경공술이 매우 뛰어났다. 깊은 산골을 만나면 그는 뛰어넘었지만, 추격병들은 길을 에둘러 가야 했다. 깎아지른 듯한 절벽을 만나면 그는 도마뱀처럼 기어올랐지만, 추격병들은 까마득히 높은 암벽만 바라볼 뿐이었다. 또한 궁지에 몰리게 되면 그는 몸을 훌쩍 솟구쳐 뛰어넘었지만, 추격병들은 멍한 눈으로 얼이 빠진 채 서 있을 따름이었다. 우연히 서너 명의 추격하는 병사들을 만나더라도, 조금도 겁내지 않고 검을 휘둘러 한 명도 남김없이 죽였다.

먹물을 뿌려놓은 것처럼 어두운 밤, 칼날 아래 목숨이 끊어진 이가 얼마나 되는지 알 수 없었다. 추격병은 끊임없이 추격해왔지만, 살아 돌아가는 자는 없었다.

하지만 아무리 추격해오는 병사를 베고 또 벤다 할지라도 구사일생으로 살아나갈 수는 없었다. 추격병들이 마치 밀물처럼 계속 밀려왔기 때문이다.

태자는 추격을 받아 죽는 것은 두렵지 않았지만, 산을 포위한 채 사냥할까봐 두려웠다. 두려워했던 일이 마침내 오고야 말았다. 추격병들이 정말로 산을 포위하고 수색하기 시작했던 것이다. 황망히 도망해야 했던 태자는 한 톨의 식량도 몸에 지니지 않았고, 한 방울의 물도 없었다. 진나라 군대는 커다란 그물을 드리우듯 물샐 틈 없이 촘촘하게 포위했다. 새 한 마리도 그물을 빠져나갈 수 없을 정도였다.

이처럼 일주일 동안 포위한 채 수색했으나 끝내 태자를 체포하지는 못했다.

때는 바야흐로 가을바람이 서늘하게 부는 시절이었다. 잘 익어 쩌억 벌어진 밤송이 속에는 짙누런 빛을 띤 채 밤알들이 토실토실 영글어 있었다. 온 산과 준령에서 자라는 산포도는 더욱 눈부시게 아름다웠다. 한 송이 한 송이 자줏빛 열매들은 반짝반짝 빛났고 맛도 달디달았다. 다만 아쉬운 것은 깊은 산중인지라 이 열매들을 찾는 이가 없다는 점이었다. 그리하여 열매는 절로 맺었다가 절로 떨어졌다. 썩어버린 과육은 다시 나무들에게 영양을 공급하는 비료가 되니, 그것도 괜찮은 일이었다. 이렇게 쉬지 않고 기세 좋게 번성한 숲은 마치 바다와 같았다.

이제 야생 과일들과 바다 같은 숲은 누군가에게 매우 쓸모가 있었다. 초나라 태자가 바다와 같은 숲속에 몸을 숨긴 채 야생 과일로 허기를 달

랠 수 있었던 것이다. 태자는 차라리 죽을지언정 항복은 하지 않을 것이라고 다짐했다.

진나라의 추격병들은 마치 개미와 메뚜기떼처럼 꾸역꾸역 모여들어 포위망을 좁혀가며 태자를 만길 높은 낭떠러지 위로 몰아세웠다. 앞에는 길이 없고 뒤에서는 사나운 병사들이 다가오자, 그는 어찌할 수 없이 두 눈을 꼭 감고 낭떠러지 아래로 몸을 던졌다. 그의 영웅적인 기개에 온 초목이 바람 속에 처절하게 울고 있는 듯했다.

진나라 장수들과 병사들은 태자의 순국을 목도하고는 감개무량한 듯 말했다.

"초나라에 이렇게 의지가 굳센 태자가 있는데, 어찌하여 일찍이 그에게 왕위를 물려주어 뛰어난 재능과 원대한 책략을 펼치지 못하게 했단 말인가?"

태자가 보여준 기개에 비록 적이라 할지라도 감복하지 않는 이가 없었다. 진나라의 장졸들은 태자를 위해 모자를 벗고 애도했다. 장졸 가운데 선비의 풍모를 지닌 무장 한 사람이 태자를 격찬하며 말했다.

"낭떠러지엔 낙락장송이 우뚝 솟아 있고, 천지간엔 이분만이 우뚝 빼어나도다!"

초나라 태자의 애국심은 하늘을 감동시킨 모양이었다. 그가 눈을 감고 낭떠러지를 뛰어내렸을 때, 귓가에 쏴아 하는 바람소리가 들리더니 몸이 마치 보이지 않는 어떤 힘에 의해 들려지는 것 같았다. 그는 서서히 떨어져 어떤 곳에 이르렀는데, 몸이 마치 한 조각 나뭇잎처럼 가볍게 떨어지는 느낌이었다. 그는 기절한 채 정신을 잃었지만, 몽롱한 가운데에서도 자신이 죽지 않고 공중에 걸려 있음을 감지했다. 얼마 지나지 않아 그는 자신이 우산 형태의 큰 나무 위에 떨어져 있다는 사실을 깨달았다.

사방을 둘러보니 한 명의 병사도 보이지 않았다. 그는 자신이 인간세상에 있다고 믿을 수가 없었다. 마치 꿈속의 환상 같았고 선경에 와 있는 듯했다. 아래로는 천길 낭떠러지만 보일 뿐이었다.

'이렇게 까마득한 곳에서 어떻게 내려가야 하나?'

'하늘이 무너져도 솟아날 구멍이 있다'는 속담이 있듯이, 마침 낭떠러지 틈 사이로 무수한 칡넝쿨이 자라고 있었다. 그 넝쿨은 길고도 굵으며 단단하고도 질겼다. 그는 시험삼아 당겨보고는 크게 기뻐했다. 그 넝쿨은 자신의 목숨을 구해줄 생명줄이었다. 그는 보검으로 넝쿨들을 잘라 길게 연결하여 밧줄을 만들었다. 그러고는 한쪽 끝을 나무줄기에 묶은 다음, 넝쿨밧줄을 따라 아래로 미끄러져 내려갔다. 그는 지혜와 담력을 이용하여 그다지 힘들이지 않고 마치 평평한 땅을 밟듯이 순조롭게 땅바닥에 닿을 수 있었다. 다만 입고 있던 옷이 여기저기 찢겨져 차마 볼 수 없을 정도로 남루해져서 부끄러운 곳조차도 드러난다는 점이 민망할 따름이었다.

'신경쓸 필요 없다. 이곳엔 아무도 없으니 다른 사람의 웃음거리가 될까 두려워하지 않아도 된다.' 그는 전혀 아랑곳하지 않은 채 마음속으로 오히려 기뻐했다. 누구도 그가 초나라 태자라는 것을 알아볼 수 없을 터였기 때문이다.

'어찌 나와 거지를 구분하지 못하겠는가만, 눈앞의 거지를 초나라의 태자라고 믿어줄 사람은 없으리라. 정말 다행이다! 너무나 다행이야!' 태자는 자신의 모습에 매우 흡족해했다.

이 산은 초나라로 통하는 것 같았지만 바다 같은 깊은 숲속이라 방향을 알 수 없었다. 태자는 어디로 가야 할지 알 수 없어 온종일 답답하기만 했다.

도망한 지 사흘째, 태자는 아무것도 먹지 못하여 시든 국화보다 더욱 수척해졌다. 그러나 마음은 천지보다 넓었고 정신은 초롱초롱 맑았다. 큰 어려움에도 죽지 않았는데, 굶주림 따위를 어찌 두려워하랴! 생환의 자신감이 시종 그를 고무시켜주었다.

방향을 알 수 없어 앞으로 나아가야 할지 뒤로 물러나야 할지 판단이 서지 않았지만, 그는 해가 떠서 질 때까지 하루 종일 쉬지 않고 걸었다.

'하늘이 무너져도 솟아날 구멍이 있다고 했는데, 그게 정말일까? 이 길은 어느 곳으로 가는 길일까?' 이런저런 생각에 잠겨 멀리 바라보니, 앞쪽 산기슭에 야생 과일들이 주렁주렁 매달려 있는 것이 보였다. 그는 뜻밖의 기쁨에 얼른 뛰어가 나무 위로 올라갔다. 과일들은 크고도 잘 익어 있었다. 그는 껍질을 벗길 새도 없이 통째로 씹어 삼켰다. 하나, 또 하나, 연이어 다섯 알을 먹으니 배가 불렀다. 잠시 후, 손안에 남아 있는 과일을 보고서야 그는 그게 무슨 과일인지 알 수 있었다. '이것은 감이 아닌가? 이 과일은 내가 궁궐에 있을 때 먹어본 적이 있다. 그러나 그때 는 지금처럼 맛있지가 않았어! 그 누가 이 낯설고 외진 곳에 감나무가 자라고 있을 줄 알았겠는가? 나는 그저 하인의 쟁반 위에 놓인 감만 보아왔잖은가.' 배불리 먹고 트림을 하고 난 태자는 궁궐에서 먹었던 감을 떠올렸다.

다시 눈길을 멀리 두고 바라보니 붉은 야생 과일인 듯한 것들이 온 산에 두루 퍼져 있었다. '굶어죽지는 않겠구나! 하늘이 무너져도 솟아날 구멍이 있다는 말이 맞는 말이로구나!' 그는 환난중에도 살길이 있음을 확인하고서, 생존의 희망으로 생기를 되찾았다.

낮에는 길을 걷고 밤에는 잠을 청하면서, 한 달 남짓의 시간이 흘러갔다. 망망한 바다와 같은 숲속에서는 동서남북을 가늠할 수가 없었다. 일단 방향을 잃으면 결과는 바라는 바와 정반대가 된다. 태자는 방향을 찾기 위해 나무 위로 기어 올라가 태양이 떠오르는 곳을 찾았다. 그는 태양이 초나라 하늘 위에서 서서히 떠올라 기다랗게 뻗은 산을 넘고 물을 건넌 다음에, 진나라의 대지 쪽으로 서서히 진다는 것을 똑똑히 알고 있었다. 나무에서 내려와 앞을 향해 가던 그는 얼마 가지 않아서 마음속에 두었던 방향을 자기도 모르게 벗어나고 말았다. 망망대해와 같은 숲은 너무나 넓고 깊어서 태양도 볼 수 없었다. 태양이 없으면 방위를 판단할 방법이 없어 그저 감각에 의지하여 방위를 정했던 것이다. 보름 동안 그렇게 걷던 태자는 피곤하고 허기도 져서 다시 과일을 찾았다.

다행히도 과일은 금방 찾을 수 있었다. 크고 붉은 과일이 묵직하니 가지 끝에 매달려 있었다. 태자는 뜻밖의 기쁨에 큰 소리를 질렀다. "참 먹음직스러운 과일이구나!"

이 부르짖음이 뜻밖에 그의 운명을 바꿔주는 계기가 되었다. 한 노인이 소리를 듣고서 찾아온 것이다. 노인은 그를 보자마자 깜짝 놀랐다. 헝클어진 머리와 때가 낀 얼굴, 장작같이 마른 골격, 누더기가 된 옷, 그리고 온몸은 까마귀같이 새카맸기 때문이었다. 노인은 이곳에 아직도 야만인이 살고 있다고 생각하고는 발을 돌려 달아나려고 했다. 태자는 노인을 붙잡았다.

"어르신, 두려워 마세요. 저는 야만인도, 요괴도 아닙니다."

노인은 비로소 발을 멈추고 자세히 살펴본 연후에 물었다.

"그대는 대체 누구요?"

"곤경에 처해 있을 뿐입니다."

"여기에서 무엇을 하고 있는 거요?"

"숲속에서 길을 잃었습니다."

"……."

"젊은이는 무엇 하는 사람이오? 어찌하여 이곳에서 곤경에 빠지게 되었소? 사실대로 말해준다면, 내가 이 숲속에서 그대를 데리고 나가겠소!"

이 말을 듣고 태자는 속으로 깜짝 놀랐다. '이 사람은 혹시 진나라 정탐꾼이 아닐까? 그렇지 않다면 인가도 없는 막막한 숲속에 늙은이가 무엇 하러 왔단 말인가?'

노인은 사내가 자신을 의심하고 있다고 생각했다. 그래서 약초 광주리와 괭이를 집어 들고 모자를 쓰고서 사내 앞에 우두커니 서 있었다. 그도 노인을 자세히 살펴보니, 얼굴 가득 붉은 빛을 띠고 흰 수염을 흩날리면서 건장한 체격을 가진 것이 실로 약초를 캐는 늙은이였다. 태자의 불안과 의심은 비로소 안개 걷히듯 사라졌다.

노인은 아직도 미심쩍어하는 사내를 보고서 한마디 덧붙였다.

"나는 산에서 약초를 캐는 늙은이이니 의심을 품지 마시오. 나는 정탐꾼이 아닌 평범한 사람이라오."

그제야 태자도 예의를 차렸다.

"제가 하마터면 잘못을 저지를 뻔했습니다. 부끄럽습니다! 바다와 같은 넓으신 아량을 바라겠습니다!"

"천만에, 천만에요! 그런 말씀 마시오. 모두가 떠도는 사람들인데, 서로 의지해야 하지 않겠습니까!"

"어르신께서는 존함이 어떻게 되시는지요? 어디에 사는 분이신가요?"

"초나라 백성입니다. 내 이름은 약옹藥翁이라오."

노인은 일생 동안 약초 캐는 일로 생계를 꾸려왔기 때문에 약옹이라 일컬어졌지만, 원래의 성은 악樂씨이고 이름은 망望이었다.

노인이 물었다.

"나그네의 성씨와 이름은 무엇이오? 어느 곳의 영웅이시고, 어디서 와서 어디로 가는지요?"

"제 성은 초楚이고, 이름은 인人입니다. 초나라 사람으로 하늘에서 내려와 초나라를 찾아가는 길입니다."

"나그네의 말씀은 정말로 재치 있고 풍취가 있습니다. 영웅이 아니시면 귀인이시겠군요. 그런데 어찌하여 이처럼 어려운 지경에 떨어진 것입니까?"

자신을 진심으로 대해주는 노인을 보고서 태자도 솔직하게 그를 대해야겠다고 여기고 처음부터 끝까지 사연을 들려주었다. 노인은 초나라 태자인 그가 진나라에 인질로 잡혀갔다가 이곳까지 도망쳐 나온 것을 매우 동정했다. 그러고는 자책하듯 말했다.

"늙은이가 태자의 면전에서 추태를 부려 전하의 존엄하심에 손상을 입혔으니 큰 죄를 지었습니다."

"어르신께서 무슨 죄를 지었다고 그러십니까? 알지 못하면 죄가 되지 않습니다. 오늘 어르신의 도움을 받게 되었으니, 그 은혜가 산보다도 커서 죄를 얻은 게 아니라 막대한 공을 세우신 것입니다!"

태자는 겸손하게 무릎을 꿇고 큰절을 올리면서 노인을 생명의 은인이라 불렀다. 크게 감동한 노인은 말린 음식들을 꺼내 태자의 배고픔을 달래주었다.

음식을 배불리 먹고서 힘을 되찾은 태자는 노인을 따라 발걸음을 옮겼다. 말을 주고받는 사이 어느새 망망대해와 같은 숲속을 빠져나왔다.

네 나라 연합군이 초나라를 치다

기원전 301년, 진나라는 초나라 태자가 진대부를 살해했다는 이유를 들어 군사를 일으켰다. 진나라는 연燕, 한韓, 위魏 세 나라와 연합하여 사십만 군대를 일으켜, 네 길로 나누어 초나라를 토벌하고자 했다.

진나라는 전쟁을 일으키려는 속셈을 오래전부터 가지고 있었지만, 두 나라가 외교관계를 맺은 지가 얼마 되지 않고, 문서에 먹물이 채 마르지도 않은지라 전쟁을 일으킬 수가 없었다. 태도를 바꾸려면 적당한 이유를 찾아야만 했다.

마침, 정세가 급변하여 초나라에 전쟁을 일으킬 기회가 왔다. 진나라는 인질인 초나라 태자가 진나라의 법을 지키지 않고 행방도 묘연할 뿐 아니라, 진대부와 결투를 벌이다가 살해한 후 죄가 두려워 몰래 도망쳤음을 알고 기회를 노리고 있었다. 뿐만 아니라, 태자는 뒤쫓는 진나라 추격병을 무수히 죽인 채 몰래 본국으로 도망했음도 눈치채고 있었다.

그런데 사건이 발생한 후 초나라는 아무 일도 없는 양 사과도 하지 않았으니, 초나라가 얼마나 도리에 어긋난 행동을 한 것인가!

이러한 초나라의 행동은 진나라가 인심을 미혹시키고 연나라, 한나라, 위나라를 속여 전쟁을 일으키게 할 알맞은 구실이 되었다. 진나라는 정의의 이름으로 군사를 일으키면서 진나라를 원조하는 것이 좋을 것이라고 세 나라에게 큰소리를 쳤다.

이리하여 네 나라 연합군은 초나라를 공격하게 되었다. 그러나 사실은 그렇지 않았다. 초나라 태자가 수도인 영으로 돌아온 이후, 회왕은 태자를 질책하면서 진나라로 다시 돌아가 인질이 될 것을 명령했다. 다만 여러 신하들이 이해득실로 간언을 하는 바람에 명령을 거두어들였던 것이다. 아울러 즉시 대부 한 사람을 진나라에 파견하여 사죄했으며, 목숨을 잃은 가족들을 위로하게 했다.

이 정도라면 도리로 보나 외교적인 관례로 보나 예의를 다한 것이었다. 또한 예로부터 무술을 겨루다 실수로 사람을 다치게 하는 것은 책임을 묻지 않았다.

이렇게 본다면, 진나라의 무력행사는 설득력이 없는 행위였다. 진나라는 사실을 왜곡하고 분란을 일으켜 여론을 오도했던 것이다. 물론 그들의 속셈은 네 나라를 연합하여 '다른 산의 돌로 나의 옥을 갈 수 있다'는 목적을 달성하기 위한 것이었다. 이로써 자신의 역량을 보존하면서 앞길의 장애물을 제거하고, 마침내는 여섯 나라를 멸하여 천하를 통일하기 위함이었다. 이야말로 일거다득一擧多得의 술책이며, 바로 진나라가 초나라를 공격하는 진정한 목적이었다.

전쟁의 배경이 명확하지 않을수록, 전쟁 물자는 더욱 많아지고 전쟁은 더욱 잔혹해진다. 진나라는 연나라, 한나라, 위나라의 강력한 군대를 모아 초나라 변경에 집결시켰다. 수십 리를 늘어선 군대의 기세는 흉흉하기 짝이 없었으며, 초나라를 쳐부수지 않으면 결코 물러나지 않을 태세였다.

초나라의 변방에서는 의성군부宜城郡府에 군사정세를 알리는 급보를

전했다. 연합군이 이미 여러 고을의 경계선까지 이르러 정세가 대단히
화급하며, 주둔지가 위험에 처해 있으니 시급히 지원군을 보내달라는
내용이었다. 군수 장회옥張懷玉은 대책을 논의함과 동시에, 사람을 수
도인 영에 보내어 구원병을 요청했다.

회왕은 전방이 급박한 상황에 처해 있다는 정보를 접수하고 크게 놀
랐다. 그는 즉시 대장 소휴에게 군대를 이끌어 적에 맞서 싸우도록 명
령했다. 소휴는 밤낮으로 군대를 지휘하여 변방으로 진군했다.

그러나 어찌하랴! 도중에 비를 만나 행군이 지연되더니 며칠을 허비
하느라 때맞추어 최전방 진지에 이르지 못하고 말았다. 전방에서는 연
일 패전하여 비명소리가 끊이지 않았다.

연합군은 마치 홍수와도 같이 초나라의 방어 진지를 쳐부수고 파죽
지세로 밀어닥쳤다. 그리하여 세 개의 군郡과 여덟 개의 성城 및 무수한
군사요새를 잃어버렸다. 변방에서는 피해가 막심하여 시체가 온 들판
에 널렸고, 피가 흘러 강을 이루었다. 대승을 거둔 연합군은 사기가 하
늘높이 올라, 마치 제 세상인 양 설치고 다녔다. 초나라의 주민들은 소
란에 놀라 당황하여 이리저리 피난길에 올랐다. 집과 가족을 잃은 처참
한 광경이 곳곳에서 눈에 띄었다.

일주일이 지난 후에야 소휴의 지원군은 연합군과 대치하여 싸우게
되었다. 진나라 군에서는 뇌진雷震이 오만 명의 군사들을 이끌고 출전
했다. 초나라 군에서는 대장 당매唐眛가 역시 오만의 군사들을 이끌고
대치했다. 그는 창을 비껴 잡고 말에 올랐다. 그는 초나라의 훌륭한 장
수로, 수십 년 동안 무수히 전장을 누비고 다닌 용장이었다.

그러나 그는 근상 파벌에 속하지 않은 장수인지라, 뜻을 이루지 못한
채 기가 꺾여 지내고 있었다. 그는 사람됨이 올바르고 패거리를 지어
악행을 저지르지 않았기에 근상 파벌에게 받아들여지지 않았다. 그는

굴원의 변법을 지지하고 굴원의 불행한 처지를 동정했으므로, 간사한 무리들이 꺼려했다. 군사적 능력을 따진다면 그가 소휴보다 훨씬 뛰어났지만, 중용되기는커녕 그의 휘하에서 대장의 자격조차 지니지 못했다. 그러나 그는 이런 점들을 문제삼지 않았다. 비록 군대에서는 노장 축에 속했지만, 앞장서서 병사들을 이끌고 적들을 맞이했다.

진나라 장수 뇌진은 젊고 기력이 왕성했으며, 늠름하고 체격이 건장했다. 험상궂은 얼굴은 기이하게 못생겼지만, 용맹은 출중하여 큰 칼을 마치 젓가락 사용하듯이 능숙하게 휘둘렀다. 그는 나는 듯이 말을 달려 당매와 교전했다. 수십 합을 겨루었지만 승부가 나지 않았다. 당매는 나이가 많아 오래 싸울 수가 없어 거짓 패한 채 달아났다. 뇌진은 말을 채찍질하여 바짝 뒤쫓아 성문까지 이르렀다. 그는 큰 소리로 욕설을 퍼부었다.

"당매 늙은이야! 그렇게 겁이 많으면 갑옷을 벗고 농사나 지을 일이지, 무엇 하러 전쟁터에 나왔느냐? 늙지 않았다면 어찌하여 몸을 숨기고 싸우려 하지 않는 것이냐? 네 따위가 무슨 무림계의 노장이라 할 수 있겠느냐?"

뇌진이 아무리 모욕적인 말로 싸움을 걸고 화나게 하여도, 그는 성문을 닫아건 채 싸우지 않았다. 당매는 병법을 잘 아는 사람이었다. 강력한 군대의 예기를 피했다가 상대가 지치기를 기다리면, 열세를 우세로 전환시킬 수 있었다.

진나라 군대는 장수와 병사가 많고 군량이 풍족한 것을 믿고, 물샐 틈없이 성을 포위했다. 바로 성 안에 갇혀 스스로 죽기를 바라는 것이었다.

진나라 군대는 석 달 동안 계속 포위했다.

뇌진은 주민들이 식량과 땔감을 준비하지 못했으니 지금은 이미 거의 다 떨어졌을 것이라고 생각하고는, 군대를 거두어 퇴로를 열어주는 게 낫다고 여겼다. 그는 부하들에게 썰물처럼 퇴각하라고 명령을 내렸다.

장군의 명령에 병사들은 아무 불만 없이 따랐다.

초나라 장수들은 진나라 군대의 갑작스러운 퇴각에는 틀림없이 꿍꿍이속이 있으리라 여겨 사람을 파견하여 정탐하게 했다. 그런데 과연 진나라 군대가 멀리 물러났다는 사실을 알게 되었다. 그리하여 군민들이 성에서 나가 땔나무를 구하고 필요한 일용품을 마련하도록 허용했다. 군민들의 생필품이 바닥난데다, 혹 성문을 열지 않으면 흑심을 품은 자들이 정변을 일으켜 백성들을 선동할 경우 더욱 심각한 국면으로 빠져들지도 모를 일인지라 어쩔 수 없이 그렇게 했던 것이다. 군민들이 일상생활에 필요한 물품을 마련할 수 있는 기간은 사흘간이었다. 성문을 오래 열어둘 수 없기 때문이었다.

진나라 군은 이 기회를 틈타 초나라 백성으로 가장해서 성 안으로 들어갔다. 사흘 후 진나라 군대는 다시 성을 공격했다. 밤 열두 시경 성 안에서 방화가 일어나더니 온 성이 금세 불바다로 변했다. 성 안의 군민들은 크게 혼란에 빠졌다. 불길이 치솟는 가운데 성 안에 잠입한 진나라 병사들은 숨겨두었던 무기들을 꺼내 성문 수비병을 베어 죽인 다음, 성문을 활짝 열어젖혔다. 성을 공격하던 진나라 군사들은 벌떼같이 밀려들어왔다.

고립무원의 초나라 군사들은 죽음을 무릅쓰고 용감하게 맞서 싸웠다. 그러나 끊임없이 밀려오는 연합군을 막아낼 수는 없었다. 더구나 고립되어 있는 처지이니 어찌 전멸당하지 않을 수 있겠는가? 당매 장군은 차라리 죽을지언정 항복하지 않았다. 그는 연합군 군사들을 무수히 베어 죽이다가 끝내 장렬하게 전사했다. 드디어 중구성重丘城은 함락되었다. 연합군의 승전보가 잇달아 전해지는 가운데, 초나라 군은 줄줄이 패배했다.

진나라를 비롯한 네 나라 연합군은 의기양양 중구성에 모여 전승의 성과를 나누었다.

소휴는 총사령관으로서 이번 전쟁을 총지휘했다. 그는 당매의 군사적 재능을 시기하여 그에 대한 지원을 미루면서 기회를 엿보다가, 결국 중구성을 고립시키고 말았다. 이러한 상황 속에서 중구성의 당매가 강력한 연합군의 공세를 석 달이나 굳건히 지켰다는 것은 참으로 기적과 같은 일이었다.

이번 전쟁의 참패는 결국 파벌투쟁으로 빚어졌다고 할 수 있다. 이번의 참패로 말미암아 초나라는 강국에서 몰락하여 더욱 열세에 놓이게 되었다. 쇠퇴하는 형세에 직면하여, 초나라 지배계급은 다양한 면모를 보여주었다. 사적인 재부를 위해, 혹은 자신의 살길을 찾아 진나라와 내통하고 나라를 팔아먹는 이들이 있었다. 이런 까닭에 군왕과 신하는 한마음 한뜻을 이루지 못한 채, 민심은 뿔뿔이 흩어졌으며 국세는 나날이 쇠약해졌다.

이제 진나라와 초나라가 대등하게 대치하던 국면은 더 이상 나타나지 않게 되었다. 초나라는 한 번 넘어진 후 다시 일어서지 못한 채 원기를 크게 손상받고 말았다.

석달 후, 진나라는 다시 초나라에 군대를 일으켰다. 사기가 땅에 떨어진 초나라 군은 적을 보기만 하면 활에 놀란 새처럼 황황히 불안하여 사방으로 달아나 숨기에 바빴다. 진나라는 초나라의 드넓은 영토를 손쉽게 차지하고 요새들을 파괴했으나, 이들과 맞서 싸우는 이들이 없었다.

평소 회왕의 총애를 받던 자들은 모두들 꼬리를 사린 개처럼 몸을 감추었다. 나라가 어려움에 닥치자, 회왕과 더불어 근심을 나누려는 신하는 아무도 없었다. 회왕은 어쩔 수 없이 오래도록 잊고 있었던 대장 경결을 불러 조정의 일을 의논하는 수밖에 없었다. 경결은 본래 근상 같은 간신무리와는 모든 면에서 맞지 않았다. 그는 굴원을 가장 신뢰했기에, 온 힘을 다해 그의 변법을 지지했다. 결국은 변법이 실패하여 그와 굴원은 찬밥신세가 되고 말았다. 이후로 그는 두문불출하고 문밖의 일은 듣지 않았으며, 학문과 무예의 연마에만 몰두했다. 장수의 집안 출신으로서 시국에 대한 통찰력이 뛰어난 그는 자신의 본분을 지키면서 언젠가 재기할 날을 기다리며 하루하루를 보내고 있었다.

회왕이 그를 부른다는 소식에도 그는 마음이 그다지 즐겁지 않았다. 회왕의 사람됨을 잘 알고 있었기 때문이다. '폐하께 사실대로 말하자. 아니, 안 되지. 그랬다간 무슨 화를 당할지 알 수 없어. 그럼 거짓말을 할까? 그것도 안 되지. 그것은 군왕을 기만하는 죄이다. 가지 말까? 그건 태산 같은 군령을 어기는 짓이다.' 하는 수 없이 그는 눈을 딱 감고 회왕을 만나러 갔다. 그는 가기 전에 여러 가능성을 검토해보았다. 좋을 경우와 나쁠 경우를 생각해보았지만, 끝내 만족할 만한 결론을 얻을 수 없었다. 그는 자기 자신에게 경고를 하는 수밖에 없었다. '말은 적게 하고 기회를 엿보아 행동하라.'

회왕은 휘황찬란한 궁궐에서 앉아 있었지만, 옛날의 위엄을 전연 찾아볼 수 없었다. 위엄이 없다고는 할 수 없지만, 늙어서 뼈가 더 앙상해 보였고 풀이 죽은 모습은 마치 졸고 있는 것 같았다. 그는 회왕을 보고 깜짝 놀랐다. '몇 달간 보지 못했다고 이렇게 패기가 없고 무기력해져버렸단 말인가? 이는 나라에 상서롭지 않은 징조다.'

경결은 도포자락을 들어 성큼성큼 나아가 정중하게 큰절을 올리면서 외쳤다. "대왕 폐하, 만세, 만만세!"

"경은 일어나시오." 회왕은 억지로 정신을 차리면서 웃음 띤 얼굴로 친근하게 말을 건넸다. "즉시 달려와주니 역시 그대는 충신이오. 지난날의 잘잘못은 따지지 않고 오로지 사직의 위중함을 걱정해주니, 참으로 감사하오.”

“과찬의 말씀이십니다. 미천한 신하가 나라의 녹을 먹고 사는데, 나라를 위해 충성하고 폐하의 근심을 덜어드리는 것이야 마땅한 일이옵니다. 설령 목숨을 바친다 해도 이 또한 신하된 자의 본분이니, 오로지 폐하께서 잊지 않으신 은혜에 보답할 수 없음이 부끄러울 따름이옵니다.”

회왕은 경결의 진심에서 우러나오는 말을 듣고는 크게 감동을 받았는지 눈동자에 환한 빛이 어렸다. 그는 환히 웃음 지으며 경결을 바라보면서, 애모와 함께 유감의 표정을 지었다. 그것은 분명 참회이자 신뢰의 표시였다.

“경께서도 모르지는 않겠지만, 현재 나라의 정세가 마치 높이 쌓아올린 계란처럼 몹시 위험한 상황에 직면해 있소. 장군께서 다시 전쟁터에 나가 우리 군의 위용을 떨쳐주시고, 빼앗긴 성과 잃어버린 땅을 되찾아주시오! 이 일은 그대가 아니면 할 수가 없소!”

“미천한 신은 비록 재주가 없사오나 폐하의 근심을 덜어드리는 일이라면 물불을 가리지 않으며 죽음 또한 두려워하지 않을 것입니다. 또한 결단코 나라의 위기를 틈타 저 자신만의 이익을 탐하지 않을 것이며……”

“장군께서 그 같은 뜻을 품고 계시니 과인은 마음이 놓이오. 참으로 그대처럼 어진 신하가 우리 조정에는 너무나 적소. 그러니 나라가 어찌 패하지 않을 수 있겠으며, 다른 나라의 업신여김을 받지 않을 수 있겠소.”

회왕은 크게 후회하고 있는 듯했다.

“폐하의 과분한 사랑에 감사드립니다. 미천한 신은 명리를 구하지 않습니다. 살아생전에 나라를 위해 조금이나마 이바지할 수 있고 조정 신하로서 헛된 삶을 살고 싶지 않을 뿐이옵니다.”

"장군의 말씀이 참으로 옳소! 참으로 옳아요!" 회왕은 감격한 듯 말을 이었다. "현재 당면해 있는 위험한 국면을 볼 때, 장군께서는 어떤 묘책을 강구해야 나라의 힘을 만회할 수 있다고 생각하시오?"

"묘책은 없지만 군인의 신분으로서 나라를 걱정하지 않은 적이 없었사옵니다. 몸은 조정에 두고 있지 않았지만, 마음만은 줄곧 조정에 있었는지라, 나라의 형편에 대해 한두 가지는 알고 있습니다. 제가 생각하는 것은 아직 미숙하지만, 참고하시라고 말씀드리겠습니다. 신은 초나라가 진나라와의 전쟁에서 누차 패하게 되는 원인이 우리 병사들이 용맹하지 않아서가 아니라, 통솔하는 장수들의 결점이 많은 데 있다고 생각합니다. 사심과 잡념이 너무나 많은지라 솔선수범하지 않고 군 기강은 해이해졌으며, 상벌이 분명치 않아 군 내부에 올바른 기풍이 사라져버렸습니다. 올바른 기풍이 자라지 않아 사악한 기운이 가득 차게 되고 오합지졸의 무리들만 양성하게 되니, 어찌 능히 싸워 이길 수 있겠습니까? 이것이 패망의 첫 번째 원인입니다."

"두 번째로, 초나라와 진나라의 경계가 되는 지역은 산이 높고 길이 험하여, 두 군대가 서로 만나게 되면 용감히 싸우는 자가 이기기 마련입니다. 그러나 우리 군은 사기가 땅에 떨어져 겁을 먹고 있으니, 어찌 용감한 자들에게 패하지 않을 수 있겠습니까? 강한 적과 싸우려면, 먼저 우리 군의 사기를 회복하지 않으면 안 됩니다. 사기를 회복하는 길은 두 가지가 있는데, 하나는 규율을 엄격하고 공정하게 해서 상벌을 분명히 해야 합니다. 다른 하나는 장수들이 솔선수범하여 상대의 위용에 굴하지 않아야 합니다. 이러한 장수들이 있게 되면, 훌륭한 병사들이 없을까 어찌 걱정할 필요가 있겠습니까? 훌륭한 병사들이 있고 뛰어난 장수들이 있다면, 전쟁에서 승리하지 못할까 어찌 걱정할 필요가 있겠습니까?"

"세 번째로 중요한 것은 가정을 사랑하듯이 나라를 사랑하고 자기를 사랑하듯이 남을 사랑하는 것이며, 마음과 덕을 함께하여 동고동락하는 것입니다. 특권은 우리를 분열시키는 근원이고, 지나친 사욕은 스스로를 죽이는 근원이며, 이익에 눈이 어두워 의리를 잊고 매국하여 영화를 구하는 것은 나라를 멸망케 하는 근원입니다. 이 세 가지는 군대를 다스리는 요점이오니, 만약 우리 군대가 이 방향과 상반되게 나아간다면, 어찌 패하지 않을 수 있겠습니까?"

경결의 성격과 정치적 태도는 굴원과 마찬가지였다. 그는 강포한 것을 두려워하지 않았다. 나라에 이로운 일이라면 제 손으로 무덤을 파는 한이 있더라도 두려워하지 않았으며, 머리가 잘리게 되는 순간이 와도 두려워하지 않았다. 그는 무리지어 악행을 저지르고 함부로 날뛰어 국가를 절망의 구렁텅이에 빠뜨리는 간사한 무리들을 증오했다.

'오늘 마주하고 있는 사람은 한 나라의 지존이며 한 나라의 흥망성쇠를 쥐고 있는 인물이다. 평소에 대왕을 만나려고 해도 만나기가 힘들었다. 오늘 대왕이 나를 불러 만나게 되었으니, 지금 분명하게 말하지 않는다면 언제 다시 기회가 있겠는가? 만약 내 자신의 안위만을 돌보아 명철보신한다면, 어찌 충신이라 부를 수 있겠는가?' 이렇게 생각한 경결은 격정을 억제하지 못하고 회왕을 슬쩍 곁눈질하고서 말을 이었다.

"미천한 신하에게 한 가지 청이 있사온데, 특별히 은전을 베풀어 허락해주시옵소서! 허락하여주신다면, 이는 폐하의 영명하심이며, 나라의 천행이며, 백성들의 만복이라 사료되옵니다."

"그래, 무슨 청이오? 간곡하게 말씀하시니, 어디 한 번 들어봅시다."

"내우외환을 감안하여 굴원을 다시 기용하시기를 폐하께 청하옵니다. 제 집안을 걸고 보증하건대, 굴원은 결코 악한 사람이 아니며, 도척과 같은 무리가 아닙니다. 그는 군왕께 충성하고 나라를 사랑하는 선비입니다. 그의 어진 재능은 선현인 관중과 백이와도 함께 논할 수 있습니다. 그에게 좌도의 직무를 다시 맡기시어 국가대사를 관장하게 한다면, 틀림없이 위기를 극복하여 도탄에 빠진 만백성의 고통을 구제할 수 있을 것이며, 우리나라를 부강한 대국으로 회복시킬 수 있을 것입니다! 만약 저의 소원이 이루어진다면, 저는 죽어도 여한이 없습니다.”

“대단하오! 자신을 버리면서까지 굴원을 보호하는 그대의 심정을 과인은 능히 이해할 수 있소. 그러나 굴원의 일은 오늘만은 얘기하지 맙시다. 지금은 적들을 물리치는 일에 대해서만 이야기를 나눕시다.”

회왕은 굴원을 재기용하는 문제에 대해 사전에 검토하지 않았다. 게다가 반대파들이 너무 많아서 굴원을 재기용할 경우 벌어질 사태에 대해 확실히 자신하지 못했다. 그리하여 그는 경결에게 명을 내렸다.

“경결은 명을 받드시오. 진나라에 대항하는 대장군으로 제수하니, 즉시 원정을 떠나도록 하고 조금이라도 잘못이 없도록 하시오! 그대의 요청은 그대가 개선하고 난 후 다시 의논하도록 합시다!”

“분부 받들어 거행하겠습니다!”

경륙이라고 쓴 큰 깃발이 바람에 나부끼고 있는 가운데, 장수의 깃발 아래에 한 영웅이 우뚝 서 있었다. 감개무량한 그는 기대에 찬 눈빛으로 출정길을 떠나는 장수와 병사들을 바라보았다. 그는 장수의 깃발과 관인官印을 받아들고 준마에 올라 대군을 통솔하여 보무도 당당하게 연병장을 나와 길거리로 나아갔다. 거리의 양쪽에는 많은 사람들이 떼지어 나와 있었다. 그들은 모두가 뜨거운 눈물을 머금고 희망에 부푼 눈빛으로 장병들을 전송했다.

중임을 어깨에 짊어진 경장군은 매우 무거운 마음이었다. 그는 백성들을 바라보면서 승리를 다짐하듯 손을 흔들어 인사했다.

전선에서 격렬한 전투가 벌어질 때, 군사의 이동은 신속성이 첫째이다. 그리하여 말도, 사람도 피곤하고 굶주렸지만, 쉬지도 못한 채 주야로 길을 재촉하여 변방으로 나아갔다.

무촉군巫蜀郡이 멀리 바라다 보이는가 싶더니, 잠시 후 대군은 성 아래에 이르렀다. 군수는 성문을 열어 마중했다. 무촉성은 초나라의 군사요충지이다. 이곳은 사면이 산으로 둘러싸여 지세가 험준했고, 서쪽으로는 진나라와 이웃하고 북쪽으로는 연나라와 맞닿아 있었다. 이 때문에 이곳에서 나라 간에 전쟁이 빈번하게 벌어졌다.

무촉성은 견고한 방어를 위해 담을 높이 쌓고 참호를 깊이 팠다. 여러 차례의 수축과 재건을 거쳐 무촉성은 대단히 견고해졌다. 초나라 군은 지세의 우세함을 이용하여 적군과 수도 없이 겨루었다. 잃으면 빼앗고, 빼앗으면 잃고 하는 동안 쌓인 백골이 산언덕을 이루었다.

경결이 통솔하는 정예부대는 비록 먼 길을 걸어 무촉성에 급히 왔지만, 사기가 드높고 투지가 넘쳐흘렀다. 두 나라의 군대가 서로 만나자, 살벌한 기운이 감돌았다. 진나라 군은 초나라 군이 아직 정비되지 않은 틈을 타 북소리와 함께 초나라 군을 향해 진격했다. 이와 동시에 초나라 군의 진영에서도 전투 개시를 알리는 북소리가 울렸다. 경景이라고 씌어진 깃발 아래, 초나라 병사들은 호랑이가 산을 내려가듯 맹렬하여 그 기세를 당해낼 자가 없었다. 유리한 지세를 이용하여 공격하고 물러나기를 몇 차례 거듭하면서 초나라 군은 진나라 군의 공격을 격파했다. 그러나 파죽지세로 줄곧 승리해온 진나라 군이 어찌 공격을 멈추려 하겠는가? 그들은 다시 북을 울리면서 진격했다. 초나라 군은 두려움 없이 침착하게 응전하여 다시 한 번 진나라 군의 공격을 물리쳤다. 맹렬한 공격을 거듭 퍼부었지만, 아무 소득도 거두지 못한 진나라 장군들은 화가 났지만 어찌할 수 없는 노릇이었다. 그들은 초나라 군을 오합지졸의 군대라 여겨 한 번 공격하면 곧바로 무너지리라고 생각하고 있었던 것이다. 그러나 눈앞에 있는 초나라 군은 뜻밖에도 공격과 방어에 능한 정예부대였다.

적군이 어찌해야 좋을지 몰라 주저하고 있을 때, 경결은 북을 울려 진격 명령을 내렸다. 사기충천한 초나라 군은 전쟁 개시를 알리는 북소리가 울리자마자, 모두들 앞을 다투어 독수리가 닭을 채듯 번개처럼 진나라 군을 쳐부수었다. 진나라 병사들은 걸음아 나 살려라 하고 도망치기에 바빴다. 경결의 군대는 대승을 거두고 성으로 돌아왔다.

무축군수는 경장군이 안하무인격인 진나라 군을 물리친 것을 보고는 크게 기뻐했다. 그는 즉시 잔치를 베풀어 장수들과 병사들을 환대했다. 장중한 분위기 속에 진행된 연회는 소박하지만 화기애애했다. 먼저 무축군수가 감사의 인사를 올렸다.

호랑이 길게 포효하니 산속엔 갑자기 정적이 흐르고,

사자가 무섭게 울부짖으니 산간엔 위세가 떨쳐난다.

영웅인 장수와 병사들 한데 기쁨으로 모이니,

변변치 않은 술이지만 진심으로 환대하네.

악기를 연주하여 경결 장군을 자랑으로 노래하고,

산뜻하고 밝은 용사들 세상에 이름을 떨치네.

가는 곳마다 적들을 물리치고서 개선하여 돌아오네.

嘯嘯虎鳴, 山林頓靜. 吼吼獅叫, 威震山間.

英雄將士, 歡聚一廳. 菲酒酬賓, 略表寸心.

操瑟吹簫, 景缺天驕. 楚楚雄師, 揚名天知.

所向披靡, 凱旋而回.

군수가 말을 마치자 경결 장군이 이어 답사했다.

무촉성 갖은 풍상 다 겪어도

성의 모든 주민들 자신의 용사들 사랑하네.

한마음으로 똘똘 뭉치니 난공불락의 요새로다

모든 좋은 친구들 진실한 정 두텁고

무촉군수 죽기를 각오하고 지키니

군민도 한마음 되어 성을 사수하네.

적들의 침범을 물리치고 우리 강산을 되찾세.

巫蜀之城, 歷幻風雲. 闔城居民, 愛己雄師.

魚水情盎, 固若金湯. 諸位良朋, 摯情尤濃.

巫蜀郡守, 誓死守土. 軍民一人, 衆志成城.

殺絶夷犯, 還我江山.

답사가 끝나자 군수는 술잔을 들어 술을 권했다. 뜨거운 정이 더하여져 술잔이 한 순배 또 한 순배 돌고, 서로 오고가며 잔을 쨍 하고 부딪쳤다. 좋은 술은 향기가 넘쳐나고 군민들은 자주 술을 권했다. 환한 웃음 속에 정감이 어우러지고 저절로 나라 사랑과 사기가 진작되었다. 이처럼 온 성이 기쁨에 젖어 있을 때, 변방에서 갑자기 정보가 날아들었다. 적의 대대적인 공세로 인해, 사정이 매우 급박하다는 것이었다.

총사령관 경결은 명령을 내렸다.

"적들의 기세가 등등하니 우선 그들의 예기를 피하여 성문을 굳게 달고, 가만히 있다가 적들이 지치기를 기다렸다가 기회를 보아 싸우게 되면 반드시 승리하게 될 것이다."

모두들 총사령관의 명령에 따라 각자의 위치에서 전투준비를 했다.

세 번을 패하고도 다시 온 적들은 배고픈 이리가 양에게 달려들듯 사납게 쳐들어왔다. 진나라 군은 벌떼처럼 성 아래에 모여들어 욕설을 퍼부으면서 싸움을 걸어왔다. 여러 날 동안 성을 포위하고 날마다 공격을 해왔지만 초나라 군은 꿈쩍도 하지 않았다. 진나라 군은 어찌할 수 없이 병력을 십 리나 물려 진지를 구축하고 기회를 엿보았다.

한편 무촉성에서의 패배는 진나라 조정을 긴장시켰다. 쇠약한 초나라가 강력한 진나라를 대패시킨지라, 진나라는 이 문제를 중시했던 것이다. 초나라에는 아직도 곳곳에 숨은 인재들이 많이 있으니, 절대로 경솔하게 행동해서는 안 되었다. 그리하여 대장군 백기에게 그날로 즉시 정예부대를 인솔하여 지원하도록 명령을 내렸다.

오월 중순, 백白자라고 씌어진 깃발이 진지의 최전방에 세워졌다. 그는 지금까지 초나라 군과 수없는 전쟁을 벌이는 동안 거의 패한 적이 없는지라, 초나라 군은 그의 이름만 들어도 등골이 서늘해졌다. 그는 다른 사람보다 훨씬 뛰어나게 전군을 지휘했으며, 특히 공격 전술에 매우 뛰어났다. 그는 몸소 전선에서 지휘를 했는데, 전술이 민첩하고 임기응변에 능했다. 따라서 사람들은 그를 '신승장군辛勝將軍'이라고 불렀다.

'신승장군'은 몰래 습격하는 전술을 자주 사용했는데, 여러 차례 효과를 보았다. 그가 지휘한 이후, 초나라 군은 계속 패배를 맛보았다. 전황이 급변하자, 초나라 군은 다시 진지를 굳게 지키는 한편, 주변 물건들을 적들이 사용할 수 없도록 소각하는 전술을 시행할 수밖에 없었다. 견고한 성에 의지하여 수비하면서 힘을 축적하는 지구전을 전개했던 것이다.

그러나 전군의 총사령관인 소휴는 그렇게 생각하지 않았다. 그는 크게 화를 내면서, 경결이 적과 싸우는 것을 두려워하니 대국 장수의 풍모가 없다고 질책하고, 그렇게 담력이 작은 자가 어찌 천군만마를 지휘하여 강적과 싸울 수 있겠느냐고 모함했다.

용병술이 귀신 같은 백기이지만 한 달 남짓 진지만 지키고 있을 뿐이니 어찌해볼 도리가 없었다. 그는 하는 수 없이 전황을 진나라 왕에게 보고했다. 진나라 왕은 당장 문무백관들을 소집해 적을 깨뜨릴 계책을 논의했다. 사람들이 꾀주머니라고 일컫는 범저范雎가 계책을 내놓았다.

"백기는 공격을 잘하고 경결은 수비에 뛰어납니다. 그들 두 사람은 무예계에서 특출하게 뛰어난 장군들입니다. 병법을 논하여도 그들 두 사람은 우열을 가리기 힘듭니다. 성을 쳐부수려면 먼저 그 사람을 제거해야 하옵니다."

"경은 그 사람을 제거할 좋은 계책을 가지고 있소?"

"묘책은 없고 소소한 방법이 하나 있는데, 그것은 바로 우리가 즐겨 사용하는 것으로서 초나라 총사령관인 소휴에게 뇌물을 보내는 것입니다. 그 사람은 재물에 눈이 어두운 자이니, 틀림없이 성공할 것입니다!"

진나라 왕은 기뻐하며 범저에게 즉시 그 계략을 실행하도록 명령했다.

범저는 한 명의 간첩을 초나라에 몰래 잠입시켰다. 때마침 소휴는 경결에게 불만을 품고 있었으며, 일찍이 방어계획을 수정하려는 뜻이 있었지만, 결정적인 순간만을 기다리고 있던 터였다.

소휴는 진나라 사신이 거금을 주면서 경결을 제거해달라고 하자 몹시 기뻐했다. 그는 속으로 생각했다. '황금은 하늘이 내리는 것이라고 하던데, 이는 하늘의 뜻이다. 이것은 나 소휴가 재물운이 있음을 증명하는 것이다. 손도 쓰지 않고 머리도 굴리지 않았는데, 황금 만 냥을 주머니에 넣게 되었으니, 이것이 하늘의 뜻이 아니고 무엇이란 말인가?' 이렇게 생각한 후, 그는 큰 소리로 웃기 시작했다.

흥분한 나머지 소휴는 빠른 시일 내에 대장군 경결을 쫓아내야 한다는 진나라 사신의 조건을 두말없이 쾌히 승낙했다.

소휴는 일찍이 송유에게 대장군의 직무를 맡기려고 마음먹고 있었다. 그래서 급히 한 통의 편지를 써서 수도인 영으로 보냈다.

영윤 자란子蘭은 이 정보를 듣자 나서서 반대했다. 그는 경결의 사람됨과 재능에 대해 신뢰하고 있었으며, 송유에 대해서도 잘 알고 있었다. 소휴의 편지에 마음이 언짢아진 그는 회왕에게 아뢰었다.

"송유가 경결의 자리를 빼앗아가게 해서는 안 됩니다. 그는 그저 큰소리만 칠 뿐, 이론이 실제를 따르지 못하는 사람입니다. 겉보기에는 병법을 잘 아는 것 같지만, 전략이 어떤 것인지도 전혀 모릅니다. 병서를 읽지도 않았고, 기껏해야 엉터리 군사 전문가에 지나지 않습니다."

"강적을 눈앞에 두고 노장 경결을 바꾼다면, 군대의 사기가 동요될 것입니다. 그는 백전노장으로서 지략이 뛰어납니다. 송유는 큰 전쟁을 치뤄본 적이 없는데, 어찌 천군만마를 지휘할 수 있겠습니까? 하물며 그의 상대는 전력이 화려한 백기입니다. 만약 경솔하게 일을 처리하신다면 그 결과는 상상조차 할 수 없을 것입니다. 설사 방어계획을 바꾸더라도 천천히 신중하게 의논해야 옳습니다."

회왕은 자란의 충간을 듣지 않았다. 그는 종종 결정적인 순간에 어리석은 패착을 두곤 했다. 그는 간신인 근상의 말에 따라 소휴의 건의에 동의하여, 경결을 소환하고 송유를 전선의 대장군으로 임명했다.

송유는 입신출세가 대단히 빨랐다. 그는 본래 큰 전쟁을 지휘한 경험과 능력이 없는, 단지 일개 용사에 지나지 않았다. 어려서 병서를 읽은 적이 있는데, 천부적으로 총명했던 그는 말투나 태도가 범상치 않았다. 그는 경전 중의 어구나 고사를 인용했는데, 말이나 행동 하나하나가 사리에 들어맞았다. 그러나 그는 곧잘 오만한 기세로 남들을 깔보거나 터무니없는 말을 했으며, 특히 걸출한 장군으로서 재능 있는 사람은 자기밖에 없다고 큰소리를 치곤 했다.

이 때문에 일찍부터 다른 사람에게 불만을 사고, 동료들의 주목을 받게 되었다. 이번에 자란이 친히 나서서 이 일에 간여하게 된 것도 전혀 근거가 없는 것은 아니었다.

송유는 자기 파벌인 소휴가 경결의 자리에 자신을 들이려 한다는 사실을 알고 크게 기뻐했다. 그러나 반대하는 사람이 있다는 소식을 듣자, 천금을 아까워하지 않고 소휴와 근상에게 뇌물을 주었다. 물론 그들이 돌봐준 은혜를 잊지 않겠다는 뜻과 이 일을 될수록 빨리 이루어달라는 뜻이었다.

어느 날, 소휴와 근상은 회왕의 기분이 한창 좋은 때를 틈타 송유를 데리고 왕궁으로 들어가 회왕을 알현했다. 회왕에게 빨리 조서를 내리도록 재촉하기 위해서였다.

회왕이 송유에게 말했다.

"그대는 진나라 군을 격파할 수 있겠는가?"

송유는 자신만만하게 대답했다.

"진나라 총사령관 백기는 비록 수없이 전쟁을 치러 풍부한 작전 경험을 가지고 있지만, 이미 나이가 들어 마음은 있으나 힘이 부족하니, 그러한 노부는 두려운 상대가 되지 못합니다! 제가 만약 그의 머리를 베지 못한다면, 맹세하건대 사람이 아니며 영원히 대왕을 뵈러 오지 못할 것입니다!"

어서 빨리 승리를 거두고 싶은 회왕의 조급한 심리를 꿰뚫어본 말이었기에 회왕은 매우 흐뭇해했다. 그리하여 즉시 신하에게 조서를 내리도록 명령하고, 송유에게 빠른 시일 내에 승전보를 올리도록 당부했다.

"성은이 망극하옵니다!" 근상은 얼른 치켜세우며 말했다. "뛰어난 신인을 대담하게 기용하셨으니, 우리 군은 반드시 승승장구할 것입니다. 우리나라의 중흥에 희망이 보입니다!"

소휴 역시 회왕의 곁에서 쉬지 않고 비위를 맞추었다. 기분이 좋아진 회왕도 그들을 치켜세웠다. "과인의 곁에 그대들과 같은 충신들이 있어 계책을 생각해내니, 과인이 어찌 일찍이 품은 뜻을 이루지 못할까 걱정하겠소!"

이야기를 나누는 사이에 조서가 다 씌어지자, 송유는 무릎을 꿇은 채 공경을 다하여 칙령을 받았다. 소휴는 총사령관의 신분으로 송유에게 깃발과 장군의 인수를 수여했다. 회왕은 황금 백 냥과 비단 약간을 하사한 다음, 최대한 빨리 길을 떠나 조속한 시일 내에 경결을 대신하여 군의 위세를 날리도록 격려했다.

대장군이 된 송유는 수도를 떠나 임지로 가게 되자, 마음이 너무나 들떴다. 그는 보무도 당당히 수십만 대군을 통솔하여 기세 좋게 변방으로 달려갔다. 순식간에 꼬리가 보이지 않을 정도로 기나긴 행렬은 온 땅에 먼지 구름을 피워 태양을 가렸다.

송유의 군대는 사흘 만에 무촉군에 도착했다.

무촉 군수는 어찌 된 영문인지 성 밖으로 영접을 나오지 않았다. 송유는 심히 불쾌했다. 이것은 그가 출병하여 처음으로 당한 불쾌한 일이었다. 부하들은 소곤거렸다. "군수가 어째서 성을 나와 우리 대군을 영접하지 않는 거지? 이게 어찌 된 일이야?"

그 말을 들은 송유는 난처하여 얼굴이 붉어지고 핏대가 서기 시작했다. 그는 임지에 도착하자마자, 宋兪이라고 씌어진 깃발을 성 꼭대기에 높이 걸었다. 경景이라고 쓴 깃발은 즉시 내려졌다. 교대 의식이 끝나자, 모두들 바삐 자기 자리로 돌아갔다. 병법을 잘 알고 있는 경결은 겉으로야 아무 일도 아닌 양했지만, 사실은 마음이 매우 무거웠다. 그가 걱정하는 것은 자기의 권세를 잃은 치욕이 아니라, 초나라 군대의 안위와 사직의 존망이었다. 그는 답답한 심정을 안고서 이백여 명의 호위병을 거느리고 수도인 영으로 돌아왔다.

송유는 부임하자마자 경결 장군이 세웠던 군의 기율을 종이조각 하나 남김없이 모조리 없애버리고 '진지를 굳게 지키고 주위의 모든 물자를 적군이 이용하지 못하도록 제거하는' 작전 방침도 죄다 취소해버렸다. 이러한 그의 결정은 몇몇 노장들의 반대를 불러일으켰다. 그는 반대하는 이들을 친경파親景派의 보수 반동파로 여겨 숙청했으며, 그 가운데 몇몇 말이 많은 장군들의 직무를 해임시켰다. 이들 대신 자신의 말을 잘 따르는 친송파親末派 인물로 바꾸었다. 송유는 자신의 심복을 대거 등용했다. 천자가 바뀌면 신하도 모두 바뀌는 법이니, 어찌 송유만 이러하겠는가!

한편, 진나라 왕은 송유가 전선을 인계했다는 소식을 듣고 너무나도 흥분했다. 그는 얼굴에 기쁜 빛을 띠고서 대신들에게 말했다.

"초나라 변방에 사람이 바뀌었소. 보아하니 초나라 강토가 우리나라의 판도 속에 그려질 날도 머지않았소. 모든 장수들과 신하들이 충성을 다한다면, 진나라가 천하의 패권을 잡는 것은 시간문제일 것 같소!"

그는 시중에게 명하여 친히 백기에게 한 통의 편지를 써서 보내도록 했다. 이처럼 얻기 어려운 기회를 잘 살려 전기를 마련하고, 대대적으로 공격하여 초나라 군의 전력을 소멸시켜, 전면적인 초나라의 약탈을 위해 길을 터놓으라는 등등의 내용이었다.

백기는 송유가 취임한 후의 모든 거동을 정보를 통해 잘 알고 있었다. 송유가 자신의 전략 전술에 잘 넘어갈 사람이라는 것을 알고서 남몰래 기뻐했다. 그는 자신도 모르게 흥분하여 소리쳤다.

"하늘이 나를 돕는구나!"

그는 즉시 군대를 이동 배치하고 전략을 조정했다. 적을 유인하여 끌어낸 다음, 우세한 병력을 집중시켜 일거에 섬멸하고자 한 것이다. 작전 계획을 짠 다음, 그는 오천 명의 병사들을 출전시켰다. 그는 병사들에게 절대 이기지 말고 패한 척하여 초나라 병사들을 성 밖으로 유인하도록 명령했다.

진나라 군은 성 아래에서 함성을 지르고 욕설을 퍼부으면서 싸움을 걸어왔다. 나이가 젊어 혈기왕성한 송유는 도저히 참을 수 없어 친히 성루로 올라갔다. 바라보니, 진나라 군은 숫자도 많지 않고 장비도 정교하거나 우수하지도 않아, 겉모습은 사나운 듯하지만 실은 별것 아닌 듯이 보였다. 그는 문득 적을 얕보는 마음이 들어 오천 명의 군사를 내보내 그들과 교전하도록 했다.

송유는 큰 공을 세우고 싶어 안달이었다. 일찍이 회왕 앞에서 큰소리까지 쳤으니 하루빨리 전공을 세워야만 했다. 하지만 그는 지휘 경험이 모자랐지만, 그의 적수는 용병술의 귀재라고 일컬어지는 백기장군이 아닌가! 그는 자신에게 불리한 요소들에 대해 눈을 감고 싶었으며, 특히 적들의 전략과 군사 배치에 대해서는 전혀 알지 못했다. 이런 상황 아래에서 무턱대고 출전하면서도, 단숨에 승리를 거두리라는 망상을 품고 있었던 것이다.

백기는 노련하고 침착했으며, 군기 또한 매우 엄했다. 그는 병사들을 전략적으로 배치하여 초나라 군과 맞서 싸우게 했다. 허점을 드러내지 않은 채 거짓으로 패하게 했던 것이다. 그는 먼저 싸움을 걸었다가 중과부적인 양 싸우면서 후퇴하게 했다. 그러나 초나라 군사들은 적들이 싸움에 겁을 먹은 것을 보고 사기가 충천하여, 사나운 범이 양에게 덤벼들 듯이 세찬 기세로 착착 승리를 거두었다.

진나라 병사들은 참패하여 뿔뿔이 흩어졌고, 그들이 버린 식량과 전차, 말과 옷가지들은 헤아릴 수 없이 많았다. 초나라 군은 승리를 틈타 추격했고 크게 전리품을 얻어가지고 개선했다. 첫 전투에서 승리하자, 초나라 군은 들떴다.

초나라 군사들은 송유 대장군의 지휘가 당대의 군사 지휘에 있어서 천재라고 하기에 손색이 없다고 칭찬했다. 치켜세우는 소리와 갈채소리가 번갈아 고조되자, 송유 대장군은 득의양양해서 어찌할 줄 몰라했다. 마치 자신이 정말 걸출한 장수가 된 듯했다.

그날 저녁, 초나라 진영에서는 축하잔치가 펼쳐졌다. 장교들은 알랑거리고, 사병들은 갈채를 보냈다. 관악기는 온통 공덕을 노래하는 악곡을 연주하고, 좋은 술과 아리따운 미녀들이 흥을 돋우는 바람에 송유는 거나하게 취하고 말았다. 그는 승전 축하연에서 진나라와 자웅을 가리겠다고 큰소리를 쳤다.

"백기의 머리를 베지 못하면, 나 송유는 맹세코 사람이 아니다!"

다음날, 격전이 벌어지기 전의 광야는 온통 쥐죽은 듯 고요했다.

하늘에서는 예측할 수 없는 바람이 휘잉 불어왔고, 초나라 상공에서는 먹구름이 흘러 한바탕 피비린내가 몰아닥칠 듯했다.

그것은 국운을 결정짓는 전투였으며, 또한 병사들의 운명을 결정하는 고투苦鬪였다. 쌍방은 모두 장막 안에서 작전계획을 세웠다.

자만에 가득 찬 송유는 가슴을 쭉 펴고 성루에 서서 외쳤다.

"병서에서 말하기를, 두 군대가 서로 만나게 되면 용감한 자가 승리한다고 했다. 병사들이여, 용감하게 적을 죽여라! 공을 세운 자는 상을 내릴 것이요, 뒷걸음질치는 자는 목을 벨 것이다!"

초나라 군이 새카맣게 몰려들었다. 수많은 군인들이 떼를 지어 움직였고, 병기들은 번쩍번쩍 빛을 발했다. 천하의 전공을 탐한 송유는 자신의 모든 것을 이번 전투에 투입하여 진나라 군과 자웅을 가리고 백기를 제거함으로써 자신의 이름을 천하에 날리고 싶었다.

백기는 오만 명의 정예부대를 이용하여 적을 깊숙이 끌어들이도록 했다. 초나라 군은 점점 바짝 뒤를 쫓았다. 송宋이라 씌어진 깃발이 있는 곳이면, 진나라 군은 소문만 듣고도 뿔뿔이 흩어졌다. 마치 활을 보고 놀란 새처럼 감히 공격하려 하지 않았다. 그러자 초나라의 노장들이 의심을 하기 시작했다. 그들은 송유에게 권하여 말했다.

"진나라 군이 패하면서도 어지럽지 않고, 붕괴되면서도 놀라지 않는 것을 보니 거짓 술책을 쓰고 있는 것이 분명해 보입니다. 적들을 얕잡아보면 안 되니, 응당 추격을 중지해야만 합니다."

송유는 기대 이상의 전과에 기분이 좋았던데다 잇달은 승리에 이성을 잃고 행동이 극단적이었으니, 어찌 늙은 장수들의 충언이 귀에 들어오겠는가? 그의 생각은 속전속결로 단숨에 해치우는 것인지라, 용감하게 앞 다투어 적들을 죽이다가 적이 물러나면 추격하여 진나라 진영을 두들기는 것이었다.

그리하여 그는 전쟁의 여러 요인들을 고려하지 않고, 그저 적진으로 돌격하기만 했다. 그는 대군을 거느리고 적들의 포위망으로 쳐들어갔다. 백기는 교만해진 초나라 군이 무모하게 돌진해오자, 정말 좋은 기회라고 생각했다. 그리하여 동정을 살피면서 협곡 입구까지 물러나게 했다. 골짜기는 좁고 길었으며 지세가 매우 험준했는데, 이 협곡만 통과하면 진나라 군의 대본영에 이를 수 있었다. 송유는 선두 부대에게 진나라 군의 대본영을 공격하도록 명령했다. 진영의 보루는 매우 견고하여 아무리 공격을 퍼부어도 무너지지 않았다. 진나라 군이 틀어박혀서 싸우지 않은 것은 총공격의 시기가 아직 무르익지 않았기 때문이었다. 초나라 대군은 계속 구름처럼 몰려들었다.

시기가 무르익었다고 판단한 백기는 부하에게 공격 명령을 내렸다. 진나라 군이 동시에 공세를 펴서 궁수들이 일제히 화살을 날리니, 화살에 맞아 죽는 초나라 군사가 수없이 많았다. 초나라 군은 온통 혼란에 빠지게 되었다. 또한 복병들이 마치 하늘에서 내려온 군사처럼 초나라 군을 향해 돌진하자, 그 기세를 당해낼 수가 없었다.

초나라 군은 사방에서 적의 공격을 받고서야 단꿈에서 깨어났으며, 백기의 매복전술에 걸려든 것을 알았다. 수십만의 대군은 덫에 사로잡힌 쥐의 신세가 되고 말았다. 진나라 군은 사방에서 벌떼처럼 몰려와 초나라 군의 퇴로를 끊어버렸다. 초나라 군은 싸워보지도 못한 채 수십만의 군대가 순식간에 무너져버렸다.

진나라 군은 대승을 거두었다. 이로부터 호전적인 진나라 제국은 서쪽에서 우뚝 일어서게 되었다.

이 지경에 이르러서야 초나라 회왕은 다시 자신의 잘못을 깨닫고, 재차 굴원을 중용했다. 회왕은 굴원을 다시 한 번 제나라에 사신으로 보내려 했다.

다시 사신이 된 굴원과
인질이 된 태자

나라가 어려움에 놓이면 훌륭한 장수가 그립고, 집안이 곤궁해지면 효자가 생각난다. 초나라 회왕은 근래 들어 마음이 뒤숭숭하고 정신이 혼미하여 어찌할 바를 몰랐다. 밤새도록 잠을 이루지 못했고, 잠이 들면 꿈을 꾸었으며, 꿈속에서는 굴원이 나타났다.

어찌 된 까닭이란 말인가? 한 나라의 군왕이 조정의 대신을 만나고 싶어도 만나기가 생각만큼 쉽지 않다면, 믿을 사람이 별로 없다는 얘기다. 여기에서 그의 권위가 어떠한지 상상하는 것은 어렵지 않을 터이니, 그는 바로 꼭두각시였다.

명목상으로는 군왕이지만 명령을 내려도 시행되지 않고, 겉으로는 복종한 체하지만 속으로는 따르지 않는 것이다. 명목상으로는 신하이지만 군왕을 희롱하거나 군왕을 능가하는 경우도 있다.

일찍이 공자는 이렇게 말한 적이 있다. "임금이 신하에게 죽으라고 하면, 신하는 죽지 않을 수 없다." 이 말은 너무나도 지나쳐 폭군이나 그렇게 할 수 있을지 몰라도, 실제로는 그렇게 할 수 없는 일이다. 그러나 임금에게 권위가 없으면 신하는 따르지 않으며, 설사 임금에게 제지를 당하더라도 임금의 낯빛을 보아가며 일을 처리하고 임금의 목소리를 듣고서 일을 보고하게 되는 것이니, 이 역시 올바른 정치가 이루어질 수 없게 하는 것이다.

어느 날, 아침 조회에서 회왕은 궁궐 좌우에 두 줄로 늘어선 문무대신들을 둘러보다가 굴원이 보이지 않자, 순간적으로 화가 나서 수염을 부르르 떨고 두 눈을 크게 뜨고서 경당목驚堂木을 들어 어안御案을 호되게 내려쳤다. 그 서슬에 그의 손가락 역시 마비된 듯 찌르르 저렸다. 그는 손가락을 가볍게 어루만지면서 눈살을 찌푸린 채 말했다.

"삼려대부는 어찌하여 세 번이나 불렀는데도 아침조회에 보이지 않는가? 오늘은 굴원이 왔는가?"

"대왕께 아룁니다. 굴원은 여전히 부름에 응하지 않고, 오늘도 아침조회에 나오지 않았습니다." 이는 굴원의 정적인 근상이 회왕을 기만하는 답변이었다.

"속히 사람을 보내 굴원을 묶어서라도 데려오시오!"

"분부대로 거행하겠습니다!"

근상은 사람을 파견하여 굴원을 잡아오도록 했다. 잠시 후 굴원은 밧줄에 꽁꽁 묶이어 회왕 앞에 오게 되었다. 그는 자신이 어떤 잘못을 저질렀는지 알 수가 없어 회왕 면전에 우뚝 선 채 무릎을 꿇어 예를 갖추지 않았다.

"굴원은 어찌하여 무릎을 꿇지 않느냐?" 회왕은 눈을 부릅뜨고서 노려보았다.

"신이 어떤 죄를 범하여 이렇게 묶여와 있는지 모르겠사옵니다!"

"세 번이나 불렀는데도 알현하지 않은 것이 무슨 죄인지, 조정의 신하 된 도리로서 설마 모르는 것은 아니겠지? 알고 있으면서도 묻는 것인가?"

"신은 어떠한 부름도 받지 못했습니다. 그런데 세 번씩이나 부르셨다니 도무지 영문을 모르겠사옵니다.”

“그대가 과인의 명령에 따르지 않더니, 이제는 대담하게도 교활한 변명까지 늘어놓는구나! 과인이 연이어 세 번씩이나 불렀는데도, 매번 과인을 보지 않겠다는 대답만 들었을 뿐인데, 설마 그것이 거짓이란 말인가?”

“저 굴원은 밤낮으로 폐하 뵙기를 간구했으며, 그 일로 여러 차례 눈물을 흘렸는데, 어찌 명을 받들어 폐하를 알현하지 않을 이유가 있었겠습니까? 폐하께서는 명확히 살펴주시옵소서! 만약 그러한 일이 진정 있었다면, 신은 죽어도 후회하지 않겠습니다!”

굴원의 당당한 모습을 본 회왕은 이번 역시 근상이 중간에서 음모를 꾸민 것임을 알고는 마음이 불쾌했다. 그러나 그는 근상의 죄를 묻기는커녕 그의 눈을 똑바로 바라보지도 못한 채 힐끔 흘겨보고는 급히 눈길을 거두었다. 다행히 이때 눈치 빠른 근상이 얼른 한 걸음 앞으로 나와 말했다.

“폐하께 아룁니다. 미천한 신하가 일찍이 세 차례 굴대부 집에 사람을 보냈는데, 모두 만나지 못했노라고 전했습니다. 오늘 굴대부의 말을 들어보니 분명히 오해가 있었던 듯합니다. 굴원을 만나지 못한 것을 신은 굴원이 폐하를 만나지 않으려는 것으로 잘못 생각한 듯싶습니다.”

이는 총신 근상이 회왕을 속이는 상투적인 수법으로 자주 있었던지라 놀랄 만한 일이 아니었다. 세상 사람들 모두가 알고 있듯이, 근상은 사람됨이 교활하고 처세술이 뛰어나 악행을 저지르거나 거짓말을 할 때에도 눈 하나 깜짝하지 않은 채 할 수 있는 사람이었다. 그러나 아무리 교활한 여우일지라도 꼬리가 길면 잡힐 때가 있으리라.

음험함과 교활함은 간신의 본성이었다. 만약 회왕이 굴원을 보고 싶은 마음이 간절하여 직접 대면하여 대질하지 않았다면, 자칫 근상의 교활한 변명에 넘어가고 말았을 것이다.

수많은 비정상적인 일들을 겪으면서 회왕은 냉정하고 깊게 생각하지 않을 수 없었다. 그리하여 당면한 정세에 대해 점차 새로운 인식을 하게 되었고, 특히 굴원에 대해서는 양심의 가책을 느꼈다. 오늘 진상을 알게 된 회왕의 마음은 더욱 견디기 힘들었다. 그는 굴원의 앞에까지 걸어가 손수 그를 풀어주고 자리에 앉도록 하며 위로를 했다. 그러고는 굴원에게 제나라에 가야 하는 필요성과 목적을 말해주었다.

굴원은 다시 제나라에 사신으로 가서 양국 관계를 회복하라는 회왕의 말을 듣자, 마음이 자못 비통하고 격해졌다. 불현듯 그의 얼굴에 눈물이 빗물처럼 흘러내렸다. 그는 회왕 앞으로 나아가 무릎을 꿇고서 아뢰었다.

"죄 많은 신이 나라를 위해 일할 수 있다니, 감격을 이기지 못하겠습니다. 다만 두려운 것은 폐하의 엄중하신 부탁을 이루지 못할 수도 있으니, 폐하께서는 명을 거두어주시옵소서!"

"이 임무는 그대가 아니면 부탁하지도 않았을 것이오. 국난이 눈앞에 닥쳤는데 거절하지 말고 준비하여 가까운 시일 내에 떠나도록 하시오!"

"죄 많은 신은 학식이 천박하여 중임을 감당하지 못하겠으나, 폐하께서 이미 결정하셨으니 설사 목숨을 바치는 일이라 할지라도 결코 사양치 않겠습니다!"

"고맙소. 그리하면 됐소!" 회왕은 감개무량하여 말을 이었다. "나라가 어지러우면 훌륭한 장수가 그립거늘, 오직 그대만이 과인과 걱정을 나눌 수가 있으니, 조정에 그대만 한 이가 없소. 과인은 이제야 상황을 알게 되었소!"

"죄 많은 신이 비록 재주도 덕망도 능력도 없습니다만, 사심도 없고 더욱 야심도 없습니다. 다만 나라와 백성을 위한 간절한 마음만이 있을 따름이옵니다."

"……."

굴원은 나라 일이 중요하다고 여기며 지난날의 감정은 떨쳐버리고자 했다. 그는 어떤 요행수도 통하지 않는 다급한 상황에서 다시 제나라로 가야 하는 사명을 기꺼이 받아들였다.

이튿날, 바람은 산들산들 불어오고 햇볕은 따스했다. 파란 하늘엔 몇 점 하얀 구름이 떠가고 있었다. 다시 중용된 굴원은 평온한 마음으로 백마에 올랐다. 그는 아침녘의 찬란한 햇살을 듬뿍 받으면서 제나라를 향하여 달려갔다.

이번 행보의 임무는 매우 어렵고도 막중했다. 그는 회왕을 위해 어떠한 일이 있어도 제나라 왕이 과거의 감정을 떨쳐버리도록 해야만 한다. 제나라와 초나라의 연맹관계를 파괴시킨 간신들을 대신하여 자신이 사죄해야 한다. 다시 외교관계를 수립할 수만 있다면 어떤 치욕을 받은들 어떠하랴! 끓는 물과 타는 불에 들어간다 할지라도 어찌 주저하랴!

굴원은 금빛 햇살을 받으면서 달리는 말에 채찍을 가했다. 소슬한 늦가을의 풍광은 굴원을 두렵고 불안하게 했다.

광활한 초원을 달리다보니, 어느새 해가 서쪽으로 기울기 시작했다. 굴원은 그제야 잠시 쉬면서 요기를 해야겠다는 생각이 들었다. 그러나 이곳은 외지고 거칠어 인가가 없는지라 배고픔을 참는 수밖에 없었다. 그는 다시 산과 고개를 넘고 강과 시내를 건넜다.

번화한 고을에 이르렀다.

고개를 돌려 바라보니, 어느 새 초나라를 넘어섰음을 알 수 있었다. 제나라 길거리에 발을 딛고 있자니, 또 다른 하늘 아래에 와 있다는 느낌이 들었다. 부유한 기상과 소박한 풍속이 눈앞에 펼쳐졌다. 그는 천천히 고을 안으로 걸어 들어갔다. 거리는 청결하게 정돈되어 있었고,

푸른 돌로 깔아놓은 노면은 평탄하고 반지르르 윤기가 흘렀다. 도로 양쪽에는 음식점들이 즐비하고 손님들이 연이어 드나들었다. 수레와 마차가 꼬리를 물고 지나갔다. '정말로 흥성하고 번화한 나라로구나!' 굴원의 입에서 탄성이 그치지 않았다.

그가 한 곳에 들어가자, 주인이 웃는 낯으로 따뜻하게 맞이했다. 자리에 앉자 무얼 먹을지 물었다.

"혼자 먹을 것이니, 물만두나 한 접시 주시오."

얼마 후 김이 모락모락 오르는 은빛 물만두가 탁자 위에 놓여졌다. 먹음직한 물만두를 보자 굴원의 입 안에 침이 고였다. 그는 급히 젓가락을 들어 한 입 한 입 먹다보니, 순식간에 접시를 비웠다. 온몸에 힘이 솟고 원기가 넘쳐흐르는 느낌이 들었다. 그는 다시 말에 올랐다.

날은 이미 저물었으니 일찌감치 묵을 곳을 찾아야만 했다. 고개를 들어 바라보니 앞쪽의 다리 어귀에 여관이 있었다. 오늘 밤은 이곳에서 하룻밤을 편안하게 쉬고자 했다. 여관은 깨끗하고 운치가 있었으며, 정원에는 나무와 화초가 자라 있었다. 그는 나무에 말을 매어놓고 말먹이를 사와서 물과 함께 주었다. 그는 백마에게 말을 건넸다. "좋은 동반자여! 수고했다. 천천히 먹어라. 배불리 먹고 힘을 내야지. 천리 먼 길을 너에 의지하여 달려가야 할 테니!"

굴원은 말을 토닥여준 후, 여관을 나서서 황혼녘의 경치를 바라보았다. 갑자기 한 줄기 회오리바람이 일어나더니 그의 앞에서 하나의 원기둥처럼 낙엽들을 말아 공중으로 빙빙 돌며 올라갔다. 잠시 후 바람이 약해지자, 남동쪽 상공에서 낙엽들은 팔랑팔랑 떨어져 내렸다.

굴원은 나뭇잎이 올라갔다가 떨어지는 상황을 바라보며 생각에 잠겼다. '나뭇잎이 공중으로 날아오를 수 있었던 것은 회오리바람 때문이며, 그것은 우연한 것이다. 그것이 공중에서 떨어지는 것은 회오리바람

이 소실되었기 때문이며, 그것은 필연적인 것이다.'

그는 창망한 가운데 우두커니 서서 눈앞의 풍경이 어둠속에 점점 사라져가는 것을 지켜보았다. 여관에 들어와 침대에 누워 눈을 감은 채, 제나라 왕이 자신을 회견하는 상황을 떠올려 보았다. '냉정하고 담담할까, 아니면 열정적이고 근엄할까, 아니면…….' 그는 제나라 왕을 잘 알고 있다고 자신했다.

'제나라 왕은 속이 트이고 머리가 영민한 사람이며, 탁월한 예지를 지닌 명철한 군주임에 손색이 없다. 이러한 군주를 대할 때에는 개인의 영욕을 따지지 말고 모든 책망을 받아들이면서 겸허해야 하며, 정감으로 그에게 감동을 주고 올바른 이치로 분명히 깨닫게 해야 한다. 그렇게 하면 틀림없이 제나라 왕의 양해를 얻을 수 있을 것이며, 다시 두 나라가 우호관계를 맺는 것도 불가능하지는 않을 것이다.' 이런 생각이 들자, 더욱 자신감이 들었다.

이런저런 생각을 하다보니, 밤이 깊어 아주 고요했다. 달빛이 창문으로 스며들어와 침상을 비추었다. 밝은 달빛을 보자 두고 온 여러 사람들이 떠올랐다. 자식들, 피 흘리며 싸우는 초나라 군사들……. 어느 새 그는 깊은 잠에 빠져들었다.

이튿날 아침, 굴원은 말에 올라 제나라 도성을 향하여 나는 듯이 달렸다. 그는 안전을 위해 말에 채찍을 가해 힘차게 달렸다. 준마는 주인의 긴박한 심정을 알고 있다는 듯이 있는 힘껏 달려주었다.

제나라의 강산은 끝없이 넓고 그림같이 아름다웠다. 눈앞에 펼쳐진 논밭은 풍작의 모습을 드러내고 있었다. 번창한 마을의 집들은 생기로 충만했다. 이러한 정경을 보니 굴원은 지난날의 일들이 떠올랐다. 제나라에서는 일찍이 능력 있는 사람들이 많이 배출되었는데, 특히 걸출한 인물로는 관중과 안자 두 명신을 들 수 있다. 탁월한 정치가였던 이들은, 빈곤하고 낙후된 제나라를 천하제일의 강국으로 만들었으며, 강대한 제후국들 사이에서 강대국의 튼튼한 기초를 마련했다. 그들의 정치적 업적은 몇 대 후손들에게까지 영향을 미쳤으니, 참으로 대단한 쾌거라 할 수 있으리라.

이러한 쾌거는 봄날의 우레와도 같이 사람들의 마음을 뒤흔들었으며, 제나라는 오랫동안 쇠퇴하지 않았다. 이렇게 본다면, 아무리 똑똑한 신하가 있어도 똑똑한 임금이 없으면 말짱 헛된 일이다. 자신의 운명을 떠올리자, 굴원은 몹시 괴로웠다. 현실을 바라보니 온통 혼돈 상태였다. 마치 도도하게 흐르는 강물이 범람하여 재앙을 만드는 듯했고, 먹구름이 가득 차 북두칠성을 찾을 수 없어 방향을 분간할 수 없는 듯했다.

깊이 생각에 잠긴 채 말을 타고 달리다보니, 말이 어느 쪽으로 내달렸는지 방향감각을 잃었다. 고개를 들어 바라보니, 앞쪽에 뜻밖에도 황하가 보였다. 포효하며 내달리는 황하는 기세가 웅장하고 규모가 어마어마했다. 일사천리로 내달리는 저 기세를 그 누가 당해낼 수 있으랴! 마치 교룡이 몸을 뒤집는 것 같은 황하는 만 마리의 말들이 일제히 내달리는 듯, 우렁찬 소리를 지르며 온갖 혼탁한 물을 휩쓸고서 구불구불한 강을 따라 이상을 향해 내달리고 있었다.

'아! 황하여! 거세게 솟구치며 쉼 없이 포효하는구나! 아름답고 아름다운 황하 물결이여! 너 가는 것이 이와 같을진저⋯⋯.'

황하에서는 일엽편주가 매서운 바람과 혼탁한 풍랑에 맞서 사생결투를 하고 있었다. 조각배는 매서운 풍랑 속으로 빠져들었다가 물마루 위로 떠올라, 마치 나뭇잎 하나가 물 위를 떠돌며 나아가는 듯했다. 노련한 뱃사공은 키를 잡고 노를 조정하며 빨라야 할 곳에서는 빠르게, 느슨해야 할 곳에서는 느슨하게, 깊은 곳에서는 깊게, 얕은 곳에서는 얕게, 비틀어야 할 곳에서는 비틀면서 배를 젓고 있었다. 황하에서는 물결을 잘 살펴 키와 노를 조정해야 한다. 일각도 가벼이 할 수 없고 조금도 정신을 팔아서는 안 된다. 조심하지 않으면 배가 뒤집혀 배에 탄 모든 사람의 생명을 죽음으로 내몰 수 있기 때문이다.

조각배는 물결 속에서 이리저리 휩쓸리면서 전진하더니 서서히 강가에 닿았다. 배에서는 한 무리의 난민들이 내렸는데, 모두들 장작같이 마르고 누더기차림의 남루한 모습이었다. 노인들은 탄식하고, 어린아이들은 배고프다고 징징거렸다. 아녀자들은 봉두난발에 얼굴은 시커먼 때로 더러웠다. 처참한 광경에 굴원은 마음이 아팠다. 그는 한 노인에게 다가가 물었다.

"어르신, 초나라에서 오시는 것입니까?"

노인은 고개를 끄덕이며 말했다. "우리 식구들은 모두 초나라에서 왔는데, 다른 사람들은 모르겠소. 저 사람들과는 황하 부둣가에서 우연히 만났소." 그는 다른 무리의 난민들을 가리키며 말했다.

국적 불명의 난민들은 끊이지 않은 전쟁이 만들어낸 재난이었다. 백성들은 의지할 곳을 잃고 떠돌아다니게 되었고, 하루하루를 보장할 수 없는 지경에 이르게 된 것이다. 굴원은 죽음의 문턱에서 발버둥치는 난민들을 묵묵히 바라보다가, 칼로 저미는 듯 마음이 아프면서 연민의 정이 저절로 생겨났다. 그는 가지고 있는 돈을 꺼내 노인의 손에 쥐어주면서 간곡하게 말했다.

"날이 추워 구걸할 곳도 없을 것입니다. 지금 세상 형편이 어두워 모두가 가난하니 어디를 가든지 마찬가지일 것입니다. 어르신은 나이가 많고 몸도 약한데다 손자와 손녀들도 허약하여 멀리 가기가 불편할 테니 고향으로 돌아가세요!"

노인은 털썩 두 무릎을 꿇고 쿵쿵 머리를 땅에 부딪치며 말했다.

"나리께서는 하늘 아래 가장 마음 좋은 사람입니다. 나리의 은덕을 어떻게 보답할까요? 나리께 평생 재난이 없기를 빕니다! 관운이 형통하시기를 축원합니다!"

굴원은 급히 노인을 부축하여 일으키며 말했다. "조그만 성의인데, 이렇게 행하시면 부끄럽습니다."

망해가는 나라와 황폐해진 산하를 보니 굴원은 비통했다. 또한 화가 나서 속이 끓었다. 백성들이 곤궁에 빠져 집이 있어도 돌아가지 못한 채 외지에서 떠돌아다니는 참담한 광경을 보게 된 것은 결코 우연이 아니었다. 아마 하늘이 내리는 징벌이리라.

그러나 이 징벌의 재앙을 맨 처음으로 당하는 이는 백성들이었다. 굴원에게 이러한 도탄에 빠진 백성을 구제하는 것은 도의상 당연한 일이었다. 노인의 가족과 헤어진 후, 굴원은 다시 질풍같이 말을 달렸다. 한바탕 흙먼지가 피어올랐다. 그는 한韓, 위魏, 제齊 세 나라의 접경지역을 달리고 있었다. 황하 양쪽 기슭에는 갈 곳이 없는 난민들이 떠돌고 있었다.

어느새 제나라의 수도 임치가 멀리 보였다. 성 동쪽으로는 높이 치솟은 산들이 오르락내리락 끊임없이 뻗어 있었다. 산천은 푸르렀고, 나무들은 빽빽하게 자라고 있었다. 굴원은 산기슭을 따라서 나아갔다. 그곳에는 숭산 준령에서 흘러내린 작은 하천이 흐르고 있었다. 바닥이 보일 정도로 맑은 하천 물에는 멀리 있는 산과 가까이 있는 나무들이 되비치고 있었다. 한 무리의 집오리들이 삼삼오오 짝지어 헤엄치다가 서로 뒤쫓고 달아나며 장난을 쳤다. 꽥꽥거리는 오리들의 소리가 마치 친선 사자 굴원의 방문을 환영하는 듯했다.

제나라 대부 환광桓光은 기쁜 낯으로 성문에서 굴원을 기다리고 있었다. 옛 친구를 다시 만나자, 두 사람은 마치 오래 헤어졌다가 다시 만난

형제처럼 다정스럽게 손을 마주 잡고 인사를 나누었다. 굴원은 늠름하고 점잖게, 풍모도 당당히, 오색으로 단장한 큰길을 따라 걸어가면서, 제나라 백성들로부터 성대하고도 열렬한 환영을 받았다. 환광대부의 인도를 받아 굴원은 제나라 왕을 알현했다. 그는 제나라 왕이 최고의 손님을 초대하는 격식으로 자신을 영접하리라고는 생각지도 못했다. 제나라의 열정에 그는 기쁘기도 했고 참담하기도 했다.

제나라 왕은 환한 웃음을 지은 채 눈부시게 화려한 궁궐에 앉아 있었다. 그는 굴원을 보자마자 옛 친구를 만난 듯이 열정적으로 말했다.

"제나라의 우호 사자 굴대부의 방문을 과인은 충심으로 환영하오!"

굴원은 매우 공손히 읍하고 말했다.

"폐하의 넓고 크신 아량을 저 굴원은 늘 사모해왔사옵니다! 이곳까지 오는 동안 귀국 백성들의 열렬한 환영을 받았는데, 참으로 부끄러워 몸 둘 바를 몰랐습니다. 저 굴원이 귀국에 무슨 은덕을 쌓았기에 이런 환대를 받는가? 전혀 없습니다! 뜻밖에도 이같이 성대하게 맞아주시니, 부끄러워 눈물이 나올 지경입니다!"

"그대는 걸출한 애국지사로, 본디 이웃나라와 화목을 주장했으니, 이러한 옛 친구를 두고 있음을 우리 제나라는 영광으로 여기고 있소! 만약 환대가 모자란 점이 있다면, 넓은 아량으로 용서해주기 바라오!"

"재주도 모자란 소인이 여러모로 특별한 호의를 받으니, 산과 같은 폐하의 은혜에 저 굴원 부끄러워 몸 둘 바를 모르겠나이다."

"굴대부께서는 호걸로 손색이 없소이다. 그대가 뭇사람의 의견을 적극 물리치고 '제나라와 연합하여 진나라에 대항'하자고 한 것은 학식을 갖춘 신하의 지혜로운 행동이었소. 이로 인해 우리나라 백성들의 경애를 받게 되었으니, 이토록 지나치게 겸손하지 않아도 되오."

여기까지 말하고 잠시 말을 멈춘 제나라 왕은 잠시 후 노한 기색을 띤 채 말을 이었다.

"회왕은 간신의 말을 믿고서 제나라와 초나라의 연맹을 깨뜨렸는데, 이는 우리 두 나라 모두에게 불리하며, 말할 나위도 없이 진나라가 천하의 우두머리가 되도록 도와주는 것이오. 이건 회왕의 변덕스러운 성격이 초래한 상황이라 할 수 있소! 이로 말미암아 입은 손실은 너무나 엄청나서 보상할 길이 없소."

굴원은 '보상할 길이 없다'는 말을 들었을 때 크게 놀랐다. 제나라 왕이 다시는 초나라와 연맹을 맺지 않으려 한다고 생각했기 때문이다. 그러나 굴원이 놀라는 표정을 짓자, 제나라 왕은 얼른 덧붙여 말했다.

"물론 길을 잃었던 자가 올바른 길로 되돌아오고, 소 잃고 외양간 고치는 것이 아직 늦지는 않았소."

제나라 왕의 말을 듣고 한숨을 돌린 굴원은 두 손을 맞잡은 채 입을 열었다.

"폐하의 말씀은 구구절절이 옳습니다. 저 또한 그렇게 생각하고 있습니다. 폐하를 존경하고 우러러보는 것은, 바로 마음에 거리낌이 없으시고 시야가 원대하시며, 합종의 입장이 굳건하시고 연횡을 반대하시는 태도가 분명하시기 때문입니다. 이랬다저랬다 갈팡질팡하지 않으시니, 실로 영명하신 군주이십니다. 감복하옵고 또 감복하옵나이다!"

제나라 왕은 잠시 침묵에 잠기더니, 마치 기억난다는 듯이 말을 꺼냈다.

"그대는 '순망치한脣亡齒寒'이라는 전고를 알고 있지요? 『묵자墨子·비공非攻』에 일찍이 그것에 대하여 '조씨가 아침에 망하게 되니 나도 저녁에 그렇게 되었다'라고 인용하고 있는데, 우리가 오늘 처해 있는 상황이 바로 이 처지가 아니겠소? 역사적인 교훈을 절대로 잊지 말아야지요. 진나라의 음모를 절대로 가벼이 여겨서는 안 됩니다. 진나라의 달콤한 말에 속아 요행을 바래서는 안 되오. 오직 이렇게 해야만 우리들이 진나라의 이간질에 넘어가지 않고, 순망치한의 전철을 다시 밟지 않음으로써 대대손손 우호관계를 유지할 수 있을 것이오. 초나라와 제나라가 손을 맞잡는다면 분명 진나라가 우리를 어떻게 하지는 못할 것이오!"

"폐하의 말씀은 제가 생각하는 바와 꼭 맞습니다. 제나라와 초나라가 공동으로 진나라의 패권에 맞서는 것이 올바른 이치이며 급선무입니다. 지리적인 위치로 보자면 초나라는 제나라의 최전방에 있고, 제나라는 초나라의 뒷배경이 되고 있습니다. 두 나라는 서로 신뢰해야만 생존할 수 있습니다. 제나라는 풍부한 물자를 토대로 나라와 백성들이 부강하고 사회는 안정되어 있습니다. 초나라는 궁핍하지만 영토가 넓고 인구가 많으므로, 초나라와 제나라가 연맹을 맺으면 천하에 맞수가 없을 것이며, 어떠한 나라도 중원의 패자가 되려는 생각을 단념할 것입니다. 이것이 우리 두 나라의 공통적인 인식이오니, 앞으로 두 나라가 관계를 공고히 하고 발전하는 데 도움이 될 것입니다. 폐하께서 대의를 잘 아시고 지난날의 잘잘못을 따지지 않으시며, 두 나라의 영원한 우의를 중시하심에, 저는 감격해마지 않으며 충심으로 폐하께 축원하옵니다! 대왕 폐하 만세! 만만세!"

"굴대부의 아름다운 마음과 후의에 감사하오. 깨달았다는 건 실제 행동하는 것만 못하고, 앞으로 갈등이 없게 하는 것만 못합니다. 우리가 이전의 일들을 돌이켜보면 이랬다저랬다 하는 일들이 많이 발생했으며, 그 책임은 우리 쪽에 있는 것이 아니오. 이 사실은 말할 나위도 없습니다. 초나라는 일찍이 두 차례나 사신을 보내와 수교를 단절했고, 또한 무사를 보내 과인을 경멸하고 매도했습니다. 이러한 것들을 과인이 추궁하지 않는 것은 앞을 바라보고 큰 국면을 소중히 여기기 때문입니다. 다만 앞으로 다시는 이와 유사한 일들이 발생하지 않도록 하기 위해, 과인은 결정을 내렸소. 그것은 회왕의 태자가 반드시 제나라에 인질로 와야 한다는 것입니다. 이것이 연맹을 새로 맺는 필수 조건입니다.”

“이 문제는 어려움이 매우 큽니다. 저 굴원이 결정지을 수 있는 바가 아니니, 돌아가 회왕에게 상주하여 처리하겠습니다.”

진나라가 무력으로 굴복을 강요하는 위기에 직면하여 있던 터라, 회왕은 제나라 왕의 요구를 받아들이는 수밖에 없었다. 기원전 300년(회왕 29년), 다시 제나라에 사신으로 간 굴원은 태자 횡을 인질로 보냈다.

이로부터 두 나라는 다시 수교를 맺게 되었다.

무관 회담과 굴원의 저지

무관武關에서의 회담은 기원전 299년에 있었던 일이다.

전국시대 말기, 제후들의 혼전과 군웅들의 봉기로 봉화가 끊임없이 피어올랐다. 피차 세력을 확충하고 나라를 공고히 하기 위해 다른 나라를 쳐서 멸망시키는 전쟁이 빈번했다.

일순간 온 천지가 어두컴컴해지고 별과 달도 빛을 잃었다.

칠웅들이 중원을 각축했지만, 가장 실력을 갖춘 나라는 진나라와 초나라 두 대국이었으며, 가장 치열하게 다투는 나라 역시 이 두 대국이었다.

진나라가 모략으로 승리를 얻고자 했다면, 초나라는 무력으로 강경하게 맞서며 소모전을 펼쳤다. 한쪽은 부드러움으로, 다른 한쪽은 강함으로 맞섰지만, 부드러움이 강함을 이길 수 있다는 말이 사실로 증명되었다. 초나라의 상황은 갈수록 악화되었고, 진나라는 곳곳에서 승리를 얻었다. 두 나라의 다툼은 '강함과 부드러움'의 관계를 설명하기에 좋은 본보기였다.

초나라는 지리적 위치와 광활한 국토를 배경으로 강대국의 지위에 올라섰다. 그러나 겉보기에 강대할 것 같은 초나라는 여러 차례의 내우외환을 겪으면서 영토를 야금야금 잠식당하고 말았다. 이러한 상황이 날로 심각해지자, 다급해진 초나라 왕은 다시 굴원을 기용하여 제나라에 사신으로 보내, 제나라와 연합하여 진나라에 대항하는 맹약을 맺게 했으며, 이를 달성하기 위해 제나라 왕의 요구대로 태자를 인질로 보내지 않을 수 없었다.

초나라의 이러한 조치에 진나라는 몹시 자존심이 상했다. 크게 격분한 진나라 왕은 그 해에 초나라에 대규모의 군사 행동을 개시했다. 백기를 총사령관으로 삼고, 진나라 왕의 어가가 친히 정벌에 나서서 삼십만 대군이 홍수처럼 초나라 변경지역을 휩쓸었다.

한편 출병하기 전, 한 모사꾼이 이렇게 충고하며 말렸다. "연횡을 위해 모든 대가를 아까워하지 않고 동서로 토벌하고 남북으로 전쟁하느라, 군사들과 백성들이 피곤에 지치고 국고도 막대하게 소모되었습니다. 초나라는 비록 패배로 더욱 쇠약해졌지만, 국토가 드넓으니 전쟁을 벌여서는 안 됩니다. 대어를 낚기 위해서는 긴 낚싯줄을 드리우고 기다리는 것처럼, 충분한 힘을 모은 후에 기회를 살펴 일을 도모하는 것이 상책이라 생각되옵니다."

다른 의견도 있었다. "우리나라는 현재 강대한 군사력을 가지고 있으니, 이번 기회를 살리지 않는다면 대업 달성이라는 하늘이 주신 기회를 놓치는 것입니다. 앉아서 좋은 기회를 놓치고 나중에 후회하면 때는 이미 늦을 것입니다."

진나라 혜왕은 호전적인지라 간언에 귀 기울이지 않은 채, 남쪽으로 진군할 것을 결정했다.

진나라가 머지않아 국경을 대거 침략할 것이라는 군사 정보에, 초나라 백성들은 인심이 흉흉해지고 몹시 불안해졌다. 초나라는 싸울 때마다 패배하여 군사의 손실이 심해졌고, 인심이 흩어져 사기는 저하되었으며, 훌륭한 장수가 없는데다 조야의 안팎이 혼란스러웠기 때문이다.

오직 회왕만이 태연자약했다. 현실을 직시하지 못하는 자는 남보다도 못하다는 사실을 좀처럼 인정하지 않는 법이다. 회왕은 신하들이 진나라가 어찌어찌하여 강대해졌다고 말하는 걸 가장 듣기 싫어했다. 그러한 이야기만 들으면, 그는 신경질을 내고 낯빛을 바꾼 채 침울하게 말했다.

"그대들은 남의 위풍만 찬탄하고 진나라의 강대함만을 종일토록 떠들어댈 뿐이며, 몇 차례 패전했다고 간담이 서늘하여 다들 깜짝 놀라 있는데, 전쟁에서 이기고 지는 것은 늘 있는 일이며, 항상 승리하는 장군도 없고, 항상 지는 장군도 없소. 진나라가 비록 강대할지라도 그들의 흥성은 불의하여 도처에 적을 만들어 인심을 잃어버렸으니, 과인이 어찌 그들을 두려워하겠는가!"

그는 패장 소휴에게 군대를 이끌고 적에 대항하도록 했다. 소휴는 재물을 목숨처럼 여기고, 일찍이 여러 차례 진나라의 뇌물을 받은 적이 있었으며, 진나라의 영윤인 장의와 결탁하여 부귀영화를 구했던 인물이었다. 군대 내에서 그의 이름은 추악한 냄새를 풍기고 있었건만, 유독 회왕만은 그 냄새를 맡지 못했다.

진나라 장의는 초나라가 소휴를 총사령관으로 삼았다는 소식을 듣고 너무나 기뻐서 혜왕에게로 급히 가서 아뢰었다. 혜왕은 그 소식을 듣고서 흥분하여 말했다. "하늘이 나를 돕는구나! 초나라가 망할 날이 머지 않았어!" 말을 마친 그는 눈을 감은 채 편안한 마음으로 팔자수염을 비비더니, 갑자기 눈을 떠 장의를 바라보며 말했다.

"경은 나의 명령을 전달하시오! 공을 세운 자에게는 후한 상을 내릴 것이라고!"

"예!" 장의는 급히 걸어나갔다.

"잠깐만! 백기에게 과인이 군대를 따라 원정하리란 것도 알리시오!"

장의는 성큼성큼 백기 장군의 관저로 갔다. 하인이 장의에게 장군께서는 연병장에서 병마를 훈련하며 출정준비를 하고 있다고 알렸다. 장의가 연병장에 도착해보니, 참으로 늠름한 모습의 위풍당당한 군대가 보였다. 새카맣게 인산인해를 이루고 있는 병사들은 가슴을 쭉 펴고 부릅뜬 눈에, 머리에는 강철 투구를 쓰고 몸에는 철갑 옷을 입었으며, 손에는 무기를 들고 있었다. 연병장 가득 무장 군인들의 살기가 충만해 있었다. 연병장 위의 높은 검열대 위에는 각 부대의 장수들이 쭉 늘어서 있었다.

백기 장군은 장수들을 지휘하고 있었다. 그의 거대한 몸집은 군계일학이었으며, 목소리는 우렁차고 맑았다.

"속담에 '천일 동안 군대를 양성하여 하루에 사용한다'는 말이 있다. 너희들은 반드시 한마음으로 힘을 합쳐 사명을 완수해야 한다!"

각 부대의 장수들은 일제히 대답했다. "총사령관님의 명령을 좇아 두터우신 바람을 저버리지 않겠습니다!"

바로 이때, 크게 외치는 소리가 들려왔다. "영윤께서 도착하셨습니다!"

모든 장수들의 눈길이 일제히 장의에게 쏠렸다. 장의는 두 손을 마주 잡고 예를 갖추어 말했다. "여러 장수들께서 수고 많으십니다!"

"영윤께서 더 수고가 많으십니다." 모든 장수들이 대답했다.

총사령관 백기는 급히 예를 갖추면서 말했다. "영윤께서 무슨 일로 이곳에 오셨는지요?"

"소관, 폐하의 명을 받들어 전해드리고자 왔습니다. 용감하게 싸워 공을 세운 자에게는 후한 상을 내리겠노라고 말씀하셨으며, 또한 군왕께서 친히 원정길에 나서겠다고 하십니다."

장졸들은 모두들 뛸 듯이 기뻐했다. "폐하께서는 복이 많으시니, 틀림없이 승리할 것입니다."

장의가 오자, 장졸들의 사기는 더욱 고조되었다. 군영에서 가장 중요한 것은 장졸들의 사기이다. 드높은 사기와 지휘자의 영명한 과단성이 있으면, 예나 지금이나 승리를 거둘 수 있다.

한편, 초나라 상황은 어떠한가? 모두가 알고 있듯이, 소휴는 진나라 군과 싸울 때마다 패한 장수이다. 그러나 그의 집안 살림은 싸운 횟수가 늘어갈 때마다 더욱 좋아져서, 일약 초나라 최고의 거부로 발돋움했으며, 그의 지위는 정권을 휘어잡고 있는 근상에 버금갔다. 이렇게 되자 귀족들은 모두 그에게 질투심을 갖게 되었다.

모두들 그의 엄청난 재산 축적에 의혹의 눈초리를 보내고 공공연히 이러쿵저러쿵 시비했다. 그들 가운데에는 겉으로는 복종하는 척했으나 마음속으로는 따르지 않는 사람들이 하나 둘이 아니었다.

장졸들 역시 그가 어떠한 사람인가를 소문을 들어 알고 있었다. 따라서 장졸들의 사기도 땅에 떨어지고, 심지어 헛되이 죽어 의미 없는 희생양이 되지 않으려고 도중에 도망하는 자들이 사방으로 넘쳐났다. 초나라 군은 싸워보지도 못한 채 붕괴되었고, 사십만 대군은 절반도 남지 않게 되었다.

그러나 이 절반의 군사조차도 진심으로 싸우기를 원해서가 아니라, 위협에 못 이겨 남아 있는 자들이었다. 만약 이들마저 도망가버렸다면, 소휴의 체면은 그야말로 말이 아니었을 것이다. 그러나 이들조차 막상 전투가 벌어지면 싸울 의지가 없는지라 무기를 버리고 도망하는 자들이 부지기수였다. 이처럼 산이 무너지듯 군대가 패하니, 어떻게 군세를 추스를 수가 없었다. 잇달아 성과 영토를 잃게 되자, 진나라 군은 조금도 힘들이지 않고 여덟 개의 성을 빼앗았다.

그렇다면 진나라 군은 어떻게 손쉽게 여덟 개의 성을 얻을 수 있었을까? 진나라 군은 총사령관 백기의 지휘 아래 질풍노도와 같이 초나라 영토로 쳐들어갔다. 그들은 주야로 쉬지 않고 초나라 국경지역까지 바짝 접근했다. 백기는 말에 올라 칼을 비껴 쥔 채 승리를 확신하면서 말했다.

"장졸들이여! 보다시피 초나라 군영은 엄정한 듯해도 사기가 땅에 떨어져 싸움을 두려워하고 있을 뿐이오."

"총사령관님의 말씀이 옳습니다. 소관 또한 동감입니다." 곁에 있던 장수가 말했다.

"하하하!" 두 명의 장수는 약속이나 한 듯이 함께 웃었다. 그들이 의기양양해 있을 때, 병사가 와서 보고했다.

"초나라 군 진지의 정보에 의하면, 군량과 마초가 부족하여 현재 운송부대가 긴급하게 오고 있는 중이라고 합니다. 이상 보고를 마칩니다!"

백기는 수염을 만지작거리면서 잠시 생각에 잠기더니 말했다.

"즉시 초나라 군의 군량운송부대를 습격하도록 하라! 초나라 군은 이제 죽은 자라처럼 공격하지 않아도 스스로 붕괴될 것이다!"

장졸들은 공을 다투어 분분히 싸우기를 청했다. "소장이 가서 보급을 끊어버릴 테니, 소장을 보내주십시오!"

백기는 날카로운 눈빛으로 그들을 바라보더니 큰 소리로 말했다. "너희들은 듣거라! 이번 습격에 성공하는 장수는 황금 백 냥을, 병사는 땅백 마지기를 줄 것이니라!"

"꼭 승리하겠습니다!" 장병들이 일제히 소리 높여 외쳤다.

좌우를 둘러본 백기는 장수들이 모두 절실히 싸우고 싶어하는 것을 보고 속으로 기뻐하며 큰 소리로 말했다.

"성공成功은 명령을 듣거라!"

"소장 여기 있사옵니다!" 성공은 즉시 대답하며 앞으로 나왔다.

"너는 이천 명의 병마를 거느리고 도아산桃兒山 좌측 숲속에 매복해 있다가 초나라 군량운송부대가 산 입구에 들어서자마자 즉시 뒤쪽으로 부터 포위 공격하거라!"

"잘 알겠습니다!"

"방웅方雄은 명령을 듣거라!"

"소장, 대령했습니다!" 방웅이 즉시 자리에서 일어났다.

"너는 이천 명의 병마를 데리고 도아산 우측 숲속에 매복해 있다가, 적의 군량운송부대가 산 입구로 들어가기를 기다려 성공과 협력하여 뒤쪽으로부터 포위해 공격하거라!"

"예!"

백기는 계속 명령을 하달했다. "황일호黃一虎는 명령을 듣거라!"

"소장, 여기 있사옵니다!" 황일호는 원기왕성한 목소리로 대답했다.

"너는 오천의 병마를 거느리고 도아산 북쪽 산 계곡에 매복해 있다가 적의 군량운송부대가 모두 산 계곡으로 들어오기를 기다려 신속하게 정면에서 공격하거라!"

"잘 알겠습니다!"

"너희 세 부대는 반드시 한마음으로 협력하여 초나라 군대를 도아산 에서 소멸해야 하며, 모든 식량과 마초를 노획하는 데 어긋남이 없도록 해야 한다!"

"예! 반드시 임무를 완성하겠습니다!" 세 장수는 이구동성으로 대답 했다.

"기타 각 부대의 장수들은 나를 따라 도아산 서북쪽 이십 리 되는 곳 에 매복해 있다가 초나라 군의 증원부대와 도망쳐 달아나는 병사들을 공격할 것이다!"

모든 장수들이 응답하여 말했다. "알겠습니다!"

어둠 속에 잠긴 하늘에서는 처량한 바람이 불고 비릿한 빗방울이 떨어지고 있었다.

초나라 군의 군량운송부대를 습격하기로 한 세 명의 장수들은 본대의 병마를 통솔하여 도아산으로 출발했다. 병사들에게는 함구 명령을 내리고 말들에게는 재갈을 물린 채, 귀신도 모르게 정해진 대로 매복했다. 이곳은 산이 높고 길은 비좁으며, 숲은 울창하고 지세는 험했다. 양쪽의 봉우리는 깎아지른 듯한 절벽이 마주보고 있었고, 그 가운데는 구불구불한 계곡이 이어져 있었다. 계곡 안쪽의 땅은 울퉁불퉁한데다, 어떤 곳은 넓고 어떤 곳은 좁아서, 병법가들이 자웅을 가리기에 딱 좋은 곳이었다.

이곳은 진나라에서 초나라로 통하는 툭 트인 어귀로, 일찍이 크고 작은 전쟁이 무수히 일어났던 곳이기도 했다. 여기저기에서 시신의 뼈들을 볼 수 있었다. 산길이 험하고 구불구불한 좁은 길이지만, 초나라의 군량운송부대는 반드시 이 길을 지나야만 했다. 길 옆에는 기암괴석들이 숲처럼 서 있었고, 고목들은 하늘 높이 치솟아 있었다. 부엉이가 이따끔씩 처량하게 울어대고 산바람이 쐬아 불면 음침하고 으스스한 기운에 모골이 송연해졌다.

갑자기 먹구름이 빽빽하게 많아지더니 사면에 안개가 자욱했다. 날이 막 개면서 낮고 무겁게 울리는 천둥소리를 따라 큰비가 쏟아졌다. 주룩주룩 쏟아지는 비에 평지는 순식간에 석 자 높이로 물이 찼고, 산사태가 일어나 모래와 돌들이 급류에 휩쓸려 산 계곡으로 요란스럽게 쏟아져 내렸다.

폭우는 쏟아져 내리는 속도만큼 빠르게 멈추기도 했다. 금세 개인 쪽빛 하늘에는 여전히 여기저기 먹구름이 흘러다녔고, 다시 기회를 엿보아 폭우가 쏟아져 내릴 듯했다. 하지만 태양은 흐릿한 안개 사이로 햇빛을 쏟아내면서 구름을 몰아냈다. 순식간에 붉은 태양이 동그란 얼굴을 완전히 드러내더니, 비 개인 후 유난히 반들반들해진 짙푸른 나무숲을 비췄다. 아침 햇살 아래, 마치 얇은 망사 같은 안개는 푸른 산들과 창망한 대지를 자욱하게 뒤덮고 있었다.

"야! 정말 멋진데! 매혹적인 아가씨 같아! 정신을 못 차리게 만드는 그런……."

진나라 복병들은 물에 빠진 생쥐 꼴이 되었어도 결코 언짢아하지 않았다. 조심스럽게 경계하면서 공을 세울 기회가 오기만을 기다리고 있었다. 한 병사가 숲속에서 머리를 내밀더니 동정을 살폈다. 도아산으로 통하는 길에는 한 대의 마차도 보이지 않았고, 드문드문 행인들만이 걸어가고 있었다. 행인들은 시장을 보러 가는 초나라의 백성들이었다.

매복한 진나라 병사들은 기다리느라 몹시 애가 탔다. 한 시간, 또 한 시간이 흘렀으나, 여전히 아무 기척도 없었다. 어떤 병사는 정찰 보고가 사실이 아니라고 의심하기 시작했다. 그러나 어느 누구도 긴장을 풀지 못한 채 여전히 적들이 나타나기를 주시했다.

초나라 군량운송부대가 나타나지 않았던 것은 폭우에 길이 유실되어 버렸기 때문이었다. 군량을 수송하는 수레의 속도는 당연히 늦어질 수밖에 없었다.

대략 한 시간이 더 지나서야, 먼 지평선 위로 몇 개의 조그만 점들이 나타났다. 진나라 병사들은 눈을 부릅뜬 채 그 조그만 점들이 점점 커지고 많아졌다가 차츰 한 줄기로 변하는 것을 바라보았다. 그러고는 들뜬 목소리로 장수에게 보고했다.

"적들의 군량운송부대가 전방에 나타났습니다!"

장수는 고개를 돌려 사병들에게 명령을 내렸다.

"병사들이여! 몸을 들키지 않도록 하라! 적들이 우리 쪽으로 다가오고 있다!"

그는 머리를 최대한 낮추고서 계획한 대로 되어가는 것을 보고 쾌재를 불렀다.

"하늘이 우리 진나라를 도와 공을 세울 수 있도록 하는구나! 오너라! 죽음의 신이 너희들을 기다리고 있느니라!"

군량운송부대는 점점 도아산에 접근하는가 싶더니 갑자기 멈추었다. 진나라의 장수는 적들이 눈치챘을까 걱정했다. 그러나 홀연 다섯 필의 말들이 빠른 속도로 도아산 협곡 입구로 뛰어오는 것을 보았다. 장수는 분명히 알 수 있었다. 그들은 정찰병들이었다. 그들의 말발굽 소리는 급박하면서도 분명했다. 그들은 구름이 피어나는 협곡 입구에서 오랫동안 여기저기를 두리번거리더니, 아무 기미도 발견하지 못했는지 말을 몰아 본대로 돌아갔다.

군량운송부대는 다시 꿈틀꿈틀 움직이기 시작하더니. 한 대 한 대 줄지어 도아산 협곡으로 들어섰다. 도로 상황은 매우 좋지 않았다. 도로의 대부분은 어지럽게 놓인 돌들로 막혀 있었고, 크고 작은 바위들이 하나 둘이 아니었다. 군량을 실은 수레는 어렵사리 삐그덕거리며 꿈틀꿈틀 나아가고 있었다.

맨 마지막 군량운송 수레가 도아산 북쪽 협곡 입구에 들어섰다. 맨 앞의 수레는 아직 남쪽의 협곡 입구를 나가지 못한 상태였다. 오 리 정도의 협곡은 군량운송 수레와 운송병들로 꽉 차 있었다. 맨 앞의 수레가 협곡을 막 빠져나가려는 순간, 갑자기 요란스러운 외침이 사방에서 일어났다. 복병들은 마치 홍수가 터진 듯 포효하며 협곡을 향해 돌진해왔고, 칼과 창 등 짧은 병기들이 부딪치며 잔혹한 백병전이 시작되었다.

초나라 병사들은 무방비 상태에서 창졸간에 응전한데다 중과부적인지라 금방 열세에 놓이게 되었다. 수적으로 우세한 진나라 병사들은 높은 곳에 위치하여 아래를 내려다보면서 싸우니, 초나라 병사들은 공격다운 공격도 해보지 못한 채 혼란에 빠져 순식간에 절반의 병력을 잃어버렸다. 남은 자들은 포로가 되었거나 목숨을 구해 도망했다. 수레를 몰던 말들은 놀라 사방에서 서로 부딪쳤다. 어떤 말들은 칼에 상처를 입고 땅에 넘어져 발버둥쳤고, 어떤 말들은 놀라 펄쩍 뛰는 바람에 식량을 산 계곡에 쏟아놓기도 했다.

싸움에 능하거나 운 좋게 도망한 자들은 협곡을 탈출하여 필사적으로 수레를 몰고 달아났다. 그러나 일찌감치 협곡 앞쪽에 매복해 있던 군사들이 군량운송 수레를 보고서 벌떼같이 돌격해왔다. 누군가 소리 높이 외쳤다. "돌격하라! 공을 세운 자에게는 큰 상을 내릴 것이다!"

사방에서 일어선 복병들은 날카로운 화살들을 누리와도 같이 초나라 병사들을 향해 날렸다. 초나라 병사들은 혼비백산 싸워보지도 못하고 붕괴되었으며, 죽거나 부상당하거나 포로가 되었다. 이번 전투에서 요행히 죽지 않고 도망한 자는 몇 명 되지 않았다.

대승을 거둔 진나라 군은 전리품들을 일일이 거두었다. 노획한 군량미가 산더미같이 쌓였다. 뜻밖의 수확에 더욱 의기양양해진 진나라 왕은 백기에게 대군을 이끌고서 동쪽으로 진군하여, 곧장 한수 유역에 도달하도록 명령했다. 그리고 기회를 살펴 강을 도하하여 초나라 내지로 진군하여 초나라에 압박을 가하도록 했다.

백기는 임무를 완수하기 위해 밤낮으로 쉬지 않고서 기세등등하게 한수를 향하여 힘차게 나아갔다. 동틀 무렵, 진나라 군은 질서정연하게 강을 건너기 시작했다.

초나라 군은 동쪽 강 언덕에 삼십만 명의 병력을 배치하여 일전을 기다리고 있었다. 한수는 물이 깊고 물결이 거칠었다. 바람이 윙윙 불고, 강물은 세차게 흐르고 있었다. 백기는 전군에게 강을 건너라고 명령했다. 건너는 도중에 병사와 말들이 많은지라 대오가 겹치고 격랑에 흩어져 전군이 혼란해졌다.

초나라 장수 경결은 이러한 상황을 보고 매우 기뻐했다. 그는 급히 총사령관인 범저에게 건의했다.

"진나라 군이 강을 건너기 시작했는데, 뒤죽박죽 엉망이 되었습니다. 반면 우리 군은 진지를 확고히 정비하고 적을 충분히 대비하고 있습니다. 적들이 혼란에 빠진 틈을 타 돌격하면, 그들은 앞뒤가 호응하기 어려운 상황이라 전투력을 발휘하지 못할 테니, 형세는 우리 군에게 매우 유리합니다. 이때 응당 강공으로 일거에 적을 물리쳐야 합니다. 참으로 하늘이 우리를 돕고 있습니다!"

그러나 총사령관인 소휴는 아랑곳하지 않고 도리어 질책했다.

"당당한 대국의 총사령관으로서, 나는 어려서부터 병서를 읽어왔소. 옛날부터 군대를 운용함에는 모름지기 인의를 중시해야 한다고 알고 있소. 현재 진나라 군이 깊은 물과 세찬 파도 가운데에 있어 스스로 보전하기도 어려운데, 남의 위급함을 틈타 공격하는 것은 옳은 일이 아니오. 우리 군대가 비록 싸움에 패한 적이 있지만, 언덕을 올라오지 않은 곤궁한 군대를 공격해서는 안 되오."

경결은 그의 황당무계한 말을 듣고서 심히 불쾌했으나 어찌하랴! 그저 진나라 군대가 물에서 발버둥치며 나오는 것만을 조용히 지켜보고 있을 뿐이었다. 어서 공격하고 싶은 마음이 간절해진 경결은 또다시 솟구치는 분노를 애써 진정하면서 말했다.

"적군은 우리 군대보다 강하고 무기도 뛰어나며, 방금 전투에서 승리하여 사기 또한 대단합니다. 또한 귀신같이 군대를 부리는 백기가 친히 지휘하고 있으니, 만약 진나라 군 모두가 강을 건너게 되면, 강함으로 우리의 약함을 공격하니 손해를 보는 것은 아마도 우리들일 것이며, 그 때는 후회해도 소용없는 일입니다.”

“그대는 어찌하여 그렇게 말이 많은가? 어질고 정의로운 군대에게는 적이 없다고 했소. 설령 전쟁에 패한다 하더라도, 인의의 정신을 크게 떨쳤으니 이긴 거나 다름없소!”

진나라 군은 소휴의 ‘인의’라는 비호 아래 순조롭게 강을 건넜다. 호호탕탕 진나라 군은 결집하여 전열을 가다듬었다.

경결은 다시 한 번 소휴에게 간절히 말했다.

“진나라 군의 진용이 아직 완전히 갖추어지지 않았으니, 허한 틈을 타서 재빨리 공격한다면 틀림없이 승리는 우리 것이 될 것입니다! 장군! 빨리 공격 명령을 내려주십시오!”

소휴는 경결이 거듭 싸우겠다고 하자, 부끄럽고 분한 나머지 성을 내면서 호되게 질책했다.

“그대는 식견이 좁고 가슴에 큰 뜻이 없어서, 보잘것없는 이익만 도모하고 만세의 훌륭한 명예를 생각하지 않으나, 나는 전군을 통솔하는 총사령관이다. 응당 선비의 풍모를 지닌 장수로서 어찌 작은 재주를 자랑할 수 있겠으며, 그렇게 하면 어찌 체통을 세울 수 있겠느냐? 그대는 입을 다물라! 전쟁을 어떻게 해야 하는지, 그대가 가르쳐줄 필요는 없다!”

그 사이 진나라 군은 전투배치를 마쳤다. 전투 준비가 갖추어지자, 진나라 군은 정연하게 군대를 출정시켰다. 곳곳의 진나라 군대는 위용을 자랑했으며, 살기등등한 함성은 우레처럼 온 산하를 진동했다.

이때에야 소휴는 초나라 군대에게 출전하여 적과 맞서 싸우라고 명령했다. 순식간에 천지가 뒤집히는 듯한 싸움이 벌어졌다. 병사들과 군마의 처절한 울부짖음 가운데, 모래 먼지가 휘날려 하늘의 해를 가렸다. 격렬하고 살벌한 전투에 시체가 온 들판에 가득 널리고, 흐르는 피는 강을 이루었다. 그 광경은 눈뜨고는 차마 볼 수 없을 정도로 처참했다.

진나라 군은 평소 혹독한 훈련을 견디어 무예가 뛰어났을 뿐 아니라, 규율이 엄격하고 상벌이 분명했다. 그들은 오합지졸 같은 초나라 군을 다양한 전술을 펴면서, 마치 무인지경에 들어가듯이 종횡무진으로 돌진했다. 전투를 벌인 지 채 한 시간도 되지 않아, 초나라 군은 참패하여 도망했다. 구사일생으로 살아난 도망병들은 분분히 길을 잃은 채 길이 어디로 향하는지조차 알지 못한 채 도망하다가, 얼떨결에 서로 부딪치고 넘어져 말발굽에 밟혀 죽는 자가 부지기수였다.

진나라 군은 앞으로의 쓸모를 생각하여 소휴를 생포하지 않고, 몇 명의 호위병을 데리고 포위망을 뚫고 탈출하게 했다. 이 치열한 전투에서 수많은 장수와 병사들은 피 흘리며 분전하다가 장렬하게 목숨을 버렸다.

이번 전쟁에서 초나라는 여덟 곳의 성과 영토를 잃게 되었다. 치명적인 중상을 입은 초나라는 다시는 재기할 수 없을 정도의 막심한 피해를 입었다.

한편, 낭패한 소휴는 급히 도망쳐 수도인 영으로 돌아왔다. 그러나 초나라 회왕은 패배를 자초한 그의 죄를 묻지 않아 백성들의 원망을 샀다. 전장에서 죽은 장졸들의 가족들은 그 소식을 듣고 너무나 슬픈 나머지, 죽고 싶은 마음으로 그들을 제사지내면서 울부짖었다.

나라 안 곳곳에서 소휴를 간사한 도적이라고 수군거렸으며, 나라를 팔아 영달을 꾀한 역사의 죄인이라고 욕설을 퍼부었다. 사람들은 이구동성으로 말했다.

"맨날 패전하는 장군이 성과 땅을 잃게 하고 무수한 생명을 죽음에 이르게 하고서 무슨 낯짝으로 돌아왔단 말인가! 자기야 목숨을 구했다지만, 열일곱 살도 안 된 내 새끼는 황량한 들판에 머리 없는 귀신으로 버려져 있으니 가련하구나! 그는 초나라 백성 모두의 적으로서, 영원히 오명을 남길 것이다!"

회왕은 여덟 곳의 성과 엄청난 영토를 잃고 무수한 장수와 병사들이 죽은 것을 알고서, 마치 한 마리 사나운 사자가 광분하듯이 화를 냈다. 하지만 그러한들 무슨 소용이 있으랴? 그는 평소에 여색에 빠져 조정 일은 돌보지 않고 신하들이 제멋대로 하도록 내버려둔 장본인이 아닌가? 충신과 간신들을 분간하지도 못하고 선악을 분별하지도 못하고 악인에게 관용을 베풀어 악행을 조장했으니, 오늘의 참패를 자초한 것 역시 결코 우연이 아니며, 벌을 받아 마땅하리라.

초나라의 쇠락과 패배에 대해서는 의견이 분분했다. 천재인지, 인재인지, 그 누구도 명확하게 설명하지 못했다.

누군가 대정치가이며 대개혁가인 굴원에게 물어보자고 했지만, 어디에 가서 굴원을 찾는단 말인가?

한편, 군왕에게 버림받은 굴원은 겉보기에는 관직을 그만두고 한가하게 지내는 것 같았지만, 마음은 한시도 편하지 않았다. 특히 그는 장의의 미인계만 생각하면 치가 떨리도록 장의가 미웠다. 그는 자신이 삼려대부의 한직에 떨어지지만 않았다면, 진나라에 암살자를 보내 장의를 죽였을지도 모른다고 생각했다. 그가 살아 있는 동안 초나라의 불행은 그만큼 더 연장되기 때문이었다. 그러나 지금 그는 아무 권력도 갖지 못하는 나락에 떨어져 있으니, 아무리 그런 생각을 품은들 어떻게 해볼 수 없는 처지였다. 그저 온갖 악행을 저지르는 간신이 서슴없이 나라와 백성에게 재앙을 끼치는 것을 바라보면서 원망만 할 따름이었다.

그는 뒷짐을 지고 집안을 왔다 갔다 하면서 매우 고통스러워했다. 그는 마음속 고통을 덜어볼 요량으로 하인에게 우산을 가져오라 했다. 홀로 교외로 나가 마음에 쌓인 원망을 풀어보려 했던 것이다.

굴원은 기분전환을 하려고 이리저리 걸음을 옮기다가, 길옆에 한 구의 시체가 누워 있는 것을 보았다. 얼굴은 누렇게 뜨고 몹시 수척했으며, 남루한 옷차림새에 머리는 흐트러지고 얼굴에는 꺼멓게 때가 끼어 몹시 불결했다. 얼굴을 위로 한 채 드러누운 시신은 흰자위를 드러내고 눈을 뜬 채 죽어 있었다. 홀쭉한 배를 드러내놓고 죽어 있는 시신은 이미 부패하기 시작하여 밖으로 고름이 흘러나오고 있었다. 한 무리의 까마귀들은 깍깍 소리를 지르며 공중에서 맴돌고 있었다. 갑자기 음산한 바람이 불어오자, 역겨운 냄새가 풍겨와 도저히 숨을 쉴 수가 없었다. 굴원은 구역질이 나서 급히 얼굴을 돌리고 코를 막고서 잰걸음으로 그곳을 떠났다.

'백성이 안심하고 살아갈 수가 없으니, 이미 갈 때까지 간 상황이다. 그런데도 저 간신배들은 여전히 패거리를 지어 악행을 저지르고 있으니……. 장의를 돌려보낸 건 호랑이를 산에 풀어놓아준 격이다. 그 화근을 없애버리지 않고 도리어 돌아가도록 구해주었으니, 나라가 이렇게 될 수밖에!"

'환락술집'이란 간판에 살굿빛 노란 깃발이 바람에 펄럭이는 술집이 그의 눈에 들어왔다. 굴원이 술집 앞에 다다랐을 때, 문 안에서 갑자기 급한 발걸음 소리가 들려왔다. 이어서 노기가 충천한 몇 사람들이 걸어 나왔다. 우두머리인 듯한 사람은 긴 두루마기 차림에 머리에 관모를 쓰고 있었는데, 문을 나서자 멈추어 서서 고개를 돌리더니 욕설을 퍼부어 댔다.

"네가 뭐길래 대가리에 피도 마르지 않은 녀석이 충고를 하려고 그래! 돼먹지 않은 자식 같으니라고! 감히 나를 거역했으니, 네가 네 죄를 알렷다!"

욕설을 퍼붓는 사람은 의심할 나위 없이 관료였는데, 그의 행동거지는 영락없이 시정잡배의 그것이었다. 그는 계속하여 듣기 거북한 욕지거리를 하더니, 부하 몇 사람을 데리고 성큼성큼 가버렸다. 말하는 꼬락서니로 보아서는 이긴 것 같지 않았는데, 만약 이겼다면 그렇게 욕설을 퍼부어댔겠는가! 굴원은 무슨 일인지 궁금했다. '틀림없이 관계의 분쟁일 것이다. 장물의 분배가 공평치 않아 일어난 일일 것이다.' 굴원은 주인이 웃음을 지으며 마중나오자, 빙그레 웃으면서 안으로 들어갔다. 술집 주인은 겸허하고 온화하면서도 총명함이 넘치는 중년의 사내였다. 그는 굴원을 보고서 특별히 모셨다. 굴원을 가장 좋은 별실로 안내하고서 거듭 인사를 올렸다. 굴원이 상석에 앉자, 그는 아랫자리에 앉아 이야기를 나누었다. 굴원은 차를 마시면서 그와 한담을 나누었다. 갑자기 주인이 물었다.

"감히 여쭙건대, 대인께서는 혹시 굴씨 집안의 후예 아니신가요? 혹시 작고하신 백용 대인을 아시는지요?"

"알고 있을 뿐이겠습니까! 제 아버님이십니다." 굴원은 손을 맞잡고 대답했다.

"아!" 하는 소리와 함께 주인이 얼른 일어섰다.

"그분의 자제분이셨군요. 소인이 몰라뵈었습니다!" 그는 일어서서 무릎을 꿇고 절하려 했다.

굴원은 얼른 그를 부여잡고 말했다. "너무 이러실 필요는 없습니다!"

그러나 주인은 고집스럽게 인사를 올리고자 했다. 쌍방은 고집을 부리며 서로 양보하지 않았다. 끝내 그의 뜻을 꺾을 수 없었는지라, 굴원은 그의 절을 받을 수밖에 없었다.

"예의에 벗어나게도 공자님을 몰라뵈었습니다."

주인은 굴원이 좌정하기를 기다려 변명삼아 덧붙여 말했다.

"소인이 비록 상놈이긴 하지만 예의는 압니다. 당시에 근상이 권력을 제멋대로 휘두르고 여기저기 탐관오리가 들끓어, 온 천하가 뒤죽박죽이 된지라 백성들의 원성이 들끓었습니다. 맨 먼저 해를 입은 자들은 바로 우리처럼 장사하는 사람들로, 사기당하고 빼앗기는 등 말로 다 할 수 없을 정도로 고통이 심했습니다. 코딱지만 한 가게에 와서 먹고 마시고는 돈을 내기는커녕 걸핏하면 사람을 패고 욕하면서 하지 않은 짓이 없었지요. 당시 공자님의 아버님인 백용 대인께서 이 꼴을 보고 좌시하지 않으시고 한마디 하셨다가, 간신배 수하의 무뢰한들에게 노여움을 사서 봉변을 당하셨지요. 그분의 보호를 받았던 우리가 사람이라면 어찌 그분의 은혜를 잊겠습니까? 또한 공자님 같은 분은 나라를 위해 일했으나 도리어 관직을 박탈당하여 평민과 다름없이 몰락하셨지요. 오늘날 인연이 있어 뵙게 되었으니, 소인에게는 참으로 크나큰 행운입니다."

"주인장의 말씀은 과찬이십니다. 부끄러워 감당하지 못하겠습니다."

굴원은 급히 손을 맞잡고 공손하게 말했다. 아버지의 공덕을 지금도 백성들이 우러러보고 있음을 보고, 굴원은 기쁨과 위안을 느꼈다. 그는 자기도 모르게 술 한 잔을 가득 따라 마셨다. 그는 탁자 위에 술잔을 내려놓으면서 말했다.

"간사하고 교활한 관리들이 서로 결탁하여 악행을 저지르고 백성들을 마구 짓밟고 있으니, 이는 도저히 용납할 수 없는 일입니다. 선은 선으로 갚고 악은 악으로 갚는다 했으니, 우리 그들의 비참한 말로를 기다려봅시다!"

"근상의 무리들을 말씀하시는 겁니까?"

주인장은 겁을 집어먹고 있음이 분명했다. 이곳은 관리들이 자주 왔다 갔다 하는 곳이니, 주인으로서야 마땅히 신중히 행동하지 않으면 안 되었다. 그는 좌우를 살펴 의심할 만한 사람이 없음을 확인하고서야 말했다.

"공자님께 솔직하게 말씀드리겠습니다만, 백성들의 조정에 대한 불만은 갈수록 높아지고, 반항하는 사람 역시 갈수록 많아지고 있습니다. 조정에서는 관리들을 파견하여 한 무더기씩 체포하고 있지만 모두 다 체포할 수야 없는 노릇이지요! 선생님의 뛰어난 학식과 경륜은 당대에 견줄 만한 이가 없음을 알고 있습니다. 지금이야 간신배들의 중상모략을 받고 있지만, 언젠가 반드시 출세하셔서 대권을 행사하실 수 있을 것입니다. 이는 바로 우리 백성들의 염원이기도 합니다. 오늘 모처럼 공자님께서 왕림하셨는데, 드릴 것이 없으니 세 잔의 술을 올릴 뿐입니다. 한 잔은 선생님께서 고난을 벗어나시기를, 한 잔은 관운이 형통하시기를, 마지막 한 잔은 전도가 양양하시기를 축원하는 것입니다."

"말씀대로 따르겠습니다. 주량이 세지는 못하지만, 사양치 않고 세 잔을 마시겠습니다."

말을 마치고서 그는 한 방울도 남기지 않고 세 잔을 다 마셨다.

그러다가 굴원이 우연히 고개를 돌려보니, 병풍 옆에서 흐리멍텅한 두 눈이 멍하니 자기를 바라보고 있었다. 어지럽게 흐트러진 머리칼은 두 어깨까지 내려와 새까만 얼굴을 가리고 있었다. 그 사람은 마치 아까부터 그곳에 있었던 듯했다. 그는 굴원이 자신을 발견한 것을 보고는 어깨를 으쓱거리면서 다가왔다.

"헤헤, 대인께서 오셨습니까? 헤헤, 소인 역시 대인께 축하드립니다." 그는 영문을 알 수 없는 말을 하더니, 무릎을 꿇고 바닥에 머리를 부딪쳐 절을 하면서 절박한 목소리로 말했다.

"헤헤, 조정의 실권자인 근상을 대인께서 아신다구요? 대인께서 만약 아신다면, 제 아들 녀석 좀 구해주세요. 대인, 부탁드립니다."

그는 또다시 탕탕 소리가 나도록 머리를 땅에 부딪쳤다. 그의 이마는 금세 벌게졌지만, 조금도 아프지 않은 듯 여전히 머리를 조아렸다.

"공자님, 그 사람을 상관하지 마세요!" 주인장은 그가 나타나 치근거리자 얼른 가로막으며 말했다.

"저 사람은 미친 사람입니다." 그러고서 고개를 돌려 큰 소리로 꾸짖었다.

"주씨 셋째야! 너 왜 또 와서 소란을 피우느냐? 누가 오라고 했어? 어서 돌아가!"

그러나 주씨 셋째는 여전히 머리를 조아리며 간절히 애원했다. 그는 그의 아들이 아무 죄 없이 감옥에 들어가게 되었다고 말하면서, 아들을 꼭 구해달라고 부탁했다. 주인장이 큰 소리를 치고, 심부름하는 아이가 몇 명의 하인을 불러들여서야 설득 반 밀어내기 반으로 물러갔다.

굴원은 말없이 그를 눈으로 전송했다. 주인은 불안한 표정을 지으며 연신 죄송하다고 말했다. 굴원은 머리를 가로저으며 물었다.

"방금 그 사람의 말을 들어보니 몹쓸 짓을 당한 듯한데, 그의 아들을 누가 모함한 것입니까?"

주인은 머리를 가로젓더니 길게 탄식하며 말했다.

"요즘에 억울하게 죽은 사람이 한둘이 아닙니다. 저 사람의 아들은 다른 사람의 죄를 뒤집어쓰고 처형을 당했다고 합니다. 아들이 아무 죄 없이 죽는 걸 뻔히 눈 뜨고 바라봐야만 했으니, 미치지 않을 수 있겠습니까?"

굴원은 평소 관리들이 제멋대로 악행을 저지른다는 말을 듣기는 했지만, 사람 목숨까지 빼앗는다는 사실은 오늘 처음 알게 되었다. 굴원은 아무 말도 하지 않았지만 마음속 깊은 곳에는 분노가 끝없이 끓어오르고 있었다.

이 당시 진나라는 초나라의 땅덩어리를 차지한 채 위세를 부리면서 초나라를 깔보고 있었다. 진나라는 무력으로 위협하는 한편, 모략으로 초나라를 집어삼키고자 했다.

진나라 왕은 회왕에게 무관에서 만나 강화 회담을 하자는 편지를 보냈다. 회왕은 진나라 왕의 편지를 받고 어찌해야 좋을지 몰라, 문무백관들을 어전으로 불러 이 일을 의논토록 했다.

초췌한 모습의 회왕은 여러 신하들을 둘러보며 말했다.

"경들! 과인의 심중에 한 가지 일이 있어 오래도록 주저하며 결정짓지 못했기에, 과인의 근심을 덜고자 그대들을 불렀소! 바로 우리나라 여덟 곳의 성과 광대한 영토를 빼앗은 진나라 왕이 나에게 무관에서 만나 회담을 열자고 편지를 보내왔소. 과인이 과연 가야 할지, 가지 말아야 할지, 경들의 고견을 말해보시오!"

근상이 입을 열었다. "신은 진나라 왕의 편지가 친선을 나타내는 호의라고 생각하옵니다. 그러므로 폐하께서 마땅히 약속에 응하셔서 무관에서 진왕과 만나신다면, 양국의 상호이해를 증진하여 친선과 협력을 강화할 수 있을 것입니다. 회담에 나쁠 일은 없을 터이니, 의심하지 마시고 즐겁게 다녀오셨으면 합니다."

그러자 굴원이 말했다. "진나라는 이리나 호랑이와 같은 나라로 믿을 수 없으니, 가지 않으시는 것이 좋으리라 생각됩니다."

소휴가 말했다. "저는 상관대부의 견해에 적극 찬동합니다. 무관에서의 회담은 얻기 어려운 귀한 기회로 절대 놓쳐서는 안 되옵니다. 다른 것은 몰라도 적어도 진나라 왕의 태도를 가늠해볼 수는 있을 것입니다."

경리가 거들고 나섰다. "두 나라의 적대관계는 소통의 부족으로 말미암아 서로 의심하고 신뢰하지 못했기에 결국 무력충돌로 발전하게 된 것입니다. 이 교훈을 반드시 명심해야 합니다. 지금 진나라 왕이 제안을 했는데, 우리가 무슨 근거로 진나라 왕의 후의를 거역할 수 있겠습니까? 회담을 거절하는 것은 인정으로 보나 도리로 보나 맞지 않을 뿐 아니라, 양국의 교류에도 도움이 되지 않습니다. 그러므로 저는 폐하께서 즉시 무관으로 떠나 두 나라의 적대관계를 속히 매듭지었으면 합니다."

회왕의 아들 자란은 중신들의 견해가 매우 일리가 있다고 여겼다. 그리하여 그는 영윤 겸 군왕의 아들 신분으로 말했다.

"몇 분 중신들의 견해는 모두 우리나라의 이익과 당면한 정세를 고려하여 말씀하신 것으로, 그 높은 식견에 경복하는 바입니다. 아바마마! 무관에 가셔서 회담에 참석하심이 옳을 듯하옵니다. 오늘 굴대부님만 이의를 제기하시고 다른 분들의 견해는 대체로 일치한 듯하옵니다. 그러므로 염려치 마시고 다녀오십시오. 아무 근거도 없이 의심해서는 안 될 것이옵니다."

이들의 말은 굴원을 겨누고 있음이 분명했다. 두 파의 관점은 사사건건 일치하지 않았다. 근상을 우두머리로 하는 몇몇 중신들은 가시 돋친 말로 굴원을 겨누면서 궁지로 몰아넣었다. 그러나 굴원은 조금도 물러서지 않은 채 거침없이 말했다.

"폐하께서는 한 나라의 주인으로, 나라의 안위가 달려 있습니다. 현재 형세를 보자면, 진나라 왕이 무관에서 만나자고 함은 결코 호의에서 나온 것이 아니옵니다. 우세에 놓인 진나라가 아무 조건 없이 우리와 강화하지는 않을 것입니다. 진나라는 예로부터 조건을 내세워 이익을 차지해온 나라이니, 우리와 친선 따위를 이야기하고자 함이 아닐 것입니다. 진나라 왕은 그럴 듯한 말로 남을 속이는 자로 어질지 못한 군왕입니다. 진나라가 우리에게 공짜로 이익을 베풀 리가 없습니다. 따라서 무관에서의 회담은 진나라 왕의 음모입니다. 폐하께서는 절대로 가시면 안 됩니다!"

굴원의 맑고 깨끗한 마음은 회왕은 물론 세상 사람에게도 받아들여지지 않았다. 그는 끝까지 고군분투했지만, 대세를 뒤집을 수는 없었다.

굴원은 외교에 대해서 명석한 두뇌와 예리한 통찰력을 지니고 있었다. 특히 진나라에 대해서는 더욱 그러했다. 그러나 그의 의견과 예견이 제대로 된 것일수록 그는 오히려 더욱 질시의 대상이 되고 말았다.

결국 회왕은 몇몇 대신들과 아들 자란의 종용에 따라 무관 회담에 참석하기로 결심했다.

수모를 당한 회왕

진나라 혜왕이 죽자, 소왕昭王이 대통을 이어받았다. 그는 부왕이 못다 이룬 숙원, 즉 천하통일을 이루고자 했다.

승리한 자는 더욱더 큰 승리를 추구하고, 실패한 자는 그저 구차한 안일만을 찾게 되는 법이니, 그 의식의 차이는 아주 현격하다. 젊은 군왕은 늙은 군왕에 비해, 야심도 더욱 크고 수단도 훨씬 악랄하며 모략도 한결 뛰어나다. 젊고 기력이 왕성한 소왕은 승부욕이 강하여, 호랑이 자식으로서 전혀 손색이 없었다.

군웅들은 어깨를 나란히 하여 우열을 다투지 않을 수 없었다. 그리하여 전쟁을 알리는 봉화대의 연기가 끊임없이 피어올랐고, 백성들은 도탄에 빠지게 되었다. 순식간에 천지가 뒤집어지는 전쟁이 시작되어 언제 끝날지도 모르는 터이니, 그 누가 사후의 일을 알 수 있으랴!

승리자는 이겼다는 기분에 쉽게 실수를 하곤 한다. 첫째는 조급한 마음을 갖는다는 것이며, 둘째는 적을 가볍게 여겨 경계를 늦춘다는 것이고, 셋째는 큰 공훈 세우기를 좋아하여 눈앞의 업적과 이익에만 급급하다는 것이다. 하지만 무력으로 즉각적인 효과를 거두지 못할 때에는 음

모를 꾸며 기대를 걸어보는 수밖에 없다. 꿍꿍이에 능한 진나라 왕은
무력으로 강탈하는 방법을 잠시 접어둔 채, 무력을 사용하지 않고서도
승리를 취할 수 있는 계략을 고민했다. 무관 회담이 바로 그 전형적인
예라고 할 수 있었다.

무관에서의 회담 날짜가 차츰 다가왔다.

또다시 패배한다면 더 이상 일어설 수 없건만, 회왕은 여전히 일시적
인 안일만을 꾀했다. 그는 새로 등극한 진나라 소왕에 대해 밤낮으로
생각했으나, 우물쭈물 결단을 내리지 못하고 있었다. 그는 궁궐 안 혹
은 어화원을 이리저리 거닐며 깊은 생각에 잠겼다. 이제는 아름다운 미
녀들에게 신경쓸 여유조차 없었다. 때로는 깊은 사색에 잠기기도 했고
때로는 하늘을 바라보고 있다가 고개를 수그리고 중얼중얼했다. 어찌
할 바 몰라하는 그의 모습은 마치 넋이 나간 사람 같았다.

평소에 회왕은 고집불통으로 남의 의견을 듣지 않았지만, 이번에는
예외였다. 그는 밤낮으로 고민한 나머지 시든 국화처럼 말라버렸다. 무
관 회담은 다른 문제와는 성격이 달랐다. 바로 다른 사람이 아닌 자신
의 안위가 걸린 문제였던 것이다. 군왕의 머리 역시 하나일 뿐, 한 번 베
어지면 다시는 소생할 수 없으니, 그가 고민하는 것은 당연한 일이었
다. 신중에 신중을 거듭한 그는 음양가를 불러 길일을 택하여 출행하기
로 했다.

천 명에 가까운 문무백관으로 이루어진 회왕의 행차 행렬은 위풍당
당하게 무관을 향해 출발했다. 깃발은 해를 가리고 수레는 길을 가득
메웠으며, 악대소리는 떠들썩했다. 울긋불긋 화려한 색상을 띤 행렬은
마치 한 마리 거대한 용이 이리저리 뒤척이듯 서서히 행진했다.

용으로 장식한 수레에 침통한 표정으로 앉아 있는 회왕은 수레의 요

동에 따라 이리저리 흔들리고 있었다. 봉황을 수놓은 수레에는 총애하는 왕비인 정수가 함께 타고 있었다. 오늘 그녀의 옷차림은 특히 사람들의 주목을 끌었다. 흰색의 긴 외투는 유별나게 귀티가 나는데다 아름다웠다. 얼핏 보기에는 다른 나라와 회담하러 가는 것이라기보다는, 태산을 유람하러 가는 듯했다. 길을 따라 늘어서 있는 마을에서는 고관과 귀인, 일반 백성들이 돼지와 양을 잡아 요리상을 차려놓고서 회왕 일행을 맞이했다.

군왕의 행차를 알리는 노란 깃발이 이르는 곳마다, 산을 만나면 길을 트고, 물을 만나면 다리를 놓아, 초나라 하늘 아래에서는 막힘이 없이 잘 통하도록 했다.

이날 황혼 무렵에 행렬은 우뚝 솟은 한 산기슭에 이르렀다. 시종관이 수레에서 뛰어내려 회왕이 타고 있는 용 수레 앞에 몸을 굽혀 아뢰었다.

"폐하께 아룁니다. 앞쪽에 우뚝 솟은 산이 있는데 좀 쉬시면서 감상하시려는지요?"

회왕은 일찍이 명산대천을 만나면 빠짐없이 수레를 멈추고 감상하겠다고 분부했었다. 그래서 시종관들은 명산대천을 만날 때마다 군왕의 의견을 물어야 했다. 회왕은 명산이 있다는 말을 들으면 수레를 멈추게 했고, 시종관들은 얼른 회왕을 부축하여 수레에서 내리게 했던 것이다. 시종관의 말을 듣고 회왕은 정신을 차리고서 고개를 들었다. 먼저 끝없는 수행대열이 엄정한 것을 보고서 마음의 위안을 느끼고서, 몸을 돌려 산의 아름다운 경치를 감상했다.

회왕이 시종관에게 물었다. "저 산 이름이 뭔가?"

시종관이 대답했다. "소관은 배움이 적어 이름을 알지 못하니, 황공무지로소이다!"

"이처럼 빼어나고 멋진 산에 어찌 이름이 없단 말인가?"

“초나라는 땅이 넓어 명산대천이 무수한지라, 박학한 사람이 아니면 자세히 알 수 없습니다.”

“일리 있는 말이다. 필요한 경우를 당하고서야 배움에 부족함을 알게 되는 것이니, 평상시 공부를 많이 해두어야겠구나!”

“예! 신, 폐하의 가르침을 명심하겠습니다!”

“만리 강산이 모두 내 땅인데, 비단 같은 산하를 과인은 다 알지 못하니 애석하구나! 애석해!”

회왕은 안타까워하면서 심히 자책하는 듯했다. 그는 자못 감개무량하게 말했다.

“강산이 이처럼 아름다우니 고금의 영웅들이 자웅을 다투는 것도 이상한 일은 아니다. 일신의 안위를 돌보지 않고 우열을 다투는 것은 강산을 다투고 만세의 기업을 다투는 것이다. 그리하여 후세에 이름을 남기려는 것이지.”

시종관은 회왕의 심정을 알지 못했으므로 아무 소리도 하지 못했다. 그저 머리를 수그린 채 회왕 뒤에 우두커니 서 있을 뿐이었다. 회왕은 허리와 어깨를 쭉 펴고 산세를 바라보며 연방 감탄했다. 산들은 높아서 오를 수는 없었지만, 너무나 아름다웠다. 너무 길어 한눈에 들어오지는 않았지만, 온통 비취색인 푸른 산들은 구불구불 멀리 이어져 변경을 향해 뻗어 있었다. 회왕은 찬탄을 금치 못했다.

“아름답구나! 아름다워! 초나라에 이렇게 아름다운 명승이 있었는데, 과인이 어찌 알지 못했던고? 회담 일자가 임박하여 이렇게 아름다운 곳을 유람하지도 못하고 오래 머물 수 없는 것이 애석할 따름이구나! 돌아올 때 다시 이곳에 며칠 머물면서 기분 좋게 돌아봐야겠구나. 그대들도 함께 이 복을 누리도록 하자!”

“성은이 망극하옵니다!”

문무대신들은 약속이나 한 듯 일제히 아뢰었다.

"폐하께서 염원하신 대로 반드시 이루어지실 것입니다!"

회왕은 발걸음을 떼기가 아쉬운 듯 멀리 산의 경치를 한참 동안 바라보았다.

시종관은 날이 곧 저물어가는데다, 회왕이 떠나기를 아쉬워하는 것을 보고 아뢰었다.

"폐하께 아뢰옵건대, 해가 서산으로 기우는데, 이곳에서 하룻밤 묵으면서 편히 쉬시는 것이 어떠하신지요?"

"좋다! 명을 하달하라!"

수행원들은 먼 길을 고생스럽게 걸어온지라 피곤함을 이기지 못하여 이곳에서 숙영하기를 몹시 바랐다. 바람같이 명령이 전달되자, 사람도 말도 기뻐서 활기를 되찾았다. 모두들 바삐 서둘러 각자 맡은 일들을 차분하게 진행했다.

막사를 치는 자, 취사하는 자, 등불을 담당하는 자, 불을 피우는 자, 요리를 만드는 자, 밥을 짓는 자……. 허둥지둥 모두들 바삐 움직였다.

석양이 서쪽 너머로 사라지고 땅거미가 찾아들자, 등불이 밝게 빛을 냈다. 야외에서의 식사와 노숙은 남다른 분위기를 자아낸다. 회왕에게는 이러한 경험이 처음인지라, 궁궐생활에서 맛보지 못한 또 다른 즐거움을 줬다.

다음날 새벽, 이슬방울이 청량한 가운데 기상나팔 소리가 맑게 울려퍼졌다. 병사들과 장수들, 환관과 관원들은 총총히 식사를 마치고서 행장을 꾸려 출발하기를 기다렸다. 회왕은 늑대같이 욕심 많고 잔인한 진나라 왕을 만나 구차하게 구걸해야 함이 못마땅하고 찜찜했지만 다시 여정 길에 올랐다.

길고 긴 대열은 꿈틀거리기 시작했다. 끝없이 이어져 있는 산언덕에는 바람이 불어대고, 한 무더기 새벽안개는 서서히 흩어지고 있었다. 막 솟아오른 아침 태양 햇살은 금빛 찬란한 빛을 띠고 있어 참으로 매혹적이었다. 우뚝 높이 솟은 산악에서는 운무가 서서히 피어올라 봉우리들이 보였다가는 사라지고, 사라졌다가는 홀연히 나타났다. 그 변화무상하고도 오묘한 풍경은 필설로는 묘사해내기 어려웠다.

회왕은 계속 머물러 있고 싶었지만 아쉬움만을 남긴 채 서쪽으로 말을 몰아야 했다. 적적함을 참기가 힘들어, 그는 비좁은 수레를 증오했다. 움직일 수 있는 여지가 없어 수감된 죄인과 다를 바 없게 되었으니, 어찌 짜증이 나지 않을 수 있겠는가? 그는 신하가 타고 있는 말과 바꿔 타고서 길을 따라 아름다운 경치를 보고 싶어했다. 또한 백성들로 하여금 군비를 잘 갖춘 대왕의 풍채를 우러러보도록 하고 싶은 마음이 간절했다.

그러나 그 빌어먹을 신하들은 왕의 안전이 중요하다는 핑계로 절대로 안 된다고 잘라 말했다. 사실 말을 타고 있는 이가 군왕인 줄 아닌 줄 누가 알겠는가? 노란색 깃발을 없애버리면 일반 기병과 다를 게 없었다.

그렇지만 그는 용 수레를 버릴 용기가 나지 않았다. 용 수레가 없어지면 고귀한 신분을 나타내는 구분도 없어지는 것이다. 어찌하겠는가? 그저 용 수레 안에 갇힌 채 바깥 세계와 단절되는 수밖에. 흔들흔들 기우뚱거리며 행진하는 가운데에서 제후국의 우두머리가 되고자 하는 단꿈을 꿀 수밖에는.

지나친 근심과 걱정으로 그는 몹시 피곤했고, 이어 졸음이 쏟아졌다. 혼미하고 몽롱한, 아무런 자취도 없는 것이 그를 통째로 삼켜 포로로 만들어버렸다. 사람들 모두 깨어 있는데 홀로 몽롱했고, 사람들 모두 느긋한데 홀로 안달했고, 사람들 모두 밝은데 홀로 어두웠다. 아름다운 자연의 경관을 그는 즐기지는 못했지만 말을 타고 가는 이들은 실컷 눈요기를 할 수 있었다.

구불구불 이어진 긴 대열은 돌연 한 줄기 강물 앞에서 멈추었다. 이때는 바야흐로 강물이 불어나는 계절이었다. 넘쳐흐르는 탁류는 하늘을 뒤덮을 듯 노호했고 맞부딪쳐 솟구치면서 콸콸 거침없이 흘러내렸다. 시종관은 잠시 가던 걸음을 멈추었다. 그는 대왕이 내린 명령이 생각나 급히 용 수레 앞으로 다가와 몸을 굽혀 아뢰었다.

"폐하! 앞쪽에 큰 강이 있는데, 한 번 돌아보시려는지요?"

회왕은 깊이 잠들어 있다가 홀연 주청하는 소리를 듣고 눈을 떴다. 용 수레 밖으로 나가 밖을 바라보니, 과연 거대한 용 한 마리가 눈앞에 걸려 있는 것이 아닌가! 그는 자기도 모르게 경외심이 들어 큰 강을 향해 걸어갔다.

그는 높은 언덕에서 잠시 발걸음을 멈추고 멀리 바라보며 감탄을 금치 못했다. "아! 정말로 대단히 큰 용이로다!" 감탄하는 목소리에는 두려움이 섞여 있었다. 천하를 뒤흔드는 그 드높은 기세에 두려워 떨지 않을 사람이 누가 있단 말인가! 모두들 눈을 들어 멀리 내다보며 탄성을 질렀다.

회왕은 명을 내려 하백河伯신께 제사를 드리도록 했다.

즉시 제물을 올려놓는 탁자가 차려졌고 소, 돼지, 양이 그 위에 놓여졌다. 사방 주위는 깨끗했고 등불은 흔들거렸다. 말을 타고 호위하던 관원들은 회왕 뒤쪽에 서서 회왕이 하백신에게 무릎을 꿇고 드리는 예를 따라 함께 평안히 강을 건널 수 있도록 빌었다.

황하 서쪽은 진나라의 관할 구역이고, 황하 동쪽은 초나라의 영토였다. 이곳은 무관에서 대략 하루 정도 떨어져 있었다. 진나라 변방의 초소 위에는 주둔하고 있는 군대의 채색 깃발이 바람에 펄럭이고 있었다.

병사들은 질서정연하게 움직이며 경계심을 늦추지 않았다.

영원히 그치지 않을 거대한 물결은 도도히 앞으로 치닫고 있었다. 회왕은 무섭고 두려워 앞으로 나아가지 못했다. 그는 비록 하백신께 제사를 드렸지만 가슴은 여전히 두근거렸다. 하백신이 풍파를 일으키지 않으리라고 장담할 수 없었다. 그는 안전을 위해 오늘은 강을 건너는 것을 멈추라고 명령했다. 정오가 지났으니 따뜻한 기운은 점점 내려가고, 음기가 아득히 올라왔다. 황하 동쪽은 초나라의 땅이었지만, 황하 서쪽은 다른 나라 땅이니 안전을 보장할 수 없었다. 그리하여 일찌감치 막사를 치고 이곳에서 하룻밤을 편안히 쉬었다가, 내일 일찍 강을 건너가기로 명을 하달했다.

어느새 어둠이 다가왔다. 달이 동쪽 하늘에서 서서히 떠올랐다. 밝고 둥근 달은 대단히 아름답고 매력적이었다. 달빛은 서슴없이 장막과 용수레에 광채를 가득 뿌렸다. 그러나 애석하게도 하늘이 갑자기 얼굴을 바꾸더니 바람이 불기 시작했고, 먹구름이 갑자기 모여들더니 달을 가렸다. 대지는 돌연 광채를 잃고 단숨에 어두워졌다. 다만 숙영지에 피워 놓은 모닥불만이 세차게 타오르면서 반쪽 하늘을 밝게 비추었다.

낮에는 서둘러 길을 재촉하고 밤이 되면 가던 길을 멈추고 쉬었다. 이레 동안 수많은 산과 강을 넘고 건너며 온갖 고생을 다 겪고서야 무관에 도달할 수 있었다. 사람들은 무관을 멀리 바라보면서 약속이나 한 듯이 경탄했다.

"실로 명실상부한 무관이로다!"

웅장한 두 산봉우리는 구름 속으로 우뚝 솟아 천길이나 마주하고 있었고, 첩첩의 깎아지른 듯한 벼랑은 높아서 도저히 오를 수가 없었다. 한 사람이 길을 막으면 만 명의 사람이 길을 열 수 없는 대단한 형세였다. 관문을 넘었다 해도 험준하기는 마찬가지였다. 두 줄기의 산등성이는 우뚝 치솟아 동쪽에서 서쪽으로 구불구불 천 리나 이어져 있었다. 산기슭 사이로 나 있는 한 줄기 물길은 기세 좋게 성난 물결을 따라 흘러가고 있었다. 강물 한가운데에는 지주산[3]이 있었는데, 물살이 여기에 부딪쳐 굉음을 내지르고, 백색의 물보라는 하늘로 솟구쳤다가 와르르 흩어지며 떨어졌다.

무관은 진나라의 요충지이면서 군사요새였다. 이곳의 산은 백골을 쌓아 만들어졌고, 이곳의 강은 핏물로 이루어졌다. 물보라는 이곳에서 싸우다 숨진 수많은 영웅들이 뿌린 눈물이었다. 진나라 백성들은 회왕이 무관에 온다는 것을 알고 모두들 거리로 뛰쳐나와 앞 다투어 몰려들었다.

이때 무관의 주변 상공이 갑자기 흙먼지로 뿌옇더니, 음침한 구름들이 사방으로 흩어졌다. 제멋대로 부는 세찬 바람과 궂은비는 이곳을 온통 혼란스럽게 만들었다. 전에 없었던 재난이 이곳 무관에서 일어나고 있었다. 천년 고목이 뿌리 뽑히고, 논밭은 물로 찼으며, 집들은 폭풍우에 흔들거렸다. 회왕이 타고 있는 용 수레 역시 이 엄청난 재해에 뒤흔들렸다. 수행원들은 물에 빠진 생쥐 꼴이 되어 어찌할 수 없는 지경에 놓이게 되었다.

진나라에서 회왕을 영접하러 온 사람은 진나라 왕은 물론 아니고 문신도 아닌, 일개 무인이었다. 그는 마치 염라대왕전에 있는 흉악한 귀신 같았다. 그는 무례하게도 회왕을 보자마자 큰 소리로 외쳤다.

"보아하니, 그대가 초왕 웅괴熊槐인가?"

"바로 과인이오."

"이곳에는 무엇을 하려고 왔는가?"

---

3) 지주산砥柱山 : 황하의 세찬 물결 속에서도 변함없이 우뚝 서 있는 바위기둥을 가리킨다.

"귀국의 요청으로 회의에 참석차 왔소."

"무슨 회담인가?"

"강화 회담이오."

"강화는 무슨 강화? 전쟁에 졌으니 회담을 하자는 것이지, 전쟁에 이겼다면 강화 회담을 하겠소?"

"그건……."

"됐어요, 됐어! 그대 일에는 관심 없소. 그런데 공문은 있소?"

무인은 털이 북슬북슬한 손을 내밀었다. 회왕은 일시에 말문이 막혀 멍하니 바라보고만 있었다. 시종관이 상황을 파악하고 급히 말했다.

"귀국에서 초청장을 보낸 적이 없습니다."

"그렇다면 그대들은 어떻게 무관에서 회담을 한다는 것을 알았소? 우리나라의 공문서가 없으니, 밀입국으로 판정하여 처리하겠소!"

"그건 좀 ……어찌 이럴 수가……."

회왕은 말문이 막혔다. 낭패해하는 그의 모습을 보고, 무인은 웃음을 참을 수 없어 급히 얼굴을 돌렸다가, 곧 엄숙한 태도로 말했다.

"여봐라! 이 첩자들을 잡아 감옥으로 압송했다가 심문하도록 하라!"

한 나라의 군왕이 첩자의 몸으로 오랏줄에 묶이게 되다니! 군왕을 좇아 신하와 장수들도 순순히 따를 수밖에 없었다. 철창에 갇힌 호랑이가 한바탕 광분한들 무슨 소용이 있겠는가? 회왕은 노여움을 참을 수 없었지만 화를 낸다 해도 달라질 것은 없어 보였다.

국왕은 자기의 영토에서는 지존무상이며, 한 번 부르면 백 사람이 응답한다. 그러나 일단 왕토를 떠나 다른 나라에 발을 들여놓으면, 상황은 천양지차로 달라진다. 그러므로 회왕이 발을 구르며 노발대발한다 해도 아무 소용이 없었다. 이곳에서는 어느 누구도 회왕을 무서워하지 않았다. 철창 안에 갇힌 사나운 사자가 발을 구르고 미친 듯이 포효해도 사람들에게는 구경거리일 따름이다. 절대 위험하거나 두려운 일이 아니다. 심지어 어떤 사람들은 더 재미난 모습을 보기 위해 돌멩이를 던지며 사자를 희롱하기도 한다.

위풍당당한 진나라의 무사는 마치 호랑이를 길들이는 사육사 같았다. 그는 속국의 신하를 대하듯 회왕을 대했다. 이것은 결코 오해에서 비롯된 것이 아니라, 진나라 왕이 이미 오래전에 음모한 각본이었다. 첫 대면부터 회왕에게 호된 맛을 보여주려는 것이었다.

이튿날 진나라 사람들은 회왕을 함양으로 압송했다.

어제까지 위풍당당했던 의장대는 오늘은 침울하고 꾀죄죄한 죄수로 변하여 삼엄한 푸대접을 받으며 함양으로 나아갔다.

무관 회담의 음모는 마각을 드러냈다.

고집불통에다가 한 번 먹은 마음은 절대로 바꾸지 않던 회왕은 이제야 비로소 단꿈에서 막 깨어난 사람 같았다. 그는 평화에 대한 자신의 꿈이 완전히 박살났음을 알았다. 그는 만면에 쓰라린 눈물을 흘리면서 굴원의 간언을 떠올렸다.

"진나라는 호랑이와 이리 같은 나라이므로 가지 않으시는 것이 좋습니다."

홀연 기품 높은 충신의 모습이 그의 눈앞에 불쑥 솟아올랐다. 후회해도 소용없는 일이라 그는 더욱더 괴로웠다. 그는 눈물을 줄줄 흘리면서 탄식했다. 뼈에 사무치는 참혹한 고통으로, 그는 하루가 다르게 늙어갔다. 흐트러진 머리카락과 때가 낀 얼굴에 콧물까지 줄줄 흘러내려 영락없이 늙은 죄수 같았다.

용 수레와 죄수 호송 수레는 맡은 역할이 똑같다. 다만 형상이 약간 다를 뿐이다. 수레에 갇힌 회왕은 풀이 죽어 있었다. 후세 사람은 시를 지어 이때를 풍자했다.

얼마나 쓰라리고 슬픈가! 하루가 십 년처럼 느껴진다.

대왕은 풍채가 좋았건만, 하루아침에 갑자기 죄인이 되었구나!

천지가 뒤집히는 것은 한순간이고, 위아래가 바뀌는 때도 금방일세!

나쁜 평판 남기게 된 것이 원망스러울 뿐, 무관 회의가 사람을 울리는구나!

幾多辛酸幾多愁, 一日勝過十年頭.

昔日大王多風采, 今朝一忽階下囚.

天翻地覆僅一瞬, 上下易位時幾忽.

只怨遺下臭名聲, 武關相會令人哭.

회왕은 진나라 왕이 무력으로 전쟁을 일으킬까봐 겁이 나서 모험의 길을 걷기로 선택했던 것이다. 그 길은 죽음으로 통하는 길이어서, 일단 그 길로 발걸음을 내딛으면 하염없이 기다려야 하는 나날들이었다. 그는 이미 만년에 접어들었는지라 죽는다 해도 두렵지 않았지만, 그의 나라와 영토를 어떻게 떼어주느냐의 문제는 결코 쉬운 문제가 아니었다. 이로 인해 그는 조급해졌고, 과도한 조급증은 그를 거의 식물인간처럼 마비시켜버렸다. 그는 온순하게 앉아 있다가 무언가를 불안해하며 벌떡 일어섰으며 풀이 죽은 채 애걸했다. 그는 숨소리조차 감히 크게 내지 못했다. 국왕으로서의 품위는 진즉 잃어버렸던 것이다.

이는 약소국의 국왕이 강대국의 국왕을 만나면, 자신의 신분을 잊은 채 자연스럽게 나타내는 모습이었다. 상황이 이렇게 되자, 재기발랄하고 한창 패기만만한 소왕은 더욱 오만해졌다. 그의 눈빛은 굶주린 사자가 먹이를 노려보는 것 같았다. 회왕은 소왕 앞에서 자신이 발가벗겨지는 듯한 느낌이 들었다. 소왕은 속으로 생각했다. '이런 못난이가 어찌 한 나라의 군왕 노릇을 한단 말인가? 이렇게 쥐새끼처럼 겁이 많아서야 어찌 복잡하고 급변하는 정세를 휘잡을 수 있단 말인가?'

소왕은 어깨를 으쓱이면서 회왕 면전으로 다가와 건성건성 말했다.

"노老군왕께서는 무고하신지요?"

소왕이 그를 '노군왕'이라고 일컬은 것은 존경이 아닌 멸시의 의미로, 의심할 여지 없이 '노망이 들었다'는 뜻이었다. '외적의 침입으로 국난을 맞은 비상시기에, 경솔하게 남의 말만 믿고 무관에 오다니. 주견이라고는 눈 씻고 찾아도 보이지 않는 쓸모없는 늙은이군.' 소왕의 태도를 회왕은 개의치 않았다. 그는 소왕의 말을 농담으로 받아들이자, 마음이 오히려 편안해졌다. '노老'란 '오래된 자격'과 '노숙한 경력', '대선배', '노련하다'는 뜻이 아닌가? 그리하여 회왕은 웃는 얼굴로 겸손하게 대답했다.

"노군왕이라니요? 과인은 감당하지 못하겠습니다. 대왕께서 과인에게 물었던 '무고하신지요?'에 대해 말씀드린다면, 요즘 큰 병은 없지만, 작은 병고가 끊이지 않는답니다."

"아, 무슨 병이 노군왕을 이렇게 수척하게 만들었는지요?" 소왕은 여전히 얕보는 말투로 말했다.

"두통이 또 재발했답니다."

회왕은 손으로 이마를 만지면서 눈살을 찌푸렸다.

"하하하!"

소왕은 한껏 크게 웃었다. 그는 물론 그 말의 뜻을 알아차렸다. 그는 스스로 승리자라고 자처하면서 눈물이 나도록 웃었다. 그는 손수건을 꺼내어 눈가를 닦고서 말을 이었다.

"과인이 노군왕의 두통을 치료할 좋은 처방을 가지고 있는데, 한번 시험해보아도 무방할 것입니다."

회왕은 소왕의 꿍꿍이를 알지 못한 채 대꾸했다.

"호의에 감사드립니다. 만약 과인의 고질병을 고쳐주신다면 미녀 백

명과 좋은 말 천 필로 보답하겠습니다.”

“그 말이 정말입니까?”

“군자는 농담하는 법이 없습니다.”

‘군자는 농담하는 법이 없다’는 말은 이중의 의미를 지니고 있었다. 그 가운데 회왕이 말하려는 의미는 분명 무관 회담을 가리키고 있었다. 진나라 왕이 응당 지켜야 할 약속을 실천하지 않았음을 은근히 비꼰 말이었다. 그의 말을 듣자, 소왕은 기분이 언짢았다.

“‘군자는 농담하는 법이 없다’고 했는데, ‘없다’의 반의어는 ‘있다’이지요! 진실과 거짓, 허허실실은 군자가 상용하는 계략이지요.”

그는 깔보는 눈빛으로 회왕을 째려보더니 변명할 여지를 주지 않고 말했다.

“설마 노군왕께서 그러한 계략을 한 번도 사용하신 적이 없었던 건 아니겠지요?”

회왕의 얼굴은 온통 새하얘졌다가 빨개졌다. 피가 솟구치는 듯 눈앞이 홀연 캄캄해져 몸을 가누지 못한 채 비틀거렸다. 그는 몇 걸음 걷지 못하고 휘청하여 하마터면 벽에 부딪칠 뻔했다. 다행히도 시종관이 얼른 그를 부축했다.

몇 년 동안 사용한 적이 없는 낡은 집에서 회왕은 묵고 있었다. 이곳의 남자 주인은 ‘적막’이며, 여주인은 ‘흑암’이었다. 이들은 이곳에서 자식을 낳고 기르며 화목한 가정을 이루었다. 주인은 파리, 모기와 빈대를 파견하여 불청객인 회왕을 시중들도록 했다. 주인은 조금도 인색함이 없이 두 개의 좋은 요리인 곰팡내와 먼지로 빈객을 대접했다. 또한 목숨을 바쳐 직무에 충성을 다하는 거미 대원수를 보내 문 입구의 근위병으로 삼았다. 이곳의 생활 방식은 초나라 궁궐의 생활과 아주 달랐다. 회왕이 지금까지 본 적도 들은 적도 없는 것이었다. 그는 자신도 모르게 진나라 왕이 하사한 '복'에 대해 '감격'해하고 있었다. 이것은 그가 애초에 예상해본 적도 없는 것이었다. 예상하지 못한 일은 더욱 많았고, 천천히 모두 그가 누릴 수 있도록 해주었다. 예를 들면, 늙은 암탉 같은 모기가 춤추며 모여들어 귀를 즐겁게 해줬다. 이것은 궁궐 안의 퇴폐적인 음악보다 듣기 좋은 것이었다. 그는 헤아릴 수 없이 많은 음악회를 감상했다. 이처럼 독창적이고 신나는 장면을 즐겨본 적이 없었다. 출연하는 무녀들은 한 사람 한 사람 어여쁘고 고왔으며 풍류도 빼어났다. 그녀들은 그를 한 번 보면 달라붙어서 놓아주지 않았고 그와 친하게 지내고자 했다. 다만 노군왕은 누릴 복이 적어서인지, 거처 안으로 파고 들어가 몸을 꼭꼭 숨긴 채 감히 나오려 하지 않았다.

이때의 회왕은 완전히 해탈한 상태였다.

원래 그는 환상이 많았던 사람이었는데, 이젠 하고 싶은 것이 아무것도 없었다. 그는 세속에 구속되지 않고 초연해졌으며, 신선처럼 '나 같지만 내가 아닌' '세상 밖의 고상한 사람'이 되었다.

부귀영화와 미녀, 아름다운 경치 그 무엇도 소유하지 않았다. 다만 한 가지 '고요함'이라는 글자만 가슴에 품고 있었다. 고요함이란 불가에서 가장 높은 경지를 의미한다. 정계에 있는 사람이 단번에 고요함의 경지에 도달하는 일은 쉽지 않다. 예지자나 도량이 넓은 자, 세상 밖의 고상한 자만이 도달할 수 있는 경지인 것이다. 이러한 경지에 도달한 사람으로는 백이가 있었다. 그는 국왕의 자리를 내팽개치고 깊은 산속에 몸을 숨긴 채 나오지 않았다.

본래 공명과 이익, 부귀영화, 왕후장상은 고정불변하는 것이 아니다. 이들은 분리성, 극변성과 우연성이 대단히 큰지라, 가물가물하고 희미

하여 붙잡기 어렵고 복잡하게 뒤섞여 분명히 구별할 수 없다. 이것이
바로 이것들의 진정한 본질이며 진면목이다.

회왕은 모든 것을 포기하고, 감옥에 갇힌 채 끝내 타국에서 생을 마감
했지만, 끝까지 진나라 왕에게 투항하지도 않고, 머리를 수그려 신하를
일컫지도 않았으며, 영토를 떼어주지도 않았고, 군왕으로서 목숨을 구
걸하지도 않았다.

회왕의 역사는 비록 천고의 웃음거리로 남았지만, 세상 사람들에게
는 교훈을 남겨주었으니, 그래도 역시 한 가지 건진 것이 있지 않은가!

막다른 골목에 몰린 회왕

진나라 왕은 초나라 왕에게 두통 치료용의 처방전을 하나하나 써주었다. 이 약을 처방하지 않았으면 오히려 나았을 텐데, 약을 처방받은 회왕의 두통은 한층 심해지더니 끝내는 의식을 잃고 인사불성이 되었다.

처방전의 내용은 다음과 같았다.

'초나라는 여덟 개 군과 열세 곳의 성을 진나라에 영원히 할양하며, 할양한 날부터 우호관계는 효력을 발휘한다.'

이러한 처방전은 회왕에게 목숨을 내놓으라는 것이 아니겠는가? 회왕은 처방전을 보자마자 혼비백산했다. 회왕의 숨이 끊어지려 하자, 사람들은 놀라 허둥대면서도 멍하니 얼이 빠져 있었다. 다행히도 이곳에 있던 어의가 박식하고 경험이 많아, 하인에게 얼른 생강탕을 끓이도록 분부했다. 잠시 후 하인이 생강탕을 들고 오자, 어의는 직접 한 숟갈씩 떠먹였다. 얼마 지나지 않아 회왕은 깨어나 몽롱한 눈을 뜨더니 질겁하며 옆 사람에게 물었다.

"어떻게 여기서 자고 있는가? 여기는 어디인가?"

"이곳은 진나라의 숙사이옵니다. 폐하께서 묵으시는 곳입니다." 시종관이 공손한 태도로 대답했다.

"감시하는 자가 있느냐?"

"밖에 순찰병이 있습니다." 시종관은 창가에서 슬그머니 밖을 엿보았다.

"우리를 감시하는 사람이 없는 틈을 타 이 몹쓸 곳에서 조나라로 도망쳐야겠다."

회왕은 두려움에 벌벌 떨며 말했다. 침대 머리맡에 기대앉자, 좀 편한 느낌이 들었다. 그는 다시 시종관에게 말했다.

"일을 진행할 때 사소한 것에도 신경을 쓰지 않으면 안 된다. 절대로 비밀이 새나가선 안 된다! 이번 일에 사직의 존망이 달려 있으니 책임이 막중하다. 절대로 경솔해선 안 된다!"

"신, 명을 받들겠습니다!"

가까스로 해가 지기를 기다렸다. 바바람이 휘몰아치는 날씨가 평소와는 달리 심상치 않았다.

"'하늘이 무너져도 솟아날 구멍은 있다'고 했는데, 기상 악화는 하늘이 나를 도와주려는 의미일까? 천지신명이시여! 지난날의 제 잘못을 용서해주시고, 과인의 과실을 부디 잊어주소서! 오늘부터 잘못을 뉘우치고 새 출발할 것이며, 좋은 군왕이 되겠으며, 다시는 천지신명의 뜻을 거역하지 않겠나이다. 과인과 신하의 평안을 보우하사, 이 잔혹한 곳을 빠져나갈 수 있도록 해주소서. 빌고 또 비옵니다!"

회왕은 매우 경건하고 정성스럽게 빌었다.

그날 밤은 어두워 한 치 앞도 볼 수 없었다. 도망자들은 빠짐없이 변장을 했다. 회왕 역시 예외는 아니었다. 용포를 벗고 평복으로 갈아입었다. 그래도 마음이 놓이지 않아, 얼굴에 검은 숯을 발랐다. 그 모습은 뇌신 같기도 했고 영락없는 거지의 모습이었다.

정탐군이 돌아와 말했다.

"모든 일이 순조로우니 도망할 수 있는 좋은 기회입니다."

무리들은 그를 따라 살금살금 발걸음을 죽인 채 숙소 마당의 문을 빠져나갔다. 그들은 조심조심 칠흑같이 어두운 골목길로 몰래 숨어들었다. 비바람이 몰아치는 밤길에 발을 헛디뎌 넘어지기도 했다. 그들은 군신의 존엄 따위 내팽개치고 거지 행세를 하려고 애썼지만 사실 그리 쉽지만은 않았다. 무슨 까닭인가? 어떤 이는 뱃살이 너무 두꺼워 그 복스러움을 감추기 어려웠다. 세상에 어느 거지가 통통한 배를 내밀고 있겠는가? 거지의 행색을 흉내 내었지만 억지스러운 데가 한두 곳이 아니었다.

장군이나 재상, 명문 가정 출신의 후예들도 마찬가지였다. 이들이 꾸민 모습은 쌍둥이 형제마냥 영락없이 닮아서 구별할 방법이 없을 정도였다. 하지만 이들에게는 살아남기 위해서라면 어떤 것도 문제되지 않았다. 잡힐까 두려웠지만 이들은 삼삼오오 짝을 지어 함양성을 빠져나갔다. 이들은 사전에 약속한 장소에 모였다가 목적지를 향해 도망쳤다.

비는 뜸해졌다. 그들은 함양에서 삼십 리쯤 떨어져 있는 작은 마을에 도달했다. 그들은 여전히 긴장한 모습으로 혹 쫓아오는 병사가 있을까 봐 종종 뒤를 돌아봤다. 발걸음을 재촉하면서 한시도 마음을 놓을 수 없었다. 하늘이 어슴푸레 밝아오자 마을에서는 사람들이 움직이기 시작했다.

"거지들이 왜 이리 일찍 왔담?" 마을 사람들이 나무라듯 말했다. 그 소리를 듣자 회왕은 자신들의 정체를 알아차린 줄 알고 깜짝 놀랐다. 몸이 절로 움츠러든 채 부들부들 떨렸다. 하지만 마을 사람들의 수군거림도 점차 사라지고, 추격하는 사람들도 보이지 않았다. 마을 사람들이 진정 자신들을 거지 취급했다고 생각하자, 두려움은 차츰 안도감으로 변했다. 그들은 이렇게 흠칫흠칫 놀라고 무서워하면서 쥐도 새도 모르게 진나라를 빠져나갔다.

안개비가 자욱했지만, 사람의 형체는 어렴풋이 알 수 있었다. 회왕은 고개를 돌려 한 명도 낙오하지 않은 것을 보고서 격려했다.

"우리가 호랑이 굴을 빠져나가 조나라에 도착하기만 한다면 두려울 게 없다. 과인과 조나라 왕은 친분이 깊으니, 틀림없이 우리를 동정하고 지지할 것이다."

"폐하께서 무사평안하시어, 소인들도 그 은혜 입기를 바라옵니다!"

"제발 그렇게 되기를 바란다! 관세음보살의 보우하심이 있기를!"

평소 회왕은 관세음보살이 고난에 처한 사람을 구제하는 신이라는 것을 잊고 지냈었다. 그러나 오늘은 특별히 관세음을 생각하며 경건하고 정성스럽게 기도를 드렸다.

안내인도 없이 황급하게 도망쳐 나온 터라, 회왕 일행은 인적이 드문 첩첩산중의 산길로 잘못 들어서고 말았다. 그 길은 위험했지만 보기 드물게 멋진 경관을 자랑하고 있었으며, 또한 조나라로 통하는 유일한 산길이기도 했다. 이곳은 사람들이 혀를 내두를 정도로 험준했다. 모두들 험한 산길을 두려워 벌벌 떨면서 나아갔다. 왼쪽에는 깎아지른 듯한 절벽이 우뚝 서 있었고, 오른쪽에는 깊이를 헤아릴 수 없는 깊은 못이 있었다. 모두들 천지신명이 보살펴 재난이 자신에게 닥치지 않기를 기도했다. 그렇게 맘 졸이며 고행하기를 몇 시간 째. 햇빛도 보이지 않고, 마주치는 행인도 없는데다, 밥 짓는 연기조차 눈에 띄지 않았다. 배는 고팠고 몸은 피로했으며 시간이 갈수록 고생스러웠다.

깎아지른 듯한 절벽 아래에 이르러 머리를 치켜들자, 한 줄기 파란 하늘이 보였다. 푸르른 하늘에 갑자기 먹구름이 몰려오더니, 한바탕 음산한 바람이 불기 시작했다. 곧이어 낭떠러지 위와 나무 위로 거센 바람이 으르렁거리며 휩쓸어갔다. 바람은 사납게 온 천지를 시커멓게 휘저었다. 한순간 모든 원혼과 악귀들이 훨훨 춤을 추며 우는 듯 하소연하는 듯 회왕을 둘러싸자, 회왕은 놀라 온몸을 떨었다.

그는 불현듯 이런 생각이 들었다.

'수많은 악행 때문에 내가 지금 고통을 받는구나. 하늘이 내린 징벌이 분명하다. 사람은 고난과 곤경에 쫓겨야만 반성을 하게 되지. 지혜는 고난 속에서 나오고, 재능과 식견은 고된 공부 속에서 나오는 법이지.'

회왕은 계속해서 생각했다.

'권력이 있을 때는 그 권력을 마음대로 휘둘렀지. 시대의 흐름을 역행하고 하늘을 거역하면서도 수치스럽게 여기기는커녕 오히려 영광이라고 생각했으니, 이 얼마나 악하고 어리석은 국왕이었던가!"

그는 참회했다. 그리고 하늘을 향하여 자신의 죄악에 대한 용서를 구하고 하늘에 맹세했다. "다시는 하늘의 도를 거스르지 않겠습니다."

이렇게 한바탕 자책을 하고 나자, 기이하게도 바람이 자고 모든 것이 정상을 회복했다.

날은 이미 저물고, 길에는 어둠이 깔렸다.

사람들은 하루 종일 걸으면서 물 한 모금 마시지 못했고, 낟알 한 톨 먹지 못해 몹시 허기지고 피곤했다. 쉴 곳을 애타게 찾았지만, 인적 없는 땅에 몸 누일 곳은 없었다. 그런데 얼마 후 뜻밖에 음식 냄새가 풍겨 왔다. 산속 우묵한 곳에서 모락모락 밥 짓는 연기가 올라오고 있었다. 분명 인가가 있다는 표시였다. 그들은 기쁨에 겨워 서둘러 연기가 피어오르는 곳을 향해 줄지어 갔다.

예상한 대로 초가 한 채가 있었는데, 그곳에 사는 사람들이 매우 수상쩍어 보였다. 환갑쯤 되어 보이는 남자와 스무 살 정도 되어 보이는 여자가 서너 살짜리 아이를 데리고 살고 있었던 것이다. 다른 사람은 보이지 않았다. 어느 누구도 그들의 관계를 짐작할 수가 없었다. 초가의 식구들은 오랫동안 바깥사람들과 교류가 없어서 세상 소식을 전혀 알지 못했으며, 일찍이 이렇게 많은 거지들을 본 적이 없었다. 거지들의 생김새는 괜찮았지만 행색이 기괴했다. 산속이 이렇게 떠들썩해본 적도 없었다. 노인은 집 안의 모든 것을 다 내놓고 낯선 사람들을 대접했다. 회왕 일행은 크게 감동했다.

"어르신, 어찌하여 범과 이리가 무리지어 출몰하는 깊은 산에 사십니까? 죽음이 무섭지 않습니까?" 누군가 노인에게 물었다.

"누구나 죽기를 두려워하지! 짐승들은 죽기를 두려워하지 않는 사람들은 잡아먹지 못한다네. 재작년에는 마누라가 호랑이에게 잡아 먹혔고, 작년엔 아들이 표범에게 먹혔지. 금년엔 며느리가 또 이리에게 물려 다쳤고, 다행히 이 늙은이가 발견해서 목숨 걸고 그놈과 한 판 싸워서 겨우 며느리를 구했지."

노인은 목이 메이는지 더 이상 말을 잇지 못했다. 슬픈 눈물이 그의 얼굴에 가득 흘러내렸다. 그는 세 살 먹은 손자를 끌어당기며 말했다.

"나의 이 늙은 몸은 호랑이와 이리에게 잡아먹혀도 아쉬울 거 하나 없지만, 이 손자와 며느리가 가엾다오. 의지할 데 없이 외로워서 어떻게 살아갈꼬!"

"어르신, 서둘러 산에서 내려가시지요. 산 아래에는 맹수들이 없습니다. 설령 있다 해도 사람이 많으니 잡아먹히는 일은 없을 것입니다."

"손님이 모르시는 말씀이오. 산 아래의 '짐승'도 결코 산 위의 맹수보다 적지 않지. 그들의 심보는 더 악랄하다네. 항상 삼삼오오 한 무리를 이루고, 예닐곱 마리가 한 집단을 만들어 사흘이 멀다 하고 가혹한 세금, 부역, 잡세를 요구하는데, 그 구실도 많아 말로는 다 표현 못하지. 어쨌든 그놈들이 원하면 바로 줘야 해. 주지 않으면 재산몰수에 사람을 때리고, 줄로 묶고, 실컷 모욕을 준 후에 감방에 가둔다네. 인간의 가죽을 걸치고 있는 이 짐승이 산 위에 있는 짐승보다 더 사납고, 더 맞서기 힘들다네! 나는 그들을 피하기 위해 이 산속으로 거처를 옮긴 것이네.”

“여기까지는 오지 않았습니까?”

“내가 이곳에 온 이후로 그들이 온 적은 없었다네.” 그는 멈칫하더니 다시 말을 이었다. “이곳은 지형이 매우 높고, 군왕이 계신 곳에서 아주 멀어서 자유롭다네. 군왕도 이 비바람조차 막지 못하는 누추한 곳은 찾지 못할 테니까. 내 말이 틀리오? 당신이 말해보시오!” 그는 회왕을 가리켰다.

회왕은 “어어…….” 하며 말을 얼버무렸다. 그의 얼굴에는 곤혹스러운 빛이 역력했다.

이런 고통을 맛본 적이 없었던 ‘거지’들은 하루 종일 험난한 길을 걸어오느라, 진작부터 온몸이 욱신거리고 노곤해서 기운이 하나도 없었다. 어찌나 배가 고팠던지 옥수수 풀죽을 보자마자 앞 다투어 먹었다.

주인은 땔감 창고에서 가지고 나온 밀집을 깔아 두터운 침대를 만들었다. 모두들 허겁지겁 죽을 들이킨 다음 잠자리에 눕자마자 깊은 잠에 빠져들었다.

회왕도 연일 이어지는 도망 길에 기진맥진해 있던 터라 금방 잠 속으로 빠져들었다.

이튿날, 화창한 날씨에 따사로운 햇볕이 내리쬐었다. 거지차림의 회왕 일행은 여전히 구걸을 하면서 길을 가다가, 마을을 만나면 그곳에서 묵었다. 이렇게 닷새 동안 걸으며 그들은 천신만고 끝에 조나라의 수도에 도착했다.

조나라는 천하의 북서쪽에 위치해 있었는데 영토가 넓고 토지가 비옥했다. 특히 목축업은 전국 칠웅 가운데 으뜸이었으며, 북서 변경에 자리잡은 채 늘 호시탐탐 중원을 노리고 있었다. 제후들이 할거하고 일곱 나라가 자웅을 다투고 있을 때, 조나라는 시종 강국으로 우뚝 서 있었다.

회왕 일행이 조나라 왕궁으로 걸어가자, 향기롭고 신선한 바람이 풍겨왔다. 향기를 맡자 후궁에 있던 미녀들이 생각났다. 회왕은 그녀들이 그리웠다. 그는 머리가 텅 비어버린 것만 같았다. 길가에는 눈부시게 아름다운 화초가 자라고 있었다.

꽃을 감상할 처지가 아니었건만, 회왕은 꽃에 빠져버렸다. 그는 발길 가는 대로 꽃밭을 거닐면서 천천히 궁궐로 들어갔다. 궁 안에서는 여덟 개의 솥에서 모락모락 연기가 피어오르고 있었고 사방에서는 화초의 향기가 퍼져나오고 있었다. 두 명의 궁녀가 등롱에 불을 붙이자, 궁궐은 불빛을 받아 광채를 발했다. 벽면에 새겨진 용과 봉황, 기린이 궁궐의 장엄함에 신비함을 더해주었다.

조나라 왕이 천천히 궁궐으로 들어왔다. 그는 옛 친구를 만나자 몹시 즐거워했다. 반갑게 인사를 나눈 후 그들은 깊은 이야기를 나눴다. 회왕은 조나라에 온 경위를 설명했다. 그는 상심했던 일들을 이야기하면서 한숨을 토하고 눈물을 흘렸다.

조나라 왕 역시 동정심이 일어 진나라 왕의 야만적이고 사리에 맞지 않는 행위를 성토했으며, 도의적으로 회왕을 지지했다. 그러나 군대를 보내 진나라를 토벌하는 일은 생각조차 할 수 없었다. 지금의 진나라는 예전과 달라서 초나라와 조나라가 연합하여 치더라도 진나라의 적수가 될 수 없기 때문이었다. 부주의는 병법의 금기사항이다. 조나라 왕은 마음속으로는 도와주고 싶었으나 힘이 미치지 않는다면서 회왕의 부탁을 흐지부지 넘겨버렸다.

회왕은 온갖 고생을 마다하지 않고 천 리나 걸어서 커다란 기대를 걸고 조나라에 왔는데, 단 한 명의 병사도 도움을 받지 못했다. 그는 조나라에게 도움을 얻어보겠다고 기를 쓰고 온 자신의 신세가 처량해서 견딜 수가 없었다. '망국의 국왕은 한 마리 개만도 못한 신세로구나!'

그는 숨이 멎을 지경으로 고통스러웠다.

회왕은 하는 수 없이 조나라를 떠났다.

'이제 어디로 갈 것인가? 세상의 길은 사면팔방으로 통해 있건만, 발 딛어 갈 곳이 없구나!' 회왕 일행은 방향을 못 잡고 방황하다가 불행히도 진나라 병사들에게 발각되고 말았다. 그들은 모조리 붙잡혀 다시 진나라로 끌려갔다.

회왕의 죽음과 굴원의 재앙

　기원전 299년 가을은 정말로 다사다난했던 시기였다. 때는 쓸쓸한 늦가을이라 곳곳엔 시들은 꽃들이 우수수 떨어지고, 마른 나뭇가지에 달린 마른 잎들은 바람에 이리저리 나부꼈다. 벌써 차가운 겨울이 성큼 다가온 것 같았다.

　빈털터리의 초나라 회왕과 신하들은 완전무장한 진나라 군인들에 의해 함양으로 호송되어 명령을 기다리고 있었다.

　진나라 소왕은 성미가 괄괄했다. 그는 회왕을 협박하여 영토를 할양받고자 했으나 그 일이 성사되지 않자 기분이 매우 언짢았다. 정세를 모르고 고집만 피우는 노군왕에게서 털 한 가닥도 뽑아내지 못하자 짜증이 치밀었다. 회왕을 억류한 일은 그를 난처하게 만들었다. 이 때문에 그는 부끄럽기도 하고 분해서 회왕에게 화풀이를 했는데, 이 일은 도끼에 제 발등 찍는 격이 되고 말았던 것이다.

　소왕의 행위는 세상 사람들에게 뜻밖이면서도 금시초문의 일이었다. 이로 인해 불만을 품은 여러 제후국들이 분분히 일어나 그의 야만적인 처사를 성토했다.

제후국들의 반응은 불난 집에 부채질한 꼴이었다. 소왕은 회왕을 석방하라는 제후들의 요구를 거들떠보기는커녕 도리어 회왕을 감옥에서 죽여버리겠다는 결심을 더욱 굳혔다. 소왕의 기세는 오만하기 짝이 없었다. '진나라의 뜻을 거스르는 자가 있다면, 회왕의 꼴을 면하지 못하리라. 이것이 바로 일벌백계라는 것이다.' 그의 속셈은 분명해졌다.

각국 제후들의 여론을 무시하고 제멋대로 행동하는 야만적인 나라가 돌연 여섯 나라의 우두머리로 우뚝 솟아올랐다. 여러 제후국들의 도전에 대한 진나라의 오만불손한 태도는 제후국의 군왕들을 긴장시켰다.

'무관 사건'은 하나의 경종이었다. 사전에 방비하고 미연에 방지했어야 함에도 어리석은 회왕은 진나라의 계략에 넘어가 자신과 나라를 망치고 말았던 것이다. 이 사건은 진나라의 진면목을 똑똑히 보여주었다

제후국들은 일각을 지체하지 않고 떨쳐 일어났다. 오직 초나라만이 나락에서 헤어나오지 못하고 있었다. 초나라에는 지도자가 없었기 때문이다.

나라에는 하루라도 군왕이 없어서는 안 되는 법이다. 초나라는 군왕을 세우는 일이 급선무였다. 각 파벌과 지방의 분파들은 이 기회를 틈타 준동하여, 나름의 꿍꿍이를 품고서 각자 자신에게 유리한 군왕을 옹립하려고 했다. 그리하여 어떤 사람들은 횡橫을 옹립하자고 주장했고, 어떤 사람들은 잉祁을 옹립해야 한다고 맞섰다. 두 사람 가운데 누구를 옹립할지에 대해, 근상은 시종 머뭇거리면서 결정하지 못했다.

"제가 두 분을 오시라고 한 것은 상의드릴 일이 있어서입니다. 군왕을 세우는 일은 아무렇게나 대충 해서는 안 되지요. 두 분께서는 조정의 중신이시며 저와는 막역한 사이이니, 허심탄회하게 솔직한 말씀을 들려주시기 바랍니다."

근상의 말 가운데 '대충'이라는 단어에는 그의 의도가 분명히 담겨 있었다. '대충'이란 말은 '조속히'라는 의미로서, 근상의 입장에서는 군왕 옹립이 빨라질수록 자신이 권력을 전횡할 수 있는 기회를 일찍 잃어버린다는 뜻도 되었다. 다시 말하면, 그들 두 사람에게 군왕 세우는 일을 속히 처리해서는 안 된다는 것을 은근히 암시하고 있었던 것이다.

"그렇다면 상관대부님의 뜻은……."

역시 소휴가 참지 못하고 말했다. 그는 손에 쥐었던 찻잔을 내려놓고 근상을 바라보며 물었다.

근상은 바로 대답하지 않고 여유 있게 일어나 뒷짐을 진 채 왔다 갔다 걸음을 옮겼다. 마침내 그는 탁자 곁에 서서 한 손으로 탁자 모서리를 어루만지면서 숙연한 표정으로 말했다.

"저는 조정의 신하로서 군왕의 은혜와 총애를 받아 조정을 장악하게 되었습니다. 그러나 나라가 위급함에도 불구하고 힘을 기울여 군왕과 사직을 보좌하지 못했으며, 마침내 무관 사건이 발생하기에 이르렀습니다. 나라를 그르친 죄, 만 번 죽어도 속죄할 길이 없습니다! 그러나 지금까지 잘못을 스스로 인정하고 책임지지 못한 것은 사직의 존망 때문이었습니다. 현재 우리나라는 새로운 군왕을 옹립하지 못한데다, 전반적인 정세가 복잡하기 그지없습니다. 따라서 망령되이 행동할 수 없는지라 여러 대부들과 함께 의논하고자 하는 것입니다……."

그는 몇 마디를 하고 나서 한참 동안 가만히 있었다. 의욕이 많이 떨어진 것 같았다. 현재의 상황이 매우 심각함을 의식한 듯, 그는 나지막이 탄식했다. 근상은 잠시 말을 멈춘 채, 자신의 감정이 무너지는 것을 애써 억눌렀다. 잠시 후 마음이 진정되자 이어서 말했다.

"자고로 사직이 멸망의 위기에 봉착했을 때는 마땅히 명철한 자를 군왕으로 세워야 국가가 중흥할 희망이 있습니다. 어떤 사람들은 잉을 떠받들어 군왕으로 옹립하려고 합니다만, 그는 방자하고 군왕의 도량도 없는지라 군왕으로 선택하기에는 썩 내키지 않습니다. 게다가 사리를 따지지 아니한 채 자신의 이익만을 내세우고 어느 한 편만 감싸고돌면서 제멋대로 떠들어대는 것은 나라를 도모하려는 의지가 없다고밖에 볼 수 없습니다."

그는 잠시 숨을 고른 다음 다시 말을 이었다.

"또 다른 이들은 횡을 군왕으로 세우려고 합니다만, 그는 무지몽매하여 역시 옹립하기에 마땅치가 않습니다. 이러한 사정을 감안해볼 때, 군왕의 옹립은 잠시 미루어두는 게 좋을 성싶습니다. 제가 비록 재주는 없지만 나라를 중흥하려는 뜻을 지닌 선비들과 함께 위급한 시국을 책임지고 주관했다가, 현명한 군왕감이 나오면 산속으로 들어가 은거하려 합니다."

소휴와 경리는 처음부터 끝까지 그의 이야기에 귀를 기울이고 있었다. 그들은 알고 있었다. 설사 그가 무슨 이야기를 하더라도 최종적인 결론은 그의 생각에 달려 있다는 것을! 결정적인 순간은 항상 그의 한마디 말에 달려 있다는 것을! 그래서 경리는 조심스럽게 입을 열었다.

"상관대부께서 말씀하신 대로 현명한 자를 군왕으로 세울 수만 있다면, 이는 사직의 큰 행운일 것입니다. 설사 이의를 가진 자가 있다 할지라도 그 수는 결코 많지 않을 것이니 걱정할 바가 아닙니다! 그러나 여러 대신들과 공경들이 어떻게 한마음 한뜻으로 대부께서 세운 계책을 지지해야 하는지, 함께 바라는 목표에 도달할 수 있는지 좀 더 진지하게 생각해봐야 할 것입니다."

근상은 그의 말에 고개를 끄덕이면서 말했다.

"지극히 옳으신 말씀입니다! 당면한 과제는 다수를 쟁취하고 소수를 고립시키는 것입니다. 국가가 평온하고 사직이 안정되며 민심이 순조로워진다면, 국가를 다스리는 계책이 제대로 행해지지 않을까 어찌 근심하겠습니까! 우리에게는 다른 의도가 아니라 오직 태평성세를 이루기 위한 계책밖에 없습니다. 더구나 횡은 회왕께서 태자로 세웠지만, 지금은 제나라의 인질이 되어 멀리 떨어져 있는 형편입니다.”

근상의 말에 머리를 끄덕이던 경리는 마지막 한마디 말을 놓치고 말았다. 그는 자기도 모르게 깜짝 놀라 물었다.

“아니! 횡을 옹립하자는 말씀입니까?”

“으흠! 횡을 옹립하려는 자들과 잉을 옹립하려는 자들 사이에 논쟁이 아주 치열한데, 만약 잉을 옹립하려는 자들을 따르면 횡을 옹립하려는 자들이 불복할 것입니다. 피차간에 의혹을 풀지 못하여 서로 돕지 못한다면 사직의 부흥에 어찌 희망이 있겠습니까? 그러므로 잉이건 횡이건 모두 옹립하기에는 마땅치 않습니다. 무관 사건이 일단락되기를 기다렸다가 다시 논의하도록 합시다.”

침착하고 부드럽게 설명하는 근상의 주장에 경리는 멍해졌다. 사실대로 말하자면, 그가 횡을 힘써 배척한 것은 되도록 빨리 잉을 옹립하기 위해서였다. 그런데 한참 논의하다보니 근상의 저의가 드러나게 되었던 것이다. 근상은 횡을 옹립할 생각이었다. 그러자 자연히 경리는 마음이 언짢았다. 그는 딱 잘라 말했다.

“가까운 것을 버리고 먼 곳에서 구한다는 것은 마땅치 않은 듯싶습니다. 하물며 잉은 관대하고 돈후하며 인자하고 현명하여 정도에 맞으니 옹립함이 마땅합니다. 이 일이 널리 알려진 지는 이미 오래되었는데 하루아침에 멀리 제나라에 인질이 된 횡으로 바꾼다면 많은 사람들의 호의가 좌절될까 두렵고 사직에 어두운 그림자를 드리우게 되니, 그 후의 결과를 누가 또한 예측할 수 있겠습니까?”

근상은 그를 힐끔 쳐다보더니 개의치 않은 채 말했다.

"저 또한 어쩔 수 없이 실망하는 사람들이 있다는 것을 압니다. 그러나 대부로서 국가의 이익을 도모해야 하는 본분을 맡고 있으니, 만약 이로 인해 원망과 혼란을 초래한다면 마땅히 제가 책임져야겠지요!"

소휴는 근상의 말투가 심하다고 생각하는 듯했다. 그는 냉랭하게 말했다.

"상관대부님의 말씀은, 잉을 옹립하려다가 횡을 옹립하려는 자들을 저지하지도 못한 채 횡을 옹호하는 자들이 실망하여 입을 닫아버리거나 크게 소동을 일으킬까봐 두렵다는 것이지요. 그런 국면이 조성되면 오히려 위기를 더욱 수습하기가 어려워지지요!"

잠시 쉬었다가 그는 한마디를 덧붙였다.

"그렇다면 대부님의 생각은……?"

"제가 어찌 제 마음대로 하겠습니까? 역시 재능 있는 분을 청해 가부를 결정해야겠지요!"

평소 세 사람의 관계는 매우 친밀했는데, 오늘은 평소와 달리 어색한 분위기에 모두들 약간 화가 난 말투로 대화를 나누다가 결국 결론도 없이 흐지부지 끝나고 말았다.

한편, 초나라 회왕은 삼 년 동안이나 감옥에 갇혀 있었다.

'봉황이 털이 빠지면 닭보다도 못하다'는 속담이 있다. 지금의 회왕이 어찌 그와 같은 처지가 아니겠는가!

타국에서 구금되어 있는 회왕은 마치 한 마리 개 같은 신세가 되어 주인의 능욕을 받고 있었다. 호랑이가 변하여 개가 된 것이다. 예전에 멋스러웠던 군왕의 풍채는 사라지고 없었다. 당시의 상황을 노래한 시가 있다.

군왕은 군왕이 아니고, 신하는 신하가 아니네.

귀신은 귀신이 아니고, 사람은 사람이 아니네.

누구를 탓하랴?

착한 굴원은 나쁜 신하가 되었고,

회왕은 꼬드김을 믿고서 무관으로 갔네.

흉악한 적은 음모를 꾸미더니,

땅을 떼어놓으라 협박하나 끝내 이루지 못했네.

군왕은 감옥에 갇히고 더없는 잘못을 저질렀네.

君非君, 臣非臣, 鬼非鬼, 人非人.

怪何人?

好屈原, 當壞臣. 聽慫慂, 武關行.

敵國凶, 陰謀逞. 脅割地, 竟未成.

囚國君, 謬絶倫.

군왕은 어리석고 전쟁은 계속되는데,

관리들은 부패하고, 사직은 쇠약해졌네.

급박한 정세는 눈 녹듯 빠르고,

후인을 가르치나니, 그 자취 밟지 말라.

國王昏, 戰爭仍. 官腐敗, 社稷衰.

情勢岌, 如融雪. 誨後人, 莫步迹.

이 해에 회왕의 나이는 일흔 살이었다. 그의 마지막 날이 다가오고 있었다.

낮은 마치 어두운 밤처럼 대충 지나갔다.

밤, 참담한 밤은 온통 고요했다. 다만 몇 마리 가을벌레의 울음소리가 들려올 뿐이었다. 외로운 달은 하늘에 높이 떠 있었고, 듬성듬성한 별들은 적막하게 사방을 수놓고 있었다. 홀연 하늘가에서 흰 구름, 먹구름, 오색구름이 베틀북처럼 오르내렸다. 이때 회왕의 심경은 깊이를 헤아릴 수 없는 밤하늘만큼이나 어두웠다. 커다란 근심, 깊은 원망, 끊임없는 실의가 한데 합쳐져 오늘밤 그의 심정은 더욱 평온치 않았다.

사람의 나이 일흔 살, 즉 고희가 되면 곧 하늘로 돌아가게 된다. 그 누가 몰락하는 초나라를 들어올릴 수 있단 말인가? 오래도록 제나라에 인질로 있는 횡은 어떻게 지내고 있는지 알지도 못한다. 젊고 고집 센 아들 잉은 위급한 국면을 버텨낼 수 있을까? 특히 마음 놓을 수 없는 것은, 아들들이 전체를 보지 못한 채 자기 생각대로만 일하며, 서로 양보하지 않아 초나라가 사분오열될 수도 있다는 점이었다. '초나라가 과인의 대에서 멸망당하게 되었으니, 열조를 무슨 면목으로 뵐 수 있겠는가! 하늘이시여! 우리 초나라를 멸망의 길에서 구원하소서. 모든 죄과는 제가 짊어지겠으니 저 한 사람만을 징벌해주소서. 조금도 원망치 않겠습니다!'

이러저런 생각을 하자, 회왕은 몸이 더욱 편치 않았다. 늦가을 밤의 한기가 온몸을 파고들었다. 그는 자기도 모르게 몸서리를 쳤다. 떠돌던 구름들이 점점 흩어지고, 별과 달이 다시 나타나 인간세계에 차가운 빛을 뿌렸다.

총애하는 왕비 정수가 천천히 걸어와 눈물을 흘리면서 비통한 목소리로 말했다.

"폐하! 오늘이 폐하의 일흔 번째 생신이신데, 처첩은 다만 감옥으로 와서 축하해드리게 되었습니다."

회왕은 서러움을 억누르지 못하고 눈물을 떨구었다. 두 사람은 함께 부여안고서 흐느껴 울었다. 정수는 회왕의 눈물을 닦아주면서 말했다.

"폐하께서는 지나치게 상심하여 옥체를 상하게 하지 마세요. 귀인은 하늘이 도와준다고 했으니, 천지신명께서 폐하를 보우하여 언젠가 돌아갈 날이 있을 것입니다."

회왕은 정수의 손을 꽉 쥐고 침통하게 말했다.

"부인은 정말 좋은 사람이오! 우리가 이와 같은 곤경에 빠져 있는데도 나의 생일을 기억하고 있다니 정말 고맙소. 내가 내 손으로 목숨을 끊지 않는 것은 부인처럼 현명한 사람이 곁에서 살아서 돌아갈 용기와 희망을 주기 때문이오. 고맙소!"

"그런 말씀은 하시지 마세요. 폐하께서는 저에게 하늘보다도 더한 은 총을 주셨는데, 보답할 길이 없어 부끄러울 따름입니다. 부부가 환난을 서로 마다하지 않으니 이제야 진심을 알게 되었습니다. 사람이 짐승과 다른 까닭도 역시 이 정情이란 것에 있다고 봅니다. 정은 한 가정을 묶어낼 수도 있고 나라를 묶어낼 수도 있습니다. 정을 이야기하자니 굴원이 생각나는군요. 그가 폐하께 그렇게 충직했던 것도 바로 이 정 때문이 아니겠습니까! 군왕께 충성하는 정이 깊으면 결국 자신도 잊어버리게 되는가봅니다. 굴원을 생각하니 회한만 남는군요!"

그녀는 목이 메어 잠시 쉬었다가 다시 말을 이었다.

"폐하께 맹세하건대, 저는 살아서도 초나라 사람이요, 죽어서도 초나라 귀신이 될 것입니다. 절대로 구차하게 살아남아 초나라와 폐하의 존엄에 해를 끼치지 않겠습니다!"

정수가 한 말의 속사정을 회왕은 모르는 것 같았다. 진나라의 어느 대부가 그녀의 미모에 빠져 그녀를 희롱하려고 몇 차례 위협을 했지만 목숨을 걸고 거절하는 바람에 슬그머니 꽁무니를 뺀 적이 있었던 것이다. 그녀가 말한 존엄은 바로 그것을 가리키고 있었다.

정수는 만감이 교차했다. 창 앞에 뜬 외로운 달을 바라보자 굴원의 말이 생각났다. "진나라는 호랑이와 이리 같은 나라로, 절대 믿어서는 안 됩니다. 가지 않으시는 게 좋습니다!"

'아! 굴원에게 억울한 누명을 씌운 것을 그녀는 한스러워하는구나. 천하에 가장 훌륭한 신하가 굴원이라는 것을 이제야 깨닫게 되었도다!'

회왕은 한숨을 내쉬었다. 그의 얼굴에 눈물이 마구 흘러내렸다.

'흘러라! 예전의 어리석음과 오늘의 원망, 마음속의 괴로움과 고난을 모두 씻어가려무나……'

그는 비통한 심정이 들어 감정이 격해지자, 정수를 밀어내고 자리에서 일어나 창문 앞으로 걸어갔다. 그는 동쪽을 바라보며 비분에 가득 차서 말했다.

"굴원, 진정한 충신이여! 오직 그대만이 과인을 사랑하고 조정에 충성했구나. 그대의 진심 어린 정성을 거스르지 말았어야 했는데. 그대의 충언과 간언을 듣지 않아 오늘날과 같은 일을 겪게 되었구나! 모든 것이 다 과인의 잘못이로다."

"오늘 이처럼 될 줄 알았더라면 애당초 그렇게 했겠습니까? 괘씸한 간신배들! 당초에 굴원으로 하여금 조정을 보좌하게 했더라면, 군자를 가까이하고 소인배들을 멀리하며 힘써 다스리고 사치를 없애고 변법을 행하고 귀족들을 억눌렀다면, 초나라는 틀림없이 중흥했을 것입니다!"

"구름이 지나가고 난 후에야 별들을 볼 수가 있고, 일은 지나고 난 후에야 좋고 나쁨을 분별할 수가 있도다. 상전벽해를 겪고 나서야 깨달음을 얻게 되는구나. 이렇게 하는 것도 결코 쉬운 일이 아니로다!"

회왕은 잠시 말을 끊은 채 눈을 가늘게 뜨고 정수를 바라보면서 말을 이었다.

"과인은 어찌 일찍이 명군이 될 생각을 하지 않았던가? 명군이 되기는 참으로 어렵고, 어리석은 군왕이 되는 것은 너무 쉽다는 것을 어찌 몰랐던고!"

진심으로 사직을 걱정하는 신하는 드물고, 거짓된 마음으로 왕에게 접근하는 간사한 무리는 너무나 많다. 지난날을 뒤돌아보는 정수의 마음속에 핏방울이 뚝뚝 떨어지고 있었다. 협심증이 일어난 정수는 두 손으로 가슴을 꽉 누른 채 눈썹을 잔뜩 찡그렸다. 회왕은 급히 그녀를 부드럽게 어루만져주고 약을 복용케 했다. 두 사람의 이야기는 그 이상 이어지지 못한 채, 마음속 수많은 이야기들은 훗날로 남겨졌다.

이튿날 저녁 무렵, 회왕은 난간에 기대어 서쪽으로 지는 해를 바라보고 있었다. 붉은 저녁놀이 하늘을 벌겋게 물들이고 있었다. 황혼빛을 받아 뜰의 계수나무는 온통 황금으로 도금한 듯 화려해졌다. 참새들 또한 황혼빛에 끌려 가지에 깃든 채 날이 어두워지도록 지저귀었다. 밤의 장막이 서서히 내려와 캄캄하게 우주를 덮었다. 참새들도, 계수나무도, 회왕도 모두 어둠 속에 갇혔다. 어둠은 삼라만상을 삼키고 있었다.

중추절 밤이었다. 홀로 떠 있는 달은 그 얼마나 외로우랴! 광채는 서리처럼 빛났건만, 사위는 너무나 적막했다. 회왕은 무심히 달을 감상하다가 일찌감치 잠자리에 들었다.

정수가 사뿐사뿐 걸어들어 왔다. 그녀는 침상 가에 앉아 다정하게 말을 건넸다.

"폐하, 오늘 저녁은 어찌 된 일이십니까? 얼굴빛이 좋지 않으신데, 혹시……."

"아무래도 부인과 헤어져야 할 시간이 온 것 같소. 어젯밤 꿈에 부왕께서 나타나 노여움을 참지 못하시고 큰 소리로 꾸짖었소. '너는 군왕으로서 무얼 했느냐? 현신과 간신을 분별하지도 못하다니. 근상은 야차 같은 놈이요, 굴원은 현명하고 능력 있는 선비이거늘, 어찌하여 살피지를 못했느냐? 자란은 나이가 어려 아직 경험이 부족하거늘, 어찌 어린애의 설득에 따랐느냐? 나라가 있어도 돌아갈 수 없으니, 그 누구를 원망하겠느냐! 나라가 네 손에서 패망케 되었으니, 무슨 면목으로 사람 노릇을 하겠는가! 네가 죽는 건 하나도 애석하지 않은데, 선조의 유업을 이어받지 못하고 자손들의 앞길을 망친 것이 한스럽다. 너, 이 나라를 망친 놈! 너를 죽여버려야겠다!' 하며 부왕께서 검을 빼어들고 찌르는 바람에 깜짝 놀라 깨어났다오."

정수가 위로하며 말했다.

"폐하께서는 초나라를 부흥시켜야 하는 중임을 짊어지고 계신데, 지금 어찌 세상을 하직하려 하십니까? 사람이 나이 들면 대수롭지 않은 병에 걸리는 것은 당연한 일이니, 근심할 필요가 없습니다. 꿈이야 황당무계한 것이니 폐하께서는 괘념치 마옵소서. 부디 몸조심하셨다가 살아서 초나라로 돌아가셔야 합니다. 폐하가 없는 조정을 생각하면 가슴이 저미도록 아프옵니다."

"살아서 돌아갈 희망은 아마 없을 거요. 소왕은 과인이 죽지 않아 한스러워하고 있으니, 절대로 호랑이를 풀어 산으로 돌려보내려 하지 않을 것이오. 감옥에서 나를 죽게 할 것이라고 이미 예견하고 있었소. 나는 이 감옥 문을 넘어오는 순간 다시는 나갈 수 없으리라 생각했소."

회왕은 잠시 말을 멈추었다가 정수의 손을 만지면서 다시 말을 이었다.

"내가 죽으면 부인은 초나라로 돌아가서 대군들을 보좌하여 과인이 다하지 못한 일을 완수해주시오. 내 대신 꼭 원수를 갚고 원한을 씻도록 해주시오."

정수는 대성통곡했다. 그녀는 흐느끼면서 말했다.

"폐하께서 돌아가시다니요. 그럴 리가 없습니다. 돌아가신다면 저도 데리고 가셔요. 저도 함께 저승으로 가겠어요."

"그런 소리 하지 마시오. 부인은 초나라로 돌아가서 대군들에게 젖 먹던 힘까지 보태야 하오. 초나라는 대국이라 결코 이 땅에서 없어지지 않을 것이며, 다시는 속거나 능욕을 당하지 않을 것이오."

"폐하, 폐하, 어찌 된 일이세요? 말씀 좀 해보세요!"

정수가 회왕을 흔들었으나, 그는 영영 세상을 떠나고 말았다.

기원전 296년 8월 15일 밤, 그의 나이 일흔 살이었다.

소왕은 회왕이 죽었다는 소식을 듣고 초나라에 서신을 보냈다.

초나라 회왕은 고질병을 앓아 치료했으나 누차 재발했다. 다방면으로 치료했으나 효험이 없어 불행하게도 함양에서 병사했다. 초나라는 속히 와서 장례를 치르도록 하라. 기한은 사흘이며, 기한을 넘기면 연고자가 없는 것으로 간주하여 처리하겠노라.

비보를 접한 자란은 너무도 슬픈 나머지 죽고 싶은 생각뿐이었다. 그는 비통함을 안고 군신들을 소집하여 국상에 관한 일을 상의했다. 통분한 군신들은 장례의 기회를 빌려 진나라에 군대를 일으켜 국가적 치욕을 씻고자 했다. 그러나 어찌하랴! 마음은 있지만 힘이 부족한 것을! 완고하고 흉악한 강적을 마주해서는 단지 원한을 삼킬 수밖에.

이 일은 초나라 백성뿐만 아니라, 제후 각 나라의 분노를 불러일으켰다. 그들은 분분히 초나라에 사절단을 파견하고 국상에 참가하여 조문 활동을 했으며, 갖가지 방식으로 진나라의 야만적인 소행을 비난했다.

전국은 끓는 물처럼 떠들썩했고 의론이 분분했다.

특히 백성의 굴원에 대한 반향은 강렬했는데, 이번 일로 인하여 그의 주장이 정확했음이 사실적으로 입증되었기 때문이다. 초나라가 당시에 가장 필요로 했던 사람은 앞날을 내다볼 수 있고 나라에 충성을 다하는 인재였다. 굴원을 찬양하는 여론은 날로 커져갔다. 자란 등은 백성을 설득하여 그들의 불만을 가라앉힐 길이 없어 고민하지 않을 수 없었다. 그들은 확고부동한 사실 앞에 패배를 인정할 용기가 나지 않았다. 그들은 인정하기는커녕 도리어 예전보다 훨씬 더 심하게 굴원을 박해했다. 그들은 굴원을 진나라보다 더 미워했다.

더욱이 용납할 수 없는 것은 굴원이 국상에 참석하여 회왕을 조문하지 못하도록 교외의 편벽된 역참으로 좌천시켜, 이른바 두문불출한 채 잘못을 뉘우치며 근신하도록 했다는 점이다. 추방에 가까운 좌천으로 인해 굴원은 일 년 동안 문밖출입을 하지 못했다. 하지만 굴원은 초연했다. 그는 호된 핍박을 받았음에도 오히려 민심을 얻었고, 조정과 재야의 선비들은 물론 각국의 제후들로부터 찬사와 숭앙을 받았다. 그는 더욱 담담한 태도로 붕당정치에 초연했다.

송옥宋玉, 굴력屈力, 당륵唐勒 등 제자들은 스승께서 무고하게 부당한 판결을 받았다는 소식을 듣고, 슬픔과 분노를 이기지 못하여 죽음을 무릅쓰고 굴원을 찾아갔다.

굴원은 초췌한 얼굴을 하고 있었지만 침착하고 꿋꿋했다. 그는 제자들이 하염없이 눈물을 흘리는 것을 보고 오히려 그들을 격려했다.

"현실을 직시할 수 있음을 배워야 한다. 현실은 무정한 것이며, 인생길은 곡절이 많은 것이다. 좋고 나쁨은 고정된 기준이 없고 다만 추상적인 정의만이 있을 뿐이며, 이론 또한 고정불변의 교조가 아니다."

제자들은 울음을 그치고 말했다.

"스승님의 말씀은 지극히 옳습니다. 우리들은 '사회는 거대한 망치이며, 청동 보검은 그것의 단련을 거쳐야만 나온다'는 이치를 잘 알고 있습니다."

굴원이 물었다.

"자란이 군왕이 될 수 있겠느냐?"

“아주 아득합니다.”

제자들은 이구동성으로 대답했다.

“횡은 아직 돌아오지 않았느냐?”

“돌아오지 않았습니다.”

“아무래도 군왕은 그가 되어야 할 것이다.”

“그를 비호하는 사람이 우세를 보이고 있습니다.”

“그 사람은 어떤 사람이더냐?”

굴원이 담담하게 물었다.

“말씀드리기가 무척 어렵습니다. 그는 근상의 마음에 들어 뽑힌 사람입니다.”

“너희들이 보기에, 초나라의 앞날에 전기가 있겠느냐?”

“초나라의 앞길에는 전기가 없을 듯합니다. 도리어 더욱 악화되거나 엉망이 될 것입니다.”

송옥이 이어 말했다.

“초나라가 사라질 날이 얼마 남지 않았습니다.”

굴력이 말했다.

“저 역시 동감입니다. 조정에는 현명한 재상이 없고, 군대에는 충성스러운 장수가 없습니다. 조정의 안팎 곳곳에 위기가 가득합니다.”

“좋은 새는 썩은 나무에 깃들지 아니하고, 제비와 참새만이 화려한 전각에서 시끄럽게 떠들어대는 것이 사직이 쇠망할 징조입니다.”

언변이 좋은 편은 아닌 당륵이 핵심을 찔러 말했다.

송옥은 풀이 죽은 채 걱정스럽게 말했다.

“자란은 도량이 좁고, 근상은 눈 뜬 봉사이며, 횡은 비록 아직 정사에 종사하지 않았지만 강국을 만들기에는 역량이 부족하지 않나 싶습니다. 이런 상황이니 어찌 걱정스럽지 않겠습니까? 외환과 내란으로 정국은 풍전등화의 상태입니다."

위험한 국면이라는 것을 모두 다 알고 있었다. 사람들은 분노는 해도 감히 입을 열지는 못했다. 굴원의 전철을 밟을까봐 두려워하지 않을 사람이 그 누구랴!

굴원을 비롯한 한 무리의 대부들은 마치 바다에서 흔들거리는 한 척의 외로운 배와 같았다. 망망한 바다에는 거친 물결이 세차게 흐르고, 눈에 보이지 않는 암초가 곳곳에 널려 있었다. 그러나 이러한 인재들은 죽음을 무릅쓴 채 여전히 거친 파도에 당당히 맞서 용감하게 앞으로 나아갔다. 이들이 바라는 것이 무엇이겠는가? 요순시대의 태평성대를 다시 이룰 수 있기를 바랄 뿐이었다!

경양왕의 집정과 상황의 악화

초나라 회왕은 왜 횡처럼 평범한 아들을 태자로 삼았을까? 이런 일은 흔치 않은, 대단히 보기 드문 일이었다.

회왕은 일곱 명의 부인에게서 아홉 명의 아들을 두었다. 큰아들인 추酋와 둘째아들인 횡은 모두 왕후의 소생이다. 그렇다면 추는 왜 태자로 세워지지 않았을까?

일이란 참으로 묘한 것이다. 매우 자신 있는 일도 간혹 실패할 때가 있는 반면, 전혀 자신 없는 일이 오히려 성공할 때가 있다. 이 일도 바로 그러한 경우라고 할 수 있다. 애초에 태자로 세워진 아들은 추였다. 그러나 그는 건들거리고 상스러운데다 몽매했으며, 시녀들과 난잡하게 지내면서 진취적인 생각 따윈 아예 품고 있지 않았다.

애가 탄 왕후는 유명한 학자를 스승으로 모셔서 태자를 힘껏 가르치게 했다. 하지만 태자의 덕과 학문을 쌓는 데에는 아무 효과가 없었다. 사정이 이렇다보니, 자연스럽게 둘째아들 횡이 태자가 될 희망을 품게 되었다.

그러나 회왕의 마음은 아홉째아들인 기祺에게 기울었다. 기는 영리하고 소탈하며, 반듯하고 학문도 대학자에 뒤지지 않을 정도였다. 시문과 음악, 무술에도 뛰어나 회왕의 눈에는 마치 자신의 젊은 시절의 모습을 보는 듯하여, 이리 보나 저리 보나 명망 있는 군주가 될 재목이었다. 그래서 회왕은 기를 애지중지 아끼고 총애했다. 기는 믿는 구석이 생기자, 그를 칭찬하는 사람들이 날로 늘어나 그의 세력은 신속하게 커졌다.

이로 인해 두려워진 태자 추는 기를 질투하여 옥신각신 시끄럽게 다투는 바람에 궁정은 하루도 편할 날이 없었다. 회왕은 머리가 아플 지경이라 여러 차례 충고했지만, 나아지기는커녕 칼부림이 일어나는 지경으로 이어졌다. 회왕은 크게 화가 나서 추를 태자의 지위에서 폐하고 말았다.

이렇게 몇 달이 흘렀다. 어느 날 회왕은 심복인 근상과 소휴 두 사람을 불렀다. 평소 그들 두 사람을 매우 신임하고 있던 회왕은 그들에게 물었다.

"아홉 아들 중 이미 두 명은 태자 자격을 상실했으니, 이제 누구를 태자로 세워야겠소?"

근상이 주청했다.

"어리석은 신의 소견으로는, 장자가 이미 폐위된 터에 둘째아들 횡은 어진 일에 적극 나서니, 태자로 세워야 함이 마땅한 줄 아옵니다. 폐하께서 살펴주시옵소서."

"그대가 추천한 횡은 사람됨이 너그럽고 성실하여 괜찮을 것 같은데, 다만 지나치게 겸손하고 유약하여 군왕으로서의 기질이 없지요. 아! 정말 어려운 일이오!"

근상이 다시 입을 열었다.

"횡은 왕후의 소생으로 조상의 입법에도 부합됩니다. 게다가 횡은 여러 차례 인질이 되었으니, 마땅히 태자로 세워서 국가를 위한 충성심이 헛되지 않도록 해야 하옵니다."

근상의 설득에 의해 회왕은 횡을 태자로 옹립했다. 그러나 회왕은 계속 주저하면서 근상에게 말했다.

"그대가 과인에게 횡을 태자로 세우게 했는데, 여전히 어찌해야 좋을지 모르겠소."

말이야 그렇게 했지만 이미 쏟아진 물이라서 돌이킬 수는 없었다. 그래서 장래에 분란이 일어날 것에 대비하여 조서를 내려 천하에 공포했는데, 그 내용은 다음과 같았다.

이전의 태자는 이미 폐위되었으며, 이제 횡을 태자로 삼아 자손만대에 이르기까지 대통을 계승하도록 했는바, 태자 옹립과 관련하여 분란이 일어나서는 안 되며, 만일 조서를 거스르는 자가 있으면 엄히 다스릴 것이다.

이는 근상이 즐겨 사용하는 수법이었다. 세심한 그는 정세변화를 읽어내는 데 뛰어났으며 지략이 출중했다.

당시 태자 횡의 나이는 스물다섯으로 세 아들을 두고 있었다. 사실 그는 뛰어난 젊은이이긴 했지만, 너무 유약하여 영웅호걸이 되기엔 모자란 점이 있었다. 지극한 충후함과 공손함 덕분에 근상 패거리들의 추대를 받게 되었던 것이다.

그에게는 현숙한 아내가 있었는데, 바로 정수의 조카딸로 이름은 정완鄭婉이었다. 그녀는 인품이 훌륭하고 남의 마음을 잘 헤아리는데다 총명하고 어여쁜 여인이었다.

태자 횡은 염복이 있어 부부가 서로 존경하며 한순간도 떨어지지 않았고, 십 년을 한결같이 정답게 지냈다. 그래서 회왕의 다른 형제들은 늘 그를 부러워했다.

태자가 왕에 등극했지만, 곤란은 겹겹이 놓여 있었다. 특히 사분오열된 나라 정세는 더욱 심각했다. 사실 근상 일당은 선왕이 함양의 감옥에 갇혀 죽기를 은근히 바랐다. 선왕이 세상을 떠난 후 근상 일당은 대권을 독차지한 채 전횡을 일삼았다.

명색이 군왕이라고는 하지만 일이 있을 때마다 일당의 우두머리인 근상의 동의를 얻은 후에야 집행할 수 있었다. 새로운 군왕을 보좌한다는 명분을 내세웠지만, 실제로는 일당과 자기 한 사람의 이익을 위한 것이었다.

태자는 장기간 인질로 지내는 동안 유약하고 우유부단한 성격이 형성되었는데, 이러한 사람이 한 나라의 군왕이 되었다고 금방 군왕의 권위와 과단성을 되찾을 수 있겠는가! 이로 인해 전국을 통솔하기가 매우 어려웠고 몸소 주재하고 지휘하기는 더욱 힘들게 되었다.

태자가 등극하니, 이가 바로 경양왕頃襄王이다.

경양왕이란 호칭 역시 매우 재미있다. 경頃은 옛날에는 경傾과 통했다. 즉 권력이 남에게 쏠려 있다는 뜻이다. 양襄은 돕는다는 뜻이다. 그렇다면 이것이 근상 일당에게 '권력을 기울여야 한다'는 말이 아니겠는가? 이는 결코 견강부회가 아니다. 아마도 이 호칭을 고안한 사람이 독창적으로 고안해낸 결과이거나 우연의 일치일 것이다. 어쨌든 호칭은 사실과 딱 들어맞았다.

경양왕은 회왕에 비해서 어떠한가?

한마디로 다 설명할 수는 없지만, 그가 군왕에 등극하기 이전의 일을 살펴보면 대충은 짐작할 수 있을 것이다.

제나라 왕은 태자가 곧 귀국하여 등극하리라는 것을 알고서 그를 축하했다. 그런 다음 그는 태자를 협박하여 말했다.

"태자 전하께서는 예정대로 돌아가시렵니까?"

"그렇습니다."

"그럼, 대신 인질로 올 사람은 정하셨는지요?"

"그것은……."

"전하께서는 아직 생각지 않으셨군요."

"아닙니다. 생각했습니다. 돌아간 뒤에 논의하려고 했습니다."

"그래서는 안 되지요!"

"그렇다면, 폐하의 뜻은 어떠하신지요?"

"당연히 지금 정해야 합니다!"

"……."

태자가 아무 말이 없자 제나라 왕이 말했다.

"인질은 그만두도록 합시다. 그러나 초나라는 대신 영토를 내놓으셔야 합니다. 전하의 뜻은 어떠하신지요?"

태자는 아무 대답이 없었다.

"기한대로 돌아가고 싶다면, 동쪽 오백 리 지역을 제나라에 떼어주셔야 합니다."

"그건, 그건……." 태자는 말을 맺지 못하면서 얼버무렸다.

"왕위가 중요한지, 아니면 오백 리 영토가 중요한지, 전하께서 잘 생각해보시기 바랍니다."

"제 스승께 여쭈어본 뒤에 회답하겠습니다."

태자가 그의 스승인 신자愼子에게 여쭈니 스승이 말했다.

"땅을 할양해달라는 것은 사람의 자유와 맞바꾸기 위함입니다. 태자께서 단지 땅이 아까운 것만을 고려하여 제때에 돌아가지 못해 부왕의 장례에 참석하지 못한다면, 이는 대역무도한 일이니 응하셔야 합니다."

결국 태자는 땅을 할양한다는 약속을 한 뒤에야 장례에 참석할 수 있었다.

장례기간이 끝나고 태자가 등극하자, 제나라는 사신을 파견하여 동쪽 땅을 내놓으라고 독촉했다.

경양왕은 서둘러 스승을 모셔와 의견을 물었다. 스승이 말했다.

"내일 문무대신들을 궁궐로 소집하여 이 일을 의론하도록 하고, 먼저 그들에게 헌책하도록 한 후에 결정하시기 바랍니다."

다음날, 경양왕은 조정에서 정무를 처리했다. 그는 여러 대신들에게 제나라가 동쪽 땅을 독촉하는 일을 논의하도록 했다.

상주국上柱國인 자량子良이 말했다.

"신의 견해로는, 군자는 농담을 하지 않는다 했으니 대왕께서는 땅을 내어주지 않을 수 없사옵니다. 그렇지 않으면 어떻게 다른 나라와 교류할 수 있겠습니까? 그러나 먼저 주고 나서 나중에 빼앗으시면 됩니다. 주는 것은 신의를 지키기 위함이며 빼앗는 것은 나라의 권위를 세우기 위함입니다. 이렇게 하는 것이 주나라의 예법에 부합하는 것입니다."

대장군 소상昭常이 입을 열었다.

"이 못난 장수의 견해로는, 동쪽 땅은 한 뼘도 떼어주어서는 안 됩니다. 수십 년 동안의 분란과 살육, 쟁탈이 무엇을 위한 것이었습니까? 역시 영토 때문이 아니었습니까! 초나라가 대국이 된 것도 선조들의 생명과 선혈을 한 뼘 한 뼘의 토지와 바꾸었기 때문입니다. 만약 우리들이 지켜내지 못하고 손쉽게 오늘은 오백을 떼어주고 내일은 천을 떼어준다면, 초나라는 금방 무너지지 않겠습니까? 땅을 내어주는 것은 살을 베어주는 것과 같은 것입니다. 단연코 그래서는 안 됩니다! 폐하께서는 저를 파견하여 동쪽 땅을 지키도록 하옵소서! 신, 이 한 몸 다 바쳐 한 뼘의 영토도 잃지 않도록 지켜낼 것입니다."

그는 잠시 말을 멈추었다가 다시 이어 말했다.

"천 일 동안 군대를 주둔시켰다가 한날에 군대를 사용한다고 했는데, 군사가 영토를 위해 헌신하지 않는다면, 무엇에 쓰겠습니까?"

경리가 말했다.

"두 분 대신의 의견은 모두 일리가 있습니다. 저 역시 모두 동의합니다. 그러나 상주국 자량 대인의 의견이 더욱 적절하다고 봅니다. 우리나라 군사력으로는 제나라를 굴복시키기 어려울 것입니다. 그러므로 대왕께서는 저를 진나라에 파견하여 구원을 청하게 하시면 됩니다. 진나라 군대가 제나라와 초나라의 접경 지역으로 출병만 한다면, 제나라 군대는 감히 함부로 행동하지 못할 것입니다."

세 대신의 의견을 들은 경양왕은 누구의 말을 들어야 할지 몰라, 스승인 신자의 생각을 물었다.

"세 분 대신의 의견 중 누구의 의견을 들어야 좋겠습니까?"

신자가 주청했다. "폐하께서는 모두를 들으셔야 마땅합니다."

"모두 들으라고요?" 경양왕은 어리둥절했다.

"그렇습니다!"

신자는 단호하게 대답했다. 경양왕은 도무지 무슨 뜻인지 모르겠다는 얼굴로 물었다.

"스승의 그 말씀은 무슨 뜻입니까? 어찌 세 가지 계책을 동시에 사용한단 말입니까?"

"폐하께 아룁니다. 세 가지 계책을 모두 사용할 수 있습니다. 상주국을 제나라에 파견하여 토지를 할양한다고 하고, 소상 장군을 파견하여 동쪽 땅을 지키게 하며, 경리 대인을 진나라에 파견하여 원군을 요청하는 것입니다. 이렇게 한다면 동쪽 땅을 할양한다는 약속에 위배되지 않고, 또한 한 뼘의 동쪽 땅을 잃지도 않을 것입니다. 정말로 훌륭한 계책이오니, 폐하께서는 받아들여주옵소서!"

경양왕은 스승의 말이 조목조목 이치에 맞는 것을 보고 얼굴이 환해졌다.

"좋습니다! 아주 좋습니다! 과연 과인의 스승이십니다. 앞으로 일이 있을 때마다 오셔서 좋은 의견을 주십시오."

자량은 제나라로 가서 토지를 할양하겠다고 큰소리쳤다. 제나라 왕은 매우 기뻐하며 경축연을 베풀었다. 그런 다음 사신을 초나라에 파견하여 동쪽 땅을 접수하도록 했으나, 대장군 소상의 호된 거절을 당했다. 소상은 화를 벌컥 내며 말했다.

"내가 동쪽 땅을 지키는 것은 무장으로서 당연한 일이다. 그 누가 제나라에 할양하라고 했든 모두 무효다. 나는 천군만마를 이끌고서 누가 감히 쳐들어오는지 볼 것이다!"

제나라 사신은 어쩔 수 없이 빈손으로 귀국하여 복명했다.

제나라 왕은 매우 화가 나서 자량을 불러 말했다.

"그대는 와서 땅을 할양하겠다고 하는데, 소상은 내줄 생각을 하지 않으니, 이는 과인을 속인 것이 아니냐?"

자량이 말했다. "제가 어찌 감히 그렇게 하겠습니까? 확실히 경양왕의 명을 받들어 동쪽 땅을 할양하려고 온 것입니다. 소상이 내놓지 않으려는 것은 본인의 사정입니다. '장수가 외지에 있을 때에는 군령을 받지 않을 수도 있다'고 했습니다. 폐하께서 군대를 보내시어 그를 토벌하셔도 저희 대왕은 그를 지원하지 않을 것입니다."

제나라 왕은 자량의 말을 듣고서 그의 말에 일리가 있다고 생각했다. 그래서 출병하여 소상을 토벌하도록 명령을 내렸다.

제나라의 십만 군대는 위풍당당하게 초나라 동쪽 땅까지 밀고 들어갔다. 하지만 그 땅에는 진나라의 병력이 이미 배치되어 있었다. 제나

라 군대는 상황이 심상치 않음을 알고서 진군을 멈추고 소상에게 항의
했다.

"초나라 왕이 오백 리의 땅을 제나라에 할양한다고 했는데, 무엇 때
문에 마음이 바뀌었는가? 이것은 신의를 저버리는 게 아닌가?"

"그 말은 틀린 말이오. 제나라 왕이 장례를 치르러 귀국하는 태자를
가로막은 것은 어질지 못한 일이며, 땅을 내놓으라 핍박한 것은 의롭지
않은 일이오. 어질지도 않고 의롭지도 않은데 어찌 신의를 운운하는가?
제나라는 군대를 거두어 돌아가라. 그렇게 하지 않으면 이 소상이 무례
하게 대하겠소!"

제나라 장수는 소상의 신랄한 질책을 받고 화가 났지만, 어쩔 도리가
없었다. 바로 앞에는 소상의 군대가 버티고 있는데다 진나라 군대가 그
뒤를 받치고 있는지라 억지로 고집을 피우다가는 오히려 일을 망칠 수
도 있었다. 그는 군대를 거두어 돌아갈 수밖에 없었다.

모두 알고 있다시피, 초나라와 진나라의 불화는 돌이킬 수 없을 지경
에 이르러 있었다. 부왕을 옥사시킨 원한을 갚지 못하고, 땅을 빼앗긴
치욕을 설욕하지 못했으며, 재난으로 집과 가족을 잃은 철천지한을 품
고 있었던 것이다. 그런데 초나라는 어찌하여 경리를 보내 진나라에 원
군을 요청했으며, 진나라 또한 어찌하여 곧바로 원군을 보냈을까?

초나라가 진나라에게 원군을 요청한 것은 어쩔 수 없는 상황 때문이
었다면, 진나라가 초나라에 원군을 보낸 것은 경리 때문이었다. 특수한
상황에서 원군을 보냈던 것은 친진파親秦派의 거두인 경리의 체면을 살
려주기 위함이었던 것이다. 경리가 정치적 밑천을 얻도록 조그만 힘이
라도 보태주려는 것이었으며, 경양왕과 여러 대신들 앞에서 경리의 위
신을 세워주려는 것이었다. 진나라는 경리처럼 진나라와 가까운 대신

들이 정권을 잡고 있어야 많은 도움을 받을 수 있다는 사실을 인식하고 있었다.

이러한 물밑 활동은 선왕과 장의가 심혈을 기울여 구축한 것으로서, 책략에서 말하는 '얻고자 하면, 먼저 주어라'는 경험에서 얻어낸 것이었다. 오히려 상대가 요구하지 않을까 걱정스럽지, 요구하는 것쯤이야 두려울 게 없었다. 요구하는 게 많을수록 때가 되면 본전과 이자가 더욱 많아지는 법이다.

게다가 진나라가 원군을 보내 제나라와 전쟁을 벌이는 것은 남 보기에도 정의로운 일이기에, 지위를 끌어올릴 수 있음은 물론 정의를 수호하는 대국의 이미지를 심어줄 수 있었다. 아울러 군사대국으로서의 지위와 역량을 천하에 과시할 수 있는 기회이기도 했다.

진나라가 제나라와의 전쟁을 결심한 것은 승리의 자신감이 있었기 때문이다. 또한 제나라를 훈계하면서 초나라를 원조하는 것이니 일거양득인 셈이었다. 그러니 원군을 보내지 않을 이유가 있겠는가!

물론 진나라는 초나라에 원군을 파견함으로써 초나라와의 긴장관계를 완화시키려는 의도를 갖고 있었다. 하지만 관계 개선은 화해를 위함도, 더욱이 영원한 우호관계를 다지기 위함도 아니었다. 긴장된 분위기를 누그러뜨리면서 군사력을 쌓아 일거에 초나라를 멸망시키기 위함이었다. 따라서 거시적인 안목에서 볼 때 한 때나 한 가지 일, 한 곳의 성이나 한 곳의 영토의 득실에 지나치게 얽매여서는 안 되었던 것이다.

결론적으로 말하면, 진나라의 천하통일의 꿈은 난제가 많은 꿈이었다. 그러나 진나라는 늘 자신감을 갖고 있었다. 갖가지 수단을 동원하여 난제를 풀어나갔으며, 온갖 지혜를 발휘하여 불리한 요소를 유리한 요소로 돌려놓고 때가 오기를 기다렸다. 설사 기회가 오지 않더라도 조급해하거나 함부로 행동하지 않았다.

그렇다면 경양왕의 통치는 어떠했나?

그는 갑작스럽게 등극했는지라, 자신의 머리에 왕관이 씌워진 게 아직도 낯설었다. 모든 것이 순식간에 이루어져 도저히 믿기지 않았다.

재능도 평범하고 군왕의 자질도 없었으며, 성격도 우유부단한 사람이 돌연 영명한 군왕의 모습으로 조정에서 정사를 보게 되었으니 낯설고 힘들지 않을 수 없었다. 그가 힘든 일에는 나 몰라라 하고 관여하지 않자, 권력은 근상에게 기울어졌다. 그는 선왕이 신임하던 사람인데다 자신이 등극할 수 있었던 것도 그의 영향력이 크게 작용했기 때문에 경양왕은 '은혜는 은혜로 갚아야지. 서로 좋은 게 좋지 않겠어?' 라고 생각하곤 했다. 그렇게 근상에게 정사를 다 넘겨버리고 그는 온종일 주색에 빠져 지냈다. 아리땁고 요염한 여인을 볼 때마다 얼이 빠져 환락만 찾았다. 어린 왕은 나이 든 왕보다 더욱 탐욕스럽고 더욱 부패했으며, 제멋대로에 고집불통이었다.

그는 열흘이나 보름 동안 조정에 나오지 않기도 했다. 대신들은 실망하여 근심걱정에 휩싸였다. 대신들은 일 년 전의 상황을 악몽처럼 떠올렸다. 일찍이 길흉을 점치는 대신인 정첨윤鄭詹尹이, 초나라는 이십 년 후에 액운에서 벗어날 길이 없다고 예언했던 것이다!

초나라의 조정은 갈수록 나빠졌다. 점술가의 예언대로 나라가 망하는 건 아닌가 흉흉한 소문까지 떠돌았다.

사람들이 불안해하는 데에는 전혀 까닭이 없는 것이 아니었다. 새로운 조정의 주요 대신들이 아첨하는 신하들과 환관들로 가득 차 있었던 것이다. 아첨하는 무리들이 정권을 독점하고 환관 무리들은 거리낌 없이 전횡을 저질렀다. 환관은 벼락출세의 지름길이 되었다. 조정의 부패는 도저히 치유할 수 없는 정도에 이르렀고, 조정의 무능은 가소로울 지경에 이르렀다. '내가 능력이 있으니, 마땅히 누리는 것'이라는 풍조가 성행했고, '모난 돌이 정 맞는다'는 분위기가 팽배했다. 음산한 바람이 초나라 곳곳으로 불어닥치고 있었다.

간사한 무리들의 추문은 잇달아 드러났으며, 사람들은 대경실색했다. 조정 대신의 꼬락서니에 굴원은 칼로 에이는 듯 마음이 아프고 비통했다.

그러나 그러한들 무슨 소용이 있겠는가? 음란하고 뻔뻔한 자들은 여전히 부끄러움을 모른 채 낯짝이 두꺼웠다. 정치가 엉망이 되면 반드시 피해를 입는 자가 나오기 마련이다. 가장 심각한 피해를 입은 이들은 나라와 백성을 바로잡아 구제하려는 강직한 선비들이었다. 이들은 정치적 위기에 직면하여 회왕이 다스릴 때보다도 더 큰 압제를 당했다. 경양왕이 집정한 이후, 상황은 더욱 악화되었고 굴원의 처지 또한 날로 궁색해졌다.

굴원의 간언과 경양왕의 분노

겨울이 가고 어느덧 봄이 왔다. 세월은 살같이 흘렀다. 굴원의 액운은 마침내 호전의 기미를 보이기 시작했다. 경양왕이 불현듯 그의 생각이 난 듯 그런 뜻을 비쳤던 것이다. 그러나 원래의 직책을 회복시켜 중용하지는 않았다. 굴원이 '신정新政' 사상을 지니고 있는지 어떤지를 관망하고 있었던 것이다. '신정' 사상이란 원래의 변법을 의미했다. 경양왕은 아직 어린 나이인지라 변법에 대해 전혀 몰랐다. 그러나 그는 굴원이 필적할 이가 없을 정도로 뛰어난 인재라는 사실을 진작 알고 있었다. 만약 자신을 위해 쓰일 수만 있다면, 중흥의 희망은 아직은 남아 있다고 할 수 있으리라.

그는 경결에게 물었다.

"과인의 마음에 걸리는 일이 한 가지 있는데, 아무래도 잘 따져봐야 할 것 같아서 경과 이야기를 나누고 싶소. 그러니 허심탄회하게 말씀해 주시오."

"미천한 신하가 아는 것이라면 솔직하게 말씀드리겠사옵니다."

"과인은 장차 굴원을 조정으로 불러들여 과인을 보좌하도록 하고 싶소. 경은 경험이 풍부하고 또 선왕에게 굴원을 추천한 바 있지요. 굴원과의 관계가 좋다는 증거일 텐데, 그에 대해 과인에게 말해보시오.”

“폐하, 만약 굴원을 등용하여 보좌케 한다면 그것은 모두가 기뻐할 일이며, 신하와 백성의 바람이 실현되는 것입니다. 그의 현명함과 덕망, 재능은 다른 사람과 비교할 수 없습니다. 만약 폐하께서 굴원을 다시 중용하실 생각이시라면 반드시 그의 성격과 정치적 포부를 이해하셔야만 폐하를 위해 충성을 다할 것입니다. 그를 등용하면 나라를 안정시키고 국가를 잘 다스림으로써 초나라를 중원의 우두머리가 되게 하고, 훗날에는 천하를 얻게 될 것입니다.”

그의 이야기에 경양왕은 눈을 동그랗게 뜨고서 감탄했다.

“그렇게 능력 있는 사람을 어찌 쓰지 않을 수 있겠소? 과인은 마침 능력 있는 신하가 없음을 근심하고 있었는데, 주위에 숨은 용이 있는 줄도 모르고 있었구려!”

“하지만, 폐하께서 모르는 것이 있사옵니다. 굴원의 정치사상은 부국강병의 길로서, 오기의 전철을 밟으려 한다는 점입니다. 만약 이 뜻에 맞지 않는다면 등용하기에는 어려움이 뒤따를 것입니다.”

경양왕은 한참 동안 침묵을 지키다가 입을 열었다.

“기왕 그를 불러들여 조정에 복직시키기로 한 바에야, 과인에게도 생각이 있소.”

“저의 직언을 용서하소서! 굴원을 복직시킨다면 반드시 한바탕 풍파가 일어날 것입니다. 폐하께서는 부디 간사한 신하들의 몹쓸 말을 믿지 마십시오. 그들이 굴원을 죽도록 미워하기에 말씀드리는 바입니다.”

“경의 걱정도 일리가 없는 것은 아니지만, 과인 역시 근심이 많구려.”

심사가 무거운 경양왕은 선뜻 결정하지 못했다. 그래서 경결은 일부러 그를 자극하여 말했다.

"폐하께서 이처럼 굴원을 인정하시는 것으로 보아, 대왕께서 현명한 신하를 채용하고자 하는 마음이 얼마나 절실한가를 충분히 알 수 있습니다. 이는 굴원에게도 행운이지만 나라에도 행운입니다! 나라에 명석한 임금이 있으면, 반드시 현명한 재상이 있게 되고, 이렇게 거국적으로 위아래가 협력하여 힘을 다한다면 어찌 중원의 우두머리가 되지 않겠습니까!" 경결은 잠시 멈추었다가 또다시 말을 이었다.

"중원을 얻는 자가 천하를 얻는 것입니다. 다만 좋은 일은 이루기 힘든 법이지요. 옹호하는 이가 있으면 반대하는 이도 있기 마련입니다. 사직의 흥망성쇠는 완전히 마음먹기에 달려 있다고 봅니다. 지금 세상은 옛날 같지 아니하여 인심을 헤아릴 수가 없습니다. 폐하께서 숙원을 실현하고자 하신다면 반드시 먼저 인심을 다스리시는 데 힘을 쏟으셔야 합니다. 그리하면 인심은 마치 물방울들이 강물로 모이듯, 또 여러 강들이 바다로 모이듯 한데 합쳐지게 될 터이니, 대사는 자연스럽게 이루어질 것입니다!"

"경의 말이 참으로 옳소. 한마디 한마디가 정확하고 명쾌하오. 경이 진심으로 뜻을 밝혀주니 깨우치는 바가 많소. 그러나 오늘 우리가 이야기한 내용은 절대 다른 사람에게 전해선 아니 될 것이오!"

이 무렵, 제후 각국은 다투어 국력을 신장시키고 있었다. 특히 진나라는 앞장서서 연횡책을 펼쳐 세력을 확장하고 적국을 약화시키는 공세를 더욱 치열하게 전개했다. 경양왕 6년, 진나라는 대군을 일으켜 한나라를 토벌했다. 진나라는 단숨에 한나라의 이궐(伊闕, 현재 하남성 낙양현 남쪽)을 공격해 들어갔다. 그러나 한나라의 병사는 비록 적었으나 죽기를 각오하고 항복하지 않았다. 한나라 왕이 직접 통솔하여 진나라의 대군과 결전을 벌였다. 백전백패의 상황 속에서도 오히려 소국의 기세는 꺾이지 않았다. 그렇지만 만반의 준비를 갖춘 진나라에 비해 전쟁을 대비하지 못한 한나라는 군수품을 제때 보충하지 못해 끝내 대패를 당하여 이십사만여 명의 병사를 잃었다.

대승을 거둔 진나라는 더욱 의기양양해져서, 초나라와 결전을 벌일 것이라고 큰소리쳤다.

경양왕은 맞서 싸울 생각은 하지 못한 채 대신을 파견해 담판을 짓도록 했다. 먼저 한나라를 쳐서 다른 나라를 경계하도록 하려는 진나라의 계략은 딱 들어맞았다. 진나라는 싸우지 않고서 승리를 거두는 전략을 써먹고 있었던 것이다.

이를 위해 진나라는 거짓으로 초나라와의 연맹을 제안했다. 초나라는 진나라가 저의를 품고 있다는 것을 알았지만 공개적으로 거절할 수는 없었다. 그래서 진나라 왕의 아들을 초나라에 인질로 보내라는 조건을 내걸었다. 진나라가 이랬다저랬다 할까봐 두려웠기 때문이다. 그동안 초나라는 진나라의 변덕으로 인해 크나큰 손실의 고통을 맛보았던 것이다. 그렇지만 인질은 강대국이 약소국에게 행하는 조치이지 어디 약소국이 강대국에게 인질을 요구할 수 있단 말인가? 이치로 보건대 보나마나 진나라의 반대에 부딪힐 것이 뻔했다.

담판은 교착상태에 이르렀다.

진나라의 수석 담판 관리는 범저였다. 그는 언변이 뛰어나고, 지혜와 꾀가 많아서 진나라 소왕이 대단히 신뢰하는 대신이었다. 범저는 진나라 왕에게 계책을 올리며 말했다.

"초나라의 진나라에 대한 불신을 없애기 위해서는 도박을 걸지 않으면 안 됩니다."

"그 말이 무슨 말인가?" 진나라 왕이 물었다.

"설마 태자를 초나라에 인질로 보내야 한다고 생각하는 건 아니겠지요?"

“어찌 감히 그러겠사옵니까?”

“태자를 인질로 보내는 것보다 초나라 왕을 기쁘게 할 만한 좋은 생각이 제게 있습니다. 이 계략을 쓰면 일체의 것들을 폐하께서 좌지우지할 수 있을 것입니다. 그때가 되면 어찌 초나라의 강산을 우리 진나라의 영역에 편입시키지 못할까 근심하겠습니까!”

“경은 그러한 묘책을 왜 진작 과인에게 알려 기쁨을 누리게 하지 않았소.”

“계책은 비록 좋으나…….” 범저는 우물쭈물하며 말했다. “폐하께서 모진 마음을 먹고 결정을 내리실 수 있을까 염려되어서 그랬습니다.”

“초나라를 우리 판도에 편입시킬 수만 있다면, 그 어떤 결정도 과인은 할 수 있소.” 그는 한시도 지체할 수 없다는 듯한 눈빛으로 범저를 바라보며 말했다. 범저는 말을 하려다가 다시 그만두었다. 진나라 왕은 애가 탔다.

“빨리 말을 하지, 무슨 애를 이리 태우는가?”

“이는 곧 폐하께 축하드릴 일이옵니다!”

“어찌해서?”

“공주님을 초나라 왕과 혼인시키시면 됩니다. 초나라 왕이 진나라의 사위가 된다면 어떤 의심도 품지 않을 것입니다. 공주님은 총명한데다 무예 또한 뛰어나고 경국의 미모를 지니고 있으니, 틀림없이 초나라 왕의 총애를 받을 것입니다. 그런 다음에 차차 후궁의 권력을 거머쥐고 나서 조정의 대권을 탈취한다면 초나라의 운명은 폐하의 수중에 있게 될 것입니다. 그때가 되면 폐하께서 초나라 왕을 좌지우지하는 것은 모두 폐하와 공주님의 한마디에 달려 있는 게 아니겠습니까?”

범저의 숨김없는 말을 듣자 소왕은 속으로 매우 기뻤지만, 겉으로 드러내지 않은 채 잠시 침묵에 잠겼다.

"유감스럽게도 경은 과인의 딸이 고작 열여덟 살밖에 되지 않았다는 것을 염두에 두지 않았구려. 딸이 부모의 나라를 떠나 머나먼 이국으로 간다면 과인의 몰인정함을 원망하지 않겠소? 응? 안 되지, 안 되고말고!"

"폐하, 저의 직언을 용서해주십시오. 그토록 공주님에 대한 정이 깊어서야 어찌 일대의 위업을 성취하시고 뛰어난 명성을 후세에 남길 수 있겠습니까? 고인이 이르기를 '얻고자 하면 먼저 주라', '자식을 아껴서는 늑대에게 올가미를 씌울 수 없다'고 했습니다. 하물며 거대한 초나라를 도모하면서 그만한 대가를 치루지 않고서야 되겠습니까?"

범저가 겉으로는 이렇게 말했지만 마음속으로는 소왕의 생각을 잘 알고 있었다. 범저만큼 소왕을 잘 이해하는 신하는 없었다. 그들 사이에는 일찍이 결코 평범하지 않은 사연이 있었던 것이다.

진나라 소왕이 막 제위에 올랐을 때에는 선태후宣太后가 권력을 쥐고 있었다. 그녀의 남동생 양후穰侯는 조정을 장악한 채 권세를 배경으로 기만적인 수법을 써서 대중을 호도했다. 그들의 권력은 소왕의 권력을 훨씬 넘어서 있었다. 군왕의 덕정이 시행되지 못하자, 천하가 혼란스러워지고 크고 작은 관원들이 무리를 지어 악행을 일삼으며 기회를 틈타 나라의 재정을 어렵게 했다.

범저는 위나라 사람이었다. 그는 진나라의 정치가 안정되지 못함을 보고 곧 소왕에게 편지 한 통을 올려 만나줄 것을 요구했다. 그의 편지를 읽은 소왕은 사람을 보내 그를 진나라에 오도록 했다.

소왕은 현인을 구하고자 했던 터라 범저를 보자마자 몹시 기뻐했다. 그는 정중하게 범저에게 말했다.

"과인은 일찍이 그대를 만나 가르침을 청하고 싶었습니다."

소왕의 말을 들은 범저는 그저 "흠! 흠!" 하더니 아무 말이 없었다.

소왕이 다시 말했다. "그대는 나에게 무얼 가르쳐주실 수 있습니까?"

범저는 또다시 "흠! 흠" 하더니 여전히 아무 말도 하지 않았다.

소왕은 이상하게 여겨 다시 물었다. "그대는 나에게 무얼 가르쳐주시겠습니까?"

범저는 여전히 "흠! 흠!" 할 뿐이었다.

범저가 말하고 싶어하지 않자, 소왕은 자신의 예의와 겸양이 부족한 탓이라 여겼다. 그래서 황급히 일어나 바닥에 무릎을 꿇고 연이어 머리를 조아리면서 말했다. "정말로 과인에게 가르침을 주고 싶지 않습니까?"

범저는 소왕이 거만을 피우지 않고 성의를 다하는 모습을 보고서야 만족해하며 말했다.

"소인은 가르쳐주기 싫은 것이 아니라 감히 못하는 것입니다! 소인은 방금 귀국에 와서 처음으로 폐하를 만났습니다. 물속의 깊고 얕음도 모르면서 터무니없이 말하는 것은 옳지 않습니다. 더욱이 제가 폐하께 드리고자 하는 말은 나라의 중대사에 관한 것입니다. 사귄 지 얼마 안 된 사람에게 함부로 어리석게 충고했다가는 목숨을 잃을 정도의 재앙을 초래할 수 있는 법이지요. 이것이 제가 감히 말할 수 없는 이유입니다."

"그대는 그렇게 생각할 필요가 없습니다. 그대가 진나라에 온 것은 진나라의 큰 행운입니다. 과인이 정성을 다하여 그대의 가르침을 받을 수 있다는 것은 복이지요. 하고 싶은 말을 시원하게 해보십시오. 말하지 못할 것은 아무것도 없습니다. 틀린 말을 해도 괜찮습니다. 과인은 절대 죄를 묻지 않을 것입니다."

범저는 비로소 공손하게 예의를 갖추어 말했다.

"귀국은 국토가 넓고 산물이 풍부하며 장군과 병사가 많은지라, 군왕 몇 대에도 실현하지 못했던 중원을 제패하고 천하를 통일하는 대업을 완수할 수 있습니다. 그러나 지금 진나라에는 대단한 기세로 온 세상을 깜짝 놀라게 할 만한 조치가 없습니다. 이것은 무슨 까닭일까요? 소신의 우매한 견해로 보면, 선태후께서 자신의 동생인 양후로 하여금 대권을 장악하도록 조종하고 간사한 여러 대신들과 더불어 사리사욕만을 도모할 뿐 국가의 부강을 도모하지 않으니, 일을 도모하여도 힘을 발휘하지 못하고 군왕을 섬겨도 충성스럽지 않습니다.”

그는 잠시 멈추었다가 입가의 거품을 닦아내며 말했다.

“소신이 위나라에 있을 때 진나라에는 태후, 양후와 경양군涇陽君이 있다는 얘기만 들었을 뿐 소왕이 있다는 얘기는 들어보지 못했습니다. 이로 볼 때 나라의 조정이 어떠한지, 신하의 권력이 군왕보다 얼마나 큰지 상상하기 어렵지 않지요! 이 사람들이 조정의 대권을 독점해 제멋대로 전횡을 일삼고 국법을 업신여겨 백성들을 마음대로 짓밟으니, 나라가 어찌 편안할 날이 있겠습니까? 제가 진정 걱정하는 것은, 장래에 대통을 이어받을 후계자가 대군이 아닐 수도 있다는 것이며 폐하의 옥체 역시 보전하기 어려울 수도 있다는 점입니다.”

소왕은 차라리 듣지 않았으면 모를까, 듣고 나니 두려워서 식은땀이 등줄기를 타고 흘러내렸다. 그는 범저에게 간청했다.

“그대는 나를 꼭 구해주시오. 어떻게 하면 이 위기를 제대로 극복할 수 있겠소?”

범저는 소왕에게 치밀한 대책을 일러주었다. 소왕은 그 대책대로 행했다. 구세력은 뿌리가 깊어 제거하기 어렵고 무너뜨리기가 힘들지만 한 수 위의 지략이라면 여지없이 와해되고 숨은 폐해도 제거할 수 있는 것이다. 이후로 소왕은 왕위를 바로 세우고 조정의 관리들을 엄하게 다스렸다. 정치가 잘 되어가자 인심도 순화되는 등 새로운 변화가 나타났다. 소왕은 범저의 은혜에 감동하여 그를 승상에 봉했다. 또한 그를 생명의 은인으로 여겨 그의 말이라면 무조건 받아들였다. 군신이 한마음

한뜻이 된 것이다.

소왕은 기쁨에 겨워 범저에게 말했다.

"과거에 제나라 환공은 관중을 얻어 동방의 우두머리가 됐지요. 환공은 그 은혜를 고마워하여 관중을 중부仲父라고 불렀지요. 지금 과인은 그대를 얻었고, 그대는 과인을 위해 온갖 폐해를 제거하여 나라를 견고하게 했으니, 과인 역시 그대를 범부范父라고 부르겠소."

"신, 황송하옵니다. 소신을 감히 선현과 비교하시다니요. 관중은 얼마나 현명하고 덕이 많은 재사입니까! 저는 일개 천한 태생에 지나지 않으니 어찌 걸출한 정치가와 함께 논할 수 있겠습니까?"

그는 두 무릎을 꿇고 머리를 조아렸다가 일어나서 이어 말했다.

"폐하께서 소인을 버리지 않으시고 중대한 임무를 맡겨 반생의 유랑 생활을 끝나게 해주신 은혜가 산만큼 무거우니, 소신은 심혈을 기울이고 전력을 다해 소신을 알아주신 은혜에 보답하고자 할 따름입니다!"

"겸손해할 것 없소. 현명하고 덕스러운 선현 역시 사람이 만들어낸 것이오. '장강의 물결은 앞 물결을 밀면서 흘러가고, 오늘날의 사람이 옛사람보다 낫다'는 말이 있지 않소! 과인이 그대를 관중과 비교하는 데에는 까닭이 있습니다. 관중이 있으려면 먼저 제나라 환공 같은 이가 있어야 하지요. 이것은 과인 스스로 환공과 같은 사람이 되고자 하는 것이 아니겠소? 앞선 스승들을 모범으로 삼아 스스로를 격려하고 그 스승들을 거울삼아 뒤를 따르게 되면 그 영광이 막대하지요. 이와 같이 행한다면 어찌 우리 진나라가 머잖아 번창하지 못할까 근심하겠습니까!"

"폐하의 말씀이 지극히 옳습니다. 미천한 신하, 폐하의 말씀을 마음속 깊이 새기겠습니다. 청렴결백하게 자신을 단속하고 솔선수범하여 진나라가 온 천하에 우뚝 설 수 있도록 죽을 때까지 온 힘을 다하겠사옵니다."

소왕은 범부의 계획대로 시행하여 마침내 원하는 바를 이루게 되었다. 초나라라는 큰 물고기를 낚기 위해서 긴 낚싯줄과 미끼를 던져놓은 소왕은 자못 기쁨을 이길 수 없었다.

범저와 초나라 사자인 경리는 각자 외교공문에 서명을 하고 합환주를 마셨다.

경리는 담판에서 승리를 거뒀다고 여기고 미친 듯이 기뻐하면서 초나라로 돌아왔다. 그는 진나라와 원만하게 담판을 지었을 뿐만 아니라 경양왕을 위해 한 마리 봉황을 이끌고 돌아왔다고 생각했다. '경양왕은 분명히 나에게 감격할 것이다. 나중에 무슨 일이 있으면, 그가 내 뜻을 받아들이지 않을까 두려워할 일이 없을 것이다. 사람이 좋은 일을 만나게 되면 정신이 상쾌해지고 모든 일이 순풍에 돛 단 듯이 순조로워지는 법이다.' 눈 깜짝할 사이에 그는 초나라 수도인 영에 도착했다.

경양왕이 장차 진나라 소왕의 사위가 된다는 소식은 온 도성에 널리 퍼졌고, 이에 대한 의론이 분분했다. 날마다 거리와 골목에서는 이 이야기로 와글와글 시끄러웠다. 이 소식은 굴원의 귀에까지 들어가게 되었는데, 그는 갑자기 정색을 하면서 화를 냈다.

어느 날, 아침 조회가 끝나고 모든 문무백관들은 자신의 직무를 찾아 흩어졌는데, 굴원만은 무거운 마음으로 궁 밖을 거닐면서 오래도록 떠나지 않았다. 경양왕을 만나 이야기를 나누고 싶었기 때문이다. 그는 비록 아직 원직에 정식으로 복직하지 않았지만 녹봉을 받고 있는 몸으로서 하루라도 군왕의 안위를 걱정하지 않을 수 없었던 것이다. 그는 새 군왕의 처지를 생각하면 마음속에 쌓이고 쌓인 원망이 병이 될 지경이었다. 그는 하루라도 빨리 군왕을 만나 자신의 심정을 토로해야겠다고 생각했다. 이 일로 혹시 경양왕에게 죄를 지을 수도 있음을 잘 알고 있었지만, 초나라의 강산과 민생을 위해서라면 목숨을 잃는다 해도 간언을 해야만 했다.

굴원이 뵙기를 청한다는 말을 전해들은 경양왕은 그가 무슨 일 때문에 찾아온 것인지 짐작하고 있었기에 그를 만나지 않기로 했다. 그래서 신하를 불러 몸이 불편하여 만나기 힘들다고 전하라 했다. 굴원은 어쩔 수 없이 궁궐을 떠났다.

집에 돌아온 후, 굴원은 마음이 매우 불안했다. 그는 줄곧 이 혼인은 절대로 이루어져서는 안 되는 것이라고 생각했다.

사흘 후, 굴원은 다시 궁궐로 들어가 폐하를 만나지 않고서는 돌아가지 않겠다면서 알현을 청했다.

경양왕은 그가 급한 일로 간절하게 뵙기를 요청하니 거절할 수가 없었다. 어쨌든 그 역시 오랜 신하인데, 문밖에서 거절하여 주위사람들을 실망하게 한다면 앞으로 누가 감히 나에게 말하는 일이 있겠는가? 경양왕은 거듭 생각하고는 도대체 무슨 일인지 굴원을 만나보기로 했다. '만약 내 뜻과 같다면 다행이고, 같지 않다면 그를 깨우쳐주리라.' 그리하여 그는 굴원에게 말을 전하라 일렀다.

"굴원에게 궁에 들라 하라!"

굴원은 의관을 단정히 하고 옷의 먼지를 털어낸 다음, 두 손으로 두루마기 옷자락을 걷어올린 채 급히 궁 안으로 걸어 들어갔다. 굴원은 처음으로 군왕과 마주하여 이야기를 하는 것이었다. 게다가 이번 일은 중대하고 긴박한데다 대왕과 관련된 일인지라 조금은 떨리기까지 했다. 조심스럽게 대왕의 면전에 나아가 아직 대왕에게 예의를 갖추지도 않았는데, 대왕이 먼저 입을 열었다.

"그대가 거듭 과인을 만나려 했다던데 무슨 급한 일이 있는가? 자질구레하고 장황하게 말하지 말고 간단하게 말하라."

"폐하, 심중의 일은 소의 터럭처럼 많지만 오늘은 단 두 가지 일만 아뢰겠습니다. 첫 번째는 제나라와의 관계를 끊고 진나라와 연합하는 문제입니다. 이 문제는 오래된 것이지요. 선왕께서 재위하실 당시부터 여러 차례 간언했었고, 외교사절로 제나라에도 갔었습니다. 양국의 관계는 연합과 단절을 반복하며 수시로 변했습니다. 역사의 경험이 우리에게 알려주듯이, 초나라는 제나라와 단절되면 나라가 평온할 날이 없었고, 초나라가 제나라와 연합하면 나라가 태평했습니다. 제나라와 단절하고 진나라와 연합한다면 머지않아 또다시 전쟁이 일어날 것이고 천하는 매우 혼란스러워질 것입니다. 그렇게 되면 초나라는 반드시 전쟁으로 인해 위험에 처하게 될 것입니다. 그러하오니 신 굴원은 내리셨던 명령을 거두시고 진나라와 연합하지 않기를 청하옵니다. 확고한 승리를 거둘 때까지 진나라와 맞서 싸워야 합니다."

굴원은 당당하고 차분하게 말하는 데에만 집중한 나머지 경양왕의 태도가 어떠한지는 살필 겨를이 없었다. 그가 가장 심각하게 생각하는 것은 합종의 문제였고, 이전의 일들이 마치 어제 일인 양 새로웠기 때문이었다. 그는 감개무량하여 말했다.

"초나라와 진나라가 혼인으로 연합하려 하는 것은 범저의 음모라고 저는 장담할 수 있습니다. 이자는 계략이 뛰어나고 유세를 직업으로 삼은 달변가로서 장의와 한통속이라 할 수 있습니다. 폐하께서는 이 일을 부디 신중하게 처리하여주옵소서."

그는 잠시 숨을 고른 후 이어 말했다.

"범저란 인물에 대해서는 제가 잘 알고 있사옵니다. 그는 재앙을 불러올 인물로서, 늘 꿍꿍이로 세상을 어지럽히고 세 치 혀를 잘 놀려 허황된 말을 하는 데 능합니다. 이런 자는 매우 위험합니다. '환심을 사려고 아첨하는 교묘한 말과 보기 좋게 꾸미는 얼굴빛은 어질지 못하다'고 공자님께서도 가르치지 않으셨습니까? 그자는 소왕의 비위를 맞추기 위해 미인계를 쓰고 있습니다. 미인계는 진나라의 상투적인 계략입니다. 비록 진부한 방법이긴 하지만 효과는 틀림없지요. 미인계로 인해 우리나라가 입은 폐해는 결코 적지 않으니, 다시는 이 낡은 수법에 넘어가서는 안 됩니다. 절대로 초나라를 멸망시키려는 계략에 말려들어서는 안 되옵니다. 범저가 공주와의 혼인을 성사시키려는 것은 이를 통해 우리나라의 기밀을 훔쳐내고, 이를 이용해 기회를 기다렸다가 안팎에서 서로 호응하여 초나라를 거저 집어삼키려는 계략입니다. 폐하께서는 절대로 이 혼인을 승낙하셔서는 안 되며 진나라 왕의 함정에 빠져서도 안 됩니다. 모략과 음모를 꾸미기 좋아하는 자들에게는 정면에서 통렬하게 맞받아쳐야 합니다. 만신창이가 되어 자신들의 음험한 수법이 드러나도록 해야만, 우리는 확고한 기초 위에서 합종국의 주인 역할을 맡을 수 있고, 그래야만 비로소 전력을 다해 연횡을 억제하여 패권을 잡으려는 진나라 왕의 야심에 타격을 입힐 수 있을 것입니다. 이렇게 해야 천하가 태평할 수 있습니다.”

경양왕은 평소의 유약하고 무능한 모습과는 달리 위엄 있게 자신만만하게 말했다.

“그대는 조정의 관원이 된 이래 대신들과 화목하지 않았소. 그 이유는 그대가 늘 스스로 옳다고 여겨 자신의 본분 밖의 일들에 대해 재잘재잘 쉴 새 없이 지껄이는 것을 좋아했기 때문이오. 그대가 응당 말하지 않아야 할 것도 그대는 말하고자 하고, 상관할 바가 아닌 것도 끼어들어 상관했던 것이오. 그렇기 때문에 동료들과 함께 일할 수 없고 사소한 일로 조정 안팎을 불편하게 만든 것 아니겠소? 예를 들면, 그대는 과인의 혼사에 이토록 깊이 관여하려 하는데 이 일이 그대가 관여할 만한 일이오? 그대는 스스로 매우 고명하다 여겨, 그대만 한 통찰력을 가진 이도 없고 그대만큼 나라를 사랑하고 군왕에게 충성하는 이가 없다고 여기고 있는 듯하오. 이는 바로 그대의 성격이 너무 강하고, 그대가 어느 일이나 자신이 중심이 되어야 한다고 여기는 것으로밖에 비치지 않소. 오직 그대의 생각만이 정확하고 다른 사람은 다 부정확하며 바보, 용렬한 자, 아첨쟁이로 그대의 총명함과 충성스러움에 미치지 못한다고 여기고 있지 않은가?”

경양왕은 침울한 표정으로 호되게 굴원을 질책했다. 그는 굴원이 제기한 문제에 대해 정면으로 대답하지 않고, 군왕의 위엄에 기대어 굴원을 몰아세우고 있었다. 굴원은 그저 묵묵히 머리를 수그린 채 한바탕 훈계를 듣고 있었다.

굴원은 군왕에게 충성하는 마음으로 간언을 했건만 오히려 사서 고생한 꼴이 되었다. 그러나 그는 조금도 개의치 않았다. 그는 이 일에 대해서만은 직언하지 않으면 안 된다고 마음을 굳게 먹고 있었다. ‘진나라 왕의 사위가 되려는 생각을 버리게 하지 않으면 안 된다! 비록 이 몸이 희생되는 한이 있더라도 간언을 해야 한다! 나라를 위한 충신의 길로 나아간다면 죽어도 결코 헛되지 않으리라.’

하지만 젊고 혈기왕성한 경양왕이 어찌 굴원의 간언을 받아들일 수 있겠는가! 게다가 그의 주변에는 군왕의 노리개를 끊임없이 대주는 신하들이 얼마나 많은가! 젊은 경양왕은 이미 스스로를 억제할 수 없는 상황이었던 것이다.

특히 제국의 부마를 생각한다면 그 얼마나 영예로운 것인가! 선녀같이 아름다운 공주를 손쉽게 아내로 맞이할 수 있을 뿐 아니라 대단한 후원자를 얻을 수 있으니, 어찌 기쁘지 않겠는가! 경양왕은 생각하면 할수록 흐뭇하여 급히 근상을 불러오도록 하여 물었다.

“경, 신부를 맞이하는 일은 어떻게 진행되고 있소?”

“폐하, 미천한 신하는 감히 태만할 수 없어서 매우 긴급하게 처리하고 있고, 현재 모든 일이 진척되기 시작했으니 혼인 날짜만 기다렸다가 신부를 맞이하여 혼사를 마치기만 하시면 됩니다. 감히 단언하건대, 혼인을 통한 친밀한 관계의 모범이 되기도 할 것입니다. 폐하께 축하드립니다. 폐하의 복은 또한 신하의 복이기도 하지요. 나라의 평안은 모두가 원하는 바입니다.”

근상의 아첨에 경양왕의 마음은 꿀물을 마신 양 달콤하게 녹아들었다. 경양왕은 희색이 만면하여 말했다.

“이 일은 바로 현명한 경의 충성 덕분이오. 혼인이 끝난 후에 과인이 상을 내리겠소.”

“폐하께서 특별히 관심을 가져주시니 황공하옵니다. 그러나 조그마한 일로 어찌 감히 지나친 바람을 갖겠습니다. 신하된 도리로서 폐하를 위해 마땅히 전력을 다했을 뿐인데, 어찌 상을 받고자 하겠습니까!”

근상은 입에 발린 말로 아첨했다. 생기가 흘러넘치고 기분이 좋은 경양왕을 보자, 그는 잠시 이맛살을 모으더니 한 가지 잔꾀를 생각해냈다.

“미천한 신에게 한 가지 일이 있사온데, 지금 대왕께 아뢰어야 할지 어떨지 모르겠사옵니다.”

“일이 있으면 무엇이든 말하시오. 과인은 경의 이야기를 듣고 싶소. 경의 말은 마치 아름답고 감동적인 한 곡의 노래처럼 들리오.”

근상은 충성스런 신하가 은총을 입어 화들짝 놀란 양 경양왕에게 말했다. “아무래도 지금은 말하지 않는 게 좋겠습니다. 폐하의 기쁨이 가시지 않도록 말입니다.” 근상은 주저하면서 눈을 가늘게 뜬 채 경양왕을 훔쳐보았다.

“무슨 흥이 가신단 말이오? 괜찮소! 얼마든지 말하시오.” 오늘따라 경양왕은 유난히 활달하고 도량이 넓어 보였다.

“다른 이들이 소신 근상이 삼려대부와 화목하지 못하여 폐하 면전에서 이것저것 떠벌려 군신관계를 해친다고들 말합니다. 신이 차마 말하지 못하는 것은 혹여 이런 의심을 받을까 싶어서입니다."

"굴원의 이야기를 하는 거요? 과인은 이해할 수 있소. 그러나 혐의를 피하기 위해서 진실이나 사실을 말하지 못해서는 안 되오. 만일 그렇다면 이는 군주를 기만하는 죄가 아니오?"

"신의 죄는 죽어 마땅합니다. 신하는 군주를 속여서는 안 되지요! 신 역시 감히 군주를 속일 수 없습니다!"

"그대가 망설이며 말하고 싶지 않은 마음을 과인은 알고 있소. 굴원은 과인의 혼사에 대해서 적극적으로 반대하고 있소. 혹시 그가 밖에서 헛소문을 퍼뜨리며 대중들을 미혹하고 있소?"

"굴원 이자는 정말 그렇습니다. 그가 작은 일까지 관여하기를 좋아한다고 비판하신 폐하의 판단은 매우 정확하십니다. 자신의 버릇은 어째서 조금도 고치지 않은 채, 아니 오히려 더욱 심해져서 이제는 폐하의 혼사까지 관여하려 합니다. 정말 분수를 알지 못하는 자입니다."

"굴원이야 경이 가장 잘 알고 있지 않소! 두 사람은 오랜 동료인데다 오랫동안 군왕을 섬기면서 서로의 성격과 취미, 인간성까지 다 잘 알고 있으니 말이오. 신경쓰지 말고 사실대로 말해보시오."

"네! 소신, 분부대로 따르겠습니다!" 근상은 음흉한 눈을 깜박거리면서 조심스럽게 입을 열었다.

"신은 한마디도 감히 숨기거나 속이지 않고 말씀드리겠습니다. 사실대로 말하면, 굴원은 군왕이 어리석으며 여색을 좋아한다고 비방하고 있습니다. 아비를 죽인 복수를 갚기는커녕 원수를 아비로 섬기고 원수의 사위가 되려 하니, 세상에 이런 아둔한 군주가 어디 있냐고……."

"됐소!" 경양왕은 노기충천하여 근상의 말을 끊었다. "더 이상 말하지 마오!" 두 손으로 아래턱을 받쳐든 경양왕의 눈에서 불꽃이 일어났다.

'내가 그토록 자신을 중시하여 복직시키려 하고 있는데, 호의도 모르고 비판도 받아들이지 않고, 자기의 고집만 내세우고 있지 않은가. 나에게 말대꾸하여도 용서했거늘, 나 없는 곳에서 이처럼 제멋대로 비방하고 다니다니, 이것이 군신 간의 예의란 말인가?' 이렇게 생각하자, 경양왕은 원망과 분노가 한꺼번에 폭발했다.

"미치지 않고서야 어찌! 감히 과인을 비방하고 다니다니 이래서야 되겠는가!"

근상은 굴원에 대한 경양왕의 증오가 극에 이른 것을 보았다. 그것은 그가 바라고 바라던 일이었다. 쇠뿔을 단김에 빼듯 그는 경양왕의 분노 섞인 한탄에 얼른 맞장구를 쳤다.

"신이 말씀드린 바가 만약 한 치라도 사실이 아니라면 폐하를 속인 것이니, 구족을 멸하신다고 해도 조금도 원망하지 않겠습니다!"

"군왕을 경멸하고 공격했으니, 어떤 죄를 물어야 마땅하겠는가?"

경양왕은 잘 알고 있으면서 일부러 물어보았다. 근상의 생각이 어떠한지를 묻고 싶었던 것이다.

"죽어 마땅한 죄입니다!" 근상은 단호하게 대답했다. "이렇게 미친 자를 죽이지 않는다면, 백성들의 분노가 심해질 것입니다!"

근상이 굴원을 죽이려고 음모를 꾸며온 지는 오래된 일이었다. 굴원이 죽지 않으면 근상이 권력을 마음대로 휘두르기가 편치 않았기 때문이다. 그는 항상 굴원이 재기할까봐 두려워했다. 그가 어찌 자신의 재능과 덕스러움이 굴원에 미치지 못한다는 것을 모르겠는가? 굴원이 살아 있는 한 근상은 패배할 수밖에 없었다. 그래서 훗날의 화를 피하기 위해서 경양왕의 손을 빌려 굴원을 죽여야만 했다.

경양왕의 머릿속은 이런저런 생각들로 매우 복잡했다. '굴원을 죽이자니, 그는 먼 혈족이다. 재능과 사상으로 본다면 초나라에는 그와 맞먹을 사람이 없고, 학문과 인품은 초나라뿐만 아니라 여러 제후국에서도 그를 따를 자가 없다. 그는 세상 사람들이 모두 인정하는 기재이다. 이런 인재를 죽인다면 하늘도 가만 있지 않을 것이다. 만약 굴원을 죽여 하늘과 사람의 공분을 사게 되면 문제가 심각해질 수 있으리라. 가볍게는 사태를 수습할 수 없을 것이고, 심하면 하늘의 재앙을 받을지도 모른다. 하지만 그를 놔두자니 근상을 비롯한 중신들이 가만 있지 않을 것이고 격노한 그들 역시 대처하기가 쉽지 않을 것이다. 조정의 대권은 모두 그들의 손에 장악되어 있고 신하들은 과인보다 근상을 더욱 존경하고 있지 않은가! 근상이 분란을 부추긴다는 사실을 내 어찌 모르겠는가?'

'내 머리가 이렇게 복잡한 것도 모르고 굴원은 분수를 지키지 않고 쓸데없이 나의 일에 참견해 간언을 해대니 답답하기만 하도다. 이번에 너그러이 용서해줘도 이쯤해서 그만두지는 않을 것이다. 솔직히 말해 사직의 안위를 고려한다면 그의 말이 백번 지당한 말일 수도 있다. 이렇게 항상 두 당파가 대립돼 있으니 조정과 재야가 안정이 안 되고 시끄러운 것이다. 다른 신하들의 말에 따르면, 그는 윗사람을 억누르려 하고 아랫사람을 멸시하며 당면한 사정을 고려하지 않은 채 따지기를 좋아하여 융통성이 없다고 한다. 어떤 중신들은 그가 무서워 아예 함께 일하려고 하지 않는다.'

경양왕은 진퇴양난이라는 생각이 들었다. 바로 그때 근상이 입을 열었다.

"현명하신 폐하! 굴원을 제거하는 것은 하늘의 뜻이며 사람들의 바람입니다. 만일 간신 굴원을 죽인다는 소식을 들으면 조정과 재야 가릴 것 없이 모두들 기뻐할 것입니다. 심지어 어떤 이들은 '현명하신 대왕, 만세! 만세! 만만세!' 라고 외칠 것입니다. 폐하, 더 이상 무엇을 망설이고 계십니까? 어서 참수의 칙령을 내려주십시오!"

경양왕은 제위에 오른 지 사 년 동안 닭 한 마리도 죽여본 적이 없었다. 하물며 어찌 대신을 죽인단 말인가. 두려움이 일기 시작한 그의 이마에는 구슬 같은 땀방울이 송글송글 맺혔다. 그는 입술을 달싹거리기만 했다. 그가 막 분부를 내리려 할 때 갑자기 거대한 소리가 울렸다. 그가 깜짝 놀라 온몸을 떨며 고개를 들어 보니 맑은 하늘이 갑자기 흙먼지로 뿌옇게 덮이면서 불꽃이 번쩍였다. 또 한 번 번개가 치더니 그의 머리 위로 천둥이 내리쳤다. 그는 무서움을 견디지 못해 재빨리 탁자 밑으로 들어가 몸을 숨긴 채 숨조차 크게 쉬지 못했다. 근상은 더욱더 대경실색하여 이리저리 도망할 곳을 찾아다니다가 제의용 솥 밑으로 숨어들어가 자라목을 한 채 나오려 하지 않았다. 끊임없이 울리는 천둥소리와 사방에서 번쩍이는 번개를 그들이 두려워하는 것은 당연했다. 경양왕은 전전긍긍하며 하늘에 기도를 했다.

"하늘이시여, 화를 멈추소서. 굴원을 죽이지 않겠습니다!"

이렇게 말을 하고 나자 천둥과 번개가 즉시 사라지고, 구름과 안개가 흩어지더니 맑은 하늘과 밝은 태양이 전과 다름이 없었다. 경양왕은 기이한 현상에 경악을 금치 못했을 뿐만 아니라 한참 동안 진정을 할 수가 없었다. 마치 한바탕 악몽을 꾼 것만 같았다.

"이봐요, 상관대부, 아직까지 바닥에 엎드려 무엇을 하고 있소? 어서 일어나오. 하늘이 살려주신 은혜에 감사해야지!" 경양왕은 용포 위의 먼지를 털어내며 말했다.

근상은 하늘을 등지고 있어서 햇빛을 볼 수 없었기에 놀라 두려워 떨며 감히 나오지 못했다.

"어서 나오시오!"

"신은 감히 나가지 못하겠사옵니다!"

"하늘도 맑게 개이고 천둥소리도 그쳤는데 무엇이 무섭단 말이오?"

경양왕은 자기도 모르게 어렸을 때 할머니가 하신 말씀이 떠올랐다.

"양심에 부끄러운 일을 한 사람은 항상 천둥소리를 무서워한단다."

'할머니의 말씀이 딱 들어맞는구나. 근상이 저토록 무서워하는 것도 당연하지. 굴원이 억울하게 죽을까봐 하늘이 크게 진노했던 게야.'

근상은 주춤주춤 솥 아래에서 기어나와 비단 옷에 묻은 먼지를 털어 냈다. 그는 바깥의 푸른 하늘을 주시하더니 깊이 느낀 바가 있는 듯 입을 열었다. "소신, 다시는 감히 함부로 입을 놀리지 않겠사옵니다."

"상관대부, 그대는 하늘의 뜻을 이루는 일이라고 과인을 속였소. 이것이 하늘의 뜻을 이루는 것이오? 물론 경을 책망하지는 않겠소. 과인 역시 책임이 있으니 경에게 책임을 묻지는 않겠소. 하지만 상관대부 역시 이번 일을 교훈으로 삼기를 바라오!"

"소신, 귀한 교훈으로 삼겠습니다!"

"굴원이 죽을죄는 없다 하나 죄는 피할 수 없는 일! 그대는 명령을 받아 굴원을 멱라강의 수자리로 보내고, 과인의 명령 없이는 도성으로 돌아오지 못하도록 하라!"

"명령을 받들겠습니다!"

"아울러 그에게 백마 한 필과 시종 한 명을 하사하고, 봉록은 삭감하지 말 것이며, 그의 식구들에게는 해가 미치지 않도록 하라."

유배길에 오른 굴원

굴원은 경양왕에게 진나라 왕의 사위가 되지 말라고 힘써 간했으나 끝내 통렬한 비난을 당하고 말자 근심이 태산 같았다. 그가 걱정한 것은 자신의 안위가 아니었다. 그는 초나라의 산하가 진나라에 복속될까 두려웠다.

이 무렵, 진나라는 무력으로 전쟁을 일삼으면서도 얄팍한 술수로 야심을 감추었다. 어리석은 경양왕은 천하의 정세를 파악하지 못한 채, 그저 향락을 추구하면서 주색에 빠져 지냈다. 근심으로 애가 타서 밤이 깊도록 잠들지 못한 굴원은 자주 뜬눈으로 밤을 새곤 했다.

그는 습관처럼 새벽에 일찍 일어나 뒷동산에서 무술로 몸을 단련했다. 오랫동안 쌓은 훈련 덕분에 그의 검술은 무시무시한 야수를 만난다 하더라도 겁내지 않게 되었다. 그는 번쩍이는 칼날을 사랑스럽게 쓰다듬고서 칼집에 넣은 뒤 허리에 차고 천천히 집으로 돌아왔다.

아침을 먹은 뒤 아내는 두루마기 옷을 그에게 입혀주었다. 그런데 학당으로 가려고 문을 나서는 순간 송옥이 헐레벌떡 뛰어왔다. 가쁜 숨을 몰아쉬는 그의 표정이 여느 때와는 달라 보였다. 굴원은 걱정스러운 표정을 지으면서 물었다.

"송옥, 무슨 일이냐? 학당에 무슨 일이 일어났느냐?"

"스승님, 큰일 났어요. 조정에서 학당에 사람을 보냈는데……."

굴원은 이 말을 듣자마자 짐작되는 바가 있었다. 갑자기 머리가 어지럽고 하늘이 빙글빙글 돌았다. 그는 비틀거리며 하마터면 넘어질 뻔했다. 송옥이 황급히 그를 부축하며 말했다.

"스승님, 오늘은 학당에 가지 마십시오. 제가 부축해드릴 테니 집에서 쉬십시오. 제자들은 스승님을 탓하지 않을 것입니다."

"아니다. 학당에 가야겠다. 자네들을 내버려둘 수는 없지. 큰일은 피할 수도 없거니와 두려워해도 벗어날 수 없으니, 담담하게 대할 수밖에 없다."

"조정에서 신하가 성지를 가지고 왔습니다. 그가 지금 학당에서 스승님을 기다리고 있으니, 절대로 가셔서는 안 됩니다. 일단 먼저 피하시지요!"

"조정의 명령을 내가 어찌 피할 수 있겠느냐? 성지를 따르지 않으면 죄가 하나 더 추가될 뿐이다."

굴원은 정신이 번쩍 들었다. 조정의 간신들이 언젠가는 악랄한 수법을 쓰리라는 것을 짐작하고 있던 터였다. 현기증이 가시자, 그는 차분한 모습으로 태연하게 학당으로 걸어갔다.

검은 모자를 쓴 관원들은 양쪽에 나열해 있었다. 그들은 마치 적을 맞이하듯 굴원을 사납게 노려보았다 윗자리에는 흠차대신 한 명이 서 있다가 굴원을 보자 지체 없이 말했다

"굴원은 성지를 받으라!"

"신, 성지를 받사옵니다!"

"굴원을 멱라의 수자리로 유배하노라!"

궁벽한 곳으로 귀양을 간다 해도 굴원은 두렵지 않았고 떠난다고 해도 아무런 미련이 없었다. 다만 그가 마음을 놓지 못하는 것은 그가 직접 길러낸 제자들 때문이었다. 그들은 아직 마치지 못한 공부를 계속해야 했다. 굴원은 그들이 마치 둥지 속에서 어미가 먹이를 먹여주기를 기다리는 어린 새처럼 느껴졌다. 그는 참담하기 그지없었다.

그는 제자들과 조석으로 함께하면서 수족과 같은 정을 느꼈으며, 사제의 의리는 마치 부자관계와 같았다. 제자들 중에는 품행과 학식이 모두 뛰어나 훗날 나라의 대들보가 될 자질을 지닌 이들이 많았다. 굴원이 유배를 떠난다는 소식에 그들은 모두 슬픔을 감추지 못했다.

굴원은 별일 아니라는 듯이 그들의 머리를 쓰다듬으며 말했다.

"눈물을 흘리거나 슬퍼하지 말아라. 어서 자리로 돌아가거라. 오늘이 자네들과는 마지막 자리가 되겠구나."

"스승님, 스승님의 호의에 감사드리지만, 저희들은 지금 학문을 연마할 때가 아닙니다. 나라가 위급하고 스승님이 억울하게 귀양을 가시는데, 학문을 연마할 정신이 어디 있겠습니까? 저희는 스승님과 함께 가겠습니다. 스승님이 가시는 곳이라면 어디든지 따라가겠습니다. 비록 재주 용렬하지만 제 몸만 생각하지는 않습니다. 영원히 스승님을 좇아 노력하겠습니다." 송옥이 눈물을 흘리면서 말했다.

"스승님의 학문, 도덕, 문장은 최고입니다. 스승님의 사상은 시대를 초월한 가장 진보적인 사상입니다. 스승님 같은 분을 만난 것은 저희들의 행운인데, 어찌 스승님을 따르지 않을 수 있겠습니까! 스승님, 스승님 곁에 있도록 허락해주십시오. 어떻게든 도와드릴 수 있을 것입니다. 어쨌든 혼자서 귀양살이하시는 것보다야 낫지 않겠습니까? 혼자 그 먼 곳으로 가시면, 저희가 어떻게 마음을 놓을 수 있겠습니까?" 제자들은 서로 약속이나 한 듯 말했다.

굴원은 마음속의 고통을 참으면서 차분히 입을 열었다.

"자네들은 나이가 어리고 전도가 양양하다. 나는 조정의 죄인인데 어찌 자네들을 데리고 갈 수 있겠느냐? 내가 떠나도 자네들은 정신 바짝 차리고 학업을 연마해야 한다. 자네들은 초나라의 희망이며 나라의 대들보이니, 나라의 미래가 자네들의 어깨에 달려 있다."

굴원은 잠시 숨을 고른 후 이어 말했다.

"초나라 조정은 간신이 난립하고 사악한 기운이 정의로운 기운을 누르고 있으니 사직이 어지러워질 것임에 틀림없다. 어리석은 군주와 요망한 신하가 나를 내쫓는 것은 필연적이다. 누가 내게 남들은 모두 취했는데 나만 홀로 깨어 있도록 만들었는가? 조정에서 쫓겨나도 후회는 없다. 앞으로 자네들이 내 뜻을 힘써 실현하여 초나라를 중흥시킨다면, 나는 구천에 가서도 기쁘게 눈을 감을 수 있을 것이다."

"저희들에 대한 스승님의 기대가 너무 높습니다. 사직을 보존하는 것은 스승님의 빛나는 사상이니, 저희들은 도저히 따를 수 없을 것입니다. 하지만 스승님의 가르침은 절대 잊지 않겠습니다. 스승님의 뜻을 따르다가 죽어도 후회하지 않을 것입니다." 굴력이 맹세를 다짐하며 말했다.

"어젯밤에 내가 젊어서 썼던 「귤송」을 다시 고쳐 「신귤송」이라고 이름을 지었는데, 이것을 자네들에게 기념으로 남겨주겠다."

"스승님께서 지으신 「귤송」을 읽어본 적이 있는데, 정말로 후세에 길이 남을 걸출한 작품이십니다. 스승님이 스스로를 돌아보시면서 했던 세상에 대한 선언이지요. 스승님은 말씀하신 바대로 행하셨고, 스스로의 약속을 실천하셨습니다. 의심할 여지 없이 스승님은 모범을 보임으로써 막대한 영향력을 발휘하셨습니다. 이는 스승님의 영광이며 저희들의 긍지입니다." 제자들은 자랑스럽게 말했다.

"좋다. 너희들이 「귤송」을 그토록 좋아한다면 가져가거라. 자네들은 인간으로서 늘 고귀한 정신을 가져야 함을 명심해야 한다. 그럭저럭 구차하게 살거나 우물 안 개구리가 되어서는 안 된다. 만약 그렇게 되면 관리가 되더라도 큰 뜻을 품지 못한 탐관이 되어 세상 사람들에게 조롱받고 조상을 욕보이는 사람이 될 것이다."

「신귤송」의 내용은 다음과 같았다.

아! 포부를 지닌 젊은이여, 그대는 뭇사람들과 다르구나!

지향하는 바가 명확하며, 눈빛은 원대하고 무궁하도다!

啊, 有抱負的靑年人, 爾與衆不同.

志向明確, 目光遠大無窮!

그대는 도량이 넓고, 기개 또한 드높구나!

그대는 구습에 얽매이려 하지 않고, 곤궁해지는 것도 두려워하지 않는구나!

그대는 적극 향상하고자 하고, 영웅들을 힘써 따르려는구나!

그대의 무한한 충성심은, 태양보다 더 붉도다!

나는 그대와 손을 잡고 함께 나아가리니,

새로운 높은 곳을 향하여 나아가자!

불요불굴의 정신으로, 진리를 위해 투쟁하며,

목숨을 아까워하지 말자!

爾胸襟開闊, 氣度那麼恢宏!

爾不甘願守舊, 更不願受窮.

爾積極向上, 努力學習英雄.

爾赤膽忠心, 心比太陽還紅.

我與爾麼手拉進, 走向一個新的高度.

不屈不撓, 爲眞理而鬪爭,

不惜頭顱!

송옥은 「신귤송」을 낭독한 후 말했다.

"이 작품의 내용은 더욱 풍부하고 사상성도 더욱 높습니다. 「신귤송」의 정신은 바로 스승님의 사상입니다. 우리뿐만 아니라 후인들에게도 격려가 될 불후의 명작입니다. 스승님의 글을 읽는 것은 마치 맛있는 요리를 먹어 배고픔도 해결하고 몸도 보양하는 것처럼 많은 도움이 됩니다."

관원들이 굴원을 재촉하자, 제자들은 굴원을 돌아보면서 이별의 정을 차마 떨치지 못한 채 비통의 눈물을 뿌렸다.

굴원은 비틀거리며 집으로 돌아왔다. 상심한 그는 낮은 목소리로 아내에게 입을 열었다.

"부인, 내가 부인에게 몹쓸 짓을 하는구려."

그는 아내를 바라보면서 목이 메어 더 이상 말이 나오지 않았다. 아내인 전씨田氏는 총명한 여인이었다. 그녀는 평소와 다른 남편의 태도를 보고는 깜짝 놀랐다. 심상치 않은 남편의 모습에 그녀 역시 눈물을 주르륵 흘리면서 말을 꺼내지 못했다.

굴원은 눈길을 거두고서 묵묵히 몸을 돌려 방 안을 서성거렸다. 극도로 피곤함을 느낀 그는 의자에 앉아 길게 탄식했다.

"하늘이시여! 땅의 일에 대해 이토록 무심하시니, 어찌 하늘이라 할 수 있겠습니까?"

굴원은 절망에 빠져 자신의 마음을 안정시키지 못했다. 그는 극도의 고통과 격분에 사로잡혔다.

흐릿한 등불이 어둠 속에서 가물거렸다. 굴원 부부는 등불을 마주한 채 앉아 울었다. 비통한 감정은 순식간에 두 사람을 노쇠하게 만들었다. 특히 그의 아내는 더욱 초췌해졌다. 본래 쇠약했던 그녀의 몸은 상심이 더해진 탓인지 더욱 나이 들어 보였다. 남편의 순조롭지 못한 운명에 그동안 시달린 결과였다. 굴원은 마음 깊이 양심의 가책을 느꼈지만, 겉으로는 아무 일도 아닌 양 힘껏 감정을 다스렸다. 그것은 아내를 안심시키기 위한 배려였다. 좀 더 편안하게 해주는 것이 아내의 고통을 줄여준다는 것을 그가 어찌 모르겠는가!

그래서 그는 지금껏 한 번도 해본 적이 없는 거짓말을 하기 시작했다.

"조정에서 나의 직무를 바꾸려고 하니, 일 년 반이면 돌아올 수 있을 거요. 나 때문에 근심하지 마시오. 내가 떠난 후 집안일은 당신에게 달렸소. 아이들이 자립할 수 있도록 가르치고 부정한 일에 야합하거나 굴복하지 못하게 하시오. 언제나 깨끗한 마음으로 사심 없이 생활하도록 하시오. 그 어떤 호사도 바라게 해서는 안 되오."

새벽닭이 울어 오경이 되자 동녘이 밝아왔다. 부부는 뜬눈으로 밤을 새웠다.

아침 일찍 제자들이 분분히 달려와 떠나는 스승을 배웅했다. 그중에는 귀족 출신의 제자들도 적지 않았는데, 그들은 굴원의 유배에 대해 깊이 동정했다.

굴원은 정이 듬뿍 담긴 눈길로 천진난만한 얼굴들을 하나하나씩 둘러보았다. 할 말은 많았지만 말이 나오지 않았다. 냉정하고 침착한 굴원이었지만 이번만큼은 감정이 격해져 눈물이 흐르고 목이 메었다.

"자네들의 정성을 보니, 감동하여 입이 떨어지지가 않는구나. 나는 자네들이 스스로 알아서 잘 행동할 것이라고 믿네. 세상에 나아갈 때는 사직의 중흥과 백성의 구제를 최우선의 임무로 여겨야 한다. 그리고 나라를 위한 희생을 영광으로 여기기를 바란다. 자네들이 이렇게만 한다면 나에 대한 보답이 될 것이요, 내가 죽은 뒤에도 편히 눈을 감을 수 있을 것이다."

눈물을 흘리며 이별할 때에 마침 굴맹屈勐도 달려왔다. 그는 천리나 되는 멀고 먼 변경의 전선으로부터 달려온 것이다. 굴원이 귀양간다는 소식을 듣고 잠시도 쉬지 않고 달려온 그는 굴개의 맏아들로서 의협심이 강하고 그의 아버지처럼 강직하여, 과연 장군 가문의 후손다웠다. 자신의 아버지가 전쟁터에서 장렬히 전사했을 때에도 눈물을 흘리지 않았던 그는 오늘만큼은 슬픔을 이기지 못하여 흐느껴 울었다. 그는 굴원을 우러러보면서 말했다.

"스승님께서 억울하게 누명을 쓰신 것에 대하여 천하의 모든 사람들이 격분하고 있습니다. 간신들이 아무리 추악한 짓을 하더라도 영롱하게 빛을 발하는 보석은 조금도 그 빛을 잃지 않습니다. 스승님의 애국심은 세상 사람들이 영원히 잊지 않을 것입니다."

굴개가 말을 마치자마자 굵은 목소리가 들려왔다. "당신은 조정의 무장인데 이렇게 분개하다니, 당신을 죽일까 두렵지도 않습니까?" 당륵이 농담하듯 건네는 말이었지만 당륵은 그 누구보다도 더 분개하고 있었다.

순식간에 관모가 벗겨지고 죄수의 모자가 씌워졌으며, 화려한 관복이 벗겨지고 흰색 장삼이 걸쳐졌다. 어디 이뿐이랴. 굴원은 목이 긴 장화를 벗고 갈포로 된 신발로 바꿔 신었다. 귀양길은 멀고도 멀었다.

저녁 무렵이 되자, 안개가 짙어지더니 가랑비가 내려 앞이 잘 보이지 않았다. 말은 세 갈래 갈림길에 이르러 앞으로 나아가지 못한 채 콧소리를 냈다. 마치 주인에게 어느 길로 가야 할지를 묻는 듯했다.

온몸이 비에 젖고 뿌연 흙먼지를 뒤집어쓴 굴원은 자욱한 안개비에 갇힌 채 동서남북의 방향을 분간할 수 없어 어디로 가야 할지 알지 못했다. 그는 탄식했다.

"어디로 가야 할지 갈피를 잡지 못하겠구나!" 그는 어쩔 수 없이 말이 이끄는 대로 가보기로 했다.

주인이 방향을 잡지 못하자, 말은 자신이 길을 잡아야 한다는 것을 알기라도 하는 듯 발길 닿는 대로 남쪽으로 걸음을 옮겼다.

휘이잉 소리를 내며 바람이 불고 비는 부슬부슬 내렸다.

"깊은 숲은 아득히 어두우니, 원숭이들 사는 곳이로세. 험준한 산은 드높아 해를 가리니 아래쪽은 어둡고 비가 많구나. 흩날리는 눈은 끝이 없고, 구름은 나부끼며 하늘로 올라가누나." 굴원은 시를 읊듯 중얼거렸다.

낮게 드리워진 어둠은 대지를 감쌌고, 살을 에는 듯한 삭풍이 매서운 소리를 내며 귓가를 스쳤다. 흩날리는 가랑비 때문에 주변은 전혀 보이지 않았다. 적막하고도 스산한 광활한 숲은 인적도 없어 모골을 송연하게 만들었다.

굴원은 갑작스런 변화에 두려움을 느꼈지만, 후회하기는커녕 더 단호해졌다.

"나는 속됨을 따르지 않고, 끝까지 근심하고 고뇌하리라."

그는 자신의 불행을 결코 한탄하지 않았다. 굴원은 고개를 돌려 초나라의 수도를 바라보면서 끝없는 격분에 사로잡혔다.

"하늘의 명령이 한결같지 않으니 백성들 두려워 떨고 죄 짓게 되네. 백성들은 흩어지고 서로 헤어지게 되고……."

굴원의 마음을 가장 아프게 하는 것은 의지할 곳을 잃고 떠돌아다니는 유랑민의 모습이었다. 그런데 하필이면 지금 그의 눈앞에 그들의 모습이 다시 아프게 떠올랐다.

멀리 바라보아도 사람의 모습은 도무지 보이지 않았다. 굴원은 황야에 의지할 곳 없는 외로운 나그네 신세였다. 그는 혼자 중얼거렸다. "설마 이곳에서 배고픈 늑대의 밥이 되는 건 아니겠지?"

길은 이미 끊어졌으니 어디로 가야 한단 말인가? 굴원은 이러지도 저러지도 못하고, 말이 가는 대로 몸을 맡겼다.

신기하게도 말은 '따가닥 따가닥' 발굽소리를 내며 마을로 들어서고 있었다. 굴원의 눈에 마을의 초가가 들어왔다. 초가의 문틈 사이로 흔들리는 불빛이 새어나오고 있었다. 굴원이 문을 두드리자, 사람의 목소리가 들렸다.

"뉘시오?"

"길을 잃은 나그네입니다."

"길을 물으려고 그러십니까?"

"아닙니다. 하룻밤 묵어가려고 하는데 사정 좀 봐주십시오!"

그때 삐그덕 소리와 함께 문이 조금 열리더니, 주인이 머리를 내민 채 뜻밖의 방문객을 뜯어보았다. 머리에는 죄수의 모자를 쓰고 갈포 장삼을 걸치고 허리에는 보검을 찬 채 말고삐를 쥐고 있는 사람이 보였다. 주인은 심히 이상하다고 여겼다.

'가만 보아하니 지위 높은 관리 같은데, 어찌하여 이렇게 누추한 집에서 신세를 지겠다는 걸까?'

주인의 속마음을 읽은 굴원은 얼른 자신을 소개했다.

"저는 굴원이라는 사람입니다. 주인께서는 의심하지 마시고 하룻밤만 재워주시오. 내일 아침이면 떠날 것입니다."

주인은 여전히 두 눈을 동그랗게 뜬 채 이상하다는 듯이 바라보았다. 궁벽한 시골의 백성이 굴원의 이름을 알 턱이 없었다. 굴원이 아니라 군왕조차도 모를 것이다. 굴원은 노인이 여전히 불안해하는 것을 보고 다시 입을 열었다.

"저는 조정의 삼려대부 굴원입니다. 군왕에게 죄를 짓고 이곳으로 귀양을 오게 되었습니다. 날은 저물고 비가 많이 오는지라, 길을 가기가 쉽지 않아 여기에서 묵고자 합니다. 제가 칼을 찼지만 강호의 악당은 아닙니다. 저를 믿고 하룻밤만 묵게 해주신다면 은혜를 절대 잊지 않겠습니다."

굴원의 이야기를 듣는 순간 노인은 문득 사람들이 수군거리던 말들이 떠올랐다. '조정의 어느 삼려대부가 성품이 강직하고 담대하여 대왕에게 대들었다고 했다. 그는 법을 바꾸어 귀족의 특권을 제한하고 백성들에게 식량과 농토를 주고, 병역을 감해주고, 가혹한 정치를 폐하고 나라의 부강함을 도모하고자 한 사람이라고 했다. 그래 한마디로 그는 매우 훌륭하고 청렴한 관리라는 거야. 그런데 애석하게도 조정에서는 그를 내쫓아버렸다고 했다……' 노인은 꿈에서 깨어난 듯이 입을 열었다.

"손님이 삼려대부 굴원이시군요. 어서 들어오세요! 집이 누추하여 귀인께 누가 될 것 같아 면목이 없습니다."

"별말씀을요!" 굴원은 예를 갖추어 말했다. "어르신께서는 말씀이 과분하십니다. 저를 내치지 않으신 것만으로도 너무나 감사합니다."

집으로 들어간 굴원은 노인과 인사를 나누었다. 눈매가 선한 노인은 아내에게 어서 밥을 지으라고 재촉했다. 그런 다음 그는 부엌에 가서 뜨거운 물을 가져와 굴원에게 몸을 닦아 한기를 없애라고 했다. 또한 깨끗한 옷을 가져와 갈아입게 했으며, 젖은 옷은 화롯가에서 말렸다. 노인의 따뜻한 배려에 굴원은 절로 마음이 따스해졌다.

노인은 김이 모락모락 오르는 생강차를 굴원에게 건네주었다. 생강차가 몸의 한기를 이기는 데 그만이라고 말했다. 뜨거운 물로 몸을 씻고 생강차를 마시자, 굴원은 정신이 맑아지는 것을 느꼈다.

노인은 빙그레 웃으며 굴원을 보고 말했다. "우리 아이의 옷인데 아주 딱 맞군요. 우리 아이는 열일곱 살인데, 손님께서는 키가 일곱 자는 되겠네요?"

"거의 그렇습니다." 굴원이 말했다. "아드님이 건장하군요."

노인은 아들 얘기가 나오자, 감정이 북받치는지 옷깃을 들어 눈가를 닦았다. 무언가 좋지 않은 일이 있음이 분명했다. 차마 물을 수 없어 가만히 있는데 노인이 굴원에게 말했다.

"큰아들은 삼 년 전에 진나라와의 전쟁에서 죽었고, 금년에는 작은아들이 또 잡혀갔는데 지금껏 아무 소식도 없으니, 아마 잘못된 모양입니다."

굴원은 뭐라 위로할 길이 없어 아무 대꾸도 하지 않았다. 노부인이 허리를 구부린 채 밥과 반찬을 들고 왔다. 방 안에는 식탁이 없는지라 키를 물 항아리 위에 놓고 임시 식탁으로 사용했다. 하루 종일 물 한 모금 마시지 못했던 굴원은 밥과 반찬을 보자 맛있게 먹기 시작했다. 노인은 속으로 깜짝 놀랐다. '이런 거친 밥도 맛있게 먹다니, 며칠 동안 밥을 먹지 못한 모양이로구나.'

"배불리 드셨습니까?"

"고맙습니다. 맛있게 잘 먹었습니다." 굴원은 흡족한 표정을 지으면서 돈을 꺼내어 식탁 위에 올려놓았다.

노인은 굴원이 돈을 내놓자 서운하다는 듯 굴원에게 되돌려주면서 말했다.

"거친 밥을 드려 오히려 송구스러운데 어찌 돈을 받을 수 있겠습니까? 물론 그 돈으로 조 두 섬을 살 수 있습니다만, 이는 대인께서 이 노부에게 재물을 탐하고 의리를 망각하게 하려는 것이 아닙니까? 내 비록 가난하지만 이 돈을 절대 받을 수 없습니다!"

"밥을 먹었으면 돈을 내는 것이 마땅한 일인데, 어찌 받지 않으려 하시는지요? 저를 머물게 해주시고 이렇게 대접해주셨는데 돈을 받지 않으신다면 제게 무슨 면목이 있겠습니까?"

노인은 하는 수 없이 돈을 받고는 내키지 않는 얼굴로 중얼거렸다.

"나를 재물을 탐하는 사람으로 여겨, 굳이 인의와 먼 사람으로 만들어버리니……."

"어르신께서 받지 않으신다면, 제가 인의와 먼 사람이 되고 구두쇠 같은 소인배가 되는 게 아니겠습니까?"

그날 밤, 굴원은 오랜만에 달게 잤다.

이튿날 아침 일찍 굴원은 헤어지기 섭섭했지만 노부부와 헤어지지 않으면 안 되었다. 백마를 타고 동남쪽으로 가면 그의 유배지가 나올 터였다. 대략 한 시간쯤 달렸을까 갑자기 뒤에서 외치는 소리가 들려왔다.

"굴대부님, 멈추십시오!"

그는 깜짝 놀랐다. 경양왕이 간신들의 선동하는 말을 믿고 마음을 바꾸어 자신을 죽이려는 것이 아닐까? 하지만 그는 목소리의 온화함으로부터 악의가 전혀 없다는 것을 알았다. 굴원은 그제야 발걸음을 멈추고 고개를 돌려 바라보았는데, 누군가 말을 타고 나는 듯이 달려왔다. 그의 눈앞으로 다가오는 사람은 체격이 건장한 사내였다. 그는 영준한 얼굴에 영웅적인 기개를 지닌 듯했다. 그는 굴원을 향해 정중하게 예를 갖추고 인사했다.

"굴대부님, 기억나지 않으십니까? 작년에 어느 여관에서 뵙고 인사드렸던 사람입니다. 성은 풍馮이고 이름은 대승大勝입니다. 평소 대부님의 명성을 흠모하던 터에 대부님께서 조정에서 쫓겨나 멱라로 귀양 가신다는 말을 듣고, 분명 이 길을 지나실 것이라고 여겨 특별히 전송하려고 달려왔습니다. 이 일대는 지세가 험하고 높은 산과 험준한 고개가 천리에 뻗어 있으며, 하루 종일 안개가 자욱하고 흙먼지가 일어나 호랑이나 늑대가 자주 출몰한답니다. 그래서 아무래도 마음이 놓이지 않아 말을 재촉해 달려왔습니다. 대부님께서는 분명 식사를 못하셨을 텐데, 산기슭에 작은 마을이 있으니 주점에 들러 잠시 한 잔 하시면서 행장을 정돈한 뒤 떠나시면 어떻겠습니까?”

그랬다. 당시 굴원이 십여 명의 제자들을 데리고 촌민들의 실제 생활을 살펴보다가 날이 저물어 작은 여관에 묵었을 때, 굴원의 명성을 듣고 찾아와 가르침을 청했던 젊은이였다.

“장사께서는 정말 의협심이 강한 선비시군요!” 굴원은 감동해서 말했다. “죄인인 제가 당신에게 은혜를 베푼 적도 없는데 이렇게 깊은 관심과 애정을 주시니 감당하지 못하겠습니다!”

“무슨 말씀이십니까! 대부님은 저뿐만 아니라 천하의 모든 사람에게 은혜를 베푸셨습니다. 대부님은 어진 정치를 제창하고 덕과 믿음과 예의를 말씀하셨습니다. 도통을 널리 선양하여 요와 순, 우와 탕을 숭상했으며 법치와 규범을 시행했습니다. 앞선 현인들을 본받아 진나라의 목공穆公과 제나라의 환공을 모범으로 삼았고, 어진 자와 능력 있는 자를 추천했으며, 군자를 가까이하고 소인을 멀리했습니다. 대부님은 평생토록 사직의 흥망을 자신의 임무로 여기고 시종 부패한 세력과 굴하지 않고 싸웠습니다. 이러한 일들은 황금보다 귀한 것이니 어찌 제게 은혜를 베푼 적이 없다고 말할 수 있겠습니까?”

“아! 과분한 말씀이십니다. 신하된 자로서 가장 큰 고통은 현명한 군주를 만나지 못하는 것입니다. 따라서 정치적인 업적은 말할 것도 없고, 천하 사람에게 은혜를 베풀었다는 것은 가당치 않습니다. 오늘 장사님께서 이렇게 저를 치켜세우니 황송할 따름입니다.”

“군주가 우매하니 조정은 분명 혼란해질 것이며, 나라에는 우환이 끊이지 않을 것입니다. 난신적자에 대해서는 절대로 내버려두어서는 안되며, 말과 글로 그들의 죄상을 폭로해야 마땅합니다. 그러나 안타깝게도 작금의 세상 사람들은 자신만을 돌볼 뿐, 하늘이 무너진다고 해도 상관하는 사람이 없습니다. 인심이 일치하지 않으니, 큰일을 이루기가 어렵지 않겠습니까!"

때는 한여름 오전이었고 남방의 공기는 습도가 높았다. 특히나 무더운 날씨에 바람 한 점도 없어 나뭇잎은 미동도 하지 않았다. 마치 공기가 딱딱하게 굳어버려 흐르지 않는 듯 질식할 지경이었다.

잠시 후 그들은 숲속으로 들어갔다. 울창한 숲속에 들어가서야 그들은 뜨거운 태양의 열기를 피할 수 있었다. 단숨에 오륙십 리를 달렸지만 다행히도 호랑이를 만나지는 않았다. 이 일대는 호랑이가 빈번하게 출몰하는 지역인지라 적지 않은 사람들이 호랑이의 밥이 되었다. 그들은 숲속에서 나와 인가가 있는 곳에 도착했다. 그곳에는 초가 한 채가 있었다. 두 사람은 매우 목이 말라 차를 청하고자 초가로 곧바로 달려갔다. 그런데 앞장선 풍대승의 귓전으로 욕소리가 들려왔다. 걸음을 멈추고 가만히 들어보니 울음소리도 함께 들려왔다. 그는 어느 악한이 몹쓸 짓을 하고 있다는 것을 알아차렸다. 그가 발로 대문을 걷어차고 안으로 들어가자 과연 예상한 대로였다. 그는 화가 나서 소리쳤다.

"짐승 같은 놈아, 멈추어라!"

악한이 소스라치게 놀라 고개를 들어보니 기골이 장대한 사나이가 눈을 부라리고 있었다. 그는 엉겁결에 벌벌 떨며 일어나 황급히 옷을 주워 입었다. 그러고는 두 손을 깍지 낀 채 소리쳤다.

"뭐냐! 네가 뭔데 내 일에 참견하는 거냐!"

"백주대낮에 아녀자를 범하려 하다니, 사람의 탈을 쓴 짐승이로구나!"

"범하다니? 웃기지 마라! 서로 좋자고 약속해서 만났거늘, 네가 상관할 바 아니다!"

그의 말이 끝나자마자 여자가 욕설을 퍼부었다. "후안무치한 놈! 내가 너랑 약속을 해? 흥!"

풍대승은 참을 수 없어 그놈에게 한 방을 먹였다. 그의 주먹에 사내의 눈자위가 금세 퍼렇게 멍이 들었다. 악당은 눈앞에 별이 번쩍거리고 입술에서 피가 흐르자 버럭 화를 냈다.

"어디서 굴러먹던 놈이 감히 나를 쳐?"

그는 오른손을 들어 풍대승의 가슴을 향해 주먹을 날렸다. 풍대승은 몸을 뒤로 젖혀 두 손으로 그의 주먹을 막으면서 말의 고삐를 당겨 창을 비껴 쥔 자세로 주먹을 피했다. 이어 그는 갑자기 몸을 돌려 팍팍 소리가 나도록 악당의 얼굴에 주먹을 날렸다. 주먹 두 방에 악당은 이리저리 비틀거리더니 참을 수 없을 정도로 고통스러워했다. 그는 평소 힘깨나 쓴다면서 사람들에게 행패를 부려왔는데, 지금껏 그 어느 누구도 그에게 덤벼든 적이 없었다. 사람들은 그가 싸움을 잘해서가 아니라, 그의 아비가 고을 관아의 현감인지라 권력을 이용해 보복할까봐 피해왔던 것이다. 그래서 그는 한 번도 제대로 된 주먹맛을 본 적이 없었다. 생각지도 않게 오늘 제대로 상대를 만난 그는 온몸이 떨리고 눈에 불꽃이 일도록 두들겨 맞았다.

악당은 풍대승을 멋지게 쓰러뜨려 혼내주고 싶었다. 그는 젖 먹던 힘까지 써서 풍대승을 향해 발길을 날렸다. 하지만 미리 그의 공격을 예상하고 있던 풍대승은 슬쩍 몸을 피하더니 순식간에 악당의 발을 붙잡아 힘껏 치켜들면서 외쳤다. "꺼져버려!" 꽈당 하는 소리와 함께 악당은 하늘을 보고 자빠졌다. 풍대승은 손을 털고서 몸을 돌려 바깥으로 나갔다.

그러나 악당은 여기에서 그만두려 하지 않았다. 그는 땅바닥에서 일어나더니 문밖까지 쫓아와 덤볐다. 풍대승은 그에게 경고했다. "지금부터 손을 씻고 새로운 사람이 된다면 너를 용서해주겠다. 만약 그렇지 않는다면, 내가 관대하게 용서하지 않더라도 나를 원망하지 마라."

약이 오를 대로 오른 악당에게 이 말이 들려오기나 하겠는가! 그는 달려오면서 주먹을 부웅 휘둘렀다. 풍대승은 몸을 옆으로 피하며 꾸짖었다. "이 불량배 같은 놈아! 죽음이 네놈 머리맡에 다가왔는데도 깨닫지 못하는구나! 네 녀석을 따끔하게 가르쳐놓지 않으면 앞으로 얼마나 많은 양갓집 여자들이 너한테 능욕을 당하겠느냐!"

말을 마치자마자 풍대승은 호랑이가 양을 낚아채듯이 악당에게 뛰쳐나갔다. 두 사람은 한 덩어리가 되어 치고받았다. 그는 비록 악당을 호되게 혼내주고 싶었지만 차마 잔인한 수를 쓰고 싶지는 않았다. 그러나 누가 알았겠는가? 악당은 패배를 인정하고 물러서기는커녕 더욱 사납게 덤벼드는 것이었다. 풍대승은 뒤로 한 발 물러나 왼쪽 팔뚝을 치켜들어 막아내면서 오른손으로 힘껏 일격을 가했다. 그는 단지 평소의 반밖에 힘을 쓰지 않았는데 악당은 눈 깜짝할 사이에 얼굴을 위로 한 채 그대로 넘어지고 말았다. 그의 입에서는 붉은 피가 콸콸 쏟아져 나왔다. 그는 두 눈을 허옇게 뜬 채로 죽고 말았다. 저승에는 귀신이 또 하나 늘게 되었다.

풍대승은 이를 보고 크게 놀랐다. 그저 가볍게 쳤을 뿐인데 견디지 못하고 죽어버릴 줄은 꿈에도 생각지 못했다. 악당에게 겁탈을 당할 뻔한 여인이 놀라 울면서 말했다.

"이를 어찌하면 좋습니까? 은인께서 저를 구하려고 했는데, 은인께 폐를 끼치게 되었으니."

"무서워하지 마시오. 사나이는 자신이 한 일은 스스로 책임지는 법입니다. 악당은 내가 때려죽인 것이니 결코 그대를 연루시키지 않을 것이오. 만약 난처해질까봐 염려스럽다면 우리 두 사람이 길에서 만나 말싸움을 하다가 실수로 죽였다고 하시오.”

굴원은 멍한 표정으로 한참 동안 말이 없었다. 자신을 만나러 왔다가 벌어진 일인지라 그도 일말의 책임을 느끼지 않을 수 없었다. '만약 풍장사가 나를 이곳까지 바래다주지 않고, 이곳에서 차를 얻어 마시려 하지 않았던들, 어찌 이런 일이 발생했겠는가!'

풍대승은 굴원의 심정을 눈치채고 말했다. “대부께서는 양심의 가책을 느끼실 필요가 없습니다. 생사는 정해져 있는 법이니, 만약 재난이 닥치더라도 이는 이미 정해진 저의 운명입니다!”

“풍장사께서 정의를 받들어 선을 행하고 악을 징벌했으니, 정상이야 충분히 참작할 만합니다. 본래 인명은 하늘이 주관하는 법. 일이 이 지경에 이르렀으니 무슨 방법이 있겠습니까? 하물며 이자는 평소 하는 짓이 금수만도 못하여 천리와 인정을 저버렸으며, 고을 사람 모두 온갖 악행을 저질렀던 악당이라고 알고 있습니다. 백번 죽어 마땅하지요! 오늘 장사께서 백성을 위해 해악을 하나 제거했으니, 무죄일 뿐만 아니라 오히려 공을 세운 것입니다.”

이때 날이 이미 저문지라, 두 사람은 말에 올라 길을 재촉했다. 한참을 바삐 내달리자 어슴푸레 작은 마을이 보였다. 잠시 뒤 두 사람이 여관으로 들어가자 주인장이 싱글벙글 웃으며 재빨리 앞으로 달려왔다. 풍대승이 물었다.

“깨끗한 방 있는가?”

“있기는 합니다만 조금 누추합니다. 두 분이 불편하실지도 모르겠습니다.”

“괜찮네. 몸을 누일 수만 있으면 되니 우리를 안내해주게.”

굴원이 옆에서 끼어들며 말했다. 주인장은 등불을 밝혀 두 사람을 방으로 안내한 다음 다시 물었다.

"혹시 술과 안주가 필요하십니까?"

풍대승이 대꾸했다.

"어서 가져다주게!"

"알겠습니다."

주인장은 쿵쿵 소리를 내면서 내려갔다.

잠시 후, 그는 양고기볶음 한 그릇과 절인 소고기 다섯 근, 뜨거운 만두 두 접시와 탁주 한 병을 들고 왔다. 하루 종일 끼니를 굶은 두 사람은 굶주린 호랑이처럼 순식간에 음식을 먹어치웠다.

굴원이 침대 위에 누우니 지나간 일들이 주마등처럼 흘러지나갔다. 그의 마음에 늘 걸리는 것은 여전히 불안하고 어수선한 시국과 성도의 백성들이었다. 그는 창밖의 밝은 달을 하염없이 바라보았다. 태산 같은 근심걱정에 그의 눈에는 눈물이 그렁그렁 맺혔다. 수척한 아내의 모습도 눈앞에 떠올랐다. '애비 없는 자식들은 의지할 이 없이 얼마나 처량하고, 얼마나 사람들에게 업신여김을 당할 것이며, 잃어버린 아버지를 찾아 얼마나 사방을 헤맬 것인가! 어찌할 도리가 없지.' 굴원이 애써 눈을 감자, 이번에는 한 무리의 제자들이 눈물을 흘리며 간구하는 모습이 떠올랐다. "스승님, 학당으로 돌아오세요. 저희는 스승님이 없으면 안 됩니다!"

굴원은 이리저리 뒤척거리며 잠을 이루지 못했다. 그는 내일은 어디로 갈 것인지 생각하다가 서포溆浦로 가기로 마음먹었다. '그곳에는 물길이 있으니 배를 타는 편이 험준한 산길보다는 가기가 편하리라.' 생각이 정해지자 졸음이 밀려오고 몽롱해지더니 어느새 스르르 잠이 들었다.

이튿날 굴원은 보따리를 등에 지고 백마에 올라 서포 쪽으로 나아갔다. 풍대승은 작별을 아쉬워하며 마을 밖까지 전송했다.

"굴대부님, 몸조심하십시오. 다시 만날 날이 있을 것입니다. 부디 몸조심하십시오!"

"풍장사께서는 천하에 보기 드문 영웅호걸이십니다. 장사의 의협심에 감복했습니다. 오늘 이별하면 언제 다시 만날지는 모르겠지만 다시 만날 날이 있기를 빕니다!"

굴원이 머리를 돌려 뒤돌아보니, 풍대승은 마치 회오리바람처럼 멀어져가고 있었다. 그는 그제야 말에 채찍을 가했다. 굴원이 여정을 바꾸어 말을 몬 곳은 합려산闔閭山 가는 길이었다. 옛 성현을 추모하기 위해서였다.

역사를 거슬러 올라가자면 초나라 소왕 50년, 오나라 왕 합려闔閭와 오자서伍子胥는 군대를 이끌고 당唐, 채蔡 두 나라의 군대와 연합하여 초나라를 공격했다. 그들은 수도까지 쳐들어와 초나라 평왕平王의 묘를 파헤쳤으며, 그의 시신을 끄집어내 시체에 채찍질을 가했다. 오자서는 평왕이 아버지를 죽인 원수를 갚았고 바로 이 산에서 군대가 회동했다. 그 후에도 오나라는 여러 차례 초나라를 정벌했는데, 이 산에 보루를 쌓고 군대를 주둔시켜 초나라 정벌의 기지로 삼았다. 이 산이 합려산이라고 일컬어진 것은 이때부터다.

홀로 산봉우리에 서서 초나라 하늘을 바라보며 선현들을 회상하노라니 굴원은 감개무량했다. 특히 그가 동정한 것은 오자서였다. 오자서는 일세의 영웅으로 부족함이 없었지만, 초나라에서 간신들의 참소로 설 땅이 없었다. 그는 어쩔 수 없이 오나라로 도망갔고, 오나라 왕은 그를 중용하여 재상으로 삼고 월나라를 쳤다. 후에 합려가 죽은 뒤, 부차夫差가 왕위를 계승했으나, 그는 충신과 간신을 분별하지 못했다. 신하들은 겉으로는 복종했지만 속으로는 배신했으며, 음모와 모략이 어지러이 횡행했다. 그리하여 이간질로 인해 군신이 불화하고 서로 믿지 못한 끝에 자멸하고 말았다. 이 와중에 오자서는 오나라 왕 부차가 내린 칼로 자결했다. 그는 죽기 전에 오나라 사람들에게 자신의 눈을 파내어 성문에 걸어달라고 했는데, 오나라가 월나라에게 멸망당하는 것을 두 눈으로 똑똑히 보겠다는 것이었다.

과연 오자서의 말은 틀리지 않았다. 십이 년 후 오나라는 월나라에게 망했다.

홀로 합려산에 와서 옛일을 회고하니, 선현 생각에 굴원의 가슴은 격분으로 가득 찼다.

훌륭한 군주는 현신을 등용해 나라를 흥하게 하고 어리석은 군주는 현신을 내쫓아 나라를 망하게 한다. 그러고 보면 초나라의 쇠락 또한 결코 하루아침에 어느 한 사람 때문에 일어난 일이 아니다. 오래도록 쌓이고 쌓인 폐단은 되돌리기 어렵고, 운명이 정해진 재난은 피할 수 없는 법이다!

진나라 공주를 신부로 맞는 경양왕

굴원은 간신들에 의해 궁궐에서 내쫓겨 궁벽한 땅으로 유배되었다. 간신들은 모두 손뼉을 치며 쾌재를 불렀다. 굴원이 쫓겨난 후 수도와 지방, 조정과 재야 곳곳에서는 갑자기 요란한 대지진이 일어난 듯 사람들이 크게 동요했다. 뜻있는 선비들은 눈물을 흘리며 탄식했고, 사람들의 마음을 헤아리기라도 한 듯 맑은 대낮에 비가 억수같이 쏟아졌다.

하늘의 분노와 사람들의 슬픔이 채 가시기도 전에, 천하 모든 이가 기뻐해야 할 '경사'가 닥쳐왔다. 바로 경양왕이 진나라의 부마가 된다는 소식이었다. 경양왕은 곧바로 진나라에 가서 신부를 맞이하고자 했다. 이 소식이 간신 일당에게 전해지자 그들은 뛸 듯이 기뻐했다.

그들은 굴원을 철저히 파멸시켜 정적을 제거했음을 자축했다. 굴원이라는 까다로운 정적을 제거했으니 이제 그들의 앞날은 자손 대대로 영원히 아무 근심 걱정이 없으리라 여겼다. 이토록 훌륭하고 멋진 일을 어찌 축하하지 않을 수 있겠는가! 그들은 너무나 기뻐서 밥을 먹지 않아도 배가 불렀고 온종일 일을 해도 피곤한 줄 모를 지경이었다.

경양왕 7년 4월 길일. 이날은 경양왕이 신부를 맞으러 떠나는 경사스러운 날이었다. 도성의 하늘에는 상서로운 노을빛이 가득했다. 새들은 짹짹거리며 나뭇가지를 뛰어다녔고, 쌍쌍의 나비들은 꽃들 사이를 이리저리 날아다녔다. 온 세상은 화락함으로 가득 차 있는 것만 같았다. 한껏 유쾌한 경양왕은 기분이 날아갈 것만 같았다.

내우외환의 갈등과 모순을 순식간에 완화시킬 수 있게 된 것은 차치하더라도, 진나라 왕의 부마가 되어 세상에 둘도 없는 미인을 아내로 얻게 되었으니 그가 어찌 기쁘지 않을 수 있겠는가! 굴원은 이러한 일거양득의 일을 반대하다니, 하마터면 굴원 때문에 일을 그르칠 뻔했다. 이런 어리석은 신하를 귀양 보내지 않으면, 누굴 귀양 보낸단 말인가! 그는 굴원을 귀양 보낸 건 아주 잘한 일이라고 생각했다.

경양왕은 신부를 맞이하기 위해 천여 명의 사람을 대동한 긴 행렬을 이끌고서 위풍당당하게 수도를 떠났다. 그리고 보름 뒤에 진나라의 수도인 함양에 도착했다.

함양은 그윽하고도 장엄했다. 함양문咸陽門과 숭서문崇西門은 번화가였다. 함양문의 북쪽은 구시가지에 속하고, 숭서문의 남쪽은 신시가지에 속했다. 신구는 단지 시간 개념일 뿐, 두 지역의 성곽 규모, 건물의 양식은 그다지 다르지 않았으며 마찬가지로 고풍스럽고 소박했다. 약소국에서 일약 강대국으로 우뚝 선 진나라는 국운이 날로 번성하여 마치 떠오르는 해처럼 찬란하게 빛을 발했다. 수도는 웅대한 기상을 드러내고 있었다. 비록 수백 년 동안 수많은 재난을 겪고 비바람에 시달려 많은 건축물들이 낡고 무너진 채 애초의 모습을 잃어버리기는 했지만, 호사스러운 풍격은 초기에 비해 손색이 없었다.

이전에는 지금과 확연하게 달랐다. 내성에 인접한 서쪽의 외곽은 해자를 타고 올라와 침범하는 여러 제후국의 병마로 인해 만신창이가 되어 있었다. 이로 인해 늘 불안에 시달렸던 통치자는 적의 공격을 막아주는 완충지대로 삼기 위해 성벽을 보수하지 않으면 안 되었다. 성벽을 보수하려는 목적은 이러했지만 작업은 성의 없이 진행된 듯 보였다. 외성 성벽의 보수는 남단만 마친 채 더 이상 진행되지 못했는데, 북단은 산과 강이 천연 장벽의 역활을 수행해주고 있었다. 전체적인 배치를 진지하게 계획한 적이 없었던 진나라의 거리는 짜임새가 없었고 조잡하고 낮은 집들과 지저분하고 어지러운 시장들이 곳곳에 널려 있었다.

하지만 소왕이 집권한 이래로 토목공사가 활기차게 진행되면서 수도는 근본적으로 변하기 시작했다. 그는 무력으로 전쟁을 일삼는 한편, 모사꾼인 장의를 중용하여 나라의 변혁을 도모했다. 이렇게 하여 나라가 정치적으로 안정이 되고 부흥이 되자, 그는 중원을 제패하려는 야심을 키우게 되었다. 이 무렵, 진나라는 점점 세력이 커져 다른 제후국들을 위협할 정도로 패기가 넘쳤다.

경양왕은 수레에 앉아 이리저리 두리번거리면서 진나라의 풍경과 함양성을 둘러보았다. 그의 눈길이 미치는 곳마다 놀라운 변화가 있었던지라, 그의 입에서는 칭찬이 끊이지 않았다. 오늘날의 함양은 자신이 인질로 붙잡혀 있을 때와 사뭇 다르다고 느꼈다.

참으로 안타깝게도 경양왕은 자신이 인질로 잡혀 있던 시절을 까맣게 잊고 있었다. 물론 지금은 옛날과 비교할 수 없다. 지금의 경양왕은 진나라의 부마이니 그 누가 함부로 대하겠는가! 처지가 달라지면 과거를 쉬이 잊는다는 옛말이 있듯 경양왕은 특히 그러했다. 자신의 치욕과 부왕의 원수를 씻고 갚을 생각은 하지 않은 채, 오히려 적을 장인으로 모시게 되었던 것이다. 신부를 맞으러 먼 길을 온 그의 행렬은 오랜 행군의 피로를 이기지 못하여 대국의 기백이라고는 눈 씻고도 찾아볼 수 없었다. 초나라 왕의 행렬은 마치 시골뜨기가 도성으로 들어가는 것처럼 보였다. 모두들 잔뜩 호기심 어린 눈빛으로 두리번거리며 진나라의 강성함에 전율했다.

신부를 맞이하는 행렬은 먼저 잘 꾸며놓은 거리를 한 번 돌아보는 것으로 첫 행사를 마쳤다. 거리를 꾸민 것은 책략가 범저의 작품이었다. 그것은 초나라 사람들에게 진나라의 강성함을 보여주어 주눅 들게 만들고, 궁극적으로는 초나라를 무릎 꿇게 할 목적으로 만들어진 것이었다.

경양왕은 범저의 안내를 받으며 군사박물관으로 들어갔다. 그곳에는 진나라의 역대 전리품들과 함께 최근에 발명된 신식 무기가 진열되어 있었다.

경양왕은 깜짝 놀랐다. 그는 마음속으로 생각했다.

'이러한 무기들은 우리나라에는 없는 것들이다. 우리나라가 매번 패하는 것도 어쩌면 당연한 일이었구나!'

그는 손으로 만져보기도 하면서 각종 신식 무기에 대해 상세한 설명을 들었다. 그는 벌린 입을 다물 수가 없었다. 더 이상 아무 생각이 나지 않았다. 아니 감히 생각하고 싶지가 않았다. '아아, 앞으로 어떻게 싸워야 하나?' 그는 자신이 없었다. '두 나라의 병기가 이렇게 다른데, 싸워봤자 지는 게 뻔한 일이다. 어떻게 하면 이 차이를 좁힐 수 있을까?'

경양왕은 두려운 느낌만 들었다. 군사박물관 관람은 자괴감만 잔뜩 안겨주었다. 애당초 대국의 기개를 지니고 있지도 않았지만, 더더욱 초라해졌다. 그는 하마터면 넘어질 뻔했다. 다행히도 옆에 있던 시종이 부축해서 꼴사나운 추태를 보이지는 않았지만, 여우보다도 교활한 범저가 자신의 모습을 보지는 않았을까 전전긍긍했다. 장인이 세심하게 배려하여 마련해준 박물관 관람을 겨우 마치자, 그는 갖가지 생각으로 마음이 어지럽고 근심스러웠다.

경양왕은 범저를 따라 휴게실로 들어가 잠시 쉰 뒤, 다음 일정을 준비했다.

소왕은 용상에 위엄 있게 앉아서 경양왕의 알현을 기다렸다. 오늘 그는 한 나라의 군왕이자 장인이라는 이중의 신분이었다. 경양왕도 군왕이면서 사위라는 이중의 신분이었다. 하지만 두 사람의 지위는 분명히 달랐으며 이로 인한 정신적, 심리적 스트레스는 적지 않았다. 경양왕은 범접할 수 없는 위엄을 지닌 소왕을 보자마자, 일국의 군왕으로서의 권위를 상실한 채, 마치 신하의 모습으로 소왕의 궁궐로 들어섰다. 다시 말해 그는 사위로서의 지위만 지니고 있었다. 소왕 앞에 선 그는 정중하게 머리를 조아리며 말했다.

"존경하는 장인어른께 인사 올립니다."

"예의 차리지 말고 어서 일어나시오!" 소왕은 마음속으로 기뻐하면서 이렇게 생각했다. '이자는 제왕의 기백이 전혀 안 보이는군! 겸손하고 공손한 모습이라서 마음에 들어.' 그는 앞쪽으로 몸을 살짝 기울이며 부드럽게 말했다.

"부마께서는 여정이 피곤하지 않았소? 수고했소! 그대도 일국의 군왕이거늘, 어찌 이토록 예를 따진단 말이오. 앉아서 편안히 얘기합시다."

경양왕은 소왕이 '부마'라 칭하자 갑자기 얼굴을 붉혔다. 그는 고개를 숙인 채 옷깃을 여미고 바로 앉아 감히 소왕을 똑바로 쳐다볼 엄두를 내지 못했다. 하지만 속으로는 말할 수 없는 기쁨이 일었다.

소왕은 얼굴 가득 미소를 띠고 경양왕을 꼼꼼히 뜯어보았다. '보면 볼수록 믿을 만하군. 전형적인 꼭두각시의 인상이야. 이러한 인물은 성공하는 일보다는 실패하는 일이 많지. 사윗감으로 정말 잘 골랐어!' 그는 기쁜 표정으로 말했다.

"공주는 나이가 어리고 고집이 센데다, 고향을 떠나면 여러 가지가 낯설어서 실수가 많을 것이오. 그렇더라도 부마께서 많이 이뻐해주시오."

"물론, 물론입니다! 공주를 세심하게 보살필 것이니, 장인께서는 염려하지 마십시오!"

"그와 같이만 해준다면 얼마나 좋겠소!" 소왕은 신이 나서 말을 이었다. "오늘부터 공주는 초나라 사람이니 초나라에서 자식을 낳고 기르며, 초나라의 번영을 위해 모든 노력을 기울여야 할 것이오. 앞으로 우리 두 나라는 더욱 관계를 공고히 하여, 너와 나를 구분하지 말고 한 사람처럼 단결해야 하오. 특히 사상과 행동의 일치가 중요하며 침략에 공동 대응해야 하오. 과인이 알고 있기로 제나라는 야심이 대단한 나라이오. 우리 두 나라가 함께 제나라에 대항하여 침범을 대비한다면, 무슨 근심이 있겠소!" 소왕은 잠시 말을 멈춘 뒤 아버지가 아들에게 훈계하는 어투로 말했다.

"뭉치면 살고, 흩어지면 망한다! 이는 의심할 바 없는 진리이니, 꼭 명심해두시오! 제나라가 초나라를 신뢰하는 이유는 초나라를 이용해서 이익을 취하려는 것이며, 열강과 맞서는 목적은 최종적으로 중원을 통일하여 천하의 우두머리가 되려는 것이오. 제나라의 이러한 탐욕에 초나라는 절대로 부화뇌동해서는 안 되오. 따라서 하루라도 빨리 제나라와의 관계를 끊고 진나라와 인연을 맺어야 하오. 다행히 두 나라가 혼인을 통해 친밀해졌으나, 분명 제후국들의 의론이 분분할 것이오. 좋은 말도 좋지 않은 말도 모두 나올 텐데, 딴마음을 품고 있는 사람들에게 미혹되지 않기를 바라오. 우리 두 나라의 우호적인 관계가 견고하게 세워졌으니, 천하에 그 누가 우리의 적수가 되려 하겠소! 그렇지 않소?"

"맞습니다. 정말 옳으신 말씀입니다!"

경양왕은 소왕의 일장연설을 듣고 나자, 문득 혼인이 너무 늦었다는 생각이 들었다. 몇 년만 더 일찍 했더라면, 정세가 결코 이처럼 혼미해지지는 않았으리라고 생각했다. 이런 생각이 들자, 그는 미칠 듯이 기뻤다.

"존경하는 장인어른의 분명하고 지혜로운 말씀에 못난 사위는 경탄을 금할 길 없습니다. 마음으로 복종하면서 새기고 절대로 잊지 않겠습니다. 또한 앞으로 외교정책의 금과옥조로 여기고 이에 따라 행하겠습니다."

"부마께서는 선왕의 뒤를 계승함에 부끄럽지 않는 현명한 군주이오. 초나라는 이처럼 현명한 군주가 다스리니 적어도 삼 년, 늦어도 오 년이면 부강해질 것이오. 기쁘고도 축하할 만한 일이오!" 소왕은 만면에 희색을 띤 채 신이 나서 말했다.

소왕의 기뻐하는 모습은 경양왕에게 더욱 자신감을 심어주었다. 경양왕은 기뻐서 어쩔 줄을 몰라하며 말했다.

"과찬이십니다. 제가 어찌 성군과 비교되겠습니까? 선왕이 태양이라면 저는 기껏해야 달에 불과합니다. 초나라가 강대해지려면 장인어른의 지지와 사심 없는 원조가 있어야만 비로소 실현가능할 것입니다. 우둔한 사위는 지금 면전에서 맹세할 수 있습니다. 진나라의 선봉이 되기를 원하며, 한 번 명령을 내리면 만 번 죽음도 불사하겠습니다!"

"좋소! 과인과 뜻이 맞는구려. 부마께서는 이처럼 겸손하니, 진나라와 초나라가 한 집안이 되어 마음과 힘을 합한다면 무엇이 어렵겠습니까! 초나라는 틀림없이 강해질 것이며, 진나라와 초나라가 연합하면 어느 나라의 침범도 두렵지 않을 것이오. 오늘 이후로 우리 두 나라, 손을 맞잡고 이상적인 나라를 함께 건설해봅시다! 자, 술잔을 들어 우리의 이상을 실현하기 위해 건배합시다!"

잠시 후 소왕은 좌우에 분부하여 말했다.

"국서와 지필묵을 준비하여라!"

"신, 명령을 받들겠습니다!"

잠시 후 시종관은 국서를 소왕이 어람하도록 건네주었고, 소왕은 국서를 살펴본 뒤 경양왕에게 건넸다. 경양왕은 국서를 받아 서명한 뒤,

초나라의 국서를 소왕에게 건네 서명하도록 했다. 두 사람은 각자 서명을 마친 다음 서로 국서를 교환했다.

이튿날 아침, 공주는 일찍 자리에서 일어났다. 그녀는 세수를 하고 머리를 빗고 화장을 하며 혼례식 준비를 했다. 그녀는 약간 우울한 듯 보였으나 속으로는 기쁨에 차 있었다. 공주는 사뿐사뿐 화장대 앞으로 가서 구리거울을 마주하고 앉아 자신의 용모를 자세히 살펴보았다. 얼굴에는 아직 베개에 눌린 자국이 있었다. 그녀는 가늘고 부드러운 집게손가락으로 가볍게 얼굴을 문질렀다. 잠시 후 흔적이 사라지자 그제야 만족스런 웃음을 베어 물었다. 이 웃음은 분명 그녀의 미모에 대한 세상 사람들의 찬미에 기꺼워하는 웃음이었다. 일찍이 누군가 그녀에게 달기의 자태와 남자南子[4]의 풍모가 있다고 칭찬하지 않았던가! 평소에는 주의 깊게 듣지 않았으나 오늘 가만히 생각해보니 그 사람의 안목이 얼마나 뛰어난지 알 수가 있었다.

자신의 미모를 한참 동안 감상하던 그녀는 고개를 돌려 시녀에게 말했다.

"화홍아, 어서 이리 오거라!"

화홍은 공주가 자신을 부르자, 화장 준비를 했다. 그녀는 정교하게 만들어진 구리 화장갑을 꺼내 탁자 위에 내려놓은 다음 공주의 쪽머리를 풀어헤치기 시작했다. 그러고는 조심스럽게 땋은 머리를 자신의 품에 올려놓고 나서 상아로 만든 커다란 참빗으로 머리를 빗기 시작했다. 아주 부드럽고 천천히 머리를 빗기면서 그녀는 말했다.

"공주님의 머릿결은 정말 좋아요. 까맣게 윤기가 흐르는 머리카락이

---

4) 남자南子 : 위衛나라 영공靈公의 부인으로, 남편 대신 권력을 휘둘렀다.

뒤꿈치까지 늘어져 마치 폭포처럼 흘러내리는데, 빗어 내리면 자연스럽게 미끄러져 조금도 힘이 들지 않습니다. 그동안 머릿결이 좋은 사람들을 많이 보았지만 공주님처럼 아름다운 머릿결은 본 적이 없어요. 정말 감탄할 만해요!"

입에 발린 말을 하고서 화홍은 슬그머니 거울을 쳐다보았다, 공주가 자신의 말을 전혀 듣고 있는 것 같지가 않았다. 공주는 반쯤 실눈을 뜨고서 무슨 생각에 빠져 있는 듯했다.

화홍이 흥이 식어 계면쩍어하자 공주가 갑자기 웃으며 말했다. "애! 너 지금 알랑거리는 거냐, 아니면 빈정대는 거냐?"

화홍이 겁을 내며 말했다. "진심이에요. 어찌 감히 공주님께 빈정대겠습니까?"

"방금 전에 뭐라고 했느냐?"

"방금 전, 방금 전에 그러니까 공주님의 머릿결이……." 화홍은 방금 전에 했던 말을 다시 한 번 되풀이했다.

묵묵히 듣고 있던 공주의 얼굴에 복사꽃 같은 웃음이 가득했다. 잠시 후 공주는 애교스러운 목소리로 말했다.

"흠, 넌 정말 말재주가 있구나. 그런데 어젯밤 그분을 몰래 보고 오라고 했는데 다녀왔느냐?"

"갔었습니다. 제가 아주 자세히 보고 왔습니다."

"인품이나 생김새가 어떻더냐?"

"듣기로는……."

"뭐야? 이제 보니 남의 말만 듣고 직접 가보지는 않았구나! 방금 전에는 아주 자세히 보았다고 하더니 이제는 남들 말을 들었다고 하느냐?"

"들었다는 건, 그런 뜻이 아닙니다. 제가 말을 급하게 하느라 그랬습니다. 본래 하려던 말은 '제 말씀 좀 들어보세요'인데, 어쩌다가……."

"알았다." 공주는 화홍의 말을 끊었다. "너, 이제 보니 나를 가지고 노는구나. 벌을 주어야겠다!"

"제가 어찌 감히, 그런 게 아닙니다! 방금 전의 말은 절대적으로 오해입니다. 공주님, 용서해주세요. 다시는 이런 일이 없도록 하겠습니다."

"다시 묻겠다. 사실대로 말해라. 그 사람이 못생겼든?"

"아니요……."

"뭐가 아니라는 것이냐?" 다급해진 공주는 참지 못한 채 또다시 화홍의 말을 끊고서 물었다. "못생겼다 그 말이냐?"

"공주님께서 잘못 이해하셨습니다. 전혀 그런 뜻이 아닙니다. 제 말은 그분께서는 잘생겼을 뿐만 아니라 기품도 매우 훌륭하시다는 뜻입니다!"

"계속 말해보거라!" 공주는 애교 있는 웃음을 지으며 말했다. "어디가 잘생겼고, 어디가 훌륭하다는 것인지 말해보거라!"

화홍은 놀란 가슴을 쓸어내렸다. 자칫 주둥아리를 잘못 놀리면 공주로부터 야단맞을까 염려스러웠지만, 공주의 성격을 잘 알고 있는지라 몇 가지 그럴 듯한 말을 하려는 순간, 말을 꺼내기도 전에 공주가 자리를 박차고 일어났다. 다행히 이번에는 미리 준비하고 있던 터라 화홍은 급히 조심스럽게 입을 열었다.

"제가 말재주가 없어서 어떻게 말씀드려야 좋을지 모르겠습니다. 혹 오해를 불러일으킬까봐 두렵습니다. 저는……."

"됐다, 말할 필요 없다. 여자가 출가하면 남편을 따르는 건 운명에 정해져 있는 것이니. 이미 이렇게 된 일 어쩌겠느냐!" 공주의 말에는 원망이 묻어나왔다.

화홍은 공주가 이처럼 슬퍼하는 모습을 보자 얼굴이 붉어졌다. 공주가 혹 자신에게 화풀이할까봐 가졌던 걱정은 눈 녹듯 사라져버렸다. 그녀는 자신이 본 모습 가운데 좋은 점만을 한껏 골라 이야기했다.

"그분께서는 확실히 미남이십니다. 나이는 대략 서른 정도 되어 보이시고 키가 후리후리해서 더 젊어 보였습니다. 머리는 새까맣고 수염은 듬성듬성하며 눈썹과 눈매는 준수합니다. 다부진 얼굴 생김새와 정을 듬뿍 담은 봉황의 눈, 그리고 짙은 눈썹 아래로 사람을 빨아들일 듯한 눈매, 이 모든 것들이 대단히 매력적입니다. 한마디로 말해 생김새가 준수하고 기품이 넘쳤습니다. 툭 튀어나온 광대뼈에 커다란 입과 호랑이 이빨, 약간 움푹 들어간 눈은 조금은 오만하고 고상하다는 느낌을 갖게 했습니다. 젊은 군왕의 자부심 넘치는 모습 그 자체였습니다."

"정말 그렇게 멋지단 말이냐? 못 믿겠는걸! 입에 발린 말이지? 그렇지? 화홍아, 내 말이 맞지?"

"제가 어찌 감히 거짓말을 하겠습니까?" 화홍은 그렇게 말하면서 창문 앞 책상 위에 놓여 있는 시를 슬쩍 쳐다보면서 말을 이었다.

"그분께서 시 한 수를 써서 시종 편에 보내왔는데, 공주님께서 주무시고 계셔서 감히 깨우지 못했습니다. 책상 위에 놓아두었는데 지금 보고 싶으세요?"

"음, 가져와보거라."

화홍은 시가 쓰인 종이를 두 손으로 받들어 공주에게 건넸다. 공주가 펼쳐서 보니 다음과 같은 내용이었다.

꾸욱꾸욱 물수리는 물가 모래톱에 있네.
요조숙녀는 군자의 좋은 짝이네.
올망졸망 마름풀을 이리저리 찾아보네.
요조숙녀를 자나 깨나 그리워하네.
구하려 해도 얻지 못해 자나 깨나 생각하네.

그리움 때문에 이리저리 뒤척이네.

올망졸망 마름풀을 여기저기에서 뜯고 있네.

요조숙녀를 금실 좋게 벗하고 싶네.

關關雎鳩, 在河之洲. 窈窕淑女, 君子好逑.

參差荇菜, 左右流之. 窈窕淑女, 寤寐求之.

求之不得, 寤寐思服. 悠哉悠哉, 輾轉反側.

參差荇菜, 左右采之. 窈窕淑女, 琴瑟友之.

시를 다 읽고 난 공주 역시 시를 한 수 써서 화홍에게 주었다.

나에게 모과를 던져주기에, 나는 아름다운 패옥으로 갚았지.

보답이 아니라, 뜻 깊은 만남을 위해서이지.

나에게 복숭아를 던져주기에, 나는 아름다운 패옥으로 갚았지.

보답이 아니라, 변함없는 우정을 위해서이지.

나에게 오얏을 던져주기에, 나는 아름다운 패옥으로 갚았지.

보답이 아니라, 영원한 사랑을 위해서이지.

投我以木瓜, 報之以瓊琚. 匪報也, 永以爲好也.

投我以木桃, 報之以瓊瑤. 匪報也, 永以爲好也.

投我以木李, 報之以瓊玖. 匪報也, 永以爲好也.

경양왕이 쓴 시는 『시경』의 「주남周南·관저關雎」 편이고, 공주가 쓴 시는 『시경』의 「위풍衛風·모과木瓜」 편이다. 두 사람은 옛사람의 그리는 정을 빌려 마음속 그리움을 표현했던 것이다.

붉은 태양이 서서히 떠올라 사방으로 퍼져나가던 햇빛은 창밖의 나무와 대나무의 성긴 틈새를 뚫고서 비단발에 알록달록한 그림자를 수놓고 있었다. 화창한 봄날 동풍에 살랑살랑 흔들리는 비단발에 어린 그림자는 마치 잔잔한 물결이 출렁거리는 듯했다. 바닥에 방금 칠한 붉은 기름은 한 줄기 햇살에 고운 빛으로 번들거렸다. 검푸른 빛깔의 꽃이 새겨진 창틀과 자단나무 가구는 서로 어울려 아름다운 풍경을 연출하고 있었다. 이러한 것들은 규방의 분위기를 더욱 조화롭고 생기 넘치게 했다. 특히 비단으로 수를 놓은 병풍 뒤에는 숯불 화로가 발갛게 타오르고 있어, 규방을 따뜻하고 아늑하게 해주었다. 침대 머리맡에는 칠현금이 놓여 있었는데, 당대에 가장 값나가는 물건이었다. 전하는 바에 따르면, 진나라를 개국한 군왕의 공주가 남긴 유물이라 했다. 이 칠현금은 값으로 따질 수 없는, 지극히 고아한 의미를 지니고 전해져 내려오는 보물이었다. 칠현금 건너편에는 두 개의 정결한 죽간이 있었고, 두 마리 용이 새겨진 보검이 벽에 걸려 있었으며 용과 봉황, 기린으로 장식된 세발솥에서는 향긋한 향이 피어올라 사방으로 흩어지고 있었다. 따스한 향기와 고아한 운치를 머금은 규방은 전아하면서도 고상한 격조로 가득 차 있었다.

십대 나이의 공주는 문무를 겸비했으니 규수 가운데에서 특출하다는 것이 조금도 과장이 아니었다. 막 열일곱 살을 넘긴 공주는 아침이나 저녁이나 항상 이곳을 벗어나지 않았다. 그랬던 그녀가 바로 오늘 아침 초나라로 시집을 가서 초나라 왕비가 되려는 것이었다. 눈앞의 모든 것을 바라보던 공주는 희비가 교차하는지 흐느껴 울었다.

화홍은 공주의 다정다감함에 감동하여 함께 눈물을 흘렸다. 그녀는 수건을 꺼내어 공주의 얼굴에 흐르는 눈물을 닦아주고 뜨거운 물을 가져와 공주의 얼굴을 씻겼다. 다시 분을 발라 화장하고 나자 공주의 표정은 편안하고 가뿐하게 변해 있었다.

그녀는 다시 화장대 앞에 앉아 화홍에게 머리를 빗겨달라고 했다. 그녀는 조금 전의 일은 까맣게 잊은 듯 상쾌해보였다.

빗질이 끝난 후 그녀는 화홍의 손에서 수건을 건네받아 가슴 앞 오른쪽 위 옷깃 사이의 틈으로 밀어 넣었다. 금지옥엽의 단정하고 아리따운 공주의 모습이 드러났다. 그녀의 아리따운 용모와 뛰어난 재치, 그리고 온화하고 점잖은 기품은 절세가인에 비해 조금도 손색이 없었다. 궁녀들은 공주의 모습을 보고 끝없이 찬탄했다.

이때 왕후는 하녀들에게 둘러싸여 있다가 천천히 공주의 규방으로 다가가면서 외쳤다.

"화홍아, 공주는 화장을 마쳤느냐?"

"왕후님, 공주님께서는 화장을 다 마쳤사옵니다. 마마의 분부가 내리시면 곧바로 가마에 오르실 겁니다."

공주는 왕후의 목소리를 듣고 서둘러 몸을 일으켜 맞으러 나갔다. 왕후를 보자마자 공주는 양손을 가슴에 모으고 인사를 올렸다.

"어마마마께 인사 올립니다."

딸을 보는 왕후의 눈가에는 눈물이 어렸다. 왕후는 서글픔으로 흐느끼면서 손을 내밀어 공주를 자신의 곁으로 당겨 앉게 했다. 일순간 모녀간의 깊은 정에 두 사람은 한참 동안이나 울었다. 왕후는 간곡하고 의미심장하게 말했다.

"새는 깃털이 자라면 높이 날 준비를 했다가 창공으로 날개를 치며 날아간단다. 새의 이상은 둥지에 편히 지내는 게 아니라 저 창공에 있는 거란다. 내 딸이 오늘 어미를 떠나 머나먼 나라로 가려는 것은 한 가지 일을 이루기 위함이니 마땅히 기뻐하고 축하해야 할 것이다. 그럼에도 우리가 슬퍼하며 눈물을 흘리는 것은 무슨 까닭이냐? 이별할 때 눈물을 흘리는 거야 어쩔 수 없는 인지상정의 일. 자, 이제 울음을 그치거라. 착하지. 울지 마라……"

왕후는 자신의 눈물을 닦으면서 공주를 어루만져주었다. 왕후가 공주에게 울지 말라고 할수록 공주는 더욱 서럽게 울었다. 공주의 두 눈은 퉁퉁 부었으며 목소리도 쉬고 힘이 빠졌다.

왕후가 지나치게 슬퍼하며 눈물을 쏟자, 나인이 왕후의 눈물을 닦아주었다. 왕후는 말을 이었다.

"내 딸아. 꼭 명심하거라! 가장 중요한 것은 아바마마의 고심을 잊지 않는 것이다. 초나라에 간 후에는 어디에서나 주의해야 하고, 네 멋대로 교만하거나 무례하게 행동해서는 안 되며, 사소한 일로 큰일을 그르쳐서는 안 된다. 항상 아바마마의 뜻을 기억하고 아바마마의 근심을 풀어드려야 한다. 너에게 거는 아바마마의 기대는 하늘보다 높고 땅보다 크단다. 부모의 바람을 저버리지 않고 조상의 숙원을 실현하기 위해 끝까지 노력하길 바란다. 절대로 대의를 저버려서는 안 되느니라!"

"소녀, 어마마마의 가르침을 받들어 절대로 나태하지 않겠습니다. 아바마마의 뜻은 저의 뜻이니, 비록 재주가 없으나 어찌 나라를 위해 근심하지 않겠습니까!"

말을 마치고 공주는 사뿐히 일어나 천천히 규방을 나섰다. 고개를 돌려 방 안을 돌아보는 공주의 눈에는 그리움의 정이 듬뿍 담겨 있었다.

공주는 머뭇거리는 걸음으로 남궁문南宮門을 향해 나아갔다. 그곳에는 일찍부터 공주를 맞으려는 징과 북, 나팔소리에 천지가 진동하고 있었다. 마치 공주에게 어서 가마에 오르라는 무언의 명령처럼 들렸다.

범저는 신랑신부의 행렬이 지평선에서 사라지는 것을 보자 마음이 들뜨기 시작했다. 진나라와 초나라의 혼인관계는 역사의 새로운 한 페이지를 여는 것이었으며, 이는 위대하고 새로운 역사가 이미 시작되었음을 의미하는 것이었다. 그는 자신이 계획한 휘황찬란한 탑이 벌써 어렴풋이 보이는 듯했다.

신부를 맞이한 행렬은 길게 늘어진 채 구불구불 앞으로 나아갔다. 고요한 쪽빛 하늘은 끝이 없었고, 흰구름이 둥실 흘러가고 있었다. 경양왕은 날아갈 듯이 기분이 좋았다. 노래를 한 곡 부르고 싶었는데 뜻밖에 어느 목동의 노랫소리가 들려왔다.

경양왕은 기쁘게도 미녀를 얻어, 공주를 바친 범저에게 감사했네.
초와 진이 혼인으로 음모를 꾸미니, 진나라의 성공은 여기에서 비롯되었네.
칠척의 남자는 모두 목이 베이고, 요조숙녀는 과부가 되리라.
頃襄王喜得美女, 多謝范雎獻公主.
秦楚聯姻係陰謀, 秦國成功在此擧.
七尺男兒皆砍首, 窈窕女子成寡婦.

전쟁이 빈번하니, 백성들이 고통받네.
초나라 산하는, 진나라가 빼앗았네.
경양왕의 권력은, 공주에게 건네지네.
공주, 공주가, 초나라를 어지럽히고,
진나라를 패주로 만드네.
戰事頻仍, 百姓受苦.
楚國山河, 秦國奪取.
襄王權力, 交與公主.
公主公主, 亂楚天下,
爲秦覇主.

개구쟁이같이 생긴 녀석이 소 등에 앉아 한 손에는 피리를 들고 다른 한 손으로는 채찍을 쥔 채, 유유자적 피리를 불고 있었다.

경양왕은 마음이 어지러워 고개를 들어 멀리 목동을 바라보았다. 목동은 아무 일도 없다는 듯 태연자약 여유로웠다. '저 녀석이 간이 부었나?' 경양왕은 병사에게 목동을 잡아오라고 명령했다. 병사가 말을 타고 쫓아오자 목동은 소를 몰고 달아났다. 소가 말보다 빠르지는 않은데, 목동은 소를 몰아 순식간에 빽빽한 숲속으로 들어가버렸다.

말을 탄 병사는 끝까지 쫓아갔지만 끝내 목동을 놓치고는 멍하니 숲만 바라보았다. 끝없이 펼쳐진 바다 같은 숲속에서 목동을 찾는 것은 바다에서 바늘 찾기가 아닌가!

잠시 후, 목동이 사라진 숲속에서 다시 피리소리가 들려왔다. 피리소리는 참으로 비장하면서 격정적이었다. 먼저 「애영哀郢」을 불고 나서 「천문天問」을 불더니, 차례대로 「회사懷沙」, 「석왕일惜往日」, 「섭강涉江」, 「이소離騷」, 「초혼招魂」, 「사미인思美人」, 「비회풍悲回風」, 「귤송橘頌」, 「석송惜誦」, 「추사抽思」 등을 이어 불었다. 청아한 피리소리는 때로 비분에 젖고, 때로 격정적이며, 때로 슬펐다. 악사들은 서로 수군거리며 속으로 찬탄했다.

"목동이 아니야!"

누군가 과장하여 말했다.

"신동도 미치지 못하겠구나!"

심지어 경양왕조차 신기하게 여겨 말했다.

"이런 목동을 쫓은들 뭐하겠느냐!"

흥이 깨진 경양왕은 길을 떠나자고 명령했다. 긴 행렬은 다시 꿈틀거리며 나아가기 시작했다. 진나라와 초나라가 경계를 이루는 지역에 높고 푸른 산이 있었다. 공주가 높은 곳에서 멀리 바라보니, 앞은 온통 산과 강물이 이어져 있을 뿐이었다. 뒤돌아 바라보자 진나라의 강산이 똑똑히 눈에 들어왔다. 그녀의 눈가에 뜨거운 눈물이 고였다. 하지만 그녀는 남들이 어린애 같다고 할까봐 눈물을 꾹 참았다. 그녀는 남들에게 여걸로 보이고 싶었다. 이 또한 결코 지나친 욕심은 아니었다. 그녀는 자신 있었다. 그녀는 애써 눈물을 삼킨 채, 고국의 가족을 떠올리면서 흔연스러운 표정을 지었다.

그녀의 눈에 비친 남국의 산하는 참으로 매혹적이었다. 눈앞에는 온통 청산녹수가 펼쳐져 있었고, 발아래로는 큰 강이 거센 물결을 일으키며 흘러가고 있었다. 그녀는 지금까지 이런 강을 본 적이 없었으며, 이렇게 아름다운 강을 본 적은 더더욱 없었다.

수레가 멈추자, 그녀는 사뿐히 수레에서 내려 강 쪽으로 걸어갔다. 그러고는 우아하고 대담하게 주위를 쭉 둘러보았다. 푸르고 잔잔한 물결과 햇빛에 반사되는 물빛은 이루 다 표현할 수 없을 만큼 아름다웠다. 양쪽 언덕에는 갈대와 창포가 우거졌으며, 꽃들이 빽빽하게 피어 있었다. 물 위에는 물오리들이 나란히 줄을 이어 떠 있었고, 갈매기들은 드문드문 날아다녔다. 공주는 마음속으로 생각했다.

'초나라의 산하가 아름답다는 말은 정말 거짓이 아니었구나! 아바마마께서도 꿈속에서조차 초나라를 생각하시면서 항상 찬탄해마지 않았고, 강남의 풍광이 어찌나 좋은지 사람들이 놀이에 빠져 집으로 돌아가는 것을 잊었다고 말씀하셨지. 오늘 이렇게 직접 보게 되니, 과연 아바마마의 찬탄이 거짓이 아니로구나!'

공주가 막 수레로 돌아가려는 순간 조그만 배 한 척이 다가왔는데, 한 사람은 노를 젓고 다른 한 사람은 그물을 던지고 있었다. '이 넓은 곳에서 어찌 이렇게 작은 그물로 고기를 잡을 수 있지?' 공주는 이상하다는 눈빛으로 배를 바라보았다.

경양왕은 공주의 미심쩍어하는 표정을 보더니 웃음을 띤 채 말했다.

"부인, 고기 잡는 것을 본 적이 없지요? 저 사람이 하는 것을 '정망淨

網'이라 하는데, 고기를 잡을 수 있을 뿐만 아니라 한 수역 내의 물고기들을 싹쓸이할 수 있지요. 그래서 '정망'이라고 합니다. 우리 초나라 어부들의 총명함을 잘 보여주는 고기잡이이지요."

공주는 부인이라는 칭호를 듣자 수줍어졌다. 그녀는 얼굴에 홍조를 띤 채 애교 있게 생긋 웃었다. 부끄러움을 감출수록 그녀의 얼굴은 더 붉어졌다. 복사꽃 같은 공주를 바라보던 경양왕은 그녀와의 즐거운 밤을 떠올렸다. 그는 공주를 바라보면서 솟구치는 욕정을 억제할 수가 없었다. 공주는 더욱 부끄러워하면서 말했다.

"폐하, 말씀하신 바에 따르면 도망칠 줄 아는 물고기도 저 어부의 그물을 벗어나지 못한다는 말씀이신가요?"

"물론 그렇게 말할 수 있지만, 그물에서 빠져나가기가 어렵긴 해도 도망치는 물고기가 없지는 않지요. 그렇지 않으면 멸종되어버리지 않겠습니까?" 경양왕은 흥미진진하게 말을 이었다. "이 다음에 함께 호수에 놀러가 직접 한 번 해봅시다. 그 맛이 보통이 아니랍니다."

"이런 고기잡이 방식이 참 재밌겠네요. 더 자세히 좀 볼게요. 그물을 던지는 게 물고기를 잡는 관건이군요. 제대로 쫘악 펼쳐지지 않으면 물고기가 멀리 도망칠 테니까요."

어부가 그물 던지는 것을 바라보던 그녀는 어부의 능숙한 동작에 찬탄을 금치 못했다. 그물이 손을 떠나 균일하게 펼쳐지면, 질서정연하게 수면에 떨어지면서 빈틈없이 수면을 덮었다. 그런 다음 어부는 느긋하게 그물을 끌어당기는데, 좌우로 흔들어 모래와 자갈 등을 없애고 나자 물고기와 새우 등이 모습을 드러냈다.

"그물을 던지는 사람이 부지런하여 노 젓는 사람과 호흡을 잘 맞춘다면 호수의 물고기를 싹쓸이할 수도 있겠군! 음, 정말 그물질을 잘하는구나! 정말 절묘하다!"

어부가 물고기 잡는 것을 보면서 공주는 장차 초나라 조정이라는 큰 호수에서 바보 멍청이들을 한 명도 놓치지 말아야겠다고 생각했다. 공주는 어부의 그물질을 구경하다가 흥에 겨워 물었다.

"폐하, 폐하께서는 저 두 어부 가운데 누구의 공로가 더 크고, 누구의 역할이 더 중요하다고 생각하시는지요?"

경양왕은 어부들의 고기잡이에 신경을 쓰지 않은지라, 공주가 묻는 말의 의미를 몰라 동문서답했다.

"어리석은 자들이 무슨 공로가 있겠소. 둘은 말할 것도 없고, 이백 명이 있다 한들 무슨 소용이 있겠소?"

공주는 피식 웃더니 불만스러운 목소리로 말했다.

"폐하의 마음은 벌써 이곳을 떠나 있군요. 제가 여쭌 것은 강에서 고기 잡는 두 사람 중 누구의 공로가 더 크냐는 것이었습니다."

경양왕은 웃으며 자신의 동문서답을 계면쩍어했다. 하지만 그는 여전히 생각해보지도 않은 채 곧바로 대답했다.

"당연히 노 젓는 사람의 공이 크지요."

"그렇지 않습니다!" 공주는 단호하게 말했다. "제가 보기에는 그물을 던지는 사람의 공이 큽니다. 그물을 던지는 사람이 없으면, 고기가 저절로 배 위로 올라오지는 않을 테니까요."

"그물 던지는 사람만 있고, 노 젓는 사람이 없다면 그물이 무슨 소용이 있겠소. 따라서 노 젓는 사람의 공이 크지요."

사실 공주의 질문은 경양왕을 놀리기 위한 것이었다. 그녀는 경양왕의 지혜가 어떤지 알아보려는 속셈이었다. 과연 그녀가 예상한 대로 경양왕의 지혜는 평범했다. 그녀는 두 사람 모두 중요하며, 어느 한 사람이라도 없어서는 안 된다는 것을 알고 있었다. '두 사람 중 한 사람이 없으면 일을 제대로 할 수 없다. 이렇게 지극히 간단한 이치도 모르면서 어찌 한 나라의 군왕 노릇을 할 수 있단 말인가? 이렇게 칠칠치 못하니 조종하는 데는 크게 힘들이지 않아도 되겠어.'

그녀는 부왕의 부탁을 완수할 수 있으리라는 자신이 들자, 저도 모르게 웃음이 나왔다.

"폐하, 날을 골라 고기잡이를 가르쳐주세요. 저도 고기잡이를 배우고 싶어요. 어때요? 폐하, 말씀에 책임을 지셔야 해요!" 공주는 애교를 떨었다.

"물론, 물론이지요. 가르쳐드릴 뿐 아니라, 직접 물고기를 잡도록 해드리겠습니다."

그때 그물을 던지던 어부가 고개를 돌리더니 물었다.

"진나라 공주시지요? 초나라 왕비가 되기 위해 오셨나요?"

공주는 어부를 바라보면서 빙그레 미소를 지었다.

어부는 한숨을 푹 내쉬면서 말했다. "초나라는 재난에서 벗어나기 어렵겠구나!"

공주는 못들은 체하면서 흘낏 경양왕을 바라보았다. 그녀는 이들이 어부가 아니라 은자임에 틀림없다고 생각했다. '사람들이 초나라에는 기인들이 많다고 하더니, 맞는 말인가보다. 당연하지. 이 넓은 땅덩어리에 어찌 재주 있는 이가 많지 않으랴.'

왕후의 죽음과 공주의 책봉

진나라 공주가 초나라에 온 지도 눈 깜짝할 사이에 벌써 오 년이 되었다. 올해 벌써 나이 스물세 살의 묘령이니 인생의 황금기였다. 그녀는 오 년 동안 이룬 일이 별로 없는지라 남들과 잘 어울리지 못했다. 그러나 그녀의 비범한 용모, 능력, 수완과 야심으로 볼 때, 그녀는 남의 아래에 오래 머물러 있을 사람이 결코 아니었다.

왕후 정완은 경양왕의 황태후인 정수의 조카딸이었다. 그녀는 고모를 쏙 빼닮아 아름답고 현숙할 뿐만 아니라 드세고 똑똑했다. 또한 고모인 황태후의 권세와 총애를 믿고서 우유부단한 경양왕을 거의 꼭두각시로 만들었다.

진나라 공주가 이처럼 권세 있고 능력 있는 드센 여인과 힘을 겨루기는 확실히 쉽지 않았다. 그러나 공주에게는 부왕과 진나라라는 든든한 배경이 있었다. 이로 인해 후궁 내에서 정권쟁탈이 일어났고, 정권쟁탈은 필연적으로 군왕의 총애를 다투는 싸움으로 이어졌다.

왕후와 공주는 마치 알을 품은 어미닭처럼 만나기만 하면 깃털을 곧추세우고 싸우려 들었다. 어느 누구도 상대에게 지지 않으려 했다.

진나라 공주는 경양왕을 완전히 사로잡기는 했지만, 아직 왕후의 자리를 빼앗지는 못했다. 하지만 그녀는 절대로 그대로는 물러서지 않을 것처럼 보였다.

이제 그녀의 권력 장악에 가장 커다란 장애물은 왕후 정씨였다. 왕후 정씨는 뽑아내지 않으면 안 되는 눈엣가시였다.

궁 안의 사정을 경양왕이 어찌 모르겠는가! 그는 공주를 몹시 총애했다. 공주의 말이라면 무엇이든 따랐다. 그러나 왕후 정씨와 관련된 일만은 그도 속수무책, 입도 뻥긋하지 못했다. 때로는 깊은 한숨만 토해 냈다.

왜 이렇게 되었을까? 그는 왕후의 미움을 살까 두려워했다. 그는 생생히 기억하고 있었다. 언젠가 왕후 정씨의 기분을 상하게 하자, 왕후는 고모인 황태후를 찾아가 일러바쳤다. 이후로 그는 어떤 일이 있어도 함부로 행동하지 않았다. 모두 알고 있다시피, 경양왕은 효성스럽고 순종적인 아들이었다. 일찍부터 그의 성격은 연약하고 우유부단했다.

공주는 문제의 본질을 꿰뚫어보는 데 천부적 자질을 지니고 있었다. 그녀는 권력에 대한 욕망이 강했을 뿐만 아니라 자신에 대해 정확히 알고 있었다. 그녀는 권력을 빼앗는 일이 하루아침에 이루어질 수 있는 일이 아님을 잘 알고 있었다. 상황을 살피고 판단하는 것이 상책이며, 절대로 경거망동하여 일을 그르쳐서는 안 된다고 다짐했다.

그녀는 초나라 조정의 내막을 잘 알고 있었으며, 경양왕의 개성과 됨됨이를 잘 파악하고 있었다. 따라서 그녀는 권력을 장악하는 것은 시간 문제라고 생각했다. 그녀가 초나라에 머문 기간도 짧고 단기필마로 뛰어들었으니 어찌 천하를 두루 살펴볼 수 있었겠는가? 이에 비추어볼 때 반드시 두 가지 일을 제대로 해내야 했다. 하나는 조정의 신하를 가능한 한 많이 자신의 편으로 끌어당기는 것이고, 다른 하나는 추파를 던져 보다 많은 사람의 마음을 사로잡는 것이었다. 공주의 계략은 분명했다. 착실히 한 걸음 한 걸음 나아가되 목적을 이룰 때까지 쉬지 않는다는 것이었다.

영악한 공주는 왕권을 무너뜨릴 기치를 들어올리기로 했다.

그녀는 경양왕이 겸손하고 공손하면서도 음란하기 짝이 없는 사람임을 알고 있었다. 그는 나랏일이든 집안일이든 자신이 주도적으로 처리한 적이 없었다. 나랏일은 상관대부에게 내맡겼으며, 집안일은 황태후와 왕후의 말이 더 무게가 있었다. 그런데도 경양왕은 천하에 가장 즐거운 사람이었다. 그는 종일토록 먹고 마시고 즐기는 일에만 몰두했다. 어떤 일에도 그는 간여하지 않았다. 그는 아름다운 공주의 품에 안기려고만 했다. 사실 호칭도 공주라 불러서는 안 되었지만 왕비들이 너무 많아서 헷갈렸는지, 그냥 이전처럼 공주라 부르곤 했다.

어느 날 경양왕은 교태를 부리는 공주를 만나자마자, 기분이 좋은지 공주를 끌어안고서 다정스레 이야기를 나누었다. 공주는 그가 감정적으로 일을 처리한다는 것을 잘 알고 있던 터라 그를 놀려주고 싶었다. 공주는 갖은 아양을 떨면서 말했다.

"폐하, 제가 초나라의 풍토에 적응이 잘 되지 않는지 자꾸 몸에 병이 나요. 혹 폐하의 기분이 언짢으시다면, 진나라로 돌아가게 해주세요."

허락할 경양왕이 아니었지만 그 역시 그녀를 놀려주고 싶어 대꾸했다.

"부인, 정말로 날 떠나고 싶은 게요?"

"저는 폐하의 눈에 쓸모없는 사람. 폐하 곁에는 미녀가 수두룩한데다, 현명하고 덕스러운 왕후 정씨가 한시도 폐하 곁을 떠나지 않으니, 저야 허수아비와 다름없는 신세이지요. 제가 진나라로 돌아가면 왕후가 신경을 덜 쓰지 않겠어요?"

"그 말을 들으니 왕후가 당신에게 마음 상할 말이라도 한 것 같구려?"

"어디 말뿐이겠습니까? 그야말로 각박하게 대하시지요. 제가 은근히 죽길 바라던 걸요."

"아이구, 왕후는 정말 ……솔직히 말하면, 나도 그녀가 싫소. 정말 꼴 보기도 싫소! 하지만 두렵기도 하다오. 그녀가 두렵다기보다는 어마마마가 더 무섭소."

"폐하마저 그녀를 무서워하는데 제가 무서워하지 않을 수 있겠습니까? 그러니 진나라로 돌아가 목숨이라도 부지해야지요."

"왕후가 그대를 해칠까봐 그러오?"

"남을 해칠 마음을 가져서는 안 되고, 남을 지켜줄 마음이 없어서는 안 되지요. 그렇지만 음험하고 악랄한 사람은 미리 대비해야 옳지요."

"말이 지나치구려. 왕후의 마음이 좁긴 하지만 그래도 그 정도는 아니오."

"왕후가 당신의 권력을 독차지해도 그저 폐하는 모른 체하지요. 하지만 그녀가 제멋대로 하도록 내버려둔다면, 언젠가 폐하도 몰락할 날이 있을 거예요."

공주는 말을 마치고는 경양왕의 허벅지에 털썩 앉으며 코맹맹이 소리로 아양을 떨었다. 경양왕은 거리낌 없이 공주를 뜨겁게 꼬옥 껴안았다. 공주가 한숨을 포옥 내쉬며 말을 이었다.

"폐하께서는 그 요정이 있으니 저를 깨끗이 잊어버리세요. 아시겠어요? 전 하루라도 폐하를 보지 못하면 너무나 괴롭답니다."

"천하의 모든 사람들이 부인을 잊는다 해도 나만은 잊지 않을 거요. 나의 귀여운 부인, 내 말을 믿으오?"

"믿기기도 하고 믿기지 않기도 하지요. 폐하는 새것만 좋아하고 낡은 것은 싫어하니까."

"새것을 좋아하고 낡은 것은 싫어하지만 모두 그런 것도 아니오. 난

줄곧 부인만을 사랑하지 않소? 게다가 다른 건 변할지 몰라도 나의 사
랑만은 변함이 없소."

"정말이세요?"

"물론 정말이지요."

"높은 자리에 있는 사람은 잘 잊어버린다던데, 제 아버지 앞에서 했
던 약속은 기억하고 계시지요?"

"내가 했던 약속 가운데 실행하지 못한 게 있소?"

"설마 정말 잊어버린 건 아니시겠지요?"

"왕후 책봉을 말하시는 거요? 절대 잊지 않았소. 조급히 굴지 마오.
부인은 이제 스물세 살, 십 년이 지나야 서른세 살. 십 년 동안에 얼마나
많은 기회가 있고, 얼마나 많은 변화가 있겠소? 왕후를 제거하고 싶은
마음 나 역시 마찬가지요."

"아무래도 왕후의 자리는 기약도 없이 아득하나봅니다. 폐하 마음속
에는 오직 왕후 정씨뿐이니 진나라로 돌아가 아바마마께 나서달라고
하는 게 낫겠어요."

공주의 말에 경양왕은 낯빛이 변했다. 그는 공주가 진나라로 돌아가
고자질할까봐 겁이 났다. 진나라 왕의 기분을 거스르면 좋은 일이 하나
도 없었다. 경양왕은 얼른 말투를 바꾸어 달랬다.

"부인, 그러지 마오. 날 믿으시오. 틀림없이 약속을 지키겠소."

공주는 묵묵부답인 채 속만 태웠다. 그녀는 그가 늘 감정에 이끌려 일
을 처리한다는 것을 잘 알고 있었다. 그래서 그를 슬쩍 자극했다.

"한 나라의 군왕이더라도 할 수 없는 일이 있을 수도 있죠!"

"할 수 없는 일이 있다고?" 경양왕의 얼굴이 붉어졌다. "때가 되면 방
법이 있는지 없는지 보시오!"

"때가 되면 저는 세상을 떠나고 없겠지요." 공주는 경양왕을 격분시

키는 방법을 쓰고 있는 게 분명했다.

"부인, 부인은 또 기약도 없이 아득하다고 말하고 싶겠지요? 그렇지요? 그러나 절대로 아니오! 아니란 말이오!" 경양왕은 공주에게 맹세를 하고 말했다.

"첩이 어찌 군왕의 뜻을 거스르겠습니까? 말씀에 따르겠습니다!"

영악하고 교활한 공주는 한 발 한 발 경양왕을 밀어붙여 자신의 뜻에 따르게 했다. 그녀는 아무리 군왕이 무능할지라도 그 일만큼은 할 수 있으며, 그것을 가로막을 자 또한 없다는 사실을 굳게 믿었다. 그녀는 어떻게 해야 경양왕이 자신의 뜻을 따를지 잘 알고 있었다. 군왕에게 효과적인 것은 소란을 피우는 것이 아니라 지모라는 것을.

이로부터 일 년쯤 흐른 뒤 이런 일도 있었다. 어느 날 경양왕이 공주를 만나러 갔는데, 공주는 경양왕이 온다는 소식을 전해 듣고서 고통스러운 것처럼 슬픈 표정을 지었다. 마치 큰 병을 앓고 있는 듯한 모습이었다. 그녀는 울음 섞인 목소리로 말했다.

"바보 같은 내 잘못이야. 초나라로 시집오지 말았어야 했어. 남의 울타리로 들어와 이런 차별대우를 받다니! 찬밥신세가 되어 냉대를 당하다니……."

공주의 하소연을 듣고 있자니, 경양왕은 마음이 편치 않았다. 마음속 가책과 함께 불현듯 애수가 밀려왔다. 그는 공주를 동정하면서도 왕후 정씨가 가여웠다. 까닭 없이 왕후를 내칠 마음도 없었다.

왕후 정씨는 그에게 현숙하고 곰살궂은 여자였다. 그녀는 아리땁고 요염할 뿐만 아니라 똑똑하고 유능했다. 일처리 또한 통이 크고 반듯했다. 경양왕에게 충심으로 대하고 남의 말에 귀 기울이며 남의 의견을 잘 받아주었는지라, 후궁에서 우러러 받들어 모셨다. 하인과 계집종들은 모두 그녀에게 탄복했다. 이렇게 뛰어난 왕후는 나라의 큰 축복이었다!

그녀는 경양왕이 언짢은 기색으로 있거나 대신들과 의견이 맞지 않을 때는 언제나 대신들의 입장에서 생각해보라고 권유했다. 대신들 중에는 군왕과 나라를 사랑하는 이가 훨씬 많으며, 설사 간신배나 소인배와 같은 이가 조정을 어지럽히더라도 그들의 말에 따르지 않으면 그만이라고 설득했다. 왕후 정씨가 이처럼 일을 잘 처리하고 마음을 편안하게 하자, 많은 신하들 사이에서 그녀의 권위는 자연스럽게 높아졌다. 경양왕조차도 그녀의 권유나 설득을 따르게 되면서 왕후 정씨의 권위와 명망은 모르는 사람이 없게 되었다.

눈치 빠른 공주는 호시탐탐 왕후의 자리를 노렸지만, 그녀의 야심은 쉽게 이루어지는 것이 아니었다. 공주는 끈질기게 기회를 노리면서 기다렸다.

경양왕은 왕후와 공주 사이에서 이러지도 저러지도 못하는 진퇴유곡의 처지에 빠지고 말았다. 그는 머리가 지끈거렸다. 양쪽을 만족시킬 계책이 도무지 생각나지 않았다.

그런데 오늘 공주가 이처럼 울상을 짓는 모습을 보자, 마음이 더욱 아팠다. 귓가에 "폐하가 약속한 일이니 반드시 처리하셔요. 군자는 농담하지 않는 법입니다"라는 말이 메아리처럼 울리는 듯했다. 이 말은 귀에 못이 박히도록 여러 번 들어왔다.

공주가 약속을 지키라고 재촉하는 것도 전혀 이상한 일은 아니었다. 경양왕은 진나라 소왕 앞에서 "삼 년 후에 왕후로 들어앉히지 못하면, 장인어른의 발아래 무릎을 꿇겠습니다"라고 큰소리친 적이 있었던 것이다. 이렇게 허풍을 떤 지 벌써 오 년이 흘렀으니 공주의 채근은 당연한 것이었다. 경양왕은 그때마다 미안한 기색을 띠면서 이렇게 말했다.

"부인, 울지 마오. 부인에게 참으로 면목이 없소. 하지만 길은 한 걸음 한 걸음 나아가야 하고, 고기를 먹으려면 먼저 돼지를 잡아야 하는 법이 아니겠소?"

경양왕은 진나라의 무력과 소왕의 위엄에 압도당하고 있던 터라 명령을 거스를 생각은 꿈조차 꾸지 못했다. 그래서 그는 이판사판 모험을 하기로 마음먹었다.

'내가 정말 왕후에게 칼을 들 수 있을까? 정말로 그런 망나니 노릇을 할 수 있을까? 황태후이신 어마마마의 반대와 문무백관들의 반대를 견딜 수 있을까? 또 천하 사람들의 비웃음을 두려워하지 않을 자신은 있는가?'

이 모든 것을 그는 모두 헤아려보았다. 이제는 이것저것 따질 처지가 아니었다. 국난이 눈앞에 닥쳐오는데 무엇인들 하지 못하랴! 왕후 한 명을 희생하여 나라의 안녕을 얻고 전쟁의 재난을 피하며 왕위와 사직을 지키고 백성을 도탄에서 구할 수만 있다면 왕후 정씨를 제거하는 것은 오히려 떳떳한 일일 수도 있다.

'군왕이 비妃 한 사람을 죽이는 일이야 늙은 암탉 한 마리 잡는 것처럼 대단한 반향을 불러일으키지는 않겠지만, 왕후를 죽이는 일은 전혀 다르다. 왕후는 한 나라의 어머니이기에 후폭풍이 훨씬 거세다. 설사 그럴지라도 이젠 어쩔 수가 없다. 왕후를 죽이는 것이 군왕이 죽는 것보다 훨씬 나을 테니.'

'공주를 왕후에 자리에 앉히지 못하면, 진나라는 군대를 일으켜 초나라를 공격할 것이고, 그때에는 군왕인 나뿐만 아니라 왕후의 목숨 역시 무사하지 못하리라. 이렇게 따지고 보면, 왕후의 머리를 베는 것이 더 낫지 않겠는가?'

경양왕은 이렇게 자신의 생각을 합리화했지만, 왕후의 희생으로 태평성세를 이룰 수 있을지는 장담할 수 없었다. 경양왕은 미처 거기까지 생각하지 못했다. 그는 참으로 천진난만한 국왕이었던 것이다.

그는 회왕보다 훨씬 멍청했다. 그가 걸어간 길은 나라를 망치는 길이었다.

그러나 그는 이러한 현실에 애써 눈감아버렸다. 그는 오로지 훌륭한 사위로 인정받을 생각에만 젖어 있었다. 진나라에 기대어 구차히 안녕을 바랐던 그는, 말끝마다 진나라 왕을 부왕父王이라 부르면서 자신을 아신兒臣이라 일컬었다.

진나라 왕은 경양왕이 어떤 인물이며, 초나라의 실정이 어떤지 속속들이 알고 있었다. 초나라에는 능력 있는 인물이 없으며, 군대에도 뛰어난 장수가 없었다. 이러한 나라는 스스로를 보호할 능력이 없기 때문에 타국에 합병될 수밖에 없었다. 유일하게 능력 있는 이로 굴원이 있지만 그는 장의의 계략에 의해 조정에서 변방으로 쫓겨나 생사조차 알 수 없는 형편이었다. 충성심이 강한 애국 명장 굴개 역시 장의의 뇌물에 매수된 매국노 근상 일당에 의해 싸움터에서 죽고 말았다. 남아 있는 자들은 모두 봉록만 축내는 밥벌레들로, 옳지 못한 일만 다투어 행할 뿐이었다.

공주가 왕후를 죽이라고 경양왕을 다그친 것은 붕괴의 시작일 뿐이었다. 그것은 공주가 초나라를 향해 공격을 퍼부은 신호탄이었다.

공주는 영악하고 유능한 자질을 갖추고 있었다. 그녀가 꾀한 계책은 가는 곳마다 승리를 거두었다. 그녀는 경양왕의 환심을 사고자 자신의 미모로 경양왕을 미혹했다. 그녀가 중상모략을 할 때마다 경양왕은 곧 이들었다. 그녀는 이제껏 경양왕의 의견에 직접 반대한 적이 없었다. 뜻이 맞지 않는 일이 있으면 완곡하게 거부하면서도, 다른 사람이 눈치

챌 만한 흔적을 추호도 남기지 않았다. 경양왕은 그녀가 왕후 정씨보다 똑똑하며 자신과 뜻이 맞는다고 느꼈다. 그는 이미 그녀가 쳐놓은 함정에서 빠져 헤어나올 수가 없는지라, 왕후를 죽이겠다는 결심은 조금도 수그러들지 않았다. 이름뿐인 허깨비 신세의 왕후의 몸은 나날이 허약해져 뼈만 남았다.

경양왕은 왕후의 통제에서 완전히 벗어났다. 국가대사는 이제 공주와 상의했다. 그녀는 겉으로는 비에 지나지 않았지만 실제로는 왕후의 지위를 대신하고 있었다. 그러나 그녀는 만족하지 않았다. '이름이 바르지 않으면 말이 이치에 닿지 않는다'는 것을 명분으로 경양왕을 다그쳤다. 그녀는 일찍이 왕후를 살해할 뜻을 품고서 자신에게 맹세했다. '왕후를 죽이지 않으면 진나라 공주, 진나라 소왕의 딸이 아니다!'

그녀의 야심과 담력은 나이가 들어가면서 더 커졌다. 그녀는 겉으로는 아양을 떨며 기민하고 원만하게 일을 처리하면서 남들에게 대범하게 행동했지만, 그녀의 내심은 이리보다도 악랄했다. 말은 달콤했어도 살의를 품은 채 웃음 속에 칼을 감추고 있었다.

유령, 잔인한 유령이 후궁 안을 떠돌고 있었다.

왕후는 경양왕의 돌연한 변심을 도무지 이해할 수 없었다. 그것은 그녀에게 충격적인 일이었다. 병에 걸린 그녀는 가슴이 답답하고 머리가 어지러웠다. 침상에서 일어나지 못한 지 벌써 여러 날이 되었다. 후궁의 모든 이들은 불안한 마음에 기도를 올렸다.

"착한 사람이 병마에 시달리지 않도록, 우리의 착한 왕후가 하루빨리 건강을 회복하게 해주소서." 기도소리는 경양왕의 귀에도 흘러들어갔다.

어느 날 소식을 전해 들은 경양왕은 근심하기는커녕 크게 기뻐했다. 이번 기회에 그녀를 저 세상으로 보내버려야겠다는 생각이 문득 들었다.

군왕이 왕후를 만나러 가는 일이야 정리에 맞는 일이었다. 그가 못된 짓을 하리라 의심하는 이는 아무도 없었다. 하지만 좋지 않은 일은 의외로 정리의 뒷전에서 이루어지는 법.

경양왕이 후궁에 도착했을 때, 마침 계집종이 왕후에게 탕약을 드리고 있었다. 경양왕은 계집종을 가로막아 약사발을 가로채고서 그녀를 내보냈다. 그는 아무도 없는 틈을 타서 소매 안에 감춘 비상을 탕약에 털어넣었다. 그리고 나서 직접 왕후에게 탕약을 먹였다.

왕후는 경양왕이 직접 탕약을 받쳐 들고 와서 먹여주자 감읍해했다. 쓰디쓴 약이 달콤하게 느껴졌다. 그러나 그녀가 경양왕의 은총에 황송해하는 순간 약기운이 퍼졌다. 불쌍한 왕후는 붉은 피를 토하면서 경양왕을 희번덕거리는 눈으로 쳐다보았다.

"군왕이시여, 어찌 저에게 이런……."

고개는 비틀리고 두 눈은 하얗게 뒤집혔다. 그녀는 이렇듯 비참하게 세상을 떠나고 말았다. 그녀의 하얀 눈동자는 멍하니 경양왕을 바라보고 있었다. 경양왕은 뒤로 주춤주춤 물러서더니 뒤도 돌아보지 않고 도망쳤다.

'군왕이 왕후를 죽였다고 생각할 사람은 없을 것이다. 모두들 왕후의 죽음에는 틀림없이 모살자가 있을 테니, 찾아내 때려죽여도 시원치 않으리라 생각할 것이다. 왕후가 죽었으니 속죄양을 찾아내야 한다. 그렇게 하지 않으면 이러쿵저러쿵 말이 많아질 것이다.'

경양왕은 사흘 내에 반드시 살인자를 찾아내라고 명령을 내렸다. 별안간에 온 조정은 떠들썩해졌다. 후궁은 뒤죽박죽 엉망이 되었다. 모두들 자신의 안위를 걱정하면서 안절부절 어쩔 줄을 몰랐다. 그러나 아무리 조사를 해보아도 살인자를 도무지 찾을 길이 없었다. 어쩔 수 없이 탕약을 받들었던 계집종의 머리를 베어 이번 비극에 대한 조사를 끝마쳤다.

이번 사건의 내막은 공주 외에 총신 근상만이 알고 있을 것이다. 그는 권모술수에 능한지라 서로 속고 속이는 궁중의 속성에 대해 잘 알고 있었다. 그는 독수리 같은 눈, 개 같은 코, 뱀 같은 마음, 이리 같은 교활함을 두루 지니고 있었다.

사흘이 지난 후, 왕후의 시신을 담은 관이 아직 치워지기도 전에, 근상이 앞장서서 공주를 왕후에 책봉하자고 제의했다.

이 제의는 경양왕의 뜻에 딱 들어맞았을 뿐 아니라, 마음이 급한 공주의 심정에도 딱 들어맞았다. 공주는 기쁨을 감출 수 없었다. 근상이 고마워 죽을 지경이었다. 이튿날 공주는 내시를 통해 남몰래 근상에게 수많은 금은보화를 보내 그에 대한 관심을 보여주었다. 근상은 흐뭇했다. '말 한마디로 이렇게 많은 예물을 얻다니. 앞으로 이렇게 좋은 왕후께서 창고노릇을 해주시겠지.'

공주는 조정의 대신 가운데 그가 가장 명망이 있다는 것을 잘 알고 있었다. 권세 있는 대신들은 이자를 구슬려 자기편으로 삼으려 했다. 그녀는 근상의 집을 방문해 신하에 대한 관심을 나타내도록 경양왕을 설득했다. '근상은 경양왕의 행위가 자신의 용의주도한 계산에서 나온 것임을 틀림없이 알아차릴 것이고, 나는 그와 특별한 사적 관계를 이루면 된다.' 이것은 그녀가 근상을 끌어들이기 위한 첫 번째 계략이었다. 첫 수가 두어지고 나면 게임은 저절로 진행되는 법. 그녀는 이미 승리를 굳혀가고 있었다.

군왕이 신하의 집에 왕림한다는 것은 특별한 영광이다. 근상은 이 영광을 가슴 깊이 새겼다. 그는 공주가 자신에게 보낸 비장의 카드를 즉각 알아봤다.

소원을 성취한 새로운 왕후

공주는 고달픈 암투와 몇 번이나 목숨을 내던지는 각축 끝에, 마침내 왕후의 보좌를 차지하는 데 성공했다.

이즈음 경양왕은 마음이 편안했다. 불안하고 초조했던 나날은 다시는 되풀이되지 않을 것이다. 아울러 그는 완전히 다른 사람이 되었다. 그는 의지와 과단성으로 침착하게 정사를 처리하여 제법 대왕의 면모를 보이기 시작했다.

그가 어떻게 평소와는 전혀 다른 모습을 띠게 되었을까? 정말로 단숨에 성숙해졌단 말인가? 결코 그렇지 않다. 새로운 왕후가 막후에 있었기 때문이다. 왕후는 비록 정식으로 책봉되지는 않았지만, 한시도 지체하지 않고 조정에 손을 뻗쳤다. 대신들의 직언은 아랑곳하지 않은 채 제멋대로 전횡했다. 이로 인해 군왕을 가까이 모시는 원로 중신들은 차츰 변하기 시작했다. 하지만 한 나라의 귀하신 몸이니, 아부하는 사람을 구하지 못할 리가 없었다.

그는 다름 아닌, 정세를 살펴 움직이는 데 이름이 난 근상이었다. 공주는 아직 왕후로 승격되지 않았는데도, 조정의 대권을 휘두르고 있었다. 정세의 흐름을 간파하기에 능한 근상은 발 빠르게 움직여, 조정의 새로운 핵심인물들과 함께 파벌을 형성했다. 좀 더 명확하게 말한다면, 그는 공주와 한 패가 되었다.

"공주께서는 단정하고 현숙하시며 일을 잘 처리하시어 대국에 걸맞은 풍모를 갖추셨으니, 왕후는 공주가 아니면 아니 되올 것입니다."

근상은 온 힘을 다해 그녀를 치켜세우고, 여기저기 들쑤시고 다니면서 공주의 편을 끌어 모았다. 이렇게 요란스럽게 떠들어대니 어느 대신인들 감히 입을 뻥긋할 수 있겠는가? 설사 반감을 품은 이가 있다 한들 가슴 깊숙이 감추어둘 뿐, 겉으로는 웃음 띤 얼굴로 부화뇌동할 수밖에 없었다.

이리하여 기적 아닌 기적이 일어나고 말았다. 진나라 공주를 왕후로 봉하는 데에 조정의 문무 신하들 중 반대하는 이가 한 명도 없었기 때문이다. 모두들 이구동성으로 "현명한 왕이시여, 왕후 만만세!"라고 외쳤다.

경양왕은 자신만만했다. 지난번 조회 때 이의를 다는 신하가 아무도 없었던 것이다. 그리하여 그는 칙령을 내려 천하에 선포했다.

'전임 왕후가 불행히 세상을 떠났으니, 진나라 공주를 왕후로 승격한다.'

이 칙령이 반포되자 온 천하는 물 끓듯 소란스러워졌다. 사람들의 의견은 분분하여 일치된 결론에 이르지는 못했지만, 대부분 초나라의 일대 불행이라고 여겼다. 어떤 이는 조정대신은 무얼 하기에 막지 못했는가라고 따졌다. 일도 제대로 하지 못한 채 봉록만 축내는 머저리라고 비난받아도 사실 그들은 아무 힘도 갖고 있지 못했다. 설사 죽음을 무릅쓴 대신이 일어나 간언을 해도, 아무 도움이 되지 못할 터였다. 이미 굴원의 사례가 교훈이 된 셈이니, 어느 누가 굴원의 전철을 밟아 스스로 재앙을 뒤집어쓰려 하겠는가?

국왕이 큰 잘못을 저질러 음험하고 악독한 후궁에게 시달림을 받는 일이야 역사에 흔히 벌어지는 일이며, 어찌 달리 구해볼 방법이 없잖은가! 타국의 공주가 대단히 좋지 않은 상황 속에서 왕후의 보좌를 훔쳤으니, 나라의 불행이요 조정의 흉조임이 틀림없으나 이 또한 사람의 힘으로는 어찌할 수 없는 하늘의 뜻인 바에야……. 이러한 유언비어가 거리마다 골목마다 떠다녔다.

왕후의 대관식은 초나라 경양왕 6년 8월의 길일을 잡아 거행하기로 했다. 공주는 대관식 때 한 오라기의 부끄러움이나 양심의 가책도 드러내고 싶지 않았다. 장중하지 않은 분위기 속에서 대충 거행하고 싶지도 않았다. 그녀는 당당하고 웅장하며 어엿하게, 목에 힘을 잔뜩 주고서 왕후의 보좌에 올라야만 했다. 이렇게 해야만 진나라의 공주이자 초나라의 왕후로서 온화하면서도 화려한 풍채를 드러낼 수 있으리라! '온 천하 사람들이 엄지손가락을 치켜세우면서 찬사를 그치지 않도록 해야지. 대관식은 온 나라 사람들의 중대사인 만큼, 군왕의 등극식 못지않게 성대하고 웅장하게 치장하여 열국의 제후와 온 천하 사람들에게 진나라 공주가 초나라의 왕후가 되었다는 사실을 똑똑히 보여줘야지. 아울러 문학적 소양에 비길 데 없는 아름다움을 지닌 왕후로서 오직 나만이 왕후가 되는 것이 거역할 수 없는 이치이자 하늘의 뜻이며, 광명정대하고 빛나는 일임을 보여줘야지.' 그녀는 자신의 신분에 맞게 대관식을 치르려면 호화스럽고 사치스러워야 한다고 생각했다. 그래야 그녀의 욕망을 채워줄 수 있을 듯했다. 그녀는 천하에 자신의 부귀영화가 어느 누구와도 비할 수 없음을 자랑하고 싶었다. 그녀는 그동안 참고 견뎌온, 특히 한 번도 얼굴을 본 적도 없는 사람들에게 자신이 얼마나 대단한 여장부인가를 분명하게 알리고 싶었다.

살아가면서 가장 힘든 일이 대관식이다. 상관대부는 모든 일을 준비하느라 가장 바쁜 사람이었다. 그는 충심을 드러내기 위해 일을 꼼꼼하게 처리했다. 이 일은 그가 공주의 비위를 맞추고 자신의 재능을 드러낼 수 있는 천재일우의 기회였다. 시간은 촉박한데 대관식 때에 입을 예복과 탈 수레, 옥으로 새긴 인장, 천하의 제후를 영접할 일, 그리고 음악, 시, 곡예, 연회석, 기녀 등 준비해야 할 일이 너무나 많았다. 상관대부 근상은 눈이 핑핑 돌 지경으로 바쁘고 몸은 피곤하여 녹초가 되었다.

드디어 왕후의 대관식날이 되자, 왕궁 안에는 손님이 가득했고 아름다운 음악이 울려 퍼졌다. 등롱이 화려하게 매달려 있는 대전에는 문무백관이 구름처럼 모여들었고, 뜨거우면서도 장엄한 분위기 속에 고아하고 경건한 빛이 흘렀다. 공주는 시녀들에게 둘러싸인 채 나긋나긋하면서도 단정한 걸음걸이로 천천히 전당에 올랐다. 머리에는 눈이 부시도록 화려한 봉황의 관을 쓰고, 몸에는 용과 봉황을 수놓은 황포를 걸쳤으며, 널찍한 붉은색의 띠는 발등까지 흘러내려 우아함을 더해주었다. 관과 갓끈, 허리띠 등은 모두 황제의 양식을 본뜨고 있었다. 공주는 단정하면서도 위엄이 넘쳐흘렀는데 풍만하면서도 호리호리한 몸매, 시원스럽고도 새하얀 얼굴, 새카만 눈동자, 오똑하면서도 매끄러운 콧날, 동글동글한 아래턱 등 어울리지 않는 곳이 없었다. 참으로 공명정대하고 도량이 넓어 이제껏 나쁜 일이라곤 저질러본 적이 없는 듯한 모습의 왕후였다.

왕후의 관이 서서히 머리 위에 씌워질 때, 그녀는 격정을 억누를 길이 없었지만 태연자약한 모습을 보이려 힘껏 애썼다. 왕은 정교한 상자에 얌전하게 놓여 있는 옥쇄를 몸소 왕후에게 건네주었다. 이로써 그녀는 비로소 왕후의 보좌에 진정으로 오르게 되었다. 뒤이어 성지가 읽혀지고 풍악이 울려 퍼지자, 문무대관은 큰 소리로 축원했다.

"만수무강하소서!"

이제 대관식은 서서히 끝이 나고 그녀는 시녀의 부축을 받으며 여유 있게 대관식장을 떠나 후궁으로 걸어 들어갔다.

새로운 국면의 막이 올랐다.

장엄하고 엄숙한 왕후의 전당. 왕후는 문무백관, 제후, 사자, 하객의 축하를 받았다. 이것은 새로운 왕후가 짜낸 구상이었다. 이 모두는 새로움을 두드러지게 하고. 새로운 왕후가 새로운 시대를 열었음을 두드러지게 하기 위함이었다. 세상 사람들에게 새로이 그녀를 바라보게 하려는 것이었다. 새로 만든 봉황 수레는 유난히 크고 화려했다. 늠름한 그녀의 모습에 사람들은 찬탄을 금치 못했다. 수레 앞에는 위풍당당한 기사가 앞장을 서고, 수레 뒤에는 대규모의 악대가 따르고, 깃발을 치켜든 대열이 바로 뒤를 이었다. 웅장한 기세로 가지런히, 울긋불긋, 장엄하여 기백이 대단했다.

사람들은 봉황 수레를 에워싸고 천천히, 질서 있게 배례 제단으로 나아갔다. 왕후는 사람들의 시선을 받으며 사뿐사뿐 봉황 수레를 내려 배례 제단에 올라서서 남쪽을 향했다. 제단 아래의 광장에는 문무백관들이 새까맣게 무릎을 꿇고 있었다. 벼슬아치와 제후의 사절단, 빈객, 각계 현인들이 모두들 의관을 정제한 채 질서정연하게 앉아 있었다.

왕후는 매우 공손하게 온화한 미소를 머금고, 그들의 경건함에 답했다. '그대가 내게 무릎 꿇어 배례하면, 나도 그대들에게 미소의 예를 베풀리라. 예란 오고 감이 천고의 진리. 왕후가 신하를 사랑하는 뜻이 아니겠는가!'

모든 의식이 끝나자 왕후는 봉황 수레를 타고서 궁으로 돌아왔다. 많은 사람들이 연도에 몰려들어 왕후를 부러운 눈빛으로 쳐다보았다.

그러나 금방 먹구름이 몰려왔다. 그녀는 진나라의 공주가 아니던가? 굴원의 말에 따르면, 그녀는 이리나 호랑이 같은 나라의 후예이다. 남의 결점을 들추어내기 좋아하는 누군가는 왕후의 눈이 너무 푸르고 깊어 영락없이 매의 눈처럼 사납고 탐욕스러운 개성을 드러내는 것 같다고 했다. 누군가는 그녀의 몸매가 어찌 그리 뱀과 흡사하냐고 거들기도 했다.

왕후의 대관식은 유례없이 대성황을 이루었다. 진수성찬의 연회로 각국의 귀빈과 벗을 대접했고, 노래와 춤으로 밤이 새도록 그들을 흥겹게 해줬다. 권력의 건물, 행복의 천당이 원통한 무덤 위에 우뚝 서 있었다. 원귀들의 흐느끼는 소리와 춤추고 노래하는 소리가 한데 섞여 울려 퍼졌다.

도를 넘어선 왕후의 전횡

경양왕은 대권을 홀로 쥐고서 제멋대로 휘둘렀으며, 그를 가로막을 이는 아무도 없었다. 그런데 하룻밤 사이에 그는 웅대한 재능과 원대한 지략을 지닌 군왕으로 변모했다.

그의 변신에 어느 대신은 기쁨을 느꼈지만, 어느 대신은 놀라움을 금치 못했다. 군왕과 나라를 사랑하는 대신은 하나둘 자취를 감췄고, 못된 짓을 일삼는 사악한 무리만이 제 세상인 양 날뛰었다. 이때 오직 한 사람만은 뭇사람과 달랐다. 그는 바로 왕후를 추천했던 원로 중신 근상이었다.

권력에 대한 그의 상실감은 너무나 커서, 그야말로 형세의 급변에 적응할 수 없을 지경이었다. 그와 왕후는 사상이 크게 다르지 않았다. 그는 친진파親秦派의 우두머리였다. 이해관계에 있어서도 대단한 갈등이 있는 것도 아니었다. 그가 모은 재부는 견줄 이가 없었으며, 특히 진나라로부터 받은 뇌물은 그가 제일 많았으며 금액 역시 그를 능가할 이가 없었다.

물론 권력이라는 이 노리개는 재물뿐만 아니라 말하기 분명치 않은 수많은 것들에도 작용한다. 요컨대 권력은 강화할 수 있을 뿐 약화되어서는 안 된다. 약화되는 순간 상실감을 겪게 된다. 상실감이 가벼우면 머리가 아플 뿐이겠지만 크면 온몸이 마비된다. 근상이 이 정도로 크게 겪는 것은 아니었다. 그는 단지 적응하지 못할 따름이었지, 전적으로 협력할 수 없을 정도는 결코 아니었다. 감정은 서로 합치되었지만 수법이 약간 다를 뿐이어서 시간이 좀 지나면 자연히 적응될 일이었다. 이건 상식에 속하는 것이니, 그가 어찌 모르겠는가. 다만 최근 들어 예전처럼 기운이 넘치거나 의기양양하지는 않았다.

새로운 왕후는 약삭빠르기 그지없었으니, 어찌 그걸 눈치채지 못했겠는가? 어제 아침 조회 때 근상은 몸이 안 좋다는 핑계로 참여하지 않았다. 경양왕은 그 까닭을 잘 알고 있었다. 그래서 그는 왕후가 근상과 권력투쟁을 벌일까봐 근심했다. 어쩌면 세 사람의 관계가 무너질 수도 있었다. 경양왕의 이러한 근심은 그럴 만한 까닭이 있었다.

근상은 권력을 독점하고 있었던 사람이라, 일시에 상관대부의 자리로 되돌아오기가 참으로 어려웠다. 그는 두 군왕을 모신 원로 중신이었다. 회왕 때에도 중신이었으며, 경양왕이 등극한 이후로도 역시 그러했다. 두 군왕을 모시면서 정권을 쥐락펴락한 지가 사십 년이나 되었던 것이다. 그의 권세는 참으로 뿌리가 깊었다. 나이 든 다른 신하들은 자연히 그를 권력의 핵심으로 여겼다. 경양왕은 두 마리 사나운 말을 부리기 어려우면 어쩌나 걱정했다.

특히 왕후는 나이가 너무 어려서, 대국을 두루 살펴볼 수 있는 식견이 있을까? 열정은 있되 경험이 없었다. 담력은 있되 바탕이 없었다. 재간은 있되 도와줄 이가 없었다. 원로 중신들, 특히 머리를 조아린 채 굽실거리는 나이 든 신하들이 그녀를 따라줄지도 의문이었다. 이에 대해 경양왕은 아무 대책이 없었다.

하지만 그의 눈에 이 두 사람의 성향은 분명히 보였다. 왕후는 공명에 급급했고, 근상은 부귀에 급급했다. 따라서 그들은 일전을 벌일 것이 틀림없었다. 한 나라의 군왕으로서 멀거니 바라볼 수는 없는 일이었다. 그러나 그에게 무슨 방법이 있을까? 그는 타고난 성품이 무능하고 유약 했다. 그는 두 사람 사이에 끼어서 꼼짝 못한 채 번민하기만 했다.

어느 날, 경양왕은 문득 어리석음이 가시고 마음이 훤히 트이는 듯한 느낌이 들었다. '성대한 글로 온 천하에 알리고 문무백관들에게 명령해 야겠다. 특히 신구의 대신들은 한마음으로 협력하여 환난을 함께 극복 하고, 위아래 모두가 한뜻으로 위태로운 초나라를 부흥시켜 제후 열국 가운데 우뚝 서도록 힘쓰라고 말해야겠다. 공로가 큰 자는 관직을 올려 주고, 소극적이고 태만한 자나 반대하는 자는 결코 용서하지 말아야 한 다. 그런데 문서로 알리는 거야 알리는 거지만, 왕후와 근상이 내 뜻에 동조해줄까?'

안타깝게도 왕후는 경양왕과 동상이몽을 하고 있었다. 그녀가 권력 을 원하는 까닭은 나라를 부흥시키기 위해서가 아니라 그녀의 숙원, 즉 일곱 나라가 패권을 다투는 국면을 그녀의 손으로 종식시켜 진나라가 천하통일을 이룰 수 있도록 도와주는 데 있었다.

근상의 속셈은 어떤 것일까? 특별한 속셈은 없는 듯했다. 그는 그저 명령을 내리고 이익을 꾀하고 뭇사람이 그를 떠받들어 따라주기만 하 면 만족할 사람이었다.

웅대한 포부도, 청사진도, 나라의 부흥도 그와는 아무 관계가 없었 다. 하늘이 무너진다 해도 받쳐줄 국왕이 있고, 땅이 꺼진다 해도 메워 줄 왕후가 있으니 하늘이 무너지든, 땅이 꺼지든 근상 자신과는 전혀 무관했던 것이다!

근상은 못된 아첨꾼이며 약삭빠른 인간이었다. 부끄러운 짓은 남에

게 뒤집어씌우고, 자랑스러운 일은 얼른 자신의 몫으로 챙겼다. 그에
대해 칭찬하는 이도 있고 침을 뱉으며 욕하는 이도 있었는데, 그는 듣
고도 못들은 체 보고도 못본 체 상관하지 않았으니, 참으로 배포는 대
단했다.

왕후는 근상을 잘 알고 있었다. 그녀는 재물과 여자를 탐하는 그의 성
정을 최대한 만족시켜주었다. 재물은 콸콸 솟아나는 물처럼 근상의 허
리춤으로 흘러갔고, 아름다운 여인은 복숭아꽃처럼 상관대부의 화려한
저택에 흩날렸다. 써도 써도 마르지 않았으니, 그에게 무슨 야심이 있
겠는가?

근상 역시 왕후를 잘 알고 있었다. '그녀는 결코 선하지 않으며, 씹어
삼키기 어려운 쓰디쓴 열매다. 누구나 그녀를 두려워하지. 아니 그녀를
두려워한다기보다는 그녀의 아버지를 두려워하는 것이겠지. 그래서 누
구나 그녀에게 미움을 사지 않으려는 거겠지. 모든 것을 왕후의 뜻대로
행하자.' 이것이 근상의 약삭빠름이었다.

왕후는 근상이 이렇게 함께 일하기 쉬운 신하인 줄은 미처 몰랐다. 존
경의 정감이 절로 일었다. 그래서 왕후는 근상과 접촉하기를 원했으며,
교제는 더욱 빈번해졌다.

왕후는 그를 이용하기로 마음먹었다. '어떤 일은 그가 나서는 것이
내가 나서는 것보다 나아. 번거로움을 피할 수 있고 다른 대신들의 입
을 막을 수 있으니까. 타국의 공주인 내가 굳이 남의 의심을 살 필요는
없다. 게다가 근상은 현재 조정에서 가장 위망이 높은 인물로서, 좋은
일도 나쁜 일로 간주하여 처리할 수 있고, 나쁜 일도 좋은 일로 간주하
여 해치울 수 있다. 그는 비와 바람을 불러올 수 있는 대단한 능력을 지
니고 있어. 그를 끌어들이고 중용하는 게 상책이다.' 이것이 공주의 약
삭빠름이었다.

머리가 좋은 그녀는 경양왕을 손안에 넣고 주물렀을 뿐만 아니라, 노련하고 유들유들한 근상을 꼼짝달싹 못하게 사로잡았다.

조정의 누군가 놀라 탄식했다. "진나라에 이토록 기재가 넘치는 여인이 있다니, 참으로 큰일이로군! 초나라의 재난은 하늘의 뜻이런가!"

"그녀는 결코 대단하지 않소. 무조건 주눅들 필요는 없소."

이렇게 말하는 대신도 있었는데, 그는 바로 굴원의 제자인 송옥이었다. 그의 안목과 지혜는 스승에 결코 뒤지지 않았다. 문제를 바라보는 시각은 굴원만큼이나 날카로웠다. 왕대밭에 왕대가 나는 법. 송옥은 격동하는 세상에서 나라를 구하고자 애썼지만, 혼자 힘으로 무너져가는 조국을 어찌하랴. 그는 스승의 전철을 밟고 싶지는 않았다. 평범한 사람들처럼 그날그날 되는 대로 지내고 싶었다. 마음 편히 보잘것없는 관원이 되어 그럭저럭 한평생을 보내고 싶었다. 세상과 다투거나 남과 다투기가 싫었다. 이러한 점에서 송옥은 그의 스승 굴원과 달랐다. 탁한 세상을 깨끗하게 하려는 지향과 어지러운 세상을 구원하려는 포부가 없었던 것이다. 그러나 문학에 있어서는 그렇지 않았다. 특히 초사의 계승에 있어서는 굴원의 제자 중 그는 문학적 재능을 지니고 있었으나 평생 뜻을 이루지 못할까 늘 노심초사했는지라 오래도록 슬픔 속에 지냈다.

그는 붓을 들 때마다 멋진 문장을 써내곤 했다. 『한서漢書·예문지藝文志』에 따르면, 그에게는 16편의 작품이 있다. 즉 「구변九辯」, 「풍부風賦」, 「고당부高唐賦」, 「신녀부神女賦」, 「등도자호색부登徒子好色賦」, 「대초왕문對楚王問」, 「대언부大言賦」, 「소언부小言賦」, 「조부釣賦」, 「무부舞賦」, 「풍부諷賦」 등이 그것이다.

송옥은 문재가 출중했을 뿐만 아니라 인품 또한 빼어났다. 게다가 사람됨이 온화하여 조정 문신 가운데 신망이 높았다. 그리하여 자신도 모르게 왕후의 주목을 받게 되었다. 좀 더 사실대로 말한다면, 왕후가 그를 사랑했다. 그녀는 늘 실눈을 뜨고서 그를 몰래 훔쳐보았으며, 때로는 오랫동안 그를 뚫어져라 바라보기도 했다. 그녀의 시선에 송옥은 쑥스러움을 느꼈다.

그녀는 평범한 아낙도, 색을 밝히는 여인도 아니었다. 그녀는 온 조야를 뒤흔들고 제멋대로 권력을 행사하는 고약한 여인이었다. 자기 하고 싶은 대로 행하는 야심만만한 여인이었다. 사갈蛇蝎처럼 독살스러운 여인이었다. 그녀는 사내를 가지고 노는 것을 즐거움으로 삼았으며, 뜻대로 되지 않으면 언짢게 여기고 한을 품었다. 그녀에게는 아름다움과 흉악함이, 이지와 광기가 병존했다. 온순함과 짐승의 야성과 탐욕을 함께 지니고 있었다.

송옥은 여색, 권세, 명예, 위엄에 조금도 흔들리지 않았으며 결코 한도를 넘어서지 않았다. 이는 이지적이고 도리를 아는 이의 사유였다. 하지만 그의 이지의 방벽 역시 차츰 지리멸렬해지더니 끝내는 무너지고 말았다. 끊임없이 치근대는 왕후의 치정에 그만 굴복하고 말았던 것이다. 그녀의 음성과 용모, 고혹적인 모습이 눈앞에 어른거려 그는 자신을 억누를 수 없게 되었다.

특히 눈썹을 찡그리면서 살짝 웃는 그녀의 모습에 그는 정신이 아득해졌다. 가련하게도 송옥은 그리워하면서도 감히 손을 내밀지 못할 뿐이었다.

왕후가 생각하기로, 경양왕은 여인에 대해 자신이 하고 싶은 대로 했다. 윤리에 얽매이지도 않고 여인의 숫자에 구속되지도 않았다. 그것은 권력을 자신의 수중에 넣고 있는, 지고무상의 국왕이기 때문이었다. 이제 그녀에게도 이러한 권력이 있는데, 왜 자신은 남자에 대해 마음대로 할 수 없단 말인가?

성 의식에 어찌 남녀 차이가 있단 말인가? 그녀는 근원을 찾아보기로 했다.

마침내 그녀는 이러한 불합리한 규정이 주나라의 예의범절에 규정되어 있다고 여겼다. 그녀는 주나라의 예의범절이 몹시 못마땅했다. 그녀는 공자가 더욱 밉살스러웠다. 공자는 주나라의 예의범절을 높이 받든 유가의 창시자였던 것이다. 그녀는 공자의 악명 높은 명언, 즉 '여인과 어린아이는 기르기 어렵다'는 말에 특히 반대했다. '이는 여성을 공공연히 차별대우하는 말 아닌가! 여인은 기르기 어렵다는 건 남자의 시각이 아닌가? 남자는 할 수 있는데 여자는 할 수 없고, 여인이 하게 되면 '기르기 어렵다'고? 이게 무슨 논리인가? 웃기는 소리야! 이런 자가 성인이라니!'

왕후는 남녀불평등의 근원이 공자에서 비롯되었다고 여겼다. 화가 치밀어 올랐다. 동시에 문제가 뚜렷해졌다. '송옥은 어째서 늘 나를 피하는 거지? 사내답지 못한 인간 같으니라구. 그도 틀림없이 유가의 교육을 받아 유가 학설에 멍들어 있는 거야. 그렇지 않다면 생리적으로 무슨 문제가 있는 게 아닐까? 혈기가 왕성한 그의 모습을 보건대, 그래도 호랑이처럼 사나운 남자인데, 이런 남자가 어찌하여 여인을 사랑하지 못하는 걸까?'

하필 뜨겁게 타오르는 욕망을 견디기 힘든 날 아침 조회에 송옥의 모습이 보이지 않았다. 병이 났다고 했다.

이 말을 들은 왕후의 얼굴에 노여운 빛이 흘렀다. 화가 치밀었다. '송옥은 일부러 날 피하면서 내 속을 태우고 있군. 내 손안에 권력이 있는데도 네가 감히 날 골탕 먹이려고 해? 흥, 그렇다면 내 말을 듣도록 해주지. 내 앞에서 얼마나 버티는지 보자. 내 오늘 사람을 보내 널 궁으로 오라 하여 뜨겁게 너를 공격할 테다. 그래도 네 마음이 흔들리지 않는

지, 언제까지 버틸 수 있는지 보자구.' 그녀는 거울을 쳐다보고 또 쳐다
보더니 자신 있게 중얼거렸다.

"나 정도의 미모라면 틀림없이 수많은 남자를 쓰러뜨릴 수 있어!"

왕후는 욕정을 도저히 참을 수 없었다. 자란에게 속히 가서 송옥에게
궁으로 들라 명했다.

송옥은 집에서 고통에 잠겨 있었다. 무슨 병이 난 것도 아니었다. 멀
쩡하여 밥도 잘 먹었다. 그런데 하루 종일 맥이 풀려 서재에 멍하니 앉
아 생각에 잠겨 있을 뿐이었다. 정신은 몽롱하고 얼굴이 누렇게 뜨고
수척해졌다.

속담에 '색욕의 대담함은 하늘만큼 크다' 라고 했는데, 뜻밖에 송옥은
담이 쥐새끼마냥 작았다. 그러나 사실대로 말하면, 송옥의 담이 작은 게
아니라 자기억제의 문제였다. 이성을 잃어버리면 근심이 끊이지 않고,
일시의 즐거움을 탐하면 비애가 찾아오는 법이라고 송옥은 생각했다.

이즈음 왕후와 송옥에 관한 소문은 발 없는 말이 천리 가듯 사방으로
퍼져나갔다.

"왕후가 송옥을 가지고 논다면서요. 두려울 게 뭐 있겠소?"

"그렇다 해도 설마 군신의 예를 저버리겠소? 윗사람을 업신여기는
건 천리에 어긋나는 일이오!"

"얼마나 아리따운 왕후이신가? 하룻밤의 즐거움을 누린다면 죽어도
괜찮지!"

"왕후야 송옥을 죽이지 않겠지만, 경양왕이 송옥을 죽이지 않는다고
는 장담 못 하지요."

"왕후가 허락하지 않으면, 경양왕도 감히 그러지 못할 겁니다."

"어쨌든 그렇게 되면 송옥의 목숨은 보존하기 어려울 겁니다!"

이처럼 의견이 분분한 가운데, 두 사람의 소문은 날이 갈수록 더욱 흥

미진진해졌다.

요사스러운 소문에 미혹되지 않는 건 참으로 어려운 일이었다.

그러나 송옥은 냉정을 잃지 않았다. 그는 품격이 그래도 높은 편이었다. 그는 하루 종일 서재 안에 처박혀 책을 읽고 또 읽었다. 바깥세상의 유언비어에 대해 그는 못들은 척했다. 그러한 소문들에 화답이라도 하듯 그는 후세에 전해질 명작 「등도자호색부」를 지었다. 그런데 그가 막 글을 다듬고 있을 때, 갑자기 손님이 찾아왔다. 조정의 영윤을 맡고 있는, 오랜 친구인 자란이었다. 자란 역시 원래 굴원의 제자인데, 스승을 배신한 일로 송옥 등의 제자들에게 반감을 산 이래 서로 왕래가 없었다. 오늘 뜻밖에 승상의 허세를 조금도 부리지 않은 채 보잘것없는 말단관리의 누추한 집에 찾아왔으니, 그래도 우의가 남아 있는 모양이었다. 두 사람이 벗이었기에, 왕후는 그를 보냈던 것이다. 왕후는 이렇게 해서라도 송옥의 두려움을 없애 기분 좋은 느낌을 안겨주면, 모든 일이 자연스럽게 진행되어 거리낌이 없어지리라 여겼다.

자란은 정사를 맡은 후 처음으로 송옥의 집을 방문했다. 조정의 영윤이 미천한 신하의 집에 왕림했는지라, 송옥은 놀랍고 불안했다. 자란의 방문은 과거의 의심을 씻어내고 다시 관계를 호전하여 절친한 친구 사이로 되돌아갈 수 있는 기회였다. 자란은 송옥의 재주를 몹시 아꼈으며, 늘 그의 뛰어난 재주를 높이 사서 다시 얻지 못할 인재라고 칭찬하곤 했다.

반역을 꾀한 굴원을 쫓아낸 후, 초나라에는 송옥과 비길 만한 이가 없었다. 다만 아쉽게도 송옥은 사람됨이 강직하고 직언하기를 좋아하여 사람을 난처하게 만드는 일이 종종 있었다. 스승인 굴원처럼 확실히 대쪽 같은 선비라 할 수 있었다. 당시의 세속이나 정계에서는 달갑지 않은 인물이었다. 이러한 상황에서 그는 우정을 안고 찾아온 것이다.

송옥은 예의를 갖추어 자란에게 인사를 했다. "영윤 대인께서 미천한 저의 집에 왕림해주셨건만, 미처 멀리 마중하지 못했으니 그 죄 천 번 죽어 마땅하옵니다." 그는 풀썩 꿇어앉아 고개를 바닥에 대고서 정중히 예의를 갖추었다.

"어찌 그런 말씀을! 절친한 벗 사이에 어찌 이러십니까! 어서 일어나십시오!" 자란은 손을 내밀어 송옥을 일으켜 세웠다.

"영윤 대인, 무슨 긴한 일이 있으시기에 누추한 이곳을 찾으셨습니까? 통보해주셨더라면 제가 찾아뵙는 게 마땅했을 것입니다."

"그건 모르시는 말씀입니다. 나는 왕후의 명을 받들어 특별히 그대를 궁으로 모시러 온 것입니다. 어찌 감히 태만할 수 있겠습니까!"

그 소리를 듣자 송옥의 얼굴에 순간 놀라움이 스쳐지나갔다. 그러나 얼른 마음을 가라앉히고 입을 열었다.

"왕후께서 저를 부르신다니 무슨 일이옵니까? 무슨 일인지 말씀해주실 수 있사옵니까?"

"물론 말씀드릴 수 있지요!"

자란은 송옥을 흘깃 쳐다보더니 빙그레 웃었다.

"말씀해주신다면, 소신 귀를 씻고 경청하겠습니다."

송옥은 저도 모르게 두 다리가 후들거렸다.

자란은 뒷짐을 진 채 서재 안을 거닐다가 책상 앞으로 다가갔다. 그리고는 방금 막 씌어진 「등도자호색부」의 초고를 흘끗 보더니 책상에 앉아 실눈으로 읽기 시작했다.

"대단합니다. 후세에 전해질 대단한 작품입니다!"

"천만의 말씀이십니다! 심심해서 붓을 놀려본 것일 뿐, 전체적으로 체계가 잡히지 않아 비웃음을 살까 걱정입니다."

"이 부賦의 높은 성취는 그대가 아니면 아무도 할 수 없습니다. 제가 제멋대로 찬사를 보내는 게 아니라 정말로 후세에 전해질 만큼 뛰어난 작품입니다!"

송옥은 자란이 자신의 작품을 극찬해주었지만 한편으로는 불편한 마음이 가시지 않았다. 그는 자란이 대신이 된 후 제법 분발하여 세인의 두터운 신뢰를 받고 있음을 알고 있었다. 그는 굴원 일파의 사람들에 대해서도 성심을 다하려는 듯이 보였다. 이제 권신의 지위에 오른 그는 군왕의 신임을 두텁게 받고 있었다. 자란은 참으로 변모했다. 그는 도량이 넓고 기개가 비범한지라, 남만 못함을 부끄럽게 여기면 충심으로 감복했다. 그래서 송옥은 조심스럽게 입을 열었다.

"졸작이지만 웃으며 받아주시기 바라나이다." 송옥은 「등도자호색부」를 공손하게 두 손으로 받들어 자란에게 바쳤다.

자란은 빙그레 웃으며 받아들고 감사의 말을 건넨 후 방문의 이유를 밝혔다.

"왕후께서 이번에 나를 보내신 건, 왕후께서 새로 부임한 관리처럼 의욕이 넘치셔서 후궁을 정돈하고 건설하고자 하는 일과 연관이 있는 듯합니다. 우선 새로운 무용을 편성하여 진나라의 풍격으로 연출을 지도하시려 합니다. 초사를 이모저모 살펴보셨는데, 아무래도 마음에 드는 곡이 없으셨는지 나를 불러 그대에게 새로운 곡을 짓게 하고, 아울러 그대에게 왕후를 도와 함께 연습하자고 전하라 하시더군요."

자란은 잠시 숨을 고르더니 이어 말했다.

"아, 맞아요. 왕후께서는 '나는 송옥의 곡이 아주 마음에 들어요. 그의 재능에 탄복을 금할 수가 없어요'라고 말씀하셨지요 그리고 '송옥은 초나라에서 으뜸가는 인재이니, 그의 역할을 얕보아서는 안 되어요'라고도 말씀하셨습니다. 왕후의 뜻이 분명하지 않습니까? 왕후께선 그대를 높이 들어 쓰시겠다는 겁니다. 그러니 너무 거절하지 마십시오. 어수룩해야 할 때에는 어수룩하고, 신중해야 할 때에는 신중해야 하며, 말이 많은 것은 말이 적은 것보다 못하고, 말이 적은 것은 말이 없는 것만 못하지요. 일을 많이 하는 것은 성실함이요, 일을 열심히 하는 것은 입신양명에 필요해서지요……. 사실 그대의 신조는 백번 지당하십니다. 재주와 학식은 왕후께서 말씀하신 대로이고, 인품 역시 왕후께서 칭찬하신 대로입니다. ……단지 문제는 자신의 장점을 어떻게 발휘하는가입니다. 시세를 잘 살피는 게 중요합니다. 기회를 놓치지 마십시오. 놓쳐버리면 다시 오지 않을 겁니다.”

자란은 성심성의껏 송옥을 대하고 있었다. 송옥은 폐부를 찌르는 말에 감동하지 않을 수 없었다. 사람에게 가장 불행한 일은 참된 벗을 만나지 못하는 것이다. 자란은 신분이 높음에도 불구하고 정성을 다해 이야기를 나누고 용감하게 나아가도록 격려하고 있었다. 평생에 이렇게 좋은 벗을 만나기는 어려우리라. 송옥은 아무 대꾸도 하지 않았다. 그에게 벼슬길은 마치 황소 걸음걸이와 같은 것이었다. 한 걸음 한 걸음 뚜벅뚜벅 앞으로 나아가니, 나는 듯 내달리는 말과는 비교할 수 없었다. ‘속담에 누구나 뜻이 있다고 했지. 왕후가 부르신다니 어찌 지체할 수 있겠는가.’ 송옥은 늙으신 어머니께 인사를 드리고서 자란과 함께 궁궐로 갔다.

왕후의 권세는 능히 짐작하고 있었지만, 영윤을 종 부리듯했다. 그녀에게는 하지 못할 일이 없었다. 송옥은 무슨 일인지 알 수 없어 불안한 심정으로 후궁으로 갔다.

얼마 지나지 않아 시녀가 그를 왕후에게 안내했다. 시녀의 뒤를 따라 왕후의 거실 앞에 이르러, 그는 두 손을 공손히 모은 채 섰다. 시녀가 거실로 들어가 왕후에게 아뢰자, 문밖에서 잠시 기다리라고 말했다. 잠시 후, 왕후가 말했다.

“내 말을 전하거라. 송옥은 들어와 알현하라!”

“예!” 시녀가 물러나왔다.

“왕후께서 대인을 부르시옵니다.” 시녀가 말을 마치고 물러섰다.

송옥은 몸의 먼지를 털고 옷깃을 바로세운 뒤 머리에 쓴 사모紗帽를 단정히 했다. 사모는 낡을 대로 낡았지만, 그는 각별히 귀중히 여겼다. 그는 사모를 바로잡고 또 바로잡았다. 모든 게 잘 정돈되었다고 여기고서야 그는 공손한 모습으로 왕후에게 다가가 두 손을 드리운 채 말했다. “소신 송옥 왕후께 문안인사 드리오니, 만수무강하소서!” 말을 마치자마자 풀썩 자리에 꿇어앉았다. 꿇어앉는 기세가 거셌는지 무릎에 통증이 느껴졌다.

“됐어요! 아무도 없는데 예절에 구애받지 말아요. 편하실 대로 하세요.”

왕후의 말을 듣자, 송옥은 더욱 전전긍긍 일어날 수가 없었다.

“아니 왜 멍하니 있는 겁니까? 어서 일어나라니까요! 머리를 들어 나를 보세요!”

“소신이 어찌 감히!”

“어서 일어나지 못하겠소?”

송옥은 마치 허수아비처럼 고개를 푹 숙인 채 우두커니 섰다.

“앉으세요. 서 있기만 할 거예요?”

왕후는 이번에는 애교 넘치는 목소리로 말했다. 그러나 여전히 위엄을 조금도 누그러뜨리지는 않았다.

송옥은 시선을 피하면서 자리를 흘끗 쳐다보았다. 그의 자리는 왕후의 자리와 나란히 놓여 있었다. 그는 잠시 머뭇거리다가 어색하게 의자 모서리에 앉았다. 엉덩이를 의자 모서리에 걸치자, 후들거리던 다리가 더욱 심하게 떨려왔다. 그는 두 눈을 내리깐 채 시종 고개 들어 왕후를 처다보지 못했다. 왕후는 그의 쑥스러워하는 모습을 찬찬히 살폈다. 웃음을 참을 수 없어서 그녀는 농담을 건넸다.

"내가 호랑이도 아닌데 왜 그렇게 두려워하나요? 설마 초나라의 사내들은 그대처럼 다 겁쟁이인가요? 송옥, 시원시원하고 호방한 사내가 어찌하여 이렇게 부끄러워한단 말이오?"

송옥은 고개를 더욱 떨구었다. 볼은 타는 듯이 뜨거워졌고, 두려움에 심장이 쿵쾅거렸다.

왕후는 빙긋 웃더니 손을 뻗어 송옥의 붉게 물든 볼을 쓰다듬으며 말을 이었다.

"올해 나이가 몇이오?"

"스무 살이 넘었사옵니다."

"아직 혼인하지는 않았겠구려?"

"아직 하지 않았습니다."

"어쩐지 부끄러움을 잘 탄다 했더니."

"오늘 이왕 이렇게 되었으니 마음을 편히 하시오! 지금 이곳엔 그대와 나 둘뿐이니 무슨 말인들 못할 것이며 무슨 일이든 못하겠소?"

왕후는 색정 어린 눈빛으로 송옥을 훑어보았다. 송옥 역시 흘끗 그녀를 바라보았다. 두 사람의 눈빛이 마주쳤다. 왕후는 송옥의 붉게 물든 얼굴이 한층 어여쁘게 느껴졌다. 음탕한 마음이 돌연 솟구쳐 올라 도저히 참을 수가 없었다. 그러나 그녀는 얼른 스스로를 진정시켰다. '오늘 너무 서둘러 마음의 준비가 없는 송옥이 겁을 집어먹고 내 뜻대로 해주지 않으면 오히려 일을 망치지. 대어를 낚으려면 낚싯줄이 길어야 해. 불이 있는데 아랫목이 뜻뜻해지지 않을까 무슨 걱정이람. 오늘은 이쯤 해두자. 억지로 해서 될 일이 아니야. 집에 돌려보내고 득실을 따져보는 게 낫겠어.'

"송옥, 내가 그대를 왜 오라고 했는지 알겠소?"

"아는 것도 있고 모르는 것도 있사옵니다."

"그게 무슨 말이오?"

"영윤이 저를 속이지 않았다면, 소신은 왕후를 위해 곡을 지으러 왔사옵니다. 왕후께서 새로이 무용단을 편성하신다고 들었사옵니다. 그렇지 않사옵니까?"

"맞소. 맞는 말이오."

"왕후께서는 언제가 좋으시겠습니까?"

"물론 빠를수록 좋소."

"가능한 한 빨리 완성하겠사옵니다."

송옥이 임무를 받아들이는 태도가 썩 마음에 들었는지, 왕후는 웃음을 띤 채 말했다.

"그대의 글이 아름답고도 심오하다고 내 일찍이 들은 적이 있소. 잘 써보시오. 잘 쓰면 내가 후한 상을 내리겠소."

"황송하옵니다, 왕후마마!" 송옥이 다시 말을 이었다.

"이제 그만 가도 되겠사옵니까?"

왕후가 손을 흔들자, 송옥은 얼른 몸을 일으켜 나왔다. 무거운 짐을 내려놓은 듯 마음속의 얼음덩어리가 녹아내렸다. 그는 성큼성큼 걸어 후궁을 빠져나왔다.

왕후는 처음으로 침궁에서 송옥을 만났다. 소원을 이루지는 못했지만 송옥에게 한층 더 호감이 일었다. 그리하여 그리움은 더욱 깊어졌고, 사랑은 깊어갈수록 더욱 진지해졌으며, 진지해질수록 공든 탑이 무너질까 사소한 일까지 신경이 쓰였다.

'사랑, 어느 누가 이걸 말로 설명할 수 있을까? 차라리 말하지 않는 게 낫다.'

송옥을 떠나보낸 후, 왕후는 그의 모습을 잊을 수가 없었다. 꿈속에까지 맴돌았다. 너무 그리워서 밥맛조차 뚝 떨어져버렸다. 그렇다고 무조건 화를 낼 수도 없는 일. 그녀는 골똘히 생각에 잠겼다. '한 여인과 한 사내의 일이 어찌하여 마음대로 되지 않을까? 하물며 내가 지고무상의 권력을 가진 왕후인데도 말이야. 혹 내가 부족한 탓이 아닐까? 내가 성 불구자를 만나고 있는 건 아닐까? 그는 냉혈동물일까? 밥통 같은 머저리일까? 알게 뭐야, 어쨌든 목적을 이룰 때까지 절대로 그만두지 않을 테다!'

그녀의 목적은 더욱 분명해졌다. '초나라 조정을 망가뜨리기 위해서는 음탕한 유혹이 없어서는 아니 되지. 이게 실현된다면 일은 반 너머 성공한 셈이야.'

초나라가 하루라도 빨리 멸망하지 않는다면, 부왕의 안녕은 그만큼 멀어진다. 부왕의 당부를 완수하기 위해, 효녀가 되기 위해, 그녀는 그녀의 모든 것, 여인의 몸조차도 아까워하지 않으리라 결심했다. 부왕이 온 천하의 제후들을 비웃고 천하의 문사들을 호령하면서 중원의 패자가 되는 날까지. 이를 위해서라면 그 무엇인들 희생하지 않으랴. 딸이 부왕을 돕지 않는다면 누가 돕겠는가? 왕후가 일찌감치 이러한 야망을 품고 있었으니, 한바탕 목숨을 건 싸움이 벌어지지 않을 수 없었다.

이틀 후, 송옥은 단숨에 지어낸 「무부」를 품에 안고서 왕후를 찾아갔다. 길을 가는 도중 그는 흥얼거리면서 스스로 도취되기까지 했다. 부賦는 빼어나고 참신했다. 선명한 시대적, 지방적 특색을 지니고 있었다. 그는 스승인 굴원이 창조한 여섯 자 구와 다섯 자 구를 기본구로 삼았는데, 이 구식은 들쭉날쭉하여 매우 융통성 있고 변화가 심했다. 부는 상상력을 마음껏 발휘하고 감정을 유감없이 드러낼 수 있는 특색과 매력을 지니고 있었다. 가사에 자신이 원하는 대로 가락을 붙여 구성지게 부르면서, 영탄을 과장되게 하거나 느릿느릿 늘여 빼면 강력한 음운미를 지니는지라, 독특한 예술적 재능을 드러낼 수 있었다.

마치 춤을 추듯 길을 걷는 그의 모습은 펄쩍펄쩍 뛰어보고 싶어 안달이 난 사람처럼 보였고 기쁨이 넘쳐 유쾌한 듯했다.

이날 왕후는 평소보다 정성들여 화장을 하여, 더욱 아름다워 보이고 성적 매력이 넘쳐 보였다. 죽음의 위기가 눈앞에 닥쳐와도 모를 만큼 매혹적이었다. 온몸에 아름다움이, 성적 욕망이 흘러넘쳐 쾌감을 불러일으키고 있었다.

왕후는 전과 다름없이 침궁에서 송옥을 만나기로 했다.

송옥은 오늘 군계일학의 재주를 지닌 시인의 모습이었다. 온몸에 재주와 아름다움이 넘쳐흘렀다. 그의 영준함과 대범함, 강직함과 고상함이 온 천하에 널리 퍼져 있더니, 오늘은 왕후의 침궁에까지 이르렀다.

송옥이 무릎을 꿇은 채 원고를 올리자, 왕후는 그의 손을 꼭 쥐었다. 그녀는 새카만 눈동자를 빛내면서 유혹의 눈빛을 쏘아 보내더니 수줍음으로 가득한 송옥을 얼굴을 살짝 흘겨보았다. 애당초 원고를 볼 생각이 없었던 왕후는 대충 훑어보고는, 몇 구를 들어 잘 지어졌노라 입에 발린 말로 칭찬을 했다. 그녀의 눈동자는 송옥의 준수한 얼굴에 멎어 있었다. 그녀는 큰 상을 내리겠노라고 말했는데, 그 기회를 빌려 송옥을 구슬려 그를 마음껏 농락하기 위함이었다. 왕후가 밖에 외쳤다.

"누구 없느냐!"

"여기 있사옵니다."

"송옥에게 황금 백 냥을 하사하라!"

"예이!"

노비가 밖으로 나갔다.

"잠깐!"

왕후가 말을 이었다.

"내가 진나라에서 가져온, 다리가 긴 금사발도 상으로 주도록 하여라."

"명을 받들어 처리하겠사옵니다."

송옥은 마음이 흔들렸을까?

그가 마주하고 있는 것은 돈과 미인이었다. 흔한 돈이 아니라 태산처럼 많은 돈이었고, 평범한 미인이 아니라 선녀도 따르지 못할 만큼 아름다운 미인이었다.

그러나 송옥은 조금도 흔들리거나 흐트러지지 않았다. 그는 강철 같은 의지로 우뚝 버티고 있었다.

염치를 모르고 음란에 빠져 있는 색녀, 강직함과 고결함으로 자신을 지키려는 사내.

영웅은 미인의 관문을 넘기 어렵다고 누가 말했던가?

송옥의 인품은 그의 명성만큼이나 깨끗하고 아름다웠다.

송옥의 이러한 모습을 보고서, 왕후는 감정이 복받쳐 눈물을 주르륵 흘렸다.

"그대 생각해보오, 경양왕은 낮에는 정사를 처리하느라 눈코 뜰 새 없고, 밤에는 여인들의 치마에 둘러싸여 있소. 좋아하지도 않는 나와 함께할 생각이나 틈이 어디 있겠소! 그가 나를 좋아하는 일은 밤낮으로 소나 말처럼 그를 위해 봉사하는 것이니, 나를 인간으로 대접해주지도 않아요. 사람에게는 누구나 욕망과 감정이 있지요. 나 역시 마찬가지라오. 붉은 꽃이 피어나고 꼭지가 푸르러질 때 오랫동안 비와 이슬을 받지 못한다면 얼마나 견디기 힘들겠소? 내가 바람피우기를 좋아해서도 아니고, 나의 음욕이 너무 강렬해서도 아니라오. 나에게는 호사스러운 바람 따위는 없소. 그저 정상적인 부부생활만 할 수 있다면 그걸로 족하오. 내 말을 그대는 믿지 못할 것이오. 틀림없이 나를 음탕하고 서방질이나 하는 여인이라 여길 것이며 심지어 예의도, 인륜도 모르는 못된 여인이라 손가락질할 것이오. 내가 색욕으로 조정과 나라를 어지럽힌다고 생각하오?”

“그대의 스승인 굴원이 그대를 무척 귀하게 여긴다고 들었소. 그대의 이러한 면모 때문인가요? 그대의 스승 굴원의 눈에는 여인이 보이지 않는다는 걸 믿을 수가 없소. 그에게 욕망도, 감정도 없다는 건 믿을 수가 없소! 그래, 그대는 유가의 학설로 나를 억누르려 하겠지요? 남이 아끼는 것을 빼앗지 말라, 예가 아니면 행하지도 말고 예가 아니면 보지도 말라. 좋아요. 그대 송옥은 정인군자요, 나 왕후는 서방질하는 소인이군요. 그럼 그대는 만족하겠네요…….”

말이 길어질수록 왕후는 마음이 더욱 아팠다. 서글픔의 눈물이 쏟아져 내렸다. 애달픈 그녀의 눈물방울이 송옥의 어깨에 방울방울 떨어져 내렸다.

송옥은 무슨 생각을 하고 했을까? 알 수야 없지만, 그는 여전히 목석처럼 아무 표정이 없었다. 진정 냉혈동물의 화신인가!

초조해진 왕후가 다시 입을 열었다.

“송옥, 내가 그대에게 다정스런 이야기를 건네는데 그대는 여전히 요지부동이니, 참으로 모질고 독하오.”

“왕후마마, 저 송옥은 냉혈동물이 아닙니다. 그저 일국의 귀하신 국모로서 태산 같은 존엄을 지니신 분에게, 보잘것없는 서생 주제에 어찌 감히 분수에 넘치는 생각을 하겠사옵니까? 왕후의 뜻에 따르지 못하는 소인의 죄를 용서해주옵소서.”

오랜 침묵이 흘렀다.

왕후가 송옥에게 온갖 술책을 부렸음에도 아무 소용이 없는 듯했다. 하지만 그녀는 결코 단념하지 않았다.

"송옥, 잘 생각해보시오. 그대의 눈앞에는 비할 데 없는 행복과 부귀영화가 놓여 있고, 그대가 손만 뻗으면 움켜쥘 수 있소. 눈을 비비고 잘 살펴보시오. 활짝 피어난 아름다운 꽃이 그대를 위해 환하게 웃고 있지 않소. 피어난 꽃은 딸 만하면 따야 하오. 꽃이 그대로 시들어버린다면 얼마나 가슴 아픈 일이오. 얼마나 큰 불행인가 말이오! 천당과 지옥은 지척이요, 행복과 고통은 이웃이라오. 송옥, 이 말의 뜻을 알겠소? 영웅은 시세를 잘 살펴보는 법이오."

"왕후의 뜻을 따르지 못하는 죄를 용서해주옵시면, 평생 그 은혜 잊지 않겠나이다!"

말을 마치자 송옥은 왕후의 면전에 무릎을 꿇은 채 고개를 바닥에 찧어댔다.

"그대는 내가 평범한 아낙네처럼 사람을 죽이지 못하리라 생각하오? 그럼 말해두지. 사람 하나 죽이는 건 꽃 한 송이 꺾는 것만큼이나 쉬운 일이라오."

왕후는 분노를 참을 수 없는 듯이 보였다. 그것은 물러섬이자 공격이기도 했다. 송옥이 어떻게 나오나 보려는 것이었다.

"왕후께옵서는 진정하옵소서. 저를 죽이는 거야 아주 쉬운 일이오나 왕후의 명성에 누가 될까 두렵사옵니다."

"명성? 명성이 무엇인지 알기나 하오? 그대가 초나라의 이름난 신하이니 내가 그대의 머리에 칼을 대지 못할 거라고 생각하는 모양이지요? 그대 같은 고집불통에 오만방자한 무리가 바로 내가 쓸어버리려는 대상이오! 이제 그대를 죽이면 효과가 훨씬 크겠지. 어느 누가 나의 뜻을 어기겠소! 일벌백계의 계책이 될 터이니 오히려 나의 명성은 높아지겠지요. 나의 명성은 절대권력 위에 세워져야 하오."

"왕후마마의 권력은 참으로 작지 않으니, 후궁을 장악하고 있을 뿐만 아니라 조정의 권신들도 조종하고 있지요. 천하 사람들 모두가 알고 있는 사실인데 제가 어찌 모르겠습니까? 그러나 왕후마마 역시 초나라야 망할 수 있겠지만 인심은 얻을 수 없다는 사실 또한 무시하지는 못하겠지요!"

송옥은 왕후가 정권을 장악한 이래 처음으로 부딪힌 암초였다. 그녀는 앙앙불락 마음이 편치 않았다.

최초의 교전에서 한 사람은 지고 한 사람은 이겼다. 그러나 이렇게 말하기에는 아직 이르니, 사람은 죽고 나서야 공적과 과오가 정해지는 법이다.

왕후의 모함과 송옥의 재난

송옥이 왕후의 침궁에서 황망히 물러난 후, 십여 일이 흘렀다. 분위기가 평온하여 아직까지는 변고가 일어날 기미는 보이지 않았다. 송옥은 며칠간 찜찜했던 불안감이 조금은 가시는 듯했다.

왕후는 자신의 숙원을 앞당기려고 애쓰고 있었다. 왕후의 보좌에 앉아 경양왕을 조종하여 정권을 장악한 후, 그녀는 야심을 실현할 발걸음을 더욱 재촉했다. 최근 들어 악독한 음모와 악랄한 술수로 사람들을 놀라게 하는 일들이 잇달아 일어났다. 그녀는 분초를 다투는 마음으로 모든 일을 처리하고 싶었다. 눈 깜짝할 사이에 부왕의 천하통일이 이루어지기를 간절히 바랐다.

예를 들면, 그녀가 송옥을 유혹하려 한 일도 그저 색정만은 아니었다. 거기에는 정치적 음모도 도사리고 있었다. 바로 그렇기에 왕후의 야심을 꿰뚫어본 송옥은 한사코 그녀와의 간통을 거부하고자 했던 것이다. 이리하여 마침내 풍파가 일어나게 되었다. 송옥과 왕후의 '색정 교환'은 실패로 끝났으며, 이로 인해 벼슬에 대한 송옥의 신념은 사그라지고 말았다. 최근의 소문은 이러쿵저러쿵 골목과 거리에 떠돌아 모르는 이가 없었다. 그는 이것저것 의심이 부쩍 들어 함부로 문밖에 나서고 싶지 않았다. 그래서 하루 종일 서재에 틀어박혀 지냈다. 차와 밥은 거의 들지 못했고 잠도 제대로 이루지 못했다. 생각은 제멋대로 형클어지고 정신은 흐리멍텅해졌으며, 얼굴은 피곤으로 초췌해졌다. 파리하게 여윈 얼굴은 더욱 수척해보였다.

잔혹하고 횡포한 왕후는 얼핏 보기에 그에게 미련이 남은 듯했지만, 실은 정반대였다. 그는 이 사실을 그 누구보다도 똑똑히 알고 있었다.

그래서 그는 아예 장기 휴가를 내고 집에서 요양하기로 마음먹었다. 첫째로는 소문의 번뇌에서 벗어나고 싶었고, 둘째로는 몇 편의 부를 더 써볼 요량이었다. 그런 다음 이전에 써놓았던 십여 편의 부를 다시 손질하여 책으로 엮는다면, 쓸데없다고 여겨질 것도 언젠가는 빛을 볼 날이 있으리라.

'사람은 외모로 판단해서는 안 되고, 바닷물은 말로 잴 수 없는 법. 이건 어느 누구라도 예측할 수 없는 일이 아닌가! 또한 스승님의 작품들을 부문별로 나누어 『초사집楚辭集』이라는 잠정적인 명칭으로 편집하여도 좋으리라. 죽간과 전각을 제작하여 책으로 만들어내기까지 이 일은 내가 직접 나서서 해야 하리라. 스승님이 심혈을 기울여 이룬 성과를 헛되이 내버려두어서는 안 되지. 스승님의 책을 명산에 두루 소장하여 후세에 전함으로써 후인의 연구자료, 그리고 문화계의 정신적 자산이자 정치계의 귀감이 되도록 해야겠다. 이건 대단히 의미있는 작업이니 곧바로 실행에 옮겨야겠다.'

그는 한가할 때 마음에 맞는 벗과 더불어 시를 짓거나 바둑을 두고 거문고를 타며, 때로 책을 뒤적였다. 하루하루가 고통스러웠으나, 고통 중에서 즐거움을 찾으려 애썼다. 소탈한 생활에 팔베개를 하고 누워 유유자적하니, 절로 즐거움이 우러나왔다.

헛된 생각에 벗어나 두렵기만 하던 생활에서 빠져나오자, 송옥은 정신을 집중하여 자신의 학문에 몰두할 수 있었다.

그는 일단 해야겠다고 마음먹으면 정성을 들여 일을 처리했다. 한 달 사이에 그는 훌륭하고 성대한 글들을 지어냈다.

이렇게 한 달여가 지나갔다.

이날 아침 일찍 송옥은 평소처럼 심혈을 기울여 「신녀부」를 쓰고 있었다. 이 작품은 그의 마지막 대작이었다.

왕후가 정권을 장악한 이후, 복잡하고 골치 아픈 일들이 잇달아 일어났다. 왕후는 조정을 과감하게 정돈하기로 결심했다. 그는 강경책과 온건책을 곁들여, 우선 관직은 미천하지만 능력 있으면서 말을 잘 듣는 이들을 심복으로 끌어들인 다음, 말을 잘 듣지 않는 조정의 대신을 감시하고 정보를 빼내어 장애물을 차근차근 제거했다. 제거와 살육의 첫 번째 대상은 이십여 명의 중량급 대신이었는데, 이 가운데에는 송옥도 포함되어 있었다. 물론 송옥이 대신급의 인물이 아님에도 숙청 대상이 된 것은 우울한 기분을 씻어내기 위해서였기도 하지만, 다른 한편으로는 일벌백계의 효과를 거둘 수 있기 때문이었다. 어느 정도 권력을 쥐고 있고 그 권력을 빌려 그녀를 위해 일하도록 부릴 수 있는 중신은 그녀의 말에 순종하게 만들고, 속내를 도무지 짐작할 수 없는 이들은 함부로 행동하지 못하게 만들자는 것이었다. 스물다섯 살의 아리따운 여인이었지만, 그녀는 정무를 처리하는 데 패기가 넘쳤다. 두 달이 채 지나지 않아 혼란스럽기 짝이 없었던 조정은 제자리를 찾아 정돈되었으며, 차츰 그녀의 뜻대로 움직이기 시작했다. 그녀를 반대했던 관리들은 이제 그녀의 비위를 맞추기에 급급했다. 그녀는 기쁨과 함께 승리에 대한 확신에 차 있었다. 그러나 앞길이 여전히 험난하다는 것을 잘 알고 있는 그녀는 승리를 얻기까지는 마음을 놓지 않았다.

이때 왕후를 따라온 시녀 청홍晴紅이 기쁜 표정을 지으며 궁으로 뛰어 들어오더니, 소매에서 편지를 꺼내 공손히 왕후에게 바쳤다. 왕후는 시녀의 표정을 보면서 무언가 기쁜 일이 있음에 틀림없다고 생각했다. 급히 편지를 펼쳐보니, 수려한 해서체의 글이 씌어 있었다. 친정에서 온 편지였다.

사랑하는 딸 보아라.

아비는 머잖은 시기에 병사를 크게 일으켜 초나라를 칠 작정이니, 긴밀히 협조하기를 바라며, 군사정보가 특히 시급하다. 부탁한다.

아비가

편지를 읽고 난 후, 왕후는 두려움과 기쁨이 교차했다. 그녀는 자신의 행동이 느려 부왕의 발걸음을 뒤쫓아 가지 못할까 두려웠다. 부왕의 기대치에는 아직 한참 미치지 못했던 것이다. 만약 부왕의 계획대로 따라가지 못한다면, 틀림없이 중원 통일의 대업에 누를 끼칠 것이다. 그녀는 자신이 지고 있는 책임감 때문에 숨조차 크게 쉴 수 없었다. 지금의 유일한 임무는 조정과 나라를 하루빨리 어지럽혀 어부지리를 얻게 하는 것이 상책이었다. 이제는 이 길밖에 없었다. 그녀는 부왕에게 편지를 띄워 자신의 속내를 알렸다.

아바마마 보시옵소서.

소녀 늘 걱정스러운데, 용체 평안하신지요? 보내주신 글을 읽고 몹시 기쁘기도 하고 두렵기도 했습니다. 두렵다고 함은 일을 서두르면 도리어 이루지 못할까 두려워하는 것이니, 바라옵건대 반년만 늦추어 병사를 일으킴이 좋을 듯합니다. 현재 어려운 일이 너무나 많아 서두를 형편이 못되옵니다. 서로 돕고 안팎으로 호응함이 원래의 계책이니, 소녀 평생 잊지 않을 것이오며, 이에 따라 실행하겠나이다! 염려하지 마옵소서.

여식 삼가 재배하옵니다.

발 없는 말이 천리 가듯 소문은 계속 퍼져나갔다. 조야에서는 의론이 분분했다. 왕후는 몹시 노여워했다. 특히 다음과 같은 소문은 도저히 참을 수가 없었다.

"왕후는 자신이 대단한 줄 아는 모양이야. 자기가 절대 미색인데다 절대 권력을 지녔으니 사내 하나 농락하는 거야 식은 죽 먹기라고 생각했나봐! 하지만 화를 낼 수야 있지만 마음대로 할 수는 없지. 자신의 덕은 잃어버리고 송옥의 덕만 오히려 높아졌잖아!"

송옥과의 일은 공주가 왕후의 자리에 앉은 후 받은 최초의 모욕이었다. 그녀는 도저히 견딜 수 없었다.

그녀는 지금껏 실패해본 적도, 남에게 사정해본 적도, 창피를 당한 적도 없었다. 왕후는 생각하면 할수록 마음이 언짢았다. 원망이 가슴에 가득 차 도저히 견딜 수가 없었다. 그녀는 송옥을 죽여 분을 풀어야겠다고 생각했다.

'이 사건을 통해 저 완고한 대신들에게 교훈을 주리라. 내가 얼마나 대단한 여장부인가를 똑똑히 보여주리라. 나를 따르는 자는 부귀영화를 누릴 것이고 나를 거역하는 자는 죽임을 당한다는 것을 온 세상에 알려주리라.'

송옥을 죽이는 거야 물론 어렵지 않은 일이었다. 문제는 사람들이 수긍할 수 있는 그럴듯한 빌미를 찾아내 억울해도 하소연할 길이 없게 만드는 것이었다. 왕후는 고심 끝에 마침내 송옥이 걸려들 계교를 생각해냈다. 그에게 무용에 맞는 새로운 곡을 짓게 하는 것이었다.

어느 날, 왕후는 근상을 불러들였다.

"상관대부, 부탁이 있습니다."

그녀는 경양왕이 신하를 부르는 어투로 근상을 부르곤 했다. 근상은 왕후가 부탁할 일이 있다고 하자, 황망히 그녀에게 달려갔다.

"신 대령했사옵니다. 분부하실 일이 무엇인지요?"

"새로운 무용을 연습시키고 싶은데, 그대가 바쁜 틈을 쪼개 준비를 해주었으면 하오."

"알겠사옵니다! 즉시 시행하도록 하겠습니다."

"그리고 또, 사람을 보내 송옥을 불러오시오."

"네이! 신이 즉시 사람을 보내겠사옵니다."

연습장은 궁 안에 마련되었고 시설 또한 모두 갖추어졌다. 정면에는 왕의 자리가 마련되어 있었다. 북, 거문고, 징, 취주악기 등을 연주하는 자, 노래를 부르는 자, 춤을 추는 자, 기를 든 의장병 등이 속속 들어와 자리를 찾아 앉았다. 송옥은 아직 오지 않았다. 잠시 후 송옥이 바람처럼 대청으로 들어왔다. 그의 호리호리한 몸매와 빠르면서 가뿐한 걸음걸이는 사람들의 시선을 사로잡았다.

송옥이 들어오는 것을 보고 있던 왕후는 마음이 평온해졌다. 마치 송옥과 아무 갈등도 없는 듯 태연자약했다.

"아이구, 호랑이도 제 말 하면 온다더니 우리 재사께서 마침 오셨군요. 어서 앉으시오. 잠시 지체되긴 했지만 상관없습니다. 앉으세요."

"소신 왕후마마께 문안드립니다."

송옥이 무릎을 꿇고 인사를 올렸다.

"이런, 어서 일어나시오."

"소신을 부르셨는데, 무슨 일이 있사온지요?"

"물론 일이 있지요. 대재사인 그대의 곡으로 무용을 연습시키고 싶은 데, 그대가 직접 지도하지 않으면 안 될 일이오! 어떻게 연습하면 좋을지 우리 의논해봅시다."

말을 마치고 왕후는 고개를 돌려 근상에게 분부했다.

"상관대부, 그대의 임무는 우리를 도와주는 일이오. 필요한 물품과 도구는 모두 준비해주시오."

"받들어 빠짐없이 시행하겠사옵니다. 곧바로 조사하겠습니다."

그는 몸을 돌려 송옥에게 예를 갖추고서 나가다가 고개를 돌려 말했다.

"그대의 곡은 기가 막히게 멋지더군요. 왕후마마께서 보여주셨습니다."

왕후가 말했다.

"근상의 말씀이 옳소. 나도 잘 지어졌다고 생각하오만, 경양왕께서도 입에 침이 마르도록 칭찬하더군요. 경양왕께서 어서 빨리 무용을 구경하고 싶다고 하시니, 서둘러 눈요기를 시켜드립시다."

"과찬의 말씀이십니다. 소신 부끄럽사옵니다."

"굴원의 제자임에 조금도 손색이 없소. 그대의 문장은 그와 필적할 만하오."

"왕후마마의 말씀은 너무 지나치십니다. 스승이 큰 강이라면 저는 물방울 하나에 지나지 않사옵니다. 어찌 감히 스승과 비교되겠습니까!"

"애석한지고, 참으로 애석한지고! 나는 여태 삼려대부 굴원을 본 적이 없소. 들건대 그의 문장과 학문은 천하의 으뜸으로, 이전에도 이후에도 그만 한 이가 없다고 하더군요. 특히나 고귀한 점은 그의 '미정美政' 사상과 도덕풍격 모두가 비할 데 없이 뛰어나다는 점입니다."

왕후는 매우 감명 깊은 듯이 말을 이었다.

"당연한 얘기겠지만, 흔히 좋은 일이 궂은 일이 되고, 궂은 일이 좋은 일이 되기도 하지요, 참으로 세상사는 알 수 없어요. 그대의 스승 굴원

이 추방당하고, 그분의 출중한 재능이 사람들의 질투를 불러일으킬 줄
이야 누가 알았겠습니까? 속담에 '한 사람이 세 사람의 치켜세움을 견
딜 수는 있어도, 세 사람의 짓밟음은 버틸 수가 없다'는 말이 있지요. 그
타고난 재주를 시기하는 이가 그토록 많다니……. 아아, 그 이야기는
그만둡시다. 이제 와서 말한들 무슨 소용이 있겠소?"

왕후는 고개를 절래절래 흔들면서 탄식했다.

"아까워요, 참으로 아까워. 사실 난 굴원 대부의 재능과 학식을 흠모
해왔는데……."

왕후는 그럴듯하게 이야기를 꾸며댔다. 송옥이 굴원의 자랑스러운
제자라는 건 모르는 사람이 없는 터이니, 그녀가 어찌 그걸 모르겠는
가! 그녀는 일부러 그 일을 끄집어내어 송옥을 삼 년 전의 고통 속으로
몰아넣은 것이다. 하지만 송옥은 그녀의 의도를 잘 알고 있었다. 그녀
의 말은 자신의 재능을 믿고 남을 깔보다가는 굴원의 전철을 밟게 하여
비참한 최후를 맞게 해주겠다는 암시였다. 송옥이 입을 열었다.

"왕후마마, 참으로 곤혹스럽습니다만 소신을 오라 하신 까닭을 모르
겠사옵니다. 말씀해주십시오."

송옥은 왕후가 다른 속셈으로 자신의 스승을 들먹거린다는 걸 눈치
챘다. 가슴속에서 분노와 원망이 울컥 솟구쳤다.

"아이구 이런, 고질병이 또 도진 모양이오. 서두르지 마시오. 좋은 일
은 원래 뒤에 오는 법이라오. 문인, 특히 재주가 많은 사람은 늘 이렇다
니까, 남이 자기 시간을 빼앗을까봐 걱정하지요. 알겠소. 그대는 내가
또 잔소리를 늘어놓는다고 생각하는가봅니다. 그렇지요? 그대를 들라
한 건 해줘야 할 이야기가 있어서입니다. 말을 하면 잔소리한다고 할
테고, 말하지 않으면 깨닫지 못할 테고. 정말 골치 아프다오."

왕후는 잠시 말을 멈추더니 물을 한 모금 마셨다. 목을 축이고 나서

그녀는 다시 목청을 돋우어 말했다.

"그대를 들라 하는 데 무슨 다른 일이 있을 수 있겠소? 그대처럼 재주 많은 이가 바쁘다는 걸 모르는 사람이 어디 있겠소? 그대를 부르기 전에 고심을 많이 했지요. 들라 하는데도 오지 않을까 걱정했고, 와서도 내 뜻을 따르지 않을까 걱정했소."

'또 시작되었군. 입만 뻥긋하면 늘 그 소리. 너절하고 이상야릇한 이야기들.' 송옥은 그녀의 말 속에 뼈가 있음을 눈치챘지만, 그만 입을 다물어버렸다. 왕후의 성깔로 보건대, 기분이 상하면 무슨 짓인들 하지 못할까? 그래서 그는 자신을 다독거렸다. '그냥 귀 기울여 들어주자. 말을 적게 하는 게 상책이야. 굳이 시비의 빌미를 만들 필요는 없지.'

왕후가 말을 이었다.

"오늘은 어찌된 일인지 너무 흥분한 듯하오. 실없는 이야기를 하다보니 쓸데없이 말만 많아졌군요. 이제 본론으로 가지요. 내 이미 그대가 쓴 「무부」와 「신녀부」를 무사舞士와 악사에게 넘겨주어 가무를 연습하도록 했으니, 그들이 곧 올 거예요."

왕후는 말을 이었다.

"대청 오른쪽에는 악기를 배치하여 악사들이 저기에서 연주하도록 하지요. 그리고 가기는 왼쪽 무대 위에서, 무녀는 중앙에서 「신녀부」를 반복해서 노래하고 춤추도록 합시다. 바꾸고 싶은 게 있나요? 새로이 배치할 만한 것이 있나요?"

"왕후마마의 배치가 아주 기가 막히옵니다. 소신 탄복해마지 않습니다."

"정말로 잘되었나요? 기왕 나의 뜻에 동의한다면, 아예 연습을 시작합시다. 어떻소?"

"분부대로 하겠사옵니다! 모두 불러 무대에 오르라 하겠습니다."

말을 마치자 송옥은 몸을 돌려 나갔다. 잠시 후 연습에 참가할 사람들이 속속 무대로 올라왔다. 송옥은 왕후의 뒷자리에 우두커니 서 있었다. 그의 조심스러운 몸가짐에 왕후는 남몰래 웃음을 머금었다. 왕후가 말했다.

"시간이 정말 빨리 흐르는군요. 눈 깜짝할 사이에 벌써 열 시가 되었으니 곧 폐하께서 오실 겁니다. 그대가 잘 알다시피 폐하는 전혀 예상 밖의 일을 즐기십니다. 그대가 고심하여 일을 준비해놓았는데 느닷없이 계획을 바꾸어버리고, 때로는 전혀 마음의 준비가 되지 않았는데 갑자기 즉시 시행하라고 하시기도 하지요. 이건 남의 노동을 무시하고 남을 배려하지 않는 폐하의 결점이오. 오늘 연습도 마찬가지입니다. 어젯밤에야 말씀하시면서 무조건 새벽에 하라는 거예요. 주변에 있는 사람들이 얼마나 힘들겠어요?"

"왕후마마께옵서는 참으로 힘들겠사옵니다. 후궁의 일, 조정의 정사, 어느 일인들 심혈을 기울이지 않는 일이 어디 있습니까? 다행히 왕후마마께옵서 재능이 출중하시니 여장부라 일컬어 마땅하옵니다. 그렇지 않다면 초나라가 어찌 될지 참으로 알 길이 없사옵니다."

왕후는 그의 말 속에 뼈가 있음을 눈치챘다. '송옥은 빈정거리고 있는 거야. 그렇다면 좋아. 나도 너를 마음껏 조롱해주마!'

"송옥, 온 천하에 나를 이해해줄 수 있는 이는 오직 그대뿐이구려. 나에 대한 호의를 내 평생 잊지 않을 것이며, 그 호의로 나 자신을 채찍질하리다." 그녀는 송옥을 그윽하게 바라보며 말을 이었다.

"내 본래 그대를 진즉 불러 도움을 청하려 했소. 그랬는데 아무래도 자질구레한 일로 그대를 성가시게 할까 염려했소. 그대처럼 학문에 종사하는 이들은 내가 알기로 한가롭고 조용함을 좋아하고, 자질구레한 일보다는 거창한 일을 좋아한다지요. 큰 재주가 자잘하게 쓰이면 체면이 깎인다고 생각한다지요. 내가 그래도 문인을 잘 아는 편이오. 송옥, 내 말이 딱 맞는 말이 아니오?"

"왕후마마의 말씀을 저 송옥이 어찌 믿지 않을 수 있겠사옵니까? 왕후마마의 말씀은 참으로 감동적입니다. 윤허하신다면 외람되이 한 말씀 올리겠사옵니다. 왕후마마는 찬사를 받으실 점이 많으며 우리 남자들을 부끄럽게 만드는 장점이 많습니다. 소신은 참으로 이런 느낌을 받았사오며, 이 느낌을 글로 바꾸어 소신의 「고당부」와 「신녀부」, 「풍부」, 「조부」에 적었습니다. 솔직히 말씀드리자면, 이 부들은 왕후마마께로부터 소재를 취했사옵니다. 만약 잘 지어졌다면 우선 제게 아주 좋은 소재를 제공해주신 왕후마마께 감사드려야 마땅하옵니다. 이 생동감 넘치는 소재가 없었다면, 부를 지을 영감 또한 없었을 것이옵니다. 그러하니 응당 왕후마마께 감사드려야 옳을 것입니다."

"아아, 내가 정말 그대가 말한 대로라는 거지요? 내가 그대의 뛰어난 문장을 통해 영원히 사라지지 않을 인물이 되었다니 참으로 기쁘오. 틀림없이 역사책에 씌어질 것이니, 이는 나의 최대의 행운이오. 하지만 난 알고 있소. 그대가 표면적으로는 나를 찬양하고 있지만, 실제로는 나를 풍자하고 있으며, 심지어 날 조롱하고 있다는 걸. 설사 이렇듯 내가 그대의 명성을 빌려 그대의 반역의 깃발 위에 오래도록 남을 오명을 휘날린다 할지라도, 이는 불행 가운데 대행운이오."

왕후의 신랄하기 짝이 없는 말에 송옥은 좌불안석이 되었다. 자신의 말이 지나쳤으며, 그리하여 왕후의 자존심을 건드렸다고 생각했다. 그는 어찌할 바를 모른 채 아무 대꾸도 하지 못했다.

왕후가 말을 이었다.

"그대가 말하지 않아도 나는 잘 알고 있소. 그대의 품성은 강인하여, 차라리 죽을지언정 욕을 당하지 않으려 하지만, 나 역시 이기심이 강하고 남을 시기하기도 잘하오. 특히 나의 권력에 장애가 되는 자는 반드시 제거하는 것이 나의 성격이오. 송옥, 나는 그대가 나의 이런 성격을 좋아하지 않는다는 걸 잘 알고 있소. 남자들이야 모든 걸 남자에게 내맡긴 채 순한 양처럼 나긋나긋하고 고분고분하게 구는 여인을 좋아하지요."

"그대가 날 얕본다는 걸 난 눈치챘소. 그대는 나와 무의미한 언쟁을 벌이고 싶어하지 않소. 그대가 대답하지 않아도 나도 눈치가 있소. 그대의 속마음을 난 다 알아요. 남 아래에 굽실거리는 걸 싫어하지요. 그렇지 않소? 내 말이 맞지요, 젊은 재사 양반? 그대의 글을 보면서 그대가 비범한 문인임을 알아차렸소. 글에서 보여준 천부적 재능은 스승인 굴원 외에 당신을 따라갈 사람이 없지요. 그대의 글은 문채가 화려하고 함의 또한 무궁하며, 정취가 풍성하고 풍자가 심오하며, 사상성이 대단하지요. 송옥 선생, 나는 그대를 얕잡아보지 않소. 하지만 그대의 「무부」만 읽어보았을 뿐 나머지는 아직 읽지 못했소. 그대의 사상을 이해하려면 그대의 글을 모두 다 읽어봐야겠지요. 이를 위해 근상이 이미 사람들을 데리고 그대의 집으로 갔소."

순간 송옥의 이마에 땀이 맺혔다. 등에도 땀이 흥건히 흘러내렸다. 그의 작품이 근상과 왕후의 손에 들어간다 한들 문제를 일으킬 만한 것은 없었다. 송옥은 불안에 떨며 고개를 푹 숙인 채 한쪽에 서 있었다. 커다란 재난이 닥쳐오는 느낌이 들었다. 재산을 몰수하려는 게 아닌가! 왕후의 악랄한 독수는 그를 사지로 몰아넣으려는 듯 사나웠다.

연습이 시작되었다. 무용수들은 송옥이 지은 「무부」를 노래하고 춤췄다.

멋진 징과 북 울리고, 아름다운 노래 부르네.

예쁜 꽃을 손에 쥐고, 가볍게 뛰며 춤추네.

그대 마음을 내게 주오, 나의 정을 드리리니.

서로 마음이 맞으니, 춤과 노래 원활하네.

봄이면 복숭아꽃 피고, 여름이면 배꽃 피네.

가을이면 국화 피고, 겨울이면 매화 피네.

행복의 꽃들이 온 천하에 두루 피어나네.

打起靡麗鑼鼓, 唱着靡靡的歌.

拿着鮮艶的花兒, 跳着輕曼的舞.

爾把心給我呀, 我把情與爾.

心情兩融洽呀, 歌舞才圓滑.

春天開桃花呀, 夏天開梨花,

秋天開菊花呀, 冬天開梅花.

幸福的花兒呀, 開遍天下人家.

송옥이 지은 가사는 매우 대중적이었다. 이는 그의 스승 굴원의 사상과 일맥상통하는 것이었다. 왕후는 가사를 듣고 썩 마음에 들지 않았다. '행복의 꽃이 어찌 온 천하에 두루 피어날 수 있단 말인가? 우리 왕실에만 피어날 수 있는 거지! 이건 노골적으로 왕실의 행복을 가난뱅이들에게 순순히 넘겨주자는 게 아닌가! 송옥이 무슨 마음을 품고 있는지 훤히 드러나지 않는가! 이건 그야말로 천하의 가난뱅이들을 선동하고 현혹하여 모반을 일으키려는 짓이다. 하나를 알면 백을 알 수 있는 법. 그에게는 십여 편의 부가 있다는데 보지 않아도 무얼 썼는지 알겠어. 개의 주둥이에서 상아가 뱉어질 리야 없지.' 송옥을 죽이겠다는 그녀의 결심은 단호했다.

송옥은 불안하여 어찌해야 좋을지 몰랐다. 귀가 윙윙거리면서 멍해졌다. 왕후가 계속 무어라고 떠들어댔지만 도무지 들리지 않았다. 하지만 왕후의 태도는 매우 공격적이었고, 지난날의 복수를 하려는 것이 틀림없어 보였다. 그는 재난을 맞을 마음의 준비를 했다. 죽어도 아쉬운 건 없었다. 자신의 죽음은 천하 사람들에게 진실을 말할 것이다. 다만 여든 살 노모를 부양할 사람이 없다는 게 마음에 걸렸다.

왕후가 이렇게 길길이 화내는 모습을 본 경양왕은 왕후의 비위를 맞추기 위해 역시 노발대발 화를 냈다.

"내가 너를 젊고 뛰어난 인재로 대하고 초나라를 이끌어나갈 인재로 여겨 모든 희망을 너에게 걸었거늘, 이처럼 뜻밖에 실망을 주다니! 너는 뭇사람들 앞에서 나를 어리석고 용렬하다고 욕했으며, 참소를 곧이듣고 너의 스승 굴원을 내쫓았다고 말했지. 그런데도 난 너를 용서해주었다. 네가 또다시 부를 지어 암암리에 나를 공격하여도 난 너를 추궁하지 않았다. 그런데 너는 최근 왕후를 위해 새로운 무용을 연습한답시고 사람을 현혹하는 「무부」를 지었으니, 합법적인 수단으로 엉큼한 목적을 이루려고 한 게 틀림없다. 하지만 너의 보잘것없는 재주로는 과인을 속일 수도, 왕후를 속일 수도 없다! 넌 용서받을 수 없는 죄를 저질렀다!"

"억울하옵니다!" 송옥이 외쳤다. "이건 모함입니다!"

"모함? 내가 널 모함한다고? 왕후가 널 모함한다고? 많은 사람들이 쳐다보는 벌건 대낮에 모두가 똑똑히 들었다. 억울하다고 하는데, 누가 널 억울하게 했다고 그러느냐? 네 악랄함을 이제야 깨닫다니, 앞으로 넌 영원히 궁에 들어올 수 없다. 평생토록 널 보지 않을 것이다!"

"폐하, 분노를 그치옵소서. 저 송옥은 닭 잡을 힘도 없는 허약한 서생이옵니다. 분수에 넘치는 생각은 해본 적도 없습니다. 왕후마마께서는 저를 굴원의 제자라고 여러 차례 해치려 했사옵니다. 왕후마마의 목적이 무언지 아시지 않습니까? 왕후마마의 행위를 아시지 않습니까? 왕후마마의 속마음을 아시지 않습니까?"

"폐하, 온종일 주색에 빠져 정사를 팽개친 채 왕후마마께서 대권을 제멋대로 휘두르게 해서는 아니 되옵니다. 이렇게 되면 얼마 지나지 않아 초나라는 왕후마마의 손에 멸망하고 말 것입니다. 못된 자의 앞잡이가 되어 충성스러운 이들을 살해해서는 아니 되옵니다. 자기편을 슬프게 하고 적을 기쁘게 하는 일을 해서는 아니 되옵니다."

"폐하, 속담에 '호랑이는 죽어 가죽을 남기고, 사람은 죽어 이름을 남긴다'는 말이 있습니다. 무고한 이를 멋대로 죽이고 충성스러운 이를 도살한 아둔한 군왕이라는 오명을 남겨서는 아니 되옵니다. 폐하, 통촉해주시옵소서!"

"과인을 가르치려 들다니 참으로 무뢰한이로구나! 너는 군신 사이에 지켜야 할 예도 모르느냐? 송옥, 네 이놈! 말끝마다 성현의 책을 읽는다면서 예의와 법도를 따지더니, 넌 예의와 법도를 조금도 행하지 않는구나! 미쳐 날뛰는 네놈의 행동을 도저히 묵과할 수 없다!"

"폐하, 저는 미쳐 날뛰는 게 아닙니다. 나라가 패망의 전철을 밟지 않도록 직언을 하는 것이옵니다. 참과 거짓을 구분하지 못하고 좋은 것과 나쁜 것을 분별하지 못한 채, 저의가 있는 사람에게 미혹된다면 치명적인 재난이 곧 닥쳐올 것이옵니다. 초나라의 강산은 힘들이지 않고 남의 손에 넘어가고 말 것이옵니다. 왕손은 머잖아 재앙에 부딪히게 될 것이며, 회왕께서 당했던 말로를 폐하 또한 밟게 될 것이옵니다."

"이 ……이 ……이런……!"

경양왕은 마치 사자가 포효하듯 펄쩍 뛰며 노발대발했다.

이때 왕후가 끼어들었다.

"송옥, 그대는 미쳐도 단단히 미쳤소! 여기는 왕궁이오. 신성한 왕궁에서 어찌 이처럼 미친 듯이 행패를 부린단 말이오! 여봐라, 송옥을 당장 하옥하라!"

무관들이 달려들어 송옥을 꽁꽁 묶었다. 송옥은 몸부림치며 외쳤다.

"늘 아첨하는 자를 어리석다 여겼더니, 아첨하지 못해 이렇게 끝나는구나. 하지만 소신은 후회하지 않습니다! 어리석은 자의 악명을 남기지 않겠습니다. 나 송옥은 일찍이 나라와 백성을 위해 일하며 어리석은 자가 되지 않겠노라 뜻을 세웠으며, 어리석은 자와 맞서 싸워왔습니다. 이것이 제가 모함에 빠진 이유이옵니다."

"왕후여, 어질고 선한 자들을 죽여서는 안 되오. 초나라에는 뜻 있는 인재들이 많아, 죽인다 해도 끊이지 않을 것이오. 그대는 나를 죽이겠지만 나는 조금도 후회하지 않소. 나는 떳떳하고 옥처럼 결백하며, 죽음을 조금도 두려워하지 않소. 나의 억울함은 후세 사람들이 공정하게 판정해줄 것이오. 오호라, 그대가 나를 해침은 초나라를 멸하기 위해 장애물을 제거하려는 것. 죽기 전에 반드시 그대의 음모를 폭로하고야 말겠소."

"왕후여, 나의 무례를 용서하시오. 당신을 두려워하지는 않소. 두려운 건 초나라의 저들 앞잡이가 된 멍충이들이 남의 위세를 믿고 의기양양 영웅인 양 뻐기는 꼴이오. 슬프도다, 원통하도다!"

경양왕이 말했다.

"미친 놈이로구나! 왕후, 걱정 마시오. 저자의 헛소리는 믿지 않을 테니. 왕후, 정신 차리시오. 정신 차리란 말이오!"

왕후는 송옥의 말에 놀라 기절한 채 쓰러졌다.

경양왕은 정성을 다해 왕후를 위로했다. 왕후는 가까스로 정신을 차렸다. 그녀는 붉게 핏발선 눈을 부릅뜨고서 미친 듯이 외쳤다.

"어서 저 미친놈을 죽여버려요! 어서, 어서!"

경양왕은 난처한 표정으로 말했다.

"이 죄상만으로 어떻게 조정의 신하를 죽인단 말이오?"

"송옥이 저지른 죄가 가볍고 적은 모양이지요? 다른 건 차치하고, 오늘 지껄인 말만으로도 사형에 처해도 남음이 있으니, 세 번 죽여도 그 죄를 씻기 어려울 겁니다. 이런 중죄인을 제거하지 못하면서 어떻게 나라를 다스리고 경계로 삼을 수 있겠습니까?"

경양왕은 잠시 침묵하다가 입을 열었다.

"초나라의 형법에 따르면, 귀양을 보내는 것으로 충분하오. 법에 따라 조처할 테니 너무 억울해 마시오."

"법률이란 좀 더 넓혀서 이해하면 군왕의 명을 따르지 않는 저 대신들을 징벌하기 위해 쓰이는 겁니다. 법률이 지고무상의 국왕을 제약할 수 없지요. 국왕이 할 수 없는 일이란 없습니다. 신하 된 자들은 국왕의 지고무상의 권력을 지켜야지요! 제 말이 틀렸습니까?"

경양왕은 묵묵부답, 입을 다물었다.

왕후가 다시 입을 열었다.

"저는 초나라의 떳떳한 왕후이자, 진나라의 공주이기도 합니다. 송옥은 초나라의 국모를 능멸했을 뿐만 아니라, 진나라의 공주를 업신여겼습니다. 의심할 여지 없이 진나라의 백성을 모욕했으며, 진나라와 초나라의 우호관계를 파괴했습니다. 송옥이 저지른 죄는 크다고 하지 않을 수 없습니다. 송옥을 죽인다 해도 그의 해악은 만회할 길이 없습니다. 이러한 죄인을 죽이지 않는다면 왕후가 무슨 면목으로 사람들을 만나겠습니까? 초나라는 그를 용서할지 몰라도 진나라는 용서하지 않을 것입니다!"

왕후의 말은 핵심을 찔렀다. 경양왕이 가장 두려워하는 것은 바로 진나라와 초나라의 우호관계가 무너지는 것이었다. 왕후의 말을 듣자, 그의 마음속에 거대한 파도가 넘실거렸다. 눈앞에 천군만마와 깃발이 보이는 듯했고 둥둥 울리는 북소리도 들리는 듯했다. 그는 두려움에 부르르 몸을 떨었다.

"왕후는 진정 송옥을 죽이고 싶소?"

"당연하지요."

"후회하지 않겠소?"

"절대로 후회하는 일은 없을 겁니다."

"그럼 죽여야지!"

그러나 경양왕은 곧바로 말을 덧붙였다.

"나야 동의하지만, 대신들이 반대하면 어쩌겠소?"

"어떤 자가 감히 반대하겠어요? 두 눈 크게 뜨고 똑똑히 봐야지요. 반대하는 자가 없다면 그게 더 이상한 거지요."

왕후의 말을 경양왕은 알아듣지 못했다. 평소 대신들은 그녀를 옹호한다고 말해왔다. 그녀는 그들이 정말로 자신을 옹호하는 것인지 거짓으로 옹호하는 것인지, 어느 정도로 옹호하는 것인지, 이번 기회를 빌려 시험해보고 싶었다.

그래서 왕후는 사람을 시켜 왕후가 곧 송옥의 목을 베려 한다는 소문을 퍼뜨렸다. '반대하는 자는 가차 없이 죽일 것이다.' 왕후는 날이 갈수록 흉포해졌다. 그녀는 이번 기회에 마음껏 칼을 휘두를 심산이었다.

송옥이 참수당할 것이라는 소문은 곳곳으로 퍼져나갔다. 의론도 분분히 일어났다.

"송옥은 죄가 없어. 전혀 죄가 없다구. 그는 왕후가 색정으로 나라를 망치려는 음모를 폭로했기에 모함을 받은 거야. 그는 참된 군자요, 공신이요, 애국자요."

"송옥을 죽이는 건 인심을 떠보기 위함이야. 조심해야 하오. 선녀처럼 어여쁜 여자가 마음은 뱀보다 독살스럽군. 그녀의 기세가 만만치 않은 걸 보니 초나라의 앞날이 심히 걱정스럽소."

"송옥을 죽이는 건 경고하기 위함이니 어느 대신인들 감히 거역하겠소? 왕후는 깃발을 높이 치켜든 거요. 나를 따르는 자는 흥성하겠지만, 나를 거역하는 자는 망하리라고 말이오. 깃발의 이면에는 차갑게 번쩍이는 칼날, 그리고 미녀와 금전이 빛나고 있소. 역사를 훑어보면, 어느 찬탈자나 다 마찬가지오!"

"초나라에 비정하기 짝이 없는 정치투쟁이 일어난 거요. 송옥을 죽이는 건 이 투쟁의 서막이자, 초나라의 멸망이 시작된 거라오. 초나라를 멸하는 신호탄이 쏘아 올려진 겁니다. 각국의 제후들도 다 보겠지요. 진나라 소왕은 기쁘기 한량없겠군요."

'내 딸이 드디어 정권을 장악했군. 나에게 하반기에 병사를 일으키라고 편지를 보내더니 헛말이 아니었어. 진나라에 이런 공주가 있다니, 이건 하늘이 나를 돕는 거야. 하늘이 우리 진나라를 돕는 거라구.' 진나라 소왕은 신호탄을 보았다.

송옥의 참수를 둘러싼 의론은 골목마다 거리마다 분분했다. 민가는 시끌벅적 들끓었는데, 조정은 오히려 조용했다.

조정의 대신들은 종일토록 전전긍긍 불안에 떨었다. 저마다 관직을 빼앗길까 걱정하거나 목숨을 잃을까 두려워했다. 이런 못난이들이 허둥대는 꼴을 왕후는 흐뭇한 표정으로 지켜보고 있었다. 거센 바람에 풀이 넘어지듯, 모두들 그녀의 권력에 힘없이 넘어가고 있었다. 송옥을 참수한다는 소문이 퍼진 지 오래되었음에도 불구하고, 반대하는 이는 아무도 없었다. 모두들 그녀의 권력에 숨을 죽이고 있었다.

조정은 쥐죽은 듯 고요했다. 문무 관원들이 명철보신을 잘 알고 있기 때문이었다. '나와 상관없는 일에 굳이 나설 필요야 없지. 내 자리, 내 목숨만 유지할 수 있으면 복록을 누릴 텐데 뭐하려고 굳이!' 왕후가 그토록 바랐던 '새로운 국면'은 이렇게 달성되었다.

왕후는 '기가 막히게 좋은 형세'가 무르익고 있음을 목도했다. 조정은 황량하고 인심은 뿔뿔이 흩어졌다. 국사는 묻는 이가 없었고 모두들 집안일에만 매달렸다. 이렇게 되어간다면, 머잖아 초나라의 강산은 진나라의 판도로 들어갈 것이었다.

이러한 때 굴원은 추방당하여 멀리 떠나 있었고, 송옥 역시 앞잡이 노릇을 거부하면서 애국자의 충심을 드러냈다가 목숨이 경각에 처해 있었다.

송옥이 사형당한다는 소식은 굴원의 유배지에도 전해졌다. 굴원은 그를 위해 상복을 입었다. 그는 흰옷과 삼으로 지은 신발 차림으로 슬피 울었다. 그는 눈물로 범벅이 된 채 통곡했다.

"옥아, 위대하구나! 너의 인격은 옥처럼 결백하고 아름답게 빛나는구나! 옥아, 너는 내 가르침에 따라 행했구나. 「굴송」의 정신에 따라 숭고한 이상을 실천했구나. 너는 정말 언행이 일치된 젊은이구나. 너와 같은 제자를 둔 게 나는 자랑스럽다. 이제 나는 죽어도 마음 편히 눈을 감을 수 있다."

"옥아, 너의 삶의 위대함, 죽음의 영광! 네게 경의를 표한다. 네가 살아 있을 적에 너에게 희망을 걸었고, 네가 죽어서도 너에게 희망을 걸겠다."

"저승에 가서도 초나라 백성을 위해 일하거라. 나를 대신하여 빌어다오. 자신의 영화를 위해 나라를 파는 자들, 뇌물을 받고서 법을 어기는 자들, 부패하고 타락한 자들, 어질고 능력 있는 사람을 시기하고 모함하는 자들, 백성의 이익을 저버리고 해치는 자들을 모두 쓸어가 달라고 기도하거라. 인간세상에 요순의 태평성대와 광명성세를 이루어 달라고 말이다."

"옥아, 내 마음을 알아줄 이는 오직 너 하나뿐. 너는 내 근심걱정을 잘 알고 있지. 비바람 속에서 초나라가 무너지는 걸 보고 싶지 않고, 백성들이 겪는 고난이 날로 심해지는 걸 보고 싶지 않은 내 마음을 말이다. 초나라의 강산은 머잖아 열강에 갈가리 찢기고 나누어질 거다. 이걸 보고 있는 내 마음은 찢어지는 것만 같구나. 기도하고 또 기도하거라. 초나라 백성을 구하고 초나라가 멸망되지 않게 해달라고……."

굴원이 통곡 속에 기원을 마치자, 음산한 바람이 휘잉 불어오더니 흙먼지와 나뭇잎을 말아 올렸다. 굴원은 두 손을 마주잡고서 중얼거렸다.

"네게 부탁한다, 부탁해! 옥아 잘 가거라!"

왕후에게 놀아난 당륵

요염하고 색정적인 왕후는 조금도 힘들이지 않고 송옥을 죽인지라 아주 득의만만했다. 이후 그녀의 소유욕은 날이 갈수록 심해졌다. 그녀는 늘 절대승리자의 모습을 띤 채 조정에서 오만방자하게 굴었다. 자기 하고 싶은 일을 멋대로 행하면서 모든 것을 업신여기는데도, 그녀와 맞서 싸우는 사람이 없었다. 조금이라도 따르지 않는 자는 대역무도한 죄인으로 간주되어 인정사정없이 제거되었다.

그녀의 음탕함 또한 날로 심해졌다. 듣기에도 민망한 소문들이 잇달아 터져 나왔다. 조정의 안팎, 위아래가 온통 뒤죽박죽이 되었다.

마침 이때 초나라의 하늘에 밝은 혜성이 나타났다. 혜성은 긴 꼬리를 끌면서 동쪽에서 서쪽으로 사라졌다. 초나라 어디에서나 이 혜성을 볼 수 있었다. 예로부터 혜성이 나타나면 사람들은 불안해했다. 나라에 흉한 일이 일어나고 늘 혜성을 빌려 못된 장난을 치는지라, 민간에서는 액운의 별로 간주하여 평판이 썩 좋지 않았다.

현재 초나라의 상황은 사람들의 근심을 자아내고 있었다. 초나라가 장차 엄청난 재난을 당할 것이라는 하늘의 계시일까? 신이 세상사 일체를 주재한다고 믿었기에, 사람들은 왕후의 행위 역시 하늘의 뜻을 받들어 행하는 것이라고 여겼다. 이러한 생각은 특히 백성들에게 심각하게 나타났으며, 게다가 저의를 지닌 이들이 이러한 생각을 널리 유포했으니, 천하 사람들이 어찌 불안과 공포에 떨지 않을 수 있겠는가!

역대로 권력 찬탈자들은 하늘의 힘을 빌려 백성을 우롱하지 않은 이가 없었다. 왕후는 대신을 속이고 대신은 관리를 속였으며, 관리는 백성을 속였다.

왕후는 순조롭게 권력을 빼앗았으며, 더욱 순조롭게 권력을 휘두르면서 법을 어겼다. 법을 어기면 반드시 어지러워지는 법이고, 어지러우면 힘들이지 않고 이익을 보는 자들이 있기 마련이다.

권력을 독차지한 왕후가 거리낌 없이 제멋대로 행하여도, 어느 누구도 직언하지 않고 조정에서 문제를 제기하는 이도 없었다. 그녀는 변덕이 죽 끓듯 했다. 흥이 나면 함박웃음을 띤 채 교태를 부렸지만, 화가 나면 마치 어미 사자처럼 흉포해졌다.

특히 가증스러운 것은 기분 내키는 대로 사람들을 벗으로 대했다가 금방 원수로 여기는 태도였다. 조금만 마음에 들지 않으면 안면을 싹 바꾸었다. 문무백관들은 아침에 저녁일을 보장할 수 없는 처지이니, 누가 감히 아니라고 말할 수 있겠는가? 왕후의 마음에 들어 그녀가 밀통하고 싶으면, 어느 사내라도 거역할 수가 없었다.

누구나 송옥의 전철을 밟고 싶지는 않았다. 그래서 조정의 젊은 대신들 가운데 그녀의 노리개가 아닌 자가 없었다. 물론 강경하게 버티는 이도 있었으니, 당륵이 바로 그러한 사람이었다. 그는 당매 장군의 아들이었다. 속담에 '왕대밭에서 왕대 난다'는 말이 있지 않은가? 그의 성격은 아버지와 똑같이 정직하고 충성스러웠다. 무예 또한 아버지에 못지않아 젊은 나이임에도 전공이 혁혁하여, 조야에 이름을 날리고 있었다. 그는 굴원의 애제자이자 송옥의 친구로, 인품이 뛰어나고 재주가 출중했다. 그는 송옥과 뜻이 아주 잘 맞았었다.

그런데 어느 날 그의 운이 다하는 날이 닥쳐왔다. 당륵은 평소처럼 아침 일찍 조정에 나왔다. 그가 고개를 치켜들고 성큼성큼 걷는 모습은 용맹한 영웅을 보는 듯했다. 그는 바쁜 걸음으로 어화원의 오솔길로 접어들었다. 오늘따라 마음이 무척 무거웠다. 송옥의 유령이 그의 주위를 떠나지 않기 때문이었다.

길을 걸으면서 그가 손으로 꼽아보니, 오늘은 송옥의 기일이었다. 세상을 떠난 벗에 대한 그리움은 더욱 짙게 몰려왔다. 골똘히 생각에 잠겨 걷다보니, 앞에서 왕후가 다가오는 것을 미처 보지 못했다. 그는 하마터면 왕후의 수레에 부딪칠 뻔했다. 그는 깜짝 놀라 걸음을 멈추고서 황급히 왕후에게 공손히 인사를 올렸다.

왕후는 재기가 한창 넘치는 젊은 장군 당륵을 보자, 큰 소리로 웃으며 말했다. "알고 보니 당장군께서 이곳까지 오셨구려. 바삐 밀회를 즐기러 가시나, 아니면……." 왕후는 문득 말을 멈추었다. 그녀의 요염한 눈매가 당륵의 얼굴을 훑고 있었다. 당륵은 머리를 숙인 채 어쩔 줄 몰라 했다.

미모를 무기로 사내를 유혹하는 왕후가 아닌가! 보지 않았으면 모를 일이로되, 잘난 사내를 보고 음심이 동하자, 새 애인에 대한 욕정이 절로 일어났다.

왕후가 당륵에게 욕정을 느끼는 건 어쩌면 당연한 일이었다. 흰색의 도포를 걸쳐 입은 당륵은 매우 호방하고도 우아했다. 수려한 미목과 훤칠한 몸매, 멋스러운 풍채에다, 그는 비범한 재주와 시원시원한 성격을 지니고 있었던 것이다. 왕후는 애가 타서 죽을 지경이었다. 어찌 그냥 내버려둘 수 있겠는가! 강렬한 욕정의 불꽃이 온몸으로 번졌다. 자기도 모르게 침을 꼴깍 삼켰다. 왕후를 슬쩍 쳐다본 당륵은 그녀가 흥분으로 상기되어 있음을 알았다. 겁이 더럭 났다. 그러나 그는 재빨리 마음을 진정한 후 공손하게 입을 열었다.

"미천한 장수가 미처 왕후마마의 수레가 오는지를 알지 못하여 피하지 못했으니, 만 번 죽어 마땅하옵니다."

왕후는 야릇한 미소를 지으며 대꾸했다.

"당장군, 어찌 그런 말씀을 하시오. 여기는 또한 왕궁도 아닌데, 그리 예의범절을 따지실 필요는 없소. 길에서 우연히 만난 것도 인연이라면 인연이지요. 그렇지 않소?"

당륵은 왕후의 은근한 말투에 얼굴이 붉어졌다. 그는 수줍게 말했다.

"그 ……그건……."

당륵은 어떻게 말해야 좋을지 몰랐다. 왕후는 푸훗 하고 웃음을 터뜨렸다.

"훤칠한 사내대장부가 이렇게 부끄러워하시다니, 여인네들의 비웃음을 사지 않겠소?"

당륵은 여전히 고개를 숙인 채 말이 없었다. 왕후가 가던 길을 어서 가기만을 바랐다. 그러나 왕후는 길에 버티고 선 채 도무지 갈 뜻이 없었다. 그녀는 색욕이 넘치는 눈길로 그를 뚫어져라 바라보고 있었다. 당륵은 더욱 불안해져 얼굴이 벌게지고 어찌할 바를 몰랐다. 그가 겁을 먹고 수줍어할수록 왕후는 흥이 났다. '이렇게 부끄러움을 타는 사내야 말로 틀림없이 여인을 만나본 적이 없을 거야. 생기발랄한 여인을 만나면 수줍은 기색이 저절로 흘러나오니, 그걸 억누르려고 해도 억누를 수가 없지. 이런 모습은 순결한 심령에서 흘러나오는 법이야. 여인에게 마음을 빼앗겼을 때야 비로소 이런 기색이 나타나는 거지. 이자를 손에 넣어야겠다.' 왕후는 더욱 음탕한 목소리로 말했다.

"당륵, 어찌하여 고개 들어 나를 쳐다보지 못하는 거요? 나도 여인이고, 평범한 여인이 생각하는 걸 나도 생각한다오. 왕후의 신분으로 날 대하지 마오. 적어도 지금 이 순간엔 말이오."

당륵은 어린 양처럼 순하게 꼼짝하지 않고 서 있었다. 마치 온몸이 얼어붙은 듯했다. 왕후는 그가 아무 반응도 보이지 않자, 다시 한마디를 보탰다.

"송옥을 아시오?"

왕후의 말을 듣는 순간 당륵은 깜짝 놀랐다. 그녀의 말은 송옥의 전철을 밟지 말라고 경고하는 것이 아닌가!

"왕후마마께 아뢰옵니다. 신, 송옥을 잘 아옵나이다. 그와는 함께 공부한 친구이자 뜻을 함께한 막료이기도 합니다."

"아, 그걸 내가 모를 리 있겠소. 내 말의 뜻을 알아듣지 못한 모양인데, 재주를 믿고 남을 깔보는 그의 결점을 아느냐는 말이오."

당륵은 대꾸할 적당한 말이 떠오르지 않아 그저 묵묵히 서 있었다.

왕후는 마음속으로 이렇게 생각했다. '초나라의 문신과 무장들은 어찌하여 색을 탐하지 않는고? 나 같은 미모의 여인이 어찌하여 남자를 유혹하지 못하는가? 동정 어린 눈길조차 받지 못하다니? 딱딱하게 굳은 태도는 정말 견딜 수가 없군. 도대체 이게 무슨 일이람? 설마 고기 맛을 보지 못한 고양이가 있단 말인가?' 왕후는 도무지 갈피를 잡을 수 없었다. 하지만 영악한 그녀는 금방 알아차렸다. '이 녀석들은 겉으로는 존경하거나 수줍은 체하지만, 속으로는 나와 맞서고 있는 거야. 좋아, 그렇다면 나의 포로가 되기를 원치 않는다면 난 수단방법을 가리지 않고 누구든 포로로 만들 거야. 그럴 리야 없겠지만 만약 내 가슴속의 연인이 되지 않는다면, 나의 칼 아래 원귀가 되겠지. 내 뜻에 어긋나거나 따르지 않는 자는 누구라도 가차없이 죽여버리겠어.'

당륵 역시 마음속으로 헤아려보고 있었다. '조정의 당당한 선비 풍모를 지닌 무장으로서, 어찌 절개와 지조를 저버리고 군신의 예의를 팽개친 채 제멋대로 그른 일을 행할 수 있으랴! 지조를 버린다면 체면이 뭐가 되겠는가? 성인이 그토록 미워했던 예악의 붕괴가 재현되지 않겠는가? 이건 대역무도한 짓이다. 나라의 백성들이 알게 될 터인데 뻔히 알면서 그른 짓을 한다면, 어찌 색정이 넘치는 나라가 되지 않겠는가? 색정은 자신을 망치고 남과 나라를 망치는 것이며, 성인이 가르치신 치국의 이념에 맞지 않다. 스승께서는 깃발을 치켜들어 요순의 태평성세를 부르짖다가 미움을 받아 모함에 빠져 유배당했음에도 불구하고, 초심을 끝내 잃지 않으셨다. 이 얼마나 위대한 정신인가! 마땅히 스승님을 모범으로 삼아 그 정신을 본받고, 그 사상으로 나라를 다스려야 한다! 나라를 잘 다스리기 위해서는 무엇보다도 몸과 마음을 잘 닦아 스스로 '군자유君子儒'가 되어야 한다. 행위는 예에 부합되고, 예로써 천하 사람을 감화해야 한다. 사람은 누구나 예의를 중히 여겨야 마땅하다.'

이렇게 생각하고 나자 당륵의 마음은 한결 밝아지고, 왕후의 음란함이 나라를 어지럽히고 망하게 하고 있다는 걸 똑똑히 깨닫게 되었다. '참으로 악독하기 짝이 없는 여인! 절대로 인두겁을 뒤집어쓴 여우 같은 여인에게 속아서는 안 돼!' 그는 세상 사람들에게 색정광 왕후의 음모를 밝히고 싶었다.

'하지만 누구에게 가서 이야기할까? 대신들은 모두 스스로의 안위만을 걱정할 뿐이다. 그리고 이들은 대다수가 무능하여 쓸모가 없는 자들이다. 무익하기보다는 오히려 해로운 자들이다. 뜻있는 사람들은 모함을 당해 거의 사라지고, 다행히 화를 면한 사람들조차 몇 명 되지 않는다. 듣자하니, 스승은 숨이 거의 끊어질 듯 뼈만 앙상한데도, 악당들은 마음을 놓지 못하는지 사람을 보내 못살게 군다고 하지 않는가. 정의는

어디에 있단 말인가! 천하의 기이한 재주를 지닌 이가 무지한 소인배에게 이렇듯 수모를 당하다니!'

나라가 위기에 처해 있다는 생각이 들자, 당륵은 저도 모르게 분노가 솟구쳤다. '살아 계신 분의 원수를 갚지 못하고, 죽은 벗의 원통함도 풀어주지 못하면서 어찌 못된 자의 앞잡이 노릇을 하고, 야차의 못된 술수에 넘어가 그녀의 주구가 되리오? 어찌 하늘과 정의를 저버리는 일을 행하며, 눈을 빤히 뜬 채 초나라를 진나라에 넘겨줄 수 있으리오?'

바른 지혜가 없다면 악인을 도와 악행을 저지르며 사회를 더욱 위험에 빠뜨리는 법. '이게 어찌 사람이란 말이냐? 짐승이지!' 당륵은 생각할수록 문제가 심각하다고 느꼈다. '이대로 두어서는 안 된다. 사람들의 지혜를 깨우쳐 짐승과 한 패가 되지 못하도록 막아야 한다. 짐승과 결탁하여 악행을 저지른다면, 짐승들은 더욱 많아질 것이며, 끝내 짐승의 나라로 전락해버릴 것이다. 이렇게 된다면, 그 결과는 상상할 수 없을 만큼 참혹할 것이다!'

당륵은 아까와는 달리 침착해지고 있었다. 그와 왕후 사이에는 보이지 않는 커다란 도랑이 이미 놓여 있었다. 이제 그 도랑은 점점 커져 뛰어넘을 수 없는 큰 강이 될 것이다.

한편, 왕후는 조금도 수치심을 느끼지 않았다. 그녀는 뻔뻔스러워졌다. 목적을 아직 이루지 못했던 것이다. 왕후는 요염한 미소를 지으며 입을 열었다.

"당장군이 이곳에 오신 건 꽃구경을 하기 위함이 아닌가요? 이런 고아한 흥취가 있다면, 나와 함께 동산에 들어가 노닐어봄이 어떠하오? 보세요, 저 아름다움을 다투어 만발한 꽃들을! 당장군의 마음에 꼭 드실 겁니다!"

왕후는 게슴츠레한 눈으로 당륵을 쳐다보며 말을 이었다.

"내 보기에 당장군은 여복이 많습니다. 터질 듯 피어난 아름다운 꽃을 마주한데다 마음만 먹으면 손 내밀어 꺾을 수 있는데, 어찌하여 마음껏 즐기지 않나요?"

왕후는 아무 말이 없는 당륵을 보고서 그가 암묵적으로 동의했다고 여겼다. 흥분은 그녀의 이성을 마비시켰다. 그녀는 명령하듯이 말했다.

"갑시다!" 당륵은 어쩔 도리가 없었다. 따르지 않을 수도, 따를 수도 없었다. 그저 왕후를 따라 동산으로 가는 수밖에 없었다.

왕후는 앞서 가고 당륵은 뒤를 따랐다. 그는 남몰래 눈앞의 요사한 그녀를 살펴보았다. 왕궁 안의 왕후와는 너무나 판이했다. 지금의 그녀는 마치 제비가 나는 듯이 생기 넘치고 화사했다. 당륵은 눈이 부셨다. 짙은 향기가 코끝을 간질였다. 얼른 정신을 차려 가만히 생각해보았다. 그녀는 옅은 자색의 비단 웃옷에 수가 놓인 남색의 비단치마, 그리고 붉은색의 선이 테두리를 두르고 있는 바지 차림에 꽃신을 신고 있었다. 가느다랗고 새하얀 손가락. 당륵은 온몸이 어색했다. 다시 그녀를 쳐다보니 구름처럼 틀어 올린 머리 위에 모란꽃이 비스듬히 꽂혀 있었다. 비녀는 몇 가지 되지 않았지만 보석처럼 반짝였다. 지분을 살짝 바르고 눈썹을 옅게 칠한 그녀의 얼굴은 마치 하늘에서 내려온 선녀처럼 고왔다. 당륵은 정신이 아득해졌다.

그는 싸움터에서는 만 명도 당해내지 못할 용사였지만, 지금은 순한 양처럼 왕후가 이끄는 대로 동산에서 꽃구경을 하고 있었다. 왕실의 동산은 놀라울 만큼 넓었다. 당륵은 동산을 구경하는 것이 처음인데다, 절대가인의 절대권력자인 왕후를 모시고 있는지라, 기분이 참으로 묘했다. 영광이라 한다면 사실에 걸맞지 않았고, 그렇다고 흥이 깨졌다고 할 수도 없었다. 그는 뭐라 말할 수 없는 이상한 기분에 휩싸인 채 왕후를 따라 느긋하게 바람을 쐬었다.

왕후는 흥취가 도도하여 여기저기 가리키면서 당륵을 이끌었다.

"저건 '금미金美 아가씨', 저건 '취한 살구', 또 저쪽의 것은 '아리상나', 저쪽의 것들은 '조개껍질'과 '아침놀' ……이건 모두 이름난 꽃들로, 송이송이 피어나면 기가 막히지요. 당장군, 여기 온 게 헛되지 않지요?"

당륵은 웃음을 띠며 대꾸했다.

"미천한 장수가 왕후마마 덕분에 시야를 크게 넓혔사옵니다. 이들 기이한 화초들은 이름도 몰랐거니와 본 적도 없었사옵니다. 왕후마마께서 꽃들에 이렇게 해박하신 줄은 미처 몰랐습니다. 탄복하지 않을 수 없사옵니다."

왕후는 당륵의 찬사를 듣고서 환하게 웃으며 입을 열었다.

"당장군께서도 화조풍월花鳥風月 속에서 자랐을 텐데 어찌 화초를 모를 리가 있겠습니까? 화초는 사람도 마찬가지로 귀천에 따라 이름이 있으나, 그대가 평소에 눈여겨보지 않아서겠지요. 다만 안타깝게도 다투어 피어난 꽃들을 감상해줄 사람이 없답니다. 이렇게 큰 꽃동산에 꽃들이 화사하게 뽐내는데, 꽃이 피든 꽃이 지든 놀이객 하나 없이 홀로 향기로울 뿐입니다. 제일 아쉬운 것은 꽃이 필 때 감상해줄 이 없고, 꽃이 질 때 슬퍼해줄 이 없다는 것이지요. 귀한 꽃일수록 쓸쓸한 환경에 처해 있기 십상이지요. 귀한 꽃의 운명이 너무 비정하지 않습니까?"

당륵은 왕후의 슬픈 표정을 보았다. 자신도 모르게 꽃에 대한 안타까움이 솟구쳤다. 물론 이 감정의 변화는 미미하여 거의 눈치챌 수 없었다. 꽃 속을 서성거리는 왕후의 모습은 한 떨기 꽃처럼 매혹적이었다. 당륵은 잘 알고 있었다. 왕후가 쉴 새 없이 재잘거리면서 이야기하는 쓸쓸하기 짝이 없는 꽃들의 서글픔은 바로 그녀의 이야기라는 것을.

왕후는 귀한 꽃을 구경한다는 핑계로 당륵을 유혹하고 있었다. 그녀는 함박웃음을 지으며 말했다.

“당장군, 무슨 생각을 그리 골똘히 하시오? 이리 가까이 오시오. 조금만 더 가까이 오시오. 아니 왜 그리 어색해하시오? 어색하게 여길 필요 없소!”

왕후는 당륵이 송옥보다 더 손쉬운 상대라는 것을 알고서 자기도 모르게 기쁨이 솟구쳤다. 그녀는 섬섬옥수를 내뻗어 활짝 핀 꽃 한 송이를 꺾어 당륵의 코앞에 가져다대며 말했다.

“이 꽃은 향기가 대단해요, 한 번 맡아보세요.”

코를 벌름거리던 당륵은 고개를 끄덕여 동의를 나타냈다. 그는 손을 내밀어 꽃을 받아 찬찬히 보고 나서 깊게 향기를 맡았다. 기이한 향기에 마음이 트이고 기분이 좋아졌다. 왕후는 당륵의 오른쪽 팔에 달라붙었다. 당륵은 점점 더 난처해졌다. 신하가 어찌 왕후와 어깨를 나란히 하여 꽃구경을 할 수 있단 말인가? 그는 군신의 예를 저버렸다는 생각이 들었다. 눈치 빠른 왕후는 물론 당륵이 무슨 생각을 하고 있는지 알고 있었다. 그녀는 그의 염려를 덜어주려고 말했다.

“상황에 따라 사정이 다르지요. 군신의 예는 궁정에서 통하는 거 아니오? 지금은 꽃동산에서 노니는 것이니, 노닐 때에는 존귀를 따질 필요가 없습니다. 예의를 너무 따지면 재미도 없고 꽃구경하는 의미가 없지요. 그렇지 않소, 당장군?” 당륵은 뭐라 대꾸할 말이 없었다. 왕후가 다시 말을 이었다.

“말해보시오, 그렇게 꿀 먹은 벙어리마냥 가만히 있지 말고요. 지금도 날 이해하지 못하겠소? 내 심장이라도 끄집어내어 그대에게 보여드릴까요? 여긴 아무도 없고 오로지 그대와 나 두 사람뿐이오. 재미나게 놀아봅시다. 내 다시 말하거니와, 존귀나 피차를 떠나서 실컷 즐겨봅시다. 나란 사람은 놀기를 좋아하고 놀 때에는 모든 걸 잊어버린다오. 심지어 내 이름이 무엇인지조차 잊어버린다오. 호호호!”

그녀의 웃음소리는 매우 달콤하여 혼백을 빨아들일 것처럼 마력을 지니고 있었다.

당륵은 꽃구경할 마음이 싹 가셨다. 꽃을 싫어해서가 아니었다. 꽃구경이라면 마음이 편해야 될 터. 원대한 포부를 이루지 못하고 걱정거리만 가득한 그는 꽃구경할 만큼 한가한 기분이 아니었다. 게다가 그에게 군왕을 뵙고 품할 급한 일이 있었는데, 뜻밖에 도중에 그녀에게 붙들려 억지로 꽃구경을 하고 있었던 것이다. 그는 왕후의 성질을 잘 알고 있는지라, 그녀의 뜻대로 따를 수밖에 없었다. 그래서 그녀와 함께하면서도 정신은 다른 곳에 가 있었다.

그에게 몸이 후끈 달아오른 왕후는 단 음식에 파리 꼬이듯 좀처럼 떨어지지 않았다. 아니, 그녀는 다시 시작하고 있었다.

"당장군, 몸은 꽃 속에 있으면서 마음은 꽃 바깥을 생각하는구려. 오늘 다른 좋은 일이 있다면, 내 억지로 권하지는 않겠소. 앞으로의 날도 많으니 기분이 나면 다시 꽃구경 오시오. 당장군, 어떻소?"

당륵은 빠져나올 좋은 기회라 여겨 얼른 말했다. "왕후마마를 속일 생각은 없습니다만, 군왕께 품해야 할 긴한 일이 있사옵니다. 그래서 지금은 다른 일에 좀처럼 마음이 끌리지 않사옵니다. 마침 왕후마마께서 말씀하셨으니, 꽃구경은 다음에 기회를 내겠사옵니다. 신 모시지 못함을 용서하옵소서."

그러나 왕후의 말은 그를 떠보고자 했던 말이었으니, 그녀가 손안에 든 물고기를 어찌 놓아주겠는가?

"대체 무슨 중요한 일이 있다고 이렇게 서두르시오? 나에게 말해보시오. 근심이 있다면 함께 나누겠소."

"신, 감히 명을 따르지 못함을 용서하소서. 이곳은 국사를 논할 곳이 아니오니 왕후마마께서 해량해주시옵소서."

"그대는 참으로 입이 무거운 사람으로 보이오. 애석하게도 우리 조정에는 그대와 같은 신하가 너무나 드뭅니다. 아이 참, 화제가 또 벗어났군요. 자, 당장군, 우리 당장 눈앞의 중요한 일을 이야기해볼까요?"

당륵은 왕후가 말하는 '당장 눈앞의 중요한 일'이 무엇인지 대충 알 듯했다. 아름다운 꽃에 대한 칭찬을 바라는 것이리라. 그녀가 색정에 완전히 빠져 있다는 생각이 들자, 당륵은 마음이 초조해지고 두려워졌다. '어찌하면 좋을까? 따르려야 따를 수 없고, 거부하려야 거부할 수 없으니, 그야말로 이러지도 저러지도 못할 처지에 빠지고 말았구나.'

바로 이때 왕후가 팔을 뻗어 그의 목을 잡아끌었다. 그녀는 당륵이 그녀를 포옹하고 입맞춤해주리라 여겼다. 당륵은 갑자기 모든 게 혼란스러워졌다. 거절하려고 하자, 느닷없이 송옥의 그림자가 눈앞을 스쳐지나가 멈칫 주저하게 만들었다. 왕후는 그가 아무 소리도, 아무 움직임도 없는 것을 보자, 여인을 만나본 적이 없어 조금 부끄러워하는 모양이라고 여겼다. 그녀는 꽃무더기 속의 풀밭에 앉은 뒤, 당륵에게 가까이 오라고 손짓했다. 당륵은 차마 그녀를 마주보기 쑥스러워 황급히 몸을 돌려 그녀를 등지고 말았다.

왕후는 초조한 목소리로 외쳤다.

"이리 오시오, 어서! 그렇게 머뭇머뭇 나를 애태워 죽일 작정이오?"

더 이상 버티지 못하고, 당륵은 고개를 푹 숙인 채 꽃무더기 속으로 걸어갔다. 마치 왕후에게 몸을 내맡겨버린 꼭두각시 같았다. 그녀는 손을 뻗어 그를 자신의 옆으로 끌어당겼다. 그는 순순히 자리에 앉았지만, 감히 그녀를 쳐다보지도 못하고 숨도 제대로 쉬지 못했다. 그녀는 두 손을 등 뒤로 한 채 몸을 비스듬히 기울여 느긋하게 그를 기다렸다. 그는 몹시 긴장하고 있었다. 그녀는 도저히 참을 수 없는 표정이었지만, 그는 여전히 꼭두각시마냥 가만히 있었다. 당륵의 코가 유달리 예민한 탓일까? 향기가 스친 후 그의 코에 문득 주검의 냄새가 혹 끼쳐왔다. 그는 속이 메슥거리면서 토하고 싶었다. 그는 도저히 참을 수가 없었다. 그녀가 욱욱거리는 소리를 듣고 눈을 떠보니, 그가 두 손으로 코를 움켜쥐고 토하고 있었다.

"이런 빌어먹을!" 왕후는 체면이고 뭐고 돌볼 겨를 없이 화가 치밀어 올랐다. 그녀는 자리에서 벌떡 일어나 악을 써댔다.

"이런 호의도 모르는 녀석! 너를 어여삐 여겨 함께 꽃구경을 했더니, 도리어 내 몸을 더럽혀? 이건 분명코 나에 대한 모욕이다. 네가 감히 내 뜻을 거역해? 내가 널 어찌하는지 두고 봐라!"

욕을 한바탕 듣고 나자, 당륵은 오히려 마음이 가라앉고 머리가 맑아지는 느낌이 들었다. 그는 왕후에게 말했다.

"참으로 황공하옵니다. 왕후마마께서는 오해하지 마옵소서. 신에게 다른 뜻은 없습니다. 다만 우연히 오한이 나서 구토를 일으킨 것뿐이옵니다. 왕후마마, 절대로 다른 뜻이 있지는 않사옵니다."

"교활한 것 같으니라고! 그럴듯한 말로 날 또 속이려고! 내가 널 용서하기는 어렵지 않은 일이나 반드시 따라야 할 일이 있지!"

왕후는 매몰차게 말했다.

"상세하게 말씀해주소서."

당륵은 어색하게 선 채로 그녀를 슬쩍 훔쳐보았다. 온몸이 사시나무 떨리듯 덜덜 떨려왔다.

분을 삭이지 못한 왕후는 외쳤다.

"말로만 하겠다고 하지 말고, 실제 행동으로 보여줘야지! 네 말이 사실이렷다?"

"물론이옵니다."

"그렇다면 좋아, 오늘밤 내 침궁으로 오너라. 오면 내 용서해주고 벼슬도 삼등급 올려주마. 만약 오지 않고 계속 얕은수를 쓴다면, 송옥의 말로가 곧 너의 말로가 될 것이다!"

왕후는 당륵을 흘겨본 뒤 다시 한마디 덧붙였다.

"만약 오늘 저녁에 오지 못할 경우 사흘을 늦출 수 있고, 사흘 동안에는 추궁하지 않으마!"

"신 어찌 감히 거스르겠나이까!"

꽃동산에서의 한바탕 소란은 커다란 풍파를 불러일으켰다. 생각하면 생각할수록 기분이 언짢았다. 왕후는 날이 갈수록 미쳐가고 후안무치해졌다. 이러니 군왕은 군왕답지 못했고, 신하는 신하답지 못했으며, 위아래가 나뉨이 없었고, 인륜의 예의도 거의 사라져버렸다. 이런 나라에 무슨 희망이 있을까! 생각할수록 더욱 심란했다. 머릿속은 온통 웅웅 울렸다. 그는 비틀거리며 왕궁의 동산을 빠져나왔다. 발이 가는 대로 내맡겼다. 그는 몽롱한 상태에서 교외의 황량한 무덤 앞에 서 있었다. 고개를 치켜든 그는 한눈에 송옥의 무덤임을 알아차렸다. 갓 덮은 흙 위로 들풀이 고개를 내밀어 산들바람에 흔들리고 있었다. 비애의 정이 솟구쳤다. 갑자기 눈물이 하염없이 흘러나왔다.

지난날의 우정이 어제인 듯했다. 그는 감정을 추스를 수 없었다. 눈물과 한숨, 울음소리. 그는 세상을 떠난 벗의 영혼을 불러 마음속 괴로움을 토로했다. 오늘 일은 세상을 떠난 벗 또한 사정을 잘 알고 있을 것이며, 더욱이 그 피해자이기도 했다. 다른 이가 자신을 봤다면 비웃음을 받을 일이었다 이런 생각이 들자, 그는 송옥에 대한 경외심이 더욱 솟구쳤다.

당륵은 아쉬움과 경모의 정을 안고 무덤 가까이 갔다. 그는 두 손을 맞잡고 숙연히 서서 허리를 굽혀 인사를 했다. 무어라 그에게 기도를 하는 듯했는데, 무슨 말을 했는지 알 수 없었다. 다만 마지막 부분은 똑바로 들렸다.

"초 왕조의 천하는 그 요사한 여인의 손에서 끝장나려는가? 오호라, 저 하늘은 어찌하여 우리 초나라를 멸망시키려는가?"

처절하면서도 유장한 음성이 고요한 무덤 위로 오래도록 메아리쳤다.

어수선한 공동묘지는 오래된 무덤, 얼마 지나지 않은 무덤, 높이 쌓은 무덤, 낮은 무덤 등이 뒤섞여 있었다. 이곳 역시 귀천의 구분과 존비의 차이가 있었다. 이를테면 어떤 무덤 앞에는 높은 비석이 세워져 있었지만, 어떤 비석은 아주 낮았으며, 비석이 없는 무덤도 적지 않았다.

송옥은 조정 대신의 신분임에도 무덤 앞에 비석이 세워져 있지 않았다. '그의 영혼은 편히 쉴 수 있을까?' 당륵은 그의 벗을 위해 비석을 세우고 싶었지만 그럴 가망이 없어보였다. 생각이 여기에 미치자 당륵은 찢어지는 듯 마음이 아팠다. 눈물이 비 오듯 흘러내렸다. 그 눈물은 반은 죽은 벗을 위해, 반은 자신을 위해 흘리는 것이었다. 아마 그 역시 이 황량한 무덤으로 끌려와, 머리 없는 원귀 하나가 늘어날지도 모른다. 이제 송옥과 함께할 날이 머지않았다는 생각이 들자, 세상에 대한 원망이 불현듯 솟구쳐 어찌할 길이 없었다.

그가 머리를 들어 하늘을 보니 어두침침한데, 저 멀리 하늘가에 구름 몇 점이 떠 있었다. 그때 갑자기 혜성이 떠올랐다. '혜성은 환히 빛나는 꼬리를 이끌고서 하늘을 가로질러 사라졌었지. 혜성의 출현은 무얼 의미할까?' 당륵은 아무리 생각해봐도 알 수가 없었다.

당륵은 미친 듯 하늘을 향해 부르짖었다.

"하늘이시여, 왜 이리 빨리도 어두워지나요? 오늘 왕후에게 가야 합니까? 가지 말아야 합니까?"

가게 되면 그는 영혼을 팔아 호사를 누리며 살 수 있다. 그러나 역사의 죄인이 되어 악취를 후세에 남기게 되리라. 가지 않는다면 송옥의 전철을 밟아 머리 없는 원귀가 될 터. 당륵은 머리가 터져버릴 것만 같았다. 그는 계속해서 거닐면서 생각에 잠겼다. '아름다운 이름을 만고에 남기고 청사에 본보기로 남으리라!'

하지만 몸을 돌려 다시 생각에 잠겼다. '내 주관적 바람이야 좋지만, 반드시 내 뜻대로 이루어지지는 않겠지. 송옥을 보라구. 그의 억울함이 밝혀졌나? 세상 사람들은 그저 그가 왕후를 희롱하여 화를 당했다고 알고 있지 않나! 청사에 남는 이는 왕후이고, 송옥은 도리어 추악한 이름을 만세에 전하고 말았다! 역사는 사람이 만드는 것, 저 어용문인들이 쓰는 것이다. 저들은 정치적 요구를 위해 조금도 주저하지 않고 양심을 저버리는 자들이지. 옳고 그름을 뒤바꾸는 일에 능하고 자신의 이익을 위해 일하는 자들이다.' 당륵의 마음은 격렬하게 다투고 있었다.

'살아도 살아 있는 게 아니니 참으로 고통스럽구나.'

"오늘 저녁 왕후의 침궁에 가지 않는다면, 그녀는 내게 어떤 죄명을 뒤집어씌울까?"

"왕후에게 한 사람 죽이는 일쯤이야 식은 죽 먹기지! 죄명이야 그녀의 말 한마디면 끝나겠지."

"그렇다면 차라리 송옥의 무덤 앞에서 목숨을 끊는 게 오히려 떳떳하지 않을까?"

"그건 아니지! 그렇게 죽어도 그대 죽음에 가져다 붙일 죄명이야 많겠지. 아마도 죄가 무서워 목숨을 끊었다는 소문이 돌겠지! 어쨌든 사람들은 진상을 모를 테니까!"

침묵.

소리는 다시 들려왔다.

"진상을 모르는 사람들이야 물론 다는 아니겠지만, 일부 사람들은 뭣도 모르고 떠들어대겠지. '그자는 틀림없이 나쁜 일을 많이 했을 거야. 그렇지 않다면 왜 목숨을 끊어?' 안 그런가?"

"그럼 그대는 내가 어떻게 하면 좋겠나?"

"이 일은 생사가 달린 중대한 일이야. 옆 사람이 이러쿵저러쿵할 문제가 아니지. 그대 스스로 결심해야지."

"나를 좀 구해주시오. 좋은 생각을 달란 말이오!"

그 사람은 손을 휙 내저었다. 당륵은 그의 옷깃이 휘날리는 곳을 바라보았으나 아무것도 보이지 않았다. 그가 머리를 되돌렸을 때 그 사람은 이미 보이지 않았다.

그제야 당륵은 머릿속이 환해진 느낌이 들었다. 방금 자신과 이야기를 나누었던 낯선 이는 송옥의 화신이 아닐까?

당륵은 송옥의 무덤에서 돌아왔다. 두 다리는 천근만근 납처럼 무거워 걷기가 몹시 힘들었다. 두 귀에는 윙윙거리는 소리가 끊이지 않았는데, 귓가에 누군가 속삭이는 듯했다.

"가라구, 그녀와 멋진 하룻밤을 보내봐! 죽어도 해볼 만한 일이잖아. 얼마나 기가 막히게 어여쁜 미녀인데, 천하에 둘도 없는 미녀라구!"

"안 돼, 절대로 안 돼! 하늘이 나를 용서치 않을 거야."

당륵은 주저하고 있었다.

해는 서산 너머로 지고, 밤의 장막이 이미 드리워졌다. 당륵은 더 이상 생각만 하고 있을 수 없었다. 이제 선택을 해야만 했다.

어둠 속에서 당륵은 홀로 방황했다.

실패로 끝난 당륵의 거병

왕후에 관한 소문은 잇달아 일어났다. 이로 인해 여러 사람이 실각하거나 살해되었다. 왕공대신들은 뿔뿔이 흩어진 채 귀양 가지 않으면 직위를 박탈당했다. 이밖의 다른 기상천외한 일들로 말미암아 뜻있는 인사들은 두려워 자나 깨나 전전긍긍하지 않는 이가 없었다. 조정은 왕후의 음탕함에 더렵혀지는데도, 대신은 입을 열기는커녕 마음속으로 그럴 생각조차 하지 못했다. 음란한 왕궁의 탕녀에 대해 조야 곳곳에서 소문이 떠돌고, 사람들마다 의혹을 품었다. 세상의 풍기가 음란할수록 백성들은 현명한 군주를 더욱 그리워했다. 백성들은 박해를 당한 굴원을 동정하고 그를 수호신으로 떠받들었다. 송옥을 그리워하는 백성들은 그가 굴원의 뛰어난 제자로서 죽음을 무릅쓰고 예의와 도덕을 지켰으며 당당하게 죽음을 향해 나아가 고매한 도덕의 기념비를 세웠다고 칭찬했다.

음탕한 왕후는 스스로를 고명하고 훌륭하다 여겼으며, 수단을 가리지 않고 충신들을 제거했다. 문관이든 무관이든 감정의 욕망에 따라 음욕을 가리지 않았다. 왕후가 재기 넘치고 늠름한 당륵을 보고서 음심을 품었다가 끝내 당륵에게 거절당하자, 사람들은 손에 땀을 쥐고 그 결과를 지켜보고 있었다.

나이 젊고 혈기 왕성한 무장 당륵은 왕후의 음욕에 굴복하지 않은 채, 앞장서서 목숨을 걸고 나아갔다. 선수를 치기로 마음먹은 그는 꼬리를 끌고 있는 '재앙의 별'을 제거하기로 했다.

그리하여 밤의 장막이 내릴 즈음, 무예의 고수를 왕궁으로 잠입시켜 왕후를 암살하려고 했다.

왕궁은 일반인의 출입을 엄격히 통제하는지라 경계가 삼엄했다. 자객이 간신히 왕궁에 잠입했을 때는 깊은 밤이었다. 영악하고 교활한 왕후는 당륵이 약속을 어길 것이며, 또한 자신에게 악한 짓을 행하리라 짐작하고서 안전을 위해 방비를 강화했다. 그녀가 영악하다는 것은 귀신같이 앞일을 예상하고서 당륵을 송옥보다 한층 조심했다는 점이다. 송옥이 유약하다면 당륵은 전혀 딴판이었다. '당륵은 절륜의 무술과 출중한 지략을 지니고 있다.' 이렇게 생각한 왕후는 수하에게 명하여 경계심을 늦추지 말고 초소에 호위병을 증원하라고 했다. 이것이 바로 그녀의 영악한 점이었다. 자객은 그녀가 결코 낯설지 않았지만, 환난을 미리 방지하는 바람에 왕후를 살해하기가 더욱 어려워졌던 것이다.

초소마다 두 명이던 호위병이 네 명으로 늘어났으며, 다섯 곳이던 초소는 일곱 곳으로 늘어났다. 무예의 고수들이 모여들고 분위기가 삼엄하여 침범하기가 쉽지 않았다.

절륜의 무예를 지닌 자객은 처마와 담을 평지를 걷듯이 뛰어다녔다. 쌍칼을 놀리는 모습은 마치 두 마리 제비가 들보를 휘감는 듯했고, 깊은 연못을 건너는 모습은 마치 잠자리가 물에 살짝 닿는 듯했다. 또 몸을 한 번 솟구치니 백 걸음 밖으로 날아갔고, 백 척의 높은 담에서 뛰어내리는 모습은 마치 날랜 고양이와 같았다. 몇 길의 추녀를 뛰어넘는 모습은 마치 공중을 나는 호랑이와 같았다. 자객은 가시덤불을 헤치고 나아가 다섯 곳의 초소를 몰래 지나도록 흔적조차 남기지 않았다.

자객은 자신의 성공을 확신했다. '다섯 곳의 초소를 넘어왔으니, 이제 왕후의 머리는 내 손안에 있다.' 내내 팽팽하게 잡아당기고 있던 신경이 조금 느슨해진 그는 한숨을 내쉬고서 높은 담을 뛰어내려 왕후의 침궁으로 잠입해 들어가려 했다. 몸을 훌쩍 날린 그는 캄캄하고 후미진 곳으로 내려앉아 귀를 쫑긋 세우고 동정을 살폈다. 그는 아무 움직임이 없는 것을 확인한 후, 몸을 일으켜 세워 앞으로 살금살금 몇 걸음 나아갔다가 오른쪽으로 돌아들어 재빨리 궁궐 오른편의 후미진 구석으로 들어섰다. 자세히 살펴보니 앞쪽 초소에 거대한 몸집의 두 호위병이 서 있었다. 두 호위병은 무기를 손에 든 채 사방을 날카롭게 노려보고 있었다.

자객은 왕후가 미리 방비를 해두어 호위병을 늘렸을 뿐만 아니라 초소도 늘렸음을 눈치챘다. 그렇다고 그는 낙담하지 않았다. 그는 계속해서 안의 사정을 주시했다.

이때 두 명의 순찰병이 다가왔다. 그들은 한 손에 횃불을 들고, 다른 한 손에는 무기를 들고 있었다. 횃불은 어찌나 크고 밝은지, 땅바닥의 바늘이라도 찾아낼 수 있을 정도였다. 자객은 몸을 숨길 곳이 없었다. 상황은 매우 급박했다. 어쩔 수 없이 선수를 쳐서 공격을 가하는 수밖에 없었다. 하늘에서 뚝 떨어진 듯 순식간에 몸을 드러낸 그는 쌍칼을 휘둘렀다. 두 명의 순찰병이 눈 깜짝할 사이에 목숨을 잃었다. 문밖에 서 있던 두 호위병은 소리를 듣고 몸을 감춘 채, 머리를 내밀어 주위를 두리번거렸다. 앞쪽에 있던 홀쭉한 호위병은 미처 자객의 칼날을 피하지 못한 채 죽임을 당했고, 뒤쪽의 뚱뚱한 호위병은 혼비백산, 걸음아 날 살려라 도망치면서 고함을 질렀다. "자객이다! 어서 자객을 잡아라!"

그의 고함소리에 곳곳에서 함성이 일더니 고수들이 모여들어 자객을 뒤쫓았다. 순식간에 왕궁은 시끌벅적 요란해졌다. 소동에 놀라 깨어난 왕후는 침상 머리맡의 보검을 빼들고 문을 박차고 나왔다.

자객은 호위병과 맞서 싸우고 있었지만, 중과부적인지라 뒤로 물러서고 있었다. 바로 이때 왕후가 두 명의 측근 무사를 데리고 무리 가운데로 돌진했다. 왕후는 무림의 고수로서 검술에 능하고 담력이 대단한지라, 자객을 마주하고서도 조금도 놀라거나 당황하지 않았다. 그녀는 태연자약 검을 날렸다. 칼과 칼이 몇 합 부딪치더니 자객은 왕궁 꼭대기로 날아올랐다. 자객을 바짝 뒤쫓는 왕후 역시 몸을 날려 왕궁 꼭대기에서 자객과 마주했다. 왕후와 자객 두 사람 모두 무공이 엇비슷했다. 두 사람은 싸울수록 더욱 사나워졌다. 백 합을 겨루었으나 조금도 숨이 차지 않았으며 한 치도 흐트러짐이 없었다. 여장부에 조금도 손색이 없는 솜씨였으며, 협객에 추호도 부끄러움이 없는 기량이었다.

"천하에 적수가 없으니, 그대와 같은 아녀자를 죽이지 못한다면 말이 안 되지!"

"천하의 여걸 중의 여걸이니, 얼굴도 드러내지 못하는 소인배를 죽이지 못한다면 말이 안 되지!"

스스로 고수를 자처하는 두 사람은 서로를 죽일 기회만을 노렸다.

싸움은 한밤중에 시작하여 동틀 무렵까지 계속되었다. 우뚝 솟은 궁궐은 어슴푸레한 새벽빛과 피비린내 진동하는 바람 속에서 흔들흔들 부서져 내릴 것만 같았다. 희미한 아침 햇살과 자욱한 안개가 살기등등한 정경을 뒤덮고 있었다. 물푸레나무 위에 깃들어 있던 한 떼의 까마귀들은 까악까악 불길한 울음소리를 연신 울려댔다. 모골이 송연하고 가슴이 두근거렸다. 궁궐 담장 안 사람들은 불안 속에 떨었다.

싸움은 격렬하게 진행되고 있었다. 왕후는 마음이 조급했지만, 자객의 무예가 비범하여 금방 이기기는 힘들다고 여겼다. 그녀는 음험한 술수로 승리를 거두어야겠다고 생각했다. 그녀는 보검을 거두며 물었다.

"너는 누구냐? 이름을 말하면 목숨만은 살려주겠다."

"너는 어느 요괴이길래 이곳에 이르러 감히 공무 집행을 방해하느냐?"

"네가 죽이려는 이가 바로 나다. 눈 뜬 장님이더냐? 천하의 지고무상의 왕후도 알아보지 못하다니!"

"나는 천하의 제일가는 고수, 억울한 이를 위해 칼을 뽑아 돕는 협객이다. 넌 장님에 귀머거리더냐, 이 노부의 대명을 듣지 못했다니!"

사내의 욕설을 듣자, 왕후는 화가 치밀어 몸이 부들부들 떨렸다. 그녀는 칼을 뽑아 용이 춤추듯 짓쳐 나갔다. 칼날의 섬뜩한 빛이 번쩍거리고 바람이 휘잉 소리를 냈다. 자객은 그녀의 칼솜씨가 대단한 공력을 지니고 있음을 알고서 찬탄해마지 않았다. '천하에 수염달린 호걸에 못지않은 이런 여걸이 있었다니! 나조차도 부끄러워지는군.' 여걸에게 질 수 없다는 호기가 발동하여, 그 역시 평생 갈고 닦은 솜씨를 유감없이 발휘했다. 그는 궁궐 꼭대기로 훌쩍 날아올라 자신의 경공술이 그녀에 못지않음을 과시했다. 그런 다음 사나운 호랑이가 어린 사슴을 덮치듯 위에서 내리꽂는 기세로 왕후에게 달려들어 사로잡으려 했다. 왕후가 슬쩍 몸을 피하자, 자객은 그녀의 머리 바로 위를 스쳐지나갔다. 깜짝 놀란 왕후의 등에 식은땀이 흥건히 흘러내렸다. 다행히 이번 공격은 피했지만 공격은 계속되었다.

'이 복면의 자객을 이기는 게 쉽지는 않겠군.' 그녀는 그와 맞붙어 싸우고 싶은 생각이 사라졌다. 그녀는 호위병에게 일제히 공격하라고 외쳤다. 자객은 세가 불리하다고 판단하여 몸을 틀어 도망하려 했으나, 여러 사람이 공격하는지라 몸을 뺄 수가 없었다. 마침내 한가운데 둘러싸인 그는 좌충우돌 힘겹게 싸웠으나, 겹겹이 둘러싸인 채 왕후의 포로가 되고 말았다. 왕후는 자객에게 수모를 가했다.

"고수라 자처하더니, 어찌하여 나에게 붙잡혔는고?"

"난 너에게 붙잡힌 게 아니라 여러 사람에게 붙잡혔을 뿐이다. 예부터 중과부적이라 했거늘, 나 혼자서 수십 명을 대적했으니 내 스스로 고수라 일컫은 것이 아니라 너희들이 나를 고수로 대접한 것이다."

"네가 고수이든 패장이든 중요치 않다. 중요한 건 어떻게 하면 목숨을 부지할 것인가이지. 네 신분을 어서 밝혀라. 그러면 널 죽이지는 않겠다."

태연자약 꼿꼿하게 서 있던 자객은 왕후를 흘겨보면서 입을 떼었다.

"네 아비의 신분이 바로 자객이지."

"누가 날 죽이라 널 보낸 거냐?"

"아무도 시키지 않았다."

"왜 날 죽이려 했느냐? 나와 무슨 원수라도 지었느냐?"

"그건 틀린 말이지. 물론 그대는 나와 직접적으로 원수를 맺지는 않았다. 그러나 따지고 들어가면 원수를 깊게 맺고 있다고 봐야지. 넌 악행을 일삼고 충성스럽고 선량한 이들을 살해했다. 흑심을 품고 우리 초나라를 멸망시키고 있지 않느냐? 그러니 넌 나의 으뜸가는 원수, 당연히 내 칼을 받아야지."

"무슨 말을 하는 거냐?" 왕후의 눈이 순간 등잔만 해졌다. "내가 흑심을 품고 있다고? 충성스럽고 선량한 이들을 살해하고, 초나라를 망하게 하려 한다고? 방자하구나! 그런 헛소리를 누가 지껄이더냐! 이실직고하면 널 용서하마. 난 절대로 식언하는 사람이 아니다."

"쓸데없는 소리!" 자객은 뚝 시치미를 떼면서 말을 이었다. "난 네게 살려달라고 빈 적이 없다. 너야말로 이제부터라도 개과천선한다면 우리 초나라 백성들이 이전의 잘못은 따지지 않고 널 용서해줄 것이다.

앞으로 서로 무사히 지낼 수 있을 거다!"

"너의 용기와 솔직함에 탄복하지만, 너는 아직은 다 털어놓지 않았다." 왕후는 관대한 모습을 한껏 드러내면서 두 눈을 반짝이며 말을 이었다. "누가 네 배후에 있는지 말하라! 난 네가 좀 더 현명하기를 바란다. 고집만 부리다가는 끝이 좋질 않아."

자객은 그녀를 흘겨볼 뿐 아무 대꾸도 하지 않았다.

"나와 맞설 수 없다는 걸 잘 알고 있을 텐데?" 왕후는 사나운 표정으로 말을 이었다. "여봐라, 저 녀석에게 맛 좀 보여주어라. 네 녀석이 말을 하는지 안 하는지 두고 보자. 네 녀석의 입이 무거운 만큼 형벌도 만만치 않을 것이다."

왕후의 말이 떨어지자마자 망나니들의 손이 바빠졌다. 잠시 후 차마 형언할 수 없는 혹형을 당하던 자객은 정신을 잃고 말았다. 왕후는 형벌을 중지시키고서 정신을 차리도록 찬물을 끼얹게 했다. 얼마 지나지 않아 자객은 깨어났지만 정신은 여전히 혼미했다. 흐릿한 눈을 떠보니 왕후가 오만한 표정을 지은 채 우뚝 서 있었다. 그녀의 흉악한 눈빛, 오만한 자세는 마치 한 마리 암사자와 같았다.

"이젠 말해야겠지?" 왕후의 날카로운 눈빛에는 일순의 머뭇거림도 용서하지 않겠다는 의지가 서려 있었다. "내가 말했다! 말하면 곧바로 풀어주고, 목숨도 보장하겠노라고!"

"그 말이 사실이오?"

"절대로 농담이 아니다!"

"사면령을 내리시오!"

"물론이지!"

왕후는 그 자리에서 사면령을 써서 그에게 건네주었다. 자객은 사면령을 손에 넣자, 사주한 자는 당륵 장군이라고 실토했다. 왕후는 그에게 자술서를 쓰게 한 뒤, 그가 자술서를 다 쓰고서 서명을 하는 순간 호위병에게 눈짓을 했다. 호위병은 아무 방비도 없는 자객의 머리를 칼로 내리쳤다. 일시적 안일을 택했던 자객은 비명도 지르지 못한 채 죽고 말았다.

당륵은 자객이 돌아오기를 오래도록 기다렸으나 아무 소식이 없었다. 자객이 뜻을 이루지 못했으리라 짐작한 그는 급히 하인을 불러 좋은 말을 끄집어내라 명했다. 상황이 너무나 화급한지라, 가족의 안위를 돌아볼 여유도 없이 그는 홀로 말에 올라 군영으로 내달렸다. 군영에 도착하자마자, 그는 심복 장수들을 불러 모아 계책을 논의했다. 여러 장수들이 그를 에워싼 채 갖가지 계책을 내놓았다. 발호하는 왕후를 토벌하자는 소리에 장수들은 두 주먹을 불끈 쥐면서 함께하기를 원했다. 물론 거사 소식을 듣고서 깜짝 놀라 얼굴빛이 변하는 장수도 있었으나, 눈치채이지 않은 채 곧바로 아무렇지도 않게 다른 장수와 마찬가지로 각자의 임무를 부여받았다.

한편, 왕후는 자객을 처치한 후, 과연 당륵의 예상대로 한순간도 되지 않아 병사들을 당륵의 집으로 보내 물샐틈없이 에워싸도록 했다. 수많은 병사들이 당륵의 집을 샅샅이 뒤졌다. 집 안의 남녀노소와 하인 백여 명이 몰살당하면서 집 안은 피비린내로 진동했다. 당륵의 집은 곧바로 화염에 휩싸였다. 그래도 분이 풀리지 않는지 왕후는 병사를 보내 당륵을 잡아들이라 명했다.

이제 당륵은 나라의 원수이자 가족의 원수와 맞붙지 않을 수 없었다. 궁지에 빠진 사자 신세가 된 그는 가슴속에 쌓인 원한으로 울부짖었다. 하지만 그는 생각을 고쳐먹었다. '이렇게 해봐야 무슨 소용이 있겠는가?' 그는 억지로 마음속 깊은 분노와 고통을 가라앉혔다. 그는 이리저리 거닐면서 깊이 생각에 잠겼다. 긴박한 때에 가장 쉽게 저지르는 잘못은 조급함이다. 주도면밀하지 못한 채 경솔하게 움직이는 것이다. 그건 실패의 씨앗이자 치명적인 착오이다.

그리하여 그는 대장의 풍도에 부족함이 없도록 자신을 다독여야만 했다. 급할수록 더욱 냉정하게 대처해야 한다. 이런 자세야말로 평범한 사람과 다른 점이다.

원대한 계획은 수립되었으나, 장수와 병사가 적어 저 포효하는 암사자와 맞서기가 어렵지 않을까 염려스러웠다. 참담한 현실 앞에서 당륵은 대장의 풍모를 지니고서 아무 일도 없다는 듯 태연자약했다. 오직 밤 깊어 인적 끊어지고 외로운 등불을 앞에 두고 홀로 앉아 있을 적에, 가족들이 죽임을 당하는 참담한 광경이 주마등처럼 그의 눈앞을 스쳐 지나갔을 뿐이다. 그의 마음은 갈기갈기 찢어지는 듯 고통스러웠다. 자기도 모르게 뜨거운 눈물이 볼을 타고 흘러내렸다.

바로 이때 문밖에서 귀에 익은 목소리가 들려왔다. 당륵이 황망이 옷소매로 얼굴의 눈물자국을 닦고서 고개를 돌려 바라보니, 측근의 호위병이 서 있었다. 흐릿한 등불이 그의 숙연하면서도 조심스러운 얼굴을 비추었다.

"장군께 보고드립니다. 문밖에 손님이 와 계신데, 꼭 뵈어야겠다고 합니다." 호위병이 두 손을 늘어뜨린 채 머뭇머뭇 말을 이었다. "수문병이 들여보내지 않았는데, 이자가 긴급한 일로 꼭 뵈어야 한다면서 장군이 돌아오실 때까지 기다리겠다고 막무가내입니다. 수문병이 어찌할 도리가 없어서 저더러 장군께 보고드리라 하여 말씀드리는 것입니다." 말을 마친 호위병은 장군을 슬쩍 쳐다보더니 얼른 한마디 덧붙였다. "소인 역시 장군께 중대한 군무가 있어서 번거롭게 해드려서는 안 된다고 말했습니다. 이자를 내쫓아버릴까요?"

당륵은 한참 동안 말이 없었다. 그는 간장을 도려내는 서글픔에 휩싸여 있던 터라 즉시 반응하지 못하다가, 얼마 지나서야 입을 열었다.

"누구라 하던가? 서신은 지니고 있던가?"

"장군께 직접 말씀드리겠답니다. 서신을 몸에 지니고 있긴 합니다만, 이름을 알려주려고 하지 않습니다. 보아하니 시급한 일인 듯합니다."

만약 일반적인 방문이라면 지금과 같은 비상시에는 만나지 말아야 한다. 그러나 호위병의 대답은 그런 의심을 없애주었다. '찾아온 사람이 혹 하늘의 뜻에 따라 나를 도와주려는 자가 아닐까? 만약 그렇다면 어찌 일을 그르칠소냐!' 그런 생각이 들자 곧바로 말했다.

"좋다, 수문병에게 알려라. 어서 그를 들게 하라!"

잠시 후 호위병이 그 사람을 데리고 들어왔다. 불빛이 흐릿한지라 얼굴이 똑똑히 보이지는 않았지만, 옷차림으로 보건대 제법 신분 높은 관리인 듯하였다.

"아니, 그대는……." 그 사람이 눈앞에 이르러 예를 갖추었을 때, 그는 새카만 눈썹과 부리부리한 눈, 구레나룻이 왠지 눈에 익었다. 어디선가 만났던 듯했다.

그 역시 아무 말 없이 위아래로 당륵을 훑어보았다. 그는 긴장한 모습이 역력했다. 부리부리한 두 눈은 영민한 빛을 내뿜고 있었다.

"그대는 누구신지요? 무슨 일로 저를 보자고 하셨습니까?" 당륵은 눈썹을 꿈틀거리며 물었다.

"그대가 당륵 장군이시옵니까?"

"그렇소!"

"소관 풍대승을 장군께옵서는 알아보지 못하겠사옵니까?"

풍대승, 그는 의협심이 강한 협객이었다. 그는 수년전 어느 시골 에 있던 굴원을 찾아왔을 때 이름을 밝히려 들지 않았던, 바로 그 사람이었다. 훗날 굴원이 귀양을 갈 때에도, 용케 소식을 전해 듣고서 굴원을 배웅하여 이리와 호랑이가 출몰하는 숭산 준령을 넘어 서포까지 따라갔던 사람이었다. 그는 일찍이 지방의 무관을 지냈는데, 성품이 강직하여 동료들의 부정에 휩쓸리지 않은지라 상사의 미움을 사서 내쫓겼다. 이후 한가로이 강호를 떠돌면서 흉악한 자들을 제거하여 백성을 편하게 하는 일을 자신의 임무로 여겼으니, 참으로 강호에 가장 뛰어난 협객이라 하지 않을 수 없었다! 올곧은 성품과 절륜의 무예를 지녔음에도 늘 나라에 이바지할 길이 없음을 한탄했던 그였다!

기억을 더듬자, 당륵은 새록새록 생각나기 시작했다. 하지만 떳떳한 대협객이자, 뛰어난 무장이었던 그가 그동안 행방이 묘연했다가 눈앞에 이런 모습으로 나타나다니. 당륵은 자신도 모르게 펄쩍 뛸 만큼 놀라움을 금치 못했다.

"소생 강호에 떠도는 몸이지만 어쨌든 한때 무관으로 몸담았으며, 재주 용렬하나 굴대부님의 뜻을 숭배했습니다. 장군께서는 굴대부님의 뛰어난 제자로서, 특히 벼슬길에 오른 뒤로 명성을 더욱 드날리고 계신다고 오랫동안 들어왔습니다. 인사드리오니 받아주십시오!"

당륵도 얼른 예를 갖추어 인사했다. 상대의 신분을 알고 나니 그제야 마음이 어느 정도 놓였다. 호위병에게 차를 가져오라 분부한 후 자리에 앉아 물었다.

"대협께서는 어떤 가르침을 주실런지요?"

"장군께서 일편단심 나라에 대한 충성으로 의로운 깃발을 치켜들어 악을 제거하여 선을 드높이며, 요망한 자들을 척결하여 사직을 일으켜 세우며, 초나라 왕을 바로잡고 도와 요순의 태평성세를 이루려 한다고 하니, 참으로 우리나라의 크나큰 행운이로소이다!"

"제가 이곳에 온 것은 장군께서 저를 부려주시기를 원해서입니다. 국난을 당하면 필부라도 책임이 있거늘, 어찌 물불을 가리며 목숨을 기꺼이 내버리지 않겠습니까? 청컨대 장군께서는 하명해주십시오.”

그는 비장한 목소리로 말하더니 쿵 소리와 함께 무릎을 꿇고 머리를 조아렸다.

당륵은 몹시 기뻐하며 두 손으로 그를 만류했다.

“대협께서 이러시면 안 됩니다. 어서 일어나십시오.”

당륵은 그를 일으켜 의자 위에 앉히고서 말을 이었다.

“충성스러운 대협을 만나 진심을 터놓을 수 있고 뜻밖에 천하의 기재를 얻었으니 참으로 천행이라 하지 않을 수 없습니다.”

“장군께서 거두어주시니 참으로 크나큰 행운이로소이다. 다시 한 번 소인 인사 올립니다!”

당륵은 의관을 정제하고 엄숙한 표정으로 풍대협의 인사를 받았다. 당륵은 이번 거사에서 풍대승에게 대군의 군사를 맡겼다.

당륵의 휘하에는 삼만 명의 병사가 있었다. 왕후는 당륵이 군사를 일으켜 반역을 꾀하겠지만 함부로 경거망동하지는 못하리라고 예측했다. 그녀는 대장 한 명에게 속히 가서 소휴의 병사를 이동시키라고 명령했다. 명령을 전해들은 소휴는 곧바로 오만 명의 병사를 일으켜 호호탕탕 진군하여 당륵의 반군을 포위했다.

당륵은 용병에 뛰어난 장수인데다가 풍대승이 충심으로 그를 보필하니, 호랑이에게 날개가 돋은 격이었다. 하지만 그렇다고 어찌 왕권을 장악하고 있는 왕후와 자웅을 겨룰 만한 정도이겠는가?

그는 정의를 위해 자신을 희생하겠다는 심정으로, 왕후의 진면목을 폭로하여 신하와 백성을 깨우치고자 했다. 그는 연병장 위에 높이 매달린 깃발 아래에서 장수와 병사들에게 왕후 토벌의 격문을 장중하게 읽어나갔다.

"왕후는 군주를 끼고 권력을 전횡하며 악랄하고 포학무도한데, 이는 이전에 들어본 적이 없을 정도이다. 그녀는 예전에 군주를 부추겨 왕후 정씨를 독주로 살해하고서 음모를 꾸며 왕후의 자리를 찬탈하더니, 이제 정권을 장악하자 잔혹하고 횡포하기 그지없다. 색욕과 음란에 탐닉함은 물론, 간사하고 아첨하는 자를 총애하고 충성스럽고 선량한 이들을 해치며, 미혹된 군주를 홀리고 조정의 기강을 어지럽혔다. 우리의 군주를 음욕에 빠트리고 주색에 탐닉하게 하여 몸과 마음을 쇠약케 하고 정사를 소홀케 했으며, 권력을 농단하고 법을 왜곡했다. 이리하여 그 죄악이 뚜렷하고 금수만도 못한 행위를 거리낌 없이 행하여, 이미 하늘을 분노하게 하고 사람의 원망을 사고 있으니, 천지에 도저히 받아들일 수 없노라."

"이제 나는 몸소 왕실을 바로잡고 사직을 부흥하고자 하니, 바람과 구름의 기세로 사방의 호걸을 불러 모아 온 백성의 뜻에 따라, 의로운 깃발을 쳐들고서 포악한 자를 제거하고 선량한 이들을 안돈하고자 한다. 요사스러운 요물을 제거하고자 하여 오직 이를 적으로 삼고자 하니, 온 천하의 신민들이 일치단결한다면 어느 적인들 깨뜨리지 못할 것이며, 아무리 굳세다 한들 무너뜨리지 못할 것인가! 우리 군사는 비록 적으나 뜻을 합치면 대단한 위력을 발휘할 수 있으며, 천도와 인심을 좇으니 가는 곳마다 대적하는 이가 없으리라. 의로운 싸움에 임하여, 여러 장수와 병사가 각자의 힘을 발휘하여 용감하게 적과 맞서기를 바라노라. 공을 세우는 자는 후한 상을 내릴 것이나 겁먹고 도망하는 자는 참하리라!"

격문을 다 읽은 후, 당륵은 모든 장수와 병사에게 풍대승을 소개하고 그를 군사로 모시니, 모든 부대는 그의 지휘를 받아 그의 명령을 어겨서는 안 되며 어기는 자는 용서하지 않으리라고 공포했다. 삼만 명의 병사들은 일제히 고함을 질렀다.

"일체의 군무는 군사의 지위에 따르리라!"

군대는 군사 풍대승의 지휘에 따라 호호탕탕 남서쪽으로 진군했다. 이는 적의 주력을 피해 약한 고리를 골라 치는 계책이었다. 삼만 명의 병사로 적의 주력과 맞서기는 힘들었기에, 풍대승의 건의를 받아들여 병사를 남쪽 변경인 숭산 준령에 주둔시켜 왕후의 군대와 유격전을 벌이기로 했다. 중과부적의 열세 아래에서 이 전술은 딱 들어맞는 계책이었다. 당륵은 그의 전술에 감복했다. 병사들은 교외에 이르러 소휴의 군대와 백병전을 벌였다. 그들의 기세가 사나워 여의치 않자, 당륵의 군대는 치고 빠지는 작전으로 울창한 삼림 지역을 들락거렸다.

산골로 들어선 당륵의 군대는 기율이 엄정하여 추호도 백성에게 피해를 입히지 않았다. 백성들의 여론이 당륵의 군대에 호의적인지라, 군량과 마초가 끊임없이 들어왔다. 소휴는 오만의 병사를 지니고 있었지만 공격다운 공격을 해보지도 못한 채 일시에 무너져 반 너머의 병사를 잃고 말았다. 병사들은 갈팡질팡 헤매다가 전투 의욕을 상실한 채 뿔뿔이 도망쳐버렸다.

왕후는 소휴가 병사를 지휘할 만한 재목이 아니라 무능한 밥벌레에 지나지 않음을 알고서 불같이 화를 냈다. 그녀는 그에게 반군과 밀통했다는 죄명을 뒤집어씌워 군권을 빼앗고 그를 교위校尉로 강등시켰다. 일벌백계의 계책으로 자신의 휘하 장수를 제거한 것이다.

그녀는 곧바로 십만 대군을 동원하여 반군이 도사리고 있는 산머리를 물샐틈없이 에워쌌다. 군량과 마초의 보급선을 끊어 자멸시키려는 것이었다.

당륵이 황급히 진두에 나섰지만, 군수물자가 부족하여 형세는 급전

직하 기울고 있었다. 휘하의 장수들은 머뭇거리면서 진군하려 하지 않았다. 반란죄는 구족을 멸하는 엄청난 죄인지라, 장수와 병사들은 싸울 의욕을 상실한 채 투항하는 이가 늘어만 갔다.

겹겹이 포위된 지 한 달여, 군량과 마초는 동이 나고 병력은 늘기는커녕 줄어들기만 했다. 참으로 오래 포위된 병사는 스스로 궤멸되기 마련인가?

당륵은 자신의 군대가 전투의욕을 상실했다고 판단했다. '너무 오래도록 포위된 때문이리라. 그렇다면 포위를 뚫을 특단의 조치를 취하여 능동성을 되찾아야 한다. 하지만 병사는 고립무원의 처지이고 대세는 이미 기울었으니, 이를 어찌하랴. 반란은 끝내 실패로 돌아가고 마는가?'

마침내 도저히 돌이킬 방법이 없다고 판단한 당륵은 이곳에서 도망하기로 결심했다. 그리하여 일부 측근을 이끌고서 밤을 틈타 몰래 도망하여 장강의 강변에 이르렀으나, 거센 풍랑에 길이 막히고 말았다. 나아가자니 강을 건널 배가 없었고, 물러서자니 추격병에게 몰살을 당할 처지였다. 진퇴유곡! 허둥지둥 혼란에 빠진 사이, 그는 부하 장수에게 죽임을 당하니 그의 나이 겨우 스물다섯이었다. 부하 장수는 그의 수급을 가져가 후한 상을 받았다. 뒤이어 모든 장수는 포로가 되니, 의로운 군대의 깃발은 쓰러지고 병사는 거의 모두 죽고 다치거나 뿔뿔이 도망쳤다.

왕후는 승리를 거두어 왕궁으로 돌아왔다. 그녀는 반군 장수들의 목을 베어낸 다음 철사줄로 줄줄이 묶어 도성의 초루에 높이 매달아 사흘간 백성들에게 보이도록 했다.

왕후는 당륵에 대해 이를 바득바득 갈았던지라, 그의 구족을 한 사람도 남김없이 도륙했을 뿐만 아니라, 그의 부친인 당매 장군의 무덤을 파헤쳐 유골을 들판에 내던져 들짐승들이 씹어먹게 했다. 살육당한 이들의 악취는 십 리 너머까지 퍼졌다.

왕후의 음행과 악랄함은 천하 온 사람들의 분노와 저주를 불러 일으켰다. 백성들의 원성이 끓었고, 인심은 등을 돌렸다. 온 천하는 마른 풀더미와 같아지니, 한 톨의 불씨가 온 들판을 불사를 기세였다.

민심이 악화되는 것을 시세의 흐름에 민감한 왕후가 눈치채지 못할 리 없었다. 그녀는 전투가 치열하게 진행되던 때에 이미 대신들에게 신경질적으로 욕설을 퍼부은 적이 있었는데, 대신들은 꿀 먹은 벙어리인 양 그저 고개만 숙인 채 바들바들 떨기만 했다.

오직 근상만은 예외였다. 그는 이 기회를 틈타 자신의 정적인 경결 장군에 대한 탄핵문을 상주했던 것이다. 경결 장군이 대국 전체를 보지 못한 채 반군을 진압할 때 여러 차례 곤란을 야기했는데, 사사건건 발목을 잡아 시비를 걸고 여기저기 반군의 편의를 도모했다는 것이다.

머리끝까지 성이 난 왕후는 경결을 처결하라고 명령을 내렸다. 아울러 화근은 뿌리까지 철저히 뽑아야 하는 법. 그녀는 사람을 시켜 경결의 아들인 경삼景參이 당륵의 반란 모의에 참여했다고 밀고하게 했다. 사지로 몰아넣으려는 핑계를 삼으려는 것이었다. 사실 진정한 이유는 경결이 왕후에게 "왕후가 정권을 경양왕에게 이양하고 신하를 자식처럼 아꼈다면, 당륵이 조정과 반목하지 않았으리라"고 간언했기 때문이다. 그는 군주와 나라를 사랑하는 마음에서 직언을 서슴지 않았던 것이지만, 이로 인해 왕후의 미움을 샀다.

경결이 애국충정의 길로 들어서고 백성들이 이를 알게 된 이상, 목숨을 잃는 액운을 피할 수 없었다. 이러한 자야말로 왕후가 제거해야 할 대상이었던 것이다.

장군의 요직에 있던 경결이 참수당한 후, 그의 가산을 몰수하고자 했으나 그의 집은 값나가는 물건이 하나 없이 빈털터리였다. 장식물은커녕 변변한 집조차 없었으니, 알랑대는 탐관오리들의 으리으리한 저택에 비하면 참으로 하늘과 땅의 차이였다. 몇 개 되지 않은 구식의 낡은 가구가 장군의 집과는 전혀 어울리지 않는 대청에 초라한 모습으로 놓여 있었다. 사람들은 마음 아파하면서 흐느껴 울었다. 이처럼 청렴한 관리가 액운을 당하다니, 세상은 얼마나 불공평한가!

경삼을 심문할 때 특히 황당했던 것은 심문의 내용이었다. 그들이 따졌던 것은 경삼이 당륵의 반란에 참여했는가의 여부가 아니라, 모반의 혐의가 있는가의 여부였다. 대신들은 구구히 자신의 의견을 밝혔다.

"소신은 경삼이 반란활동에 참여했다고 확신하옵니다. 원고의 기소장에 다 씌어 있으니, 어찌 믿지 않을 수가 있겠사옵니까?"

"저는 경삼이 반란에 참여한 일은 불가능하다고 생각합니다. 이유라면, 이 사람은 줄곧 삼가고 조심하여 평소 당륵과는 교제가 없었습니다. 저는 그럴 리가 없다고……."

"소신 역시 그렇게 생각합니다. 경삼은 사람됨이 조심스러워 그런 일을 할 사람이 아닙니다."

"혹시 그렇지 않을지도 모르지요. 그는 평소 말이 없었으니, 마음속 꿍꿍이가 무엇인지 누가 알겠습니까? 아, 맞아요. 그 사람은 당륵과 함께 공부를 했잖아요?"

더욱 재미있는 것은 왕후가 마지막으로 내린 결론이었다.

"여러 경들께서는 내막을 잘 알지 못하고 있군요. 경삼은 모반할 뜻을 이미 가지고서 때가 오길 기다리고 있었소. 그러니 모반하지 않을 리가 있겠소?"

우스꽝스럽게도 왕후는 가설에 의거한 추리를 전개하고 있었다. 이 내용들은 모두 사실을 근거로 하지 않았으며, 따라서 주로 사용하는 어휘들도 '……했을 것이다'라거나 '혹시' 등등 이도저도 아닌 모호한 용어들이었다. 더욱 황당한 일은 앞뒤가 서로 맞지 않아 '확신하다'와 '아

마 그럴 것이다'가 제멋대로 혼용되고 있었다는 점이다. 대신들의 논의
는 계속되었다.

경삼의 모반을 부정했던 대신이 입을 열었다.

"경삼이 모반했다면, 우리들도 모반한 겁니다."

그의 말이 끝나자마자 왕후가 되받았다.

"그대들은 모반하지 않았지만, 경삼은 틀림없이 모반했소!"

이렇듯 경삼은 억울하지만 죽음을 피할 길이 없었다.

이리하여 다섯 명의 대장을 처결했는데, 그들이 평소 당륵과 자주 교
제했으며 친분이 두터웠다는 이유 때문이었다. 이들에 대해서는 법 절
차를 거치지 않고 심복을 다섯 대장의 거처로 보내 참수를 집행했다.
이들은 형장으로 끌려가면서도 자신이 무슨 죄를 저질렀는지 전혀 알
지 못했다.

지고무상의 권력을 장악한데다 이렇듯 권력을 전횡하는 마당에, 어
느 누가 그녀를 두려워하지 않겠는가? 당륵의 반역을 일거에 평정한 뒤
로, 그녀는 더욱 안하무인이 되었다. 그녀는 군신들을 모아놓고 이렇게
말했다.

"친정 나라의 힘으로 시댁 나라를 보살피는데, 경들은 알고 계시오?"
왕후의 날카로운 시선에 대신들은 고개를 푹 숙인 채 두려워 떨었다.
왕후는 감격에 겨운 목소리로 말을 이었다. "진나라와 왕후의 덕택이
오! 실로 여러분의 크나큰 행운이라 말하지 않을 수 없소."

"외적과 공모하여 모반을 일으키려는 자가 있지만, 진나라의 강대함
을 두려워하여 감히 경거망동하지 못함을 경들은 알고 있소?" 왕후는
두 눈을 부릅뜨고서 문무대신들을 쭉 훑어보았다.

군신들은 경악하지 않을 수 없었다. 모두들 숨도 크게 쉬지 못한 채
불안에 몸을 떨었다.

다행히 왕후는 더 이상 질책하지 않고서 화제를 바꾸었다.

"내가 초나라에 온 지 벌써 십 년, 나라를 위해 노심초사하고 부국강병의 방략을 꾀하지 않은 날이 없었소. 참으로 마음과 뜻을 다하여 노력했건만 칭찬을 받기는커녕 비난을 당하는 일이 많았소. 그렇긴 하지만 과인은 크게 개의치 않았지요. 이제 경들에게 꼭 밝혀두고 싶은 게 두 가지 있소. 신하의 부귀영화는 오로지 과인의 시혜에 달려 있고, 나라의 태평은 오직 진나라의 위세와 연관되어 있다는 점이오. 과인은 초나라 사직을 중히 여겨 스스로 나태한 적이 없으며, 오로지 힘껏 부강을 꾀하는 것 말고는 달리 바라는 게 없소. 신하의 이해를 얻지 못해 반란이 일어나고 반란의 수괴가 조정의 무장이리라고는 미처 생각하지 못했소. 욕심 많은 맹장으로 당륵만 한 이가 누가 있겠소? 궤변을 지껄이고 글을 잘 쓰기로 송옥보다 나은 이가 누가 있겠소? 교활하고 간사하여 음모를 꾀하는 이로 경결을 이길 자가 누가 있겠소? 이들은 빼어난 인물이되 불행의 근원이니 사직에 도움 되지 않을 뿐더러 나의 정치에도 이롭지 않은지라, 그래서 온 힘을 다해 그들을 도륙했던 것이오. 경들이 스스로의 지모나 책략이 이들보다 훨씬 낫다고 생각한다면 이들을 흉내내도 괜찮소. 만약 이렇게 해서는 안 되겠다고 경계한다면 충심으로 환영하는 바이오."

대신들에 대한 왕후의 훈계는 완전히 경양왕의 어투였고, 자신을 '과인'이라 일컫고 있었다. 권력을 빼앗은 야심을 자신도 모르게 드러내고만 셈이었다. 그녀는 입이 마르는지 몇 모금 차를 마시고는 조금 부드러워진 말투로 차분하게 말을 이었다.

"과인이 한 말의 뜻은 스스로 옳다 여겨 뽐내고 잘난 척하다가 당륵처럼 후인의 웃음거리가 되지 말라는 것이오. 물론 내가 이렇게 말하는 걸 따르는가의 여부는 경들에게 달려 있소. 만일 나와 멀어지고 폐하와 다른 길을 걷고 싶다면 그거야 할 수 없는 일이오만. 하지만 내가 사전에 귀띔해주지 않았다고 원망하지는 마시오. 좋아요, 내가 쓸데없는 말을 너무 많이 했소. 경들이 귀담아 들었으리라 믿소.”

“노파심에서 우러나온 왕후의 가르침을 신 등은 모두 마음속 깊이 새겼사옵니다. 특히 자식을 사랑하는 듯한 왕후의 마음에 신 등은 감읍해 마지 않으며, 한없이 부끄러울 따름입니다. 군왕의 은택이 오대에 미친다 했으니, 신 등은 부족함이 없음을 잘 알고 있사옵니다! 특별히 왕후께서 내리신 모든 부귀영화를 신 등은 영원히 잊지 않을 것이옵니다. 충심으로 축원하오니, 왕후 만만세! 만만세!”

문무백관들은 병 주고 약 주는 왕후의 농간에 하릴없이 농락당한 채 감격에 겨워 눈물을 흘렸다.

왕후는 대신들의 태도에 만족했다. ‘폐하도 내 손바닥에 붙잡혀 있는데, 문무백관쯤이야 당연하지.’ 기분이 좋아진 그녀는 한마디 보탰다.

“과인은 지금껏 여러 왕후공경들 모든 분들을 굳게 믿어왔소! 초나라 천하의 안정과 번창은 모두 경들의 충심과 노력에 달려 있소. 그렇지만 당륵과 같은 패역한 신하가 나타날 줄 누가 짐작이나 할 수 있었겠소? 그래서 과인이 부득불 경들을 깨우치고자 한 것이니, 앞서간 자의 발자국을 뒤따르는 자는 반드시 귀감으로 삼아야 할 것이오!”

“왕후마마, 신 등이 어찌 경거망동하겠나이까? 오직 명령을 받들 따름이옵니다…….” 군신들은 놀라 일제히 고개를 조아려 오래도록 머리를 쳐들지 않은 채 “오직 명령을 받들 따름이옵니다”를 되풀이해서 말했다.

“일어서시오! 중요한 것은 행동이지 거짓말이 아니오. 들리지 않소? 일어나라고 했잖소!” 왕후는 웃음을 참으며 말했다.

“감사하옵니다, 왕후마마!” 군신들은 전전긍긍하며 일어섰다.

이렇게 손쉽게 군신들을 제압하리라 미처 예상하지 못한 왕후는 마음이 흐뭇했다. 후궁에서 권력을 독점하는 일은 역사적으로도 몇 차례 있었지만, 성공한 이도 있고 실패한 이도 있다. 군왕을 위해 왕후가 권력을 행사할 수도 있는 일이다. 그러나 다른 속셈을 품고서 합당하지 않은 일을 행한다면 이는 권력 찬탈이다.

왕후의 정치수완은 대단히 교묘하여, 대신들이 분한 일을 당하더라도 감히 발설하지 못했다. 그녀의 권세는 하늘을 찌를 듯, 자신의 뜻대로 되지 않는 일이 없었다. 그녀는 거리낌 없이 마음 내키는 대로 권력을 휘둘렀다.

세상사 알 수 없어 탄식하다

지진이 일어날 조짐은 강과 바다의 조그마한 물고기들이 먼저 안다고 했던가? 당륵이 병사를 일으켜 천하를 바로잡고자 한 거사는 한 바탕 지진과 같은 것이었다. 초나라 각지마다 이 지진의 여파가 미쳐 두려움을 안겨주었다.

이번 지진에서 상처를 가장 깊이 받은 이는 굴원이었다. 그는 제자 당륵이 거병했다가 실패하여, 구족이 멸문지화를 당하고 재산을 몰수당했음은 물론 목이 잘려 초루에 내걸렸다는 소식을 듣고 통한의 눈물을 그치지 않았다. 그의 야윈 모습은 더욱 초췌해졌다. 아무리 발버둥을 쳐보아도 어쩔 도리가 없었다. 굴원은 하늘을 우러러 간절히 빌었다.

한겨울 동지섣달, 삭풍은 불어오고 눈보라가 휘몰아쳤다. 홑옷차림의 초췌한 얼굴로 굴원은 눈 덮인 길을 걸어가고 있었다. 구부정한 몸은 눈보라 속에 비틀거렸고 내딛는 걸음마다 힘겨워보였다.

그는 태복太卜 정첨윤을 찾아가는 길이었다. 태복이란 점치는 일을 전문적으로 행하는 관리이다.

굴원은 비틀거리며 정첨윤의 문 앞에 이르렀다. 문을 열고 들어서자

태복이 방 안에 단정한 모습으로 앉아 있는 게 보였다. 그는 수염과 눈썹이 하얀 백발의 동안으로, 정신이나 육체 모두 정정하고 건강했다. 벌써 대단한 고령에 이르렀음에도 눈이 흐리거나 몸이 아픈 일이 전혀 없었다.

그는 멀리서도 한눈에 굴원을 알아보았다. 지난날 굴원의 모습은 간데 없고, 이제는 흐트러진 머리에 얼굴에는 때가 덕지덕지 끼었으며 살갖은 장작처럼 말라 있었다. 한 걸음 한 걸음 걸을 때마다 비틀거리는 몸이 금방이라도 휘잉 불어오는 바람에 쓰러질 것만 같았다. 그는 얼른 일어나 맞으러 나가 인사를 건네며 말했다.

"오래도록 뵙고 싶었습니다! 우리가 헤어진 지 벌써 오 년, 굴대부님을 뵙지 못해 늘 가슴 졸였습니다. 오늘은 무슨 바람이 불었길래 이 누추한 곳까지 오셨습니까?"

굴원 역시 황급히 예를 갖추어 말했다. "태복 대인님의 신묘한 지략과 예지력을 오래도록 흠모하여 왔습니다. 오늘 특별히 여기 온 까닭은 제게 풀리지 않는 일이 많은지라 태복 대인님께 가르침을 청하고자 함입니다."

"무슨 그런 말씀을! 그럴 리가요! 그저 헛된 명성뿐입니다. 제자들이 그저 치켜세우는 것일 뿐 전혀 가당치 않는 말씀입니다." 정첨윤은 만면에 함박웃음을 지으며 대꾸한 다음, 굴원을 부축하여 자리에 앉았다. 태복은 차를 들여오라 했다. 굴원과 정답게 인사말을 나누다가 태복은 안방으로 들어가 점괘 도구를 가져와 책상 위에 놓았다.

태복이 식구에게 깨끗한 물 한 대야를 가져오라 하여 손과 얼굴을 정결하게 씻었다. 그는 한 손으로는 거북껍질을 어루만지면서 다른 한 손으로는 시초를 만지작거렸다. 그는 갑자기 엄숙하다 못해 경건한 표정을 짓더니 입을 열어 부드러운 목소리로 물었다.

"굴대부님게 무슨 어려운 일이라도 있습니까?"

"태복 대인님, 저는 근면하고 충실하게 스스로를 잘 제어해야 합니까, 아니면 실속 없이 겉만 번지르르한 사람이 되어 남과 잘 어울려 지내야 합니까? 가르쳐주십시오."

"굴대부님의 말씀이 참으로 옳습니다. 사람이라면 마땅히 근면하고 자신을 잘 제어하는 것이 좋지요. 실속 없이 겉만 번지르르하고 겉과 속이 다르면서 남을 비방이나 한다면, 이는 옳지 못한 짓입니다. 사람이라면 마땅히 이를 힘써 극복해야 합니다. 굴대부님이야 잘 해오셨으니, 마땅히 앞으로도 잘 해나가시겠지요?"

"태복 대인님, 저는 부지런히 논밭을 갈면서 성실한 농부가 되어야 할까요, 아니면 그럴듯한 말로 제후에게 유세를 다녀야 하는 사람이 되어야 할까요?"

"굴대부님의 재주로 볼 때 군왕을 보필하는 신하가 되어도 남음이 있으니 농부가 되어서는 안 되겠지요. 그러나 그럴듯한 말로 제후에게 유세하는 일은 굴대부님께서 이미 싫어하시는 일이며, 그건 정객들이나 부귀영화를 꾀하는 자들이 수단과 방법을 가리지 않고, 심지어 자신의 인격까지 팔아넘기고, 자신의 이익을 위해 천하의 이익을 저버리는 짓입니다. 이런 짓을 하는 사악한 무리가 바로 굴대부님의 적입니다. 굴대부님이 쫓겨난 까닭이 바로 이런 정객들과 맞서 싸우다 참소를 당했기 때문이 아닙니까? 다른 사람이야 그 진상을 모른다 해도 제가 어찌 그걸 모르겠습니까?"

"저야 마땅히 제 입장을 변함없이 견지하여 옳은 건 옳다 하고, 그른 건 그르다 하면서 담장의 풀처럼 바람 부는 대로 흔들리지 말아야겠지요."

"사람이라면 마땅히 떳떳해야지요. 떳떳하면 평온하고, 평온하면 변하지 않는 법입니다. 이게 사람됨의 최소한의 기준이자 요구이지요. 굴대부님이 꿋꿋한 태도를 지키는 건 물론 옳습니다. 끝까지 절개와 지조를 지켜야 세상 사람들의 칭송을 받을 수 있지요. 상황에 따라 이리저리 흔들리는 건 시정잡배나 할 짓이며, 이런 짓을 하면 세상 사람들의 손가락질을 받기 마련입니다."

"자신의 안위를 돌보지 않고서 법을 엄격히 집행해야 합니까, 아니면 원칙을 저버리고, 심지어 결탁하며 자신의 부귀영화를 위해 눈만 멀거니 뜨고 있어야 합니까?"

"굴대부님이 해오신 일이야 세상 사람 모두가 지켜보았으니 앙모하지 않는 이가 없지요! 원칙을 견지하면서 엄격히 비평함으로써 법을 어기는 무리를 엄정하게 징벌하되, 뭇소인들의 비방이나 자신의 생명을 돌아보지 말아야 합니다. 물론 이렇게 하기란 대단히 어려운 일입니다만, 굴대부님은 절대로 중도에 포기하셔서는 안 됩니다. 만약 중도에 포기한다면 지금까지 쌓아온 공로마저 물거품이 되고 맙니다."

"저는 일체를 돌아보지 말고 현실에서 도피한 채 내 한 몸의 결백만을 추구하여야 합니까, 아니면 남에게 비굴하게 알랑거리면서 받들고, 특히 저 횡포하기 짝이 없는 여인에게 그저 예예 하면서 굽실거려야 합니까?"

"물론 자신만을 돌아보며 현실에서 도피해서는 안 되지요. 한 몸의 결백은 성인께서 제창하신 뛰어난 품덕으로 후세 사람들이 본받아야 할 일이지만, 남에게 비굴하게 굽실거리는 것은 소인배들이나 하는 짓이니, 군자이자 걸출한 정치가는 일고의 가치조차 없는 일이지요. 더욱이 교만하고 횡포한 여인을 굽실거리면서 받들어서는 안 됩니다. 사람이라면 기질과 인격이 있는 법, 저는 굴대부님의 사람됨을 높이 사고 있습니다. 무엇을 사랑하고 무엇을 미워해야 할까, 무엇을 받들고 무엇을 내칠 것인가에 대해, 굴대부님은 흑백과 시비를 분명히 가려왔습니다. 바로 이 때문에 굴대부님은 세상 사람들의 존경과 사랑을 받는 것입니다."

"저는 탐욕에 물들지 말고 공정무사하고 청렴결백해야 합니까, 아니면 그저 되는 대로 기개도 없이 그저 향락을 누려야 할까요?"

"그 문제는 지금까지 굴대부님이 공명정대하고 공정무사하게 잘 해오셨습니다. 굴대부님은 물질생활이나 정치활동에서 근검절약하는 좋은 습관을 쭉 지녀왔습니다. 굴대부님은 앞으로 후세 사람의 좋은 본보기가 될 것입니다."

"제가 천리마처럼 고개를 치켜들고 힘차게 내달려야 할까요, 아니면 물속의 오리처럼 물결에 맡겨 되는 대로 떠다닐까요? 준마처럼 중한 임무를 지고서 먼 길을 가야 할까요, 아니면 비실거리는 둔한 말의 꼬리가 될까요?"

"굴대부님은 본시 천리마입니다. 말발굽을 치켜들고 대지를 휘달리는 영웅이지요! 먹잇감이나 찾아 헤매는 오리 따위와 어찌 비교할 수 있겠습니까? 굴대부님은 준마가 되어 무거운 책임을 지고 멀리 나아가서야지요."

"저는 고니처럼 저 하늘로 날아올라야 할까요, 닭이나 오리처럼 지렁이를 다투어야 할까요?" 굴원은 숨을 고르더니 다시 말을 이었다. "도대체 어느 게 옳고 어느 게 그르며, 어느 것을 행하고 어느 것을 행하지 말아야 합니까?"

"굴대부님은 정계에 들어온 이래 고니처럼 높이 날아올라 만리 창공을 날갯짓할 지향과 대업을 품어왔습니다. 닭과 오리처럼 떼지어 탐욕을 부리는 짓은 하지 말아야지요. 굴대부님의 지향은 훌륭하지만 직언을 용서해주신다면, 고통은 많고 복은 적으며 재난이 그대 가는 길에 겹겹이로군요."

"지금의 세상사는 참으로 기괴하여 옳고 그름의 분간이 없습니다. 매미의 날개는 무겁고 천근의 짐은 가볍다 하며, 청동으로 빚어 만든 편종의 유장한 음은 들으려 하지 않고 흙을 구워 만든 사발로 내는 소리는 듣기 좋다 하니 말입니다.”

“세상사 이치가 혼탁하여 시비와 곡직, 호오와 흑백이 뒤섞여버린 탓입니다.”

“못된 자가 정권을 장악하고 훌륭한 이는 내쫓겨 수모를 당하니, 아, 더 이상 말하고 싶지 않습니다. 저의 청렴결백을 누가 알아주겠습니까?”

“굴대부님의 말씀이 참으로 옳습니다. 굴대부님은 강직하고 청렴하지만, 도리어 죄를 얻고 세상에 받아들여지지 않습니다. 이러한 일은 지극히 비정상으로 천도와 인도에 어긋나니 결코 오래가지 못할 것입니다.”

굴원은 차를 몇 모금 마셔 목을 축였다. 태복을 바라보니 그의 눈길에서 자신과의 대화를 만족스러워함을 느낄 수가 있었다. 굴원은 태복의 해박한 지식에 탄복하면서 다시 입을 열었다.

“이 많고 많은 문제를 조금도 틀림없이 명확하게 대답해주시니 감사하기 그지없습니다. 그런데 그건 대인님 개인의 견해일 뿐 신령의 뜻을 대표하지는 못할 것입니다. 저를 위해 점을 한번 쳐주시겠습니까? 제가 어떻게 해야 신령의 뜻과 합치되겠습니까?”

“굴대부님, 그대의 말을 이해하지 못하겠습니다. 예를 들어보지요. 긴 것은 짧아질 때가 있고, 짧은 것은 길어질 때가 있으며, 음양은 서로 바뀌고 좋음과 나쁨은 서로 두드러지게 하지요. 이것이 바로 천지가 쉬지 않고 운행할 수 있는 요체입니다. 만약 굴대부님의 말씀대로 명확하고 틀림없는 해답을 달라고 한다면, 그건 신령께 부탁하더라도 머리를 긁적이면서 망설일 것입니다. 남에게 물어보지 말고 자신의 양심에 비추어 진지하게 생각해보십시오.”

태복은 말을 마치고 거북껍질과 시초를 거두어 들였다. 그는 온화한 낯빛으로 말을 이었다.

“저의 무능을 용서해주십시오. 저의 거북껍질과 시초가 효험을 잃은 모양입니다.”

굴원은 태복과 작별한 후, 창랑의 강변으로 발걸음을 옮겼다. 창백한 낯빛을 띤 채 그는 중얼거리면서 걸었다. 수척한 몸이 공활한 강가를 따라 천천히 걸어가고 있었다. 언뜻 보기에도 목숨이 경각에 달린 듯 위태로워 보였다.

강바람이 쏴아쏴아 불어오고, 흐린 물결이 포효하듯 일렁거리며, 갈매기가 점점이 떠 있었다. 고기잡이배들은 둘씩 셋씩 짝을 지어 돌아오고 있었다.

온갖 풍상을 겪었을 법한 늙은이가 있었는데, 그의 별호는 어부였다. 오랜 세월 창랑강에서 물고기를 낚으며 살아온 그는 후덕하면서도 지혜로운 노인이었다. 그는 물고기와 새우를 가득 실은 배를 저어 강가로 다가왔다. 굴원을 보자 그는 긴가민가하여 물었다.

“삼려대부가 아니시오? 어찌하여 이 모양이 되었소?”

굴원은 자애로운 눈빛으로 노인을 바라보며 의미심장하게 말했다.

“뭇사람이 모두 취했으나 나 홀로 깨어 있고, 온 세상이 혼탁하나 나만 맑은지라 추방을 당했습니다.”

굴원의 말을 들은 노인은 잠깐 생각에 잠겼다가 노래했다.

성인께서는 얽매임이 없으셨으니, 세속에 따라 처세하셨네.

그대는 어찌하여 어울리지 못하고 쫓겨났는가?

뭇사람이 다 취했다면, 그대 어찌 더 마시지 않는가?

몸이 어찌 외롭지 않을 수 있으랴?

그대 어찌 고통을 자초하고 있는가!

어부의 노래를 듣고 난 굴원도 자신의 마음을 노래했다.

저는 이런 말을 들었습니다.
머리를 감으면 반드시 모자를 털어야 하고,
목욕을 하고 나면 옷을 털어야 한다고.
어찌 깨끗한 몸에,
세상의 더러움을 묻힐 수 있겠습니까!
차라리 강물에 몸을 던져,
물고기의 밥이 될지언정,
맑고 깨끗한 몸에,
어찌 세상의 먼지를 뒤집어쓰겠습니까!

어부는 굴원의 말을 듣고 나서, 금이 쓰레기더미 속에 버려지더라도 뿜어내는 빛은 감출 수 없음을 깊이 깨달았다. 어부는 굴원에 대한 경모의 정을 이길 수가 없었다. 하지만 그는 굴원의 집착에 대해 자못 동정심을 금할 길이 없었다. 그래, 그대는 자신의 절조를 지켜야지. 하지만 악의 세력에게 미움을 받을 게 너무 뻔해.

"굴대부님은 「창랑가滄浪歌」라는 노래를 아시겠지요?"

"……."

어부는 굴원이 묵묵부답 아무 말이 없는 것을 보더니, 노로 뱃전을 두드리면서 노래를 부르기 시작했다. 노랫소리는 애달프면서도 유장하게 망망한 강가로 울려 퍼졌다.

"창랑의 물이 맑으면 내 삿갓 끈을 씻을 만하고, 창랑의 물이 흐리면 내 발을 씻을 만하네."

이소의 탄생

재난은 그치지 않았다. 조정의 권력은 왕후에게 찬탈당한 이후, 그녀와 그들 도당은 의기투합하여 서슴없이 악행을 저질렀다. 충성스럽고 현명한 지사 가운데 억울하게 죽거나 쫓겨난 이는 숫자를 헤아릴 수 없을 만큼 많았다. 도성 상공에는 먹구름이 가득했고, 온 나라에는 피비린내가 진동했다.

일찍이 없었던 재난 속에 목숨을 잃은 이는 백여 명에 달했다. 굴원은 이들의 재난에 대해 몹시 비통해했다. 굴원은 근심으로 애가 타고 우울하여 마음이 몹시 편치 않았다. 굴원은 마치 그물에 사로잡힌 한 마리 기러기와 같은 신세였다. 그가 아무리 창공을 나는 재간을 지녔다 할지라도 커다란 그물의 포위를 벗어날 수는 없었다.

피비린내 나는 잔혹한 현실 앞에서 아무것도 할 수 없는 그는 묻지 않을 수 없었다. 언제나 평화가 찾아올까?

오늘 아침 일찍 일어난 굴원은 날씨를 보니, 바람은 거세고 물결이 세찼지만, 구름 한 점 없이 맑아 비가 올 것 같지는 않았다. 그래서 밖에 나가 이리저리 거닐면서 마음의 시름을 덜어볼까 생각했다. 그는 쫓겨난 이래 복잡한 마음을 달래기 위해 백마를 찾아 한담을 나누곤 했다. 그는 백마를 어루만지며 말을 건넸다.

"형대荊臺는 초나라의 유명한 유람지이지. 봄에서 여름으로 건너갈 때면 사방에서 유람객이 몰려들어 발 디딜 틈이 없단다. 나와 함께 가보겠니?"

말은 알아들었다는 듯이 머리를 연신 끄덕이면서 히히힝 콧바람을 불더니, 어서 떠나자는 듯 앞쪽 말발굽을 들어 올려 땅바닥을 긁어댔다.

굴원은 무슨 흥이 나서 형대를 유람하려 하는가? 어젯밤 제자백가의 글을 훑어보다가, 우연히 초나라 소왕이 형대를 가려 했다가 끝내 뜻을 이루지 못했다는 내용을 보게 되었다. 이 글을 보자 문득 형대를 둘러보고 싶은 욕망이 솟구쳤던 것이다.

전해오는 이야기에 따르면, 지난날 초나라 소왕은 형대에 놀러가고 싶어 사마자기司馬子祺에게 말과 수레를 준비하라 일렀다. 그런데 사마자기는 준비는커녕 진언하여 가로막았다.

"신은 군왕이 그곳에 가서 노닐면 나라가 곧 망한다고 들었습니다. 그러하오니 폐하께서는 가지 않으셨으면 합니다."

소왕은 기분이 좋지 않았다. 그때 영윤 자서子西가 함께 있었는데, 군신 간에 어색한 분위기가 흐르자 얼른 끼어들어 말했다.

"형대는 좋은 곳이 틀림없으니 놀러 가시옵소서. 신이 마차를 준비하여 궁궐 밖에 대기시켜놓았으니 폐하께서는 나가셔서 마차에 오르옵소서."

소왕은 자서가 이렇듯 자신을 충심으로 대하자, 감격하여 그에게 말했다. "경이 과인을 이해해주니, 과인은 그대와 함께 놀러 가겠소."

자서는 소왕과 함께 교외로 나가 바람을 쐬다가 어느 순간 마부에게 수레를 멈추라 하고서, 수레를 내려 소왕 앞에 무릎을 꿇고서 아뢰었다.

“신, 폐하께 아뢸 일이 있사온데, 듣기를 원하시옵니까?”

“무슨 일인가? 과인이 그대에게 귀를 기울이지 않을 까닭이 있겠는가?”

소왕은 자서가 뭔가를 원하고 있다고 여겼다. 그리하여 마음속으로 그에게 무얼 상으로 줄 것인지 생각해두었다.

“폐하, 충성하는 신하에게 관작을 주어서는 불충분하며, 아첨하는 신하에게 봉록을 주어서는 역시 불충분하옵니다. 사마자기와 같은 사람은 폐하께 충성하는 자이며 저 같은 사람은 간신이오니, 저를 벌해주시고 사마자기에게 상을 내려주시옵소서. 이렇게 해야 기강을 바로 세워 인심을 얻을 수 있사옵니다. 옳고 그름을 명확히 분별하고 정기를 바로 세움이 군신 사이에 가장 중요합니다.”

소왕은 자서의 진심 어린 충언을 듣고서 부끄러움을 느꼈다.

“경은 어서 일어나시오. 과인은 유람하러 가지 않겠노라.”

“폐하, 감사하옵니다!”

소왕이 간언을 받아들이자, 자서는 기쁜 마음으로 마부에게 말머리를 돌려 궁으로 돌아가라고 명했다.

“과인이 형대에 놀러 가지 않더라도 후세 사람들은 놀러 가지 않겠소? 그럼 어떻게 해야겠소?”

“그거야 어렵지 않습니다. 폐하께서 만세 이후 붕어하시면 형대에서 장례를 지내겠습니다. 자손들은 선조의 은덕을 무시해서는 안 될 터이니, 악기를 가지고 조상의 무덤에 가서 노니는 일은 없을 것입니다.”

굴원은 이 이야기를 읽고서 크게 감격했다. ‘초나라 소왕은 비록 직간을 받아들이지 못하고 완곡한 간언을 받아들일 수 있었으니, 그래도 명철한 군왕이라 할 수 있다. 잘못을 알면서도 고치지 않으며, 남의 의견을 받아들이지 않은 채 자기 고집만 내세우는 미욱한 군왕과 비교한

다면 훨씬 낫다고 할 수 있다.'

굴원은 길을 가는 도중에 옛이야기를 음미하면서 여러 군왕들의 시비와 공과를 평가했다. 선조의 정치방침과 경영전략은 기본적으로 초나라의 실제에 부합되었다고 그는 보았다. 초나라가 한때 이름 높은 강국이 되어 천하를 호령했던 것은 바로 이 때문이었다. 앞선 몇 세대의 분투정신과 진취적 개척정신은 태평성세의 국가 건설과 불가분의 관계를 맺고 있었다.

쇠약한 나라가 강성해지기는 대단히 어려워서, 몇 세대가 목숨을 걸고 열심히 행하지 않으면 안 된다. 그러나 강성한 나라가 쇠약해지기는 눈 깜짝할 사이에 이루어진다. 굴원은 강성했던 초나라가 이처럼 쉽게, 빨리 쇠약해지리라고는 꿈에도 생각지 못했다.

굴원은 초나라의 귀족이 상층계급의 중추로서, 대단한 실력과 영향력을 지닌 보수파 집단임을 잘 알고 있었다. 이들은 정치적으로 엄청난 위세를 지니고 있으며, 경제적으로도 강력한 토대를 지니고 있었다. 이들은 인물을 가려 뽑을 수 있을 뿐만 아니라 조정을 장악하고 정책을 좌우할 수 있었다. 조정에서 이들 귀족 출신의 관료들은 절대 우세를 차지하고 일체를 거머쥐고 있었기에 무엇이든 제 마음대로 처리할 수 있었다. 이러한 상황 아래에서 새로운 개혁을 추진한다는 것은 대단히 어려운 일이었다. 굴원은 백마를 타고 가며 자신의 지나온 정치역정을 뒤돌아보았다. 온몸에 식은땀이 흥건했다. 지난날의 영웅적 기개와 오늘날의 서글픈 정서가 함께 치밀어 오르자, 그는 고통과 분노로 몸을 떨면서 침울해졌다.

백마는 흥겨운 듯 저벅저벅 걸어갔다. 푸른빛으로 싱그러운 논과 노란 금빛으로 찬란한 보리밭을 스쳐 지나간 뒤, 물결이 찰랑대는 시내를 건너 구불구불 이어진 산 위로 올라섰다.

“참으로 아름다운 경관이로고! 얼마나 장엄한 산하이더냐!”

굴원은 저도 모르게 찬탄이 흘러나왔다.

‘형대는 신비의 땅이라지. 군왕이 그곳을 유람하면 나라가 망할 위험에 빠진다니 도대체 어디에 그런 신비함이 있단 말인가?’ 굴원은 호기심을 가득 품고 유람길에 올랐다. 유람이라기보다는 차라리 고찰이라고 하는 편이 나았다.

그는 남쪽 산기슭에서 산에 오른 뒤, 꼬불꼬불한 오솔길을 따라 나아갔다. 산그늘 사이의 샛길로 그윽하게 굽이져 돌아가니 기이한 봉우리들이 우뚝 솟아 장관을 이루었다. 길은 서로 통했고 산은 구불구불 이어졌으며, 봉우리는 겹겹이 솟구쳤고 절벽은 흰구름을 휘감고 깎아지른 듯 우뚝했다. 산안개 흩날릴 제 돌길은 어느덧 태을동부에 이르렀다. 눈길 끝까지 푸르름이 이어졌고 고개 돌리는 곳곳마다 울긋불긋했다. 왼쪽에는 사나운 파도가 천 리를 달리는 동정 호수가, 오른쪽에는 파도가 사나운 팽려 호수가 있었으며, 남쪽에는 구불구불 이어진 엽산이 있었고, 북쪽에는 푸른 물결이 맑고 깨끗한 회하 강이 있었다.

‘아! 형대는 땅속에서도, 천상에서도 찾기 힘든 멋진 곳이로다! 어쩐지 소왕이 유람의 꿈을 이루지 못하자 후인들이 놀러갈까 시샘하더라니.’

굴원은 젖 먹던 힘까지 다해 형대 산마루에 올랐다. 그는 조금도 두렵지 않았다.

백마는 굴원의 마음을 아는지 고개를 치켜들며 크게 울었다. 메아리가 산골짜기로 울려 퍼졌다. 마치 산신에게 아뢰는 것만 같았다. 군왕은 오지 못했지만 우리는 왔습니다! 형대의 꼭대기에 올라 천하를 굽어보니, 뭇산들이 작음이 한눈에 보였다.

도대체 무엇이 보이는가?

망망하고 아득하다.

높이 오르니 사고 또한 깊어지도다. 무엇이 떠오르는가?

상나라 말기, 정치는 부패하고 백성은 고난에 시달렸다. 관리는 방탕했고 사치스러웠으며, 온 나라에 원성이 가득하고 민심은 떠나갔다.

상나라의 이웃은 소국인 주나라로, 무왕은 상나라를 멸하고자 했다. 무왕이 상나라 조정의 동향을 정탐하게 하자, 정탐꾼이 돌아와 무왕에게 보고했다.

"상나라에는 혼란이 닥쳐올 겁니다!"

"혼란이 어느 정도에 이르렀던가?"

"사악한 자가 선량한 자를 괴롭히고 있습니다."

"아직은 멀었다. 혼란이 정점에 이르지 않았다. 한 번 더 가서 정탐하도록 하라."

다시 시일이 지나 정탐꾼이 돌아와 아뢰었다.

"상나라의 혼란이 더욱 심해졌습니다."

"어느 정도에 이르렀던가?"

"어질고 덕 있는 자가 한 사람도 보이지 않습니다."

"혼란이 아직 정점에 이르지 않았다. 다시 한 번 다녀오너라."

다시 며칠이 지나 정탐꾼이 돌아와 보고했다.

"상나라의 혼란이 이미 정점에 이르러, 백성들이 자신의 안위만 걱정할 뿐 마음에 품은 불만을 감히 드러내지 못하고, 충신들도 왕에게 간언하지 못하고 있습니다."

그러자 무왕이 말했다.

"때가 되었다!"

이리하여 무왕은 여망[5]을 불러들여 상황을 알려주었다. 여망은 정세

---

5) 여망呂望 : 강태공姜太公을 가리키며 여상呂尙이라고도 한다.

를 분석한 뒤 말했다.

"사악한 자가 선량한 자를 괴롭히는 건 난폭함의 단계요, 어질고 덕 있는 자가 소리 없이 자취를 감추는 건 붕괴의 단계요, 백성이 감히 입을 열지 못하는 건 폭정의 단계에 이르렀음을 가리킵니다. 상나라의 혼란이 정점에 이르렀음이 틀림없으니, 이제 병사를 일으켜도 좋습니다."

주나라는 손쉽게 상나라를 멸할 수 있었다.

이제 초나라의 정세는 상나라에 비해 결코 나을 게 없었다. 초나라의 운명이 어찌 될지는 말하지 않아도 뻔했다.

나라의 위기가 날로 깊어지고 있다는 생각에, 굴원은 오싹 한기를 느꼈다.

어떻게 할 것인가? 그는 깊이 생각에 잠겼다.

돌아갈 날은 기약조차 없다. 불현듯 팽함彭咸[6]이 떠올랐다. 학당에서 역사를 가르치던 장면이 또렷이 떠올랐다. '그때 제자들과의 토론은 진지하고도 뜨거웠지. 가르치고 배우던 그 시절은 참으로 만족스러웠어.'

"삼황오제를 기려 본보기로 삼고, 팽함을 가리켜 모범으로 삼았네. 그 어느 끝인들 이르지 못하랴? 그러기에 멀리까지 알려져 손상됨이 없으리라."

굴원은 팽함의 뒤를 따르겠노라 결심했던 것이다. 그는 아울러 이렇게도 말했다.

"운명이 다했으니, 나는 장차 끝내려 하네. 해가 아직 저물지 않은 동안에, 홀로 외로이 남쪽으로 가고자 함은 팽함을 그리워하기 때문이네."

그러나 그는 아직 위대한 역사적 사명을 완수하지 못했다. 그것이 바

---

6) 팽함彭咸 : 은나라의 현대부賢大夫로, 군왕에게 간언하여 듣지 않자 물에 투신하여 죽은 충신이라 전해진다.

로 걸작 「이소」였다. 이 작품을 위해 그는 오랫동안 고민했으며, 대략의 틀은 이미 짜여 있었으나, 아직 영감이 폭발하지 않아 완성하지 못하고 있었다.

이날 해는 뉘엿뉘엿 지고 산바람이 산들산들 불어오는데, 향기로운 풀은 눈에 가득했고 새소리는 끊이지 않았다. 자신도 모르게 뱃속에서 꼬르륵 소리가 났다. 굴원은 베주머니를 뒤져 떡 반 조각을 꺼내 씹어 먹었다. 산을 내려갈 수 없는지라 하는 수 없이 산 위에서 하룻밤을 묵기로 했다.

하늘 높이 솟은 형대의 주위 수백 리에는 인가가 한 채도 없었다. 속세에서 멀리 떨어져 있었기에, 굴원은 오히려 하늘의 신령과는 더욱 가까워진 느낌이었다.

밤이 찾아왔다. 어둠은 굴원과 말을 집어삼켜버렸다.

이 밤, 그는 정신이 유난히 맑았다. 바람을 밥 삼고 이슬을 물 삼으며, 땅을 침상 삼고 별을 등불 삼으며 달빛을 휘장 삼았다. 이것이 하늘의 신령과 다를 바 무엇이랴? 굴원은 천지의 신령한 기운을 마음껏 들이마셨다. 홀연 깨우침이 찾아왔다. 「이소」가 열 달을 채운 뱃속의 아이처럼 뛰쳐나오려 했다.

굴원은 시흥이 일어나자, 형대의 봉우리를 붓 삼고 동정호를 벼루 삼으며, 장강의 물을 먹물 삼았다. 영감은 샘솟듯 솟아났고, 문장은 붓 가는 대로 뛰어놀며, 마땅히 달려야 할 곳에서 달리고, 응당 멈추어야 할 곳에서 멈추었다. 멋지고 아름다운 대작이 탄생했다! 해와 달과 함께 빛나고 천지와 영원히 함께하리라!

어찌하여 이소라 하는가?

폄적되어 영도를 떠난 후에 느꼈던 이별의 슬픔과 불평불만에서 벗어남을 가리킨다. 이를 기록한 문체 역시 초사라 일컫는데, 초사의 외연은 이소보다 훨씬 크다.

이 작품은 삼백칠십삼 구, 이천사백칠십칠 자로 이루어져 있다. 이처럼 웅장한 대작은 문학천재가 아니고서는 어느 누구도 이룰 수 없으리라!

이후 굴원은 멀리 남쪽 멱라汨羅로 옮겨갔다. 노년에 이르렀지만, 그의 웅지는 여전했다. ‘백 년을 사는 이 없어도, 천 년의 근심은 늘 있다’고 하지 않았던가!

그는 무엇을 근심했던가?

그가 자나 깨나 잊지 않았던 아름다운 정치의 강령은 계승할 이가 없었고, 그가 오매불망하던 초나라 백성은 의지할 데 없이 유랑의 고통을 겪고 있었으며, 노심초사 걱정하던 초나라의 장수와 병사들은 적과 분전하느라 피를 흘리고 있었다. 그러나 나라가 쇠약하고 병사는 적으며 장수는 용렬한지라, 전쟁에 거듭 패배하여 사상자는 늘어만 갔고, 토지는 빼앗기고 성은 적의 손아귀에 들어갔으며, 초나라의 궁궐마저 머잖아 함락될 위기에 처해 있었다.

굴원은 멱라에 이르러 옥사산 일대에서 활동했다. 이곳의 백성은 순박하고도 성실하여 그를 후하게 대해주었다. 굴원은 절체절명의 위기에서 다시 살아난 느낌이 들었다. 지난날의 유랑지 서포를 떠올려보니, 이상 기후와 열악한 환경에 모골이 송연했다. 특히 그를 불안하게 했던 것은 늙은 몸이 심산유곡에서 이리나 호랑이의 먹이가 되지 않을까 하는 염려였다. 이제 이곳 옥사산은 전혀 달랐다. 천지가 광활한데다 앞에는 멱라강이 가로질러 흐르고 있으니, 그야말로 수많은 우수한 인재를 배출할 만한 명당의 기상을 지니고 있었다. 굴원은 무언가를 해보고 싶은 마음이 들었다.

그러나 이때 영도에서 불길한 소식이 전해져 왔다. 진나라가 대군을 일으켜 초나라를 쳤는데, 초나라가 패배하여 영토와 성을 내놓지 않을 수 없어 상용上庸과 한중漢中의 땅덩어리를 이미 잃었다는 것이었다.

초나라는 풍전등화의 형세에 놓여 있었다.

굴원은 애통하고 분했다. 한중과 상용! 마치 어제 일인 양 눈앞에 똑똑히 떠올랐다. '삼십 년 전 한중의 영토주권 문제로 인해 정치적, 외교적, 군사적 충돌이 끊임없이 일어났었지.' 빼앗고 빼앗기는 싸움 속에 편안할 날이 없었던 이곳은 진나라로서는 꼭 빼앗아야 할 땅이었다. 초나라를 완전하게 제압하려면, 이 전략적 요충지를 차지하지 않으면 안 되었던 것이다!

진나라는 초나라에 전면공세를 가하여, 여러 방면에서 초나라의 내지를 향해 공격을 퍼부었다. 남쪽, 서쪽, 북쪽의 세 방향으로 대규모의 강력한 군대를 동원했던 것이다. 초나라의 정세는 대단히 위급해졌다. 영도조차 내일을 기약할 수 없는 형편이었다. 인심은 흉흉해졌다.

이 위기의 국면이 간신들의 눈에는 아무 일도 아니겠지만, 굴원의 눈에는 목숨을 잃을 재앙보다도 훨씬 심각했다. 그의 볼에 피눈물이 흘러내렸다.

진나라 대군이 마치 메뚜기떼처럼 온 천지를 시커멓게 덮쳐오더니, 순식간에 초나라의 온 산하를 먹어치우는 모습이 그의 눈에 아련히 비쳐졌다. 사백 년 흥망성쇠의 역사를 간직해온 수도가 적들의 손에 떨어지고 말다니.

초나라의 초대 군왕은 웅역熊繹이었다. 봉지는 협소하여 사방 백 리도 채 되지 않았다. 게다가 편벽한 산골지대인지라 나라를 건설하는 데 대단히 불리한 여건을 지니고 있었다. 그러나 여러 세대의 분투를 거쳐 수십 개의 소국을 합병하여 수천 리로 영토를 확장한 끝에, 도왕悼王 초기에 이르러 마침내 강대국으로 우뚝 서게 되었다. 대국의 반열에 올라 천지 사이에 위용을 자랑하게 되었던 것이다!

한때 중원을 통일하여 대국을 이룰 꿈도 꾸었건만, 나중에 강대국으로 일어선 진나라에 일패도지 참패를 거듭한 끝에, 조상이 창업하여 물려준 위업은 흔적도 없이 사라질 처지가 되었으니 슬프도다, 애처롭도다!

지난날을 뒤돌아보자 굴원은 더욱 통곡하지 않을 수 없었다. 눈물이 하염없이 볼을 타고 흘러내렸다. 감개와 분노가 한꺼번에 터져 나오니, 일흔 살의 노인이 어찌 견딜 수 있으랴!

민족과 사직의 위망을 늘 걱정했건만 이런 현실을 맞고 말다니. 굴원은 견딜 수 없었다. 갑자기 머리가 핑 돌더니, 그는 어질어질 쓰러지고 말았다.

그는 나라 잃은 망국노가 되고 싶지 않았다. 그는 초나라의 백성들이 살육당하는 것을 보고 싶지 않았다. 그는 진나라의 포로가 되어 능욕을 당하고 싶지 않았다. 그는 외로이 멱라강으로 걸어갔다.

흐트러진 머리카락과 까맣게 때 낀 얼굴로, 굴원은 비틀비틀 멱라강으로 다가갔다. 희미한 햇살이 서산에 막 지고 있었다. 그는 강가에 우두커니 서 있었다. 그는 비통에 잠겨 외쳤다.

"조국이여! 백성이여! 나의 무능을 용서하라! 뜻은 있건만 나라에 이바지하지 못하고, 마음은 있건만 백성을 구하지 못한 채 식량만 축내고 월급만 가져갔을 뿐이네. 구차히 목숨을 부지하느니 차라리 죽음을 택하려네."

말을 마친 굴원은 고개를 돌려 애지중지하던 백마를 어루만졌다. 그는 울음을 삼키면서 말했다.

"말아, 나와 인연을 맺은 뒤 너는 나를 위해 평생을 수고했다. 이제 우리의 인연은 다했으니 나 먼저 가려 한다. 이 어지럽고 혼미한 세상에 너는 남아 있길 원하느냐? 만약 그렇다면 몸 성히 잘 있거라! 몸 성히!"

말의 볼에는 눈물이 폭포수처럼 흘러내렸다. 굴원은 차마 보고 있을 수 없었다. 그는 고개를 숙인 채 조용히 강변을 거닐면서 마음을 차분하게 가라앉힌 후, 콸콸 흐르는 물결 속에 몸을 던졌다. 첨벙 하는 소리와 함께 커다란 물고기가 굴원에게 다가와 지체 없이 굴원을 등에 실었다.

기원전 278년 5월 5일의 일이었다.

주인을 잃은 가엾은 백마는 몸 둘 곳이 없었다. 어찌할 길이 없는지라 백마도 굴원의 뒤를 따랐다. 개도 주인을 잃으면 굶어죽을지언정 다른 사람이 주는 먹이를 먹지 않는 법. 하물며 천리마임에랴! 백마는 굴원을 뒤쫓아 저 세상에서도 주인을 모시고 싶었던 것이리라. 살아서는 백성의 구원자요, 죽어서는 사람들 가슴속에 우상으로 남은 그를 경모했으리라.

굴원이 장렬히 순국했다는 소식이 전해지자, 백성들은 분분히 뛰쳐 나왔다. 용선을 띄워 쫑즈와 쑥, 창포 따위를 들고서 물고기를 쫓아다녔다. 굴원을 되찾기 위해서였다.

수많은 사람들은 용선을 타고 멱라강 위를 달리며 징소리, 북소리, 떠들썩한 고함소리가 울려퍼지는 가운데 한마음으로 굴원을 뒤쫓고 있었다. 참으로 장관이었다.

굴원을 좇은 지 벌써 이천 년! 이 오랜 세월 동안 굴원은 추모와 그리움의 대상이 되었다. 그가 멱라강에 몸을 던진 5월 5일은 단오절로 정해져 민간의 가장 융성한 절기가 되었다.

이소는 어떻게 보존되었는가?

이 문제를 설명하자면 사연이 꽤 길다. 굴원은 추방된 후 물결치는 대로 떠돌며 비참한 생활을 했다. 그는 채진蔡鎭이라는 조그만 마을에서 잠시 머물렀는데, 이곳에서 그의 거작 「이소」를 지었다.

이소란 슬픔과 불평에서 떠난다는 뜻이다. 마음속에 가득 찬 불평, 불만은 수문을 활짝 열어젖혀 들끓어 오르는 홍수를 포효하듯 날려버려야 한다. 이렇게 순식간에 해치워버릴 때에는 상전벽해와 같은 깨달음에 의지하여야 한다. 크게 깨달아 세상사에 밝고, 거기에다 화룡점정의 신령스러운 붓솜씨를 지녔을 때에야, 문장은 만세에 길이 남을 거작을 이루게 되리라!

당시 굴원에게 가장 시급했던 일은 어떻게 하면 빨리 「이소」를 세상 사람들에게 보여주고, 세상 사람들을 위해 장명등을 밝혀 어둠을 몰아내고 앞길을 비춰 이상의 미래로 이끌어갈 것인가였다. 저술을 위해서 그는 죽간을 깎아 글을 쓰고, 죽간의 한 조각 한 조각을 엮어야 했다.

굴원은 더 이상 고위 관료가 아니었다. 그는 밭을 갈아 먹고 사는 농부와 같았다. 그는 소매를 걷어붙이고 칼을 갈았다. 남산으로 대나무를 베러가기 위해서였다. 대나무는 책을 만드는 유일한 재료였다.

남산으로 가는 길은 결코 가깝지 않았다. 한 번 오고가는 데 백 리나 되었다. 그는 평소와 달리 온갖 고생을 무릅쓰고 머나먼 길의 수고를 아끼지 않았다. 침식을 잊은 채 이 일에 열중했다. 새벽닭이 세 번 울면 잠자리에서 일어나, 거친 베옷에 짚신과 갈포 두건 차림에 새끼줄을 허리에 동여매고 어깨에 멜대를 진 채 도끼를 들고서 남산에 올랐다. 그는 자신의 옷차림에 저도 모르게 웃음이 나왔다. '돌이켜 생각하니 군주가 어리석고 무능해야 벼슬아치들이 안일과 향락을 추구하는 일이 벌어지는구나. 이건 나라의 엄청난 불행이다. 그러나 나 굴원은 예외다.'

남산은 사람들이 마음속으로 특히 경모하는 산이었다. 이곳은 써도 써도 다함이 없는 보고였기에 태평성세의 상징이었다. 그래서 '칼과 창은 창고에 집어넣고, 말은 남산에 풀어놓는다'는 말까지 나왔다. 얼마나 태평스러운 모습인가! 그러나 안타깝게도 오늘의 남산에는 말은커녕 말 그림자조차 보이지 않는다. 전쟁이 빈발하니, 어디에 한가롭게 풀을 뜯어먹는 말이 있겠는가! 산과 골짜기에는 그저 대나무와 나무가 수북이 우거져 아름다움을 자랑하고 있었다.

굴원은 격정을 안고서 하늘을 찌를 듯한 대나무를 올려다보았다. 바람을 맞아 흔들거리는 대나무는 우울한 느낌을 자아내고 있었다.

'이 튼실한 대나무는 이제 머잖아 나의 칼 아래 원귀가 되겠지. 내가 글을 쓰지 않는다면야 베어질 리도 없건만.'

굴원은 마음이 언짢아져 칼을 대기가 머뭇거려졌다. 그러나 어찌하랴. 입으로 '죄과로다, 죄과로다' 중얼거린 후, 도끼를 들어 쿵쿵 몇 번 찍어 내리자 대나무는 쐐아 하는 소리와 함께 쿵 쓰러졌다. 잠깐 사이에 대나무 여러 그루가 산비탈에 나란히 나뒹굴었다.

베어낸 대나무를 바라보면서 굴원은 기이한 느낌에 사로잡혔다. 저 녀석들도 눈을 감을까? 대나무들이 마치 "눈 감아!"라고 말하고 있는 듯했다. 위인의 업적을 위해서라면 쓰러지더라도 달갑게 받아들여야 지. 위인의 명성에 따라 우리도 후세에 전해질 거야.

굴원은 흐뭇한 표정으로 대나무 가지를 쳐내고 톱을 켜서 대나무 통을 만들어냈다. 딱 여덟 개의 통이었다. 길한 숫자였다. 기쁨에 겨워 대 나무를 들어 올리려고 허리를 굽히는 순간 갑자기 흘러내린 땀이 등을 적셨다. 그는 땀과 먼지로 범벅이 된 얼굴로 백 리 길을 한 걸음 한 걸음 내딛어 채진으로 돌아왔다. 벌써 해는 서산에 기울고 둥그런 달이 둥실 떠올랐다.

이건 책을 만드는 첫 번째 고역일 뿐이며, 원래 글 쓰는 이가 하는 일 은 아니었다. 그러나 굴원은 예전과는 달리 도와줄 이 하나 없는 외로 운 처지인지라 온갖 일을 직접 하지 않으면 안 되었다. 그는 기꺼이 이 일들을 감내했다.

머잖아 「이소」가 세상에 나올 것이다. 얼마나 가슴 벅찬 일인가! 그것 은 마치 비수나 화살, 밝은 등불, 우레와 같을 것이며, 혹은 저주나 비 방, 독초, 독주와도 같을 것이다. 그는 담담히 현실을 마주하면서 조금 도 회피하지도 숨지도 않을 것이다. 책은 책일 뿐, 그것은 전 사회의 것 이다. 자신의 것도 아니며, 특정한 어느 누구의 것도 아니다. 좋으면 좋 다고, 나쁘면 나쁘다고 공론화될 것이며, 천하 사람 모두가 자신의 뜻 대로 평가할 것이다.

자신의 「이소」에 대한 평가에 대해 굴원은 조금도 거리낌이 없었다.

그의 삶은 청빈하기 짝이 없었다. 대나무 밥그릇의 밥과 표주박의 물. 해가 뜨면 일어나 하루 종일 밤이 되도록, 그는 고통을 즐거움으로 알고 열심히 일했다. 바쁘거나 즐겁거나 그는 모두 즐거움으로 여겼다. 인생에 꿈이 있고 즐거움이 있다면 바로 이와 같은 것이리라.

「이소」가 나오자, 마치 눈부신 신성이 문단에 솟아오른 듯했다.

죄인 굴원은 명성이 별안간 천지에 진동하더니, 위대한 애국시인으로 떠받들어졌다. 찬사가 쏟아져 나올수록 시기하는 이의 비난 또한 거세져 이러쿵저러쿵 시끄러웠다. 심지어 굴원이 유배에 불만을 품고서 말과 글로 조정을 매도하고 국왕을 빗대어 공격하며 조정의 신하를 모멸했다고 비난했다.

'명성이 높으면 비방을 불러오고, 나무가 크면 바람을 불러온다'는 속담이 있다. 굴원은 이 이치를 잘 알고 있었기에 놀라지도 분노하지도 않았다. 그는 그저 아무것도 듣지도 보지도 않은 양 담담했다.

어느 날, 상관대부가 경양왕을 보러 갔다가, 굴원에 대해 '필설로 이루 말할 수 없을 만큼 죄악이 많은 수괴'라고 비방했다. 그래도 그는 분이 풀리지 않았는지 '도저히 용서할 수 없는 열 가지 범죄'라는 말과 함께 '백번 죽어 마땅한 역사의 죄인'이라고 덧붙여 말했다.

경양왕은 오래도록 근상이 굴원에 관해 언급한 것을 들어보지 못한 터라, 우연히 이 말을 듣고서 마치 어제 일인 양 근상에게 물었다.

"굴원은 어떻게 지내고 있소? 여전히 삼려대부로 일하고 있소? 그가 가르쳐 키운 제자들은 어찌 되었소? 사실대로 말해보시오."

그동안 경양왕은 근상의 보고를 들으면서도 정신을 딴 데 팔고 있었던 것이다. 근상은 저도 모르게 눈살을 찌푸렸다. 귀한 사람은 잘 잊어버린다더니. 굴원이 추방된 지 벌써 육 년이나 지났고, 게다가 군왕께서 친히 처리한 일을 어찌 까맣게 잊어버린단 말인가! 근상은 갑자기 '익숙해지는 세 가지'가 머리에 떠올랐다. 입에서 나오는 대로 말하는 데 익숙해지고, 아침에는 진나라를 섬기고 저녁에는 초나라를 섬기는 데 익숙해지며, 멍청히 세월을 보내는 데 익숙해지는 것 말이다. 국왕이 이 세 가지에 익숙해지면, 나라가 망하지 않는 게 이상한 일이고말고! 간신 근상조차도 웃음을 참을 수 없었다. 그는 황급히 입을 가리면서 말했다.

"폐하, 굴원은 추방당한 지 벌써 육 년이 되었사옵니다. 관직에서 물러났으며, 삼려대부도 그만두었사옵니다."

근상은 터져 나오는 웃음을 간신히 억누르며 대답했다.

"이런, 깜빡 잊었군. 그래, 그랬었지!"

그는 머리를 톡톡 치면서 고개를 끄덕였다.

"굴원에게 최근 무슨 문제가 생겼는지, 소신 아는 바가 없어 아뢰지 못했사옵니다."

"과인을 욕하면서 분을 푸는 일 외에 그에게 무슨 새로운 일이 있단 말이오!"

"신, 조야에 사람이 모이는 곳마다 굴원을 떠벌리는 자들이 많아서 들어봤더니 그야말로 그를 신으로 추켜세운다고 들었……."

"뭐라고? 굴원을 신으로 떠받들어? 신은 무슨 놈의 신!"

경양왕은 깜짝 놀라 두 눈을 부릅뜬 채 근상의 말을 끊었다.

"모두들 그를 문곡성文曲星이 하계에 내려왔느니, 그의 무슨 「이소」가 불후의 걸작이니 하면서 허황된 말로 떠들어대고 있사옵니다."

"온통 뛰어나다는 말뿐이더냐? 나쁘다는 소리는 들어보지 못했소? 과인은 그 따위 쓸데없는 소린 듣기 싫소! 앙큼한 저의를 품은 자의 헛소리이지!"

"신이 알기로, 「이소」가 인심을 미혹시킨다고 비판하는 자들이 많다고 하옵니다. 폐하를 비방하는 글이라고 말하는 이도 있고, 조정의 신하를 매도하는 글이라고 말하는 이도 있으며, 생명력이 없는 대역무도한 졸작이라 비평하는 이도 있사옵니다."

이때 경리가 들어왔다. 그는 금붕어눈을 몇 번 깜박이더니 근상을 슬쩍 쳐다본 다음, 조용히 입을 열었다.

"폐하께 아뢰옵니다. 「이소」에 관해서는 소신도 들은 바가 있사옵니다. 이건 예상했던 일이옵니다만, 소신은 굴원이 민간에 유언비어를 날조하여 폐하를 모멸하고 허튼짓을 꾀하리란 것을 일찌감치 알고 있었사옵니다. 이처럼 대담한 짓을 누가 참을 수 있겠습니까? 이러한 짓은 공공연히 남의 것을 빼앗는 도척과 다름없는 짓이옵니다. 그는 백성들을 선동하여 반란을 도모하고 있나이다. 엄히 징벌하시지 않으면 안 되옵니다. 청컨대 폐하께서는 소신이 굴원을 잡아오도록 허락해주시옵소서. 가차 없이 엄벌에 처하여야 마땅하옵니다!"

두 간신은 경양왕에게 굴원을 죽이라고 부추겼다.

"두 사람의 말이 사실이오?"

"조금이라도 거짓이 있다면 신을 체포하여 심문하셔도 원망하지 않겠나이다." 두 간신은 목소리를 함께하여 외쳤다.

"그의 「이소」를 과인에게 가져다 보여주시오."

"신 역시 듣기만 했을 뿐 본 적은 없사옵니다. 하지만 신이 생각하기에 소문이 거짓일 리 만무하옵니다. 아니 땐 굴뚝에 연기가 나겠사옵니까?"

경양왕은 아무래도 미심쩍은 듯 말했다.

"귀에 들리는 건 허상이고, 눈에 보이는 게 실상이지. 증거가 될 만한 글이 없다면 어떻게 죄를 묻겠다는 거요? 어서 사람을 보내 그의 「이소」인가 뭔가 하는 글을 내게 가져오시오. 그런 다음에 처벌을 해도 늦지 않소."

굴원은 밤낮을 가리지 않고 글을 쓰고 죽간에 새겼다. 불후의 걸작이 그가 묵고 있는 누추한 집에서 휘황한 빛을 내기 시작했다. 하나하나 쌓인 죽간은 마치 주옥처럼 꿰어져 사람의 키만큼 높이 쌓였다. 굴원은 몸의 먼지를 툭툭 털면서 흐뭇한 표정으로 바라보았다. 가슴속에 뜨거운 무언가가 울컥 치밀어 올랐다. 그는 개구쟁이 어린아이처럼 해맑은 웃음을 머금었다. 굴원이 미친 듯이 기뻐하자, 여관 주인 또한 덩달아 손뼉을 치면서 기뻐했다. 그녀는 마치 자기 일인 양 기뻐했다.

여관 주인은 여자였다. '여자가 여관을 경영하면 장사가 잘된다'는 말이 있는데, 여기에는 미색으로 손님을 끌어당긴다는 의미가 숨어 있다. 그러나 이 여관의 주인은 전혀 그렇지 않았다. 일을 시원시원하게 잘 하는데다 인품도 그만이고 손님을 잘 모셨던 것이다. 주인에게는 일남 일녀의 자식이 있었는데, 열네댓 살의 아들은 대단히 총명했다. 열두세 살의 딸 역시 아주 영리하고 발랄하여, 보는 이들의 귀여움을 독차지했다. 세 식구가 사는 형편은 그런대로 괜찮았으나, 늘 소식 없는 남편 때문에 눈물짓곤 했다. 곁에 남편이 없는 여자는 마치 닻을 잃은 배처럼 한 곳에 머물러 있지 못하는 법인데, 이 여인은 전혀 그렇지 않았다. 그녀는 운명과 맞서 싸우는, 의지가 굳은 여인이었다. 십여 년 전에 남편이 외지에 나갔다가 돌아오지 않아 홀로 두 아이를 키우면서도 조금도 흐트러짐이 없었으며, 두 아이 역시 모두 교육을 받게 했다. 이로 인해 그녀는 이웃 사람들에게 보기 드문 현모양처라고 칭찬을 받았다.

굴원은 특히 이 두 아이를 좋아하여 자식처럼 대했다. 한가한 틈이 날 때면 아이들에게 책을 읽어주고 글을 가르쳐주었으며, 적과 맞서 싸운 훌륭한 사람들의 이야기를 해주었다. 아이들은 적잖은 지식을 익혔을 뿐만 아니라 도리와 세상사에 눈뜨고 애국애족, 시비 분별과 애증에 대해 배우게 되었다. 아이들을 바라보는 굴원의 눈길에는 늘 따사로움이 넘쳐흘렀다.

소녀는 굴원으로부터 도타운 가르침을 받았다. 소녀에게 굴원은 스승과 다름없었다. 소녀는 유난히 배우기를 좋아했다. 하나를 알면 열을 알았다. 나이는 어렸지만 재능이 있었다. 허풍을 떠는 게 아니라 정말 소녀는 못하는 일이 거의 없었다. 글을 읽고 쓸 줄 알 뿐만 아니라 바느질도 잘했는데, 글자를 꽃모양으로 예쁘게 수를 놓았다. 날래고도 정교한 소녀의 솜씨에 보는 사람마다 감탄을 금치 못했다. 모두들 특별한 재능을 타고난 아이라고 입이 마르도록 칭찬했다.

이들 일가족은 화목하게 살았다. 굴원은 늘 이들 가족을 칭찬했다. 이들 가족만 만나면 기뻐서 어쩔 줄을 몰랐다. 굴원은 이들 가족과 마치 한 가족처럼 지냈다. 굴원의 '아름다운 정치'는 이들 집에서 시도된 셈이었다. 굴원은 늘 궁리하곤 했다. 모든 백성이 이 가족처럼 살 수 있다면 얼마나 좋을까? 먹을 것, 입을 것이 부족하지 않고, 걱정 근심이 없으며, 서로 화목하게 산다면, 탐관오리가 없고 가렴주구가 없으며 누구나 자유롭게 살 수 있다면, 속이는 이가 없고 누구나 똑같이 기회를 가질 수 있다면 얼마나 좋을까? 이러한 사회가 바로 굴원이 그토록 염원하던 사회가 아니던가!

이해 8월, 진나라 군대가 다시 초나라를 대거 쳐들어와 수많은 성읍을 점령했다. 소녀의 어머니는 나라를 사랑하는 마음에 망국의 현실을 딸에게 말해주었다.

"우리나라는 심각한 어려움을 맞고 있단다. 진나라는 우리나라가 약하다고 깔보고서 여러 차례 침범했지. 그래서 여러 곳을 점령하고, 백성의 재산을 약탈하고, 아녀자들을 강간하는 등 온갖 악행을 저질렀단다. 잘 기억해두어라, 망국의 고통이 얼마나 뼈아픈 것인가를. 너희들은 열심히 공부해서 자라면 아버지처럼 용감하게 나라를 지켜야 한다. 이리나 호랑이 같은 자들을 몰아내지 않으면, 죽더라도 돌아오지 않겠노라 다짐하거라!"

"굴원 아저씨께 말씀 많이 들었어요. 가슴에 꼭 새겨놓을게요. 굴원

아저씨처럼 조국을 사랑해야지. 그분의 학문과 사상을 열심히 배우고, 인품을 본받아야지.”

오누이는 어머니의 가르침을 들으면서, 굴원이 이렇게 대단한 분인데, 우리가 그분을 위해 무얼 할 수 있을까 곰곰이 생각했다. 늘 굴원에게 무언가 빚진 기분이 들었던 것이다.

어느 날 소녀는 밖에서 놀다가 어른들이 하는 이야기를 들었다. 조정에서 사람을 보내 굴원의 「이소」인가 뭔가를 수색한다는 것이었다. 또 찾아내기만 하면 굴원의 목을 칠 것이며, 그가 머물고 있는 집의 식구들까지 목숨이 위태롭다는 것이었다. 어른들은 심각한 표정을 지은 채 낮게 가라앉은 목소리로 소곤거렸다. 그들의 이야기는 띄엄띄엄 이어졌다.

어른들의 이야기를 듣자, 어린 소녀의 가슴은 두근거리기 시작했다. 소녀는 무거운 마음으로 집에 돌아와 눈물을 주르륵 흘리면서 오빠에게 이 소식을 전해주었다. 소녀는 오빠에게 굴원을 구할 방도를 생각해내라고 했다.

누이동생의 이야기를 들은 소년은 다급해졌다. 그의 눈에 눈물이 그렁그렁 맺히고 이가 따닥따닥 부딪쳤다. 의지가 굳고 영혼이 순결한 소년은 다른 누구에게 뒤지길 싫어하여, 일을 했다 하면 언제나 누구보다도 잘해냈다.

소년은 마음을 진정하고 골똘히 생각에 잠겼다.

소녀는 마음이 급했다.

“오빠, 무슨 좋은 방법이 없어? 정말 급해 죽겠단 말이야, 어서 방법을 생각해내봐, 응?”

소녀는 입을 삐죽거리면서 오빠를 흘겨보았다. 굴원을 구할 희망은 온전히 오빠에게 달려 있었다. 이 순간만은 오빠가 세계를 구원할 영웅처럼 보였지만 소년은 한마디 말이 없었다. 안달이 난 소녀가 말을 이었다.

"정말 책략을 짜는 장군 같은데!"

"제발 조용히 있어, 생각 좀 하게."

초조하기는 소년도 마찬가지였다. 그는 미간을 모으면서 깊이 생각에 잠겼다. 반짝이는 두 눈은 가만히 한 곳을 응시했다. 갑자기 무언가 좋은 생각이 난 듯 "그래, 그렇지!" 하고 소리쳤다.

"뭔데?" 반신반의하는 표정으로 두 눈을 동그랗게 뜬 채, 소녀가 고개를 돌려 오빠를 바라보았다. 소녀는 궁금해 죽겠다는 듯이 물었다.

"이리 와봐! 굴원 아저씨의 죽간 있지? 그걸 가져와서 위에 쓰인 글자를 하나하나 비단 위에 수를 놓는 거야. 글자야 작을수록 좋지, 수도 그만큼 빨리 놓을 수 있으니. 조정에서 사람이 오기 전에 몽땅 수를 놓아야 해. 한 글자라도 빠져서는 안 돼. 그렇게 한 다음 죽간을 죄다 아궁이 속에 던져 불태워버려. 어때? 이 방법이?"

소녀는 고사리처럼 작은 손을 치면서 기뻐했다. "기가 막힌 방법이야! 우리 얼른 굴원 아저씨께 가서 우리 생각을 말씀드리자, 아마 아저씨도 기뻐하실 거야."

"그래, 어서 가자!" 소년은 소녀의 손을 잡고 나는 듯이 달려갔다.

잠시 후 오누이는 굴원의 방문 앞에 다다랐다. 굴원은 머리를 흔들면서 자신의 걸작을 흥얼거리고 있었다. 물론 굴원은 사정이 어찌 돌아가는지 도통 모르고 있었다. 아이들이 왔는데도 그는 전혀 눈치채지 못한 채 「이소」를 흥얼거리고만 있었다. 소년과 소녀는 흐뭇해하는 굴원의 표정을 바라보면서 마음이 몹시 아팠다.

상황이 다급한지라 소녀는 굴원의 주위를 환기시키기 위해 기침소리를 냈다. 그제야 굴원은 죽간을 내려놓고서 몸을 돌려 아이들을 바라보

있다. 굴원은 자리에 앉으라 한 다음, 먹을거리를 내주었다. 오누이는 평소 굴원의 방을 찾아오는 일이 없었다. 행여 굴원의 작업을 방해할까 봐 그러했던 것이다.

그런데 오늘 아이들이 갑자기 굴원을 찾아왔으니, 굴원은 의외라고 여겼지만 어쨌든 기뻤다. 나이는 어려도 까닭 없이 찾아올 아이들은 아니었다. 그는 이유를 묻는 대신 빙긋이 웃으면서 아이들을 바라보았다.

소녀는 굴원이 이렇듯 자신들을 사랑해주는 모습에 눈물이 쏟아질 것만 같았다. 진즉부터 은혜에 보답하고 싶었지만 어떻게 해야 좋을지 몰랐던 터였다. '만약 아저씨를 구하지 못한다면, 영영 아저씨를 만나지 못할 거야.' 이런 생각이 들자, 소녀의 눈에 눈물이 가득 고였다.

굴원은 뭔가 이상한 느낌이 들었지만, 아마 아이들이 밖에서 누군가에게 수모를 당해 억울한 일이 있나보다라고만 생각했다. 그래서 그는 아이들을 달랬다.

"너무 슬퍼하지 마라. 누가 너희를 업신여기기라도 했니? 응? 아저씨에게 말해보렴. 그러면 아저씨가 가서 따져줄게."

소녀는 눈물을 흘리면서 입을 열었다. "아저씨, 그런 게 아니에요."

"그렇다면 어머니가 화가 나서 너희들을 때렸니?"

"아뇨."

참지 못한 소년이 심각한 얼굴로 말했다.

"아저씨, 좋지 않은 소식인지라 아저씨께 말씀드리지 않을 수 없어요. 조정에서 사람을 보내 아저씨의 「이소」인가 뭔가를 수색한대요. 수색해서 나오면 아저씨를 죽이겠대요."

굴원에게는 마른하늘에 날벼락 같은 이야기였다. 그는 이글이글 타오르는 눈빛으로 아이들을 바라보며 한동안 아무 말이 없었다. 눈에서는 불꽃이 튀었지만 그 불꽃은 차츰 눈물에 덮여 꺼져버렸다.

자리에서 일어선 굴원은 죽간 옆으로 다가가 죽간을 집어 들고 부엌으로 갔다. 아궁이에서는 불길이 활활 타고 있었다. 이것을 본 아이들은 황급히 손을 뻗어 죽간을 붙잡았다. "아저씨, 제발 태우지 마세요. 이건 아저씨의 피땀 어린 글이잖아요. 남겨두시면 언젠가 크게 쓸모가 있을 거예요. 우리가 자라면 이걸로 공부할 거예요. 이게 없어진다면, 후인들이 어떻게 굴원 아저씨를 알겠어요? 아저씨는 초나라만의 위인이 아니잖아요. 세상 모든 사람이 아저씨를 알고 기념하고 본받아야 하지 않나요?"

"그건 안 된단다, 애들아. 조정에서 알게 되면 내 목이 달아날 뿐만 아니라 너희 집 식구들도 위험하단다. 어서 손을 놓으렴. 아궁이 속에 집어넣고 불태워 화근을 없애버리자."

굴원은 마치 미친 사람처럼 큰 소리로 웃기 시작했다.

굴원을 바라보는 소년과 소녀의 마음은 갈기갈기 찢어지는 것만 같았다. 굴원의 웃음은 울음보다 더욱 견디기 어려웠다. 그의 속마음은 얼마나 고통스러울까? 백 리 너머의 남산에서 온갖 고생을 무릅쓰고 대나무를 잘라와 대껍질을 벗겨낸 다음, 토막내어 죽간으로 꿰었지 않았던가! 얼마나 많은 땀을 흘렸던가!

'이걸 불태워버린다면, 아마 아저씨는 더 이상 살아갈 의미를 잃고 말 것이다. 이걸 불태우도록 내버려두어서는 안 돼. 천하의 대죄를 무릅쓰고 온가족이 죽임을 당한다 할지라도 이걸 지켜야만 해.' 오누이는 각오했다.

"아저씨, 너무 괴로워 마세요. 이걸 보존할 방법이 있어요." 오누이가 말했다.

"너희 어린것들에게 무슨 방법이 있다고? 그래 무슨 방법인지 한 번 들어보자꾸나."

소녀는 급히 방으로 뛰어 들어가더니 바늘과 실, 베를 가져온 다음 입을 열었다. "아저씨, 이걸 보세요. 이렇게 하면 되지 않을까요?"

"이걸로 어쩌겠다는 거지?" 도무지 영문을 모르겠다는 듯 굴원은 고개를 가로저었다.

"아무래도 너희들이 연루되지 않도록 이걸 불태워버려야겠어."

"아저씨, 제 말씀을 다 들어보세요. 이소의 글자를 하나하나 이 베에 수를 놓은 다음 이걸 은밀한 곳에 감추는 거예요. 나쁜 사람들이 와서 수색해도 겁날 게 없어요. 상자든 궤짝이든 뒤져볼 테면 뒤져보라지요."

소녀의 깜찍한 생각에 굴원은 막혔던 가슴이 툭 트이는 것 같았다. 그는 기쁨에 겨워 말했다.

"넌 정말 총명한 아이구나. 이렇게 기막힌 방법을 생각해내다니. 좋아, 너희들의 힘을 빌리자꾸나. 그럼 이걸 가져가 너희들 계획대로 하렴."

오누이는 바삐 움직였다. 그들은 지체 없이 죽간을 방으로 옮긴 후 남몰래 수를 놓기 시작했다. 소녀는 밤낮없이 수를 놓았다. 소녀의 여린 손가락에는 수두 모양의 물집이 잡혔다. 그러나 소녀는 멈추지 않았다. 물집이 터지고 선홍빛의 살이 드러났지만, 소녀는 이를 악물고 수를 놓았다. 정신을 집중해야 하는 일인지라, 눈은 모래알이 굴러다니는 듯 껄끄러웠고 두 다리는 마비된 듯 저렸고 목도 뻐근했다. 그러나 소녀는 한시도 쉬지 않았다. '나쁜 자들이 와서 수색하기 전에 수를 다 놓아야 해. 나쁜 자들이 눈치채지 못하도록 한 치라도 실수가 있어서는 안 돼.'

공교롭게도 소녀가 수놓기를 막 마치자, 조정에서 사람을 보내 수색에 들어갔다. 소녀는 수놓은 「이소」를 황급히 여기저기에 감추려 했지만 마음대로 되지가 않았다. 소녀는 자신의 베개에 감추려 하다가 생각을 바꾸어 의자 아래 바닥의 가로대에 감추기로 했다. 가슴이 쿵쾅쿵쾅 마구 뛰었지만, 이젠 더 좋은 방법을 생각할 여유가 없었다. 수색대는 이미 문을 두드리고 있었다. 상황은 너무나 긴박했다.

이때 소녀의 어머니는 하늘에 기도하고 있었다. 곧 관복 차림의 두 사람과 병사인 듯한 몇 사람이 들이닥쳤다. 그들은 다짜고짜 상자와 궤짝을 뒤집어엎고 모든 가구를 이 잡듯이 뒤졌다. 그들은 침대보까지 하나하나 뒤집어 털어보았다. 이목을 끌지 못하는 조그만 의자만이 문 입구의 눈에 띄는 곳에 얌전히 놓여 있었다. 의자를 차마 바라볼 수가 없었던 소녀는 곁눈으로 흘끗 쳐다보았다. 쿵쾅거리는 가슴을 그들에게 들킬 것만 같아 얼른 몸을 돌렸다. '만약 발각되면 어떻게 하지? 발로 한 번 차기만 해도 의자는 넘어질 것이고, 「이소」는 떨어져 나올 것이다.' 소녀는 울음이 터져 나올 것만 같았다.

수색대는 한바탕 야단법석을 피웠지만, 끝내 아무 소득이 없는지라 맥이 풀린 채 떠나갔다. 소녀는 그제야 무거운 짐을 내려놓은 듯 풀썩 주저앉았다. '하지만 그들은 언제고 다시 올지 모른다. 저자들이 굴원 아저씨를 그냥 내버려두지는 않을 거야. 다행히 이번에는 운이 좋았지만 방심해서는 안 돼. 만약 그들이 의자를 발로 찬다면, 어떻게 할 것인가? 모든 것이 헛수고가 되어버릴 거야. 얼마나 무서운 결과를 초래하겠어.'

마침내 소년이 좋은 수를 생각해냈다. 「이소」를 대나무통 속에 집어넣고 대나무통 위에 송진을 발라 밀봉시켜 물이 스며들지 못하게 한 다음, 이 대나무통을 흙항아리에 넣고 위에 자갈을 깐 후 물을 부어넣고서 그 위에 수선화를 심는 방법이었다. 얼마 지나지 않아 흙항아리 위에는 진한 향기에 푸른빛이 넘실거릴 것이다. 오누이는 이 방법에 스스로 찬탄을 금치 못했다. 더 이상 「이소」를 수색하러 온다 해도 두려울 게 없었다.

"오빠! 정말 대단해, 멋져! 아저씨가 아시면 분명히 오빠를 천재라고 칭찬하실 거야.”

소녀는 흥분에 들떠 손뼉을 치면서 오빠를 자랑스러운 듯 살짝 흘겨보았다.

“수선화는 맑은 물과 돌만 있으면 돼. 비료를 주거나 흙을 북돋워줄 필요도 없어. 환경을 가리지 않고 뿌리를 내리고 꽃을 피운다구. 꽃떨기는 빼어나게 아름답고 그윽하여 마치 신선이 속세에 내려온 듯하고 맑은 물결 위에서 천천히 춤추고 노래하는 듯하지. 사람들에게 소박하지만 생기 넘치고 단정한 풍모의 아름다움을 안겨준단다!”

“수선화, 얼마나 아름다운 꽃이야!”

오누이는 한마음으로 찬탄했다.

“틀림없이 온 천하에 널리 퍼져나갈 거야!”

소녀는 다시 조약돌 몇 개를 집어다가 조심스럽게 항아리에 놓았다. 소년은 항아리에 맑은 물을 길어다 부었다. 오누이는 수선화의 뿌리가 돌 사이로 잘 뻗어나가 튼튼하게 자리잡도록 해주었다. 머잖아 아름다운 꽃을 피울 것이며, 천하 모든 사람들이 좋아하리라. 오누이는 세상 모든 사람들과 함께 이 꽃의 아름다움을 즐기기를 원했다.

굴원

1판 1쇄 인쇄 2009년 2월 20일
1판 1쇄 발행 2009년 2월 25일

지은이 우가오페이 **옮긴이** 김연수, 김은희 **펴낸이** 김영곤 **펴낸곳** (주)이끌리오
기획 류혜정 **편집** 박효진 **디자인** 이예숙, 김진희 **마케팅·영업** 최창규, 이경희, 이종률, 서재필
출판등록 2000년 4월 10일 제16-1646호
주소 (우413-756) 경기도 파주시 교하읍 문발리 파주출판단지 518-3
대표전화 031-955-2100 **팩스** 031-955-2151 **이메일** eclio@book21.co.kr
홈페이지 www.eclio.co.kr

값 25,000원
ISBN 978-89-5877-313-9 03990

굴원

1판 1쇄 인쇄 2009년 2월 20일
1판 1쇄 발행 2009년 2월 25일

지은이 우가오페이 **옮긴이** 김연수, 김은희 **펴낸이** 김영곤 **펴낸곳** (주)이끌리오
기획 류혜정 **편집** 박효진 **디자인** 이예숙, 김진희 **마케팅·영업** 최창규, 이경희, 이종률, 서재필
출판등록 2000년 4월 10일 제16-1646호
주소 (우413-756) 경기도 파주시 교하읍 문발리 파주출판단지 518-3
대표전화 031-955-2100 **팩스** 031-955-2151 **이메일** eclio@book21.co.kr
홈페이지 www.eclio.co.kr

값 25,000원
ISBN 978-89-5877-313-9 03990